U0531113

# 唐才子传校注

孙映逵　校注

中国社会科学出版社

图书在版编目(CIP)数据

唐才子传校注/孙映逵校注.—北京：中国社会科学出版社，2013.10（2020.10 重印）

ISBN 978-7-5161-3276-0

Ⅰ.①唐… Ⅱ.①孙… Ⅲ.①诗人—列传—中国—唐代 Ⅳ.①K825.6

中国版本图书馆 CIP 数据核字（2013）第 224108 号

| 出 版 人 | 赵剑英 |
| --- | --- |
| 责任编辑 | 史慕鸿 |
| 责任校对 | 徐　楠 |
| 责任印制 | 戴　宽 |
| 出　　版 | 中国社会科学出版社 |
| 社　　址 | 北京鼓楼西大街甲 158 号 |
| 邮　　编 | 100720 |
| 网　　址 | http://www.csspw.cn |
| 发 行 部 | 010-84083685 |
| 门 市 部 | 010-84029450 |
| 经　　销 | 新华书店及其他书店 |
| 印刷装订 | 北京君升印刷有限公司 |
| 版　　次 | 2013 年 10 月第 1 版 |
| 印　　次 | 2020 年 10 月第 3 次印刷 |
| 开　　本 | 710×1000　1/16 |
| 印　　张 | 45.5 |
| 字　　数 | 765 千字 |
| 定　　价 | 158.00 元 |

凡购买中国社会科学出版社图书，如有质量问题请与本社营销中心联系调换
电话：010-84083683
版权所有　侵权必究

# 序

傅璇琮

　　我与映逵同志，就古典文学研究来说，是同行，就对《唐才子传》一书的整理来说，又曾是合作者——由我承乏主编的《唐才子传校笺》，映逵同志除了撰写岑参传的笺证外，还承担了全书的校勘工作，正如我在该书的前言中所说，由于映逵同志的细心校阅，使得这部书在文字方面有一个扎实的依据。由中华书局出版的共四册《唐才子传校笺》，是集国内有关专家之力协作完成的，因为要对书中将近四百位诗家传记作笺证，无异是对绝大多数知名的唐五代文学作家考索其生平事迹，提供其基本线索。这是一项大工程，根据我们现有的学术状况，靠一人的力量要在短期内完成是不可能的。我的本意，是想通过笺证，总结和体现我国唐代文学研究界长期以来所进行的关于诗人传记研究的成果，显示唐代文学研究在一个方面所达到的水平，而这种水平是应该得到国内外学术界所公认的，这同时也是我们研究的一个新起点，希望今后唐代文学研究更有一个材料上的坚实基础。

　　与此同时，映逵同志又独立进行了对《唐才子传》的校勘、注释、补录和辑评，在全稿完成、交付出版之际，他要求我写一篇序言。前面说过，作为同行和合作者，我当然义不容辞，但面对映逵同志以过人的毅力和辛劳，本该由群体来作而却由他一人毕功的这部著作，我觉得他人的任何序言都是多余的了，他为这部唐代文学著名文献所作出的业绩已经足够说明，撰著者在学术领域中是怎样的一位勤奋的追求者。不过我还是想借此机会，谈谈我对一些问题的看法。

　　由于我所从事的工作的繁杂，又由于我即将去国外进行一段时期的学术访问，限于时间，我不能通读全稿。就我所读过的，我觉得映逵同志所做的工作是切实的，对于一般愿意深入了解唐五代诗人及其作品艺术风貌的读者来说，这本书十分有用。校勘细致而不繁琐；注释、补录简明确切，对前人记述的疏误所作的纠谬补缺，时有胜义，辑评部分着重搜采后世的一些有代表性的评论，似更切合原书的特点。这使我想起1984年12月，我与中华书局文学编辑室的一些同志在一起，因为着手编纂一部大型的工具书——《中国文学家大辞典》，商得厦门大学中文系的同意，邀请有关的研究者在厦门开会。会议期间，我与徐州师范学院中文系吴汝煜同志谈起为《唐才子传》作笺证事，我说笺证可以分头写，而校勘只能一人作，我自己来做不免费时费事，不易见效，颇以简选合适的人选为难。当时汝煜同志就向我介绍了映逵同志。吴汝煜同志我是先读了他的文章，然后才认识的。我们在厦门是头一次见面，一见之下，我感到这真是一位恂恂达君子，文如其人。由于他的推荐介绍，我也就信赖了映逵同志。后又听说孙望先生是映逵同志的研究生导师，而孙先生则是我素所敬重的学术前辈。每一次我因事路过南京，去看望他，都有如坐春风之感。前些年孙先生结集他的旧作，题为《蜗叟杂稿》出版，书前题记的结束语特地写上这样一段话："本集所涉及的几个问题，就我所知，都已有学者专家继续作出了深入的卓有成果的研究，如段熙仲先生著《古镜记的作者及其他》，王运熙先生著《元结箧中集和唐代中期诗歌的复古潮流》，傅璇琮先生著《韦应物系年考证》和卞孝萱先生著《元稹年谱》等便是。这些学术著作，其中很多论点与考证足以订正拙文存在的缺失与错误，览者倘分别阅读各位专家的论著，自能发现，恕我不再在此一一加以说明了。"在自己的著作集中一一指出别人论著的长处，加以赞誉，并请读者将其与己之所作加以比较，这种学术上的坦诚与谦虚，真如光风霁月，何等感人！我深深觉得，老一辈学者传给我们的，不只是术业，更重要的是学风。后来在接触了映逵同志之后，我也确实感到，他无论为人和做学问，也真像孙先生，朴质、敦厚，脚踏实地地耕耘着自己的那一块土地，而终于有所收成。

　　我后来就把《唐才子传》全书的校勘托付给他。他很快写了校勘凡例给我，掌握情况非常全面，版本源流讲得清清楚楚。但后来实际做起来却并不快，其间我又把中国科学院所藏的日本汲古书院影印内阁文库藏书（"五山版"）复印了一份给他，他又重校了一遍。这些都可见出他的认真和审慎。我现在常常感到，我们研究中国古代学问，掌握理论当然是不可少的，吸收一些新方法也是需要的，但我们还应立足于我们自己的学术土壤，要有传统治学方法的训练，这是一种基本功。校勘就是这种基本功之一，而目前恐怕是很不为人所看重的；不但不看重，大有鄙夷不屑一顾的样子。且不说清代学者段玉裁的那句名言："必先定其底本之是非，而后可断其立说之是非。"（《与诸同志论校书之难》）我们只要粗略地算一下，从两宋的余靖《汉书刊误》、岳珂《刊九经三传沿革例》、方崧卿《韩集举正》等书起，一直到清代以至近现代，前人曾撰写了多少学有根柢的校勘专著，这些专著的校勘实例以及总结出的校勘理论，我认为其意义不仅仅是对古书某些字句的校误补缺，而是学术史上长期积累形成的一种求实学风。南宋人彭叔夏在其《文苑英华辨证》的自序中说：

> 叔夏尝闻太师益公先生（按：指周必大）之言曰："校书之法，实事是正，多闻缺疑。"叔夏年十二三时，手钞太祖皇帝实录，其间云："兴衰治□之源。"缺一字，意谓必是"治乱"。后得善本，乃作"治忽"。三折肱为良医，信知书不可以意轻改。

《文苑英华辨证》是我国古代的一部校勘名著，它通过分类实例的辨析而得出的某些概括，已不限于校勘学，"实事是正，多闻缺疑"，对于做学问，特别是有志于搞中国古代学问的中青年学者，仍然是有启发的。目下新说迭起，引人注目，我希望不要因此而把我们固有的经过历史考验的好的治学方法丢弃了。映逵同志在《唐才子传》校勘上所做的，就是老老实实的学问，它们绝非属于如有些人很喜欢说的将被"更新"之列的。

我在为《韵文学刊》第一期所写的《创刊词》中曾提到陈寅恪先生的一篇文章（《朱延丰突厥通考序》，载《寒柳堂集》）。30年代初，朱延丰就读于清华大学研究院时，曾将其所著《突厥通考》请陈寅恪先生审正。当时陈先生对他说："此文资料疑尚未备，论断或犹可商，请俟十年增改之后，出以与世相见，则如率精锐之卒，摧陷敌阵，可无敌于中原矣。"这里可以见出前辈学者对后辈的严格要求，而且可以感到他们对著述一事是如何的审慎。"十年磨一剑"，这本来就是中国古来创作和著述极端谨严的传统学风。我个人认为，我们现在应该以这种谨严的学风大力开展专书的研究。中国古代文学中像《唐才子传》那样有文献价值的专书是不少的，对于这些专书，需要我们花实实在在的功夫一个一个地加以整理和研究。感想式地或者掇拾一些新名词糊弄一番，是无济于事的。它们经不起时间的考验，也无益于真正的学术事业。我始终认为，中国古典文学固然有悠久的历史，中国古典文学的研究同样有悠久的历史，我们需要有中国文学创作史的著作，同样需要有中国文学研究史的著作。我们应从学术史的角度对中国文学的发展作历史的审视，这样可能对文学史的研究提供值得借鉴的学术背景。也就是说，要开展对研究的研究。这样的一种研究过去是被人们忽视的，今后可能会提到日程上来。如果我们对每一历史时期研究的概况进行具体切实的研究，譬如说，每一时期对前代文学的研究提出了哪些问题，解决了哪些问题，这一时期又产生过哪些有贡献的学者和著作，这些人和书在整个研究史中的地位如何，一定时期的研究风气又是如何，有哪些成就和不足。如果我们这样来进行工作，就会大大丰富文学史研究的内容，开阔研究者的视野，从而开启后学者的心智。而要进行这样的学术史研究，就要有专书的整理和研究作为基础。我曾经在另外的地方写过，专书研究是最能考验著作者的功底的，这也是提高我们整体研究的有效途径。在提倡学术史研究的今天，那么像映逵同志所做的《唐才子传》校勘、注释、补录、辑评那样的工作，学术界会是多么需要，不是可以看得更加清楚吗？映逵同志正富年华，他定能率精锐之卒，再次开辟新的疆场，这或许也是我这篇短序所寄寓的一个小小的期望。

1987 年 9 月 24 日　北京

# 前　言

《唐才子传》十卷，元人辛文房撰，是一部唐代诗人的传记专书。本书有传记二百七十八篇，连同附带论及的一百二十人，共述评了初唐至五代比较重要的诗家三百九十八人，大致按时代、及第年先后排列。各篇内容一般包括传略、诗评、著作流传情况和附论四部分。

此书一直备受推重。鲁迅曾开列学习中国文学的基本书目计十二种，《唐才子传》列为第一种①。

在辛文房以前，没有唐代诗人传记专书。见录于两《唐书》《文苑》等传的诗人很少，传记也往往很简略。绝大多数唐代诗人名不见史传，甚至大名鼎鼎如李颀、岑参、储光羲、刘长卿、皮日休、杜荀鹤等人，亦在被摒弃之列。不少诗人的生平资料，东鳞西爪，零星散见于唐宋人的诗文集、笔记、诗话、书目提要等书中。南宋人计有功编纂《唐诗纪事》，内容繁富，保存了很多唐代的诗歌文献，但罗列杂乱，是资料汇编的性质；对唐代诗人有名必录，超过千家，但辑录的资料并不完备。至元代，辛文房复博采群书，对纷然杂陈的各种素材加以排比取舍，考订印证，重新熔铸，精心结撰，独创一格，成《唐才子传》十卷。本书自成体例，容纳了大量的诗人传记资料和诗歌评论资料，使得很多史中无名的诗人的事迹不致湮没无闻，成为第一部系统述评唐代诗人生平和创作的专门著作。此书问世后，艺林称便，至今仍是研究唐诗的重要参考书。不少旧闻，因史籍散逸，赖此书得以保存。《粤雅堂丛书》本《唐才子传》伍崇耀《跋》有云："其书评骘精审，似钟嵘《诗品》；标举新颖，似刘义庆《世说》；而叙次古雅，则又与皇甫谧《高士传》相同。"虽属溢美，却能指出本书的一些特色。

---

① 见许寿裳《亡友鲁迅印象记》。

辛氏采撷资料的范围很广，取材也比较可信。首先是正史，采录《新唐书》较多（在二百七十八篇传记中，有八十余篇取自《新唐书》列传、附传，四十余篇采录《新唐书·艺文志》的附注）。对正史本传并不全文照录，仅节写其生平大略，并据他书补记逸事，以见人物的风貌。此外，辛氏很重视第一手文献，据以对史料进行增补和修订，以求信实。作家本人及唐代人所写的自传、别传、集序、行状、碑志等，皆尽量予以利用，如《王绩》据吕才《东皋子集序》订补，《陈子昂》据卢藏用《陈子昂别传》订补，《陆羽》据《陆文学自传》订补，《陆龟蒙》据《甫里先生传》订补，《方干》据吴融《方玄英先生传》补充，《郑谷》据《云台编序》补充，《刘言史》据皮日休《刘枣强碑》补写，等等。其次，广泛搜集、摘取唐宋人笔记史料，如《朝野佥载》、《大唐新语》、《唐国史补》、《历代名画记》、《刘宾客嘉话录》、《本事诗》、《北梦琐言》、《南部新书》、《唐语林》、《容斋随笔》等，从多方面充实传记内容。从《云谿友议》、《唐摭言》、《诗话总龟》、《唐诗纪事》中辑录尤多。宋人的书目提要，如《郡斋读书志》、《直斋书录解题》，也常常取材。如各类书籍均无载，则从本人诗歌及他人赠酬诗中钩稽其行止事迹，补写了不少诗人的传记，如王湾、常建、崔署、张谭、沈千运、孟云卿、康洽、王季友、朱昼等。可见辛氏为撰写本书下了很大功夫。本书又保存了大量唐人登科资料，为考订诗人生平事迹提供了重要依据。唐人登科记久佚，此项记载弥足珍贵。本书中还有一些为《全唐诗》及《外编》失收的佚诗。对这本书的史料价值，明初人杨士奇在《书唐才子传后》中就已经予以肯定："读其诗而欲知其人，于辛所录宜有取。"①

传记中诗评部分，涉及各家诗歌的艺术成就及风格流变，"多掎摭诗家利病，亦足津逮艺林"②。其说多取自前人旧评，如唐人殷璠《河岳英灵集》、高仲武《中兴间气集》、宋人欧阳修《诗话》、敖陶孙《诗评》、惠洪《冷斋夜话》、严羽《沧浪诗话》等。传后常就诗人的遭遇、品德等发表随感式的议论，所谓"触事兴怀，随附篇末"③，从这里亦可略窥辛文房的思想。

---

① 《东里文集》卷十《题跋》。
② 《四库全书总目》卷五十八"唐才子传八卷"条。
③ 《唐才子传·引》。

# 前　言

　　本书可议之处也不少，主要是运用史料的失误。有的是沿袭旧史之误，也有的是误解旧史致讹。《四库全书总目》指出："如谓骆宾王与宋之问唱和灵隐寺中，谓《中兴间气集》为高适所选，谓李商隐曾为广州都督，谓唐人学杜甫者惟唐彦谦一人，乖舛不一而足。盖文房抄撮繁富，或未暇检详，故谬误牴牾，往往杂见。"如此之类尚多，如《大唐新语》记张说论宋之问等文"如良金美玉，无施不可"，本书（卷一）误从《郡斋读书志》记为徐坚之论；《郡斋读书志》记柳仪曹（宗元）评陈子昂语，本书（卷一）误为柳公权评；韦应物贞元间官终苏州刺史，而本书（卷四）误从《补韦刺史传》谓"大和中以太仆少卿兼御史中丞"；《唐摭言》记施肩吾"上礼部侍郎陈情"，本书（卷六）误为"谢礼部陈侍郎"；杨亿《谈苑》记吴融论卢延让诗，本书（卷十）引录，误以杨亿语为吴融语，等等。本书节录旧史之处，也间有割裂原文之弊，因叙事过简，或顾此失彼，或前后颠倒，不能衔接。书中荒唐之说、陈腐之论亦时时可见。书中所记诗文集流传卷数，往往是照录史志和宋人书目，有的不一定可靠，甚至将《郡斋读书志》著录雍陶集时所云"《唐·志》（按：指《新唐书·艺文志》）集十卷，今亡其半"误记为"有《唐志集》五卷，今传"。书中又常记"有集今传"，有的看来仅是推测，不一定有根据。如王泠然、刘眘虚、薛据、郑虔、沈千运、孟云卿、冷朝阳、马异、陈上美、任涛等人的著作，唐宋以来的史志、书目均未见著录，元时是否有集流传，殊觉可疑。上述各点，都是使用本书时应该注意的。当然，对此书进行整理、订正，很有必要。

　　作者辛文房，字良史，元代前期西域人，曾官省郎。能诗，与王执谦、杨载齐名。马祖常称其诗："悠悠今古意，落落短长歌；秋塞鸣霜铠，春房剪画罗。"且拟之为阴（铿）、何（逊）[①]。于此亦可见元代西域人汉化之深。有《披沙诗集》，惜已不传，仅存乐府歌行、七言绝句各一首[②]。辛氏酷好唐诗，以刘长卿字为名，以于良史名为字，以李咸用诗集名题自己的诗集。因向往唐代诗家，"遐想高情，身服斯道，究其梗概行藏，散见错出，使览于述作，尚昧音容"，"尝切病之"；乃"游目简编，宅心史集"，于元成宗大德甲辰（1304年）写成《唐才子传》，"用成一家之言"（见卷首《引

---

[①]　《马石田文集》卷二《辛良史披沙集诗赞》。
[②]　见于《国朝文类》卷四、卷八。

言》)。辛氏《引言》中自称"异方之士，弱冠斐然，狃于见闻，岂所能尽"，又谓是书作于"端居多暇"之时；且书中多言坎壈不遇之憾，"意良史亦必负才跅弛，见嫉时流，故借著书以消其愁愤"①，可见是他早年未仕时的著述。泰定元年（1324年）前，辛氏入朝为省郎②，得博览秘府藏书，或又续有增补。此书当在辛氏名显后刊刻行世，具体时间尚不清楚。辛文房写了不少唐人传记，他本人的生平事迹我们却知之甚少，这也是一件憾事。

《唐才子传》的版本流传情况，颇为曲折。明初杨士奇《唐才子传书后》称"十卷，总三百九十七人，皆有诗名当时"。杨氏所见当为完帙。杨氏《文渊阁书目》亦著录："《唐才子传》，三册。"惟《唐才子传·引》谓"传成，凡二百七十八篇，因而附录不泯者又一百二十家，厘为十卷"，共计三百九十八家，而较杨氏所述多一人，或系杨氏少计一人③。明永乐年间编修《永乐大典》，《唐才子传》全书收入"传"字韵内。至清中叶乾隆年间编修《四库全书》时，《永乐大典》"传"字韵各卷适佚，十卷单刻本在国内亦已失传④，四库馆臣遂于《永乐大典》残存各卷杂引《唐才子传》处"随条掇拾，裒辑编次，共得二百四十三人，又附传者四十四人，共二百八十七人"，"厘为八卷"⑤，编入《四库全书》（简称"《四库》本"）⑥。故《四库全书》八卷本《唐才子传》只是零篇断简的辑佚本，已非原貌，辑得的传文多有残缺。本中有辑佚者的夹注，据《新唐书》等史籍对传文作了一些订补。这可以算是《永乐大典》系统的本子，与另一个系统的日本流传元刊十卷足本对照，颇有异文。

元代刊行的十卷足本传入日本，流传了下来。清光绪年间宜都杨守敬从

---

① 《粤雅堂丛书》本《唐才子传》伍崇耀《跋》。
② 元张雨《句曲外史贞居先生诗集》卷四《元日雪霁早朝大明宫和辛良史省郎二十二韵》有"岁开环甲纪"之句，泰定元年即为甲子年。
③ 《四库全书总目》亦谓"总三百九十七人"，四库馆臣未见全书，且未见辛《引》，当据杨氏跋文转述。
④ 钱大昕《补元史艺文志》卷二有"辛文房《唐才子传》十卷"，当系据杨士奇所记著录，仅存书目而已。
⑤ 《四库全书总目》卷五十八"唐才子传八卷条"。
⑥ 济宁李氏《礭墨亭丛书》收有傅增湘双鉴楼藏"稿本"《唐才子传》八卷，未见，疑即是《四库》抄本。

## 前　言

日本访得①，遵义黎庶昌以珂罗版影印了出来，这是目前见到的最好的版本②。《增订四库简明目录标注·续录》著录此本的底本为元刊本。范希曾《书目答问补正》所著录之"珂罗版印明黑口本"，疑亦指此本。此本刊刻较精，讹舛极少，且多保留原始面貌。他本文字多有形近之讹，如卷一《陈子昂传》"任侠尚气，弋博"（与《新唐书》本传合），诸本"弋"多讹作"才"；同卷《李昂传》"开元二年王丘下状元及第"（据《旧唐书·王丘传》，丘开元初累迁考功员外郎，知贡举），别本"丘"多讹作"立"；卷三《元结传》"始隐商於山中"（与颜真卿《元君表墓碑铭》合），诸本"商於"误作"於商"，而黎氏珂罗版本皆不误。又如卷二《崔国辅传》："及卢□□所遗文槐书函一枚，此物皆己之所惜，宜野人□蓄，故特以相赠。"黎氏珂罗版本"卢"下空两格（《四库》本此处作"黄门"二字，与陆羽《陆文学自传》合），"人"下空一格（《四库》本此处作"乘"字，亦与《陆文学自传》合），两处空缺虽分处两行文字中，然位置紧邻，保存了刻版坏损的原状；而十卷本别本"卢"下只空一格，且与"人"字下空格位置完全错开。同卷《李白传》传文之末，黎氏珂罗版本附缀小注曰："或云：白，凉武昭王暠九世孙也"，作偏行小字，与正文字体显异，应为后人所加；别本所刻则与正文无别，殊失原貌。凡此种种，可见黎氏珂罗版本（下文简称"影元刊本"）为现存各种十卷本之祖本③。《增订四库简明目录标注·续录》定此影印本底本为元椠，大抵可信。

元刊《唐才子传》十卷本传入东瀛后，日人先后据以刊刻了几种版本。目前见到的最好的一种为日本南北朝后半顷（14世纪后期，约当我国明初洪武年间）刊行的"五山版"，十卷，"审其版样，盖得元椠而翻雕之，字画精整，纰缪极少"④。此本董康曾据以翻刻，其书未见。现有日本汲古书

---

① 杨氏《日本访书志》未著录，然该书目录页钤有"杨守敬印"、"宜都杨氏藏书记"、"星吾海外访得秘笈"印章，可证。
② 此为日本善慧轩旧藏本，除钤有杨守敬、黎庶昌藏书印四方外，目录页原有"善慧轩"印一方。
③ 此本每面十二行，行二十二字，上下单栏，左右双栏；黑口，双鱼尾，均向下开；版心以"才一"、"才二"、"才三"……标出卷数；字形为典型赵体，写刻甚精。多用异体字、俗体字、简化字。
④ 《佚存丛书》本《唐才子传》天瀑山人《跋》。

院影印内阁文库藏本（简称五山本）。此本版式、字形几乎与影元刊本完全一致，惟笔锋刀法、边框缺损各异，确系据元刊本影刻。又，日本正保四年丁亥（1647年，清顺治四年）上村二郎卫门刊本，十卷，此本内容亦与影元刊本同，汉字旁每注以日本假名（即所谓"训点本"），唯错字甚多，系属天瀑所云"坊刻颇多舛讹者"之一种。因刊印较早，仍有其价值（简称正保本）。国内可见者为丁丙八千卷楼旧藏，附有丁氏手书题跋签纸，今归南京图书馆。兹录丁氏题跋于下：

  《唐才子传》十卷日本刊本

    西域中文房撰。文房始末不可考。其卷八题辛良史撰，当为文房之字。卷首自引，题有"元大德甲辰春"，则为元时人。陆友仁《研北杂志》称其能诗，与王执谦齐名。杨士奇《东里集》有是书跋，是明初尚存中土也。录凡二百七十八篇，因而附录不泯者又一百二十家，皆以时代为次，时代之中又以科目先后为断。始大业初，终五季末。继往开来，别具微旨，伸尊黜妄，雅具体裁。评论得失，好而知恶，非徒知诵诗而不知尚论者。《四库》从《永乐大典》采辑，厘为八卷。此则东瀛刊本，尚属原帙。厥后萧山王宗炎以陆芝荣校汪继培勘者雕于三间草堂，即是本耳。

文字与丁丙《善本书室藏书志》微异。丁氏谓三间草堂本据是本刊雕，误，三间草堂所据底本为《佚存丛书》本。《佚存丛书》本十卷，系日本享和三年癸亥（1803年，清嘉庆八年）天瀑山人（林衡）据五山本以活字重印，此本排误亦多（简称《佚存》本）。该书有民国十三年（1924年）商务印书馆影印本，流传较广，昔日治《唐才子传》者多以此书为据。以上系在日本流传、重刊的元刊十卷足本系统的本子。

  日本《佚存》十卷本传回中国后，学人以《四库》八卷本与之对校，先后刊刻了几种版本，以下列两种较精：清嘉庆十年（1805年）陆芝荣三间草堂刊本，十卷，附陆氏《考异》（即版本校勘记）一卷，有王宗炎序、汪继培跋（简称三间本）[①]；清道光二十二年（1842年）钱熙祚刊《指海》本，十卷，文中夹注校记，此本收入丛书《指海》，流传亦广。以上系十卷

---

[①] 台湾广文书局《笔记丛编》收有《唐才子传》十卷，即据三间草堂本印。

足本与八卷本对校过的本子。

此外，自清同治间直至民国时期，国内还有几种据《佚存》本覆刻的本子，大都价值不高，如清同治元年（1862年）南海伍崇耀刊《粤雅堂丛书》本、民国十三年（1924年）苏州文学山房木活字排印《江氏聚珍版丛书》本等。尤以清光绪八年（1880年）沪上黄氏木活字排印的所谓《佚存丛书》本，处处妄改原文，面目全非，最为荒谬，理应淘汰，免误后人（该本《中国丛书综录》有著录）。《书目答问补正》著录"光绪间清隐山房刻巾箱本"，则未获见。又，南京图书馆藏有陈鳣《唐才子传校勘记》抄本一卷，皆为史料考异，不涉及版本校勘。1949年后，古典文学出版社亦曾据《佚存》本加标点重印（1957年版），虽方便了一般读者，然排印讹错及标点失误甚多，亟不足恃。1972年日本"アジア史研究会"出版《唐才子传之研究》一书，为布目潮渢、中村乔合著，以五山版为底本与《佚存》本对校，虽有微误，尚称精良，惟其未见更为原始的元刊本，又不取《四库》本参校，终觉不足；书中列"资料探源"一项，指出不少原始资料的出处，足资参考。然该书在国内颇不易得。

如上述，目前笔者所见《唐才子传》三个系统的主要版本源流情况如下表所示：

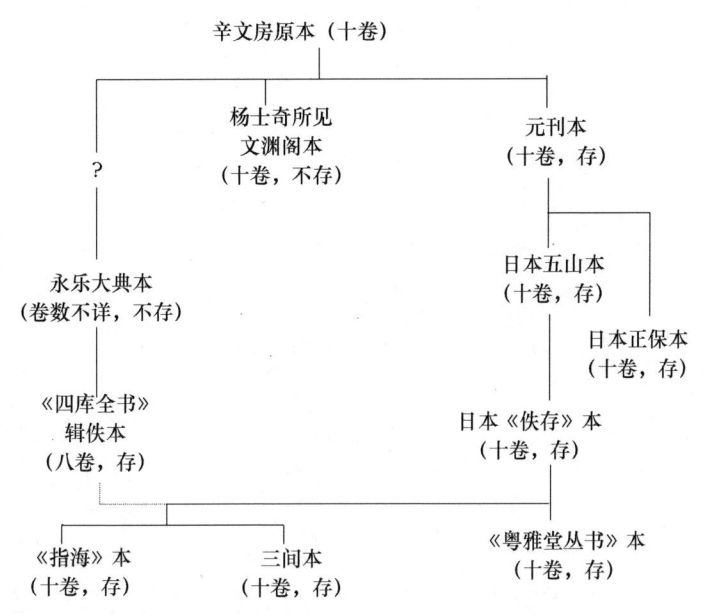

```
                    辛文房原本（十卷）
                    ┌────────┴────────┐
              杨士奇所见              元刊本
              文渊阁本              （十卷，存）
              （十卷，不存）              │
    ?                                 │
    │                            日本五山本
永乐大典本                        （十卷，存）
（卷数不详，不存）                        │
    │                            日本正保本
    │                            （十卷，存）
《四库全书》
辑佚本                          日本《佚存》本
（八卷，存）                     （十卷，存）
    ┌────┴────┐                      │
《指海》本   三间本            《粤雅堂丛书》本
（十卷，存） （十卷，存）          （十卷，存）
```

目前，治唐诗者急需较好的《唐才子传》整理本。今得傅璇琮先生主持编撰《唐才子传校笺》，考订精审，资料丰富，超过前人。该书将由中华书局分册出版。拙编《唐才子传校注》，则从校勘、注释、补录、辑评等方面为一般读者提供帮助，其体例于《校注说明》中详之，兹不赘述。

本书的校注，多得业师孙望先生的指点。校注者除撷取前贤著述外，还参照了当今学者傅璇琮、马茂元、钱仲联、谭优学、朱金城、卞孝萱、周勋初、郁贤皓、吴企明、彭庆生等先生以及日本汉学家布目潮渢先生的有关论著，吸取了部分研究成果，而得益于傅先生的著作尤多。书中未能一一指明，谨在此一并致谢！在使用资料方面，承南京图书馆、北京图书馆、陕西师范大学图书馆、徐州师范学院图书馆多方给予便利，又承日本早稻田大学坂田新先生慨然惠借书籍，均为我所铭感。书稿承傅璇琮先生在赴美讲学前夕拨冗撰序，又蒙中国社会科学出版社文学编辑室季寿荣先生悉心审阅，提供了不少宝贵意见，皆使我难以忘怀。校注者学识浅薄，见闻有限，只做了一点初步的工作，谬误和缺陷在所难免，敬请专家、读者不吝指正！

孙映逵

1987年10月于徐州师院

# 校注说明

本书传文之后所附材料，一般包括校注、补录、辑评三项。

## 一 校注

### 版本校

《唐才子传》版本源流情况，已在《前言》中说明。本书以遵义黎氏影元刊十卷本为底本，而以诸本对校，列出较有价值的异文，并判断正讹，订正讹误（底本不误而别本误，一般不出校；唯《佚存丛书》本影响甚大，学界多以为据，故择要指出此本之误，以期引起注意）。校本及其简称如下：

1. 日本南北朝刊行五山版，十卷；据元椠翻雕；现有日本汲古书院影印内阁文库藏本。此本与底本相同；底本有字迹不清处，以此本参校。（五山本）

2. 日本正保四年丁亥上村二郎卫门刊本，十卷；丁丙八千卷楼旧藏，今归南京图书馆。此本错字甚多，然刊印较早，可供参校。（正保本）

3. 日本《佚存丛书》本，十卷，享和三年天瀑山人据五山版以活字重印；民国十三年商务印书馆影印。（《佚存》本）

4. 文渊阁《四库全书》本，八卷，从《永乐大典》中辑出；台湾商务印书馆影印。（《四库》本）

5. 《四库全书》精抄本，八卷。陕西师范大学图书馆善本书室藏。参校。（《四库》抄本）

6. 三间草堂刊本，十卷，附《考异》一卷；清嘉庆十年陆芝荣刊印，系以《佚存》本为底本，与《四库》本对校。（三间本）

7. 《指海》本，十卷；清道光二十二年钱熙祚刊印，系以《佚存》本

为底本,与《四库》本对校,文中夹注校记。(《指海》本)

底本中异体、俗体、简体字甚多,举例如下:

絁(绝)　　珎(宝)　　躰(体)　　㞐(居)　　叓(事)

炁(气)　　遃(选)　　厷(左)　　尒(尔)　　㥯(恨)

㘥(幽)　　䛐(诗)

凡此种种,皆从别本径改通用体,以便省览。清代版本中习见避讳字,皆不出校。底本中年号"大和"、"大中"讹作"太和"、"太中",亦径改不出校。《四库》本传文多有残缺,一般不予说明;全文脱落失载者,则于校注之末"附记"中指出。

**他校**

辛文房撰写《唐才子传》,采撷群籍,熔铸旧史,然书中舛误亦屡见。今搜罗有关原始资料,尽量指出辛氏传文的来源和依据,并据以进行必要的他校。辛氏原书以及所据史乘中的失误,酌予订正。他书异说,择要征引。并稍附可资印证的参考材料。辛氏常删节旧史,如无错解、割裂等弊,一般不再补充。《唐才子传》传文之末,常记所存诗文集卷数,多以《新唐书·艺文志》为据,间采《郡斋读书志》、《直斋书录解题》,一般不再作校(请参见本编附录《诗人别集综录》)。《唐才子传》书中原有错误,如无版本依据,不轻易改动原文;显属版刻之讹者,则据他书予以改正。他校常用书及其简称如下:

1. 《旧唐书》,中华书局点校本。(《旧书》)
2. 《新唐书》,中华书局点校本。(《新书》)
3. 《全唐诗》,中华书局排印本。(《全诗》)
4. 《全唐文》,中华书局影印本。(《全文》)
5. 唐代殷璠《河岳英灵集》,上海古籍出版社《唐人选唐诗》点校本。(《河岳》)
6. 唐代高仲武《中兴间气集》,上海古籍出版社《唐人选唐诗》点校本。(《中兴》)
7. 宋代李昉《太平广记》,中华书局点校本。(《广记》)
8. 宋代计有功《唐诗纪事》,中华书局上海编辑所点校本。(《纪事》)
9. 宋代晁公武《郡斋读书志》,商务印书馆《万有文库》影印本。

(《郡斋》)

10. 宋代陈振孙《直斋书录解题》，商务印书馆《丛书集成》排印本。(《直斋》)

他校涉及唐、宋笔记史料多种，皆用通行本（多为1949年后整理排印本以及《丛书集成》本、《四库全书》本），不具列。引用书一律标出篇名、卷数，在同一篇校注中重复出现时，则从略。

一般先作版本校，再作他校。为便于说明问题，版本校亦常与他校同时列举。

**注释**

书中的人名、地名，尽量加注说明。典章制度则酌量涉及，语词典实较为冷僻者亦略加诠释，以为一般读者阅览之助。注释地名以李吉甫《元和郡县图志》（简称《元和志》）为据，今存《元和志》有残缺，则参用《旧唐书·地理志》。

## 二 补录

校注中未能容纳的有关传记资料，择其要者列为补录。仍依《唐才子传》原书体例，略于仕履，详于逸事，以见人物风貌。有些诗人，生平资料留存甚少，则零星记载也不舍弃。

## 三 辑评

辛氏书以传带评、评、传结合，多采唐、宋人旧说，是其优点。今大其体，择要辑录历代评论，按时代顺序胪列。雷同、空泛者不录，已采入传文者不录。唯小家罕有论及者，采择从宽。

诗人生卒年可考者，即附注公元年代于传主姓名之后。别集传存情况，另外编制《综录》，隶于全书之末。并附人名索引，以便查验。

# 目 录

**唐才子传** ························ 西域　辛文房撰（1）

卷第一 ···························（3）
　一　王　绩 ···················（8）
　二　崔信明 ···················（14）
　三　王　勃 ···················（16）
　四　杨　炯 ···················（20）
　五　卢照邻 ···················（23）
　六　骆宾王 ···················（26）
　七　杜审言 ···················（29）
　八　沈佺期 ···················（33）
　九　宋之问 ···················（36）
　一〇　刘希夷 ·················（39）
　一一　陈子昂 ·················（42）
　一二　李百药 ·················（48）
　一三　李　峤 ·················（50）
　一四　张　说 ·················（52）
　一五　王　翰 ·················（55）
　一六　吴　筠 ·················（58）
　一七　张子容 ·················（60）
　一八　李　昂 ·················（62）
　一九　孙　逖 ·················（63）
　二〇　卢　鸿 ·················（65）
　二一　王泠然 ·················（67）
　二二　刘眘虚 ·················（68）
　二三　王　湾 ·················（71）
　二四　崔　颢 ·················（72）
　二五　祖　咏 ·················（75）
　二六　储光羲 ·················（78）

卷第二 ···························（81）
　二七　包　融 ·················（81）
　二八　崔国辅 ·················（83）
　二九　卢　象　韦述 ·········（86）
　三〇　綦毋潜 ·················（87）
　三一　王昌龄　辛　霁 ·····（90）
　三二　常　建 ·················（93）
　三三　贺兰进明 ···············（96）
　三四　崔　署 ·················（97）
　三五　陶　翰 ·················（98）
　三六　王　维　裴　迪　崔兴宗
　　　　························（99）
　三七　薛　据 ···············（104）
　三八　刘长卿　李　穆 ···（107）
　三九　李季兰　刘　媛　刘　云
　　　　鲍君徽　崔仲容　元　淳
　　　　薛　媪　崔公达　张窈窕

1

程长文　梁琼　廉氏
姚月华　裴羽仙　刘瑶
常浩　葛鸦儿　崔莺莺
谭意哥　张夫人　张文姬
赵氏　盼盼　薛媛
　　　　　　……………………(111)
四〇　阎防 …………………(118)
四一　李颀 …………………(119)
四二　张谓 …………………(122)
四三　孟浩然 ………………(123)
四四　丘为 …………………(128)
四五　李白 …………………(130)
四六　杜甫 …………………(137)
四七　郑虔 …………………(143)
四八　高适 …………………(146)
四九　沈千运 ………………(149)
五〇　孟云卿 ………………(152)
卷第三 …………………………(155)
五一　岑参 …………………(155)
五二　王之涣 ………………(159)
五三　贺知章 ………………(162)
五四　包何 …………………(164)
五五　包佶 …………………(165)
五六　张彪 …………………(167)
五七　李嘉祐 ………………(169)
五八　贾至 …………………(171)
五九　鲍防　谢良弼 ………(173)
六〇　殷遥 …………………(176)
六一　张继 …………………(177)
六二　元结 …………………(179)
六三　郎士元 ………………(184)

六四　道人灵一　惟审　护国
　　　文益　可止　清江
　　　法照　广宣　无本
　　　修睦　无闷　太易
　　　景云　法振　栖白
　　　隐峦　处默　卿云
　　　栖一　淡交　良义
　　　若虚　云表　昙域
　　　子兰　僧鸾　怀楚
　　　惠标　可朋　怀浦
　　　慕幽　善生　亚齐
　　　尚颜　栖蟾　理莹
　　　归仁　玄宝　惠侃
　　　法宣　文秀　僧泚
　　　清尚　智暹　沧浩
　　　不特 ………………(186)
六五　皇甫冉 ………………(193)
六六　皇甫曾 ………………(195)
六七　独孤及 ………………(197)
六八　刘方平 ………………(199)
六九　秦系 …………………(201)
七〇　张众甫　赵微明　于逖
　　　蒋涣　元季川 ………(203)
七一　严维 …………………(205)
七二　于良史 ………………(207)
七三　灵彻上人 ……………(208)
七四　陆羽 …………………(212)
七五　顾况 …………………(215)
七六　张南史 ………………(219)
七七　戎昱　包子虚 ………(220)
七八　古之奇 ………………(223)
七九　苏涣 …………………(224)

# 目　录

八〇　朱　湾 ……………（227）
八一　张志和 ……………（228）

**卷第四** ……………（232）

八二　卢　纶 ……………（232）
八三　吉中孚 ……………（235）
八四　韩　翃 ……………（236）
八五　耿　湋 ……………（239）
八六　钱起 子徽 ……（240）
八七　司空曙 ……………（244）
八八　苗　发 ……………（247）
八九　崔　峒 ……………（248）
九〇　夏侯审 ……………（249）
九一　李　端 柳中庸 张芬
　　　……………………（250）
九二　窦叔向 ……………（253）
九三　康　洽 ……………（255）
九四　李　益 ……………（256）
九五　冷朝阳 ……………（259）
九六　章八元 ……………（260）
九七　畅　当 郑常 ……（262）
九八　王季友 ……………（264）
九九　张　谓 ……………（266）
一〇〇　于　鹄 …………（269）
一〇一　王　建 …………（270）
一〇二　韦应物 丘丹
　　　……………………（273）
一〇三　皎然上人 ………（278）
一〇四　武元衡 …………（281）
一〇五　窦　常 …………（283）
一〇六　窦　牟 …………（284）
一〇七　窦　群 …………（286）

一〇八　窦　庠 …………（287）
一〇九　窦　巩 …………（288）
一一〇　刘言史 …………（289）
一一一　刘　商 …………（291）

**卷第五** ……………（294）

一一二　卢　仝 …………（294）
一一三　马　异 …………（297）
一一四　刘　叉 …………（298）
一一五　李　贺 …………（300）
一一六　李　涉 …………（304）
一一七　朱　昼 …………（307）
一一八　贾　岛 …………（308）
一一九　庄南杰 …………（314）
一二〇　张　碧 …………（314）
一二一　朱　放 …………（315）
一二二　羊士谔 …………（318）
一二三　姚　系 姚伦
　　　……………………（319）
一二四　鞠信陵 …………（320）
一二五　张　登 …………（321）
一二六　令狐楚 …………（322）
一二七　杨巨源 …………（324）
一二八　马　逢 …………（326）
一二九　王　涯 …………（327）
一三〇　韩　愈 张署
　　　……………………（329）
一三一　柳宗元 …………（333）
一三二　陈　羽 …………（337）
一三三　刘禹锡 …………（338）
一三四　孟　郊 陆长源
　　　……………………（342）

| | | | | | |
|---|---|---|---|---|---|
| 一三五 | 戴叔伦 | (346) | 一六四 | 韦楚老 | (411) |
| 一三六 | 张仲素 | (349) | 一六五 | 张祜 崔涯 | (412) |
| 一三七 | 吕温 | (351) | 一六六 | 刘得仁 | (417) |
| 一三八 | 张籍 | (354) | 一六七 | 朱庆馀 | (419) |
| 一三九 | 雍裕之 | (356) | 一六八 | 杜牧 严恽 | (421) |
| 一四〇 | 权德舆 | (357) | | | |
| 一四一 | 长孙佐辅 | (359) | 卷第七 | | (426) |
| 一四二 | 杨衡 | (360) | 一六九 | 杨发 | (426) |
| 卷第六 | | (363) | 一七〇 | 李远 | (427) |
| 一四三 | 白居易 | (363) | 一七一 | 李敬方 | (429) |
| 一四四 | 元稹 | (370) | 一七二 | 许浑 | (430) |
| 一四五 | 李绅 郁浑 | (374) | 一七三 | 雍陶 | (434) |
| 一四六 | 鲍溶 | (376) | 一七四 | 贾驰 | (438) |
| 一四七 | 张又新 | (378) | 一七五 | 伍乔 | (439) |
| 一四八 | 殷尧藩 | (380) | 一七六 | 陈上美 | (440) |
| 一四九 | 清塞 | (382) | 一七七 | 李商隐 | (441) |
| 一五〇 | 无可 | (384) | 一七八 | 喻凫 薛莹 | (447) |
| 一五一 | 熊孺登 | (386) | 一七九 | 薛逢 | (448) |
| 一五二 | 李约 | (387) | 一八〇 | 赵嘏 | (451) |
| 一五三 | 沈亚之 | (389) | 一八一 | 薛能 | (454) |
| 一五四 | 徐凝 | (391) | 一八二 | 李宣古 李宣远 | (458) |
| 一五五 | 裴夷直 | (393) | 一八三 | 姚鹄 | (460) |
| 一五六 | 薛涛 | (394) | 一八四 | 项斯 | (461) |
| 一五七 | 姚合 | (398) | 一八五 | 马戴 | (463) |
| 一五八 | 李廓 | (401) | 一八六 | 孟迟 | (466) |
| 一五九 | 章孝标 | (402) | 一八七 | 任蕃 | (467) |
| 一六〇 | 施肩吾 | (404) | 一八八 | 顾非熊 | (468) |
| 一六一 | 袁不约 | (407) | 一八九 | 曹邺 | (469) |
| 一六二 | 韩湘 | (408) | | | |
| 一六三 | 韩琮 | (410) | | | |

# 目 录

| 一九〇 | 郑嵎 …………… (471) | 二一八 | 僧虚中 顾栖蟾 |
| --- | --- | --- | --- |
| 一九一 | 刘驾 …………… (472) | | …………… (533) |
| 一九二 | 方干 …………… (474) | 二一九 | 周繇 张演 |
| 一九三 | 李频 …………… (479) | | …………… (534) |
| 一九四 | 李群玉 ……… (481) | 卷第九 | ……………… (538) |
| 卷第八 | ……………… (485) | 二二〇 | 崔道融 ……… (538) |
| 一九五 | 李郢 …………… (485) | 二二一 | 聂夷中 ……… (539) |
| 一九六 | 储嗣宗 ……… (487) | 二二二 | 许棠 …………… (541) |
| 一九七 | 刘沧 …………… (488) | 二二三 | 公乘亿 ……… (543) |
| 一九八 | 陈陶 …………… (490) | 二二四 | 章碣 …………… (544) |
| 一九九 | 郑巢 …………… (492) | 二二五 | 唐彦谦 ……… (545) |
| 二〇〇 | 于武陵 ……… (493) | 二二六 | 林嵩 …………… (548) |
| 二〇一 | 来鹏 …………… (494) | 二二七 | 高蟾 …………… (548) |
| 二〇二 | 温庭筠 纪唐夫 | 二二八 | 高骈 …………… (550) |
| | …………… (496) | 二二九 | 牛峤 …………… (552) |
| 二〇三 | 鱼玄机 ……… (502) | 二三〇 | 钱珝 …………… (553) |
| 二〇四 | 邵谒 …………… (503) | 二三一 | 赵光远 孙启 |
| 二〇五 | 于濆 …………… (505) | | 崔珏 卢弼 |
| 二〇六 | 李昌符 ……… (506) | | …………… (554) |
| 二〇七 | 翁绶 …………… (508) | 二三二 | 周朴 …………… (556) |
| 二〇八 | 汪遵 …………… (508) | 二三三 | 罗隐 …………… (558) |
| 二〇九 | 沈光 …………… (511) | 二三四 | 罗虬 …………… (564) |
| 二一〇 | 赵牧 刘光远 | 二三五 | 崔鲁 …………… (566) |
| | …………… (512) | 二三六 | 秦韬玉 ……… (568) |
| 二一一 | 罗邺 …………… (513) | 二三七 | 郑谷 李栖远 |
| 二一二 | 胡曾 …………… (515) | | …………… (570) |
| 二一三 | 李山甫 ……… (517) | 二三八 | 齐己 …………… (575) |
| 二一四 | 曹唐 …………… (519) | 二三九 | 崔涂 …………… (578) |
| 二一五 | 皮日休 ……… (521) | 二四〇 | 喻坦之 ……… (580) |
| 二一六 | 陆龟蒙 ……… (525) | 二四一 | 任涛 …………… (580) |
| 二一七 | 司空图 ……… (528) | 二四二 | 温宪 …………… (581) |

5

| | | | | |
|---|---|---|---|---|
| 二四三 | 李洞 …………（583） | 二六一 | 李建勋 …………（619） |
| 二四四 | 吴融 …………（585） | 二六二 | 褚载 …………（621） |
| 二四五 | 韩偓 …………（588） | 二六三 | 吕岩 …………（622） |
| 二四六 | 唐备 于濆 ………（591） | 二六四 | 卢延让 …………（626） |
| 二四七 | 王驾 …………（592） | 二六五 | 曹松 刘象 王希羽 ……（629） |
| 二四八 | 戴思颜 …………（594） | 二六六 | 裴说 裴谐 ……（631） |
| 二四九 | 杜荀鹤 张曙 ……（595） | 二六七 | 贯休 …………（633） |
| **卷第十** …………（600） | | 二六八 | 张蠙 …………（637） |
| 二五〇 | 王涣 …………（600） | 二六九 | 沈彬 子廷瑞 ……（638） |
| 二五一 | 徐寅 …………（602） | 二七〇 | 唐求 杨夔 ……（641） |
| 二五二 | 张乔 剧燕 吴罕 ……（603） | 二七一 | 孙鲂 …………（642） |
| 二五三 | 郑良士 …………（605） | 二七二 | 李中 …………（643） |
| 二五四 | 张鼎 赵抟 韦霭 张为 谢蟠隐 …（606） | 二七三 | 廖图 郑准 ……（645） |
| 二五五 | 韦庄 …………（607） | 二七四 | 孟宾于 …………（647） |
| 二五六 | 王贞白 …………（610） | 二七五 | 孟贯 …………（649） |
| 二五七 | 张蠙 …………（612） | 二七六 | 江为 …………（650） |
| 二五八 | 翁承赞 …………（614） | 二七七 | 熊皎 …………（653） |
| 二五九 | 王毂 …………（615） | 二七八 | 陈抟 鬼 ……（654）（657） |
| 二六〇 | 殷文圭 王周 刘兼 司马札 许琳 苏拯 李咸用 …………（616） | | |

**附录** …………（659）
　诗人别集综录 …………（661）
　音序人名索引 …………（695）
　再版后记 …………（703）

# 唐 才 子 传

西域　辛文房撰

# 卷 第 一

魏帝著论，称："文章，经国之大业，不朽之盛事，年寿有时而尽，未若文章之无穷。"①诗，文而音者也②。唐兴尚文，衣冠兼化，无虑不可胜计。擅美于诗，当复千家。岁月苒苒③，迁逝沦落，亦且多矣。况乃浮沉畏途，黾勉卑宦④，存没相半，不亦难乎！崇事奕叶⑤，苦思积年，心神游穹厚之倪⑥，耳目及晏旷⑦之际，幸成著述，更或凋零，兵火相仍，名逮于此，谈何容易哉！

夫诗，所以动天地、感鬼神、厚人伦、移风俗也。发乎其情，止乎礼义，非苟尚辞而已⑧。溯寻其来，《国风》、《雅》、《颂》开其端，《离骚》、《招魂》放厥辞；苏、李之高妙，足以定律；建安之遒壮，粲尔成家；烂漫于江左，滥觞于齐、梁，皆袭祖沿流，坦然明白，铿锵愧金石，炳焕却丹青。理穷必通，因时为变。勿讶于枳、橘⑨，非土所宜；谁别于渭、泾，投胶自定⑩。盖系乎得失之运也。

唐几三百年，鼎钟挟雅道，中间大体三变⑪。故章句有焦心之人，声律至穿杨之妙⑫，于法而能备，于言无所假。及其逸度高标，余波遗韵，临高能赋，闲暇微吟，旧格近体、古风乐府之类，芳沃当代，响起陈人⑬。淡寂无枯悴之嫌，繁藻无淫妖之忌，犹金碧助彩，宫商自协，端足以仰绪先尘，俯谢来世。清庙之瑟，薰风之琴⑭，未或简⑮其沉郁；两晋风流，不相下于秋毫也。

余遐想高情，身服斯道，究⑯其梗概行藏，散见错出，使览于述作，尚昧音容，洽彼姓名，未辨机轴⑰，尝切病之。顷以端居多暇，害事都捐<sup>⑱</sup>，游目简编，宅心史集，或求详累帙，因备先传，撰拟成篇，斑斑<sup>⑲</sup>有据，以悉全时之盛，用成一家之言。各冠以时，定为先后，远陪公议，谁得而诬也[20]。如方外高格，逃名散人，上汉仙侣，幽闺绮思，虽多，微考实[21]，故别总论之[22]。天下英奇，所见略似，人心相去，苦亦不多。至若触事兴怀，随附篇末。

异方之士，弱冠斐然[23]，狃[24]于见闻，岂所能尽！敢倡斯盟，尚赖同志，相与广焉。庶乎作九京于长梦[25]，咏一代之清风。后来奋飞可畏，相激百世之下，犹期赏音也。

传成，凡二百七十八篇，因而附录不泯者又一百二十家，厘为十卷，名以《唐才子传》云。有元大德甲辰春引。

## 【校注】

① "魏帝著论"至"未若文章之无穷" 《文选》五二曹丕《典论·论文》原文为："盖文章，经国之大业，不朽之盛事。年寿有时而尽，荣乐止乎其身，未若文章之无穷。"

② "诗，文而音者也" 沈约《宋书·谢灵运传论》云："夫五色相宣，八音协畅"，"妙达此旨，始可言文。""五色相宣"者，文也；"八音协畅"者，音也。故云："诗，文而音者也。"

③ "莘莘" 三间本陆芝荣氏《考异》云："以意改为莅莘。"

④ "浮沉畏途，黾勉卑宦" 《佚存》、《指海》本"宦"作"官"。

畏途：谓人生道路的艰险可怕。《庄子·达生》："夫畏途者，十杀一人，则父子兄弟相戒也，必盛卒徒而敢出焉。"

黾勉：尽力。《诗经·邶风·谷风》："黾勉同心。"

⑤ 奕叶：犹言累世。曹植《王仲宣诔》："伊君显考，奕叶佐时。"

⑥ 穹厚：天穹地厚，文中指天地。《诗经·大雅·桑柔》："以念穹苍。"传："穹苍，天也，穹言其形，苍言其色。"《周易·坤》："坤厚载物。"

倪：端，尽头。韩愈《南海神庙碑》："乾端坤倪。"

⑦ 晏旷：安闲旷远。

⑧ "夫诗"至"非苟尚辞而已" 此据《毛诗序》撮其大意，原文迻录于下："故正得失，动天地，感鬼神，莫近于诗。先王以是经夫妇，成孝敬，厚人伦，美教化，移风俗。""故变风发乎情，止乎礼义。"又扬雄《法言·吾子》云："或问：君子尚辞乎？

曰：君子事之为尚。"

⑨枳：树如橘，果小味酸，不能食。《周礼·考工记·总序》："橘逾淮而北为枳……此地气然也。"

⑩渭、泾：泾水和渭水，在陕西省高陵南合流，注入黄河。传说二水清浊有别。

胶：阿胶。据沈括《梦溪笔谈》载："东阿（今山东省东阿县）亦济水所经，取井水煮胶，谓之阿胶，用以搅浊水则清。"《抱朴子》："阿胶一寸，不能止黄河之浊。"

⑪"唐几三百年"至"大体三变" 此据《新书》二〇一《文艺传序》："唐有天下三百年，文章无虑三变。……"是说始见于梁肃《补阙李君前集序》（《全文》五一八），亦见于姚铉《唐文粹序》。

⑫焦心：极言劳虑，文中指诗人苦吟。《汉书·路温舒传》："大臣忧戚，焦心合谋。"

穿杨：楚养由基善射，能穿杨叶；常用以比喻诗文技艺。《北史·崔廊传》："举烛无成，穿杨尽弃。"

⑬陈人：老朽迟钝之人。见《庄子·寓言》。

⑭清庙：宗庙。《诗经·周颂》有《清庙》篇。

薰风：和风。《孔子家语·辩乐》："昔者舜弹五弦之琴，造南风之诗，其诗曰：南风之薰兮，可以解吾民之愠兮！……"

⑮简：倨傲。

⑯"究" 《佚存》、《指海》、《粤雅》本并作"穷"。

⑰机轴：犹言关键。

⑱"捐" 正保本作"损"。

⑲"斑斑" 《佚存》、《指海》本作"班班"。

⑳"谁得而诬也" 三间本《考异》云："也疑他，连下读。"

㉑"虽多，微考实" 三间本《考异》云："句有脱误。"

㉒"如方外高格"至"故别总论之" 《指海》本钱熙祚《跋》云："今隐逸仙释及名媛诸传，仍依时次，前后杂出，颇不可解。"按："别总论之"者，是指卷二（三九）《李季兰传》附论刘媛等二十三人，卷三（六四）《灵一传》附论惟审等四十五人。凡事迹难以详考者，皆"别总论之"。

㉓"弱冠斐然" "斐"原误作"裴"，据《指海》本改。此用《论语·公冶长》中语意："吾党之小子狂简，斐然成章，不知所以裁之。"

㉔狃：习惯。《玉篇》："狃，习也。"

㉕作：起。见《说文》。

九京：即九原，原为山名，常用以指坟墓，或借指已经死去的人。《礼记·檀弓》下："是全要领以从先大夫于九京也。"郑注："晋卿大夫之墓地在九原，京盖字之误，当为原。"

长梦：谓死亡。

附记：此引《四库》本失载。

# 六　帝

夫云汉昭回①，仰弥高于宸极②；洪钟③希叩，发至响于咸池④。以太宗天纵，玄庙⑤聪明，宪、德、文、僖⑥，睿姿继挺，俱以万机之暇，特驻吟情。奎璧⑦腾辉，衮龙⑧浮彩，宠延臣下，每锡⑨赠酬。故"上有好者，下必有甚焉者矣"⑩。

【校注】

①云汉昭回：天河光照，运转于天。《诗经·大雅·云汉》："倬彼云汉，昭回于天。"

②宸极：北极星，为众星所拱；借喻帝位。

③洪钟：巨钟，此处喻帝王的诗篇。《世本·作篇》："颛顼命飞龙氏铸洪钟，声振而远。"

④咸池：东方的大泽，神话中谓日浴之处。《淮南子·天文》："日出于旸谷，浴于咸池。"

⑤玄庙：指玄宗。

⑥"宪、德、文、僖"　"宪"字疑误，宪宗不当次于德宗之前。又，僖宗无诗流传，不当与六帝之列。按：《唐诗纪事》第一、二卷列唐帝能诗者八人：太宗、高宗、中宗、玄宗、德宗、文宗、宣宗、昭宗。

⑦奎璧：指帝王的诗文。奎，星宿，旧说主文运。璧，玉器，言其珍贵不凡。

⑧衮龙：帝王礼服上的龙形彩绣，借指文采。

⑨锡：赐予。

⑩"上有好者，下必有甚焉者矣"　引自《孟子·滕文公上》。

附记：此篇《四库》本失载。

【补录】

宋代计有功《唐诗纪事》一"太宗"条：

"帝尝作宫体诗，使虞世南赓和。世南曰：'圣作诚工，然体非雅正，上有所好，下必有甚；臣恐此诗一传，天下风靡，不敢奉诏。'帝曰：'朕试卿尔！'后帝为诗一篇，述古兴亡，既而叹曰：'钟子期死，伯牙不复鼓琴，朕此诗何所示耶！'敕褚遂良即世南灵坐焚之。"（按：此条内容见于《大唐新语》二、《旧唐书》七二《虞世南传》。）

《唐诗纪事》二"德宗"条：

"帝善为文，尤长于篇什，每与学士言诗于浴堂殿，夜分不寐。贞元中，昭义节度李抱真荐贝州宋廷芬之女若昭，召入禁中试文，帝咨美。帝每与侍臣赓和，若昭姊若莘等五人皆预，呼学士。"（按：此条内容见于《旧唐书》五二《女学士尚宫宋氏传》。）

《唐诗纪事》二"文宗"条：

"帝好五言，自制品格多同肃、代，而古调清峻。尝欲置诗博士。"（按：此条内容见于《唐语林》二。）

【辑评】

宋代陈岩肖《庚溪诗话》上：

"唐文皇（太宗）既以武功平隋乱，又以文德致太平，于篇咏尤其所好。如曰：'昔乘匹马去，今驱万乘来。'辞气壮伟，固人所脍炙。又尝观其《过旧宅》诗曰：'新丰停翠辇，谯邑驻鸣笳。一朝辞此去，四海遂成家。'盖其诗语与功烈真相副也。"

宋代刘克庄《后村诗话·新集》六：

"唐人尤重德宗诗，有'闻说德宗曾到此，吟诗不见凭阑干'之句。……唐诸帝中，当以帝诗为第一。"

明代王世贞《艺苑卮言》四：

"唐文皇手定中原，笼盖一世，而诗语殊无丈夫气，习使之也。'雪耻酬百王，除凶报千古。''昔乘匹马去，今驱万乘来。'差强人意，然是有意之作。《帝京篇》可耳，余者不免花草点缀。可谓远逊汉武，近输曹公。"

"明皇藻艳不过文皇，而骨气胜之。语象，则'春来津树合，月落戍楼空'；语境，则'马色分朝景，鸡声逐晓风'；语气，则'翠屏千仞合，丹嶂五丁开'；语致，则'岂不惜贤达，其如高尚心'。虽使燕、许草创，沈、宋润色，亦不过此。"

明代胡应麟《诗薮·外编》三：

"唐人主工文词者，太宗、玄宗尚矣。高、中二帝，岂解此事，昏庸沉湎，假借自文，大率侍从诸臣代作耳。……文、宣二主，颇称蕴藉。"

明代胡震亨《唐音癸签》五：

"德宗诗尚雅正。'松院静苔色，竹房深磬声'最有称，远则王籍《耶溪》，近则常建《破山》，可与论其幽致。"

明代钟惺、谭元春《唐诗归》一：

"太宗诗，终带陈、隋滞响，读之不能畅人。"（钟惺）

清代贺裳《载酒园诗话·又编》：

"《大风歌》冲口而出，卓伟不群。即《鸿鹄》酸楚之音，犹有笼罩一世之气。太宗沾沾铺张功烈，粉饰治平，即此便输汉祖一等，不徒骨之靡弱。"

## 一　王　绩（590？—644）

绩，字无功，绛州龙门人①，文中子通②之弟也。年十五，游长安，谒杨素，一坐服其英敏，目为神仙童子③。隋大业末，举孝廉，高第，除秘书正字。不乐在朝，辞疾，复授扬州六合县丞。以嗜酒妨政，时天下亦乱，遂托病风，轻舟夜遁④。叹曰："网罗在天，吾将安之！"乃还故乡⑤。至唐武德中⑥，诏征⑦，以前朝官待诏门下省。绩弟静⑧谓绩曰："待诏可乐否？"曰："待诏俸薄，况萧瑟⑨。但良酝三升，差可恋耳。"江国公闻之⑩，曰："三升良酝，未足以绊王先生。"特判日给一斗。时人呼为"斗酒学士"。贞观初，以疾罢，归河渚间⑪。有仲长子光⑫者，亦隐士也，无妻子，绩爱其真，遂相近结庐，日与对酌。君有奴婢数人⑬，多种黍，春秋酿酒，养凫雁、莳药草自供。以《周易》、《庄》、《老》置床头，无他用心也。自号"东皋子"。虽刺史谒见⑭，皆不答。终于家⑮。性简傲，好饮酒，能尽五斗，自著《五斗先生传》。弹琴，为诗，著文。高情胜气，独步当时⑯。撰《酒经》一卷、《酒谱》一卷。李淳风见之，曰⑰："君，酒家南、董⑱也。"及诗赋等传世。

论曰：唐兴迨季叶[19]，治日少而乱日多，虽草衣带索[20]，罕得安居。当其时，远钓弋者[21]不走山而逃海[22]，斯德而隐者矣。自王君以下，幽人间出，皆远腾长往之士，危行言逊[23]，重拨[24]祸机，糠覈轩冕[25]，挂冠引退，往往见之。跃身炎冷之途，标华黄、绮[26]之列。虽或累聘丘园，勉加冠佩，适足以速深藏于薮泽耳。然犹有不能逃白刃、死非命焉。夫迹晦名彰，风高尘绝，岂不以有翰墨之妙、骚雅之奇？美哉[27]，文章为不朽之盛事也。耻不为尧舜民，学者之所同志；致君于三五[28]，懦夫尚知勇为。今则舍声利而向山栖[29]，鹿冠乌几[30]，便于锦绣之服；柴车茅舍[31]，安于丹雘[32]之厦；藜羹不糁[33]，甘于五鼎之味；素琴浊酒，和于醇饴之奉；樵青山，渔白水，足于佩金鱼而纡紫绶也。时有不同也，事有不侔[34]也。向子平[35]曰："吾故知富不如贫，贵不如贱，第未知死何如生？"此达人之言也。《易》曰："遯之时义大矣哉！"[36]

**【校注】**

① "绛州龙门人"　此据两《唐书》本传（《旧书》一九二、《新书》一九六）。吕才《东皋子集序》（《全文》一六〇）云："太原祁人也。"按：王鸣盛《十七史商榷》九二"王绩绛州龙门人"条云："《序》但追溯其上世之族望言之，《传》则据其身实籍言之。"参《全文》一三五杜淹《文中子世家》。下文悉据《东皋子集序》及两《唐书》本传。

绛州龙门：今山西省河津县西北。见《元和志》一二。

② 文中子通：王通，绩之兄，勃之祖。杨炯《王子安集原序》（《四部丛刊》本）云："祖父通，隋秀才高第，蜀郡司户书佐、蜀王侍读。大业末，退，讲艺于龙门。其卒也，门人谥曰文中子。"传见《旧书》一九〇上、《新书》二〇一。

③ "年十五"至"目为神仙童子"　此据《郡斋》四上"王绩东皋子五卷"条引"吕才《序》"。今本《东皋子集序》（《四部丛刊》本、《全文》本）均无此数语。

杨素：隋人，助杨坚平定天下，封越国公，任尚书左仆射；后拥立炀帝，官至司徒，改封楚国公。传见《隋书》四八。

④ "遂托病风轻舟夜遁"　此据《东皋子集序》。《旧书》本传作："非其所好，弃官还乡里。"《新书》本传作："因劾，遂解去。"

风：中医病名。《素问·至真要大论》："诸暴强直，皆属于风。"按王绩《答冯子华处士书》(《全文》一三一)云："吾比风痹发动，常劣劣不能佳。"

⑤"故乡"　《四库》本作"乡里"，与两《唐书》本传合。

⑥"唐武德中"　此据《东皋子集序》。《新书》本传作"高祖武德初"。

⑦"诏征"　《四库》本无"征"字。

⑧"绩弟静"　《东皋子集序》作"君第七弟静为武皇千牛"。

⑨"萧瑟"　与《东皋子集序》合，《四库》本作"萧索"。

⑩"江国公闻之"　"江国公"上原衍"待诏"二字，据《四库》本删。《东皋子集序》作："待诏江国公，君之故人也，闻之。""待诏"二字因上文"待诏可乐否"、"待诏禄俸殊为萧瑟"而衍。《新书》本传作"侍中陈叔达闻之"。

江国公：即陈叔达，王通的门徒，于武德元年拜侍中，五年进封江国公。传见《旧书》六一、《新书》一○○。《全文》一三一载有王绩《与陈叔达重借隋纪书》，《全文》一三三载有陈叔达《答王绩书》。

⑪"归河渚间"　"河渚"应为"河汾"，辛氏误。"河汾"，绩之故乡。《东皋子集序》云："高祖晋穆公（按：指王虬）自南归北，始家河汾焉。"又云："河渚中先有渚田十数顷，称良沃。邻渚又有隐士仲长子光服食养性，君重其贞素，顾与相近，遂结庐河渚。""河渚"，河中渚田也，未容与"河汾"混。按："河汾中"即绩之故乡绛州龙门县之所在，参《元和志》一二"绛州龙门县"条。又按：两《唐书》本传将结庐河渚之事记于大业中弃六合丞归里之后，与《才子传》所述异。

⑫"仲长子光"　与《新书》本传、王绩《仲长子光传》(《全文》一三一)合。《旧书》本传"光"讹作"先"。

⑬"君有奴婢数人"　《四库》本无"君"字。《新书》本传此处"君"作"绩"，义较显。参《全文》一三一王绩《答冯子华处士书》。

⑭"虽刺史谒见"　《新书》本传"谒见"作"请相见"，《东皋子集序》作"请与君相见"，义较允。

⑮"终于家"　《东皋子集序》作："贞观十八年，终于家。"

⑯"性简傲"至"独步当时"　《东皋子集序》记此事在大业末"为（秘书）正字"之前。《四库》本"高情胜气"上有"绩"字，此句在"性简傲"之上。

⑰"李淳风见之，曰"　《东皋子集序》"李淳风"上有"太史令"三字。《新书》本传删此三字，是。按：李淳风贞观二十二年迁太史令时，王绩已卒。

李淳风：唐贞观间太史丞，明天文、历算、阴阳之学。传见《旧书》七九、《新书》二○四。

⑱南、董：春秋时齐国史官南史、晋国史官董狐，并称"南、董"，旧时誉为良史。王绩"兼采杜康、仪狄已来善为酒人为《酒谱》一卷"(《东皋子集序》)，故称其为

"酒家南、董"。

⑲"季叶" "叶"原作"业",据《四库》本改。

⑳草衣带索:指衣着粗劣的隐者。《世说新语·政事》注引王隐《晋书》:"草衣缊袍,不以为忧。"《列子·天瑞》:"鹿裘带索,鼓琴而歌。"

㉑"钓弋" "钓"原作"钩",据正保、《佚存》、《四库》、《指海》本改。《论语·述而》:"子钓而不纲,弋不射宿。"

㉒"不走山而逃海" 《四库》本"不"作"多"。

㉓危行言逊:行为正直,说话随和。《论语·宪问》:"邦无道,危行言逊。"

㉔拨:排除,断绝。见《广雅·释诂》。

㉕糠覈轩冕:轻视官爵。覈〔hé〕,糠中粗屑。

㉖黄、绮:指隐者高士。汉初夏黄公、绮里季并称"黄、绮",名列商山四皓。白居易《读史》诗:"商山有黄绮。"

㉗"骚雅之奇,美哉" 《四库》本作"骚雅之美也哉"。

㉘三五:指三皇五帝。班固《东都赋》:"事勤乎三五。"

㉙"山栖" 原作"栖栖",据《四库》本改。

㉚"鹿冠舄几" 《四库》、《佚存》本"舄几"作"乌几"。按:"舄几"疑为"兔舄"之讹。"乌几"疑为"乌巾"之讹。

鹿冠:隐士戴的鹿皮冠。见《三国志·魏文帝纪》。兔舄〔xì〕:仙人王乔的鞋,能化为飞兔。见《后汉书》八二上《王乔传》、《搜神记》一。

㉛"茅舍" 《四库》本"茅"作"草"。

㉜"丹臒" 《佚存》、《指海》本"臒"讹作"臄"。

丹臒〔huò〕:赤石脂之类,可作颜料,以饰宫室。《尚书·梓材》:"惟其涂丹臒。"

㉝藜羹不糁〔sǎn〕:以藜菜煮汤,汤里无米粒。《庄子·让王》:"孔子穷于陈、蔡之间,七日不火食,藜羹不糁。"

㉞"不侔" 《四库》本作"不同"。

㉟向子平:东汉逸民向长,字子平。《后汉书》八三有传。下文引向子平语即据该传。

㊱"遁之时义大矣哉" 见于《周易·遁》。《佚存》、《指海》本脱"矣"字。

遁:隐遁。《周易正义》四《遁》:"叹美遁德,相时度宜,避世而遁,自非大人照几,不能如此,其义甚大,故云大矣哉。"

附记:"论曰"以下,《四库》本附于《唐求传》之后。

【补录】

唐代吕才《东皋子集序》(《全文》一六〇):

"贞观中，以家贫赴选。时太乐有府史焦革，家善酿酒，冠绝当时。君苦求为太乐丞，选司以非士职不授。君再三请曰：'此中有深意。且士庶清浊，天下所安，不闻庄周避漆园，老聃耻柱下。'卒授焉。数月而焦革死，妻袁氏时送美酝。岁余，袁又死。君叹曰：'天乃不令吾饱美酒。'遂挂冠归田。自是太乐丞为清流。"

"君又葛巾牧牛，躬耕东皋，每著书自称东皋子。晚岁醉无节，乡人或谏止之，则笑曰：'汝辈不解，理正当然。'或乘牛驾驴，出入郊郭，止宿酒店，动经岁月，往往题咏作诗。好事者录之讽咏，并传于代。"

"临终自克死日，遗命薄葬，兼预自为墓志。"

宋代晁公武《郡斋读书志》四上"王绩东皋子五卷"条：

"薛道衡见其《登龙门忆禹赋》，叹曰：'今之庾信也！'"

## 【辑评】

唐代陆淳《删东皋子集序》（《全文》六一八）：

"何乃庄叟之后，绵历千祀，几于是道者，余得之王君焉。心于物冥，德不外荡，随变而适，即分而安。忘所居而迹不害教，遗其累而道不绝俗。故有陶公之去职，言不怨时，有阮氏之放情，行不忤物。旷哉渊乎，真可谓乐天之君子者矣！"

宋代苏轼《书东皋子》（《四部丛刊》本《东皋子集》卷首）：

"东皋子与仲长子光游，好养服食，预刻死日，自为墓志。予盖友其人于千载，或庶几焉。"

《周氏涉笔》（《四部丛刊》本《东皋子集》卷首）：

"旧传四声自齐梁至沈、宋，始定为唐律。然沈、宋体制，时带徐、庾，未若王绩剪裁锻炼，曲尽清玄，真开迹唐诗也。……《九月九日》一篇：'野人迷节候，端坐隔尘埃。忽见黄花吐，方知素节回。映岩千段发，临浦万株开。香气徒盈把，无人送酒来。'盖渊明古体蟠屈八句中，浑然天成，又唐末诸家所不能也。"

"无功放逸傲世，而诗句如此，岂其真得于自然乎？《独坐》云：'问君尊酒外，独坐更何须？有客谈名理，无人索地租。三男婚令族，五女嫁贤夫。百年随分了，未羡陟方壶。'无功本席世家之盛，师友之门，恩谊暖热，生理不干其心，因得以一意世外，不屈节求人，所谓福慧双入者耶？"

明代杨慎《升庵诗话》二：

"王无功，隋人，入唐。隐节既高，诗律又盛，盖王、杨、卢、骆之滥觞，陈、杜、沈、宋之先鞭也，而人罕知之。"

明代谢榛《四溟诗话》二：

"屈原曰：'众人皆醉而我独醒。'王绩曰：'眼看人尽醉，何忍独为醒。'左思曰：'功成不受爵，长揖归田庐。'太白曰：'若待功成拂衣去，武陵桃花笑杀人。'王、李二公，善于翻案。"

清代贺裳《载酒园诗话·又编》：

"诗之乱头粗服而好者，千载一渊明耳。乐天效之，便伤俚浅，惟王无功差得其仿佛。陶、王之称，余尝欲以东皋代辋川。辋川诚佳，太秀，多以绮思捇其朴趣。东皋潇洒落穆，不衫不履，如'来时常道贯，惭愧酒家胡'，'家贫留客久，不暇道精粗'。至若'相逢宁可醉，定不学丹砂'，'昔我未生时，谁者令我萌？弃置勿重陈，委化何足惊'，真齐得丧、一死生之言。旷怀高致，其人自堪尚友，不徒音响似之。"

"摩诘曰：'五帝与三王，古来称君子。干戈将揖让，毕竟何者是？'识田中尚费此一番辗转。无功直曰：'礼乐囚姬旦，诗书缚孔丘。不如高枕上，时取醉消愁。'个中纤影不留矣。"

"彭泽、东皋，皆素心之士。陶为饥寒所驱，时有凉音；王黍秫果药粗足，故饶逸趣。以九方皋相马法观之，顾不河汉。"

清代沈德潜《唐诗别裁》九：

"王绩《野望》：'东皋薄暮望，徙倚欲何依？树树皆秋色，山山唯落晖。牧人驱犊返，猎马带禽归。相顾无相识，长歌怀采薇。'五言律前此失严者多，应以此章为首。通首只无相识意，怀采薇偶尔兴寄古人也。说诗家谓感隋之将亡，毋乃穿凿？"

清代王尧衢《古唐诗合解》七：

"王绩《野望》。王无功生于隋唐之际，号东皋子，沉于醉乡，而成其高蹈，故托兴采薇，而以无相识致慨也。此诗格调最高，宜取为压卷。"

清代纪昀《四库全书总目》一四九"东皋子集三卷"条：

"其诗唯《野望》一首为世传诵。然如《石竹咏》，意境高古；《薛记室收过庄见寻》诗二十四韵，气格遒健，皆能涤初唐俳偶板滞之习，置之开元、天宝间，弗能别也。"

清代翁方纲《石洲诗话》一：

"王无功以真率疏浅之格，入初唐诸家中，如鸾凤群飞，忽逢野鹿，正是不可多得也。然非入唐之正脉。"

## 二　崔信明

信明，青州人①。少英敏，及长，强记，美文章。高孝基②语人曰："崔生才冠一时，但恨位不到耳③！"隋大业中，为尧城④令。窦建德⑤僭号，信明弟仕贼，劝信明降节，当得美官。不肯从，遂逾城去，隐太行山中。唐贞观六年⑥，诏即家拜兴势丞，迁秦川令，卒⑦。信明恃才蹇亢，尝自矜其文。时有扬州录事参军荥阳郑世翼，亦骜倨忤物，遇信明于江中，谓曰："闻君有'枫落吴江冷'之句，仍愿见其余。"信明欣然多出旧制。郑览未终，曰："所见不逮所闻！"投卷于水中，引舟而去⑧。今其诗传者数篇而已⑨。

【校注】

①"青州人"　两《唐书》本传均作"青州益都人"。《新书》七二下《宰相世系表》二下载崔信明于"崔氏清河青州房"。下文悉据《新书》二〇一本传。

青州：治益都，今山东省益都县。见《元和志》一〇"河南道"。

②"高孝基"　《旧书》一九〇上本传作"乡人高孝基有知人之鉴"。

高孝基：高构，字孝基。传见《隋书》六六。

③"但恨位不到耳"　《旧书》本传作"但恨其位不达耳"。义较明。

④尧城：今河南省安阳县。见《元和志》一六"河北道相州"。

⑤窦建德：隋末河北农民起义首领。大业七年率众起事，发展到十余万人，为推翻隋朝的主力之一。大业十四年建立政权，国号夏。唐武德四年与唐军战于荥阳，兵败被杀。传见《旧书》五四，《新书》八五。

⑥"唐贞观六年"　《四库》本作"贞观中"。

⑦"诏即家拜兴势丞，迁秦川令，卒"　《四库》本"家"上有"其"字，"势"作"世"。《旧书》本传作"世"，《新书》本传作"势"。按：《元和志》二二"山南道洋州兴势县"载，县以兴势山得名，贞观二十二年改为兴道县。则作"兴势丞"为是。

"迁秦川令,卒",据两《唐书》本传。《新书》七二下《宰相世系表》二下载:"信明,怀州刺史。"则本传谓卒于秦川令或不确。

兴势:今陕西省洋县。秦川:检《元和志》及两《唐书·地理志》,无秦川县,待考。

⑧"时有扬州录事参军"至"引舟而去" 采自《新书》本传,《旧书》本传无此记载。

郑世翼:《新书》二〇一《崔信明传》附《郑世翼传》云:"世翼,郑州荥阳人,周仪同大将军敬德孙。贞观时,坐怨谤流死嶲州。撰《交游传》,行于世。"

⑨信明诗除"枫落吴江冷"残句外,今仅存《送金竟陵入蜀》一首:"金门去蜀道,玉垒望长安。岂言千里远,方寻九折难。西上君飞盖,东归我挂冠。猿声出峡断,月采落江寒。从今与君别,花月几新残?"(《全诗》三八)

附记:《四库》本"迁秦川令"以下阙,附按语云:"按:《崔信明传》《永乐大典》所载止得二条,盖全文已佚矣。"

## 【补录】

后晋刘昫《旧唐书》一九〇上《崔信明传》:

"信明颇骞傲自伐,常赋诗吟啸,自谓过于李百药,时人多不许之。又矜其门族,轻侮四海士望,由是为世所讥。"

## 【辑评】

宋代张戒《岁寒堂诗话》上:

"论诗当以文体为先,警策为后。若但取警策而已,则'枫落吴江冷',岂足以定优劣?"

宋代吴曾《能改斋漫录》一〇:

"崔信明有'枫落吴江冷'之句,李太白亦有'枫落吴江雪,纷纷入酒杯',语同而意异。"

宋代罗大经《鹤林玉露》三"作诗之巧拙"条:

"作诗必以巧进,以拙成。故作字唯拙笔最难,作诗唯拙句最难。至于拙,则浑然天全,工巧不足言矣。古人拙句,曾经拈出,如'池塘生春草','枫落吴江冷'……"

清代王士禛《戏仿元遗山论诗绝句三十二首》二六:

"'枫落吴江'妙入神,'思君流水'是天真。何因点窜'澄江练'?笑杀谈诗谢茂秦。"

清代贺贻孙《诗筏》：

"诗语可入填词，如诗中'枫落吴江冷'……等句，填词屡用之，愈觉其新。"

清代吴雷发《说诗菅蒯》：

"有强解诗中字句者，或述前人'可解不可解不必解'之说晓之，终未之信。余曰：古来名句如'枫落吴江冷'，就子言之，必曰枫自然落，吴江自然冷；枫落则随处皆冷，何必独曰吴江？况吴江冷亦是常事，有何吃紧处？……不几使千秋佳句，兴趣索然哉？"

## 三　王　勃（650—676）

勃，字子安，太原人①，王通之诸孙也。六岁善辞章。麟德初，刘祥道②表其材，对策高第。未及冠，授朝散郎③。沛王召署府修撰④。时诸王斗鸡，会勃戏为文檄英王鸡⑤，高宗闻之，怒斥出府。勃既废，客剑南，登山旷望，慨然思诸葛⑥之功，赋诗见情。又尝匿死罪官奴⑦，恐事泄，辄杀之，事觉当诛，会赦除名。父福畤⑧坐是左迁交趾⑨令。勃往省觐，途过南昌⑩，时都督阎公⑪新修滕王阁成⑫，九月九日，大会宾客，将令其婿作记⑬，以夸盛事。勃至入谒，帅知其才，因请为之⑭。勃欣然对客操觚，顷刻而就，文不加点，满座大惊。酒酣辞别，帅赠百缣，即举帆去⑮。至炎方，舟入洋海溺死⑯。时年二十九⑰。勃属文绮丽，请者甚多，金帛盈积，心织而衣，笔耕而食⑱。然不甚精思，先磨墨数升，则酣饮，引被覆面卧，及寤，援笔成篇，不易一字⑲，人谓之"腹稿"。尝言人子不可不知医，时长安曹元有秘方，勃尽得其术⑳。又以虢州多药草，求补参军。倚才陵籍，僚吏疾之㉑。有集三十卷，及《舟中纂序》五卷，今行于世。○勃尝遇异人，相之曰："子神强骨弱，气清体羸，脑骨亏陷，目睛不全。秀而不实，终无大贵矣。"故其才长而命短者，岂非相乎㉒？

## 卷第一

**【校注】**

①"太原人"　《全文》一九一杨炯《王勃集序》作"太原祁人也"。《旧书》一九〇上、《新书》二〇二本传均作"绛州龙门人"。刘肃《大唐新语》八亦作"绛州王勃"。按：太原系指族望，籍贯为绛州龙门，参见本书本卷（一）《王绩传》校注。又按：下文多据两《唐书》本传。

②"刘祥道"　原文误置为"刘道祥"，据《新书》本传、《旧书》八一《刘祥道传》乙正。《王勃集序》作"太常伯刘公"。

刘祥道：少袭父爵，显庆间历黄门侍郎、刑部尚书，龙朔间迁右相，转司礼太常伯。传见《旧书》八一、《新书》一〇六。王勃有《上刘右相书》（《全文》一七九）。

③朝散郎：文散官，从七品上。见《旧书》四二《职官志》一。

④"沛王召署府修撰"　《四库》本"召署"作"署为"。《王勃集序》作"沛王……征为侍读"。

沛王：李贤，高宗第六子，后为章怀太子。传见《旧书》八六、《新书》八二。

⑤"戏为文檄英王鸡"　《四库》本无"英王鸡"三字。《旧书》本传作"戏为《檄英王鸡文》"。《资治通鉴》二〇〇作："勃戏为《檄周王鸡文》。"按：文不传。李贤为沛王时，李显当称周王，两《唐书》此处称英王误，故《四库》本删除"英王鸡"三字。参《旧书》八六《章怀太子传》、《旧书》七《中宗纪》、《资治通鉴》二〇〇《考异》。

英王：李显，高宗第七子，后为中宗。

⑥"诸葛"　《新书》本传作"诸葛亮"。

⑦"又尝匿死罪官奴"　"死"疑为"犯"字之讹。《旧书》本传作："有官奴曹达犯罪，匿勃所。"《新书》本传略同，皆不云"死罪"。又，两《唐书》于藏匿罪奴事之前，均记补虢州参军事，本篇乃移于传文之末。

⑧福畤：历任太常博士、雍州司功参军、六合令、交趾令、齐州长史、泽州长史。见《王勃集序》。

⑨交趾：唐县名，治所在今越南河内西北。见《元和志》三八"岭南道安南都护府"。

⑩"途过南昌"　《新书》本传作"道出钟陵"。按：《元和志》二八"江南道洪州南昌县"下载："汉高帝六年置。隋平陈，改为豫章县。宝应元年六月改为钟陵县，十二月改为南昌县。"据此，王勃时代应作"豫章"为是。《新传》作"钟陵"，当是因袭旧史之文，避代宗之讳（豫）。

⑪"都督阎公"　此据王勃《秋日登洪府滕王阁饯别序》、王定保《唐摭言》五。《新书》本传只作"都督"。按：阎公，名不详。旧说谓洪州都督阎伯屿（见《万姓统

谱》六七），误。参见岑仲勉《唐集质疑》"都督阎公之雅望"条。

⑫"新修滕王阁成" 《四库》本"修"作"造"。按：《新书》本传仅云"大宴滕王阁"，《滕王阁饯别序》、《唐摭言》皆无"新修滕王阁成"之语。

滕王阁：显庆四年滕王李元婴（高祖子）官洪州都督时修建，故址在今江西省南昌市。前临赣江，为游览胜地。唐代韦悫《重修滕王阁记》云："钟陵郡（洪州）背郭不二百步，有巨阁称滕王者，考寻结构之始，盖自永徽后，时滕王作苏州刺史转洪州都督之所营造也。"（《全文》七四七）参《读史方舆纪要》八四"南昌府"。

⑬"将令其婿作记" "将"应作"宿"。《新书》本传作："宿命其婿作序。"《唐摭言》作："意属子婿孟学士者为之，已宿构矣。"《太平广记》一七五"王勃"条引《摭言》作："时帅府有婿善为文章，帅欲夸之宾友，乃宿构《滕王阁序》。"

⑭"帅知其才，因请为之" 《新书》本传作："因出纸笔遍请客，莫敢当，至勃，泛然不辞，都督怒。"《唐摭言》所载略同。《才子传》似失原意。按：作赋之年，《唐摭言》（雅雨堂本）云"时年十四"，《太平广记》一七五引《摭言》作"年十三"。

⑮"酒酣辞别"至"即举帆去" 《四库》本无"酒酣"二字。《新书》本传作"极欢罢"，《唐摭言》略同，皆未记赠缣事。

⑯"至炎方，舟入洋海溺死" 《旧书》本传作："渡南海，堕水而卒。"《新书》本传作："渡海溺水，痵而卒。"

炎方：南方炎热之地。李白《古风》："炎方难远行。"

⑰"时年二十九" 《四库》本无"至炎方，舟入洋海溺死，时年二十九"数语，而于下文"终无大贵矣"之下有："溺海，时年二十九。"按：王勃享年，《新书》本传、《纪事》七"王勃"条皆作"二十九"，《旧书》本传则作"二十八"。按：《王勃集序》云："春秋二十八，皇唐上元三年秋八月，不改其乐，颜氏斯徂。"

⑱"勃属文绮丽"至"笔耕而食" 冯贽《云仙杂记》九引《北里志》："《翰林盛事》云，王勃所至，请托为文，金帛丰积，人称心织笔耕。"按：《云仙杂记》系伪书，所记皆不可信。

⑲"则酣饮"至"不易一字" 《新书》本传、王谠《唐语林》二略同。段成式《酉阳杂俎》一二不云"酣饮"、"及寤"，只云："引被覆面而卧，忽起，一笔书之，初不窜点。"《太平广记》一九八"王勃"条引《谈薮》略同，或较近真。

⑳"尝言人子"至"尽得其术" 此据《新书》本传。《全文》一八〇王勃《黄帝八十一难经序》："勃养于慈父之手，每承过庭之训云：人子不知医，克以为不孝。"

曹元：字真道，医者。见王勃《黄帝八十一难经序》。

㉑"又以虢州多药草"至"僚吏疾之" 《新书》本传文字略同。按：此段，两《唐书》本传皆记于藏匿罪奴事之前，本篇移置于此。《王勃集序》云："友人陆季友时为虢州司法，盛称弘农药物，乃求补虢州参军，坐免。"两《唐书》所记与此相合，"坐

免"即指因杀官奴而除名。

虢州：治弘农，今河南省灵宝县。见《元和志》六"河南道"。

㉒ "勃尝遇异人"至"岂非相乎" "脑骨"，《四库》本作"胸骨"。《旧书》本传云："初，吏部侍郎裴行俭典选，有知人之鉴。……李敬玄尤重杨炯、卢照邻、骆宾王与勃等四人，必当显贵。行俭曰：'士之致远，先识器而后文艺。勃等虽有文才，而浮躁浅露，岂享禄之器耶！杨子沉静，应至令长，余得令终为幸。'果如其言。"此又见于张说《赠太尉裴公神道碑》（《全文》二二八）、刘肃《大唐新语·知微》、王溥《唐会要》七五。本篇所记，或由从衍化出。

【补录】

唐代杨炯《王勃集序》（《全文》一九一）：

"九岁读颜氏《汉书》，撰《指瑕》十卷。……年十有四，时誉斯归。太常伯刘公巡行风俗，见而异之，曰：'此神童也。'"

后晋刘昫《旧唐书》一九〇上《王勃传》：

"勃六岁解属文，构思无滞，词情英迈，与兄勔、勮才藻相类。父友杜易简常称之曰：'此王氏三珠树也。'"

五代王定保《唐摭言》五"以其人不称才试而后惊"条：

"王勃著《滕王阁序》，时年十四。都督阎公不之信，勃虽在座，而阎公意属子婿孟学士者为之，已宿构矣。及以纸笔巡让宾客，勃不辞让。公大怒，拂衣而起，专令人伺其下笔。第一报云：'南昌故郡，洪都新府。'公曰：'亦是老先生常谈！'又报云：'星分翼轸，地接衡庐。'公闻之，沉吟不言。又云：'落霞与孤鹜齐飞，秋水共长天一色。'公矍然而起曰：'此真天才，当垂不朽矣！'遂亟请宴所，极欢而罢。"

宋代王谠《唐语林》二：

"文中子见王勃少弄笔砚，问曰：'为文乎？'曰：'然。'因与题《太公遇文王赞》。"（按：此条内容见于《芝田录》。）

【辑评】

唐代杨炯《王勃集序》（《全文》一九一）：

"西南洪笔，咸出其辞。每有一文，海内惊瞻。所制九陇县孔子庙堂碑文，宏伟绝人，稀代为宝，正平之作，不能夺也。"

唐代宋之问《祭杜学士审言文》（《全文》二四一）：

"后复有王、杨、卢、骆,继之以子跃云衢。王也才参卿于西陕,杨也终远宰于东吴,卢则哀其栖山而卧疾,骆则不能保族而全躯。由运然也,莫以福寿自卫;将神忌也,不得华实斯俱!"

唐代杜甫《戏为六绝句》之二(《杜少陵集详注》一一):

"王杨卢骆当时体,轻薄为文哂未休。尔曹身与名俱灭,不废江河万古流。"

后晋刘昫《旧唐书》一九〇上《杨炯传》:

"崔融曰:'王勃文章宏逸,有绝尘之迹,固非常流所及。炯与照邻可以企之。'"

明代王世贞《艺苑卮言》四:

"卢、骆、王、杨,号称四杰。词旨华靡,固沿陈、隋之遗,翩翩意象,老境超然胜之,五言遂为律家正始。内子安稍近乐府。"

明代胡震亨《唐音癸签》五:

"王子安虽不废藻饰,如璞含珠媚,自然发其彩光。"

明代胡应麟《诗薮·内编》四:

"唐初五言律,惟王勃'送送多穷路'、'城阙辅三秦'等作,终篇不着景物,而兴象婉然,气骨苍然,实启盛、中妙境。五言绝亦舒写悲凉,洗削流调。究其才力,自是唐人开山祖。"

明代陆时雍《诗镜·总论》:

"王勃高华,杨炯雄厚,照邻清藻,宾王坦易。子安其最杰乎?调入初唐,时带六朝锦色。"

清代毛先舒《诗辩坻》三:

"王子安七言古风,能从乐府脱出,故宜。华不伤质,自然高浑矣。"

清代沈德潜《唐诗别裁》一九:

"王勃《江亭夜月送别》:'江送巴南水,山横塞北云。津亭秋夜月,谁见泣离群?'意虽未深,却为正声之始。"

## 四 杨 炯（650—?）

炯,华阴人[①]。显庆六年,举神童[②]。授校书郎[③]。永隆二年,皇太子舍奠,表豪俊,充崇文馆学士[④]。后为婺州盈川令[⑤],卒。

炯恃才凭傲，每耻朝士矫饰，呼为"麒麟楦"。或问之，曰："今假弄麒麟戏者，必刻画其形覆驴上，宛然异物，及去其皮，还是驴耳。"闻者甚不平，故为时所忌⑥。初，张说以《箴》赠盈川之行，戒其苛刻，至官，果以酷称⑦。炯博学善文，与王勃、卢照邻、骆宾王以文辞齐名，海内称"四才子"，亦曰"四杰"⑧，效之者风靡焉。炯尝谓："吾愧在卢前，耻居王后。"⑨张说曰："盈川文如悬河，酌之不竭⑩。耻王后、愧卢前，谦也⑪。"有《盈川集》三十卷行于世⑫。

**【校注】**

①"华阴人" 据《旧书》一九〇上、《新书》二〇一本传。刘肃《大唐新语》八亦作"华阴杨炯"。

华阴：今陕西省华阴县。见《元和志》二"关内道华州"。

②"显庆六年举神童" 据《郡斋》四上"杨盈川集二十卷"条，两《唐书》本传未记年代。《四库》本"显庆六年"四字作"六岁"。

③"授校书郎" 本篇据两《唐书》本传、《郡斋》连叙"举神童，授校书郎"，义未允。《全文》一九〇杨炯《浑天赋序》云："显庆四年，炯时年十一，待制弘文馆。上元二年，始以应制举，补校书郎。"钱易《南部新书》己卷同。

④"永隆二年"至"充崇文馆学士" "舍奠"，《新书》本传、《旧书·高宗纪》、《唐会要》六四并作"释奠"。本篇此处语意未完，《新书》本传作："永隆二年，皇太子已释奠，表豪俊充崇文馆学士，中书侍郎薛元超荐炯及郑祖玄、邓友挺、崔融等，诏可。"

舍奠：太子立学之礼，置爵于神前而祭。《周礼·春官·大祝》作"舍奠"，《礼记·文王世子》作"释奠"。

⑤"婺州盈川令" "婺州"应作"衢州"，两《唐书》本传及《郡斋》并误。据《元和志》二六、《旧书》四〇《地理志》三、《新书》四一《地理志》五，盈川属衢州，如意元年分龙丘县置。《广记》二六五"盈川令"条引《朝野佥载》正作"衢州盈川县令"。

盈川：旧治在今浙江省衢县南。见《元和志》二六"江南道衢州"。

⑥"炯恃才凭傲"至"故为时所忌" "假弄"原作"弄假"，据《佚存》、三间、《指海》本乙正。冯贽《云仙杂记》九、《广记》二六五引《朝野佥载》均作"假弄"。此段是撮取《朝野佥载》大意。《广记》引《朝野佥载》作："唐衢州盈川令杨炯，词学

优长，恃才简倨，不容于时。每见朝官，目为麒麟楦，忤怨。人问其故，杨曰：'今铺乐假弄麒麟者，刻画头角，修饰皮毛，覆之驴上，巡场而走。及脱皮褐，还是驴马。无德而衣朱紫者，与驴覆麟皮何别矣！'"

⑦ "初，张说"至"果以酷称" 《四库》本"至官果以酷称"作"至官以刻称"。此据《新书》本传节写。《全文》二二六载有张说《赠别盈川炯箴》。

⑧ "海内称'四才子'，亦曰'四杰'" 《旧书》本传作："海内称为王、杨、卢、骆，亦号为四杰。"郗云卿《骆宾王文集原序》（《骆临海集笺注》卷首）作："海内称焉，号为四杰，亦云卢、骆、杨、王四才子。"按：王、杨、卢、骆之称，见于宋之问《祭杜学士审言文》（《全文》二四一）、张鷟《朝野佥载》六、杜甫《戏为六绝句》之二、刘肃《大唐新语》八。陈熙晋《续补唐书骆侍御传》（《骆临海集笺注》附录）云："先后之次序，亦有不尽然者。《旧书·文苑传》先杨而次及王与卢、骆。（按：《旧书·文苑传·杨炯传》称："炯与王勃、卢照邻、骆宾王齐名，海内称王、杨、卢、骆。"）杜少陵诗两称卢、王，则子安次于昇之以文词。张说《裴太尉碑》曰：在选曹见骆宾王、卢照邻、王勃、杨炯。则临海为之冠。然则先后之次第，当时本无定论也。"

⑨ "炯尝谓"至"耻居王后" 《四库》本"尝谓"作"曰"。又，《四库》本此下有"论者然之"四字。（《旧书》本传作："当时议者，亦以为然。"）按：《朝野佥载》六记："世称王、杨、卢、骆，照邻闻之曰：'喜居王后，耻在骆前。'"

⑩ "张说曰"至"酌之不竭" 《四库》本"酌之不竭"下有"优于卢而不减于王"。刘肃《大唐新语》八"文学"门作："张说谓人曰：'杨盈川之文，如悬河注水，酌之不竭，既优于卢，亦不减王。'"两《唐书》本传略同。

张说：传见本书本卷（一四）。

⑪ "耻王后、愧卢前，谦也" 《四库》本作："愧在卢前，谦也；耻居王后，信然。"与《旧书》本传相符。刘肃《大唐新语》八"文章"门作："耻居王后，信然；愧在卢前，则为误矣。"

⑫ "行于世" 《四库》本无此三字。

【补录】

唐代张鷟《朝野佥载》六：

"时杨（炯）之为文，好以古人姓名连用，如：'张平子之略谈，陆士衡之所记；潘安仁宜其陋矣，仲长统何足知之。'号为点鬼簿。"

后晋刘昫《旧唐书》一九〇上《杨炯传》：

"炯俄迁詹事司直。则天初，坐从祖弟神让犯逆（按：此处《新书》本传作："俄坐从父弟神让与徐敬业乱"），左转梓州司法参军。秩满，选授盈川令。如意元年七月望日，宫中出盂兰盆，分送佛寺，则天御洛南门，与百僚观之。炯献《盂兰盆赋》，词甚雅丽。炯至官，为政残酷，人吏动不如意，辄搒杀之。又所居府舍，多进士亭台，皆书榜额，为之美名，大为远近所笑。无何卒官。"

【辑评】

唐代宋之问《祭杨盈川文》(《全文》二四一)：

"属词比事，宗经匠史；玉璞金浑，风摇云起。……之子妙年，香名早传。从来金马，夙昔崇贤；门庭若市，翰墨如泉。"

明代胡应麟《诗薮·内编》四：

"盈川近体，虽神骏输王，而整肃浑雄。究其体裁，实为正始。然长歌遂尔绝响。"

明代胡震亨《唐音癸签》五：

"盈川视王（勃）微加澄汰，清姿明骨，居然大雅。"

清代王夫之《唐诗评选》一：

"杨炯《从军行》：裁乐府作律，以自意起止，泯合入化。"

清代贺裳《载酒园诗话·又编》：

"杨盈川诗不能高，气殊苍厚。'宁为百夫长，胜作一书生'，是愤语，激而成壮。"

清代沈德潜《唐诗别裁》九：

"杨炯《从军行》：此泛言用武效力，胜于一经自守。唐汝询以为朝廷尊宠武臣，而盈川抱才不遇，故尔心中不平。亦近于凿。"

## 五 卢照邻 (630？—689？)

照邻，字昇之①，范阳人②。调邓王府典签③，王爱重，谓人曰："此吾之相如也。"后迁新都尉，婴病去官④，居太白山草阁⑤，得方士玄明膏饵之。会父丧，号恸，因呕，丹辄出，疾愈甚。家贫苦，贵官时时供衣药⑥。乃去具茨山下，买园数十亩，疏颍水周舍，复豫为墓，偃卧其中⑦。自以当高宗之时尚吏，已独儒；武后尚法，已独黄老；后封嵩山，屡聘贤士，已已废。著《五悲文》以自明⑧。手足挛缓，不起，行已十年，每春归秋至，云壑烟郊，辄舆出户庭，悠然一望。遂自伤，作《释疾文》，有云："覆焘虽广，嗟不容乎此生；亭育虽繁，恩已绝乎斯代。"⑨与亲属诀，自沉颍水。有诗文二十卷及《幽忧子》三卷，行于世⑩。

**【校注】**

① "字昇之"　"昇"原作"升"，据《四库》本改。《朝野佥载》六、《旧书》一九〇上、《新书》二〇一本传、《郡斋》四上、《纪事》七均作"昇"。下文多据《新书》本传。

② "范阳人"　《旧书》本传作"幽州范阳人"。刘肃《大唐新语》八亦作"范阳卢照邻"。《郡斋》四上"卢照邻幽忧子集十卷"条作"洛阳人"。按：卢照邻有《送幽州陈参军赴任寄呈乡曲父老》诗（《全诗》四二）。

范阳：今河北省涿县。见《旧书》三九《地理志》二"河北道涿州"。

③ "调邓王府典签"　此据《新书》本传。"调"字似误。《旧书》本传作"初授邓王府典签"，张鷟《朝野佥载》六亦作"弱冠拜邓王府典签"，均不言"调"。

邓王：高祖子李元裕。传见《旧书》六四、《新书》七九。

典签：王府官属，掌宣传教命，从八品下。

④ "后迁新都尉，婴病去官"　《旧书》本传"婴病"作"染风疾"。《朝野佥载》六记："后为益州新都尉，秩满，婆娑于蜀中，放旷诗酒。"所记与两《唐书》本传不同。按：关于卢照邻赴蜀与染病事，参见卢照邻《释疾文·粤若》（《全文》一六七）、《病梨树赋序》（《全文》一六六）中所述。

新都：今四川省新都县。见《元和志》三一"剑南道成都府"。

⑤ "居太白山草阁"　正保本"草阁"作"墓阁"。两《唐书》本传皆无"草阁"二字。

太白山，今陕西省眉县南。见《元和志》二"关内道凤翔府郿县"。

⑥ "贵官时时供衣药"　"官"原作"宦"，据《佚存》、《指海》本改。《新书》本传作："裴瑾之、韦方质、范履冰等时时供衣药。"按：卢照邻有《寄裴舍人诸公遗衣药直书》（《全文》一六六）。

⑦ "乃去具茨山下"至"偃卧其中"　此处文气不贯。《新书》本传"乃去具茨山下"之前有"疾甚，足挛，一手又废"八字。

具茨山：在今河南省禹县境内。见《新书》三八《地理志》二"河南道许州颍川郡阳翟县"。

颍水：源出河南省登封县，经禹县、周口市、阜阳市，西南流入淮河。

⑧ "自以当高宗之时"至"著五悲文以自明"　"高宗之时"，《四库》本无"之"字。此段全据《新书》本传。《郡斋》四上"卢照邻幽忧子集十卷"条略同。按："五悲文"应为"释疾文"。卢照邻《释疾文·粤若》（《全文》一六七）云："先朝好吏，予方学于孔、墨，今上好法，予晚受乎老、庄。彼圆凿而方柄，吾知龃龉而无当。……其后雄图甫毕，登封礼日，方欲访高议于云台，考奇文于石室……屡下蒲帛之书，值余有幽忧之疾。"此即《新书》之所本。

⑨ "手足挛缓"至"恩已绝乎斯代"　《四库》本"行已十年"下无"不起"二字。"每春归秋至"，《四库》本"每"下有"不起"二字。按：此段全据《释疾文序》，原文如下："余羸卧不起，行已十年，宛转匡床，婆娑小室。……寸步千里，咫尺山河。每至冬谢春归，暑阑秋至，云墼改色，烟郊变容，辄舆户庭，悠然一望。覆帱虽广，嗟不容乎此生；亭育虽繁，恩已绝乎斯代！"（《全文》一六七）

覆帱（dào）：犹言覆被。《礼记·中庸》："如天地之无不持载，无不覆帱。"

亭育：抚育。《老子》五一："道生之，德畜之，长之育之，亭之毒之，养之覆之。"

⑩ "行于世"　《四库》本此句下有："《旧唐书》曰：兄光乘，亦知名，长寿中为陇州刺史。"或是馆臣按语混入正文。

**【补录】**

唐代张鹭《朝野佥载》六：

"（卢照邻）弱冠拜邓王典签，王府书记一以委之。王有书十二车，照邻总披览，略能记忆。"

后晋刘昫《旧唐书》一九〇上《卢照邻传》：

"年十余岁，就曹宪、王义方授《苍》、《雅》及经史，博学善属文。"

**【辑评】**

唐代张鹭《朝野佥载》六：

"如卢生之文，时人莫能评其得失矣。惜哉，不幸有冉耕之疾，著《幽忧子》以释愤焉。"

明代胡应麟《诗薮·内编》三：

"卢、骆歌行，衍齐、梁而畅之，而富丽有余。"

"照邻《古意》、宾王《帝京》，词藻富者故当易至，然须寻其本色乃佳。"

明代胡震亨《唐音癸签》五：

"范阳较杨（炯）微丰，喜其领韵疏拔，时有一往任笔、不拘整对之意。"

清代贺裳《载酒园诗话·又编》：

"（卢照邻）《行路难》尘言滚滚，何以至是！少陵曰：'王杨卢骆当时体，轻薄为文哂未休。'若如此篇，亦不得专咎人轻薄。"

## 六　骆宾王（619？—？）

宾王，义乌人①。七岁能赋诗。武后时，数上疏言事，得罪，贬临海丞，鞅鞅不得志，弃官去②。文明中，徐敬业起兵欲反正，往投之，署为府属。为敬业作檄传天下，暴斥武后罪。后见读之，矍然曰："谁为之？"或以宾王对，后曰："有如此才不用，宰相过也。"③及败亡命，不知所之④。后宋之问贬还，道出钱塘，游灵隐寺，夜月，行吟长廊下曰："鹫岭郁岧峣，龙宫隐寂寥。"未得下联。有老僧燃灯坐禅，问曰："少年不寐，而吟讽甚苦，何耶？"之问曰："欲题此寺而思不属。"僧笑曰："何不道'楼观沧海日，门对浙江潮'。"之问终篇曰："桂子月中落，天香云外飘。扪萝登塔远，刳木取泉遥。云薄霜初下，冰轻叶未凋。待入天台路，看余渡石桥。"僧一联，篇中警策也。迟明访之，已不见。老僧即骆宾王也，传闻桴海而去矣⑤。后中宗诏求其文，得百余篇及诗等十卷，命郗云卿次序之⑥，及《百道判集》一卷，今传于世。

**【校注】**

①"义乌人"　《旧书》一九〇上本传作"婺州义乌人"，郗云卿《骆宾王文集原序》（《骆临海集笺注》卷首）同。刘肃《大唐新语》八则作"东阳骆宾王"。下文多据《新书》二〇一本传节录。

义乌：今浙江省义乌县。见《元和志》二六"江南道婺州"。

②"武后时"至"弃官去"　此据《新书》本传，然其上脱去一段，遂使"贬"字无着落。脱落的一段文字如下："初为道王府属，尝使自言所能，宾王不答。历武功主

簿……调长安主簿。"《旧书》本传所载微异："高宗末，为长安主簿，坐赃，左迁临海丞。"郗云卿《骆宾王文集原序》作："仕至侍御史。后以天后即位，频贡章疏讽谏，因斯得罪，贬授临海丞。"参陈熙晋《续补唐书骆侍御传》。

临海：今浙江省临海县。见《元和志》二六"江南道台州"。

③ "文明中"至"宰相过也"　《四库》本"武后罪"下有"恶"字。此段据《新书》本传。"有如此才不用，宰相过也"，《新书》本传作"宰相安得失此人"，段成式《酉阳杂俎》一、王谠《唐语林》二略同。《资治通鉴》二〇三作："宰相之过也，人有如此才而使之流落而不偶乎！"

徐敬业：李勣（徐世勣）之孙，光宅七年于扬州起兵反武则天，自称匡复府上将、扬州大都督，以骆宾王为艺文令。传见《旧书》六七、《新书》九三。

檄：指《代李敬业讨武氏檄》（《全文》一九九）。

④ "及败亡命，不知所之"　此据《新书》本传。《骆宾王文集原序》亦作："兵事既不捷，因致逃遁。"《旧书》本传作："敬业败，伏诛。"宋之问《祭杜学士审言文》（《全文》二四一）称："骆（宾王）则不能保族而全躯。"按：宾王之结局，有三说：一、亡命（见郗云卿《骆宾王文集原序》、孟棨《本事诗·征异》、《新书》本传、《郡斋》四上）；二、伏诛（见《旧书》本传、《新书·徐敬业传》、《资治通鉴》二〇三、《直斋》一六）；三、投江（见张鷟《朝野佥载》一）。

⑤ "后宋之问贬还"至"桴海而去矣"　"云薄霜初下"，《本事诗·征异》、《全诗》五三《灵隐寺》诗并作"霜薄花更发"，义较胜。"待入天台路"，"路"原误作"寺"，据《四库》本改，与《本事诗》、《纪事》七"骆宾王"条、《全诗》合。"桴海"，《四库》本作"浮海"。此段系据《本事诗·征异》节写，文字略异。亦见于《纪事》七。按：《四库全书总目》一四九"骆丞集四卷"条云："今观集中，与之问踪迹甚密……宜非不相识者，何至觌面失之？封演为天宝中人，去宾王时甚近，所作《闻见记》中载之问此诗，证月中桂子之事，并不出于宾王。知当时尚无是论。"《封氏闻见记》七"月桂子"条称："宋之问台州作诗云：'桂子月中下，天香云外飘。'"不云游灵隐寺作诗。参胡震亨《唐音癸签》二九。又按：吴坰《五总志》所载颇异，谓："骆宾王未显时，佣作于杭州梵王寺。……一老僧苦吟不已……云：'我作梵王寺诗，止得两句云：桂子月中落，天香云外飘。思之切至，竟不能成章，遂太息也。'宾王曰：'我为汝足成之。'……即应声曰：'楼观沧海日，门对浙江潮。'僧大奇之。"是皆传说，全不足信。

钱塘：今浙江省杭州市，见《元和志》二五"江南道杭州"。

灵隐寺：在今浙江省杭州市西灵隐山上，晋代咸和中始建。见《大清一统志》二八三"杭州府"。

鹫〔jiù〕岭：即灵鹫山，在中印度，为佛说法之地。见《翻译名义集》三"众山"条。此处指钱塘灵隐山。见《元和志》二五"江南道杭州"。

天台：山名，在今浙江省天台县北，为仙霞岭山脉的东支。见《元和志》三五"江南道杭州"。

石桥：天台山有石桥名胜，亦称石梁，飞瀑泻其下，今犹在。孙绰《游天台山赋》李善注引顾恺之《启蒙记》："天台山石桥，路径不盈尺，长数十步，步至滑，下临绝冥之涧。"

⑥ "后中宗"至"命郗云卿次序之"　此据《郡斋》四上"骆宾王集十卷"条："中宗诏求其文，得百余篇，命郗云卿次序之。"《新书》本传"百余篇"作"数百篇"。皆本于郗云卿《骆宾王文集原序》："后中宗朝，降敕搜访宾王诗、笔，令云卿集焉。所载者，即当时之遗漏，凡十卷。"按：十卷包括诗、文（即郗氏所称"诗、笔"），并非另有诗十卷。辛氏所述似嫌含混。

## 【补录】

唐代张鷟《朝野佥载》一：

"明堂主簿骆宾王《帝京篇》曰：'倏忽抟风生羽翼，须臾失浪委泥沙。'宾王后与敬业兴兵扬州，大败，投江而死，此其谶也。"

《朝野佥载》六：

"骆宾王文好以数对，如'秦地重关一百二，汉家离宫三十六'。时人号为算博士。"

唐代段成式《酉阳杂俎》一"忠志"门：

"骆宾王为徐敬业作檄，极疏大周过恶。则天览及'蛾眉不肯让人，狐媚偏能惑主'，微笑不已。至'一抔之土未干，六尺之孤何在'，不悦曰：'宰相何得失如此人！'"

后晋刘昫《旧唐书》一九〇上《骆宾王传》：

"少善属文，尤妙于五言诗。尝作《帝京篇》，当时以为绝唱。然落魄无行，好与博徒游。"

宋代计有功《唐诗纪事》七"骆宾王"条：

"宾王七岁咏鹅云：'鹅、鹅，曲项向天歌。白毛浮渌水，红掌拨清波。'"

## 【辑评】

宋代魏庆之《诗人玉屑》一二"历论诸家"条引《李太白集》：

"骆宾王为诗，格高指远，若在天上物外，神仙会集，云行鹤驾，想见飘然之状。"

明代王世贞《艺苑卮言》四：

"宾王长歌虽极浮靡，亦有微瑕，而缀锦贯珠，滔滔洪远，故是千秋绝艺。"

明代胡震亨《唐音癸签》五：

"义乌富有才情，兼深组织，正以太整且丰之故，得擅长什之誉。"

清代毛先舒《诗辩坻》三：

"临海《易水送别》，借轲、丹事，用一'别'字映出题面，余作凭吊，而神理已足。二十字中而游刃如此，何等高笔！"（附《易水送别》："此地别燕丹，壮士发冲冠。昔时人已没，今日水犹寒。"）

清代贺裳《载酒园诗话·又编》：

"《帝京篇》，铨官时吏部侍郎裴行俭索文，作以献者也，故淋漓磊落，竭其才思。今人或病其过于横溢。余以读诗者如汉文节俭，自不作露台可耳，必不得谓未央壮丽，追罪萧何。"

"骆好征事，故多滞响。王工写景，遂饶秀色。"

# 七 杜审言（648？—708）

审言，字必简，京兆人①，预②之远裔。咸亨元年宋守节榜进士，为隰城尉③。恃高才傲世见疾④。苏味道为天官侍郎⑤，审言集判⑥，出谓人曰："味道必死。"人惊问何故，曰："彼见吾判，当羞死耳。"又曰："吾文章当得屈、宋作衙官，吾笔当得王羲之北面。"其矜诞类此⑦。坐事贬吉州司户⑧。及武后召还，将用之，问曰："卿喜否？"审言舞蹈谢。后令赋《欢喜诗》，称旨，授著作郎⑨。为修文馆直学士，卒⑩。初，审言病，宋之问、武平一⑪往省候，曰："甚为造化小儿相苦，尚何言！然吾在，久压公等。今且死⑫，但恨不见替人也。"少与李峤、崔融、苏味道为"文章四友"⑬。有集十卷，今不存，但传诗四十余篇而已⑭。

【校注】

① "京兆人"　《新书》二〇一本传作"襄州襄阳人"。按：《晋书·杜预传》：

"京兆杜陵人。"（预为审言十一世祖。）《元和姓纂》六：（八世祖逊）"过江随（晋）元帝南迁，居襄阳"。《周书·杜叔毗传》："其先京兆人，徙居襄阳。"（叔毗为审言四世祖。）本书谓审言京兆人，是言其族望。

　　京兆：指京都长安，今陕西省西安市。见《元和志》一"关内道京兆府"。

　　襄阳：今湖北省襄阳县。见《元和志》二一"山南道襄州"。

　②预：杜预，西晋将兼学者，多谋略，号"杜武库"。镇襄阳，以平吴功封当阳侯。著有《春秋左传集解》等。传见《晋书》三四。

　③"咸亨元年宋守节榜进士，为隰城尉"　《旧书》一九〇本传作："进士举，初为隰城尉。"《新书》本传略同。按：《唐才子传》所记之登科年岁、知贡举者及榜首状元，当据唐、宋人所传之《登科记》，今皆佚。

　　宋守节榜：意为与状元宋守节同榜。本书记登科云"某某榜"，均此义。

　　隰〔xí〕城：唐县名，上元元年改为西河县，今山西省汾阳县西。见《元和志》一二"河东道汾州西河县"。

　④"恃高才傲世见疾"　《四库》本无"见疾"二字。《大唐新语》五作"恃才謇傲"，《广记》二六五"杜审言"条引《谭宾录》作"恃高才以傲世"，均无"见疾"二字。

　⑤"苏味道为天官侍郎"　《新书》本传同。《旧书》本传此句之上有"乾封中"三字。按：苏于乾封二年始举进士，此处有误。

　　苏味道：乾封进士。少时与乡人李峤俱以文辞知名，称"苏、李"。武后时官至凤阁侍郎。后为眉州刺史。传见《旧书》九四、《新书》一一四。

　⑥"审言集判"　《新书》本传同。《旧书》本传作"审言预选"。

　　判：判词，公文之一种。《新书》四五《选举志》下："凡择人之法有四：一曰身，体貌丰伟；二曰言，言辞辩正；三曰书，楷法遒美；四曰判，文理优长。"

　⑦"恃高才傲世见疾"至"其矜诞类此"　据两《唐书》本传，亦见于《广记》二六五引《谭宾录》。

　⑧"坐事贬吉州司户"　《旧书》本传作："累转洛阳丞，坐事贬授吉州司户参军。"《新书》本传同。按：《全文》二四一载有陈子昂《送吉州杜司户审言序》。

　　吉州：治庐陵，今江西省吉安市。见《元和志》二八"江南道"。

　⑨"及武后召还"至"授著作郎"　"卿喜否"，《四库》本无"卿"字。"蹈"原讹为"踏"，从《佚存》、《四库》、《指海》本改，与两《唐书》本传合（两《唐书》"舞蹈"作"蹈舞"）。此段据两《唐书》本传，文字小异。"著作郎"，两《唐书》本传作"著作佐郎"，《纪事》六"杜审言"条亦作"著作郎"。（宋之问《祭杜学士审言文》云："命以著作，拜之为郎。"见《全文》二四一。）又，《旧书》本传于拜"著作佐郎"下记"俄迁膳部员外郎"，《新书》本传略同。

⑩"为修文馆直学士卒"　《四库》本"为修文馆直学士"下有"杜甫其孙也"五字，下文缺。《旧书》本传作："神龙初，坐与张易之兄弟交往，配流岭外。寻召授国子监主簿，加修文馆直学士。年六十余卒。"《新书》本传略同，"配流岭外"作"流峰州"。又，《全文》二四一宋之问《祭杜学士审言文》称："维大唐景龙二年岁次戊申月日，考功员外郎宋之问，谨以清酌之奠，敬祭于故修文馆学士杜君之灵。"

修文馆：隶门下省，后改弘文馆。学士、直学士掌详正图籍，教授生徒。见《旧书》四三《职官志》二。

⑪武平一：名甄，以字行。博学，工文辞。中宗时起居舍人，后兼修文馆直学士。按：《唐会要》六四"弘文馆"条记："至景龙二年四月二十二日，修文馆增置大学士四员，学士八员，直学士十二员，征攻文之士以充之。……五月五日，敕吏部侍郎薛稷、考功员外郎马怀素、户部员外郎宋之问、起居舍人武平一、国子主簿杜审言并为修文馆直学士。"

⑫"今且死"　《新书》本传、《纪事》六此句下有"固大慰"三字。按：宋之问《祭杜学士审言文》云："君之将死，其言也善。余向十旬，日或再展。君感斯意，赠言宛转。识金石之契密，悔文章之交浅。命子诫妻，既恳且辨。"或据此认为《新书》本传所记"久压公等"、"但恨不见替人"云云不确，然戏谑之言不便写入祭文，未必当时无此语。胡震亨《唐音癸签》二五云："杜必简未见替人之谑，非侮宋也。宋与杜差肩交，正挹宋深，聊戏耳。"

⑬"少与李峤、崔融、苏味道为'文章四友'"　《新书》本传此句下有："世号崔、李、苏、杜。融之亡，审言为服缌云。"

李峤：传见本书本卷（一三）。

崔融：字安成，历袁州刺史、国子司业等官。文辞典丽，朝廷大手笔，多委之。传见《旧书》九四、《新书》一一四。

⑭"有集十卷"至"四十余篇而已"　《旧书》本传作"有文集十卷"，《郡斋》四上"杜审言集一卷"条作"集有诗四十余篇而已"。

## 【补录】

唐代刘肃《大唐新语》五"孝行"门：

"杜审言雅善五言，尤工书翰，恃才謇傲，为时辈所嫉。自洛阳县丞贬吉州司户，又与群寮不叶。司马周季重与员外司户郭若讷共构之，审言系狱，将因事杀之。审言子并，年十三，伺季重等酬宴，密怀刃以刺季重。季重中刃而死，并亦见害。季重临死，叹曰：'吾不知杜审言有孝子，郭若讷误我至此！'审言由是免官归东都，自为祭文以祭并。士友咸哀并孝烈，苏颋为墓志,刘允济为祭文。则天召见审言,甚加叹异,累迁膳部员外。"(按:《旧书》本传所记略同。据《芒洛冢墓遗文续补》载《杜并墓志铭》,杜并"年十三"应作"年十六","周季重"应作"周季童"。)

**【辑评】**

唐代宋之问《祭杜学士审言文》(《全文》二四一):

"言必得俊,意常通理。其含润也,若和风欲曙,摇露气于春林;其秉艳也,似凉雨半晴,悬日光于秋水。"

唐代陈子昂《送吉州杜司户审言序》(《全文》二一四):

"杜司户炳灵翰林、研机策府,有重名于天下,而独秀于朝端。徐、陈、应、刘,不得蒯其垒;何、王、沈、谢,适足靡其旗。而载笔下寮,三十余载。秉不羁之操,物莫同尘;含绝唱之音,人皆寡和。"

宋代洪刍《洪驹父诗话》:

"老杜祖审言与沈、宋同时,诗极工,不在沈、宋下,故老杜诗云'吾祖诗冠古,同年蒙主恩'是也。"

宋代王得臣《麈史》中:

"杜审言,子美之祖也。则天时,以诗擅名,与宋之问唱和。有'雾绾青条弱,风牵紫蔓长',又'寄语洛城风与月,明年春色倍还人'之句。若子美'林花着雨脂胭落,水荇牵风翠带长',又云'传语风光共流转,暂时相赏莫相违',虽不袭取其意,而语脉盖有家法矣。"

宋代陈振孙《直斋书录解题》一九"杜必简集一卷"条:

"唐初沈、宋以来,律诗始盛行,然未以平侧失眼为意;审言诗虽不多,句律极严,无一失粘者,甫之家传有自来矣。然遂欲衙官屈、宋,则不可也。"

明代王世贞《艺苑卮言》四:

"杜审言华藻整粟小让沈、宋,而气度高逸,神情圆畅,自是中兴之祖,宜其矜率乃尔。"

明代王世懋《艺圃撷余》:

"杜必简性好矜诞,至欲衙官屈、宋。然诗自佳,华于子昂,质于沈、宋,一代作家也。流芳未泯,乃有杜陵邕其家风,盛哉!然布衣老大,许身稷、契、屈、宋,又不足言矣。"

明代胡应麟《诗薮·内编》四：

"初唐无七言律，五言皆未超然。二体之妙，杜审言实为首倡。"

"审言'楚山横地出，汉水接天回'、'飞霜遥度海，残月迥临边'等句，闳逸浑雄，少陵家法宛然。宋人掇其'牵风紫蔓'小语，以为杜所自出，陋哉！"

"审言'风光新柳报，宴赏落花催'，摩诘'兴阑啼鸟换，坐久落花多'，皆佳句也。然'报'与'催'字极精工，而意尽句中；'换'与'多'字觉散缓，而韵在言外。观此可知初、盛次第矣。"

《诗薮·内编》六：

"唐初五言绝，子安诸作已入妙境。七言初变梁、陈，音律未谐，韵度尚乏。惟杜审言《度湘江》、《赠苏绾》二首，结皆作对，而工致天然，风味可掬。"

明代钟惺、谭元春《唐诗归》二：

"杜审言《和韦承庆过义阳公主山池》三首：必简数诗，开诗家齐整平密一派门户，在初唐实亦创作。"（钟惺）

清代王夫之《薑斋诗话》下：

"近体，梁、陈已有，至杜审言始叶于度。"

清代贺裳《载酒园诗话·又编》：

"杜必简散朗轩豁，其用笔如风发漪生，有遇方成珪、遇圆成璧之妙。即作磊砢语，亦犹苏子瞻坐桄榔林下食芋饮水，略无攒眉蹙额之态。此僻涩苦寒之对剂也。但上苑芳菲，止于明媚之观。"

清代翁方纲《石洲诗话》一：

"杜必简于初唐流丽中，别具沉挚，此家学所由启也。"

## 八 沈佺期（656？—714）

佺期，字云卿，相州人①。上元二年郑益榜进士②。工五言。由协律、考功郎受赇，长流驩州③。后召拜起居郎④。兼修文馆直学士，常侍宫中。既侍宴，帝诏学士等为回波舞，佺期作弄辞悦帝，诏赐牙绯⑤。历中书舍人⑥。佺期尝以诗赠张燕公，公曰："沈三兄诗清丽,须让居第一也。"⑦诗名大振。○自魏建安迄江左,诗律屡变。至沈约、鲍照、庾信、徐陵,以音韵相婉附,属对精致。及佺期、之问,又加靡丽,回忌声病,约句准篇,著定格律,遂成近体,如锦绣成文,学者宗尚。语曰:"苏、李居前,沈、宋比肩⑧。"谓唐诗变体,始自二公,犹汉人五言诗始自苏武、李陵也⑨。有集十卷,今传于世。

### 【校注】

① "相州人" 《旧书》一九〇中、《新书》二〇二本传并作"相州内黄人"。下文多据《新书》本传节录。

相州:治安阳,今河南省安阳市。内黄:今河南省内黄县。并见《元和志》一六"河北道"。

② "上元二年郑益榜进士" 明代徐应秋《玉芝堂谈荟》二"历代状元"条载:"上元二年,进士四十五人,状元郑益。"

③ "由协律考功郎受赇,长流驩州" 此句压缩《新书》本传过简,有误。《新书》本传原文为:"由协律郎累除给事中。考功受赇,劾,未究。会张易之败,遂长流驩州。"参《全诗》九七沈佺期《自考功员外授给事中》诗、《旧书》七八《张易之张昌宗传》。

赇〔qiú〕:贿赂。《说文》段注:"法当有罪,而以财求免,是曰赇;受之亦曰赇。"

驩州:治九德,今越南荣市。见《元和志》三八"岭南道安南都护府"。

④ "后召拜起居郎" 《旧书》本传作:"神龙中,授起居郎。"

⑤ "既侍宴"至"诏赐牙绯" 录自《新书》本传。孟棨《本事诗·嘲戏》记:"尝内宴,群臣皆歌《回波乐》,撰词起舞,因是多求迁擢。佺期词曰:'回波尔似佺期,流向岭外生归。身名已蒙齿录,袍笏未复牙绯。'中宗即以绯鱼赐之。"

回波舞:歌《回波》乐辞起舞。《乐府诗集》八〇《回波乐》解题:"《回波乐》,商调曲。唐中宗时造,盖出于西(应作曲)水引流泛觞也。"

牙绯:牙笏、绯服。唐制,五品以上执象牙笏,六品以下执竹木笏;又三品以上服紫,五品以上服绯(红色),六品、七品服绿。见《旧书·舆服志》。

⑥ "历中书舍人" 两《唐书》本传又记:"开元初卒"。

⑦ "佺期尝以诗"至"须让居第一也" 刘𫗧《隋唐嘉话》下作:"沈佺期以工诗著名,燕公张说尝谓之曰:'沈三兄诗,直须还他第一。'"又见于王谠《唐语林》二、《纪事》一一"沈佺期"条。

张燕公:张说,传见本书本卷(一四)。

⑧ "自魏建安迄江左"至"沈宋比肩" 此段文字全据《新书》二〇二《宋之问传》。"如锦绣成文","成"原作"为",据《四库》本改;《新书·宋之问传》、《郡斋》四上"宋之问考功集十卷"条正作"如锦绣成文"。又,《新书·宋之问传》无"鲍照"、"徐陵"四字。

⑨ "谓唐诗变体"至"始自苏武李陵也" "犹"字下原无"汉人五言诗"五字,据《四库》、三间、《指海》本补。《新书·宋之问传》此处作:"谓苏武、李陵也。"按:《新书》一一四《苏味道传》云:"与里人李峤俱以文翰显,时号苏、李。""苏、李居前"似指苏味道、李峤。又按:《文选》二九载李陵《与苏武》诗三首、苏武诗四首,均为五言,内容多有与二人情事不合处,自南朝宋以来即已怀疑其"总杂不类,元是假托"(《太平御览》五八六引颜延之《庭诰》)。

【补录】
后晋刘昫《旧唐书》一九〇中《沈佺期传》:
"长安中,累迁通事舍人,预修《三教珠英》。佺期善属文,尤长于七言(按:《册府元龟》七七七作五言)之作,与宋之问齐名,时人称为沈、宋。"

【辑评】
唐代独孤及《唐故左补阙安定皇甫公集序》(《全文》三八八):
"五言诗……至沈詹事、宋考功,始裁成六律,彰施五色,使言之而中伦,歌之而成声,缘情绮靡之功,至是乃备。虽去雅寖远,其丽有过于古者。"
宋代范温《潜溪诗眼》:
"老杜律诗布置法度,全学沈佺期,更推集大成耳。沈云:'雪白山青千万里,几时重谒圣明君?'杜云:'云白山青万余里,愁看直北是长安。'沈云:'人如天上坐,鱼似镜中悬。'杜云:'春水船如天上坐,老年花似雾中看。'是皆不免蹈袭前辈,然前后杰句,亦未易优劣也。"
明代王世贞《艺苑卮言》四:
"沈詹事七言律,高华胜于宋员外。"
明代陆时雍《诗镜·总论》:
"沈佺期吞吐含芳,安详合度,亭亭整肃,喁喁叮叮。觉其句自能言,字自能语,品之所以为美。"

清代贺裳《载酒园诗话·又编》：

"古称沈为靡丽，今观之，乃见朴厚耳。其云'约句准篇，如锦绣成文'，正就其回忌声病言也。然朴厚自是初唐风气，不足矜，当取其厚中带动、朴而特警者。如《芳树》、《和赵麟台元志春情》、《叹狱中无燕》、《和元万顷临池玩月》，最其振拔。"

"长律至沈而工，较杜、宋实为严整。然惟'卢家少妇'篇，首尾温丽，余亦中联警耳，结语多平熟，易开人浅率一路。若从此入手，恐不高。"

## 九  宋之问（656？—712）

之问，字延清[①]，汾州人[②]。上元二年进士。伟貌辩给。甫冠，武后召与杨炯分直习艺馆[③]，累转尚方监丞[④]。后游龙门，诏从臣赋诗，左史东方虬诗先成，后赐锦袍；之问俄顷献，后览之嗟赏，更夺袍以赐[⑤]。后求北门学士，以有齿疾不许，遂作《明河篇》，有"明河可望不可亲"之句，以见志[⑥]。谄事张易之，坐贬泷州[⑦]。后逃归，匿张仲之家。闻仲之谋杀武三思，乃告变，擢鸿胪簿[⑧]，迁考功郎[⑨]。复媚太平公主。以知举贿赂狼藉，下迁越州长史。穷历剡溪山水，置酒赋诗，日游宴，宾客杂遝。睿宗立，以无悛悟之心，流钦州，御史劾奏赐死[⑩]。人言刘希夷之报也[⑪]。徐坚尝论其文，"如良金美玉，无施不可[⑫]"。有集行世。

【校注】

①"字延清"  《新书》二〇二本传："一名少连。"下文多据《新书》本传。

②"汾州人"  此据《新书》本传，《郡斋》四上"宋之问考功集十卷"条、《纪事》一一"宋之问"条均同。宋之问《祭杨盈川文》（《全文》二四一）自称"西河宋某"。《直斋》一六"宋之问集十卷"条作"河汾宋之问"。上数说均无大差异，惟《旧书》一九〇中本传作"虢州弘农人"，《元和姓纂》八同，当指郡望。

汾州：治西河，今山西省汾阳县。见《元和志》一三"河东道"。

③"甫冠，武后召与杨炯分直习艺馆"  此据《新书》本传。《旧书》本传作："初，征令与杨炯分直内教。"

习艺馆：初名内文学馆，隶中书省，掌教习宫人书算众艺，设内教学士十八人。开元末，馆废，内教博士隶内侍省，以中官为之。见《旧书》四三"职官志"二、《新书》四七"百官志"二。

④"尚方监丞"　《四库》本"尚"作"上"，两《唐书》本传并作"尚"。

尚方监：掌管供应帝王所需器物。原称内府监，武后光宅元年改称尚方监，中宗神龙元年改称少府监。设监、少监、丞等官。见《旧书》四四《职官志》三。

⑤"后游龙门"至"更夺袍以赐"　据《新书》本传，亦见于刘𬹩《隋唐嘉话》下。《新书》本传"龙门"上有"洛南"二字。按：龙门有数处，故"洛南"二字不应省。又按：之问《龙门应制》诗今存，载《全诗》五一。

龙门：在今河南省洛阳市南，又名伊阙，"两山相对，望之若阙，故名"。见《元和志》五"河南道河南府伊阙县"。

东方虬：武后时左史（起居舍人，修记言之史）。

⑥"后求北门学士"至"以见志"　据孟棨《本事诗·怨愤》，亦见于《纪事》一〇"宋之问"条。"以有齿疾不许"，《本事诗》作："则天见其诗，谓崔融曰：'吾非不知之问有才调，但以其有口过。'盖之问患齿疾，口常臭故也。"

北门学士：高宗乾封以后，诏令弘文馆直学士刘祎之等于翰林院草制，以分宰相之权。常从皇宫北门进出，时称为北门学士。见《旧书》八七《刘祎之传》。

《明河篇》：诗载《全诗》五一。明河，银河。

⑦"诣事张易之，坐贬泷州"　《旧书》本传"泷州"下有"参军"二字。

张易之：武则天内宠，历官控鹤监、奉辰令、麟台监，封恒国公。则天晚年，易之与其弟昌宗等专朝政。神龙元年，张柬之等迎中宗复位时被杀。传见《旧书》七八、《新书》一〇四。

泷州：治泷水，今广东省罗定县南。见《旧书》四一"岭南道"。

⑧"后逃归"至"擢鸿胪簿"　据两《唐书》本传。"鸿胪簿"，两《唐书》本传作"鸿胪主簿"。

武三思：武则天侄，则天临朝后，任尚书职，封梁王，参与军国政事。中宗即位后，进开府仪同三司，私通韦后。神龙三年因谋废太子重俊，为重俊所杀。传见《旧书》一八三、《新书》二〇六。

⑨"迁考功郎"　《旧书》本传作"景龙中再转考功员外郎"，《新书》本传略同，宋之问《祭杜学士审言文》亦自称"考功员外郎宋之问"。据此，应补"员外"二字。

⑩"复媚太平公主"至"御史劾奏赐死"　据《新书》本传。《新书》本传于"诏流钦州"之下记："（冉）祖雍……为御史劾奏，贬蕲州刺史，至是，亦流岭南。并赐死桂州。"未云之问为御史劾奏，辛氏于此似有误解。

太平公主：高宗女，武后所生。唐隆元年参与李隆基发动的宫廷政变，杀韦后、安乐公主，拥立睿宗。玄宗即位，太平公主阴谋政变，谋泄被杀。传见《旧书》一八三、

37

《新书》八三。

越州：治会稽，今浙江省绍兴县。见《元和志》二六"江南道"。

剡〔shàn〕溪：曹娥江上流，在浙江省嵊县南，风景绝胜。晋王子徽月下访戴逵，即此地。见《元和志》二六"江南道越州剡县"。

钦州：治钦江，今广西省钦州东北。见《元和志》三八"岭南道"。

⑪"人言刘希夷之报也"　韦绚《刘宾客嘉话录》："宋生不得其死，天报之也。"参见本书本卷（一〇）《刘希夷传》。

⑫"徐坚尝论其文，'如良金美玉，无施不可'"　"徐坚"二字误，应作"张说"。此承《郡斋》四上"宋之问考功集十卷"条而误。刘肃《大唐新语》八"文章"门载："（徐）坚谓（张）说曰：'诸公昔年皆擅一时之美，敢问孰为先后？'说曰：'李峤、崔融、薛稷、宋之问，皆如良金美玉，无施不可。"《广记》一九八"张说"条引《大唐新语》同，《旧书》一九〇上《杨炯传》，《新书》二〇一《王勃传》亦略同。

**【补录】**

后晋刘昫《旧唐书》一九〇中《宋之问传》：

"之问再被窜谪，经途江、岭，所有篇咏，传布远近。友人武平一为之纂集，成十卷，传于代。"

宋代宋祁《新唐书》二〇二《宋之问传》：

"于时张易之等烝昵宠甚，之问与阎朝隐、沈佺期、刘允济倾心媚附。易之所赋诸篇，尽之问、朝隐所为，至为易之奉溺器。"

宋代计有功《唐诗纪事》三"上官昭容"条：

"中宗正月晦日幸昆明池赋诗，群臣应制百余篇。帐殿前结彩楼，命昭容选一首为新翻御制曲。从臣悉集其下，须臾纸落如飞，各认其名而怀之。既进，唯沈、宋二诗不下。又移时，一纸飞坠，竞取而观，乃沈诗也。及闻其评曰：'二诗工力悉敌。沈诗落句云：微臣雕朽质，羞睹豫章材。盖词气已竭。宋诗云：不愁明月尽，自有夜珠来。犹陟健举。'沈乃伏，不敢复争。"

**【辑评】**

宋代葛立方《韵语阳秋》七：

"宋之问方其谄事太平公主也，则为赋以美之曰：'孕灵娥之秀彩，辉婺女之淳精。'及安乐公主权盛，复往谐结，至宴饮其园亭，为诗以美之曰：

'宾至星槎落，仙来月宇空。玳梁翻贺燕，金埒倚晴虹。'奸倾既露，慧间遂生，而太平不乐矣。匿张仲之之家，而告其私，规以赎罪。之问亦含齿戴发者，所为何至如是乎！"

明代胡应麟《诗薮·内编》二：

"之问（五古）篇什颇盛，意似规模三谢，第律语时时杂之。"

《诗薮·内编》四：

"沈、宋本自并驱，然沈视宋稍偏枯，宋视沈较缜密。"

"沈七言律，高华胜宋；宋五言排律，精硕过沈。"

明代钟惺、谭元春《唐诗归》三：

"之问竞躁人，其为诗深静幽适，不特峻整而已。故诗文有绝不似其人者。"（钟惺）

"之问五言古，深健气厚，又脱尽唐初浮滞，朴中藏秀，心目快然矣。今人但知其律体耳。"（钟惺）

清代贺裳《载酒园诗话·又编》：

"宋古诗多佳，真苦收之不尽。律诗扈从、应制诸篇，实亦不能高出于沈。山水、丽情，则沈犹竹生云梦，宋则伶伦子吹之作凤鸣矣。"

"《龙门应制》，宋生平生最得意之时也；《明河篇》，极沮丧之事也。《明河》事丑耳，诗固佳；《龙门》流利畅达而已，意态层折大不如。呜呼！一人之诗有遇不遇，尚无关于优劣，况士之坎壈者！"

"《牛女》诗：'失喜先临镜，含羞未解罗。谁能留夜色，来夕倍还梭。'声容意态，无不婉婉可思。较杜必简'那堪尽此夜，往复弄残机'，情味殊深矣。"

清代王夫之《唐诗评选》三：

"沈、宋之得名家者，大要以五言长篇居胜，密润纯净，犹有典型，贤于陈子昂之敖僻远矣。沈廊庙诗贤于宋，宋迁谪诗密于沈。张说集中亦有此两种，便如孙夫人捉刀逼人，无复有静好之意。"

## 一〇　刘希夷 (651—679?)

希夷，字延芝[①]，颍川人[②]。上元二年郑益榜进士，时年二十五，射策[③]有文名。苦篇咏，特善闺帷之作[④]，词情哀怨，多依古调,体势与时不合,遂不为所重⑤。希夷美姿容,好谈笑,善弹琵琶⑥,饮酒至数斗不醉⑦,落魄不拘常检。尝作《白头吟》,一联云:"今年花落颜色改,明年花开复谁在?"既而叹曰:"此语谶也。石崇谓'白首同所归',复何以异?"乃除之。又吟曰:"年年岁岁花相似,岁岁年年人不同。"复叹曰:"死生有命,岂由此虚言乎?"遂并存之⑧。舅宋之问苦爱后一联,知其未传于人,恳求之,许而竟不与。之问怒其诳己,使奴以土囊压杀于别舍⑨。时未及三十⑩,人悉怜之。有集十卷及诗集四卷,今传。○希夷天赋俊爽,才情如此,想其事业勋名,何所不至。孰谓奇蹇之运,遭逢恶人,寸禄不沾,长怀顿挫,斯才高而见忌者也。贾生悼长沙之屈⑪,祢衡痛江夏之来⑫,倏焉折首,夫何殒命。以隋侯之珠⑬,弹千仞之雀,所较者轻,所失者重。玉迸松摧,良可惜也,况于骨肉相残者乎!

**【校注】**

①"字延芝" "延"字疑误。刘肃《大唐新语》八"文章"门云:"一名挺之。"《广记》一四三及《纪事》一三引《大唐新语》均作"庭芝"。

②"颍川人" 未知何据。《大唐新语》及《旧书》一九〇中《乔知之传》、《纪事》均作"汝州人"。

颍川:天宝、至德时曾改许州为颍川郡,治长社,今河南省许昌市。见《元和志》八"河南道许州"。

汝州:治梁县,今河南省临汝县。见《元和志》六"河南道"。

③射策:科举取士考试方法之一种。主考者出题书简策上,应试者随意取答。《唐摭言》一"试杂文"条:"两汉之制,有射策、对策二义者何? 射者,谓列策于几案,贡人以矢投之,随所中而对之也。对则明以策问授其人,而观其臧否也。"

④"特善闺帷之作" 《旧书·乔知之传》作"善为从军、闺情之诗",《大唐新语》作"好为宫体"。

⑤"遂不为所重" 《大唐新语》作"不为时所重",《旧书》本传作"为时所重"。

⑥"善弹琵琶" 《大唐新语》作"善挡琵琶"。

⑦"饮酒至数斗不醉" 未知何据。刘希夷《故园置酒》诗(《全诗》八二)有

"愿逢千日醉，得缓百年忧"之句。

⑧"尝作《白头吟》"至"遂并存之"　据《大唐新语》、《本事诗·征咎》。"死生有命"云云，《大唐新语》作："此句复似向谶矣，然死生有命，岂复由此！"意较明。按："白首同所归"，为潘安《金谷集作》诗中句。石崇与潘安同时被害，"潘后至，石谓潘曰：'安仁，卿亦复尔耶？'潘曰：'可谓白首同所归。'"（《世说新语·仇隙》）本篇据《大唐新语》云"石崇谓'白首同所归'"，误。

《白头吟》：诗载《全诗》八三，题为《代悲白头翁》（一作《白头吟》）。

石崇：字季伦，西晋人，累官至侍中。八王之乱，崇与齐王冏结党，为赵王伦所杀。传见《晋书》三三。

⑨"舅宋之问"至"压杀于别舍"　此据《刘宾客嘉话录》。按：关于刘希夷之死，《旧书·乔知之传》云："志行不修，为奸人所杀。"《大唐新语》云："诗成未周，为奸所杀，或云宋之问害之。"《纪事》引《唐新语》略同，又记："或云：之问害希夷，而以'洛阳'之篇（按：即《白头吟》）为己作，至今载此篇在之问集中。"（按：《四部丛刊续编》《宋之问集》上收此诗，题为《有所思》；又见于《全诗》五一《宋之问卷》一。）《本事诗·征咎》云："果以来年之春下世。"皆不云（或未确言）之问害刘。王若虚《滹南诗话》一云："此殆妄耳。之问固小人，然亦不应有是。'年年岁岁'、'岁岁年年'，何等陋语，而至于杀其所亲乎？大抵诗话所载，不足尽信。"

⑩"时未及三十"　未知其据。

⑪贾生：贾谊，西汉政论家、文学家。文帝时召为博士，后谪为长沙王太傅，渡湘水作赋，吊屈原，以自喻其不得志。传见《汉书》四八。

⑫"祢衡痛江夏之来"　"来"疑当作"丧"。

祢衡：汉末辞赋家，性刚强傲慢，不为权贵所容。曾当众羞辱曹操，操怒。遣送刘表。仍不合，转送江夏太守黄祖。终为黄祖所害，年仅二十六岁。在江夏作《鹦鹉赋》，抒写才智之士生于乱世的不幸遭遇。传见《后汉书》一一〇下。

⑬隋侯之珠：传说中的宝珠。隋侯，亦作随侯。《淮南子·览冥训》高诱注："隋侯，汉东之国姬姓诸侯也。隋侯见大蛇伤断，以药傅之，后蛇于江中衔大珠以报之，因曰隋侯之珠，盖明月珠也。"《庄子·应王》："今且有人于此，以随侯之珠弹千仞之雀，世必笑之。是何也？则其所用者重而所要者轻也。"

【补录】

唐代刘肃《大唐新语》八"文章"门：

"后孙翌撰《正声集》，以希夷为集中之最，由是稍为时人所称。"

【辑评】

宋代魏泰《临汉隐居诗话》：

"吾观之问集中尽有好处，而希夷之句殊无可采，不知何至压杀而夺之，真枉死也。"

宋代刘克庄《后村诗话·新集》六：

"希夷虽则天时人，然格律已有天宝以后之风矣。"

明代杨慎《升庵诗话》一三"刘希夷江南曲"条：

"希夷八诗，柔情绮语，绝妙一时，宜乎招宋延清之妒也。"

明代钟惺、谭元春《唐诗归》二：

"希夷诗，灵快淹远，与刘慎虚可称两手。此前陈、隋滞气，被此君以大江大海挽水洗尽，脱出琉璃光明世界。伯敬称其'江汉以濯之，秋阳以曝之'，可谓知言。"（谭元春）

"初唐之刘希夷、乔知之，盛唐之常建、刘慎虚数人，淹秀明约，别肠别趣，后人所谓十二家、四大家等目，固不肯使之入。看作者胸中，似止取自娱，'大家'两字正其所避而不欲受者，后人正堕其云雾中耳。此书画中所谓'逸品'也。"（钟惺）

清代毛先舒《诗辩坻》三：

"希夷《公子行》，风流骀宕，有飘云回雪之致。《白头翁》一意纡回，波折入妙，佳在更从老说至少年虚写一段。"

清代贺裳《载酒园诗话·又编》：

"刘庭芝藻思快笔，诚一时俊才，但多倾怀而语，不肯留余。"

"余尝谓刘诗如花落鸟啼，宋诗似云蒸霞蔚，不徒手笔迥异，各有所长。宋实出于刘上，何苦夺其句而杀之！"

清代翁方纲《石洲诗话》一：

"刘汝州希夷诗，格虽不高，而神情清郁，亦自奇才。"

## 一一　陈子昂（661—702）

子昂，字伯玉，梓州人①。开耀二年许旦榜进士②。初，年十八时，未知书，以富家子，任侠尚气弋博③。后入乡校，感悔，即于州东南金华山观读书，痛自修饬④，精穷坟典⑤，耽爱黄、老、《易·象》⑥。光宅元年，诣阙上书，谏灵驾入京⑦。武后召见⑧，奇其才，遂拜麟台⑨正字，令云："地籍英华，文称昨昳。"⑩累迁拾遗⑪。圣历初，解官归。会父丧，庐冢次。县令段简贪残，闻其富，造诈诬子昂，胁取赂二十万缗，犹薄之，遂送狱。子昂自筮卦⑫，惊曰："天命不祐，吾殆穷乎！"果死狱中，年四十三⑬。子昂貌柔雅，为性褊躁⑭，轻财好施，笃朋友之义。与游英俊，多秉权衡⑮。唐兴，文章承徐、庾余风，天下祖尚，子昂始变雅正⑯。初，为《感遇诗》三十章⑰，王适⑱见而惊曰："此子必为海内文宗。"由是知名⑲。凡所著论，世以为法。诗调尤工。尝劝后兴明堂、太学⑳，以调元气。柳公权评曰："能极著述，克备比兴，唐兴以来，子昂而已。"㉑有集十卷㉒，今传。○呜呼！古来材大，或难为用㉓。象以有齿，卒焚其身㉔。信哉！子昂之谓欤？

**【校注】**

①"梓州人"　《旧书》一九○中、《新书》一○七本传、卢藏用《陈子昂别传》（《全文》二三八）均作"梓州射洪人"。下文多据两《唐书》本传。

梓州：治郪县，今四川省三台县。射洪，今四川省射洪县北。见《元和志》三三"剑南道"。

②"开耀二年许旦榜进士"　《佚存》本"旦"作"且"，形近致讹。《新书》本传及《郡斋》四上"陈子昂集十卷"条均作"文明初举进士"。徐松《登科记考》二云："《永乐大典》引《潼川志》：陈子昂，文明初进士。又赵儋《故拾遗陈公旌德之碑》（按载《全文》七二三）亦云：子昂年二十四，文明元年进士。与《才子传》异。考《碑》言射策高第在高宗崩之前，当以《才子传》为是。"

③"任侠尚气弋博"　《佚存》本"弋"作"才"，形近致讹。《新书》本传正作"尚气决，弋博自如"。

④"痛自修饬"　"饬"原作"饰"，据《四库》抄本、《指海》本改。《新书》本传正作"痛自修饬"。

⑤坟典：三坟五典，原为古书名，后转为古书之通称。《左传》（昭公十二年）："是能读《三坟》、《五典》、《八索》、《九丘》。"

⑥"耽爱黄、老、《易·象》"　《四库》本"象"作"庄"，据《陈子昂别传》、

作"象"字是。《陈子昂别传》于拜右拾遗之后记:"子昂晚爱黄、老之言,尤耽味《易·象》。"辛氏错会,附记于早年读书时。

《易·象》:《周易·象传》。《象传》为释爻象之辞,总释一卦之象者曰《大象》,论一爻之象者曰《小象》。

⑦"诣阙上书,谏灵驾入京" 《新书》本传作:"时高宗崩,将迁梓官长安。于是关中无岁,子昂盛言东都胜地,可营山陵。"

灵驾:帝王灵柩。

⑧"武后召见" 原作"召见武后",据《四库》本乙转。

⑨麟台:武后垂拱元年改秘书省为麟台,中宗神龙初复旧名。见《旧书》四三《职官志》二。

⑩"地籍英华,文称晣晔" 《陈子昂别传》作:"梓州人陈子昂,地籍英灵,文称晣晔。"(此据《文苑英华》七九三所载,《全文》二三八所载"晣晔"作"伟耀"。)

⑪"累迁拾遗" "拾遗",《陈子昂别传》、两《唐书》本传皆作"右拾遗"。《新书》本传于此后又记:"会武攸宜讨契丹,高置幕府,表子昂参谋。"

⑫"自筮卦" "卦"下当补"成"字。《新书》本传作:"自筮,卦成。"《陈子昂别传》作:"因命蓍自筮,卦成。"

⑬"年四十三" 此据《新书》本传。《旧书》本传作"年四十余",《陈子昂别传》作"年四十二",赵儋《故右拾遗陈公旌德之碑》(《全文》七二三)亦作"年四十有二"。按:以上所记,皆据《新书》本传及《陈子昂别传》。《旧书》本传所记略同,惟无诈诬胁取情节。《郡斋》(衢州本)四上"陈子昂集十卷"条云:"《新唐书》称子昂圣历初解官归养,父丧,庐墓;县令段简贪暴,胁取其赂不厌,死狱中。沈下贤独云为武承嗣所杀,未知孰是。"胡震亨《唐音癸签》二五云:"尝怪陈射洪以拾遗归里,何至为县令所杀?后读沈亚之《上郑使君书》云:武三思疑子昂排摈,阴令邑宰拉辱,死非命。(按:沈文载《全文》七三四。)始悟有大力人主使在,故至此。"

⑭"为性褊躁" 《四库》本"为"作"而"。

⑮"与游英俊,多秉权衡" 此语原误置于"以调元气"之下,依《四库》、《指海》本移正。又,《四库》、三间本"权衡"作"钧衡"。《指海》本钱熙祚氏校识云:"上八字原误在'以调元气'下,上下语意并不属。按《新唐书》云:'然轻财好施,笃朋友,与陆余庆、王无竞、房融、崔泰之、卢藏用、赵元最厚。'即此所云'与游英俊'也。今据阁本(按即《四库》本)移正。"

⑯"唐兴"至"始变雅正" 录自《新书》本传。

徐、庾:南朝梁、陈诗人庾信、徐陵。

⑰"为《感遇诗》三十章" "三十章",此从《旧书》本传而误;《新书》本传作"三十八章",应据改。按:《旧书》本传当系据皎然《诗式》五所云"子昂《感寓》

三十首"。《陈伯玉集》、《唐文粹》、《纪事》、《全诗》均录《感遇》诗三十八章。

⑱王适：则天时，敕吏部糊名考选人判，以求才俊，适入第二等。终雍州参军。见《新书》二〇二《刘宪传》。

⑲"由是知名"　"由"原作"犹"，据《四库》、《指海》本改；《旧书》本传正作"由是知名"。按：陈沆《诗比兴笺》三《感遇诗三十八首》笺："《旧唐书》谓子昂少为《感遇》三十首，王适见而许以天下文宗。……皆小说傅会无稽。止知取其生平有名之篇，傅以生平知遇之事，而不顾岁月情事之参差，无足深辨也。"此论甚是。卢藏用《陈子昂别传》记王适见子昂文而许以天下文宗，未云见其《感遇》诗。《旧书》本传所述，当是傅会。

⑳"尝劝后兴明堂、太学"　《新书》本传记此事于擢麟台正字之下。

㉑"柳公权评曰"至"子昂而已"　"公权"，诸本皆同，应作"宗元"，此辛氏原书之误，应据《柳河东集》订正。辛氏所本系《郡斋》四上"陈子昂集十卷"条："柳仪曹曰：张说以著述之余，攻比兴而莫能极；张九龄以比兴之暇，穷著述而不克备。唐兴以来，称是选而不作者，子昂而已。"晁《志》系据《柳河东集》二一《杨评事文集后序》："唐兴以来，燕文贞以著述之余，攻比兴而莫能极；张曲江以比兴之隙，穷著述而不克备。"辛氏以柳仪曹为柳公权，遂误。（按：宗元曾为礼部员外郎，故称柳仪曹。）

㉒"十卷"　《四库》本误为"一卷"。《旧书·经籍志》、《崇文总目》、《新书·艺文志》、《郡斋》、《直斋》均著录陈子昂集十卷。

㉓"古来材大，或难为用"　杜甫《古柏行》："志士幽人莫怨嗟，古来材大难为用。"

㉔"象以有齿，卒焚其身"　《左传》（襄公二十四年）："象有齿以焚其身。"

【补录】

唐代卢藏用《陈子昂别传》（《全文》二三八）：

"子昂奇杰过人，姿状岳立。始以豪家子，驰侠使气，至年十七八未知书，尝从博徒。入乡学，慨然立志，因谢绝门客，专精坟典，数年之间，经史百家罔不该览。尤善属文，雅有相如、子云之风骨。初为诗，幽人王适见而惊曰：'此子必为文宗矣！'"

"属契丹以营州叛，建安郡王攸宜亲总戎律，台阁英妙，皆署在军麾，特敕子昂参谋帷幕。……子昂知不合，因箝默下列，但兼掌书记而已。因登蓟北楼，感昔乐生、燕昭之事，赋诗数首，乃泫然流涕而歌曰：'前不见古人，后不见来者。念天地之悠悠，独怆然而涕下！'时人莫之知也。"

"子昂有天下大名，而不以矜人；刚果强毅，而未尝忤物；好施轻财，而不求报。性不饮酒，至于契情会理，兀然而醉。工为文，而不好作，其立言措意，在王霸大略而已。"

宋代计有功《唐诗纪事》八引《独异记》：

"子昂初入京，不为人知。有卖胡琴者，价百万，豪贵传视，无辨者。子昂突出，谓左右曰：'辇千缗市之。'众惊问，答曰：'余善此乐。'皆曰：'可得闻乎？'曰：'明日可集宣阳里。'如期偕往，则酒肴毕具，置胡琴于前。食毕，捧琴语曰：'蜀人陈子昂，有文百轴，驰走京毂，碌碌尘土，不为人知。此乐，贱工之役，岂宜留心！'举而碎之，以其文轴遍赠会者。一日之内，声华溢都。"

【辑评】

唐代卢藏用《右拾遗陈子昂文集序》（《全文》二三八）：

"宋、齐之末，盖憔悴矣。逶迤陵颓，流靡忘返。至于徐、庾，天之将丧斯文也。后进之士若上官仪者，继踵而生，于是风雅之道，扫地尽矣。……道丧五百岁，而得陈君……崛起江汉，虎视函夏，卓立千古，横制颓波，天下翕然，质文一变。"

"至于感激顿挫，微显阐幽，庶几见变化之朕，以接乎天人之际者，则《感遇》之篇存焉。"

唐代杜甫《陈拾遗故宅》（《杜少陵集详注》一一）：

"有才继《骚》《雅》，哲匠不比肩。公生扬马后，名与日月悬。……盛事会一时，此堂岂千年。终古立忠义，《感遇》有遗篇。"

唐代梁肃《补阙李君前集叙》（《全文》五一八）：

"唐有天下几二百载，而文章三变。初则广汉陈子昂以风雅革浮侈。"

唐代韩愈《荐士》（《昌黎先生集》二）：

"齐梁及陈隋，众等作蝉噪；搜春摘花卉，沿袭伤剽盗。国朝盛文章，子昂始高蹈。"

宋代朱熹《斋居感兴二十首序》（《朱文公文集》四）：

"余读陈子昂《感遇》诗，爱其词旨幽邃，音节豪宕，非当世词人所及。……然而恨其不精于理，而自托于仙佛之间以为高也。"

宋代戴复古《论诗十绝》六（《石屏诗集》七）：

"飘零忧国杜陵老，感寓伤时陈子昂。近日不闻秋鹤唳，乱蝉无数噪夕阳。"

宋代刘克庄《后村诗话·前集》一：

"唐初王、杨、沈、宋擅名，然不脱齐、梁之体。独陈拾遗首倡高雅冲淡之音，一扫六朝之纤弱，趋于黄初、建安矣。太白、韦、柳继出，皆自子昂发之。"

金代元好问《论诗三十首》之八（《遗山先生文集》一一）：

"沈宋横驰翰墨场，风流初不废齐梁。论功若准平吴例，合著黄金铸子昂。"

明代王世贞《艺苑卮言》四：

"陈正字淘洗六朝铅华都尽，寄托大阮，微加断裁，而天韵不及。律体诗时时入古，亦是矫枉之过。"

明代胡应麟《诗薮·内编》四：

"子昂'野戍荒烟断，深山古木平'、'城分苍野外，树断白云隈'等句，平淡简远，王、孟二家之祖。"

明代胡震亨《唐音癸签》五：

"子昂自以复古反正，于有唐一代诗功为大耳。正如鹥涉为王，殿屋非必沈沈，但大泽一呼，为群雄争先，自不得不取冠汉史。"

明代钟惺、谭元春《唐诗归》二：

"子昂《感遇》诸诗，有似丹书者，有似《易》注者，有似《咏史》者，有似《山海经》者，奇奥变化，莫可端倪，真又是一天地矣。"（谭元春）

清代王夫之《唐诗评选》三：

"正字古诗亢爽，一任血气之勇，如戟手语。"

清代毛先舒《诗辩坻》三：

"陈伯玉律体，清雄为骨，绵秀为姿，设色妍丽，寓意苍远。由初入盛，此公变之。……'北斗挂城边，南山倚殿前'，'挂'、'倚'字新出，便睹盛唐风采。"

《诗辩坻》四：

"钟（惺）谓子昂《感遇》过嗣宗《咏怀》，其识甚浅。阮逐兴生，陈依义立；阮浅而远，陈深而近；阮无起止，陈有结构；阮简尽，陈密至。见过阮处,皆不及阮处也。"

清代叶燮《原诗·内篇》上:

"正惟子昂能自为古诗,所以为子昂之诗耳。然吾犹谓子昂古诗尚蹈袭汉、魏蹊径,竟有全似阮籍《咏怀》之作者,失自家体段;犹訾子昂不能以其古诗为古诗,乃翻勿取其自为古诗,不亦异乎!"(按:此处批驳李攀龙《选唐诗序》中语。)

清代张谦宜《𫖯斋诗谈》四:

"子昂胸中被古诗膏液熏蒸十分透彻,才下笔时,便有一段元气,浑灏驱遣,奔赴而来。"

清代纪昀《四库全书总目》一四九"陈拾遗集十卷"条:

"马端临《文献通考》乃谓子昂惟诗语高妙,其他文则不脱偶俪卑弱之体。……今观其集,惟诸序、表犹沿俳俪之习;若论事、书疏之类,实疏朴近古。"

清代翁方纲《石洲诗话》一:

"伯玉《蓟丘览古》诸作,郁勃淋漓,不减刘越石。"

清代刘熙载《艺概·诗概》:

"曲江之《感遇》出于《骚》,射洪之《感遇》出于《庄》,缠绵、超旷,各有独至。"

## 一二　李百药(565—648)

百药,字重规,定州人[①]。幼多病,祖母以"百药"名之。七岁能文。袭父德林[②]爵。会高祖招杜伏威[③],百药劝朝京师[④],中道而悔,怒,饮以石灰酒,因大利[⑤]几死,既而宿病皆愈。贞观中,拜中书舍人,迁太子庶子。尝侍帝,同赋《帝京篇》,手诏褒美,曰:"卿何身老而才之壮,齿宿而意之新乎!"[⑥]百药才行,天下推服,好奖荐后进[⑦]。翰藻沉郁[⑧],诗尤所长[⑨]。有集传世。

【校注】

① "定州人"　《旧书》七二、《新书》一〇二本传作"定州安平人"。下文据

《新书》本传节录。

定州：治安喜，今河北省定县。安平：武德四年改属深州，今河北省安平县。并见《元和志》一八"河北道"。

②德林：隋时为令史令，封安平公。传见《隋书》四二。

③"会高祖招杜伏威"　因上文略去，故此处"会"字无着落。《新书》本传在此句之上记："江都难作，沈法兴、李子通、杜伏威更相灭，百药转侧寇乱中，数被伪署，幸得不死。"

杜伏威：隋末农民起义首领。大业九年底与辅公祏率众起事，占有江淮间广大地区。武德二年降唐，任淮南安抚大使，封吴王。后辅公祏率部反唐，伏威在长安被毒杀。传见《旧书》五六、《新书》九二。

④"劝朝京师"　正保、《佚存》本"劝"作"勤"，形近致讹。两《唐书》本传并作"劝"。

⑤"大利"　此据《新书》本传，《旧书》本传作"大洩痢"。

⑥"尝侍帝"至"齿宿而意之新乎"　据两《唐书》本传，亦见于《大唐新语》八"文章"门、《太平广记》一七五引《谭宾录》。《旧书》本传"意之新乎"之后又记："二十二年卒，年八十四。"

《帝京篇》：太宗《帝京篇》载《全诗》一，百药之和作今不传。

⑦"奖荐"　《四库》本"荐"作"拔"。

⑧"翰藻沉郁"　此据《新书》本传。《旧书》本传、《大唐新语》、《广记》引《谭宾录》"翰藻"作"藻思"，义较允。

⑨"诗尤所长"　《广记》一七五引《谭宾录》作："尤长五言，虽樵童牧竖，亦皆吟讽。"两《唐书》本传略同。

【补录】

宋代宋祁《新唐书》一〇二《李百药传》：

"七岁能属文，父友陆乂等共读徐陵文，有'刈琅邪之稻'之语，叹不得其事。百药进曰：《春秋》'鄅人藉稻'，杜预谓在琅邪。客大惊，号奇童。"

"所撰《齐史》，行于时。"

【辑评】

唐代卢照邻《南阳公集序》（《全文》一六六）：

"李（百药）长于五言，下笔无滞。"

明代胡震亨《唐音癸签》五：

"李安平藻思沉郁，尤长五言。如'柳色迎三月，梅花隔二年'，含巧于硕，才壮意新，真不虚人主品目。"

## 一三 李 峤（645—714）

峤，字巨山，赵州人①。十五通五经②，二十擢进士，累迁为监察御史。武后时，同凤阁鸾台平章事③。后因罪贬庐州别驾，卒④。峤富才思，有所属缀，人辄传讽。明皇将幸蜀，登花萼楼，使楼前善《水调》者奏歌，歌曰："山川满目泪沾衣，富贵荣华能几时？不见只今汾水上，惟有年年秋雁飞。"帝惨怆移时，顾侍者曰："谁为此？"对曰："故宰相李峤之词也。"帝曰："真才子！"不待终曲而去⑤。峤前与王勃、杨炯接⑥，中与崔融、苏味道⑦齐名，晚诸人没，为文章宿老，学者取法焉。今集五十卷，《杂咏诗》十二卷，《单题诗》一百二十首，张方为注⑧，传于世。

**【校注】**

①"赵州人" 《旧书》九四、《新书》一二三本传均作"赵州赞皇人"。下文多据《新书》本传节写。

赵州：治平棘，今河北省赵县。赞皇：今河北省赞皇县。并见《元和志》一七"河北道"。

②五经：《易》、《书》、《诗》、《礼》、《春秋》五部儒家经典。汉武帝时置五经博士，始有五经之称。见班固《白虎通·五经》。

③"武后时，同凤阁鸾台平章事" 《旧书》本传作："圣历初，与姚崇偕迁同凤阁鸾台平章事。"

凤阁鸾台：武则天光宅元年改中书省为凤阁、门下省为鸾台，旋复旧称。见《旧书》四三《职官志》二。

④"后因罪贬庐州别驾，卒" 《新书》本传作："睿宗立，罢政事，下除怀州刺史，致仕。……及玄宗嗣位……贬滁州别驾……改庐州别驾，卒，年七十。"

庐州：治合肥，今安徽省合肥市。见《旧书》四〇"淮南道"。

⑤"明皇将幸蜀"至"不待曲终而去" 此段据郑处诲《明皇杂录》（见《六帖》

六一引)、《明皇传信记》(见《全诗》五七《李峤卷》一引)。亦见于李德裕《次柳氏旧闻》，内容略同。又见于郑嵎《津阳门诗》原注（《全诗》五六七)、孟棨《本事诗·事感》、《纪事》一〇"李峤"条，内容微异。"奏歌"，二字疑不可通，《明皇传信记》作"登而歌"，《次柳氏旧闻》作"登楼且歌"。"山川满目"四句，《全诗》五七题为《汾阴行》，此为末四句。按：《次柳氏旧闻》所记资料较为原始，节录于下："及羯胡犯阙，乘传遽以告，上欲迁幸。复登楼（按：指花萼相辉楼）置酒，四顾凄怆。……一少年心悟上意，自言颇工歌，亦善《水调》。使之登楼且歌，歌曰：(略)上闻之，潸然出涕，顾侍者曰：'谁为此词？'或对曰：'宰相李峤。'上曰：'李峤真才子也。'不待曲终而去。"《津阳门诗》原注则记玄宗"过剑阁下，望山川，忽忆《水调辞》……泫然流涕"。

花萼楼：玄宗开元二年以旧邸为兴庆宫，后于宫之西南建楼，其西题为"花萼相辉之楼"，南曰"勤政务本之楼"。见《唐会要》三〇。今旧址犹存，在陕西省西安市兴庆公园内。

《水调》：商曲调。据传，为"隋炀帝幸江都时所制，曲成奏之，声韵怨切，王令言闻而知其不返"。见胡震亨《唐音癸签》一三引《脞说》。

⑥"峤前与王勃、杨炯接"　《新书》本传"前"作"仕前"，《纪事》一〇"接"作"接踵"，《郡斋》四上"李峤集一卷"条无"接"字。

⑦崔融、苏味道：注见本书本卷（七）《杜审言传》。

⑧"《杂咏诗》十二卷，《单题诗》一百二十首，张方为注"　"单题"原讹作"单提"。《郡斋》四上"李峤集一卷"条："今所录一百二十咏而已，或题曰《单题诗》，有张方注。"诗一百二十首今存，见于《全诗》五九、六〇《李峤卷》三、四，每题咏一物，多以一字为题，故称《单题诗》。又，王重民《敦煌古籍叙录》著录《李峤杂咏诗注》，为张庭芳撰，卷首有庭芳序，不作"张方"。据此，《郡斋》所谓《单题诗》一百二十咏，即《新书》六〇《艺文志》四所著录"李峤《杂咏诗》十二卷"。辛氏以二者分列，似失察。

## 【补录】

后晋刘昫《旧唐书》九四《苏味道传》：

"少与乡人李峤俱以文辞知名，时人谓之苏、李。"

《旧唐书》九四《崔融传》：

"时张易之兄弟颇招集文学之士，融与纳言李峤、凤阁侍郎苏味道、麟台少监王绍宗等俱以文才降节事之。"

宋代计有功《唐诗纪事》一〇"李峤"条：

"峤有三戾：性好荣迁，憎人升进；性好文章，憎人才华；性贪浊，憎人受赂。"

**【辑评】**

唐代刘肃《大唐新语》八"文章"门：

"（张）说曰：'李峤、崔融、薛稷、宋之问，皆如良金美玉，无施不可。'"

宋代范晞文《对床夜语》四：

"李峤有'星月悬秋汉'，唐僧有'雪溜悬南岳'，又'悬灯雪屋明'，皆于'悬'字上见工。"

明代胡应麟《诗薮·内编》三：

"李峤《汾阴行》，玄宗剧赏，然声调未谐，转韵多踬，出沈、宋下。"

《诗薮·外编》四：

"芮挺章编《国秀》，以李峤'月字临丹地'为第一。"

明代胡震亨《唐音癸签》五：

"汉称苏、李，唐亦曰苏、李。以今论之，巨山五言，概多典丽，将味道难为。"

清代王夫之《唐诗评选》四：

"巨山雕组夺色，七言风味骀宕，贤于五言远矣。"

清代王夫之《薑斋诗话》下：

"李峤称大手笔，咏物尤其属意之作，裁剪整齐，而生意索然，亦匠笔耳。"

清代贺裳《载酒园诗话·又编》：

"读巨山咏物百余诗，固是淹雅之士，但整核而已，未甚精出。"

清代翁方纲《石洲诗话》一：

"汉武《秋风辞》，此结四句（按：指李峤《汾阴行》）脱胎所自也，用其意而不用其词，特为妙丽。"

## 一四 张 说（667—730）

说，字道济①，洛阳人②。垂拱四年举学综古今科，中第三等。

考策日封进，授太子校书，令曰："张说文思清新，艺能优洽。金门对策，已居高科之首；银榜效官，宜申一命之秩。"③后累迁凤阁舍人④。睿宗时，兵部侍郎同平章事⑤。开元十八年⑥，终左丞相、燕国公。说敦气节，重然诺。为文精壮⑦，长于碑志。朝廷大述作，多出其手。诗法特妙，晚谪岳阳⑧，诗益凄婉，人谓得江山之助。今有集三十卷，行于世。子均，开元四年进士，亦以诗鸣。

**【校注】**

①"字道济"　《新书》一二五本传作："字道济，或字说之。"张九龄《燕国公赠太师张公墓志铭》（《全文》二九二）作"字道济"。

②"洛阳人"　《旧书》九七本传："其先范阳人，代居河东，近又徙家河南之洛阳。"《新书》本传略同。

③"垂拱四年"至"宜申一命之秩"　徐松《登科记考》三"垂拱四年"之下录《记纂渊海》引《登科记》（见于《渊海》三七）云："永昌九年，应学综古今科一人，张说第三等。考策日封进，令曰：'洛阳人张说，文词清典，艺能优裕。金门对策，已居高科之首；银榜效官，宜加一命之秩。'"此当为本篇所据。《登科记考》所引文中，"永昌九年"之"九"字讹，应作"元"；永昌元年十一月即改元为载初。永昌元年，为垂拱四年之后一年。《新书》本传作："永昌中，武后策贤良方正，诏吏部尚书李景谌糊名较覆，说所对第一，后署乙等，授太子校书郎，迁左补阙。"《郡斋》四上"张说集三十卷"条作："永昌元年贤良方正第一。"按：《文苑英华》四七七载张说《词标文苑策》一道，原注："永昌元年"。又《册府元龟》六四五《贡举部》七《科目》载有"则天垂拱四年词标文苑科"。徐松云："诸书所引，或云贤良方正，或曰词标文苑，或曰学综古今，实止一科也。"

金门：即金马门。《史记·东方朔传》："金马门者，宦者署门也。门旁有金马，故谓之金马门。"后沿用为官署的代称。

效官：授官。《左传》（昭公二十六年）："宣王有志，而后效官。"

一命：指官职低微。周时官阶从一命到九命，一命为最低一级。《周礼·地官·党正》："一命齿于乡里。"太子校书为正九品下，故云"一命"。

④"后累迁凤阁舍人"　《新书》本传于此句之下又记："张易之诬陷魏元忠也，授说为助。说廷对'元忠无不顺言'，忤后旨，流钦州。"《旧书》本传略同。下文皆据《新书》本传。

⑤"睿宗时，兵部侍郎同平章事"　"同"字原脱，系承《郡斋》四上"张说集三

十卷"条之误，疑不可通，今据《四库》、三间本补，与两《唐书》本传合。又据两《唐书》本传，张说于中宗时累迁兵部侍郎，睿宗时擢中书侍郎，进同中书门下平章事。本篇谓"睿宗时兵部侍郎平章事"，微误。

⑥ "开元十八年"　《新书》本传记："（开元）十八年卒，年六十四。"参见张九龄《张公墓志铭》。

⑦ "为文精壮"　《新书》本传"精壮"上有"属思"二字，义较允。

⑧ "晚谪岳阳"　《新书》本传作"既谪岳阳"，《郡斋》同。《旧书》本传作："为姚崇所构，出为相州刺史……俄又坐事左转岳州刺史。"按：说于开元十八年卒，此为开元元年事（据《通鉴》二一〇），似不得称"晚"。说于开元九年复入相，翌年出任朔方军节度大使，官至右丞相兼中书令。见两《唐书》本传。

岳阳：南朝梁析湘阴县置岳阳县，属岳阳郡，陈因之；隋平陈，废郡，并湘阴入岳阳县，寻改岳阳为湘阴（见《读史方舆纪要》"湖广长沙府湘阴县"）。本篇以旧地名岳阳，借指岳州治所巴陵（今湖南省岳阳县），而与河东道晋州岳阳县（今山西省洪洞县东）无涉。《太平寰宇记》（据《古逸丛书》补本）于"江南西道岳州巴陵县"下载："岳阳楼，唐开元四年张说自中书令为岳州刺史（按：此说有误，见前），常与才士登此楼，有诗百余篇，列于楼壁。"

## 【补录】

唐代李肇《国史补》上：

"玄宗令张燕公撰《华岳碑》，首四句或云一行禅师所作，或云碑之文凿破，乱取之曰：'巍巍太华，柱天直上。青崖白谷，仰见仙掌。'"

宋代宋祁《新唐书》一二五《苏颋传》：

"自景龙后，与张说以文章显，称望略等，故时号'燕、许大手笔'。"

宋代范致明《岳阳风土记》：

"岳阳楼，城西门楼也。唐中书令张说守此州，每与才士登楼赋诗，自尔名著。"

## 【辑评】

唐代皇甫湜《谕业》（《皇甫持正集》一）：

"燕公之文，如楩木楠枝，缔结大厦，上栋下宇，孕育气象，可以变阴阳，阅寒暑，坐天子而朝群后。"

宋代吴曾《能改斋漫录》八：

"张说有《深度驿》诗云：'洞房悬月影，高枕听江流。'杜子美用其意，见于《客夜》篇，云：'入帘残月影，高枕远江声。'"

明代胡应麟《诗薮·内编》四：

"燕国如《岳州燕别》、《深度驿》、《还端州》……皆冲远有味，而格调严整，未离沈、宋诸公。"

明代钟惺、谭元春《唐诗归》四：

"燕公大乎笔，奇变精出，不堕作家气，由其胸中无宿物。"（钟惺）

清代毛先舒《诗辩坻》三：

"垂拱诸贤，张道济骨力稍弱，词采亦薄，拙处袭正始之瑕，流处启大历之调。"

清代贺裳《载酒园诗话·又编》：

"燕公大雅之才，虽轩昂不受羁绁，终带声希味淡之致。惟'秋风不相待，先至洛阳城'，未免与利齿儿竞慧。特其气浑，固不类中、晚。"

"'雁飞江月冷，猿啸野风秋'，人人称之。然'鹊飞山月曙，蝉噪野风秋'，已先为上官仪道过。王武子琉璃匕中自多甘脆，何必效石家韭萍虀哉！"

清代王夫之《唐诗评选》三：

"燕公所乏者风韵，率以直勇自任。"

清代管世铭《读雪山房唐诗序例》：

"张燕公《邺都引》：'昼携壮士破坚阵，夜接词人赋华屋。'王、岑而下，均不能为此言。"

# 一五　王　翰

翰[①]，字子羽，并州人[②]。景云元年，卢逸下进士及第[③]。又举直言极谏，又举超拔群类科[④]。少豪荡，恃才不羁，喜纵酒。枥多名马，家蓄妓乐，翰发言立意，自比王侯[⑤]，日聚英杰，纵禽击鼓为欢[⑥]。张嘉贞[⑦]为本州长史，厚遇之。翰酒间自歌，以舞属嘉贞[⑧]，神气轩举。张说尤加礼异[⑨]，及辅政，召为正字，擢驾部员外郎。说罢，翰出为仙州别驾[⑩]。以穷乐畋饮，贬岭表，道卒[⑪]。

翰工诗，多壮丽之词。文士祖咏、杜华等，尝与游从⑫。华母崔氏云："吾闻孟母三迁，吾今欲卜居，使汝与王翰为邻，足矣。"⑬其才名如此⑭。燕公论其文，"如琼杯玉斝⑮，虽烂然可珍，而多玷缺"云。有集今传。○太史公恨古布衣之侠⑯，湮没无闻，以其义在存亡死生之间⑰，而不伐其德，千金驷马，才啻草芥⑱。信哉，名不虚立也。观王翰之气，其若人之俦乎！

## 【校注】

①"翰"　《新书》二○二本传同，《旧书》一九○中本传作"澣"。陈鳣《唐才子传校勘记》云："然其字子羽，当名翰也。"

②"并州人"　两《唐书》本传作"并州晋阳人"。

并州：治太原，开元十一年改为太原府，晋阳即其属县，今山西省太原市。见《元和志》一三"河东道太原府"。

③"景云元年，卢逸下进士及第"　徐松《登科记考》五"景云二年""王翰"条云："按景云改元于七月，所谓元年盖二年之榜也"；"唐人例以上年冬命次年知举之人，故王翰实二年榜也"。

卢逸下：意为卢逸知贡举时。本书记登科云"某某下"，均此义。卢逸，历官给事中、荆州长史，见《新书》七三上《宰相世系表》三上。

④"又举直言极谏，又举超拔群类科"　《新书》本传"复举直言极谏"下有"调昌乐尉"，且记此数语于"张说至，礼益加"之下。

⑤"枥多名马"至"自比王侯"　两《唐书》本传记此数语于擢驾部员外郎之后。

⑥"日聚英杰，纵禽击鼓为欢"　两《唐书》本传记此语于徙仙州别驾之后。

⑦张嘉贞：仕则天朝，历秦州都督、并州长史。开元中拜中书令，后出为定州刺史、知北平军事。传见《旧书》九九、《新书》一二七。

⑧"翰酒间自歌，以舞属嘉贞"　"舞"上原脱"以"字，据《四库》、《指海》本补，与《新书》本传合。《四库》、《指海》本"歌"下有"诗"字，疑衍。《新书》本传作："翰自歌，以舞属嘉贞。"《旧书》本传作："澣感之，撰乐词以叙情，于席上自唱自舞。"

⑨"张说尤加礼异"　《新书》本传作："张说至，礼益加。"《旧书》本传作："张说镇并州，礼澣益至。"

⑩"翰出为仙州别驾"　《新书》本传作："翰出为汝州长史，徙仙州别驾。"

仙州：治叶县，开元三年置，二十六年废。今河南省叶县。见《元和志》六"河南道汝州"。

⑪ "贬岭表，道卒"　未知何据，疑"道"下脱"州"字。两《唐书》本传、《纪事》二一"王翰"条均作"贬道州司马，卒"。

⑫ "文士祖咏、杜华等，尝与游从"　《旧书》本传"尝与游从"作"常在座"，记此事在徙仙州别驾、饮乐游畋之后。

祖咏：传见本书本卷（二五）。

杜华：濮阳人，杜鸿渐的远侄。亦与岑参为友。见于《元和姓纂》六、《新书》七二上《宰相世系表》二上。岑参《敬酬杜华淇上见赠》诗（《全诗》一九八）述其人云："杜侯实才子，盛名不可及。只曾效一官，今已年四十。是君同时者，已有尚书郎；怜君独未遇，淹泊在他乡。"

⑬ "华母崔氏曰"至"足矣"　《四库》本无"足"字。按：此段不见于两《唐书》本传。《分类集注杜工部诗》一七《奉赠韦左丞丈二十二韵》"王翰愿卜邻"句注云："师（古）曰：唐王翰，文士也，杜华尝与游从。华母崔氏曰：'吾闻孟母三徙，今吾欲卜居，使汝与王翰为邻。'盖爱其才故也。"《钱注杜诗》一该诗注云："旧注载《唐史拾遗》杜华母使华与王翰卜邻事，伪书杜撰。"钱谦益《笺注总论》又云："注家错谬，不可悉数。……一曰伪造故事。……蜀人师古注尤可恨。王翰卜邻，则造杜华母命华与翰卜邻之事。……流俗互相引据。"本篇所据，当即此类。

孟母三迁：相传孟轲少时废学，母仉氏三迁居处，改变环境，得以卒业。见《列女传》一《邹孟轲母传》。

⑭ "其才名如此"　《四库》本无"名"字。

⑮ "如琼杯玉斝"　《旧书》一九〇上《杨炯传》、《新书》二〇一《王勃传》同，刘肃《大唐新语》八"文章"门作"有如琼林玉斝"。

燕公：张说，传见本书本卷（一四）。

斝〔jiǎ〕：古酒器，似爵而稍大，有三足，盛行于商代。

⑯ "太史公恨古布衣之侠"　《四库》本无"公"、"古"二字。

⑰ "以其义在存亡死生之间"　"在"原作"出"，"死生"原作"生死"，皆据《四库》本改，此与《史记·游侠列传》相符："赴士之厄困，既已存亡死生矣，而不矜其能，羞伐其德。"

⑱ "才窗草芥"　《四库》、《指海》本"才"作"奚"。"才"字疑为"不"字之讹。

【补录】

唐代张怀瓘《文字论》（《全文》四三二）：

"时有吏部苏侍郎晋、兵部王员外翰,俱朝端英秀,词场雄伯。"

唐代封演《封氏闻见记》三"铨曹"门:

"开元初,宋璟为尚书,李乂、卢从愿为侍郎,大革前弊,据阙留人,纪纲复振。时选人王翰颇攻篇什,而迹浮伪,乃窃定海内文士百有余人,分为九等,高自标置,与张说、李邕并居第一,自余皆被排斥。陵晨于吏部东街张之,甚于长名。观者万计,莫不切齿。从愿潜察获,欲奏处刑宪,为势门保持,乃止。"

**【辑评】**

明代胡应麟《诗薮·内编》三:

"王翰《蛾眉怨》、《长城行》,亦自怆楚,宜为子美所重。"

《诗薮·外编》四:

"初唐律,有全作齐、梁者,王翰'春气满林香'是也。"

清代施补华《岘佣说诗》:

"王翰《凉州词》:'蒲萄美酒夜光杯,欲饮琵琶马上催;醉卧沙场君莫笑,古来征战几人回?'作悲伤语读便浅,作谐谑语读便妙,在学人领悟。"

## 一六 吴 筠（？—778）

筠字贞节,华阴人①。通经义,美文辞。举进士不中,隐居南阳倚帝山,为道士②。天宝中,玄宗遣使召至京师,与语甚悦,敕待诏翰林。献《玄纲》③三篇。帝问道,对曰:"深于道者,惟《老子》五千言,其余徒费纸札耳。"复问神仙治炼④之术,曰:"此野人之事,积岁月求之,非人主所宜留意。"筠每陈设名教世务,帝重之。初,筠爱会稽山水,往来天台、剡中⑤,与李白、孔巢父⑥相遇酬唱,至是因荐于朝⑦,帝即遣使召之。筠性高鲠,其待诏翰林时,恃承恩顾⑧。高力士素奉佛,尝短筠于上前,筠故多著赋文⑨,深诋释氏,颇为通人所讥云。后知天下将乱,苦求还嵩山,诏为立道观。大历间卒⑩。弟子谥为宗元先生。善为诗,有集十卷,权德舆序之。

## 【校注】

① "华阴人"　此据《新书》一九六本传，《全文》四八九权德舆《中岳宗元先生吴尊师集序》同。《直斋》一六"吴筠集十卷"条亦称"唐嵩阳观道士华阴吴筠贞节"。《旧书》一九二本传则云："鲁中之儒士也。"《旧书》本传出自权德舆《吴尊师传》（《全文》五〇八）。下文皆据两《唐书》本传节写。

华阴：注见本书本卷（四）《杨炯传》。

② "隐居南阳倚帝山，为道士"　《吴尊师集序》云："生十五年，笃志于道，与同术者隐于南阳倚帝山。"《新书》本传云："去居南阳倚帝山。天宝初召至京师，请隶道士籍，乃入嵩山依潘师正，究其术。"《旧书》本传亦云："乃入嵩山依潘师正为道士。"据此，隐南阳倚帝山时尚未入道籍，本篇微误。

南阳：今河南省南阳县。见《元和志》二一"河南道邓州"。

③《玄纲》：收入《道藏·太玄部》。

④ "冶炼"　《四库》、三间本作"冶炼"，疑误；《新书》本传正作"治炼"。《旧书》本传作"修炼"。

⑤ 天台：注见本书本卷（六）《骆宾王传》。　剡中：即剡县，在今浙江省嵊县西南。见《元和志》二六"江南道越州"。李白《秋下荆门》："此行不为鲈鱼脍，自爱名山入剡中。"

⑥ 孔巢父：早年与韩准、裴政、李白、张叔明、陶沔隐于徂徕山，号"竹溪六逸"。德宗时，官至御史大夫、太子太保，为李怀光所害。传见《旧书》一五四、《新书》一六三。

⑦ "至是因荐于朝"　此处叙事不清，"荐"下应补一"白"字。参见《旧书》一九〇下《李白传》。

⑧ "恃承恩顾"　《旧书》本传"恃"作"特"。

⑨ "多著文赋"　《旧书》本传"多"作"所"。

⑩ "大历间卒"　《新书》本传作"大历十三年卒"。

## 【补录】

唐代权德舆《吴尊师传》（《全文》五〇八）：

"筠尤善著述，在剡与越中文士为诗酒之会，所著歌篇，传于京师。玄宗闻其名，遣使征之。"

宋代宋祁《新唐书》一九六《吴筠传》：

"安禄山欲称兵，乃还茅山。而两京陷，江淮盗贼起，因东入会稽剡中。

大历十三年卒。"

**【辑评】**

唐代权德舆《中岳宗元先生吴尊师集序》(《全文》四八九)：

"至于奇采逸响，琅琅然若夏云嵝而凌倒景，崑阆、松乔，森然在目。近古游方外而言六义者，先生实主盟焉。"

唐代权德舆《吴尊师传》(《全文》五〇八)：

"凡为文词理疏通，文采焕发，每制一篇，人皆传写。虽李白之放荡、杜甫之壮丽，能兼之者，其惟筠乎！"（按：此数语采入《旧唐书·吴筠传》。）

宋代陈振孙《直斋书录解题》一六"吴筠集十卷"条：

"《传》（按：指《新唐书·吴筠传》）称筠所善孔巢、李白，歌诗相甲乙。巢父诗未之见也，筠诗固不碌碌，岂能与太白相甲乙哉！"

明代谢榛《四溟诗话》二：

"吴筠《览古》诗曰：'苏生佩六印，奕奕为殃源。主父食五鼎，昭昭成祸根。李斯佐二辟，巨衅钟其门。霍孟翼三后，伊戚及后昆。'此古体叙事，文势使然，盖出于无意也。若分为两篇，皆谓之隔句对，自与近体不同尔。"

## 一七　张子容

子容，襄阳人①。开元元年，常无名榜进士②。仕为乐城令③。初，与孟浩然同隐鹿门山④，为死生交，诗篇唱答颇多。后值乱离，流寓江表，尝送内兄李录事归故里⑤云："十年多难与君同，几处移家逐转蓬。白首相逢⑥征战后，青春已过乱离中。行人杳杳看西日⑦，归马萧萧向北风。汉水楚云千万里，天涯此别恨无穷。"后竟弃官归旧业⑧。有诗集，兴趣高远，略去凡近，当时哲匠，咸称道焉。

**【校注】**

①"襄阳人"　《纪事》二三"张子容"条载子容《送孟浩然归襄阳》诗（见于

《全诗》一一六）云："因怀故园意,归与孟家邻。"又载孟浩然《岁除夜乐城张少府宅》诗（见于《全诗》一六〇）云："何知岁除夜,得见故乡亲。"（按:张少府即张子容;孟浩然为襄阳人。）辛氏定张子容为襄阳人,或即据此。

襄阳:今湖北省襄阳县。见《元和志》二一"山南道襄州"。

②"开元元年,常无名榜进士"　《纪事》二三作:"乃先天二年进士。"（按:先天二年十二月改年号开元。）《唐会要》七六载:"先天二年,手笔俊拔超越流辈科:杜昱、张子渐、张秀明、常无名……及第。"徐应秋《玉芝堂谈荟》二"历代状元"条载:"玄宗开元元年,进士七十一人,状元常无名。"

常无名:既冠,进士及第,其年拔萃登科。开元十年,举文藻弘丽,与孙逖同入第二等,擢鄠县尉。官终礼部员外郎。见《全文》四一〇常衮《叔父故礼部员外郎墓志铭》。

③"仕为乐城令"　《四库》本无"仕"字。"令"字误,当作"乐城尉"。《纪事》作"曾为乐城尉"。张子容有《贬乐城尉日作》诗（《全诗》一一六）,孟浩然亦有《除夕乐城逢张少府》诗（《全诗》一六〇）,均可证。按:《国秀集·目录》题为"晋陵尉张子容",孟浩然有《登岘山亭寄晋陵张少府》诗（《全诗》一六〇）。

乐城:亦作乐成,今浙江省乐清县。见《元和志》二六"江南道温州"。

④"与孟浩然同隐鹿门山"　孟浩然有《寻白鹤岩张子容隐居》诗（《全诗》一六〇）。

鹿门山:在湖北省襄阳县境。汉建武中,襄阳侯习郁立神庙于山,刻二石鹿,夹神道口,称鹿门庙,因以名山。参《大清一统志》三四六《襄阳府·山川》。

⑤"尝送内兄李录事归故里"　此诗,《全诗》一五一作刘长卿诗,题为《送李录事兄归襄邓》。

⑥"相逢"　《全诗》同,《四库》本作"相知"。

⑦"西日"　《四库》本作"西月",与《全诗》合。

⑧"后竟弃官归旧业"　《四库》本无"竟"字。此句未知何据。张子容《送孟浩然归襄阳》诗云:"因怀故园意,归与孟家邻。"孟浩然《登岘山亭寄晋陵张少府》诗云:"凭轩试一问,张翰欲来归?"或即据此。

【辑评】

明代杨慎《升庵诗话》一〇:

"张子容诗:'海气朝成雨,江天晚作霞。'李嘉祐诗:'朝霞晴作雨,湿气晚生寒。'二诗语极相似,然盛唐、中唐分焉,试辨之。"

明代钟惺、谭元春《唐诗归》六:

"张子容《春江花月夜》：'林花发岸口，气色动江新。此夜江中月，流光花上春。分明石潭里，宜照浣纱人。'此题琐碎，而若虚之多，子容之简，不妨并妙。简者尤难耳。"（谭元春）

"张子容《泛永嘉江日暮回舟》，'归路烟中远，回舟月上行。'月上妙，月下则庸矣。"（钟惺）

清代贺裳《载酒园诗话·又编》：

"张子容'朝云暮雨连天暗，神女知来第几峰'，意艳而词则雅，不愧襄阳之友。'树色烟轻重，湖光风动摇'，'归路烟中远，回舟月上行'，亦甚肖孟氏意态。"

# 一八 李 昂

昂，开元二年王丘下状元及第①。天宝间，仕为礼部侍郎，知贡举②，奖拔寒素甚多③。工诗，有《戚夫人楚舞歌》④一篇，播传人口，真佳作也。

【校注】

①"开元二年王丘下状元及第" 《佚存》、《指海》本"丘"讹作"立"。《旧书》一〇〇《王丘传》载："开元初，累迁考功员外郎。"《新书》一二九《王丘传》同。（按：开元二十四年以前考功员外郎知贡举。）又徐松《登科记考》五引《永乐大典》"赋"字韵注云："开元二年王丘员外知贡举。"

王丘：开元初考功员外郎，后历黄门侍郎、御史大夫，终礼部尚书。传见《旧书》一〇〇、《新书》一二九。

②"天宝间，仕为礼部侍郎，知贡举" 《新书》四四《选举志》上载："（开元）二十四年，考功员外郎李昂为举人诋诃，帝以员外郎望轻，遂移贡部于礼部，以侍郎主之。礼部选士自此始。"又见于封演《封氏闻见记》三、李肇《唐国史补》下。刘肃《大唐新语》一〇及王定保《唐摭言》一"进士归礼部"条载其始末甚详，皆未云李昂又于天宝间为礼部侍郎知贡举。又《唐会要》七五"藻鉴"门载："开元八年七月，王丘为吏部侍郎，拔擢山阴尉孙逖、桃林尉张镜微、湖城尉张普明、进士王泠然、李昂等，不数年，登礼闱、掌纶诰焉。"又岑仲勉《郎官石柱新考订》三《吏部郎中·删补》"李昂"条引《唐会要》五八〇《芒洛遗文》中《大唐故吉州刺史陇西李府君（昊）墓志铭》，谓昊卒至德二年，春秋七十有三，"季弟考功员外、吏部郎中昂"。岑云："依此推

62

计，昊生垂拱元年乙酉，则《唐才子传》一开元二年登第之李昂、《会要》七五开元八年获选之李昂，均为昊弟无疑。……至《才子传》李昂'天宝间仕为礼部侍郎，知贡举'，此昂显官未至礼侍。特因自昂以后，改用礼侍知举，《会要》七五又用'登礼闱'（犹言知举）字样，辛文房不察，遂因误为礼部侍郎耳。"

③ "奖拔寒素甚多"　未知何据。《四库》本按语云："按《新唐书·选举志》……则昂之知贡举未协舆论可知。原文所云，殊非事实。"

④《戚夫人楚舞歌》　《纪事》一〇"李昂"条、《全诗》一二〇均题为《赋戚夫人楚舞歌》。按：李昂存诗二首，另一首为《从军行》，均载《全诗》一二〇。

**【补录】**

唐代刘肃《大唐新语》一〇"厘革"门：

"开元二十四年，李昂为考功，性刚急不容物，乃集进士，与之约曰：'文之美恶，悉知之矣，考校取舍，存乎至公。如有请托于人，当悉落之。'昂外舅尝与进士李权邻居相善，为言之于昂。昂果怒，集贡士数权之过。权曰：'人或猥知，窃闻之于左右，非求之也。'昂因曰：'观众君子之文，信美矣。然古人有言，瑜不掩瑕，忠也。其有词或不安，将与众详之，若何？'众皆曰：'唯。'及出，权谓众人曰：'向之斯言，意属吾也。昂与此任，吾必不第矣，文何籍为？'乃阴求瑕。他日，昂果摘权章句小疵，榜于通衢以辱之。权引谓昂曰：'礼尚往来。来而不往，非礼也。鄙文之不臧，既得而闻矣。而执事有雅什，尝闻于道路，愚将切磋，可乎？'昂怒而应曰：'有何不可！'权曰：'耳临清渭洗，心向白云闲。岂执事辞乎？'昂曰：'然。'权曰：昔唐尧衰怠，厌倦天下，将禅许由，由恶闻，故洗耳。今天子春秋鼎盛，不揖让于足下，而洗耳何哉？'昂闻，惶骇，诉于执政，以权不逊，遂下权吏。初，昂以强愎不受属请，及有吏议，求者莫不允从。由是庭议以省郎位轻，不足以临多士，乃使吏部侍郎掌焉。宪司以权言不可穷竟，乃寝罢之。"

# 一九　孙逖　(696—761)

逖，博州人①。幼而有文，属思警敏②，援笔成篇。开元二年，举手笔俊拔、哲人奇士隐沦屠钓及文藻宏丽等科，第一人及第③。

玄宗引见，擢左拾遗，集贤殿修撰④。改考功员外郎，迁中书舍人。与颜真卿、李华、萧颖士皆同时，称海内名士⑤。仕终刑部侍郎⑥。善诗，古调今格，悉其所长。集二十卷，今传。

**【校注】**

①"博州人" 《新书》二〇二本传作"博州武水人"，《旧书》一九〇中本传作"潞州涉县人"。《全文》三三七颜真卿《尚书刑部侍郎赠尚书右仆射孙逖文公集序》云："河南巩县人。其先自乐安武水寓于涉而徙焉。"故李华《杨骑曹集序》称"刑部侍郎乐安孙公逖"（《全文》三一七）。《元和姓纂》四则称"河南巩县人"。《纪事》二六"孙逖"条称"河南人"。巩县为实际籍贯。下文皆据《新书》本传。

博州：治聊城，今山东省聊城市。见《元和志》一六"河北道"。

巩县：今河南省巩县。见《元和志》五"河南道河南府"。

②"属思警敏" 《新书》本传同，《四库》本"思"作"辞"。

③"开元二年"至"第一人及第" 此处采自《新书》本传："举手笔俊拔、哲人奇士隐沦屠钓及文藻宏丽等科。"又《孙逖文公集序》云："年未弱冠，而三擅甲科。"然皆未云"开元二年"。另据《旧书》本传：开元初，应哲人奇士举，授山阴尉"；"十年，应制登文藻宏丽科，拜左拾遗。"又《册府元龟》六四五《贡举·科目》："开元二年六月甲子制，哲人奇士隐沦屠钓，孙逖及第。"常衮《叔父故礼部员外郎墓志铭》："（常无名）开元十年举文藻宏丽，与孙逖同入第二等。"本篇于开元二年中叙连举三科，于旧史似未详察。

④"集贤殿修撰" "撰"原讹作"选"，据《四库》、三间、《指海》本改，与两《唐书》本传合。按：《旧书》四三《职官志》载，集贤殿书院有修撰官。

⑤"改考功员外郎"至"海内称名士" 此处有误。《新书》本传作："改考功员外郎，取颜真卿、李华、萧颖士、赵骅等，皆海内有名士。俄迁中书舍人。"《旧书》本传略同。《四库》本按语云："考《文献通考》，开元二十一年至二十三年，岁一试进士科，盖皆逖主之。三人者，其所取士也。"

颜真卿：开元进士。任殿中侍御史、平原太守。安禄山叛乱，与兄杲卿起兵抵抗。历官至吏部尚书、太子太师，封鲁国公。德宗时李希烈叛乱，受命前往劝谕，持节不屈，被害。精书法，称"颜体"。传见《旧书》一二八、《新书》一五三。

李华：开元进士。仕历监察御史、右补阙、检校吏部员外郎。擅文，与萧颖士齐名。有《李遐叔文集》。传见《旧书》一九〇下、《新书》二〇三。

萧颖士：开元进士，历任秘书正字、扬州功曹参军等职。有《萧茂挺文集》。传见《旧书》一九〇下、《新书》二〇二。

⑥ "仕终刑部侍郎" 此不确。《新书》本传云:"判刑部侍郎,以病风乞解,徙太子左庶子,遂绵废累年,徙少詹事。上元中卒。"《旧书》本传略同。

**【补录】**

唐代颜真卿《孙逖文公集序》(《全文》三三七):

"十五岁时,相国齐公崔日用试《土火炉赋》,公雅思遒丽,援翰立成,齐公骇之,约以忘年之契。尔后遂有大名。"

**【辑评】**

唐代颜真卿《孙逖文公集序》(《全文》三三七):

"其序事也,则《伯乐川记》及诸碑志,皆卓立千古,传于域中。其为诗也,必有逸韵佳对,冠绝当时,布在人口。其词言也,则宰相张九龄欲掎撼疵瑕,沉吟久之,不能易一字。"

明代钟惺、谭元春《唐诗归》五:

"孙逖《春日留别》:'越国山川看渐无,可怜愁思江南树。'下句之'可怜愁思'又从'看渐无'三字生出。"(钟惺)

清代贺裳《载酒园诗话·又编》:

"古人饯别,如《烝民》、《韩奕》,皆因事赠言,辞不妄发。陈子昂《送崔著作融从梁王东征》曰:'王师非乐战,之子慎佳兵!'为黩武之时言也。孙逖《送李补阙充河西节度判官》曰:'西戎虽献款,上策耻和亲。'为忘战之时言也。唐诗送人之塞下者多矣,惟此二篇,缓私情,急公义,深合古意。"

清代王夫之《唐诗评选》三:

"合化无迹者谓之灵,通远得意者谓之灵,如逖五言乃可以灵许之。"

# 二〇 卢 鸿

鸿,字浩然①,隐居嵩山。博学,善八分书,工诗,兼画山水树石②。开元初,玄宗备礼征再三,不至③。诏曰:"鸿有泰一之道,中庸之德,钩深诣微,确乎自高。诏书屡下,每辄辞托,使朕虚心引领,于今有年。虽得素履幽人之介,而失考父滋恭之谊。

礼有大伦，君臣之义，不可废也。有司其赍束帛之具，重宣兹旨，想其翻然易节，副朕意焉④。"鸿遂至东都⑤，谒见不拜⑥，宰相问状，答曰："'礼者，忠信所薄。'⑦臣敢以忠信见帝。"召升内殿，置酒。拜谏议大夫，固辞，复下诏许还山。将行，赐隐居服，官营草堂。鸿到山中，广精舍，从学者五百人。及卒，诏赐万钱营葬。后皮日休为《七爱诗》谓："傲大君者，必有真隐，卢征君是也。"⑧工诗，今传甚多⑨。

## 【校注】

①"鸿，字浩然" 《四库》本"浩"作"颢"。"鸿"，《新书》一九六本传同，《旧书》一九二本传作"鸿一"。《资治通鉴》二一二《考异》据《旧书·玄宗纪》以为"一"字衍文。胡应麟《少室山房笔丛·丹铅新录》"卢鸿一"条则以单名"鸿"为误。"浩然"，《旧书》本传同，《新书》本传作"颢然"。张彦远《历代名画记》九作"一名浩然"。下文多采自两《唐书》本传。

②"博学"至"兼画山水树石" 《旧书》本传作："少有学业，颇善籀篆楷隶。"《新书》本传略同。《历代名画记》作："工八分书，善画山水树石。"

八分书：汉字的一种书体，字体似隶而体势多波磔。见张怀瓘《书断》。

③"征再三，不至" 刘肃《大唐新语》一〇"隐逸"门作"三诏乃至"。《旧书》八《玄宗纪》上载："（开元六年）二月甲戌，礼币征嵩山隐士卢鸿。"

④"鸿有泰一之道"至"副朕意焉" 《四库》本"想其"作"想有以"。此段据《新书》本传，略有删节。《旧书》本传载此诏书原文，文字颇异，文繁不具录。

泰一：天地未分之前的元气。《庄子·天下》："主之以太一。"疏："大道旷荡，无不制围，括囊万有，通而为一，故谓之太一。"

考父：正考父，孔子之祖。《左传》（昭公七年）："正考父佐戴武宣，三命兹益恭。"《三国志·管宁传》："虽有素履幽人之贞，而失考父兹恭之义。"

⑤"鸿遂至东都" 《四库》本无"遂"、"东都"三字。《旧书》本传作："六年，至东都。"

⑥"谒见不拜" 《大唐新语》下有"但磬折而已"。

⑦"礼者，忠信所薄" 与《新书》本传合，《佚存》、《指海》本"所"作"之"。《大唐新语》作："臣闻《老子》云：'礼者，忠信之薄。'不可足依。"见《老子》三十八章："夫礼者，忠信之薄，而乱之首。"

⑧"卢征君是也" 《全诗》六〇八皮日休《七爱诗序》此句作"以卢征君为真隐焉"。

⑨"工诗，今传甚多"　今传《嵩山十志》，共十首，载《全诗》一二三。

【辑评】

清代贺裳《载酒园诗话·又编》：

"《嵩山十志》，其小序更佳于诗，但嫌其转笔率，用'靡者'、'荡者'、'喧者'、'邪者'、'俗人'、'世人'、'机士'、'匪士'，沾沾扬己詈人，有贫贱骄人之态，殊不大雅。"

清代翁方纲《石洲诗话》一：

"《嵩山十志》诗，似是《骚》裔，而去《骚》却远，此不过自适其适而已。"

## 二一　王泠然（693—725）

泠然，山东人①。开元五年，裴耀卿下进士，授将仕郎，守太子校书郎②。工文赋诗。气质豪爽，当言无所回忌③。乃卓荦奇才④，济世之器，惜其不大显而终⑤。有集今传⑥。

【校注】

①"山东人"　王定保《唐摭言》二"恚恨"门载王泠然《与御史高昌宇书》云："山东布衣，不识忌讳。泠然顿首。"本篇当即据此。按：《千唐志斋藏志》（文物出版社）图版七九七《唐故右威卫兵曹参军王府君墓志铭序》记："公讳泠然，字仲清，太原人也。"

山东：唐人称山东，指崤山（今河南省渑池县西）以东的黄河流域地区。

②"开元五年"至"守太子校书郎"　《唐摭言》六"公荐"门载："将仕郎守太子校书郎王泠然再拜上书相国燕公阁下"（此即《全文》二九四王泠然《论荐书》）。书云："长安令裴耀卿于开元五年掌天下举，擢仆高第。"又《国秀集·目录》称"校书郎王泠然"。此皆为本篇所据。

裴耀卿：开元初为长安令，后历济、宣、冀州刺史，入拜户部侍郎，开元二十年迁京兆尹，寻拜黄门侍郎、同中书门下平章事，迁侍中。终尚书左仆射。传见《旧书》九八、《新书》一二七。

将仕郎：文散官，从九品下。见《通典》三四《职官》一六。

守：唐代官制，散官之阶较低而职事官之阶较高时，称"守"。《大唐六典》二"吏部侍郎"条:"凡任官,阶卑而拟高则曰守,阶高而拟卑则曰行。"

③ "气质豪爽,当言无所回忌" 参见王泠然《论荐书》(《全文》二九四)。

④ "乃卓荦奇才" 《四库》本无"乃"字。

⑤ "惜其不大显而终" 《王府君墓志铭》记:"以开元十二年十二月十六日不禄于位,享年卅有三。"

⑥ "有集今传" 唐宋以来书目未见著录。

【补录】

唐代佚名《唐故右威兵曹参军王府君(泠然)墓志铭序》(《千唐志斋藏志》图版七九七):

"七岁见称于乡党,廿则宾于王庭,以秀才擢第,授东宫校书郎。满秩,移右威卫兵曹参军。其调补也,皆登甲科选,天下以为美谈。所著篇什,至今称之,洛阳犹为之纸贵。"

后晋刘昫《旧唐书》一〇〇《王丘传》:

"典选累年,甚称平允,擢用山阴尉孙逖、姚林尉张镜微、湖城尉张晋明、进士王泠然,皆称一时之秀。"

【辑评】

清代吴乔《围炉诗话》二:

"王泠然《河边枯柳》,本意在末四句,前文乃铺叙耳。只取末四句,便成七绝。"(按:《汴堤柳》,一本作《题河边枯柳》,载《全诗》一一五,末四句云:"凉风八月露为霜,日夜孤舟入帝乡。河畔时时闻木落,客中无不泪沾裳。")

## 二二 刘眘虚

眘虚①,嵩山人②。姿容秀拔。九岁属文,上书,召见拜童子郎③。开元十一年,徐徵榜进士④,调洛阳尉,迁夏县令⑤。性高古,脱略势利,啸傲风尘。后欲卜隐庐阜,不果⑥。交游多山僧道侣。为诗情幽兴远,思雅词奇,忽有所得,便惊众听。当时东南高唱者数十人,声律婉态,无出其右,惟气骨不逮诸公。永明已还，端可杰立江表。善为方外之言。夫何不永，天碎国宝⑦，有志不就，惜哉！集今传世⑧。

【校注】

① "眘虚" 《佚存》本"眘"作"慎"。《河岳》上、《纪事》二五均作"眘"。（"眘"，古"慎"字。）

② "嵩山人" 未知何据。高棅《唐诗品汇·诗人爵里详节》、《全诗》四〇八小传均作"江东人"。《河岳》上"刘眘虚"评云："东南高唱者数人，然声律宛态，无出其右。……可杰立江表。"谓江东人当据此。钱大昕《十驾斋养新录》一二"刘眘虚"条："眘虚未详何许人，意其为南士也。"

③ "九岁属文，上书，召见拜童子郎" 未知何据。

童子郎：古时选童子秀异能通经者为郎，号童子郎。唐制，凡十岁以下能通一经，及《孝经》、《论语》每卷诵文十通者，予官；通七者，与出身，谓童子科。见《文献通考》三五《选举·童科》、《新书》四四《选举制》上。

④ "开元十一年，徐徵榜进士" "十一年"疑为"二十一年"之误。本书卷二（三八）《刘长卿传》记："开元二十一年徐徵榜及第。"徐应秋《玉芝堂谈荟》二"历代状元"条载："（开元）二十一年进士二十四人，状元徐徵。"

徐徵：天宝五载，李林甫兴大狱，令酷吏吉温审案，以"妄称图谶，交构东宫，指斥乘舆"之罪杀赞善大夫杜有邻等。同时被杀者有左威卫参军徐徵，当即其人。见《旧书》一八六下《吉温传》、《新书》五《玄宗纪》、《通鉴》二一五。

⑤ "调洛阳尉，迁夏县令" 未知何据。《唐诗品汇·诗人爵里详节》亦记："刘眘虚，江东人，为夏县令。"按：郑处诲《明皇杂录》云："天宝末，刘希夷、王泠然、王昌龄、祖咏、张若虚、张子容、孟浩然、常建、李白、刘眘虚、崔曙、杜甫，虽有文章盛名，皆流落不偶。"考《河岳英灵集》下限为天宝十二载，其书已称眘虚"惜其不永，天碎国宝"；《明皇杂录》谓眘虚天宝末流落不偶，不确。

夏县：今山西省夏县。见《元和志》六"河南道陕州"。

⑥ "后欲卜隐庐阜，不果" 《河岳》上载刘眘虚《送东林廉上人还庐山》诗（《全诗》一四〇作王昌龄诗）云："常为庐峰意，况与远公违，道性深寂寞，世情多是非。会寻名山去，岂复无清机。"本篇所云，或据此。

⑦ "为诗情幽兴远"至"天碎国宝" 《四库》本"婉态"作"宛态"。此段系引述《河岳》上"刘眘虚"评。文字微异。"思雅词奇"，《河岳》作"思苦语奇"，《纪事》二五"刘眘虚"条引殷璠评语作"思苦词奇"。"数十人"，《河岳》作"数人"，《纪事》作"十数人"。又《河岳》"可杰立江表"下有："至如'松色空照水，经声时

……69

有人'。又'沧浪千万里,日夜一孤舟'。又'归梦如春水,悠悠绕故乡'。又'驻马渡江处,望乡待归舟'。又'道由白云尽,春与清溪长。时有落花至,远随流水香。开门向溪路,深柳读书堂。幽映每白日,清辉照衣裳'。并方外之言也。"

　　永明:南朝齐武帝年号。永明间盛行新体诗,强调声韵格律,沈约、谢朓为代表诗人。

　　⑧"集今传世"　唐宋以来书目未见著录。

【补录】

明代郭子章《豫章书》(《西江志》六六引):

"刘眘虚,字全乙,新吴(按:今江西省奉新县)人。……开元中举宏辞,累官崇文馆校书郎。与孟浩然、王昌龄相友善。"(按:王昌龄有《送刘眘虚归取宏词解》诗,载《全诗》一四〇;孟浩然有《九日龙沙作寄刘大眘虚》诗,载《全诗》一六〇;刘眘虚有《暮秋扬子江寄孟浩然》、《寄江滔求孟六遗文》诗,载《全诗》二五六。)

【辑评】

明代钟惺、谭元春《唐诗归》六:

"诗少而妙,难矣!然难不在陶洗,而在包孕。妙不在孤严,而在深广。读慎虚一字、一句、一篇,若读数十百篇,隐隐隆隆,其中甚多。吾取此为少者法。"(钟惺)

清代贺贻孙《诗筏》:

"刘眘虚、王昌龄五言古,风味近于王、孟。但王、孟淡宕而眘虚高严,王、孟疏远而昌龄绵密。诗家以淡宕疏远为至,然每为浅学形似所混;独高严与绵密,非深心此道者难与措手。故世有假王右丞、孟襄阳,而无假刘江东、王龙标也。"

清代贺裳《载酒园诗话·又编》:

"刘夏县胜处在不避轻脱,率任孤清。如《寄江滔求孟六遗文》:'南望襄阳路,思君情转亲。偏知汉水广,应与孟家邻。在日贪为善,昨来闻更贫。相如有遗草,一为问家人。'作律至此,几于以笔为舌矣。然已隐隐逗张水部一派。"

清代王士禛《渔洋诗话》:

"刘眘虚字挺卿,其诗超远幽夐,在王、孟、王昌龄、常建、祖咏伯仲之间。"（按：字挺卿者为刘迅，非眘虚。）

清代牟愿相《小澥草堂杂论诗》：

"刘挺卿（眘虚）诗如幽人夜坐，隔水吹笙。"

清代乔亿《剑溪说诗》上：

"刘眘虚诗，空明深厚，饶有理趣。"

## 二三　王　湾

湾，开元元年常无名榜进士①。与学士綦毋潜契切②。词翰早著，为天下所称。往来吴、楚间，多有著述。如《江南意》一联云："海日生残夜，江春入旧年。"诗人以来，罕有此作，张燕公手题于政事堂，每示能文，令为楷式③。曾奉使登终南山，有赋④，志趣高远，识者不能弃焉。

**【校注】**

①"开元元年常无名榜进士"　"元年"原作"十一年"，据《四库》、三间本改。陈鳣《唐才子传校勘记》云："前《张子容传》云：'开元元年常无名榜进士'，此作十一年，亦误。"《纪事》一五"王湾"条亦记："登先天进士第。"（按：先天二年十二月改年号为开元。）又，徐应秋《玉芝堂谈荟》二"历代状元"条记："玄宗开元元年，进士七十一人，状元常无名。"均可证。

常无名：注见本书本卷（一七）《张子容传》。

②"与学士綦毋潜契切"　王湾有《哭补阙亡友綦毋学士》诗（《全诗》一一五），此当为本篇所据。

綦毋潜：传见本书卷第二（三〇）。

③"词翰早著"至"令为楷式"　采自《河岳》上"王湾"评，文字微异。"往来吴、楚间，多有著述，如《江南意》一联云"，《河岳》作："最者不过一二，游吴中作《江南意》诗云。"（按：《江南意》，《全诗》一一五题为《次北固山下》。）又，《河岳》"令为楷式"下有："又《捣衣篇》云：'月华照杵空随妾，风响传砧不到君。'所有众制，咸类若斯，非张、蔡之未曾见也，觉颜、谢之弥远乎。"

张燕公：张说，传见本书本卷（一四）。

政事堂：宰相办公处。《大唐新语》一〇"厘革"门："旧制，宰相臣尝于门下省议事，谓之政事堂。……弘道初，裴炎自侍中转中书令，执朝政，始移政事堂于中书省，至今以为故事。"

④ "曾奉使登终南山，有赋"　《奉使登终南山》诗载《全诗》一一五。

终南山：秦岭山峰之一，在今陕西省西安市南。一名太一。见《元和志》一"关内道京兆府万年县"。

**【补录】**

宋代计有功《唐诗纪事》一五"王湾"条：

"开元初，为荥阳主簿。马怀素欲校正群籍，湾在选中，各部撰次。（按：《新书·马怀素传》"各"作"分"。）后为洛阳尉。"（按：详见《新书》一九九《马怀素传》。又，《国秀集·目录》亦称"洛阳尉王湾"。《新书》七二中《宰相世系表》二中记："湾，长安尉。"）

**【辑评】**

宋代黄庭坚《黄山谷诗话》（《诗人玉屑》三）：

"唐诗曰：'海日生残夜，江春入暮年。'置早意于暮残晚中。"

明代胡应麟《诗薮·内编》四：

"盛唐句，如'海日生残夜，江春入旧年'；中唐句，如'风兼残雪起，河带断冰流'；晚唐句，如'鸡声茅店月，人迹板桥霜'，皆形容景物，妙绝千古，而盛、中、晚界限斩然。故知文章关气运，非人力。"

清代翁方纲《石洲诗话》一：

"王尉湾诗句，张燕公手题政事堂。殷璠谓'诗人已来，少有此句'。至其《终南山》一篇，亦自超隽，非复唐初诸公平迤之制。"

## 二四　崔　颢（？—754）

颢，汴州人①。开元十一年，源少良下及进士第②。天宝中，为尚书司勋员外郎③。少年为诗，意浮艳，多陷轻薄。晚节忽变常体，风骨凛然，一窥塞垣，状极戎旅，奇造往往并驱江、鲍④。后游武昌，登黄鹤楼，感慨赋诗。及李白来，曰："眼前有景道不得，崔颢题诗在上头。"无作而去，为哲匠敛手云⑤。然行履稍劣，好蒱博，嗜酒。娶妻择美者，稍不惬，即弃之，凡易三四⑥。初，李邕闻其才名，虚舍邀之，颢至献诗，首章云："十五嫁王昌。"邕叱曰："小儿无礼！"不与接而入⑦。颢苦吟咏，当病起清虚，友人戏之曰："非子病如此，乃苦吟诗瘦耳。"遂为口实⑧。天宝十三年卒⑨。有诗一卷，今行。

**【校注】**

①"汴州人"　《旧书》一九〇下本传、《新书》六〇《艺文志》四"崔颢诗一卷"附注并同。《全诗》一三〇崔颢《晚入汴水》诗云："客愁能几日，乡路渐无多。"亦可证。

汴州：治开封，今河南省开封市。见《元和志》七"河南道"。

②"开元十一年，源少良下及进士第"　《直斋》一九"崔颢集一卷"条云："开元十年进士。"与本篇所记不同。按：《唐诗鼓吹》四郝天挺注亦作"开元十一年登进士第"。徐应秋《玉芝堂谈荟》二"历代状元"条以源少良为开元十一年状元，误以知贡举为状头，徐松《登科记考》七已驳正。

源少良：官司勋员外郎。见《元和姓纂》四、《新书》七五上《宰相世系表》五上。

③"天宝中，为尚书司勋员外郎"　《新书》本传作"终司勋员外郎"。《国秀集·目录》称"太仆寺丞崔颢"。（按：《国秀集》下限为天宝三载。）

④"少年为诗"至"并驱江、鲍"　"少年为诗"，《四库》本无"年"字。此段采自《河岳》中"崔颢"评。"意浮艳，多陷轻薄"，《纪事》二一"崔颢"条引殷璠评语"意"上有"属"字；《河岳》无"意浮艳"三字，"多"作"名"。"奇造往往并驱江、鲍"，《河岳》作："至如'杀人辽水上，走马渔阳归。错落金锁甲，蒙茸貂鼠衣。'又，'春风吹浅草，猎骑何翩翩。插羽两相顾，鸣弓上新弦'。可与鲍昭并驱也。"《纪事》末句作："鲍昭、江淹，须有惭色。"

⑤"后游武昌"至"为哲匠敛手云"　《四库》本无"云"字，"天宝中"至"为哲匠敛手"在"小儿无礼"之后。此段采自《纪事》。《纪事》又记："（李白）遂作《凤凰台》诗以较胜负。恐不然。"亦见于胡仔《苕溪渔隐丛话·前集》五引《该闻录》。

黄鹤楼：故址在今湖北省武汉市蛇山黄鹤矶，北临长江。传有仙人子安乘黄鹤过此，故名。见《南齐书·州郡志》下。一说蜀费文祎登仙，尝驾黄鹤憩此。见《太平寰宇记》一一二"武昌府"。

⑥"然行履稍劣"至"凡易三四"　"蒱博"原作"蒲搏"，据《四库》本改，与《新书》本传合。此段采自《新书》本传，《旧书》本传略同。《新书》本传"行履稍劣"作"有文无行"。

蒱（pú）博：古时博戏，犹后世的掷色子。

⑦ "初,李邕闻其才名"至"不与接而入"  《四库》本无"不与接而入"。此段所述,见于李肇《唐国史补》上,文略异,具录于下:"崔颢有美名,李邕欲一见,开馆待之。及颢至,献文,首章曰:'十五嫁王昌。'邕叱起曰:'小子无礼!'乃不接之。"又见于王谠《唐语林》三。本篇据《新书》本传、《纪事》采录。"十五嫁王昌"诗,见于《全诗》一三〇,题《王家少妇》,一作《古意》。

李邕:开元初官殿中侍御史。执政忌其才,屡遭贬斥。后为北海太守,李林甫罗织罪名,杖杀之。邕早擅才名,尤长碑颂。传见《旧书》一九〇中、《新书》二〇二。

王昌:唐代艳诗中常见人名,犹言美男子。《襄阳耆旧传》:"王昌,字公伯,为散骑常侍。妇任城王曹子文女。昌姿仪俊美,为时所共赏。"

⑧ "颢苦吟咏"至"遂为口实"  《四库》本"颢"下有"生平"二字。此段未知何据,待考。

⑨ "天宝十三年卒"  此据《旧书》本传。

## 【补录】

宋代宋祁《新唐书》一六六《杜佑传》:

"(杜佑)父希望,重然诺,所交游皆一时俊杰。……希望爱重文学,门下所引如崔颢等,皆名重当时。"

## 【辑评】

唐代独孤及《左补阙安定皇甫公集序》(《全文》三八八):

"沈、宋既殁,而崔司勋颢、王右丞维,复崛起于开元、天宝之间。"

宋代严羽《沧浪诗话·诗评》:

"唐人七言律诗,当以崔颢《黄鹤楼》为第一。"

明代胡应麟《诗薮·内编》三:

"崔颢《邯郸宫人怨》,叙事几四百言,李、杜外,盛唐歌行无赡于此。而情致委婉,真切如见。后来《连昌》、《长恨》,皆此兆端。"

《诗薮·外编》四:

"'十五嫁王昌,盈盈入画堂',是乐府本色语。李邕以为小儿轻薄,岂六朝诸人制作全未过目邪?唐以诗词取士,乃有此辈,可发一笑。"

明代钟惺、谭元春《唐诗归》一二:

"崔颢《黄鹤楼》:此诗妙在宽然有余,无所不写。"(谭元春)"读太白《凤凰台》作,自不当作黄鹤楼诗矣。"(钟惺)

清代毛先舒《诗辩坻》三：

"司勋《江边老人愁》，叙事坦直，亦不懈，然无复奇出，此等便为香山长诗之祖。"

清代贺裳《载酒园诗话·又编》：

"崔司勋《王家少妇》诗，写娇憨之态，字字入微，固是其生平最得意笔，宜乎见人索诗，应口辄诵。然不闻北海《铜雀妓》乎：'丈夫有余志，儿女焉足私！扰扰多俗情，投迹互相师。'此老平生好持正论，作杀风景事，真是方枘圆凿。"

清代吴乔《围炉诗话》二：

"崔颢因李北海一言，殷璠目为'轻薄'；诗实不然，五古奇崛，五律精能，七律尤胜。"

清代沈德潜《说诗晬语》上：

"崔司勋《黄鹤楼》诗，意得象先，纵笔所到，遂擅古今之奇。所谓章法之妙，不见句法；句法之妙，不见字法者也。"

清代管世铭《读雪山房唐诗序例》：

"读崔颢《长干曲》，宛如舣舟江上，听儿女子问答。此之谓天籁。"

清代方东树《昭昧詹言》一六：

"崔颢《黄鹤楼》：此千古擅名之作，只是以文笔行之，一气转折。五、六虽断写景，而气亦直下喷溢，收亦然，所以可贵。

此体不可再学，学则无味，亦不奇矣。"

## 二五 祖 咏（699？—746？）

咏，洛阳人[①]，开元十二年杜绾榜进士[②]。有文名，殷璠[③]评其诗"翦刻省静[④]，用思尤苦，气虽不高，调颇凌俗，足称为才子也[⑤]。"少与王维为吟侣，维在济州[⑥]，寓官舍，赠祖三诗[⑦]，有云："结交二十载[⑧]，不得一日展。贫病子既深，契阔余不浅。"盖亦流落不偶，极可伤也[⑨]。后移家归汝坟间别业，以渔樵自终[⑩]。有诗一卷，传于世。

## 【校注】

①"洛阳人" 祖咏《江南旅情》诗(《全诗》一三一)云:"剑留南斗近,书寄北风遥。为报空潭橘,无媒寄洛桥。"又《酬汴州李别驾赠》诗(《全诗》一三一)云:"自洛非才子,游梁得主人。"本篇或据此定祖咏为洛阳人。《元和姓纂》六载祖咏于"京兆祖氏"下,称:"(祖)悟,司阶;悟生咏,有才名,修武德实录。"(按:此段洪刻本误入杜姓内,见岑仲勉《元和姓纂四校记》六。)

②"开元十二年杜绾榜进士" 《新书》六〇《艺文志》四"祖咏诗一卷李颀诗一卷"附注:"并开元进士第。"《直斋》一九"祖咏集一卷"条作"开元十二年进士"。本篇所记"十二年"或据此。然《极玄集》上"祖咏"附注云:"开元十三年进士。"又徐应秋《玉芝堂谈荟》二"历代状元"条载:"(开元)十二年进士二十一人,状元贾季阳。"而非杜绾。则祖咏当为开元十三年杜绾榜进士。(按:徐松《登科记考》七谓《谈荟》以贾季阳为十二年状元是知贡举之误,此说并无根据。)

杜绾:官京兆府录事参军。见《新书》七二上《宰相世系表》二上。

③"殷璠" "殷"原作"商",当是沿袭宋人避讳字(宋太祖父名弘殷,"殷"讳作"商")。今据《河岳英灵集》回改。

殷璠:丹阳进士,唐代诗歌评论家。编《河岳英灵集》三卷,选录了开元二年至天宝十二载这一期间常建、李白、王维、高适、岑参、孟浩然、王昌龄等二十四人诗歌二百余首,分别对各家作了评论;卷首又有《叙》和《集论》各一篇,论述盛唐诗歌的总体风格,颇多精到见解。

④"省静" 《河岳》下"祖咏"评同;《纪事》二〇"祖咏"条引殷璠评语作"省净",宜从。

⑤"足称为才子也" 《河岳》、《纪事》并作:"至如'霁日园林好,清明烟火新',亦可称为才子也。"

⑥济州:治卢县,今山东省茌平县西南。天宝十三载州为河所陷,遂废入郓州。见《元和志》一〇"河南道郓州卢县"。

⑦"赠祖三诗" 《全诗》一二五题为《赠祖三咏》,题下原注:"济州官舍作。"

⑧"结交二十载" "二"原作"三",从《四库》本改,与《全诗》合;《四部丛刊·王右丞集》三、赵殿成《王右丞集笺注》二并作"二"。

⑨"盖亦流落不偶,极可伤也" 祖咏《长乐驿留别卢象裴总》诗(《全诗》一三一)云:"故情君且足,谪宦我难任。直道皆如此,谁能泪满襟!"郑处诲《明皇杂录》云:"天宝末,刘希夷、王泠然、王昌龄、祖咏……虽有文章盛名,并流落不偶。"《新书》二〇一《文艺传序》云:"若韦应物、沈亚之、阎防、祖咏、薛能、郑谷等,其类尚多,皆班班有文在人间,史家逸其行事,故弗得而述云。"

⑩ "后移家归汝坟间别业,以渔樵自终" 祖咏《汝坟别业》诗(《全诗》一三一)云:"失路农为业,移家到汝坟。……山中无外事,樵唱有时闻。"此即本篇所据。祖咏又有《归汝坟山庄留别卢象》、《汝坟秋同仙州王长史翰闻百舌鸟》等诗(均载《全诗》一三一)。

汝坟:原指汝水上的堤防(《诗经·周南》有《汝坟》篇),此处为汝水一带之泛称,汝州、仙州均其地。今河南省襄城县南有汝坟店。

【补录】

唐代李肇《唐国史补》下:

"初,诙谐自贺知章,轻薄自祖咏。"

后晋刘昫《旧唐书》一九〇中《王瀚(翰)传》:

"出瀚(翰)为汝州长史,改仙州别驾,至郡,日聚英豪,从禽击鼓,恣为欢赏,文士祖咏、杜华常在座。"

宋代钱易《南部新书》乙:

"祖咏试《雪霁望终南》诗,限六十字。成至四句,纳主司。诘之,对曰:'意尽。'"

宋代计有功《唐诗纪事》二〇"祖咏"条:

"开元中,进士唱第尚书省,落第者至省门散去。咏吟曰:'落去他两两三三戴帽子,日暮祖侯吟一声,长安竹柏皆枯死。'"

【辑评】

宋代范晞文《对床夜语》五:

"祖咏有《夕次圃田店》诗,亦与前格相类,诗云:'前路入郑郊,向经百余里。马烦时欲歇,客归程未已。落日桑柘阴,遥村烟火起。西还不遑宿,中夜渡京水。'秀整而韵不缓,且曲尽旅行之意。"

清代贺裳《载酒园诗话·又编》:

"(祖)咏与卢象,稍有悲凉之感,然亦不激不伤。卢情深,祖尤骨秀。"

清代管世铭《读雪山房唐诗序例》:

"祖咏《蓟门》之作,调高气厚,为七言律正始之始,惜不多见。"

清代方东树《昭昧詹言》一六:

"祖咏《望蓟门》：六句写蓟门之险，而以首句一'望'字包之。收托意，有澄清之志，岂是范阳已有萌芽耶？"（附《望蓟门》："燕台一望客心惊，箫鼓喧喧汉将营。万里寒光生积雪，三边曙色动危旌。沙场烽火连胡月，海畔云山拥蓟城。少小虽非投笔吏，论功还欲请长缨。"）

## 二六　储光羲（707？—？）

光羲，兖州人①。开元十四年严迪榜进士。有诏中书试文章②。尝为监察御史③。值安禄山陷长安，辄受伪署。贼平后，自归，贬死岭南④。工诗，格高调逸，趣远情深，削尽常言，挟风雅之道，养浩然之气⑤。览者犹聆《韶》、《濩》音，先洗桑濮耳⑥，庶几乎赏音也。有集七十卷，《正论》⑦十五卷，《九经分义疏》⑧二十卷，并传。

【校注】

①"兖州人"　《新书》五九《艺文志》三"储光羲正论十五卷"附注、《纪事》二二"储光羲"条并作"兖州人"。《全文》二五八顾况《监察御史储公集序》称"鲁国储公"。《河岳》中"储光羲"评、《直斋》一九"储光羲诗五卷"条亦称"鲁国储光羲"。《郡斋》四上"储光羲集五卷"条亦云"鲁人"。而《新书》六〇《艺文志》四"包融诗一卷"附注作："融与储光羲皆延陵人"（按：延陵属润州），又云殷璠汇次十八人（按：皆润州人）诗为《丹杨集》，储在十八人之列。又，《元和姓纂》二亦载："开元汜水尉储光羲，润州人。"

兖州：治瑕丘，今山东省兖州市。见《元和志》一〇"河南道"。

延陵：旧治在今江苏省丹阳县西南。见《元和志》二五"江南道润州"。

②"开元十四年严迪榜进士。有诏中书试文章"　顾况《储公集序》云："开元十四年，严黄门知考功，以鲁国储公进士高第，与崔国辅员外、綦毋潜著作同时。"《郡斋》四上亦云："开元十四年进士。"《新书·艺文志》三记："开元进士第，又诏中书试文章。"王谠《唐语林》八"累为主司"条记："严挺之三，开元十四、十五、十六年。"（按：严挺之曾为黄门侍郎）。

③"尝为监察御史"　《新书·艺文志》三、《郡斋》四上、《直斋》一九均同。

④"值安禄山陷长安"至"贬死岭南"　《郡斋》四上记："后从安禄山伪署，贼平贬死。"《纪事》二二略同。《新书·艺文志》三记："安禄山反，陷贼自归。"顾况

《储公集序》云:"拔身虏廷,竟陷危邦。士生不辰,可以言命。"(按:顾作此序时储已死。)又,储光羲有《登秦岭作时陷贼归国》、《晚霁中园喜赦作》诗(《全诗》一三七)。本篇云"贬死岭南",未知何据。

岭南:开元十五道之一,在五岭之南;治广州南海,今广州市。见《旧书》四一《地理志》四。

⑤"格高调逸"至"养浩然之气" 此据《河岳》中"储光羲"评,又见于《纪事》二二"储光羲"条引殷璠评语。

⑥《韶》、《濩》:商汤时音乐,见《左传》(襄公二十九年)。亦泛指高雅的古乐。元结《欸乃曲》:"停桡静听曲中意,好是云山《韶》、《濩》音。"

桑濮:桑间濮上之音,谓男女幽会时唱的俚俗小调。《汉书·地理志》下:"卫地……有桑间濮上之阻,男女亦亟聚会,声色生焉,故俗谓郑、卫之音。"

⑦"《正论》" 《四库》本"正"作"政"。《新书·艺文志》、《河岳》作"《正论》",《纪事》作"《政论》"。

⑧"《九经分义疏》" 《河岳》作"《九经外义疏》",《纪事》作"《九经分义疏》"。按:二书今皆不传。《河岳》记:"璠尝睹公《正论》十五卷、《九经外义疏》二十卷,言博理当,实可谓经国之大才。"

【补录】

唐代顾况《监察御史储公集序》(《全文》五二八):

"开元十四年,严黄门知考功,以鲁国储公进士高第,与崔国辅员外、綦毋潜著作同时。其明年,擢第常建少府、王龙标昌龄。此数人皆当时之秀,而侍御声价,隐隐辚轹诸子。其文篇赋论,凡七十卷,虽无雷云之会,意扶危拯病,绰有贤达之风。"

【辑评】

明代胡应麟《诗薮·内编》二:

"储光羲闲婉真至,农家者流,往往出王、孟上。"

明代钟惺、谭元春《唐诗归》七:

"储诗清骨灵心,不减王、孟。一片深淳之气,装裹不觉,人不得直以清灵之品目之。所谓诗文妙用,有隐有秀,储盖兼之矣。"

清代贺贻孙《诗筏》:

"储光羲五言古诗,虽与摩诘五言古同调,但储韵远,而王韵隽;储气恬，而王气洁；储于朴中藏秀，而王于秀中藏朴；储于厚中有细，而王于细中有厚；储于远中含淡，而王于淡中含远。与王着着敌手，而储似争一先。观《偶然作》便知之。"

清代贺裳《载酒园诗话·又编》：

"摩诘才高于储，拟陶则储较王为近。但储诗亦惟此种佳，有廉颇用赵人之意。王兼长，储独诣也。"

"（储光羲）《田家杂兴》、《同王十三维偶然作》，最多素心之言。然如'见人乃恭敬，曾不问贤愚；虽若不能言，中心亦难诬'。又如'忽见梁将军，乘车出宛洛；意气轶道路，光辉满墟落'。仍复侘傺矣。阮嗣宗口不臧否人物，登广武原不禁长叹。"

清代沈德潜《唐诗别裁》一：

"太祝（储光羲）诗学陶而得其真朴，与王右丞分道扬镳。"

清代乔亿《剑溪说诗》上：

"新城先生（《居易录》）曰：'储光羲诗多龙虎铅汞之气；田园樵牧诸篇，又迂阔不切事情。'此论似过当，然自是古今独见。"

清代纪昀《四库全书总目》一四九"储光羲诗五卷"条：

"其诗源出陶潜，质朴之中有古雅之味，位置于王维、孟浩然间，殆无愧色。殷璠《河岳英灵集》称其削尽常言，得浩然之气，非溢美也。"

# 卷 第 二

## 二七 包 融

　　融，延陵人①。开元间仕历大理司直②。与参军殷遥、孟浩然交厚③，工为诗。二子何、佶，纵声雅道，齐名当时，号"三包"④。有诗一卷，行世。○夫人之于学，苦心难；既苦心，成业难；成业者获名不朽，兼父子兄弟间尤难。历观唐人，父子如三包，六窦⑤，张碧、张瀛⑥，顾况、非熊⑦，章孝标、章碣⑧；公孙如⑨杜审言、杜甫⑩，钱起、钱珝⑪，温庭筠、温宪⑫；兄弟⑬如皇甫冉、皇甫曾⑭，李宣古、李宣远⑮，姚系、姚伦⑯等，皆联玉无瑕，清尘远播。芝兰继芳，重难改于父道⑰；骚雅接响，庶不慊于祖风。四难⑱之间，挥麈⑲之际，亦可以为美谈矣。

【校注】

①"延陵人"　《新书》六〇《艺文志》四"包融诗一卷"附注："润州延陵人。"《新书》一四九《包佶传》同。《旧书》一九〇中《贺知章传》则称"湖州包融"、"吴越之士"。

延陵：旧治在今江苏省丹阳县西南。见《元和志》二五"江南道润州"。

②"开元间仕历大理司直"　《新书·艺文志》作"历大理司直"，未云"开元间"；《纪事》二四"包融"条同。《国秀集·目录》亦称"大理司直包融"。（按：《国秀集》所收诗下限为天宝三载。）《旧书·贺知章传》则云："融遇张九龄，引为怀州司户、集贤直学士。"《新书·包佶传》亦云："父融，集贤院学士。"《全文》五一八梁肃《秘书监包府君（佶）集序》记："烈考，集贤院学士、大理司直、赠秘书监，讳融。"

③"与参军殷遥、孟浩然交厚"　《新书·艺文志》"包融诗一卷"附注中列包融

81

以及"句容有忠王府参军殷遥"等十八人,谓"皆有诗名,殷璠汇次其诗,为《丹杨集》者。"又,孟浩然有《宴包二融宅》诗(《全诗》一五九)。

殷遥:传见本书卷第三(六〇)。

孟浩然:传见本书本卷(四三)。

④"二子何、佶"至"号'三包'" 《新书·艺文志》:"二子何、佶齐名,世称'二包'。"《纪事》同。皆不云"三包"。

何、佶:包何,包佶,传见本书卷第三(五四、五五)。

⑤六窦:本书卷第四(九二)《窦叔向传》:"五子常、牟、群、庠、巩,俱能诗。"并父叔向称"六窦"。五子,传见本书卷四(一〇五、一〇六、一〇七、一〇八、一〇九)。

⑥张碧:传见本书卷第五(一二〇)。

张瀛:传见本书卷第十(二六八)。

⑦"非熊" 《四库》本作"顾非熊。"

顾况:传见本书卷第三(七五)。

非熊:传见本书卷第七(一八八)。

⑧章孝标:传见本书卷第六(一五九)。

章碣:传见本书卷第九(二二四)。

⑨"公孙如" 《四库》本此三字脱。

⑩杜审言:传见本书卷第一(七)。

杜甫:传见本书本卷(四六)。

⑪"钱起、钱珝" 据《新书》一七七《钱徽传》,珝为起之曾孙。本篇列为"公、孙",微误。

钱起:传见本书卷第四(八六)。

钱珝:传见本书卷第九(二三〇)。

⑫"温庭筠、温宪" 据本书卷九(二四二)《温宪传》、《唐摭言》一〇、《纪事》七〇,温宪为庭筠之子。本篇列为"公、孙",误。

温庭筠:传见本书卷第八(二〇二)。

⑬"兄弟" 《四库》本作"弟兄"。

⑭皇甫冉、皇甫曾:传见本书卷第三(六五、六六)。

⑮李宣古:传见本书卷第七(一八二)。

李宣远:附见本书《李宣古传》。

⑯姚系:传见本书卷第五(一二三)。

姚伦:附见本书《姚系传》。

⑰难改于父道:用《论语·学而》中语:"三年无改于父之道,可谓孝矣。"

⑱ 四难：即指上文所谓人之为学苦心难、成业难、获名不朽难、兼父子兄弟间尤难。
⑲ "挥麈" "麈"原讹作"尘"，据五山、《佚存》、《四库》、《指海》本改。
挥麈〔zhǔ〕：晋人清谈，每执麈尾（驼鹿尾）挥动，以为谈助。文中即借指谈笑。

**【补录】**

后晋刘昫《旧唐书》一四九《于休烈传》：

"（于休烈）与会稽贺朝、万齐融，延陵包融为文词之友，齐名一时。"

宋代宋祁《新唐书》一四九《包佶传》：

"父融，集贤院学士，与贺知章、张旭、张若虚有名当时，号'吴中四士'。"

**【辑评】**

明代钟惺、谭元春《唐诗归》六：

"包融《登翅头山题俨公石壁》：'晨登翅头山，山暝黄雾起；却瞻迷向背，直下失城市。暾日衔东郊，朝光生邑里，扫除诸烟氛，照出众楼雉。青为洞庭山，白是太湖水。苍芒远郊树，倏忽不相似。万象以区别，森然共盈几。坐令开心胸，渐觉落尘滓。北岩千余仞，结庐谁家子？愿陪中峰游，朝暮白云里。'好画家心眼！处此住了尽妙，为题壁一段添却许多不紧语。"（钟惺）

## 二八 崔国辅

国辅，山阴人①。开元十四年严迪榜进士，与储光羲、綦毋潜同时②。举县令，累迁集贤直学士、礼部郎中。天宝间，坐是王铁近亲，贬竟陵司马③。有文及诗，婉娈清楚，深宜讽咏。乐府短章，古人有不能过也④。初至竟陵，与处士陆鸿渐游，三岁，交情至厚，谑笑永日。又相与较定茶水之品。临别谓羽曰："予有襄阳太守李憕所遗白驴、乌犎牛各一头，及卢黄门所遗文槐书函一枚，此物皆己之所惜者，宜野人乘蓄，故特以相赠。"⑤雅意高情，一时所尚。有酬酢之歌诗，并集传焉。

## 【校注】

① "山阴人"　《四库》本"人"下有"也"字。孟浩然有《江上寄山阴崔少府国辅》、《宿永嘉江寄山阴崔少府国辅》诗（《全诗》一六〇），本篇当即据此。然孟诗所指是山阴尉，恐非籍贯。按：《新书》七二下《宰相世系表》二下列崔国辅于清河青州房，此为其族望。另据《纪事》一五"崔国辅"条载："太白有《送崔度自幽燕还吴》诗，云'故人礼部员外国辅之子也'。"《李太白集》一七题为《送崔度还吴度故人礼部员外国辅之子》。则国辅当为吴人。高棅《唐诗品汇》即记："崔国辅，吴郡人。"

山阴：今浙江省绍兴县。见《元和志》二六"江南道越州"。

② "开元十四年严迪榜进士，与储光羲、綦毋潜同时"　此据顾况《监察御史储公集序》（《全文》五二八），参见本书卷一（二六）《储光羲传》。《直斋》一九"崔国辅集一卷"条作"开元十三年进士"，疑误。

綦毋潜：传见本书本卷（三〇）。

③ "举县令"至"贬竟陵司马"　正保、《佚存》本"县"讹作"悬"。此段据《新书》六〇《艺文志》四"崔国辅集"附注。《艺文志》"举县令"作"应县令举，授许昌令"，"郎中"作"员外郎"，《纪事》同。《文苑英华》九二三《泗州刺史李君（孟犨）神道碑》亦云："今夫人崔氏弟国辅，秀才擢第，制举登科，历补阙、起居、礼部员外郎。"《新书·宰相世系表》亦记："国辅，礼部员外郎。"岑仲勉《郎官石柱题名新考订》二〇《礼部员外郎》"崔国辅"条谓"国辅并无曾任礼中（礼部郎中）之故事"。然《文苑英华》七九三、《全文》四三三陆羽《陆文学自传》云："礼部郎中国辅出守竟陵郡。"则本篇谓国辅曾官礼部郎中不为无据。又，《艺文志》"坐王鉷近亲"上无"天宝间"三字，《纪事》同。（按：王鉷天宝十一载被处死。）

集贤：集贤殿书院，唐代文学三馆之一，掌理秘书图籍等事，置学士、直学士、正字等官。见《旧书》四二《职官志》二。

王鉷：天宝间充京和市和籴使、户口色役使等职，搜括大量钱财入内库，极受玄宗信任，身兼二十余使。天宝十一载因罪赐死。传见《旧书》一〇五、《新书》一三四。

竟陵：天宝间改复州为竟陵郡，治竟陵，今湖北省天门县。见《元和志》二一"山南道复州"。

④ "婉娈清楚"至"古人有不能过也"　此处引录《河岳》中"崔国辅"评。"乐府短章"，《河岳》作"乐府数章"，《纪事》一五"崔国辅"条引殷璠评语"乐府数章"下有"虽绝句"三字。

⑤ "初至竟陵"至"故特以相赠"　此段采自陆羽《陆文学自传》（《全文》四三三）。"乌犎牛"，《自传》（"犎"作"幫"。"卢黄门"，"黄门"二字原为空格，据《四库》、三间、《指海》本补，与《自传》合。"宜野人乘蓄"，"乘"字原为空格，据《四

库》、三间、《指海》本补,与《自传》合。

陆鸿渐:陆羽字鸿渐,传见本书卷三(七四)。

李憕:仕至京兆尹、东都留守。天宝十四载,安禄山陷洛阳,遇害。传见《旧书》一八七、《新书》(一九一)。

犎(fēng)牛:一种领肉隆起的野牛。《尔雅·释畜》"犦牛"郭璞注:"即犎牛也。领上肉犦起高二尺许,状如橐驼,肉鞍一边,健者日行三百余里。"

**【补录】**

唐代杜甫《奉留赠集贤院崔(国辅)于(休烈)二学士》(《杜少陵集详注》二):

"谬称三赋在,难述二公恩。"原注:"甫献《三大礼赋》出身,二公尝谬称述。"

**【辑评】**

明代钟惺、谭元春《唐诗归》一四:

"崔国辅《小长干曲》:'月暗送潮风,相寻路不通。菱歌唱不彻,知在此塘中。''唱不彻',比'只在此山中,云深不知处'深得多,而俗人只称彼,何也?"

清代贺裳《载酒园诗话·又编》"崔国辅"条:

"少陵献《三大礼赋》,上令集贤学士于休烈、崔国辅试之。诗人中最为先达,与颢并称艳手。司勋高浑,集贤韶秀,正复不同。'归来日尚早,更欲向芳洲。渡口水流急,回船不自由。'酷肖小女子不胜篙楫之态。'相逢畏相失,并着采莲舟',描写邻女相见,一段温存旖旎,尤咄咄逼真。然是生于水乡,书所见耳,汴中安有此风景!至如'不能春风里,吹却麝兰香','独有镜中人,由来自相许',自矜自惜,真为深入个中三昧。戎旅诗亦相敌。独至七言古,则大不如司勋。华子鱼当办幅巾迎孙策也。"

清代翁方纲《石洲诗话》一:

"崔司马国辅诗,最有古意。如'怅矣秋风时,余临石头濑',更何必以工于发端目古人乎?"

清代佚名《静居绪言》:

"崔国辅五言乐府,绝似六朝人口吻。"

## 二九 卢 象

象，字纬卿，汶水人①，鸿之侄也②。携家来居江东最久。仕为校书郎③、左拾遗、膳部员外郎。受安禄山伪官，贬永州司户参军。后为主客员外郎④。有诗名，誉充秘阁，雅而不素，有大体，得国士之风⑤。集二十卷，今传。同仕有韦述，为桑泉尉⑥，时诏求逸书，命述等编校于朝元殿⑦。后为翰林学士⑧。有诗名，今亦传焉。

【校注】

①"汶水人"  卢象有诗，题为《八月十五日象自江东止田园移庄庆会未几归汶上小弟幼妹尤嗟其别兼赋是诗三首》（《全诗》一二二），当为本书所据。下文"携家来居江东最久"，当亦据此。（按：《全诗》于上诗题下注："俱见《王维集》。"）

汶水：汶水正流大汶河，源出今山东省莱芜县东北原山，西南流经今泰安县治东，又西南汇石汶、牟汶、北汶、柴汶诸水，西流经今东平县南，至梁山东南入济水。见《元和志》一〇"河南道兖州乾封县"。

②"鸿之侄也"  《全文》六〇五刘禹锡《唐故尚书主客员外郎卢公集序》："尚书郎卢公，讳象，字纬卿。……公之叔父，嵩山逸人谏议大夫颢然，真隐者也。"参见本书卷一（二〇）《卢鸿传》。

③"仕为校书郎"  《卢公集序》："由前进士补秘书郎校书郎。"《河岳》下"卢象"评亦云："曩声校书，名充秘阁。"

④"左拾遗"至"后为主客员外郎"  此段采自《新书》六〇《艺文志》四"卢象集十二卷"附注。"左拾遗"，《卢公集序》、《纪事》二六"卢象"条作"左补阙"。按：《卢公集序》述卢象仕履甚详，文繁不具录。

永州：治零陵，今湖南省零陵县。见《元和志》二九"江南道"。

⑤"誉充秘阁"至"得国士之风"  《四库》本"充"作"满"，"不素"作"不俭"。此数语录自《纪事》二六"卢象"条引殷璠评语。《河岳》下"卢象"评作："象雅而平（何校本、毛校本"平"作"不"），素有大体，得国士之风。曩在校书，名充秘阁。其'灵越山最多，新安江甚清'，尽东南之数郡。"

秘阁：指禁中藏书之所。陆机《吊魏武帝文序》："机始以台郎，出补著作，游乎秘阁。"

⑥"为桑泉尉" 《旧书》一〇二《韦述传》作:"开元五年为栎阳尉。"《新书》一三二本传略同。

桑泉:天宝十二载改为临晋县,旧城在今山西省临猗县。见《元和志》一二"河东道河中府"。

⑦"时诏求逸书,命述等编校于朝元殿" "朝元殿"应作"乾元殿"。《旧书》四三《职官志》二载:"开元五年,于乾元殿东廊下写四部书,以充内库,置校定官四人。"又《旧书·韦述传》:"开元五年为栎阳尉,秘书监马怀素受诏编次图书,乃奏用……卫尉少卿吴兢并述等二十六人,同于秘阁详录四部书。"《新书·韦述传》略同。此皆本篇所取资。

⑧"后为翰林学士" 《旧书·韦述传》作:"中书令张说专集贤院事,引述为直学士。……复兼史职,充集贤学士。"《新书·韦述传》略同。皆未云述为翰林学士。按:述官终工部侍郎。禄山之乱陷于贼庭,授伪官。至德二年,流于渝州,卒。

【补录】

唐代刘禹锡《唐故尚书主客员外郎卢公集序》(《全文》六〇五):

"始以章句振起开元中,与王维、崔颢比肩,骧首鼓行于时。妍词一发,乐府传贵。"

【辑评】

明代钟惺、谭元春《唐诗归》一一:

"卢象:'两妹日长成,双鬟将及人。已能持宝瑟,自解掩罗巾。念昔别时小,未知疏与亲。今来识离恨,拭泪方殷勤。'古人作弟妹诗,易于妙绝。惟真乃妙,可以类推。"

清代贺裳《载酒园诗话·又编》:

"(祖)咏与卢象,稍有悲凉之感,然亦不激不伤。卢情深,祖尤骨秀。"

## 三〇　綦毋潜① (692?—749?)

潜,字孝通②,荆南人③。开元十四年严迪榜进士及第④,授宜寿尉。迁右拾遗,入集贤院待制,复授校书,终著作郎⑤。与李端同时⑥。诗调屹崒峭蒨,足佳句,善写方外之情,历代未有。荆南分野，数百年来，独秀斯人⑦。后见兵乱，官况日恶，挂冠归隐江东别业⑧。王维有诗送之⑨，曰："明时久不达，弃置与君同。天命无怨色，人生有素风⑩。"一时文士咸赋诗祖饯⑪，甚荣⑫。有集一卷，行世。

### 【校注】

①"綦毋潜"　《佚存》、《四库》、《指海》本"毋"作"母"。（按：本书别处同此，不再出校。）作"毋"是，参见下引各书。

②"字孝通"　《新书》六〇《艺文志》四"綦毋潜诗一卷"条附注、《纪事》二〇"綦毋潜"条、《直斋》一九"綦毋潜集一卷"条并同。惟《全诗》一三五、《全文》三三三作"字季通"，疑误。

③"荆南人"　《河岳》中"綦毋潜"评："荆南分野，独秀斯人。"是为本书所据。又《元和姓纂》二载："南康：开元右拾遗綦毋潜，虔州人。"《直斋》一九"綦毋潜集一卷"条亦作："唐待制集贤院南康綦毋潜孝通撰。南康今赣州。"

荆南：荆州南郡，治江陵，今湖北省江陵县。见《旧书》三九《地理志》二"山南东道荆州江陵府"。

④"开元十四年严迪榜进士及第"　《四库》本无"及第"二字。此据顾况《监察御史储公集序》（《全文》五二八），参见本书卷一（二六）《储光羲传》。《直斋》则称綦毋潜与崔国辅、储光羲同登开元十三年进士第，疑误。

⑤"授宜寿尉"至"终著作郎"　《新书·艺文志》及《纪事》所载与此略异，作："开元中，由宜寿尉入集贤院待制，迁右拾遗，终著作郎。"应据以订正。（按：校书郎从九品上，右拾遗从八品上，则迁拾遗应在待制集贤院、授校书之后。）按：李颀有《题綦毋校书别业》诗（《全诗》一三二），储光羲有《酬綦毋校书梦耶溪见赠之作》诗（《全诗》一三六），孟浩然有《题李十四庄兼赠綦毋校书》诗（《全诗》一六〇）。

宜寿：盩厔，天宝中改名宜寿，今陕西省周至县。见《元和志》二"关内道京兆府"。

⑥"与李端同时"　此不知何据，疑误。李端为大历五年进士，恐与綦毋潜不相及。按：潜与李颀唱酬甚多，则"端"或"颀"之误。《纪事》二〇"綦毋潜"条即载李颀《送綦毋三谒房给事》诗，本书多采《纪事》，或即由此致误。

李端：传见本书卷第四（九一）。

⑦"诗调屹崒峭蒨'至"独秀斯人"　此处引自《河岳》中"綦毋潜"评。"历代未有"，《河岳》作："至如'松覆山殿冷'，不可多得；'钟声和白云'，历代未有。"《纪事》引殷璠评语文字颇异，作："拾遗诗举体清秀，萧萧跨俗，桑门之说，于己独

能。至如'松覆山殿冷',不可多得;又'钟声和白云',历代少有。借使若人加气质,减雕饰,则高视三百年之外也。"

屹崒〔zú〕:原意高耸险峻,借以形容诗句挺拔不凡。

峭蒨:鲜明貌。左思《招隐诗》:"峭蒨青葱间,竹柏得其真。"

⑧ "挂冠归隐江东别业"　李颀《綦毋校书别业》诗(《全诗》一三二)云:"常称挂冠吏,昨日归沧州。"参见下引王维诗。

⑨ "王维有诗送之"　《全诗》一二五载王维《送綦毋秘(一作校,是)书弃官还江东》诗,下文所引为该诗前四句。

⑩素风:纯朴的风尚。傅亮《为宋公修楚元王墓教》:"素风道业,作范后昆。"

⑪ "一时文士咸赋诗祖饯"　王维诗已见前文所引,卢象有《送綦毋潜》诗(《全诗》一二二)。

⑫ "甚荣"　《四库》本无此二字。

**【补录】**

唐代王湾《哭补阙亡友綦毋学士》(《全诗》一一五):

"明代资多士,儒林得异才。书从金殿出,人向玉墀来。词学张平子,风仪褚彦回。……屡迁君擢桂,分尉我从梅。忽遇乘轺客,云倾构厦材。……反哭魂犹寄,终丧子尚孩。葬田门吏给,坟木路人栽。……"

**【辑评】**

清代贺贻孙《诗筏》:

"凡与王、孟同时者,气韵亦往往相类。如綦毋潜《灵隐寺》诗云:'塔影挂清汉,钟声和白云。'《题栖霞寺》云:'天花飞不着,水月白成路。'《送章彝下第》云:'黄莺啼就马,白日暗归林。'《泛若耶溪》:'晚风吹行舟,花路入溪口。潭烟飞溶溶,林月低向后。'……此等语置之摩诘、襄阳集中,殆不能复辨,岂独风气使然耶?"

清代贺裳《载酒园诗话·又编》:

"綦毋潜似觉风气稍别,如'石路在峰心',非诸公(按:指丘为、祖咏、卢象)所能道,大似王昌龄句法。"

清代佚名《静居绪言》:

"诗有一语不失正鹄不嫌少,左右逢源不嫌多,盖其志各趋,其造同得也。綦毋潜、祖咏、丘为、张子容、卢象、裴迪,语皆质实有味,要为孟亭、辋川中人,所谓不嫌少者也。"

## 三一　王昌龄（690?—756?）

昌龄,字少伯,太原人①。开元十五年李嶷榜进士②。授汜水尉。又中宏辞,迁校书郎③。后以不护细行,贬龙标尉④。以刀火之际,归乡里,为刺史闾丘晓所忌而杀。后张镐按军河南,晓愆期,将戮之,辞以亲老乞恕,镐曰:"王昌龄之亲欲与谁养乎?"晓大惭沮⑤。昌龄工诗,缜密而思清,时称"诗家夫子王江宁"⑥,盖尝为江宁令⑦。与文士王之涣、辛渐交友至深⑧,皆出模范,其名重如此。有诗集五卷,又述作诗格律、境思、体例,共十四篇,为《诗格》一卷,又《诗中密旨》一卷,及《古乐府解题》一卷⑨,今并传。○自元嘉以还,四百年之内,曹、刘、陆、谢,风骨顿尽。逮储光羲、王昌龄,颇从厥迹,两贤气同而体别也。王稍声峻,奇句俊格,惊耳骇目。奈何晚途不矜小节,谤议腾沸,两窜遐荒,使知音者喟然长叹⑩。失归全之道⑪,不亦痛哉!

**【校注】**

①"太原人"　《河岳》中"王昌龄"评亦称"顷有太原王昌龄"。然《旧书》一九〇下本传称"京兆王昌龄"。《新书》二〇三本传则称"江宁人",《纪事》二四、《郡斋》四上、《直斋》一九并同。按:太原当是郡望,江宁为官称(昌龄曾为江宁丞),京兆应是籍贯。

②"开元十五年李嶷榜进士"　《四库》本"李嶷"作"李岩"。顾况《监察御史储公集序》(《全文》五二八)云:"开元十四年,严黄门知考功,以鲁国储公进士高第。……其明年,擢第常建少府、王龙标昌龄。"又《郡斋》四上"王昌龄诗一卷"条亦云:"开元十五年进士。"

③"授汜水尉。又中宏辞,迁校书郎"　《旧书》本传所载有异:"进士登第,补秘书省校书郎;又以博学宏辞登科,再迁汜水县尉。"《新书》本传、《纪事》略同。(《新书》本传作"秘书郎",误;《国秀集·目录》、《郡斋》均作"校书郎"。)《直斋》一九"王江宁集一卷"条作:"开元二十二年选宏辞,超群绝类,为汜水尉。"

汜水:旧址在今河南省荥阳县汜水镇。见《元和志》五"河南道河南府"。

④"后以不护细行,贬龙标尉" 《四库》本"后"作"复"。此处据《新书》本传。按:李白有《闻王昌龄左迁龙标遥此有寄》诗(《李太白集》一三)。王昌龄亦有《龙标野宴》诗(《全诗》一四三),云:"莫道弦歌愁远谪,青山明月不曾空。"

龙标:旧址在今湖南省黔阳县西南黔城。见《元和志》三〇"江南道叙州"。

⑤"以刀火之际"至"晓大惭沮" "刀火之际",三间本作"兵火之际";陆芝荣《考异》谓《四库》本作"兵火之阨(厄)",今所见《四库》本仍作"刀火之际";《新书》本传则作"世乱"。此段所记,即据《新书》本传。《旧书》本传作:"不护细行,屡见贬斥,卒。"

闾丘晓:至德二载为濠州刺史,张镐檄之以救睢阳张巡之围,以后期杖死。见《旧书》一一一《张镐传》。

张镐:天宝末自褐衣拜左拾遗,历侍御史。肃宗即位,拜谏议大夫,寻迁中书侍郎、同中书门下平章事,兼河南节度使,都统河南诸军事。后为太子宾客。代宗时任江南西道观察使。传见《旧书》一一一、《新书》一三九。

⑥"昌龄工诗"至"诗家夫子王江宁" 《四库》本"缜密"作"绪密"。(《郡斋》作"缜密",《新书》本传、《纪事》作"绪密"。)此处所记,采自《新书》本传,《纪事》、《郡斋》略同。惟《新书》本传、《纪事》、《郡斋》及《全唐诗话》一"王昌龄"条皆无"诗家夫子"四个字。刘克庄《后村诗话·新集》三载:"昌龄江宁人。……史称其诗句密而思清,唐人《琉璃堂图》以昌龄为'诗天子',其尊之如此。"

⑦"盖尝为江宁令" "江宁令"当为"江宁丞"。岑参有《送王大昌龄赴江宁》诗(《全诗》一九八);王昌龄有《留别岑参兄弟》诗(《全诗》一四〇),云:"江城建业楼,山尽沧海头。副职守兹县,东南櫂孤舟。"既云"副职",当为丞。

江宁:今江苏省南京市。上元二年改江宁为上元。见《元和志》二五"江南道润州"。

⑧"与文士王之涣、辛渐交友至深" 本书卷首《传目》中"渐"作"霁",与此处不同。薛用弱《集异记》载有王昌龄与高适、王之涣会饮旗亭听伶官唱诗事,参见本书卷三(五二)《王之涣传》。所唱昌龄绝句"寒雨连江"即题为《芙蓉楼送辛渐》;昌龄又有《别辛渐》诗(均载《全诗》一四三)。集中未见与辛霁赠答诗。辛霁其人不详。

⑨"《古乐府解题》一卷" 《新书》五七《艺文志》一作:"郗昂《乐府古今题解》三卷,一作王昌龄。"则此书作者归属未定。

⑩"自元嘉以还"至"喟然长叹" "四百年之内",原脱"百"字,据《四库》、三间本补,与《河岳》合。此段引自《河岳》中"王昌龄"评,文字微异。"两窜遐荒",《河岳》《四部丛刊》本作"重历遐荒",毛斧季校本作"再历遐荒",《纪事》二四"王昌龄"条引殷璠评语作"沦落窜谪"。[按:"两窜遐荒"当指贬谪岭南与贬谪龙标。孟浩然有《送王昌龄之岭南》诗(《全诗》一四二),未知其详。]又,《河岳》"而

91

王稍声峻"下列举昌龄诗数十句，云："斯并惊耳骇目。今略举数十句，则中兴高作可知矣。余常睹王公《长平伏冤》，又《吊枳道赋》，仁有余也。奈何晚节不矜细行，谤议沸腾，重历遐荒，使知音者叹息！"

曹、刘、陆、谢：指三国建安诗人曹植、刘桢，西晋太康诗人陆机，南朝宋元嘉诗人谢灵运。

⑪"失归全之道" "失"原作"至"，据《四库》抄本、三间、《指海》本改。

归全：用《礼记·祭义》中语："父母全而生之，子全而归之，可谓孝矣。不亏其体，不辱其身，可谓全矣。"

## 【补录】

唐代王士源《孟浩然集序》(《全文》三七八)：

"开元二十八年，王昌龄游襄阳。时浩然疾疹发背，且愈，相得欢甚，浪情宴谑，食鲜疾动，终于冶城南园。"

## 【辑评】

明代杨慎《唐绝增奇序》：

"求风雅之仿佛者，莫如绝句，唐人之所偏长独至，而后人力追莫嗣者也。擅场则王江宁，骖乘则李彰明（白），偏美则刘中山（禹锡），遗响则杜樊川（牧）。"

明代王世贞《艺苑卮言》四：

"七言绝句，王江陵与太白争胜毫厘，俱是神品。"

明代胡应麟《诗薮·内编》六：

"江宁《长信词》、《西宫曲》、《青楼曲》、《闺怨》、《从军行》，皆优柔婉丽，意味无穷，风骨内含，精芒外隐，如清庙朱弦，一唱三叹。"

明代陆时雍《诗镜·总论》：

"王龙标七言绝句，自是唐人骚语。深情苦恨，襞积重重，使人测之无端，玩之无尽。惜后人不善读耳。"

"书有利涩，诗有难易。难之奇，有曲涧层峦之致；易之妙，有舒云流水之情。王昌龄绝句，难中之难；李青莲歌行，易中之易。难而苦为长吉，易而脱为乐天，则无取焉。"

清代毛先舒《诗辩坻》三：

"龙标七言古，气势太峻，而才幅狭；然迅快流爽，又一格也。"

清代贺裳《载酒园诗话·又编》：

"龙标古诗，乍尝蜇口，久味津生，耐咀啮，实在高、岑之上。徒赏其宫词，非高识也。"

清代吴乔《围炉诗话》二：

"王昌龄五古，或幽秀，或豪迈，或惨恻，或旷达，或刚正，或飘逸，不可物色。"

清代叶燮《原诗》四：

"七言绝句，古今推李白、王昌龄，李俊爽、王含蓄。"

清代潘德舆《养一斋诗话》二：

"诗之妙全以先天神运，不在后天迹象。如王龙标：'烽火城西百尺楼，黄昏独坐海风秋。更吹羌笛《关山月》，无那金闺万里愁。'此诗前二句便全是笛声之神，不至'更吹羌笛'句矣。"

## 三二　常　建

建，长安人[①]。开元十五年与王昌龄同榜登科[②]。大历中，授盱眙尉[③]。仕颇不如意，遂放浪琴酒，往来太白、紫阁诸峰[④]，有肥遁之志。尝采药仙谷中，遇女子，遍体绿毛，自言是秦时宫人，亡入山，采食松叶，遂不饥寒，因授建微旨，所养非常[⑤]。后寓鄂渚，招王昌龄、张偾同隐[⑥]，获大名当时。集一卷，今传。○古称"高才而无贵仕"，诚哉是言。曩刘桢死于文学，鲍照卒于参军，今建亦沦于一尉，悲夫！建属思既精，词亦警绝。似初发通庄，却寻野径，百里之外，方归大道。旨远兴僻，能论意表[⑦]。可谓一唱而三叹矣。

【校注】

①"长安人"　未知何据。《全诗》一四四常建《落第长安》诗："家园好在尚留秦，耻作明时失路人。恐逢故里莺花笑，且向长安度一春。"可证常建并非长安人。其籍贯失考。

②"开元十五年与王昌龄同榜登科"　此据顾况《监察御史储公集序》，参见本书

本卷（三一）《王昌龄传》。又《郡斋》四上"常建诗一卷"条亦云"开元十五年进士"。

③"大历中，授盱眙尉" 《直斋》一九"常建集一卷"条称"唐盱眙尉常建"。《新书》六〇《艺文志》四"常建诗一卷"附注称"肃、代时人"。又常建有《泊舟盱眙》诗（《全诗》一四四）。以上材料当为本篇所据。按：《河岳》上"常建"评称："今常建亦沦于一尉。"该书下限为癸巳、天宝十二载，则其时常建已授县尉，故本篇记"大历中授盱眙尉"可疑。（按：芮挺章于天宝三载所编之《国秀集》，其《目录》称"前进士常建"。）

盱眙：今江苏省盱眙县。见《旧书》四〇《地理志》三"淮南道楚州"。

④太白：太白山，即终南山。在今陕西省郿县南。积雪皓然，故名太白。见《元和志》二"关内道凤翔府郿县"。

紫阁：终南山山峰名。李白《君子有所思行》："紫阁连终南。"王琦注引《陕西志》："紫阁峰在西安府鄠县东南三十里，旭日射之，烂然而紫，其形上耸，若楼阁然。"

⑤"尝采药仙谷中"至"所养非常" 《四库》本"仙谷"作"山谷"。"绿毛"原作"毛绿"，据《四库》、《指海》本改。"采食"原作"来食"，据《四库》抄本改。此段文字以常建《仙谷遇毛女意知是秦宫人》诗（《全诗》一四四）为据，此系游仙诗，辛氏误采入传。

毛女：传说中古代仙女，"字玉姜，在华阴山中，猎师世世见之，形体生毛。自言秦始皇宫人也，秦坏，流亡入山避乱，遇道士谷春教食松叶，遂不饥寒"。见《列仙传》下。

⑥"后寓鄂渚，招王昌龄、张偾同隐" 此据常建《鄂渚招王昌龄张偾》诗（《全诗》一四四），诗云："二贤归去来，世上徒纷纷！"按：是诗当作于王昌龄谪龙标时，诗云："楚山隔湘水，湖畔落日曛。春雁又飞北，音信固难闻。谪居未为叹，逸抂何由分？午日逐蛟龙，宜为吊冤文"。参本书本卷（三一）《王昌龄传》。

鄂渚：在今湖北省武昌县境。《楚辞·九章·涉江》："乘鄂渚而反顾兮，欸秋冬之绪风。"洪兴祖注："楚子熊渠封中子红于鄂。鄂州，武昌县地是也，隋以鄂渚为名。"

⑦"古称'高才而无贵仕'"至"能论意表" 此段采自《河岳》上"常建"评。"贵仕"，《河岳》作"贵士"，《纪事》三一"常建"条引殷璠评语作"贵位"。刘峻《辩命论》原文作"高才而无贵仕"。"能论意表"，《河岳》作："佳句辄来，惟论意表。"此下又有："至如'松际露微月，清光犹为君'。又'山光悦鸟性，潭影空人心'。此例十数句，亦可称警策。然一篇尽善者：'战余落日黄，军败鼓声死。今与山鬼邻，残兵哭辽水。'属思既苦，词亦警绝。潘岳虽云能叙悲怨，未见如此章。"

【补录】

清代王士祯《渔洋诗话》：

"宣和御府所藏又有厉归真画《常建冒雪入京图》。盖当时文人高士，为世艳慕如此。"（按：厉归真，五代梁道士，见《图画见闻志》二、《宣和画谱》一四、《图绘宝鉴》二。然皆未记画《常建冒雪入京图》。）

### 【辑评】

宋代计有功《唐诗纪事》三一"常建"条：

"欧阳永叔云：吾尝爱建'竹径通幽处，禅房花木深'，欲效其语作一联，久不可得，始知造意者为难工也。来青州，得一山斋，不意平生想见而不能道以言者，乃为已有。于是益欲希其仿佛，竟尔莫获一言。"

明代王世懋《艺圃撷余》：

"常征君《赠王龙标》诗，有'松际露微月，清光犹为君'之句，脍炙人口。然王子安《咏风》诗云：'日落山水静，为君起松声。'则已先标此义矣。二诗句雅堪作配，未易优劣也。"

明代胡应麟《诗薮·内编》二：

"常建语极幽玄，读之使人泠然如出尘表，然过此则鬼语矣。"

"常'战余落日黄，军败鼓声死。今与山鬼邻，残兵哭辽水'，绝是长吉之祖。"

清代毛先舒《诗辩坻》三：

"常建七言古，格意轻隽，而下语粉绘皆别设。虽在盛唐，隐开温、李乐府一派。"

清代贺裳《载酒园诗话·又编》：

"'高山临大泽，正月芦花干。阳色熏两厓，不改青松寒。'此东野意趣也。'井底玉冰洞地明，琥珀辘轳青丝索。仙人骑凤披彩霞，挽上银瓶照天阁。黄金作身双飞龙，口衔明月喷芙蓉。一时渡海望不见，晓上青楼十二重。'置之长吉集，奚辨乎！二子之生，尚在数十年后，此实唐风之始变也。吾读盛唐诸家，虽浅深浓淡，奇正疏密，各自不同，咸有昌明之象。独常盱眙，如去大梁、吴、楚而入黔、蜀，触目举足，皆危崖深箐，其间幽泉怪石，良非中州所有，然亦阴森之气逼人。"

"常诗名胜处，几于支、许清言，即刻划林泉，亦天然藻缋。独如'汉上逢老翁，江口为僵尸'诸篇，宇宙大矣，何地不可行，必效大阮驱车耶！"

清代纪昀《四库全书总目》一四九"常建诗三卷"条：

"全集之中，卓然与王、孟抗行者，殆十之六七，不但二人（按：指殷璠、欧阳修）所称也。"

## 三三　贺兰进明

进明，开元十六年虞咸榜进士及第①。仕为御史大夫。肃宗时，出为河南节度使②。时禄山群党未平，尝帅师屯临淮备贼，竟亦无功③。进明好古博雅，经籍满腹，其所著述一百余篇，颇穷天人之际④。又有古诗、乐府等数十篇，大体符于阮公，皆今所传者云⑤。

【校注】

①"开元十六年虞咸榜进士及第"　《纪事》一七"贺兰进明"条："登开元十六年进士第。"

②"仕为御史大夫，肃宗时出为河南节度使"　《旧书》一一一《房琯传》："诏（贺兰）进明以为河南节度，兼御史大夫。"参见《新书》一九二《张巡传》、《资治通鉴》二一九（肃宗至德二载）。

③"时禄山群党未平"至"竟亦无功"　《旧书》一八七下《张巡传》："时贺兰进明以重兵守临淮，巡遣帐下之士南霁云夜缒出城，求援于进明。进明日与诸将张乐高会，无出师意。"

临淮：今江苏省泗洪县东南，盱眙县城对岸。见《元和志》九"河南道泗州"。

④"进明好古博雅"至"颇穷天人之际"　采自《河岳》中"贺兰进明"评。"进明"，《河岳》作"员外"。

⑤"又有古诗"至"皆今所传者云"　《河岳》作："又有古诗八十首，大体符于阮公；又《行路难》五首，并多新兴。"按：贺兰进明今存《古意二首》、《行路难五首》，载《全诗》一五八。

阮公：阮籍，魏正始诗人，"竹林七贤"之一。传见《晋书》四九。

附记：此篇《四库》本失载。

【辑评】

明代胡应麟《诗薮·内编》三：

"李、杜外，短歌可法者：岑参《蜀葵花》，《登邺城》，李颀《送刘昱》、《古意》，王维《寒食》，崔颢《长安道》，贺兰进明《行路难》……"

## 三四　崔　署（？—739）

署①，宋州人②。少孤贫，不应荐辟③。志况疏爽，择交于方外。苦读书，高栖少室山中④。与薛据友善⑤。工诗，言词款要，情兴悲凉，送别、登楼，俱堪泪下⑥。集传于今也⑦。

【校注】

①"署"　《四库》、三间、《指海》本作"曙"。《河岳》上、《唐诗品汇》作"署"，《国秀集》下、《又玄集》上、《纪事》二〇、《直斋》九、《全诗》一五五作"曙"。

②"宋州人"　崔署《送薛据之宋州》诗（《全诗》一五五）云："我生早孤贱，沦落居此州。风土至今忆，山河皆昔游。"本篇当据此。

宋州：治宋城，今河南省商丘县。见《元和志》七"河南道"。

③"少孤贫，不应荐辟"　崔署诗有"我生早孤贱"之语（见前引），此为本篇所据。"不应荐辟"，未知何据，疑误。《纪事》二〇"崔曙"条记："开元二十六年登进士第。"《直斋》一九"崔曙集一卷"条亦记："开元二十六年进士状头。"又《国秀集·目录》称"河内尉崔曙"。皆可证崔署并非"不应荐辟"。

④"志况疏爽"至"高栖少室山中"　崔署有《宿大通和尚塔敬赠如山人兼呈常孙二山人》、《嵩山寻冯炼师不遇》等诗，作于嵩山地区的诗又有《颍阳东溪怀古》、《早发交崖山还太室作》、《缑山庙》等（均载《全诗》一五五）。以上各诗当为辛氏所本。

少室山：在今河南省登封县北，以山有石室得名。东太室，西少室，相距七十里，总名嵩山。见《元和志》五"河南道河南府登封县"。

⑤"与薛据友善"　据《送薛据之宋州》诗。

薛据：传见本书卷第三（三七）。

⑥"工诗"至"俱堪泪下"　引自《河岳》下"崔署"评。按：崔署《送薛据之宋州》、《登水门楼见亡友张贞期题望黄河诗因以感兴》等诗选入《河岳英灵集》，殷璠谓"送别、登楼，俱堪泪下"，指此。

⑦"集传于今也"　《四库》、《指海》本无"也"字。

【补录】

唐代孟棨《本事诗·征咎》：

"崔曙进士作《明堂火珠》诗试帖曰:'夜来双月满,曙后一星孤。'当时以为警句。及来年曙卒,唯一女名星星,人始悟其自谶也。"

**【辑评】**

清代王夫之《唐诗评选》二:

"崔署《山下晚晴》,或曲或直,写生已至,而气不伤。"(附《山下晚晴》:"寥寥远天净,溪路何空濛。斜光照疏雨,秋气生白虹。云尽山色暝,萧条西北风。故林归宿处,一叶下梧桐。")

清代吴乔《围炉诗话》二:

"崔曙五古,载《英灵集》者五篇,高妙沉着。殷璠谓其'吐词委婉,情意悲凉',未尽其美。"

清代余成教《石园诗话》一:

"岑嘉州诗:'长风吹白茅,野火烧枯桑。'崔曙诗:'川冰生积雪,野火出枯桑。'岑、崔俱同时人,'出'字较'烧'字更胜。"

## 三五　陶　翰

翰,润州人①。开元十八年,崔明允下进士及第,次年中博学宏辞,与郑昉同时②。官至礼部员外郎③。为诗词笔双美,既多兴象,复备风骨,三百年以前,方可论其裁制④。大为当时所称。今有集相传⑤。

**【校注】**

①"润州人"　《新书》六〇《艺文志》四"陶翰集"附注、《纪事》二〇"陶翰"条同。《直斋》一九"陶翰集一卷"条称"丹阳陶翰"。

润州:治丹徒,今江苏省镇江市。见《元和志》二五"江南道"。

②"开元十八年"至"与郑昉同时"　《全文》五二八顾况《礼部员外郎陶氏集序》云:"开元十八年进士上第,天宝文明载登宏词拔萃两科。"《直斋》记:"开元十八年进士,次年鸿词。"《唐会要》七六、《册府元龟》六四五《贡举·科目》记:"(开元)十九年博学鸿词科,郑昉、陶翰及第。"按:《唐会要》七六记崔明允天宝元年中制举文辞秀逸科,则本篇记开元十八年崔知贡举疑误,"崔明允下"疑为"崔明允榜"之讹。

崔明允：历仕左拾遗、礼部员外郎。见劳格《郎官石柱题名考》二〇。

郑昉：开元十五年武足安边科、开元十九年博学宏辞科及第，仕为吏、户二部郎中。见劳格《郎官石柱题名考》三。

③"官至礼部员外郎"　顾况《陶氏集序》记："累陟太常博士、礼部员外郎。"《新书·艺文志》附注亦记："开元礼部员外郎。"《纪事》同。

④"为诗词笔双美"至"方可论其裁制"　《四库》、三间本"兴象"作"兴义"。《河岳》上作"兴象"，《纪事》二〇引殷璠评语作"兴义"。此段据《河岳》上"陶翰"评，原文为："历代词人，诗、笔双美者鲜矣，今陶生实谓兼之。既多兴象，复备风骨。三百年以前，方可论其体裁也。"按："诗、笔双美"，谓诗、文俱佳（《纪事》称翰"以《冰壶赋》得名"）；本篇改为"为诗词笔双美"，疑失原意，且不可通。

⑤"今有集相传"　《新书·艺文志》著录："《陶翰集》，卷亡。"《直斋》一九、《宋史·艺文志》著录其集一卷。

**【辑评】**

唐代顾况《礼部员外郎陶氏集序》（《全文》五二八）：

"喉舌密勿，擅场破的，无发不中。行在六经，志在五言，尤精赋序。……綦毋著作潜、王龙标昌龄，则其勍敌。"

清代贺裳《载酒园诗话》一：

"刘希夷'将军辟辕门，耿介当风立'，颇甚气岸。陶翰'日落沙尘昏，背河更一战'，尤为健决。刘结曰'献凯归京师，军容何翕习'，尽兴语也。陶结曰'东出咸阳门，哀哀泪如霰'，败兴语也。"

清代吴乔《围炉诗话》二：

"陶翰诗，沉健、真恻、高旷俱有之。"

## 三六　王　维 (699—761)

维，字摩诘，太原人①。九岁知属辞，工草隶②，闲音律。岐王重之。维将应举，岐王谓曰："子诗清越者，可录数篇，琵琶新声，能度一曲，同诣九公主第。"维如其言。是日，诸伶拥维独奏，主问何名，曰："《郁轮袍》。"因出诗卷。主曰："皆我习讽，谓是古作，乃子之佳制乎？"延于上座，曰："京兆得此生为解头，荣哉!"力荐之③。开元十九年,状元及第④。擢右拾遗,迁给事中⑤。贼陷两京,驾出幸,维扈从不及,为所擒,服药称喑病。禄山爱其才,逼至洛阳供旧职,拘于普施寺。贼宴凝碧池,悉召梨园诸工合乐,维痛悼赋诗曰:"万户伤心生野烟,百官何日再朝天?秋槐花落空宫里,凝碧池头奏管弦。"诗闻行在所。贼平后,授伪官者皆定罪,独维得免。仕至尚书右丞⑥。维诗入妙品上上,画思亦然,至山水平远,云势石色,皆天机所到,非学而能⑦。自为诗云:"当代谬词客,前身应画师。"⑧后人评维"诗中有画,画中有诗"⑨,信哉。客有以《按乐图》示维者,曰:"此《霓裳》第三叠最初拍也。"对曲果然⑩。笃志奉佛,蔬食素衣,丧妻不再娶,孤居三十年。别墅在蓝田县南辋川,亭馆相望。尝自写其景物奇胜,日与文士丘为、裴迪、崔兴宗游览赋诗,琴樽自乐⑪。后表宅请以为寺。临终,作书辞亲友,停笔而化⑫。代宗访维文章,弟缙集赋诗等十卷上之⑬,今传于世。

**【校注】**

①"太原人" 《旧书》一九〇下本传:"太原祁人。父处廉,终汾州司马,徙家于蒲,遂为河东人。"《极玄集》上"王维"附注:"河东人。"《直斋》一六"王右丞集十卷"条称"河中王维"。张彦远《历代名画记》一〇、《郡斋》四上"王维集十卷"条均作"太原人"。

太原祁:今山西省祁县东南。见《元和志》一三"河东道太原府"。

蒲州:治河东,今山西省永济县西;后改河中府。见《元和志》一二"河东道河中府"。

②"九岁知属辞,工草隶" 据《新书》二〇二本传。

③"闲音律"至"力荐之" "维如其言"原作"维其如言",据《佚存》、《四库》本乙转。此段节录自薛用弱《集异记》。"同诣九公主第",《集异记》(汪辟疆校录《唐人小说》下)作"后五日当诣此",未云"九公主"。"荣哉",《集异记》作"诚为国华矣"。按:汪辟疆云:"薛氏此文,或即摭拾传闻,不定根于事实。虽《旧书》本传亦有'昆仲宦游两都,凡诸王驸马豪右贵势之门,无不拂席迎之,宁王、薛王待如师友'之语,亦不得指为干进之证。"(《唐人小说》下)

岐王:李范,睿宗第四子,封岐王。好学工书,雅爱文士。开元十四年薨,赠惠文太子。传见《旧书》九九、《新书》八一。

京兆：指京兆尹，掌治京师。

解头：科举乡试第一名，唐代称解头，宋代称解元。参《文献通考》三〇《选录》三。

④ "开元十九年，状元及第" "十九年"误，应作"九年"。《旧书》本传："维开元九年进士擢第。"（按：徐松《登科记考》七谓"九上脱十字"，甚误。）《新书》二〇二本传作"开元初擢进士"。《极玄集》上"王维"附注亦作"开元九年进士"。《郡斋》四上"王维集十卷"条同。又，《历代名画记》一〇"王维"条谓"年十九进士擢第"，本书或即由此致误。按：徐应秋《玉芝堂谈荟》二载："开元五年，进士二十五人，状元王维。""五年"应为"九年"之讹。

⑤ "擢右拾遗，迁给事中" "右"原作"左"，据《四库》本改，与两《唐书》本传合。此处所记，即据两《唐书》本传。

⑥ "贼陷两京"至"仕至尚书右丞" "为所擒"，三间本"为"下有"贼"字。"诗闻行在所"，"诗"原作"时"，据《四库》本改；又《四库》本无"所"字。"授伪官者皆定罪"，《四库》本无"授"、"者"二字。此段据两《唐书》本传节写。"普施寺"，与《旧书》本传合，据王维诗题（见后）、《安禄山事迹》下、《明皇杂录补遗》、《纪事》一六"王维"条，应作"普提寺"。（按：徐松《唐两京城坊考》三谓王维所禁处即长安平康坊南门之东普提寺，非；王维拘于洛阳，此普提寺应在洛阳。安禄山设宴之凝碧池亦在洛阳禁苑。）"万户伤心"四句，《全诗》一二八题为《菩提寺禁裴迪来相看说逆贼等凝碧池上作音乐供奉人等举声便一时泪下私成口号诵示裴迪》。

梨园：唐玄宗曾选乐工三百人、宫女数百人，教授乐舞于梨园，号"皇帝梨园子弟"。见《新书·礼乐志》一二。

⑦ "画思亦然"至"非学而能" 据《新书》本传。

⑧ "当代谬词客"二句 《全诗》一二五题为《偶然作》（其六）。

⑨ "诗中有画，画中有诗" 苏轼《书摩诘蓝田烟雨》（《东坡题跋》五）原文为："味摩诘之诗，诗中有画；观摩诘之画，画中有诗。"

⑩ "客有以《按乐图》示者"至"对曲果然" "最初拍"原作"最初指"，据正保、三间、《指海》本改（《四库》本此段缺），与两《唐书》本传合；李肇《唐国史补》上作"第一拍"。此段据《新书》本传节写。按：沈括《梦溪笔谈》一七云："《国史补》言：客有以《按乐图》示王维，（下略）此好事者为之。……《霓裳曲》凡十三叠，至第七叠方谓之叠遍，自此始有拍而舞作。故白乐天诗云：'中序擘䯻初入拍。'中序即第七叠也。第三叠安得有拍？但言'第三叠第一拍'，即知其妄也。"

⑪ "笃志奉佛"至"琴樽自乐"， "笃志奉佛蔬食素衣"八字，《四库》本移在"后表请舍宅以为寺"之上。《四库》本"丧妻"上有"中岁"二字。"文士丘为"，

"为"原作"丹",据《四库》、三间本改。三间本陆芝荣《考异》云:"原本作丘丹,按维有赠丘为诗,作为是。"此段据《新书》本传节写。按:《旧书》本传记:"与道友裴迪浮舟往来,弹琴赋诗,啸咏终日。"《新书》本传略同,均未涉及丘丹、崔兴宗。本书卷首《传目》"王维"下仅附"裴迪、崔兴宗",无丘丹。

蓝田:今陕西省蓝田县。见《元和志》一"关内道京兆府"。

辋川:在今陕西省蓝田县辋川谷口。山峦掩映,风景幽美。参《大清一统志》二二七"西安府"。

丘为传见本书本卷(四四)。丘丹:丘为弟,见《元和姓纂》五、《纪事》四七。《全诗》二八五有李端《送丘丹归江东》诗。

裴迪:早年与王维、崔兴宗隐居终南山,后王维得辋川别墅,迪常与往来赋诗。肃宗时,任蜀州刺史,曾与杜甫唱和。事迹见《旧书》一九〇下《王维传》、《纪事》一六。

崔兴宗:王维内弟,早年隐居终南,与王维、卢象、裴迪游览赋诗,琴酒自娱。曾任右补阙,官终饶州长史。事迹见《新书·宰相世系表》二下、《纪事》一六。

⑫"后表宅请以为寺"至"停笔而化" "表宅请以为寺",《四库》、三间本"宅请"作"请舍宅",《新书》本传作"表辋川第为寺"。(按:王维有《请施庄为寺表》,载《全诗》二二四。)此段采自两《唐书》本传。按:赵殿成《右丞年谱》云:"《旧史》称右丞全归之日在乾元二年七月,《新史》则云'上元初卒,年六十一'。……《新史》之说为优也。"

⑬"代宗访维文章,弟缙集赋诗等十卷上之" 此据《郡斋》四上,《郡斋》无"赋诗等"三字。《旧书》本传作"都得四百余篇,翌日上之",《新书》本传作"缙哀集数十百篇上之"。

缙:与兄维并以文翰著称。安史乱中任太原少尹,与李光弼同守太原。广德二年拜黄门侍郎同平章事。寻持节行营,历诸镇。大历中再次入相。以附元载,贬为括州刺史。位终太子宾客。传见《旧书》一一八、《新书》一四五。

## 【补录】

唐代朱景玄《唐朝名画录》一〇"王维"条:

"兄弟并以科名文学,冠绝当时,故时称'朝廷左相笔,天下右丞诗'也。其画山水松石,踪似吴生,而风致标格特出。……又尝写诗人孟浩然《马上吟诗图》,见传于世。复画《辋川图》,山谷郁郁盘盘,云水飞动,意出尘外,怪生笔端。……慈恩寺东院,与毕庶子、郑广文各画一小壁,时号三绝。"

宋代沈括《梦溪笔谈》一七：

"余家所藏摩诘画《袁安卧雪图》，有雪中芭蕉。此乃得心应手，意到便成，故造理入神，迥得天意，此难可与俗人论也。"

宋代王谠《唐语林》五：

"王缙多与人作碑志。有送润笔者，误致王右丞院，右丞曰：'大作家在那边！'"

【辑评】

唐代殷璠《河岳英灵集》上"王维"评：

"维诗词秀调雅，意新理惬，在泉为珠，着壁成绘，一句一字，皆出常境。至如：'落日山水好，漾舟信归风。'又：'涧芳袭人衣，山月映石壁。''天寒远山净，日暮长河急。''日暮沙漠陲，战声烟尘里。'"

唐代李豫《代宗皇帝批答手敕》（《王右丞集》卷末）：

"卿之伯氏，天下文宗，位历先朝，名高希代。抗行周《雅》，长揖《楚辞》，调六气于终篇，正五言于逸韵。泉飞藻思，云散襟情，诗家者流，时论归美，诵于人口，久郁文房。"（按：此为批答王缙《进王右丞集表》手敕。）

唐代司空图《与李生论诗书》（《全文》八〇七）：

"王右丞、韦苏州，澄淡精致，格在其中，岂妨于遒举哉？"

唐代司空图《与王驾评诗书》（《全文》八〇七）：

"右丞、苏州，趣味澄夐，若清沇之贯达。"

宋代胡仔《苕溪渔隐丛话·前集》一五：

"山谷老人曰：'余顷年登山临水，未尝不读王摩诘诗，固知此老胸次，定有泉石膏肓之疾。'"

宋代佚名《宣和画谱》一〇"王维"条：

"观其思致高远，初未见丹青，时时诗篇中已自有画意。……故'落花寂寂啼山鸟，杨柳青青渡水人'，又与'行到水穷处，坐看云起时'，及'白云回望合，青霭入看无'之类，以其句法，皆画也。"

宋代敖陶孙《敖器之诗话》：

"王右丞如秋水芙蕖，倚风自笑。"

明代胡应麟《诗薮·内编》六：

"右丞却入禅宗。如：'人闲桂花落，夜静春山空。月出惊山鸟，时鸣春涧中。''木末芙蓉花，山中发红萼。涧户寂无人，纷纷开且落。'读之身世两忘，万念皆寂。不谓声律之中，有此妙铨。"

清代王夫之《唐诗评选》三：

"意至则事自恰合，与求事切题者，雅俗冰炭。右丞工于用意，尤工于达意，景亦意事亦意，前无古人，后无嗣者。"

清代沈德潜《唐诗别裁》一：

"意太深，气太浑，色太浓，诗家一病。故曰：'穆如清风。'右丞诗每从不著力处得之。"

清代田雯《古欢堂集杂著》二：

"摩诘恬洁精微，如天女散花，幽香万片，落人巾帻间。"

清代赵殿最《王右丞集笺注序》（《王右丞集笺注》卷首）：

"孟格清而薄，韦体淡而平，柳致幽而激，唯右丞通于禅理，故语无背触，甜澈中边。空外之音也，水中之影也，香之于沉实也，果之于木瓜也，酒之于建康也，使人索之于离即之间，骤欲去之而不可得。"

清代施补华《岘佣说诗》：

"摩诘五言古，雅淡之中，别饶华气。故其人清贵，盖山泽间仪态，非山泽间性情也。若孟公则真山泽之癯矣。"

## 三七　薛　据

据①，荆南人②。开元十九年王维榜进士③。天宝六年，又中风雅古调科第一人④。于吏部参选，据自恃才名，请受万年录事。流外官诉宰执，以为"赤县是某等清要"。据无媒，改涉县令⑤。后仕历司议郎，终水部郎中⑥。据为人骨鲠，有气魄，文章亦然。尝自伤不得早达，造句往往追凌鲍、谢⑦。初，好栖遁，居高山炼药。晚岁置别业终南山下，老焉⑧。有集今传⑨。

【校注】

①"据"　或作"璩"。岑仲勉《唐人行第录》"薛三据"条："《全诗》三函高适

《淇上酬薛三据兼寄郭少府微》……《少陵集》一八作《寄薛三郎中璩》，惟《全诗·杜甫》七亦作据。杜甫又有《秦州见敕目薛三据授司议郎……》。（按：此诗见于《杜少陵集详注》八，'据'作'璩'，注云：'一作据'。）"则"据"、"璩"系板刻之异，同属一人，皆行三，为杜甫故人。按：《王右丞集笺注》二《瓜园诗序》赵殿成注"薛璩"条谓"薛据、薛璩本是二人，《纪事》误作一人"。此说不确。

②"荆南人" 杜甫《寄薛三郎中璩》诗（《杜少陵集详注》一八）云："子尚客荆州，我亦滞江滨。"本篇或即据此，不确。《旧书》一四六《薛播传》作"河中宝鼎人"。（按：播为据之弟。）封演《封氏闻见记》三"铨曹"门亦称"河东薛据"。（按：河中府隶于河东道。）岑参有《送薛播擢第归河东》诗（《全诗》二〇一）。

荆南：注见本书本卷（三〇）《綦毋潜传》。

宝鼎：今山西省临猗县西北。见《元和志》一二"河东道河中府"。

③"开元十九年王维榜进士" 王维登第年为开元九年，参见本书本卷（三六）《王维传》校注。按：《旧书·薛播传》载："开元、天宝中二十年间，（薛）彦辅、据等七人并举进士，连中科名，衣冠荣之。"《纪事》二五"薛据"条："开元、天宝间，与弟播、惣相继登科。"

④"天宝六年，又中风雅古调科第一人" 《唐会要》七六："（天宝）六载，风雅古调科，薛璩及第。"《册府元龟》六四五《贡举·科目》同，惟"璩"作"据"。

⑤"于吏部参选"至"改涉县令" "据无媒"，《四库》、三间本作"据无由得之"。此段所记，见于封演《封氏闻见记》三，亦见于王定保《唐摭言》一二、《纪事》二五，文字略同。《纪事》云："据，开元中自恃才名，于吏部参选，请授万年录事。诸流外官共愬宰执诉之曰：'赤县录事是某等清要，今被进士夺去，某等色人无措手足矣。'遂罢。"（不云因此"改涉县令"。）此为开元中登进士第后之事，本篇误系于六载登科后。《纪事》又云："据自永乐主簿、陟（涉）县丞，复选宰陟（涉）县。"《全诗》一五〇有刘长卿《送薛据宰涉县》诗，题下原注："自永乐主簿陟状，寻复选受此官。"

万年：唐万年县与长安县同治京城中，辖京城东部，今陕西省西安市。见《元和志》一"关内道京兆府"。

流外官：九品（流内）以下的职官。见《通典·职官》一《官品》。

赤县：县治设在京城内者为赤县。见《通典·职官》一五《县令》。

清要：清贵而又重要的职位。流外官以赤县录事为清要官。

媒：媒介，居中介绍之人。《旧书》七八《张行成传》："古今用人，必因媒介。"

涉县：今河北省涉县。见《元和志》一五"河东道潞州"。

⑥"后仕历司议郎，终水部郎中" 杜甫有诗，题为《秦州见敕目薛三据授司议郎毕四曜除监察与二子有故远喜迁官兼述索居凡三十韵》（《杜少陵集详注》八，按：此诗作于乾元二年秋）。又韩愈《国子助教河东薛君（公达）墓志铭》（《全文》五六五）

记:"据为尚书水部郎中,赠给事中。"按:《纪事》云:"终礼部侍郎。"此承袭《新书》七二下《宰相世系表》致误,该表于薛元晖下列三子:"播,水部郎中。揔,监察御史。据,礼部侍郎。"检两《唐书·薛播传》,皆载官终礼部侍郎,不云历官水部郎中。又据《旧书》一四六《薛播传》,据、揔为播之兄。则播应列居第三,今居第一,可见表中据、播二人之名次序颠倒,应互换。本篇记据"终水部中",是。

⑦"据为人骨鲠"至"追凌鲍、谢" 此据《河岳》中"薛据"评。《河岳》"自伤不早达"以下作:"因著《古兴》诗云:'投珠恐见疑,抱玉但垂泣。道在君不举,功成嗟何及!'怨愤颇深。至如'寒风吹长林,白日原上没。'又,'孟冬时短暮,日尽西南天'。可谓旷代之佳句。"

⑧"初好栖遁"至"老焉" 《四库》本"栖遁"作"栖迟"。"居高山",原无"山"字,据《四库》、三间本补。薛据《出青门往南山下别业》诗(《全诗》二五二)云:"弱年好栖隐,炼药在岩窟。及此离垢氛,兴来亦因物。末路期赤松,斯言庶不伐。"本篇当即据此。按:此诗收入《河岳英灵集》(该集所收诗下限为癸巳),应是天宝十二载以前所作。薛据乾元二年仍任司议郎,后以水部郎中终(见前),辛氏据此诗记薛据老于终南山,似有误解。

⑨"有集今传" 唐、宋以来书目未见著录。

**【补录】**

唐代杜甫《寄薛三郎中璩》(《杜少集详注》一八):

"与子俱白头,役役常苦辛。虽为尚书郎,不及村野人。……天未厌戎马,我辈本常贫。子尚客荆州,我亦滞江滨。……闻子心甚壮,所过信席珍。上马不用扶,每扶必怒嗔。赋诗宾客间,挥洒动八垠。乃知盖代手,才力老益神。"(按:黄鹤注:"当是大历二年春作。")

**【辑评】**

唐代杜甫《解闷十二首》之四(《杜少陵集详注》一七):

"沈范早知何水部,曹刘不待薛郎中。独当省署开文苑,兼泛沧浪学钓翁。"(按:原注"水部郎中薛据"。)

唐代高适《淇上酬薛三据兼寄郭少府微》(《全诗》二二一):

"故交负灵奇,逸气抱謇谔。隐轸经济具,纵横建安作。"

唐代刘长卿《送薛据宰涉县》(《全诗》一五〇):

"雄辞变文名,高价喧时议。下笔盈万言,皆合古人意。"

清代吴乔《围炉诗话》二：

"（殷）璠谓薛据'骨鲠有气魄'，斯言得之。"

清代翁方纲《石洲诗话》一：

"盛唐之初，若独孤常州及薛侍郎据，皆遒劲雄浑，少陵之嚆矢也。侍郎曾与少陵同登慈恩寺塔，今其诗不传。"

## 三八　刘长卿（？—786？）

长卿，字文房，河间人①。少居嵩山读书②，后移家来鄱阳最久③。开元二十一年，徐徵榜及第④。至德中，历监察御史。以检校祠部员外郎出为转运使判官，知淮西岳鄂转运留后。观察使吴仲孺诬奏，非罪系姑苏狱，久之，贬潘州南巴尉。会有为辩之者，量移睦州司马。终随州刺史⑤。长卿清才冠世，颇凌浮俗，性刚，多忤权门，故两逢迁斥，人悉冤之。诗调雅畅，甚能炼饰。其自赋，伤而不怨，足以发挥风雅⑥。权德舆称为"五言长城"⑦。长卿尝谓："今人称前有沈、宋、王、杜，后有钱、郎、刘、李。李嘉祐、郎士元何得与余并驱？"每题诗不言姓，但书长卿，以天下无不知其名者云⑧。灞陵碧涧有别业⑨。今集诗赋文等传世⑩。淮南李穆，有清才，公之婿也⑪。

【校注】

①"河间人"　《中兴》（何义门校本）下"李季兰"评："河间刘长卿有阴重之疾。"本篇当据此。又，《元和姓纂》五载："考功郎中刘庆约，宣州人；孙长卿，隋州刺史。"《极玄集》下"刘长卿"附注亦作"宣州人"。《直斋》一六"刘随州集十卷"条亦称"唐随州刺史宣城刘长卿文房"。

河间：今河北省河间县。见《旧书》三九《地理志》三"河北道瀛州"。

宣州：治宣城，今安徽省宣城县。见《元和志》二八"江南道"。

②"少居嵩山读书"　刘长卿《早春赠别赵居士还江左时长卿下第归嵩阴旧居》诗（《全诗》一五〇）云："逆旅乡梦频，春来客心碎"；"予亦返柴荆，山田事耕未。"此当为本篇所据。

③"后移家来鄱阳最久"　刘长卿《江州留别薛六柳八二员外》诗（《全诗》一四

七）云:"白首辞同舍,青山背故乡。离心与潮信,每日到浔阳。"本篇所记,或即据此。

鄱阳:今江西省波阳县。见《元和志》二八"江南道饶州"。

④ "开元二十一年,徐徵榜及第"  《极玄集》"开元二十一年进士"。《郡斋》四上、《直斋》一九同。按:《极玄集》所记疑不确。李肇《国史补》下载:"天宝中,则有刘长卿、袁咸用分为朋头。"(据《封氏闻见记》三,玄宗时,进士"互结朋党以相渔夺,号之为棚,推声望者为棚头。")则天宝中长卿尚未及第。又,徐应秋《玉芝堂谈荟》二"历代状元"条所记微异:"(开元)二十一年进士二十四人,状元徐徵。"

徐徵:曾官少监,余不详。见《新书》七五下《宰相世系表》五下。

⑤ "至德中"至"终随州刺史"  "会有为辩之者",《四库》本"辩"作"辨",与《新书·艺文志》合。此段系据《新书》六〇《艺文志》四"刘长卿集十卷"附注。《艺文志》"观察使"上有"鄂岳"二字。"非罪系姑苏狱久之",《艺文志》无此八字。按:此处或本于刘长卿《恩敕重推使牒追赴苏州次前溪馆作》诗(《全诗》一四七)诗云:"且喜怜非罪,何心恋末班。天南一万里,谁料得生还!"然此诗分明是从南巴北还时作,疑辛氏错会。又按:刘长卿曾有两次贬谪:肃宗至德二年由苏州长洲尉贬为潘州南巴尉(独孤及有《送长洲刘少府贬南巴使牒留洪州序》,《全文》三七八);代宗大历年间因吴仲孺诬奏而由淮西鄂岳转运留后贬为睦州司马。《新书·艺文志》误将两事合而为一,本篇承袭其误。详见傅璇琮《唐代诗人丛考·刘长卿事迹考辨》。

检校:散官,指诏除而非正名的加官。参《文献通考》六四《职官》。

吴仲孺:《旧书》一一《代宗纪》载,大历八年四月,"以太仆卿吴仲孺为鄂州刺史、鄂岳沔等州团练观察使"。

潘州南巴:潘州治茂名,今广东省高县;南巴,在今广东省电白县东。见《旧书》四一《地理志》四"岭南道"。

量移:被贬谪远方的官员,遇赦酌情移近安置。参顾炎武《日知录》三二"量移"条。

随州:治随县,今湖北省随县。见《元和志》二一"山南道"。

⑥ "长卿清才冠世"至"足以发挥风雅"  《中兴》下"刘长卿"评:"长卿有吏干,刚而犯上,两遭迁谪,皆自取之。诗体虽不新奇,甚能炼饰。大抵十首以上,语意稍同,于落句尤甚,思锐才窄也。如'草色加湖绿,松声小雪寒'。又,'沙鸥惊小吏,湖色上高枝'。又,'细雨湿衣看不见,闲花落地听无声'。裁长补短,盖丝之颣欤?其'得罪风霜苦,全生天地仁',可谓伤而不怨,亦足以发挥风雅矣。"本篇取此,颇有改动。

⑦ "权德舆称为'五言长城'"  此处沿袭《郡斋》四上"刘长卿集十卷"条,微误。权德舆《秦征君校书与刘随州唱和诗序》(《全文》四九〇)云:"彼汉东守(按:

指刘随州长卿）尝自以为五言长城，而公绪（秦系）用偏伍奇师，攻坚击众，虽老亦壮，未尝顿锋。"亦见于《新书》一九六《秦系传》。

权德舆：传见本书卷第五（一四〇）。

⑧"长卿尝谓"至"无不知其名者云"　《四库》本末句无"以"、"云"二字。此采自范摅《云溪友议》上"四背篇"条，文字微异。《云溪友议》又记："士林或之讥也。"

沈、宋、王、杜：沈佺期、宋之问、王维、杜甫。

钱、郎、刘、李：钱起、郎士元、刘长卿、李嘉祐。

⑨"灞陵碧涧有别业"　刘长卿有《初至洞庭怀灞陵别业》诗（《全诗》一四九），又有《碧涧别业喜皇甫侍御相访》诗（《全诗》一四七），本篇即据此。

⑩"今集诗赋文等传世"　《四库》本作："有诗集赋文传世。"

⑪"淮南李穆，有清才，公之婿也"　《纪事》二六"李穆"条："刘长卿之婿也。"《全诗》二一五载有李穆《寄妻父刘长卿》诗，诗题可疑；《纪事》录此事无题，谓是李穆寄刘诗。《全诗》题下注云：一作严维诗，题作《发桐庐寄刘员外》。刘长卿有《登迁仁楼酬子婿李穆》、《送李穆归淮南》等诗（《全诗》一四八、一五〇），本篇云"淮南李穆"，以此。然刘长卿《送子婿崔真甫李穆往扬州四首》（《全诗》一四七）云："芜城春草生，君作扬州客。"以"客"呼之，则李穆并非淮南人。

淮南：淮南道，治扬州江都，今江苏省扬州市。见《旧书》四〇《地理志》三"淮南道"。

【补录】

唐代独孤及《送长洲刘少府贬南巴使牒留洪州序》（《全文》三八七）：

"曩子之尉是邦也，傲其迹而峻其政，能使纲不紊，吏不欺。夫迹傲则合不苟，政峻则物忤，故绩未书也，而谤及之，臧仓之徒得骋其媒孽，子于是竟谪南巴尉。"

【辑评】

宋代张戒《岁寒堂诗话》上：

"韦苏州律诗似古，刘随州古诗似律，大抵下李、杜、韩退之一等，便不能兼。随州诗，韵度不能如韦苏州之高简，意味不能如王摩诘、孟浩然之胜绝；然其笔力豪赡，气格老成，则皆过之。……长城之目，盖不徒然。"

宋代刘克庄《后村诗话·前集》一：

"刘长卿七言云：'欲扫柴门迎远客，青苔红叶满贫家。'魏野、林逋不能及也。"

元代方回《瀛奎律髓》四七：

"刘长卿号五言长城，细味其诗，思致幽缓，不及贾岛之深峭，又不似张籍之明白，盖颇欠骨力而有委曲之意耳。"

明代李东阳《麓堂诗话》：

"《刘长卿集》凄婉清切，尽羁人怨士之思。盖其情性固然，非但以迁谪故，譬之琴有商调，自成一格。"

明代王世贞《艺苑卮言》四：

"刘随州五言长城，如'幽州白日寒'语，不可多得。惜十章以还，便自雷同，不耐检。"

"钱（起）似不及刘。钱意扬，刘意沉；钱调轻，刘调重。"

明代胡应麟《诗薮·内编》四：

"刘文房'东风吴草绿，古木剡山深'，'野雪空斋掩，山风古殿开'，色相清空，中唐独步。"

明代钟惺、谭元春《唐诗归》二五：

"中、晚之异于初、盛，以其俊耳，刘文房犹以朴入。然盛唐俊处皆朴，中、晚人朴处皆俊。文房气有极厚者，语有极真者，真到极快透处，便不免妨其厚。"

清代贺贻孙《诗筏》：

"刘长卿诗，能以苍秀接盛唐之绪，亦未免以新隽开中、晚之风。其命意造句，似欲揽少陵、摩诘二家之长而兼有之，而各有不相及不相似处。其不相似不相及，乃所以独成其为文房也。"

清代贺裳《载酒园诗话·又编》：

"随州绝句，真不减盛唐。次则莫妙于排律。"

"盛唐人无不高凝整浑。随州短律，始收敛气力，归于自然，首尾一气，宛若面语。其后遂流为张籍一派，益事流走。……虽孟襄阳诗，亦有因语真而意近，以机圆而体轻者，然不佻不纤。随州始有作态之意，实溽暑中之一叶落也。"

清代纪昀《四库全书总目》一五〇"刘随州集十卷"条：

"长卿诗号为五言长城，大抵研炼深稳，而自有高秀之韵。……但才地稍弱，是其一短。高仲武《中兴间气集》病其十首以后语意略同，可谓识微之论。王士祯《论诗绝句》乃云'不解雌黄高仲武，长城何意贬文房'，非笃论也。"

清代沈德潜《唐诗别裁》一一：

"中唐诗近收敛，选合取胜，元气不完，体格卑而声调亦降矣。刘文房工于铸意，巧不伤雅，犹有前辈体段。"

清代翁方纲《石洲诗话》二：

"随州七律，渐入坦迤矣。坦迤则一往易尽，此所以启中、晚之滥觞也。随州只有五古可接武开、宝诸公耳。"

## 三九　李季兰（？—784）

季兰，名冶①，以字行，峡中人②，女道士也。美姿容，神情萧散，专心翰墨，善弹琴，尤工格律。当时才子，颇夸纤丽，殊少荒艳之态。始年六岁时，作《蔷薇诗》云："经时不架却，心绪乱纵横。"其父见曰："此女聪黠非常，恐为失行妇人。"③后以交游文士，微泄风声，皆出乎轻薄之口。夫士有百行，女唯四德，季兰则不然，形气既雄，诗意亦荡，自鲍昭以下，罕有其伦④。时往来剡中，与山人陆羽、上人皎然意甚相得⑤。皎然尝有诗云："天女来相试，将花欲染衣。禅心竟不起，还捧旧花归。"其谑浪至此。又尝会诸贤于乌程开元寺，知河间刘长卿有阴重之疾，诮曰："山气日夕佳。"刘应声曰："众鸟欣有托。"举坐大笑，论者两美之⑥。天宝间，玄宗闻其诗才，诏赴阙，留宫中月余，优赐甚厚，遣归故山⑦。评者谓"上比班姬则不足，下比韩英则有余，不以迟暮，亦一俊媪"⑧。有集，今传于世。

论曰：《诗》云⑨："《关雎》，乐得淑女，以配君子，忧在进贤，不淫其色。哀窈窕，思贤才，而无伤善之心焉⑩。"故古诗之道，各存六义⑪，然终归于正，不离乎雅。是有昔贤妇人⑫，散情文墨，班班⑬简牍。概而论之⑭，后来班姬伤秋扇以暂恩⑮，谢娥咏絮雪而同素⑯；大家七《诫》⑰，执者修省；蔡琰《胡笳》⑱，闻而心折。率以明白之操，徽美之诚，欲见于悠远，寓文以宣情，含毫而见志，岂泛滥之故⑲，使人击节沾洒，弹指追念，良有谓焉。噫，笔墨固非女子之事，亦在用之如何耳。苟天之可逃⑳，礼不必备，则词为自献之具，诗有妒情之作，衣服饮食，无闲净之容，铅华膏泽，多鲜饰之态，故不相宜矣。是播恶于众，何《关雎》之义哉？历观唐以雅道奖士类，而闺阁英秀，亦能熏染，锦心绣口，蕙情兰性，足可尚矣㉑。中间如李季兰、鱼玄机㉒，皆跃出方外，修清净之教，陶写幽怀，留连光景，逍遥闲暇之功，无非云水之念，与名儒比隆，珠往琼复。然浮艳委托之心，终不能尽，白璧微瑕，惟在此耳。薛涛㉓流落歌舞，以灵慧获名当时，此亦难矣。三者既不可略，他如刘媛㉔、刘云㉕、鲍君徽㉖、崔仲容㉗、道士元淳㉘、薛缊㉙、崔公达㉚、张窈窕㉛、程长文㉜、梁琼㉝、廉氏㉞、姚月华㉟、裴羽仙㊱、刘瑶㊲、常浩㊳、葛鸦儿㊴、崔莺莺㊵、谭意哥㊶、户部侍郎吉中孚妻张夫人㊷、鲍参军妻文姬㊸、杜羔妻赵氏㊹、张建封妾盼盼㊺、南楚材妻薛媛㊻等，皆能华藻㊼，才色双美者也。或望幸离宫，伤宠后掖；或从军万里，断绝音耗；或祗役连年，迢遥风水；或为宕子㊽妻，或为商人妇。花雨春夜，月露秋天，玄鸟㊾将谢，宾鸿来届，捣锦石之流黄㊿，织回文[51]于缃绮，魂梦飞远，关山到难。当此时也，濡毫命素，写怨书怀，一语一联，俱堪堕泪。至若间以丰丽，杂以纤秾，导淫奔之约，叙久旷之情，不假绿琴[52]，但飞红纸[53]，中间不能免焉。尺有短而寸有长，故未欲椎埋[54]之云尔。

## 【校注】

① "季兰，名冶" 《中兴》下、《纪事》七八、《直斋》一九并作"季兰"，《广记》二七三作"秀兰"。《才调集》一〇作："女道士李治，字季兰。"（"治"字犯高宗讳，疑讹。）《通志·艺文志》略同，然"冶"又讹为"裕"。《直斋》记："唐女冠。"

② "峡中人" 李季兰《从萧叔子听弹琴赋得三峡流泉歌》（《全诗》八〇五）云：

"妾家本住巫山云，巫山流泉常自闻"；"三峡迢迢几千里，一时流入幽闺里"。本篇称季兰"峡中人"当据此。按：《全诗》八〇五载有李季兰《寄校书七兄》诗，称："无事乌程县，蹉跎岁月余"；"因过大雷岸，莫忘几行书"。则季兰或为乌程人。《中兴》下（何义门校本）"李季兰"评亦称"尝与诸贤集乌程开元寺"。

③ "始年六岁时"至"恐为失行妇人" 此据《纪事》七八"李季兰"条："季兰五六岁时，其父抱于庭，作诗咏蔷薇云：'经时未架却，心绪乱纵横。'父愳曰：'此必为失行妇也。'后竟如其言。"又见于《广记》二七三"李季兰"条，云"出《玉堂闲话》。

④ "夫士有百行"至"罕有其伦" 采自《中兴》下"李季兰"评。"形气既雄"，《中兴》《四部丛刊》影明翻宋本"雄"作"雌"，《中兴》何义门校本作"雄"。《中兴》"罕有其伦"之下又云："如'远水浮仙棹，寒星伴使车'，盖五言之佳境也。"按：此处以李季兰与鲍昭（照）并论，似非其伦。鲍昭或系鲍令晖（照之妹）之误。李冶《寄校书七兄》（《全诗》八〇五）云："因过大雷岸，莫忘几行书。"即以令晖自喻（鲍照有《登大雷岸与妹书》）。钟嵘《诗品》云："令晖歌诗，往往崭绝新巧，拟古尤胜，唯百愿淫矣。照尝答孝武云：'臣妹才自亚于左芬，臣才不及太冲尔。'"则令晖诗亦可谓"形气既雄，诗意亦荡"。

百行：多方面的品行。《诗经·卫风·氓》郑笺："士有百行，可以功过相除。"

四德：四种德行。《后汉书》八四《曹世叔妻传》引《女诫》："女有四行，一曰妇德，二曰妇言，三曰妇容，四曰妇功。"

⑤ "时往来剡中"至"意甚相得" 此当据李冶《湖上卧病喜陆鸿渐至》诗（《全诗》八〇五）、皎然《答李季兰》诗（《全诗》八二一，诗见下文所引）。谓"往来剡中"，则未知何据。

剡中：注见本书卷第一（一六）《吴筠传》。

陆羽：传见本书卷第三（七四）。

皎然：传见本书卷第四（一〇三）。

⑥ "又尝会诸贤"至"论者两美之" 此见《中兴》下（何义门校本）"李季兰"评，文字略同。《广记》二七三引《中兴》，"阴重之疾"作"阴疾"。"山气日夕佳"，陶渊明《饮酒》诗中句。（按："山"与"疝"谐音，长卿有阴重之疾，故以此相诮。）"众鸟欣有托"，陶渊明《读山海经》诗中句。（按：此处实为狎客调笑语。）

乌程：今浙江省吴兴县。见《元和志》二五"江南道湖州"。

⑦ "天宝间"至"遣归故山" 李冶《恩命追入留别广陵故人》诗（《全诗》八〇五）云："无才多病分龙钟，不料虚名达九重。仰愧弹冠上华发，多惭拂镜理衰容。驰心北阙随芳草，极目南山望旧峰。桂树不能留野客，沙鸥出浦谩相逢。"本篇所述，或即据此诗。按：《中兴》下收此诗。《中兴间气集》所载诗，"起自至德元年首，终于大历暮

113

年。"本篇谓"天宝间",谓"玄宗",疑误。

⑧"上比班姬则不足"至"亦一俊媪" 《四库》本无"不以迟暮"四字,《四库》、三间本"俊媪"作"俊姬"。此数语引自《中兴》。《中兴》"俊媪"作"俊姬",《纪事》七八引高仲武评语同。

班姬:汉班况女,班彪之姑。少有才学,工于诗赋,成帝时选入宫为倢伃。传见《汉书》九七下。

韩英:南朝齐韩兰英。宋孝武世,献赋被赏入宫。齐武帝以为博士,教六宫书学。传附《南齐书·武穆裴皇后传》。钟嵘《诗品》下:"兰英绮密,甚有名篇,又善谈笑。"

⑨"《诗》云" 下文所引系《毛诗序》(《诗毛氏传》在《国风》首篇《关雎》下的一篇序言)。所谓"诗"即指《毛诗序》而言。

⑩"而无伤善之心焉" "善"原讹作"苦",《佚存》、《指海》本作"害",据《四库》本改,与《毛诗序》合。

⑪六义:指风、雅、颂和赋、比、兴,诗的三种体制和三种艺术表现手法。见《毛诗序》。

⑫"是有昔贤妇人" 《四库》本"有"作"以古"。

⑬"班班" 《佚存》、《四库》、《指海》本作"斑斑"。

⑭"概而论之" 《四库》本"概"上有"未易"二字。

⑮伤秋扇:指班倢伃《怨歌行》之作,诗云:"新制齐纨素,鲜洁如霜雪。裁为合欢扇,团团似明月。出入君怀袖,动摇微风发。常恐秋节至,凉飙夺炎热。弃捐箧笥中,恩情中道绝。"本诗多疑为伪作。

⑯咏絮雪:东晋谢道韫,谢安侄女,王凝之妻,才思敏捷。传见《晋书·列女传》。《世说新语》上"言语"门载:"谢太傅寒雪日内集,与儿女讲论文义,俄而雪骤,公欣然曰:'白雪纷纷何所似?'兄子胡儿曰:'撒盐空中差可拟。'兄女曰:'未若柳絮因风起。'公大笑乐。"

⑰大家七《诫》:东汉班昭,班彪女,班固妹,嫁曹世叔,早寡。博学高才。兄著《汉书》,未成而卒,和帝命昭续成之。出入宫廷,为皇后及诸贵人教师,号曰曹大家。撰《女诫》七篇。传见《后汉书·列女传》。

⑱蔡琰《胡笳》:蔡琰字文姬,蔡邕女,多才博学。汉末大乱,陷南匈奴十二年,曹操以金璧赎归。作《悲愤诗》自述悲惨遭遇。琴曲歌辞《胡笳十八拍》,传为琰作。传见《后汉书·列女传》。

⑲"岂泛滥之故" 《四库》本无此五字。

⑳"天之可逃" 《四库》本"之"作"有"。

㉑"足可尚矣" 《四库》本"足"作"是"。

㉒鱼玄机:传见本书卷第八(二〇三)。

㉓薛涛：传见本书卷第六（一五六）。

㉔"他如刘媛" "他"字据《四库》本补。

刘媛：身世不详。《纪事》七九录其《长门怨》二首，其二云："雨滴梧桐秋夜长，愁心和雨到昭阳。泪痕不学君恩断，拭却千行更万行。"为人所称。

㉕刘云：身世不详。《全诗》八〇一录其诗三首。

㉖鲍君徽：字文姬，鲍徵君之女。工诗能文，与女学士宋若昭姊妹五人齐名。德宗时召入宫，与侍臣唱和。入宫百余日，以母老乞归。《全诗》一录其诗四首。《全文》九四五存其《乞归疏》一篇。

㉗"崔仲容" "容"原讹作"客"，据《四库》、《指海》本改，与《才调集》一〇、《纪事》七九合。

崔仲容：身世不详。《纪事》七九录其《赠所思》等诗三首。

㉘"道士元淳" 《纪事》七九作"女道士元淳"。

元淳：洛阳人，女冠。《又玄集》下存其诗二首，《全诗》八〇五仅录其中之一。

㉙"薛缊" 《才调集》一作"蒋蕴"。《纪事》七九作："女郎蒋蕴，一作缊。彦辅之孙。"《全诗》七九九作"薛缊"，又作"蒋缊"。按：薛彦辅见于《旧书》一四六《薛播传》，"蒋"字讹。

薛缊：身世不详。祖父彦辅，开元、天宝间进士。见《纪事》七九。薛彦辅，见《旧书》一四六《薛播传》。薛缊存诗三首，载《全诗》七九九。

㉚"崔公达" 《纪事》七九同，《才调集》一〇作"崔公逵"，《全诗》八〇一作"崔公远，一作达"。

崔公达：身世不详。《纪事》七九录其《独夜词》一首："晴天霜落寒风急，锦帐罗帏羞更入。秦筝不复续断弦，回身掩泪挑灯立。"

㉛张窈窕：居于蜀，当时诗人雅相推重。见《纪事》七九。《全诗》八〇二录其诗六首。《春思》其二云："井上梧桐是妾移，夜来花发最高枝。若教不向深闺种，春过门前争得知？"

㉜程长文：鄱阳人，身世不详。《全诗》七九九录其诗三首。《狱中书情上使君》题下注云："长文为强暴所诬系狱，献诗雪冤。"

㉝梁琼：身世不详。《全诗》八〇一录其《宿巫山赠远人》等诗四首。

㉞廉氏：身世不详。《全诗》八〇一录其《峡中即事》等诗三首。

㉟姚月华：聪慧过人，少失母，随父过扬子江，见邻舟书生杨达诗，命侍儿乞其稿，自后屡相酬和。会其父有江右之行，踪迹遂绝。见冯梦龙《情史类略》三。《全诗》八〇〇录其诗六首。《制履赠杨达》诗云："金刀剪紫绒，与郎作轻履。愿化双仙凫，飞来入闱里。"

㊱裴羽仙：裴说之妻，见毕沅《关中金石记》四"寄边衣诗"条。说，唐末登进

士，终礼部员外郎，传见本书卷十（二六六）。《才调集》一〇录其《哭夫》诗二首。孙望师《全唐诗补逸》一七录其《寄夫征衣》诗一首。

㊲刘瑶：身世不详。《全诗》八〇一录其《阖闾城怀古》等诗三首。

㊳常浩：身世不详。《又玄集》下称“倡妓常浩”。《全诗》八〇二录其诗二首。

㊴葛鸦儿：身世不详，《本事诗·情感》谓唐末河北士人妻。《全诗》八〇一录其《怀良人》等诗三首。

㊵崔莺莺：元稹传奇小说《莺莺传》中女主角。《全诗》八〇〇录其诗三首，即采自《莺莺传》。

㊶谭意哥：此为宋人秦醇传奇小说《谭意歌》（载刘斧《青琐高议·别集》二，题作“意歌”，文中作“意哥”）中人物，辛氏误载于此。意哥，长沙妓，工诗笔，与汝州张生善，别后寄张诗云：“愿得儿夫似春色，一年一度一归来。”鲁迅《唐宋传奇集·稗边小缀》“谭意歌传”条云：“唐有谭意哥，盖薛涛、李冶之流，辛文房《唐才子传》曾举其名，然无事迹。”按：唐代实无谭意哥其人，辛氏本篇所列，即取自《青琐高议》。

㊷张夫人：《又玄集》下称“吉中孚侍郎妻”。吉中孚传见本书卷四（八三）。《全诗》七九九录张夫人《拜新月》等诗五首。

㊸文姬：《又玄集》下、《才调集》一〇皆称：“张文姬，鲍参军妻。”余未详。《全诗》七九九录其诗四首，《溪口云》云：“溶溶溪口云，才向溪中吐。不复归溪中，还作溪中雨。”

㊹赵氏：《纪事》七八称“刘氏，或云赵氏”，杜羔妻。《全诗》七九九录其诗四首。杜羔，登贞元初进士第，历万年令、户部郎中、振武节度使，终工部尚书。传见《新书》一七二。

㊺“张建封妾盼盼”　“盼”原刻作“眄”（“盼”之异体），三间本作“眄”，《佚存》本讹作“眄”，今从《四库》、《指海》本作“盼”。《白氏长庆集》一五《燕子楼三首序》作“眄”，《才调集》一〇作“眄”（亦“盼”之异体），《纪事》七八作“盼”。按：白居易《燕子楼三首序》云：“徐州故尚书有爱妓曰盼盼，善歌舞，雅多风态。”张尚书应为张愔，《纪事》及曾慥《类说》二九引《丽情集》均误以为愔父建封，本篇承其误。又据白序，张仲素缋之作《燕子楼三首》咏盼盼事，乐天和之。《纪事》、《丽情集》误以张诗为盼盼诗，盼盼实无诗流传。

㊻薛媛：濠梁（今安徽省凤阳县东）南楚材妻，能诗善画。楚材旅游陈、颍，颍州太守欲以女妻之，遂无返归之意。媛乃对镜作自画像，并题诗寄夫，有“泪眼描将易，愁肠写出难”之句。楚材感愧，遂归偕老。见《云溪友议》上“真诗解”条。《全诗》七九九载其《写真寄夫》诗一首。

㊼“皆能华藻”　《四库》本“能”作“雅擅”。

㊽“宕子”　《四库》本作“荡子”。

㊾玄鸟：燕子。《诗经·商颂》有《玄鸟》篇。

㊿锦石：有纹理的美石。罗含《湘中记》："山有锦石斐然成文。"

流黄：黄紫相间的丝绢。乐府《相逢行》："大妇织罗绮，中妇织流黄。"

(51)回文：前秦窦滔徙流沙，妻苏氏思之，织锦为回文诗寄赠，可回旋循环以读之，词甚凄婉。见《晋书·窦滔妻苏氏传》。

(52)绿琴：即绿绮琴。张载《拟四愁诗》："佳人赠我绿绮琴。"

(53)红纸：即红笺，一种精美的小幅笺纸，多作名片或题诗用。《开元天宝遗事》上"风流薮泽"条："长安有平康坊，妓女所居之地，京都侠少，萃集于此。兼每年新进以红笺名纸，游谒其中，时人谓此坊为风流薮泽。"

(54)椎埋：原意为杀人而埋之，见《史记·王温舒传》；此处意为埋没。

**【补录】**

唐代赵元一《奉天录》一：

"时有风情女子李季兰，上（朱）泚诗，言多悖逆，故阙而不录。皇帝再克京师，召季兰而责之曰：'汝何不学严巨川有诗云：手持礼器空垂泪，心忆明君不敢言？'遂令扑杀之。"

宋代计有功《唐诗纪事》七八"李季兰"条：

"刘长卿谓季兰为女中诗豪。"

**【辑评】**

明代胡应麟《诗薮·内编》四：

"李季兰'远水浮仙棹'二语，幽闲和适，孟浩然莫能过。"

明代胡震亨《唐音癸签》八：

"李冶、鱼玄机、薛涛，女德正同。李'远水浮仙棹，寒星伴使车'，及《听琴》一歌，并大历正音。"

明代钟惺《名媛诗归》：

"情敏故能艳发，而迅气足以副之。他人只知其荡，不知其蓄。所蓄既深，故其不荡，不可得也。"

清代王夫之《唐诗评选》三：

"李冶《寄校书七兄》：托意远，神情密，平缓而有沉酣之趣。班、蔡以后，惟此为足当诗。鲍令晖、沈满愿犹妆阁物耳。"（附《寄校书七兄》："无事乌程县，差池岁月余。不知芸阁吏，寂寞竟何如？远水浮仙棹，寒星伴使车。因过大雷岸,莫忘几行书。")

清代纪昀《四库全书总目》一八六"薛涛李冶诗集二卷"条:

"冶诗以五言擅长,如《寄校书七兄》诗、《送韩揆之江西》诗、《送阎二十六赴剡县》诗,置之大历十子之中,不复可辨。其风格又远在(薛)涛上,未可以篇什之少弃之矣。"

## 四〇 阎 防

防,河中人①。开元二十二年李琚榜及第②。颜真卿甚敬爱之,欲荐于朝,不屈③。为人好古博雅,诗语真素④,魂清魄爽,放旷山水,高情独诣。于终南山丰德寺结茅茨读书,百丈溪是其隐处⑤,题诗云:"浪迹弃人世,还山自幽独。始傍巢由踪,吾其获心曲。"又云:"养闲废人事,达命知止足。不学鲁国儒,俟时劳伐辐。"⑥后信命,不务进取,以此自终⑦。有诗集行世。

**【校注】**

① "河中人" 阎防诗有《与永乐诸公夜泛黄河作》(《全诗》二五三),辛氏或即据此以防为河中人(永乐县属河中府)。李华《杨骑曹集序》(《全文》三一五)称:"常山阎防。"《元和姓纂》五阎氏"广平"条:"《状》云:本常山人。"下列:"(阎)访,评事。"(据岑仲勉《元和姓纂四校记》,"访"应作"防"。)常山当指族望。

河中:府名,治河东,今山西省永济县蒲州。见《元和志》一二"河东道"。

② "开元二十二年李琚榜及第" 《杨骑曹(极)集序》云:"举进士时,刑部侍郎乐安孙公逖以文章之冠为考功员外郎,精试群材,君以南阳张茂之、京兆杜鸿渐、琅玡颜真卿、兰陵萧颖士……顿丘李琚、赵郡李崿、李欣(顾)、南阳张阶、常山阎防……等连年高第,华亦与焉。"又据王谠《唐语林》八"累为主司"条,开元二十二年、二十三年孙逖知贡举。

③ "颜真卿甚敬爱之,欲荐于朝,不屈" 未悉何据。《新书》二〇一《文艺传序》云:"若韦应物、沈亚之、阎防、祖咏、薛能、郑谷等,其类尚多,皆班班有文在人间,史家逸其行事,故弗得而述云。"按:阎防曾入仕、遭贬谪,参见本篇"补录"。

颜真卿:开元进士,累官殿中侍御史,以忤杨国忠出为平原太守。安史乱起,与从兄杲卿起兵抵抗。历官至吏部尚书,封鲁郡公。世称颜鲁公。德宗时,持节劝谕李希烈,不屈遇害。善正草书,为世所宝,称颜体。传见《旧书》一二八、《新书》一五二。

④ "为人好古博雅,诗语真素" 《四库》本"为人"下有"好读古"三字。《河岳》下"阎防"评:"防为人好古博雅,其(诗)警策,语多真素。"(《纪事》二六"阎防"条引殷璠评语"其"下有"诗"字。)《河岳》又云:"至如:'荒庭何所有,老树半空腹';又,'熊桩庭中树,龙蒸栋里云',皎然可信也。"

真素:自然率真,不造作。《世说新语·德行》:"其性真素。"

⑤ "于终南山"至"是其隐处" "丰"原作"豊",从《四库》、《指海》本改。《纪事》:"防与薛据在终南山丰德寺读书。"又刘眘虚《寄阎防》诗(《全诗》(二五六)题下注:"时防在终南山丰德寺读书。"储光羲有《贻阎处士防卜居终南》诗(《全诗》一三八)。阎防有《百丈溪新理茅茨读书》诗(《全诗》二五三)。此皆为本篇所据。

⑥ "浪迹弃人世"至"俟时劳伐辐" "废人事","废"原作"度",据《四库》、三间本改。《纪事》作"废",《全诗》作"度"。"废"字义较妥。此诗,《全诗》二五三题为《百丈溪新理茅茨读书》。"鲁国",《纪事》作"东国",《全诗》作"东周"。

巢、由:尧时高士巢父、许由。见皇甫谧《高士传》。

鲁国儒:孔子为鲁人,因称儒者为鲁国儒。李白有《嘲鲁儒》诗。

伐辐:伐檀木作车轴。见《诗经·魏风·伐檀》。《诗序》云:"《伐檀》,刺贪也。在位贪鄙,无功而食禄,君子不得进仕尔。"后人因以"伐檀"、"伐辐"指官吏贪鄙。

⑦ "后信命"至"以此自终" 辛氏所据当即《百丈溪新理茅茨读书》等诗。

【补录】

宋代计有功《唐诗纪事》二六"阎防"条:

"防在开元、天宝间有文称,岑参、孟浩然、韦苏州有赠章,然不知得罪谪长沙之故也。"(按:《全诗》一五九孟浩然《湖中旅泊寄阎九司户防》诗云:"襄王梦行雨,才子谪长沙。长沙饶瘴疠,胡为苦留滞?")

# 四一 李 颀

颀,东川人①。开元二十三年贾季邻榜进士及第②。调新乡县尉③。性疏简,厌薄世务,慕神仙,服饵丹砂,期轻举之道,结好尘喧之外。一时名辈,莫不重之④。工诗,发调既清,修词亦秀,杂歌咸善,玄理最长,多为放浪之语,足可震荡心神。惜其伟材,只到黄绶。故其论家,往往高于众作⑤。有集今传。

## 唐才子传校注

**【校注】**

①"东川人" 李颀有《不调归东川别业》诗（《全诗》一三二），辛氏当即据此以李颀为东川人。《唐诗鼓吹》五郝天挺注亦谓"李颀东川人"。（按：郝注诗人小传多节录《唐才子传》，辛、郝二氏为同时代人。）李颀《缓歌行》（《全诗》一三三）云："十年闭户颍水阳。"又《与诸公游济渎泛舟》诗（《全诗》一三二）："我本家颍北，开门见维嵩。"则李颀当是颍阳人。又李华《杨骑曹集序》（《全文》三一五）称"赵郡李崿、李欣（颀）"，则是指其郡望。

颍阳：今河南省登封县西。见《元和志》五"河南道河南府"。

②"开元二十三年贾季邻榜进士及第" 参见本书本卷（四〇）《阎防传》校注。《杨骑曹集序》中"李欣"（《文苑英华》七〇一作"李倾"）当即李颀。《纪事》二〇"李颀"条："颀，开元进士也。"《直斋》一九"李颀集一卷"条："开元二十三年进士。"按：《新书》二〇二《萧颖士传》记颖士"开元二十三年举进士，对策第一"，则本篇记"开元二十三年贾季邻榜"为可疑。又《唐诗品汇·诗人爵里详节》记李颀为"开元十三年贾季邻榜进士"，然据《玉芝堂谈荟》二"历代状元"条，十三年状元为杨肱，亦不合。

贾季邻：曾官长安主簿，余不详。见《新书》七五下《宰相世系表》五下。

③"调新乡县尉" 《国秀集·目录》载："新乡尉李颀。"又李颀《欲之新乡答崔颢綦毋潜》诗（《全诗》一三三）云："数年作吏家屡空，谁道黑头成老翁。"

新乡：今河南省新乡市。见《元和志》一六"河北道卫州"。

④"性疏简"至"莫不重之" 李颀有《寄焦炼师》、《谒张果先生》等诗。又《纪事》载："王摩诘赠颀诗云：'闻君饵丹砂，甚有好颜色。不知从今去，几时生羽翼？'"（《王右丞集》二题为《赠李颀》。）此皆为本篇所据。又，李颀与当时名流王维、高适、王昌龄、崔颢、张旭、綦毋潜等均有赠答，故本篇云："一时名辈，莫不重之。"

⑤"工诗"至"往往高于众作" "故其论家"，《四库》、三间、《指海》本"家"上有"道"字。《河岳》毛、何两校本作"故其论家"，影明本作"故论其数家"。此段采自《河岳》上"李颀"评，文字微异。《河岳》"玄理最长"下作："至如《送暨道士》云：'大道本无我，青春长与君。'又《听弹胡笳声》云：'幽音变调忽飘洒，长风吹林雨堕瓦。迸泉飒飒飞木末，野鹿呦呦走堂下。'足可歔欷，震荡心神。"

黄绶：指县尉之职。《汉书·百官》："县有丞尉，秩四百石至二百石。……比二百石以上，皆铜印黄绶。"李颀《寄綦毋三》："新加大邑绶仍黄。"

**【辑评】**

唐代白居易《放言五首序》（《全诗》四三八）：

"元九在江陵时,有《放言》长句诗五首,韵高而体律,意古而词新。予每咏之,甚觉有味,虽前辈深于诗者,未有此作。唯李颀有云:'济水自清河自浊,周公大圣接舆狂。'斯句近之矣。"

宋代洪迈《容斋随笔》四:

"予绝喜李颀诗云:'远客坐长夜,雨声孤寺秋。请量东海水,看取浅深愁。'且作客涉远,适当穷秋,暮投孤村古寺,中夜不能寐,起坐凄恻,而闻檐外雨声,其为一时襟抱,不言可知。而此两句十字中,尽其意态。海水喻愁,非过语也。"

明代高棅《唐诗品汇·七言古诗叙目》:

"盛唐工七言古调者多,李、杜而下,论者推高、岑、王(维)、李(颀)、崔颢数家为胜。……至于沉郁顿挫,抑扬悲壮,法度森然,神情俱诣,一味妙悟,而佳句辄来,远出常情之外,之数子者,诚与李、杜并驱而争先矣。今俱列之于名家。"

明代王世贞《艺苑卮言》四:

"李颀'花宫仙梵'、'物在人亡'二章……不作奇事丽语,以平调行之,却足一倡三叹。"(附:李颀《题卢五旧居》:"物在人亡无见期,闲庭系马不胜悲。窗前绿竹生空地,门外青山如旧时。怅望秋天鸣坠叶,巑岏枯柳宿寒鸦。忆君泪落东流水,岁岁花开知为谁?")

明代钟惺、谭元春《唐诗归》一四:

"李颀劲浑,是储、王一派,而润洁处微逊之,时有奥气出纸墨外。"(钟惺)

"李颀《留别王卢二拾遗》:'此别不可道,此心当报谁?春风灞水上,饮马桃花时。误作好文士,只令游宦迟。留书下朝客,我有故山期。'此作诗者偶然笔墨而已矣,今人动欲师之,安得复佳?"(谭元春)

清代贺贻孙《诗筏》:

"唐李颀诗,虽近于幽细,然其气骨,则沉壮坚老,使读者从沉壮坚老之内,领其幽细,而不能以幽细名之也。惟其如是,所以独成一家。"

清代贺裳《载酒园诗话·又编》:

"李颀五言,犹以清机寒色,未见出群,至七言实不在高适之下。"

清代沈德潜《唐诗别裁》一三:

"东川七律,故难与少陵、右丞比肩,然自是安和正声。自明代嘉、隆诸子奉为圭臬，又不善学之，只存肤面，宜招毛秋晴太史之讥也。然讥诸子而痛扫东川，毋乃因噎而废食乎？"

清代翁方纲《石洲诗话》一：

"东川七律，自杜公而外，有唐诗人，莫与之京。徒以李沧溟揣摹格调，几嫌太熟。然东川之妙，自非沧溟所能袭也。"

清代管世铭《读雪山房唐诗序例》：

"李东川七言古诗，只读得两《汉书》烂熟，故信手挥洒，无一俗料俗韵。"

清代方东树《昭昧詹言》一六：

"于鳞以东川配辋川，姚先生以为不允。东川视辋川，气体浑厚微不及之，而意兴超远，则固相近。"

## 四二 张 谓

谓，永嘉人①。初隐少室下。闭门修肄，志甚勤苦，不及声利②。后应举，官到刑部员外郎③。明《易·象》，善草隶，兼画山水，诗格高古。与李颀友善，事王维为兄，皆为诗酒丹青之契④。维赠诗云："屏风误点惑孙郎，团扇草书惊内史。"⑤李颀赠曰："小王破体闲支策，落月梨花照空壁。诗堪记室妒风流，画与将军作勍敌。"⑥天宝中，谢官归故山偃仰，不复来人间矣⑦。有诗传世⑧。

【校注】

①"永嘉人" 未悉何据。按：王维有《送张谓归宣城》诗（《全诗》二六）。刘希夷《夜集张谓所居》诗（《全诗》八二）称："江南成久客，门馆日萧条。"

永嘉：今浙江省温州市。见《元和志》二六"江南道温州。"

②"初隐少室下"至"不及声利" 《四库》本"少室"下有"山"字。王维《戏赠张五弟谓三首》其二（《全诗》一二五）云："张弟五车书，读书仍隐居。染翰过草圣，赋诗轻《子虚》。闭门二室下，隐居十年余。"（按：二室指太室、少室。）本篇即据此。

少室：注见本书本卷（三四）《崔署传》。

卷 第 二

③"官到刑部员外郎"　《四库》、三间、《指海》本"到"作"至"。张彦远《历代名画记》一〇"张谞"条记："官至刑部员外郎。"《纪事》二〇"张谞"条同。

④"明《易·象》"至"诗酒丹青之契"　《历代名画记》："明《易·象》，善草隶，工丹青。与王维、李颀为诗酒丹青之友。尤善画山水。"王维有《故人张谞工诗善易卜兼能丹青顷以诗见赠聊获酬之》、《戏赠张五弟谞三首》、《答张五弟》等诗（《全诗》一二五），李颀有《临别送张谞入蜀》、《同张员外谞酬答之作》、《咏张谞山水》等诗（《全诗》一三二、一三三、一三四）。

《易·象》：注见本书卷第一（一一）《陈子昂传》。

⑤"屏风误点"二句　此见于王维《故人张谞工诗善易卜兼能丹青……》诗。

孙郎：三国吴主孙权。《白孔六帖》三二"图画"门："曹不兴误点屏风，因就画为绳。孙权谓是真，以手弹之。"

内史：晋中书令（内史）王珉，善行草书。《宋书·乐志》一："《团扇歌》者，中书令王珉与嫂婢有情，爱好甚笃。嫂捶挞婢甚苦，婢素善歌，而珉好捉白团扇，故制此歌。"王诗乃活用此典。

⑥"小王破体"四句　"照空壁"原作"空照壁"，据《四库》本乙转，与《历代名画记》、《纪事》、《全诗》合。"勍敌"，《四库》本作"劲敌"。此见于李颀《咏张谞山水》诗（《全诗》一三四）。"小王"，《名画记》同，《纪事》讹"小玉"，《全诗》作"小山"。"支策"，《纪事》、《全诗》同，《名画记》作"文策"。"落月"，《全诗》、《名画记》、《纪事》作"落日"。

小王：晋书法家王献之，羲之之子，《晋书》有传。

破体：献之变其父行书体为行、草并用，称破体书。张彦远《法书要录》三"徐浩论书"条："厥后钟（繇）善真书，张（旭）称草圣，右军（王羲之）行法，小令（献之族弟王珉）破体，皆一时之妙。"

⑦"天宝中"至"不复来人间矣"　王维有《送张五归山》诗（《全诗》一二五）。郎士元亦有《赠张五谞归濮州别业》诗（《全诗》二四八）；又作韩翃诗（《全诗》二四四），诗云："常知罢官意，果与世人疏。"

⑧"有诗传世"　张谞诗今已全佚。唐、宋以来书目亦未见著录。

## 四三　孟浩然 (689—740)

浩然①，襄阳人②。少好节义，诗工五言。隐鹿门山，即汉庞公栖隐处也③。四十游京师诸名士间，尝集秘省联句，浩然曰："微云淡河汉，疏雨滴梧桐。"众钦服④。张九龄、王维极称道之⑤。维待诏金銮,一旦,私邀入,商较风雅,俄报玄宗临幸,浩然错愕,伏匿床下,维不敢隐,因奏闻。帝嘉曰:"朕素闻其人,而未见也。"诏出,再拜,帝问曰:"卿将诗来耶?"对曰:"偶不赍。"即命吟近作,诵至"不才明主弃,多病故人疏"之句,帝怃然曰:"卿不求仕,朕何尝弃卿,奈何诬我!"因命放还南山⑥。后张九龄署为从事⑦。开元末,王昌龄游襄阳,时新病起,相见甚欢,浪情宴谑,食鲜疾动而终⑧。○古称祢衡不遇,赵壹无禄。观浩然磬折谦退,才名日高,竟沦明代,终身白衣,良可悲夫!其诗,文采丰茸,经纬绵密,半遵雅调,全削凡近⑨。所著三卷,今传。王维画浩然像于郢州,为浩然亭。咸通中,郑诫谓贤者名不可斥,更名曰"孟亭"⑩。今存焉。

【校注】

①"浩然" 王士源《孟浩然集序》(《全文》三七八)作"孟浩然字浩然"。

②"襄阳人" 《孟浩然集序》、陶翰《送孟六入蜀序》(《全文》三三四)、《新书》二〇三本传并同。

襄阳:注见本书卷第一(一七)《张子容传》。

③"少好节义"至"即汉庞公栖隐处也" "汉庞公",《四库》本无"汉"字。《新书》本传:"少好节义,喜振人患难,隐鹿门山。"《集序》作:"救患释纷,以立义表;灌蔬艺竹,以全高尚。……五言诗天下称其尽美矣。"孟浩然《夜归鹿门歌》(《全诗》一五九):"鹿门月照开烟树,忽到庞公栖隐处。"

庞公:庞德公,汉末隐士,携妻子登鹿门山,采药不返。传见《后汉书》八三。

鹿门山:注见本书卷第一(一七)《张子容传》。

④"四十游京师"至"众钦服" 《旧书》一九〇下本传:"四十来游京师,应进士不第,还襄阳。"《新书》本传:"年四十,乃游京师。尝于太学赋诗,一座嗟伏,无敢抗。"《集序》作:"间游秘省,秋月新霁,诸英华赋诗作会。浩然句曰:'微云淡河汉,疏雨滴梧桐。'举座嗟其清绝,咸阁笔不复为继。"

⑤"张九龄、王维极称道之" 引自《郡斋》四上"孟浩然诗一卷"条。《郡斋》"极"作"雅"。《集序》记:"丞相范阳张九龄、侍御史京兆王维……率以浩然为忘形之交。"

张九龄:长安进士,迁左补阙、集贤院学士,开元二十一年任中书侍郎同中书门下平章事，二十四年为李林甫所谮罢相，贬荆州长史。为相贤明，主张用人不循资格。工诗能文，名重一时。著有《曲江集》二十卷。传见《旧书》九九、《新书》一二六。

⑥"维待诏金銮"至"因命放还南山"　"错愕"原作"错腭"，"怃然"原作"慨然"，并据《四库》本改，与《唐摭言》合。"何尝弃卿"，《四库》本"卿"作"耶"。此段据王定保《唐摭言》一一"无官受黜"条，《新书》本传略同。《摭言》"金銮"下有"殿"字，《新书》本传"私邀入"下有"内署"二字。按：《纪事》二三"孟浩然"条所记不同，云："明皇以张说之荐召浩然，令诵所作。乃诵：'北阙休上书，南山归弊庐。不才明主弃，多病故人疏。白发催年老，青阳逼岁除。永怀愁不寐，松月夜窗虚。'帝曰：'卿不求朕，岂朕弃卿？何不云：气蒸云梦泽，波动岳阳城？'因是故弃。"（"北阙休上书"八句，《全诗》一六〇题为《岁暮归南山》，一题作《归故园作》，一作《归终南山》。）又按：孙光宪《北梦琐言》七记李白荐浩然于玄宗，召对失辞，误。

赍〔jī〕：携带。《广雅·释诂》："赍，持也。"

⑦"后张九龄署为从事"　《旧书》本传："张九龄镇荆州，署为从事，与之唱和。"《新书》本传略同。

⑧"开元末"至"食鲜疾动而终"　"疾动"原作"勤疾"。三间本校语云："勤疾乃疾动之误。"颇是，《集序》即作"疾动"，据改。《集序》云："开元二十八年，王昌龄游襄阳。时浩然疾疹发背，且愈；相得欢甚，浪情宴谑，食鲜疾动，终于冶城南园，年五十有二。"

⑨"古称祢衡不遇"至"全削凡近"　采自《河岳》中"孟浩然"评，文字微异。《河岳》"古称"作"余尝谓"，"赵壹无禄"下有"其过在人也"，"全削凡近"作"全削凡体"，下有："至如'众山遥对酒，孤屿共题诗'，无论兴象，兼得故实。又，'气蒸云梦泽，波动岳阳城'，亦为高唱。"

祢衡：注见本书卷第一（一〇）《刘希夷传》。

赵壹：东汉辞赋家，恃才傲物，屡得罪。作品有《刺世疾邪赋》等。传见《后汉书·文苑传》。

磬折：谓身体偻折如磬，以示恭敬。《礼记·曲礼》下："立则磬折垂佩。"

⑩"王维画浩然像"至"更名曰'孟亭'"　"郑诚"，原讹作"郑缄"，据《四库》本改，与《新书》本传合，皮日休《郢州孟亭记》（《全文》七九六）即作"郑诚"。此段采自《新书》本传。《新书》本传"郑诚"上有"刺史"二字。

郑诚：官郢、安二州刺史，见《新书》六〇《艺文志》四。

【补录】

唐代王士源《孟浩然集序》（《全文》三七八）：

"骨貌淑清,风神散朗。"

"山南采访使、本郡守昌黎韩朝宗,谓浩然间代清律,置诸周行,必咏穆如之颂。因入奏与偕行,先扬于朝,与期约日引谒。及期,浩然会寮友,文酒讲好甚适。或曰:'子与韩公豫诺而忘之,无乃不可乎?'浩然叱曰:'仆已饮矣,身行乐耳,遑恤其它!'遂毕席不赴,由是间罢,浩然亦不之悔也。其好乐忘名如此。"

"浩然凡所属缀,就辄毁弃,无复编录。常自叹为文不逮意也。"

唐代陶翰《送孟大入蜀序》(《全文》三三四):

"襄阳孟浩然,精朗奇素,幼高为文。天宝年(按:当系开元年之误)始游西秦,京师词人皆叹其旷绝也。观其匠思幽妙,振言孤杰,信诗伯矣。不然者,何以有声于江、楚间?嗟乎夫子,有如是才,如是志,且流落未遇!……至广汉城西三千里,清江夤缘,两山如剑,中有微径,西入岷峨,□有奇幽,皆感子之兴矣!勉旃!故交不才,以文投赠。"

宋代葛立方《韵语阳秋》一四:

"余在毗陵,见孙润夫家有王维画孟浩然像,绢素败烂,丹青已渝。维题其上云:'维尝见孟公吟曰:日暮马行疾,城荒人住稀。又吟云:挂席数千里,名山都未逢;泊舟浔阳郭,始见香炉峰。余因美其风调,至所舍图于素轴。'又有太子文学陆羽鸿渐序云:'……余有王右丞画《襄阳孟公马上吟诗图》并其记,此亦谓之一绝。……后有本朝张洎题识云:'……观右丞笔迹,穷极神妙。襄阳之状,颀而长,峭而瘦,衣白袍,靴帽重戴,乘款段马。一童总角,提书笈负琴而从。风仪落落,凛然如生。'"

## 【辑评】

唐代王士源《孟浩然集序》(《全文》三七八):

"学不为儒,务掇青藻,文不按古,匠心独妙,五言诗天下称其尽美矣。"

"浩然文不为仕,伫兴而作。"

唐代杜甫《解闷》其六(《杜少陵集详注》一七):

"复忆襄阳孟浩然,清诗句句尽堪传。即今耆旧无新语,漫钓槎头缩颈鳊。"

唐代白居易《游襄阳怀孟浩然》(《全诗》四三二):

"楚山碧岩岩，汉水碧汤汤。秀气结成象，孟氏之文章。"

唐代皮日休《郢州孟亭记》(《皮子文薮》七)：

"浩然诗遇思入咏，不钩奇抉异、龌龊束人口，若公输氏当巧而不巧者，萧悫有'芙蓉露下落，杨柳月中疏'，孟则有'微云淡河汉，疏雨滴梧桐'。谢朓有'露湿寒塘草，月映清淮流'（按：此为何逊诗），孟则有'荷风送香气，竹露滴清响'。与古人争胜毫厘。"

宋代陈师道《后山诗话》：

"子瞻谓：孟浩然之诗，韵高而才短，如造内法酒手，而无材料尔。"

宋代敖陶孙《敖器之诗话》：

"孟浩然如洞庭始波，木叶微脱。"

宋代严羽《沧浪诗话》：

"孟襄阳学力下韩退之远甚，至其诗独出退之之上者，一味妙悟而已。"（《诗辨》）

"孟浩然之诗，讽咏之久，有金石宫商之声。"（《诗评》）

宋代罗大经《鹤林玉露》一二：

"孟浩然诗云：'江清月近人。'杜陵云：'江月去人只数尺。'子美视浩然为前辈，岂祖述而敷衍之耶？浩然之句浑涵，子美之句精工。"

明代李东阳《麓堂诗话》：

"王诗丰缛而不华靡，孟却专心古淡，而悠远深厚，自无寒俭枯瘠之病。由此言之，则孟为尤胜。"

明代王世贞《艺苑卮言》四：

"孟造思极苦，既成，乃得超然之致。皮生撷其佳句，真足配古人。第其句不能出五字外，篇不能出四十字外，此其所短也。"

明代谢榛《四溟诗话》二：

"李空同评孟浩然《送朱二诗》曰：'不是长篇手段。'浩然五言古诗、近体，清新高妙，不下李、杜。但七言长篇，语平气缓，若曲涧流泉，而无风卷江河之势。空同之评是矣。"

明代胡应麟《诗薮·内编》四：

"孟诗淡而不幽，时杂流丽；闲而匪远，颇觉轻扬。可取者，一味自然。"

明代胡震亨《唐音癸签》五引《吟谱》：

"孟浩然诗祖建安，宗渊明，冲淡中有壮逸之气。"

明代钟惺、谭元春《唐诗归》一〇：

"浩然诗，当于清浅中寻其静远之趣。岂可故作清态，饰其寒窘，为不读书不深思人便门？若右丞诗，虽欲窃其似以自文不可得矣。此王、孟之别也。"

清代贺贻孙《诗筏》：

"王如一轮秋月，碧天似洗；而孟则江月一色，荡漾空明。虽同此月，而孟所得者，特其光与影耳。"

清代贺裳《载酒园诗话·又编》：

"诗忌闹，孟独静；诗忌板，孟最圆。然律诗有一篇如一句者，又有上句即有下句者，往往稍涉于轻。乃知有所避必有所犯。"

"瑰奇磊落，实所不足，故不甚作七言，专精五字。如《鹦鹉洲送王九之江左》曰：'月明全见芦花白，风起遥闻杜若香，君行采采莫相忘。'全似《浣溪纱》风调也。"

"孟诗佳处只一'真'字，初读无奇寻绎则齿颊间有余味。若温飞卿所作歌谣，常有乍看心骇目眩，思得其旨，反索然者。此子阳修饰边幅，不及文叔之简易耳。"

清代翁方纲《石洲诗话》一：

"读孟公诗，且毋论怀抱，毋论格调，只其清空幽冷，如月中闻磬，石上听泉，举唐初以来诸人笔虚笔实，一洗而空之，真一快也。"

清代延君寿《老生常谈》：

"后人论前人，以迹求者多。……即如论诗，则谓孟襄阳学问下韩退之远甚。初聆之似亦可信，细想来，韩所见之书，孟岂未曾见过？要是性情不同，不逞博，不好张大，或才气本不能恢廓。正无妨各行其是，各成其好。"

## 四四 丘为

为，嘉兴人①。初，累举不第，归山读书数年②。天宝初刘单榜进士③。王维甚称许之，尝与唱和④。初，事继母孝，有灵芝生堂下。累官太子右庶子。时年八十余，母犹无恙，给俸禄之半。

观察使韩滉以为，致仕官给禄，所以惠养老臣，不可在丧为异，唯罢春秋羊酒⑤。初还，县令谒之，为候门磬折，令坐，乃拜。里胥立庭下，既出，乃敢坐。经县署，降马而过，举动有礼。卒年九十六⑥。有集行世⑦。

**【校注】**

①"嘉兴人" 《新书》六〇《艺文志》四作"苏州嘉兴人"。《元和姓纂》五："丘为，吴郡人。"《全诗》二六三载有严维《送丘为下第归苏州》诗。

嘉兴：今浙江省嘉兴县。见《元和志》二五"江南道苏州"。

②"初，累举不第，归山读书数年" 王维《送丘为落第归江东》诗（《全诗》一二六）云："为客黄金尽，还家白发新。"严维《送丘为下第归苏州》诗云："沧江一身客，献赋空十年。"

③"天宝初刘单榜进士" 徐松《登科记考》九列丘为为天宝二年及第进士，然下限为天宝三载之《国秀集·目录》称"进士丘为"，而不称"前进士"（得第谓之"前进士"），似不合。

刘单：天宝初进士，历仕奉先尉、安西节度判官、礼部侍郎。见劳格《郎官石柱题名考》七。

④"王维甚称许之，尝与唱和" 王维有《送丘为往唐州》、《留别丘为》（均见《全诗》一二六）、《左掖梨花》（与丘力、皇甫冉同作此题，见《全诗》一二八）等诗。

⑤"初，事继母孝"至"唯罢春秋羊酒" 录自《新书》六〇《艺文志》四"丘为集"附注。《新书·艺文志》于"观察使"上有"及居忧"三字，《纪事》一七同，应据补，文义始显。《广记》四九五"丘为"条引《谭宾录》较为详明，迻录于下："丘为致仕还乡，特给俸禄之半。既丁母丧，州郡疑所给，请于观察使韩滉。滉以为：授官致仕，本不理务；特令给禄，以恩养老臣，不可以在丧为异。命仍旧给之，唯春秋二时羊酒之直则不给。虽程式无文，见称折衷。"亦见于钱易《南部新书》庚，文同，唯"州郡"作"苏州"。《唐会要》六七亦载之。

韩滉：至德中累官吏部员外郎，大历中改郎中，擢尚书右丞。德宗朝，官浙江东西都团练观察使、江淮转运使，加同平章事。工书，兼善丹青。传见《旧书》一二九、《新书》一二六。

春秋羊酒：指岁时祭祀的祭品，《后汉书·礼仪志》上："朔前后各二日，皆牵羊酒至社下以祭日。"

⑥"初还"至"卒年九十六" 录自《新书·艺文志》。"令坐，乃拜"，"乃"原讹为"方"，据《新书·艺文志》、《纪事》改。"降马而过"，《艺文志》、《纪事》"过"

作"趋"。

⑦ "有集行世"　《新书·艺文志》"丘为集"附注谓："卷亡。"

**【辑评】**

明代钟惺、谭元春《唐诗归》九：

"丘为《题农夫庐舍》：'东风何时至，已绿湖上山。'不说出草树，甚有味。此'绿'字虚用有情。"（钟惺）

清代贺裳《载酒园诗话·又编》：

"读丘为、祖咏诗，如坐春风中，令人心旷神怡。其人与摩诘友，诗亦相近，且终卷和平淡荡，无叫号噪嚁之音。唐诗人惟丘几近百岁，其诗固亦不干天和也。"

## 四五　李　白（701—762）

白，字太白，山东人①。母梦长庚星而诞，因以命之②。十岁通五经③。自梦笔头生花，后天才赡逸④。喜纵横，击剑为任侠，轻财好施。更客任城，与孔巢父、韩准、裴政、张叔明、陶沔居徂徕山中，日沉饮，号"竹溪六逸"⑤。天宝初，自蜀至长安，道未振，以所业投贺知章，读至《蜀道难》，叹曰："子，谪仙人也。"乃解金龟换酒，终日相乐⑥。遂荐于玄宗，召见金銮殿，论时事，因奏颂一篇。帝喜，赐食，亲为调羹，诏供奉翰林⑦。尝大醉上前，草诏，使高力士脱靴。力士耻之，摘其《清平调》中飞燕事，以激怒贵妃，帝每欲与官，妃辄沮之⑧。白益傲放，与贺知章、李适之、汝阳王琎、崔宗之、苏晋、张旭、焦遂为"饮酒八仙人"。恳求还山，赐黄金，诏放归⑨。白浮游四方，欲登华山，乘醉跨驴经县治，宰不知，怒，引至庭下曰："汝何人，敢无礼！"白供状不书姓名，曰："曾令龙巾拭吐，御手调羹，贵妃捧砚，力士脱靴。天子门前，尚容走马；华阴县里，不得骑驴？"宰惊愧，拜谢曰："不知翰林至此。"白长笑而去⑩。尝乘舟，与崔宗之自采石至金陵，著宫锦袍坐，傍若无人⑪。禄山反，明皇在蜀，永王璘节度东南，白时卧庐山，辟为僚佐。璘起兵反，白逃还彭泽。璘败，累系浔阳狱。初，白游并州，见郭子仪，奇之，曾救其死罪。至是，郭子仪请官以赎，诏长流夜郎⑫。白晚节好黄、老，度牛渚矶，乘酒捉月，沉水中。初，悦谢家青山，今墓在焉⑬。有文集二十卷，行世。或云：白，凉武昭王暠九世孙也⑭。

【校注】

① "山东人"　此据《旧书》一九〇下本传。与杜甫《苏端薛复筵简薛华醉歌》（《杜少陵集详注》四）、元稹《唐工部员外郎杜君（甫）墓系铭》（《全文》六五四）、钱易《南部新书》甲所述相合。王琦《李太白年谱》云："至若杜子美、元微之称为山东李白，则又因其流寓之地而言之。"《新书》二〇二本传作："其先隋末以罪徙西域，神龙初遁还，客巴西。"参李阳冰《草堂集序》、范传正《赠左拾遗翰林学士李公新墓碑》、魏颢《李翰林集序》、《纪事》一八"李白"条引《彰明遗事》。

山东：古称函谷关、崤山以东地区为山东。《战国策·赵策》："秦必不敢出兵于函谷关以害山东矣。"

② "母梦长庚星而诞，因以命之"　采自《新书》本传。李阳冰《唐李翰林草堂集序》（《全文》四三七）："惊姜之夕，长庚入梦，故生而名白，以太白字之。"范传正《李公新墓碑》（《全文》六一四）："先夫人梦长庚而告祥，名之与字，咸取所象。"

③ "十岁通五经"　《新书》本传作"十岁通诗书"。李白《上安州裴长史书》云："十岁观百家。"

④ "自梦笔头生花，后天才赡逸"　《四库》本"自"作"夜"，"天才赡逸"下有"名闻天下"。王仁裕《开元天宝遗事》作："李太白少时，梦所用之笔头上生花，后天才赡逸，名闻天下。"

⑤ "喜纵横"至"号'竹溪六逸'"　"陶沔"，"沔"原讹作"沍"，据《佚存》、《四库》、三间本改，与两《唐书·李白传》、《旧书》一五四《孔巢父传》合。此段录自《新书》本传。《新书》本传"纵横"下有"术"字。又《新书》本传前云"客巴西"，故此处云"更客任城"；本篇略去前文，此处"更"字似无着落。

任城：今山东省济宁县。见《元和志》一〇"河南道兖州"。

孔巢父：早年隐居徂徕山。广德中，为左卫兵曹参军，迁库部员外郎。从德宗幸奉天，迁给事中，为河中陕华招讨使，兼御史大夫、魏博宣慰使。兴元元年，受命宣慰河中，为李怀光部属所杀。传见《旧书》一五四、《新书》一六三。

韩准：曾官洛阳令。见《新书》七三上《宰相世系表》三上。

裴政：曾官行军司马。见《新书》七一上《宰相世系表》一上。李白《送韩准裴政孔巢父还山》诗（《全诗》一七五）云："韩生信英彦，裴子含清真，孔侯复秀出，俱与云霞亲。"

徂徕山：在今山东省泰安县东南。见《元和志》一〇"河南道兖州乾封县"。

⑥"天宝初"至"终日相乐"　"道未振，以所业投贺知章"，《四库》本无"道未振"三字，"以"作"携"。孟棨《本事诗·高逸》云："李太白初自蜀至京师"，未云"天宝初"。《新书》本传作"天宝初，南入会稽，与吴筠善；筠被召，故白亦至长安。"《旧书》本传略同，而皆不云"自蜀至长安"。又《本事诗》云："舍于逆旅，贺监知章闻其名，首访之。既奇其姿，复请所为文，出《蜀道难》以示之。读未竟，称叹者数四，号为谪仙人。解金龟换酒，与倾尽醉。"《新书》本传作："往见贺知章，知章见其文，叹曰：'子，谪仙人也。'"本篇采撷二书以成文。李白《对酒忆贺监》诗序（《李太白全集》二三）云："太子宾客贺公于长安紫极宫一见余，呼余为谪仙人。因解金龟，换酒为乐。"此为真实记录。

贺知章：传见本书卷三（五三）。

金龟：唐代五品以上官佩鱼，武后改佩龟，三品以上龟袋以金饰，四品以银饰，五品以铜饰。中宗罢龟袋，复为鱼。见《旧书》二五《舆服志》。此处所云"解金龟换酒"，当指所佩杂玩之类，非武后朝内外官所佩之金龟。

⑦"遂荐于玄宗"至"诏供奉翰林"　此全据《新书》本传，谓贺知章荐之。《旧书》本传所记不尽同，云："玄宗召吴筠赴京师，筠荐之于朝，遣使召之，与筠俱待诏翰林。"

⑧"尝大醉上前"至"妃辄沮之"　此据《新书》本传、李濬《松窗杂录》。《新书》本传"贵妃"作"杨贵妃"。"帝每欲与官，妃辄沮之"，《新书》本传略同，《松窗杂录》作："上尝欲命李白官，卒为宫中所捍而止。"《旧书》本传记："尝沉醉殿上，引足令高力士脱靴，由是斥去。"参《唐国史补》上、《酉阳杂俎》一二。

⑨"白益傲放"至"诏放归"　据《新书》本传。"贺知章"至"焦遂"，《新书》本传同，与杜甫《饮中八仙歌》亦相合；范传正《赠左拾遗翰林学士李公新墓碑》（《全文》六一四）则作"贺监、汝阳王、崔宗之、裴周南等八人"。"饮酒八仙人"，《新书》本传作"酒八仙人"，《李公新墓碑》作"酒中八仙"，杜诗作"饮中八仙"，李阳冰《草堂集序》则只云"八仙"。

李适之：开元中累官河南尹，兼御史大夫。喜宾客，饮酒至斗余不乱。天宝元年为左丞相，五载为李林甫所构罢相，作诗云："避贤初罢相，乐圣且衔杯。为问门前客，今朝几个来？"是年七月贬为宜春太守，到任仰药而死。传见《旧书》九九、《新书》一三一。

卷 第 二

汝阳王琎：李琎，睿宗孙，封汝阳郡王。传见《新书》八一。

崔宗之：崔日用子，官侍御史。见《新书》一二一《崔日用传》。

苏晋：开元中历户、吏两部侍郎，终太子庶子。传见《旧书》一〇〇、《新书》一二八。

张旭：善草书。每大醉，呼叫狂走，索笔挥洒，若有神助。世呼张颠、草圣。传见《新书》二〇二。

焦遂：布衣。见袁郊《甘泽谣》。

⑩ "白浮游四方"至"长笑而去"　此段所述，见于《摭遗》（《古今图书集成·禽虫典》一〇四引）、《合璧事类》（王琦注《李太白全集·附录》六引）。

⑪ "尝乘舟"至"傍若无人"　此据两《唐书》本传。"尝乘舟"，《新书》本传作"尝乘月"，《旧书》本传作"尝月夜乘舟"。"著宫锦袍坐"，《新传》"坐"下有"舟中"二字。按：李白有《玩月金陵城西孙楚酒楼达曙歌吹日晚乘醉著紫绮裘乌纱巾与酒客数人棹歌秦淮往石头访崔四侍御》诗（《李太白全集》一九）。又王定保《唐摭言》云："李白著宫锦袍，游采石江中，傲然自得，旁若无人。"（按：见王琦《李太白年谱》引，今本《唐摭言》未见此条。）两《唐书》本传所记，似即糅合以上两种材料而成；李白诗中"崔四侍御"则以崔宗之当之。然二人了不相涉，白诗"崔四侍御"是崔成甫。参郁贤皓《李白丛考·李白诗中崔侍御考辨》。

采石：即采石矶，原名牛渚矶，在今安徽省马鞍山市长江东岸，系牛渚山突出江中而成。见《元和志》二八"江南道宣州当涂县采石戍"。

⑫ "禄山反"至"诏长流夜郎"　此段据《新书》本传，有删改。《新书》本传作："璘败，当诛。……（郭）子仪请解官以赎，有诏长流夜郎。会赦，还寻阳，坐事下狱。时宋若思将吴兵三千赴河南，道寻阳，释囚辟为参谋。"（李白有《中丞宋公以吴兵三千赴河南军次寻阳脱余之囚参谋幕府因赠之》诗，《李太白全集》一一。）按：王琦《李太白年谱》云："寻阳下狱而宋若思释之，正坐永王璘事也。《新唐书》以一事分为二事，殊谬。"本篇已订正此误，然删除宋若思释囚事，采录郭之仪请解官赎李白之传说，亦谬。李游并州救郭及郭请解官赎李云云，系以裴敬《翰林学士李公墓碑》（《全文》七六四）为据，詹锳《李白诗文系年》云，太白解救汾阳之说纯属伪托。

彭泽：今江西省彭泽县东。见《元和志》二八"江南道江州"。

浔阳：今江西省九江市。见《元和志》二八"江南道江州"。

并州：治晋阳，今山西省太原市西南。开元中升为太原府。见《元和志》一三"河东道太原府"。

郭子仪：以武举累官至天德军使兼九原太守。安史乱中，任朔方节度使，击败史思明。肃宗即位，任关内河东副元帅，收复长安、洛阳。进封汾阳郡王。德宗即位，尊尚父，解兵权。传见《旧书》一二〇、《新书》一三七。

133

夜郎：今贵州正安县西北。见《元和志》三〇"江南道珍州"。

⑬"白晚节好黄、老"至"今墓在焉" 《四库》本"沉水中"上有"遂"字。《新书》本传作："白晚好黄、老，度牛渚矶至姑孰，悦谢家青山，欲终焉。及卒，葬东麓。"（按：此据范传正《李公新墓碑》。）王琦《李太白年谱》引《摭言》云："李白著宫锦袍，游采石江中，傲然自得，旁若无人，因醉入水中捉月而死。"（按：今本《唐摭言》未见此条。）本篇所云，似即糅合两说成文。《旧书》本传作："竟以饮酒过度，醉死于宣城。"（按：《全诗》五五四载项斯《经李白墓》诗亦云："夜郎归未老，醉死此江边。"）按：洪迈《容斋三笔》"李太白"条："世俗多言：李太白在当涂采石因醉泛舟于江，见月俯而取之，遂溺死，故其地有捉月台。予按李阳冰作《太白草堂集序》云：'阳冰试弦歌于当涂，公疾亟，草稿万卷，手集未修，枕上授简，俾作序。'（按：李《序》记白之卒云：'时宝应元年十一月乙酉也。'）又李华作太白墓志亦云：'赋《临终歌》而卒。'（按：《全文》三二一李华《故翰林学士李君墓志》记李白卒年'六十有二'。）乃知俗传良不足信，盖与谓杜子美因食白酒牛炙而死者同也。"

谢家青山：一名谢公山，南朝齐诗人谢朓游憩处。在今安徽省当涂县东南。

⑭"或云：白，凉武昭王暠九世孙也" 此据李阳冰《草堂集序》、范传正《李公新墓碑》。（按：此说不可信，参见詹锳《李白诗论丛·李白家世考异》。）此句，底本作偏行小字，字体亦异，似为后人补注者。

附记：《四库》本按语云："《白传》有阙文，今就《永乐大典》所载五条编次。"

## 【补录】

唐代魏颢《李翰林集序》（《李翰林集》卷首）：

"不远命驾，江东访白，游天台，还广陵，见之，眸子炯然，哆如饿虎，或时束带，风流酝籍。曾受道箓于齐，有青绮冠帔一幅。少任侠，手刃数人。"

唐代裴敬《翰林学士李公墓碑》（《全文》七六四）：

"又常心许剑舞裴将军（按：即裴旻），予曾叔祖也。尝投书曰：'如白，愿出将军门下。'"

唐代段成式《酉阳杂俎》一二：

"李白名播海内，玄宗于便殿召见，神气高朗，轩轩然若霞举。上不觉忘万乘之尊，因命纳履。白遂展足与高力士曰：'去靴！'力士失势，遽为脱之。及出，上指白谓力士曰：'此人固穷相。'"

"白前后三拟《词选》，不如意，悉焚之，唯留《恨》、《别赋》。"

唐代孟棨《本事诗·高逸》：

"白才逸气高，与陈拾遗齐名，先后合德。其论诗云：'梁、陈以来，艳薄斯极，沈休文又尚以声律。将复古道，非我而谁与！'故陈、李二集，律诗殊少。尝言：'兴寄深微，五言不如四言，七言又其靡也，况使束于声调俳优哉。'"

宋代杨天惠《彰明逸事》（《唐诗纪事》一八引）：

"天惠补令于此，窃从学士大夫求问逸事。闻唐李太白本邑人，微时募县小吏，入令卧内，尝驱牛经堂下，令妻怒，将加诘责。太白亟以诗谢云：'素面倚栏钩，娇声出外头。若非是织女，何必问牵牛？'"

宋代佚名《宣和书谱》九"李白"条：

"尝作行书，有：'乘兴踏月，西入酒家，不觉人物两忘，身在世外。'一帖字画，尤飘逸，乃知白不特以诗名也。"

【辑评】

唐代殷璠《河岳英灵集》上：

"白性嗜酒，志不拘检。常林栖十数载，故其为文章，率皆纵逸。至如《蜀道难》等篇，可谓奇之又奇，然自骚人以还，鲜有此体调也。"

唐代李阳冰《草堂集序》（《全文》四三七）：

"卢黄门云：'陈拾遗横制颓波，天下质文翕然一变。'至今朝诗体，尚有齐、梁宫掖之风，至公大变，扫地并尽。"

唐代范传正《李公新墓碑》（《全文》六一四）：

"脱屣轩冕，释羁缰锁，因肆情性，大放于宇宙间。饮酒非嗜其酣乐，取其昏以自豪。作诗非事于文律，取其吟以自适。好神仙非慕其轻举，将不可求之事求之，其意欲耗壮心、遣余年也。"

唐代皮日休《刘枣强碑》（《全文》七九九）：

"言出天地外，思出鬼神表，读之则神驰八极，测之则心怀四溟，磊磊落落，真非世间语者，则有李太白。"

宋代魏泰《临汉隐居诗话》：

"元稹作李、杜优劣论，先杜而后李。韩退之不以为然，诗曰：'李杜文章在，光焰万丈长。不知群儿愚，何用故谤伤。蚍蜉撼大木，可笑不自量。'

为微之发也。"

宋代黄庭坚《黄山谷诗话》：

"余评李白诗，如黄帝张乐于洞庭之野，无首无尾，不主故常，非墨工椠人所可拟议。"

宋代陈善《扪虱新话·上集》三：

"荆公编李、杜、韩、欧四家诗，而以欧公居太白之上，曰'李白诗语迅快，无疏脱处，然其识污下，十句九句言妇人、酒耳。'予谓诗者，妙思逸想所寓而已。太白之神气，当游戏万物之表，其于诗特寓意焉耳，岂以妇人、酒能败其志乎？"

宋代陆游《老学庵笔记》六：

"盖白识度甚浅，观其诗中如'中宵出饮三百杯，明朝归揖二千石'……之类，浅陋有索容之风。集中此等语至多，世俱以其词豪俊动人，故不深考耳。"

宋代朱熹《朱子语类》一四〇：

"李太白诗非无法度，乃从容于法度之中，盖圣于诗者也。"

宋代严羽《沧浪诗话·诗评》：

"子美不能为太白之飘逸，太白不能为子美之沉郁。"

"李、杜数公，如金鹜擘海，香象渡河。下视郊、岛辈，直虫吟草间耳。"

明代王世贞《艺苑卮言》四：

"太白以气为主，以自然为宗，以俊逸高畅为贵。子美以意为主，以独造为宗，以奇拔沉雄为贵。"

"十首以前，少陵较难入，百首以后，青莲较易厌。"

清代王夫之《薑斋诗话》下：

"太白胸中浩渺之致，汉人皆有之，特以微言点出，包举自宏；太白乐府歌行，则倾囊而出耳。如射者引弓极满，或即发矢，或迟审久之，能忍不能忍，其力之大小可知已。要至于太白止矣。一失为白乐天，本无浩渺之才，如决池水，旋踵而涸。再失为苏子瞻，菱花败叶，随流而漾，胸次局促，乱节狂兴，所以必然也。"

清代贺贻孙《诗筏》：

"诗亦英分、雄分之别。英分常轻，轻者不在骨而在腕，腕轻故宕，宕故逸，逸故灵，灵故变，变故化，至于化而英之分始全，太白是也。雄分常重，重者不在肉而在骨，骨重故沉，沉故浑，浑故老，老故变，变故化。至于化而雄之分始全，少陵是也。"

清代沈德潜《说诗晬语》上：

"太白想落天外，局自变生，大江无风，涛浪自涌，白云卷舒，从风变灭。此殆天授，非人力也。"

"七言绝句，以语近情遥，含吐不露为主。只眼前景、口头语，而有弦外音、味外味，使人神远，太白有焉。"

清代刘熙载《艺概·诗概》：

"太白诗以《庄》、《骚》为大源，而于嗣宗之渊放，景纯之俊上，明远之驱迈，玄晖之奇秀，亦各有所取，无遗美焉。"

"李诗凿空而道，归趣难穷，由《风》多于《雅》，兴多于赋也。"

"太白诗言侠、言仙、言女、言酒，特借用乐府形体耳。读者或认作真身，岂非皮相？"

## 四六 杜 甫 （712—770）

甫，字子美，京兆人①。审言生闲，闲生甫②。少贫不自振，客吴越、齐赵间，李邕奇其材，先往见之。举进士不中第，困长安③。天宝十三载，玄宗朝献太清宫，飨庙及郊，甫奏赋三篇，帝奇之，使待诏集贤院，命宰相试文章。擢河西尉，不拜，改右卫率府胄曹参军④。数上赋颂，高自称道，且言："先臣恕、预以来，承儒守官十一世，迨审言，以文章显。臣赖绪业，自七岁属辞，且四十年，然衣不盖体，常寄食于人。窃恐转死沟壑，伏惟天子哀怜之。若令执先臣故事，拔泥涂久辱，则臣之述作，虽不足鼓吹六经，先鸣数子，至沉郁顿挫，随时敏给，扬雄、枚皋可企及也。有臣如此，陛下其忍弃之！"⑤会禄山乱，天子入蜀，甫避走三川。肃宗立，自鄜州羸服欲奔行在，为贼所得。至德二年，亡走凤翔，上谒，拜左拾遗⑥。与房琯为布衣交，琯时败兵，又以琴客董廷兰之故罢相，甫上疏言："罪细，不宜免大臣。"帝怒，诏三司杂问。宰相张镐曰："甫若抵罪,绝言者路。"帝解,不复问[7]。时所在寇夺,甫家寓廊,弥年艰窭,孺弱至饿死,因许甫自往省视。从还京师,出为华州司功参军。关辅饥,辄弃官去,客秦州,负薪拾橡栗自给。流落剑南,营草堂成都西郭浣花溪。召补京兆功曹参军,不至。会严武节度剑南西川,往依焉。武再帅剑南,表为参谋,检校工部员外郎[8]。武以世旧,待甫甚善,亲诣其家,甫见之,或时不巾。而性褊躁傲诞,尝醉登武床,瞪视曰:"严挺之乃有此儿!"武中衔之。一日,欲杀甫,集吏于门。武将出,冠钩于帘者三,左右走报其母,力救得止。崔旰等乱,甫往来梓、夔间[9]。大历中,出瞿塘,溯沅、湘,以登衡山。因客耒阳,游岳祠,大水暴至,涉旬不得食,县令具舟迎之,乃得还。为设牛炙白酒,大醉,一昔卒,年五十九。甫放旷不自检,好论天下大事,高而不切也。与李白齐名,时号"李、杜"。数尝寇乱,挺节无所污。为歌诗,伤时挠弱,情不忘君,人皆怜之[10]。坟在岳阳[11]。有集六十卷,及润州刺史樊晃纂《小集》[12],今传。○能言者未必能行,能行者未必能言。观李、杜二公,跼蹐版荡之际[13],语语王霸,褒贬得失,忠孝之心,惊动千古,骚雅之妙,双振当时,兼众善于无今,集大成于往作,历世之下,想见风尘。惜乎长辔未骋,奇才并屈,竹帛少色,徒列空言,呜呼哀哉。昔谓杜之典重,李之飘逸,神圣之际,二公造焉[14]。"观于海者难为水,游李、杜之门者难为诗"[15],斯言信哉!

【校注】

① "京兆人" 《旧书》一九〇下本传作:"本襄阳人,后徙河南巩县。"参本书卷一(七)《杜审言传》校注。

② "审言生闲,闲生甫" 《元和姓纂》六:"审言生闲,武功尉、奉天令,闲生甫。"

③ "少贫不自振"至"困长安" "少贫",与《新书》本传合;《佚存》、三间、《指海》本作"贫少"。此段录自《新书》二〇一本传。

李邕：注见本书卷一（二四）《崔颢传》。

④"天宝十三载"至"胄曹参军" 录自《新书》本传。"十三载"，原脱"十"字，据《新书》本传补。"奏赋三篇"，《旧书》本传作"献《三大礼赋》"。"改右卫率府胄曹参军"，《新书》本传同；《旧书》本传作"授京兆府兵曹参军"。杜甫《官定后戏赠》诗（《杜少陵集详注》三）题下原注："时免河西尉，为右卫率府兵曹。"则作"兵曹"是。按：天宝十载，献《三大礼赋》，命待制集贤院；天宝十三载，进《封西岳赋》；天宝十四载，擢河西尉，改右卫率府兵曹参军。参闻一多《少陵先生年谱会笺》。《新书》本传记天宝十三载"奏赋三篇"，不确。

河西：武德三年分郃阳县置，乾元三年改为夏阳县。今陕西省合阳县东。见《元和志》二"关内道同州夏阳县"。

⑤"数上赋颂"至"其忍弃之" 录自《新书》本传。此为《进雕赋表》（《杜少陵集详注》二四）之摘要。《新书》本传"以文章显"下有"中宗时"三字，"拔泥涂"下有"之"字。"先鸣数子"，《进雕赋表》同，《新书》本传无此四字。

枚皋：西汉辞赋家，枚乘庶子。文思敏捷，多奉命之作，今皆不传。传见《汉书》五一。

⑥"会禄山乱"至"拜左拾遗" 录自《新书》本传。两《唐书》本传并作"拜右拾遗"，据元稹《杜君墓系铭》、樊晃《杜工部小集序》及钱牧斋笺，作"左拾遗"是。本篇已订正。

三川：今陕西省富县南。见《元和志》三"关内道鄜州"。

凤翔：至德元载改岐州为凤翔郡，乾元元年改为凤翔府；治天兴（雍县），今陕西省凤翔县。见《元和志》二"关内道凤翔府"。

⑦"与房琯为布衣交"至"不复问" 录自《新书》本传，文字小异。"杂问"，《新书》本传同，《杜少陵集详注》二五《奉谢敕放三司推问状》作"推问"。

房琯：天宝间累官宪部侍郎。天宝十五载，玄宗避乱奔蜀，琯独驰赴行在，拜文部尚书同中书门下平章事。奉使灵武册立肃宗，诏持节充招讨节度等使，与安史叛军战于陈陶、青坂，败绩。为贺兰进明所构，罢相。寻贬邠州刺史。传见《旧书》一一一、《新书》一三九。

张镐：注见本书本卷（三一）《王昌龄传》。

⑧"时所在寇夺"至"检校工部员外郎" 录自《新书》本传。"剑南西川"，《新书》本传作"剑南东西川"。

华州：治郑县，今陕西省华县。见《元和志》一"关内道"。

秦州：治上邽，今甘肃省天水市。见《元和志》三九"陇右道"。

剑南：剑南道，以在剑阁之南得名。治益州成都，今四川省成都市。见《元和志》三一"剑南道"。

139

严武：天宝间仕至殿中侍御史。至德中，房琯荐为给事中。上元二年出任成都尹，兼剑南节度使。后入朝为黄门侍郎。广德二年再任成都尹，大破吐蕃，以功封郑国公。传见《旧书》一一七、《新书》一二九。

⑨"武以世旧"至"甫往来梓、夔间" "尝"原作"常"，据《四库》本改，与《新书》本传合。"崔旰"，《佚存》、三间、《指海》本皆讹诈"崔盱"。此段录自《新书》本传，文字微异。按：《新书》本传所记出自范摅《云溪友议》上"严黄门"条。《旧书》本传记此事小异，云"武虽急暴，不以为忤"，未记欲杀甫事。参见《唐摭言》一二"酒失"条、《唐语林》五。洪迈《容斋续笔》六云："甫集中诗凡为武作者，几三十篇。……若果有欲杀之怨，必不应眷眷如此。好事者但以武诗有'莫倚善题《鹦鹉赋》'二句，故用证前说，引黄祖杀祢衡为喻，殆是痴人面前不得说梦也。武肯以黄祖自比乎？"

崔旰：宝应中为汉州刺史。永泰元年，攻西川节度使郭英乂，邛州牙将杨子琳等起兵讨旰，蜀中大乱。大历元年宰相杜鸿渐入蜀，以旰为成都尹、剑南西川节度使。大历三年赐名宁。在蜀久，肆侈穷欲。传见《旧书》一一七、《新书》一四四。

梓：梓州，注见本书卷第一（一一）《陈子昂传》。

夔：夔州，治奉节，今四川省奉节县。见《旧书》二九《地理志》二"山南东道"。

⑩"大历中"至"人皆怜之" "耒阳"，正保、《佚存》本讹作"来阳"。节录自《新书》本传。《新书》本传"出瞿塘"下有"下江陵"三字。"一昔卒"，《新书》本传同，《明皇杂录》、《旧书》本传作"一夕而卒"、"一夕卒"。"伤时挠弱"，《新书》本传"挠"作"桡"。按：杜甫之死，《新书》本传所载本于郑处海《明皇杂录》。杜甫有诗，题为《聂耒阳以仆阻水书致酒肉疗饥荒江诗得代怀兴尽本韵至县呈聂令陆路去方田驿四十里舟行一日时属江涨泊于方田》（《杜少陵集详注》二三）。又，元稹《杜君墓系铭》记："扁舟下荆、楚间，竟以寓卒，旅殡岳阳，享年五十有九。"

耒阳：今湖南省耒阳县。见《元和志》二九"江南道衡州"。

岳阳：注见本书卷第一（一四）《张说传》。

挠弱：衰弱。挠，弱；亦可写作"桡"。《新书》九六《杜让能传》："今诏令不出城门，国制桡弱，贾生恸哭时也。"

⑪"坟在岳阳" 元稹《杜君墓系铭》云："旅殡岳阳。……子美之孙嗣业，启子美之柩，襄祔事于偃师。"

⑫"润州刺史樊晃纂《小集》" 《新书》六〇《艺文志》四"杜甫集六十卷"之后著录："《小集》六卷，润州刺史樊晃集。"

⑬"踦跅版荡之际" 《指海》本"踦跅"作"崎岖"。

版荡：即板荡，谓社会动荡不安。《诗经·大雅》有《板》《荡》二篇。《梁书·刘峻传》："天地版荡。"

⑭ "昔谓"至"二公造焉" 严羽《沧浪诗话·诗评》："子美不能为太白之飘逸，太白不能为子美之沉郁。"《诗人玉屑》一四"李杜"门："诚斋谓李神于诗，杜圣于诗。"

⑮ "观于海者难为水，游李、杜之门者难为诗" 《孟子·尽心上》："观于海者难为水，游于圣人之门者难为言。"

附记：《四库》本此篇传文残阙，附于《杜审言传》之后。

## 【补录】

唐代韦绚《刘宾客嘉话录》：

"杜工部如爽鹘摩霄，骏马绝地。……杜曰：'使昭明复生，吾当出曹、刘、二谢上。'杜善郑广文，尝以《花卿》及《姜楚公画鹰》示郑，郑曰：'足下此诗可以疗疾。'"

唐代孟棨《本事诗·高逸》：

"杜逢禄山之难，流离陇、蜀，毕陈于诗。推见至隐，殆无遗事，故当时号为诗史。"

## 【辑评】

唐代元稹《唐检校工部员外郎杜君墓系铭》（《全文》六五四）：

"至于子美，盖所谓上薄风骚，下该沈、宋，言夺苏、李，气吞曹、刘，掩颜、谢之孤高，杂徐、庾之流丽，尽得古今体势，而兼人之所专矣。"

唐代元稹《酬孝甫见赠十首》之二（《全诗》四一三）：

"杜甫天材颇绝伦，每寻诗卷似情亲。怜渠直道当时语，不著心源傍古人。"

宋代宋祁《新唐书》二〇一《杜甫传论赞》：

"至甫，浑涵汪茫，千汇万状，兼古今而有之。它人不足，甫乃厌余，残膏剩馥，沾丐后人多矣。"

宋代苏辙《诗病五事》：

"事不接，文不属，如连山断岭，虽相去绝远，而气象联络，观者知其脉理之为一也。盖附离不以凿枘，此最为文之高致耳。老杜陷贼时有诗曰：（按：下录《哀江头》诗，略）予爱其词气如百金战马，注坡蓦涧，如履平地，得诗人之遗法。"

宋代黄庭坚《黄山谷诗话》：

"子美诗妙处，乃在无意于文。夫无意而意已至，非广之以《国风》、《雅》、《颂》，深之以《离骚》、《九歌》，安能咀嚼其意味，闯然入其门耶？"

宋代秦观《韩愈论》（《淮海集》一）：

"杜子美者，穷高妙之格，极豪逸之气，包冲淡之趣，兼峻洁之姿，备藻丽之态，而诸家之作所不及焉。然不集诸家之长，杜氏亦不能独至于斯也，岂非适当其时故耶？"

宋代陈师道《后山诗话》：

"苏子瞻云：'子美之诗，退之之文，鲁公之书，皆集大成者也。'"

宋代李纲《校定杜工部集序》（载《东观余论》）：

"子美之诗……时平读之，未见其工。迨亲更兵火丧乱，诵其词如出乎其时，犁然有当于人心，然后知为古今绝唱也。"

宋代范温《潜溪诗眼》：

"老杜诗，凡一篇皆工拙相半，古人文章类如此。皆拙固无取，使其皆工，则峭急而无古气，如李贺之流是也。"

宋代吕本中《童蒙诗训》：

"学古人文字，须得其短处。如杜子美诗，颇有近质野处，如《封主簿亲事不合》诗之类是也。"

金代元好问《论诗三十首》之十（《遗山先生文集》一一）：

"排比铺张特一途，藩篱如此亦区区。少陵自有连城璧，争奈微之识碔砆。"（自注："事见元稹《子美墓志》。"）

明代王世贞《艺苑卮言》四：

"十首以前，少陵较难入。百首以后，青莲较易厌。"

明代谢榛《四溟诗话》四：

"太白谓子美诗苦，然却沉郁，缘其性褊躁婞直，而多忧愁愤厉之气。其用字之法，则老将之用兵也。"

明代胡应麟《诗薮·内编》四：

"盛唐一味秀丽雄浑。杜则精粗、巨细、巧拙、新陈、险易、浅深、浓淡、肥瘦，靡不毕具。参见格调，实与盛唐大别。其能会萃前人在此，滥觞后世亦在此。且言理近经，叙事兼史，尤诗家绝睹。"

《诗薮·内编》五：

"杜语太拙太粗者，人所共知。然亦有太巧类初唐者，若'委波金不定，照席绮逾依'之类；亦有太纤近晚唐者，如'雨荒深院菊，霜倒半池莲'之类。"

"大概杜有三难：极盛难继，首创难工，遘衰难挽。子建以至太白，诗家能事都尽，杜后起集其大成，一也；排律、近体，前人未备，伐山道源，为百世师，二也；开元以往，大历继兴，砥柱其间，唐以复振，三也。"

清代田同之《西圃诗说》：

"《许彦周诗话》：'长江大河，飘沙卷沫，枯槎束薪，兰舟绣鹢，皆随流矣。珍泉幽涧，澄泽灵沼，无一点尘滓，只是体不似江河耳。'渔洋曰：'由前所云，唯杜子美、苏子瞻足以当之；由后所云，则宣城、水部、右丞、襄阳、苏州诸公皆是。'其言韪矣。"

清代管世铭《读雪山房唐诗序例》：

"少陵绝句，《逢龟年》一首而外，皆不能工，正不必曲为之说。然质重之中，时得《铙吹》、《竹枝》遗意，则亦诸家所无也。"

清代刘熙载《艺概·诗概》：

"杜陵五、七古叙事，节次波澜，离合断续，从《史记》得来；而苍莽雄直之气，亦逼近之。"

"少陵以前律诗，枝枝节节为之，气断意促，前后或不相管摄，实由于古体未深耳。少陵深于古体，运古于律，所以开阖变化，施无不宜。"

# 四七  郑　虔（？—764）

虔，郑州人[①]，高士也。苏许公为宰相，申以忘年之契，荐为著作郎[②]。尝以当世事著书八十余篇。有告虔私撰国史者，虔苍惶焚之，坐谪十年[③]。玄宗爱其才，开元二十五年，为更置广文馆，虔为博士。广文博士自虔始[④]。杜甫为交，有赠诗曰："才名四十年，坐客寒无毡。惟有苏司业，时时与酒钱。"[⑤]其穷饥辗轲，淡如也。好琴酒篇咏，善图山水[⑥]。能书，苦无纸，于慈恩寺贮柿叶数屋，遂日就书，殆遍。尝自写其诗并画，表献之，玄宗大署其尾曰："郑虔三绝。"⑦与李、杜为密友⑧，多称郑广文。禄山反，伪授水部员外郎，托以疾，不夺。贼平，张通、王维并囚系，三人皆善画，崔圆使绘斋壁，因为祈解，得贬台州司户，卒⑨。有集行世⑩。

## 【校注】

①"郑州人"　《新书》本传作"郑州荥阳人。"

郑州：治管城，今河南省郑州市。荥阳：今河南省荥阳县。见《元和志》八"河南道"。

②"高士也"至"荐为著作郎"　录自张彦远《历代名画记》九"郑虔"条。据《新书》本传，入广文馆为学士之后乃"迁著作郎"，似不当记于此处。《宣和画谱》五亦云："官止著作郎。"

苏许公：苏颋，袭父爵许国公。开元四年迁紫薇郎，与侍中宋璟同知政事。传见《旧书》八八、《新书》一二五。

③"尝以当世事"至"坐谪十年"　此据《新书》本传。《新书》本传在此段之前又记："天宝初为协律郎。"

④"玄宗爱其才"至"广文博士自虔始"　据《新书》本传。然《新书》本传无"开元二十五年"六字。《唐会要》六六载："天宝九年七月，置广文馆，以郑虔为学士。"《旧书》九《玄宗纪》下、《旧书》四四《职官志》三、《唐摭言》一"广文"条并记天宝九载七月于国子监别置广文馆。《唐语林》二"文学"门记："天宝中，国学增置广文馆，以领词藻之士。荥阳郑虔久被贬谪，是岁始还京师，参选除广文馆博士。"本篇乃据《历代名画记》谓"元开二十五年为广文博士"，误。按：闻一多《少陵先生年谱会笺》云："若钟辂《前定录》载开元二十五年虔为广文学士，有郑相如谒虔，为预言污贼坐谪事，则稗官之说，本无摭实，不足辩。"见《广记》一四八"郑虔"条引《前定录》。

⑤"才名四十年"四句　杜甫《戏简郑广文兼呈苏司业》诗（《杜少陵集详注》三）中句。《杜集》"惟"作"赖"，一作"近"。

苏司业：苏源明。天宝中登进士第，任东平太守，后入朝为国子司业，官终秘书少监。与元结、梁肃友善，与杜甫、郑虔交谊最深。传见《新书》二〇二。

⑥"其穷饥辗轲"至"善图山水"　据《历代名画记》。

辗轲：即坎坷，不平貌。《古诗十九首》之四："无为守穷贱，辗轲长苦辛。"

⑦"能书"至"郑虔三绝"　"遂"，《佚存》、三间、《指海》本作"逐"。此段据《新书》本传。"遂日就书，殆遍"，《新书》本传作："遂往日取叶肄书，岁久殆遍。"

《宣和画谱》五作："逐日取叶隶书，岁久殆遍。"又，《新书》本传于"郑虔三绝"下记"迁著作郎"。

慈恩寺：唐高宗做太子时建，在长安城东南，曲江池之北晋昌坊。寺塔六级，高三百尺，名大雁塔。今仍存。参徐松《唐两京城坊考》三。

⑧"与李、杜为密友"　此据《历代名画记》。按：杜甫诗多有赠郑虔者；李白与郑虔交往诗文今未见。

⑨"禄山反"至"得贬台州司户，卒"　"祈解"，与《新书》本传合，《佚存》、《指海》本作"析解"。此段据《新书》本传。"托以疾，不夺"，《新书》本传作："因称风缓，求摄市令，潜以密章达灵武。""台州司户"，《广记》一四八引《前定录》作"温州司户"，误。杜甫有《八哀诗·故著作郎贬台州司户荥阳郑公虔》（《杜少陵集详注》一六）。

张通：工山水杂画。见《历代名画记》一○。

崔圆：天宝末，仕至中书侍郎同中书门下平章事、剑南节度使。肃宗即位，拜中书令。乾元元年，罢为太子少师，留守东都。传见《旧书》一○八、《新书》一四○。

台州：治临海，今浙江省临海县。见《元和志》二六"江南道"。

⑩"有集行世"　郑虔集，唐宋以来书目未见著录。《全诗》二五二录其诗一首。

附记：此篇《四库》本失载。

## 【补录】

唐代范摅《云溪友议》中"葬书生"条：

"前者有郑广文虔者，明皇时为立馆，故以广文号焉。编集之外，唯日嗜酒。……杜工部遗之歌，略曰：'广文到官舍，置马堂阶下。醉则乘马归，颇遭官长骂。''诸公衮衮登台省，广文先生官独冷；诸公往往厌粱肉，广文先生饭不足。'"

宋代王谠《唐语林》二"文学"门：

"虔天宝初采集异闻，著书八十余卷，人有窃窥其稿草，上书告虔私修国史，虔遽焚之，由是贬谪十余年。方从调选，授广文馆博士。虔所焚稿，既无别本，后更纂录，率多遗忘，犹成四十余卷，书未有名。及为广文馆博士，询于国子司业苏源明，源明请名为《会稡》，取《尔雅序》'会稡旧说'也。西河太守卢象赠虔诗云：'书名《会稡》才偏逸，酒号屠苏味更醇。'即此也。"

## 四八 高 适（700？—765）

适，字达夫，一字仲武①，沧州人②。少性拓落，不拘小节，耻预常科，隐迹博徒，才名便远③。后举有道，授封丘尉。未几，哥舒翰表掌书记④。后擢谏议大夫。负气敢言，权近侧目。李辅国忌其才。蜀乱，出为蜀、彭二州刺史，迁西川节度使。还，为左散骑常侍。永泰初卒⑤。适尚气节，语王霸衮衮不厌。遭时多难，以功名自许。年五十始学为诗，即工，以气质自高，多胸臆间语。每一篇已，好事者辄传播吟玩⑥。尝过汴州，与李白、杜甫会，酒酣登吹台，慷慨悲歌，临风怀古，人莫测也⑦。中间唱和颇多。今有诗文等二十卷，及所选至德迄大历述作者二十六人诗，为《中兴间气集》二卷⑧，并传。

【校注】

① "一字仲武" 此据《郡斋》四上"高适集十卷"条，误。周勋初《高适年谱》云："以宋、元时有高适编《中兴间气集》之传说，而此书编者高仲武亦渤海人，故而后人误将二高混为一谈矣。"

② "沧州人" 此据《纪事》二三"高适"条。《旧书》一一一本传作"渤海蓨人"，《新书》一四三本传作"沧州渤海人"。《唐摭言》七引"李华撰《三贤论》亦称："渤海高达夫，落落有奇节。"按："渤海蓨人"系举其郡望而言。古渤海郡唐时为沧州。

沧州：汉为渤海郡，隋因之，武德元年改为沧州。治清池，今河北省沧州市东南。见《元和志》一八"河北道"。

③ "少性拓落"至"才名便远" 《四库》本"便远"作"更远"，《河岳》作"自远"。引自《河岳》上"高适"评。"少性拓落"，《河岳》作"评事性拓落"。

④ "后举有道"至"表掌书记" 据两《唐书》本传节写。"未几"二字为辛氏所加，不确。《新书》本传原文为："客梁、宋间，宋州刺史张九皋奇之，举有道科中第。调封丘尉，不得志，去。客河西，河西节度使哥舒翰表为左骁卫兵曹参军，掌书记。"《旧书》本传略同。又，《郡斋》载："天宝八年举中道科中第。"《资治通鉴》二一三载：天宝十三载三月，"（哥舒）翰又奏……前封丘尉高适为掌书记"。

封丘：今河南省封丘县。见《元和志》七"河南道汴州"。

哥舒翰：突骑施酋长哥舒部之裔，世居安西。初为王忠嗣衙将。天宝十二载，加河西节度使，寻封西平郡王。后以疾废归京师。安禄山起兵，唐廷起用翰为元帅，守潼关，出战不利，遂降禄山，不久被杀。传见《旧书》一〇四、《新书》一三五。

⑤"后擢谏议大夫"至"永泰初卒" 《四库》本"权近"作"权贵"，《新书》本传作"权近"。此段节录自《新书》本传，唯"擢谏议大夫"之前删节甚多，涉及高适一生重要事迹，参见"补录"。"出为蜀、彭二州刺史"，《新书》本传同，《旧书》本传亦于"左授太子少詹事"下记："未几，蜀中乱，出为蜀州刺史，迁彭州。"按：高适《谢上彭州刺史表》（《全文》三五七）云："始拜官尹，今列藩条。"则适自太子少詹事即出刺彭，后乃移蜀。两《唐书》本传误其先后，本篇亦承其误。又，"永泰初卒"，《旧书》本传作"永泰元年正月卒"。

李辅国：宦官，安禄山叛乱，劝太子亨（肃宗）在灵武即位，李任太子家令，专权用事，转升为兵部尚书。代宗立，更为跋扈，被代宗派人刺死。传见《旧书》一八四、《新书》二〇八。

蜀州：治晋原，今四川省大邑县东。彭州：治九陇，今四川省彭县。并见《元和志》三一"剑南道"。

⑥"适尚气节"自"輒传播吟玩" 据《新书》本传。唯《新书》本传无"多胸臆间语"。《河岳》上"高适"评："适诗多胸臆语。"按：两《唐书》本传皆谓适年过五十始留意诗什，实误。薛用弱《集异记》载，"开元中，诗人王昌龄、高适、王之涣齐名"，梨园伶官已传唱适诗；又，高适名篇《燕歌行》序云，此诗作于开元二十六年。均在四十岁以前。（按：高适《奉酬北海李太守（邕）夏日平阴亭》诗称："四十犹聚萤。"诗作于天宝五载。）

⑦"尝过汴州"至"人莫测也" 采自《新书》二〇一《杜甫传》。杜甫有《遣怀》诗（《杜少陵集详注》一六）记其诗。

吹台：即汉梁孝王刘武所建平台遗址。《元和志》七"河南道汴州开封县"："梁王吹台在开封东南六里，俗号繁台。"

⑧"及所选至德迄大历述作者二十六人诗，为《中兴间气集》二卷" 此系误记。陈鳣《唐才子传校勘记》（南京图书馆藏抄本）云："《中兴间气集》为唐渤海高仲武所选，仲武自序称起至德元年迄大历末年，得作者二十六人。而《旧唐书·适传》称卒代宗永泰元年。其明年改元大历，则是集非适所选明矣。考陆游有《中兴间气集跋》（按：载《渭南文集》二七）云：'高适，字仲武，知非字达夫者也。'此误合为一耳。"

## 【补录】

唐代李颋《高氏墓志》（《千唐志斋藏石》六三三号）：

"大唐前益州成都县尉朱守臣故夫人高氏墓志文：夫人讳嫖，渤海蓨人也。……祖侃，左卫大将军；父崇文，韶州长史。"（按：《旧书》一一一《高适传》云："父从文，位终韶州长史。"高嫖卒于开元十一年六月二十二日，年三十七，为高适之姊。）

后晋刘昫《旧唐书》一一一《高适传》：

"禄山之乱，征翰讨贼，拜适左拾遗，转监察御史，仍佐翰守潼关。及翰兵败，适自骆谷西驰，奔赴行在，及河池郡，谒见玄宗，因陈潼关败亡之势。……玄宗嘉之，寻迁侍御史。至成都，八月，制曰：'……可谏议大夫，赐绯鱼袋。'适负气敢言，权幸惮之。二年，永王璘起兵于江东，欲据扬州。初，上皇以诸王分镇，适切谏不可。及是永王叛，肃宗闻其论谏有素，召而谋之。适因陈江东利害，永王必败。上奇其对，以适兼御史大夫、扬州大都督府长史、淮南节度使。诏与江东节度来瑱率本部兵平江淮之乱，会于安州。师将渡而永王败。……兵罢，李辅国恶适敢言，短于上前，乃左授太子少詹事。"

"其《与贺兰进明书》，令疾救梁、宋，以亲诸军；《与许叔冀书》，绸缪继好，使释他憾，同援梁、宋；《未过淮先与将校书》，使绝永王，各求自白。君子以为义而知变。而有唐已来，诗人之达者，唯适而已。"

## 【辑评】

唐代殷璠《河岳英灵集》上"高适"评：

"然适诗多胸臆语，兼有气骨，故朝野通赏其文。至如《燕歌行》等句，甚有奇句。且余所最深爱者：'未知肝胆向谁是，令人却忆平原君。'"

唐代杜甫《寄彭州高三十五使君适虢州岑二十七长史参三十韵》（《杜少陵集详注》八）：

"高岑殊缓步，沈鲍得同行。意惬关飞动，篇终接混茫。"

唐代杜甫《奉简高三十五使君》（《杜少陵集详注》九）：

"当代论才子，如公复几人？骅骝开道路，鹰隼出风尘。"

宋代严羽《沧浪诗话·诗评》：

"高、岑之诗悲壮，读之使人感慨。"

宋代刘克庄《后村诗话·后集》二：

"高适、岑参，开元、天宝以后大诗人，与杜公相颉颃，歌行皆流出肺肝，无斧凿痕。"

元代吴师道《吴礼部诗话》：

"高适才高，颇有雄气，其诗不习而能。虽乏小巧，终是大才。"

明代徐献忠《唐诗品》（《唐音癸签》五引）：

"常侍诗气骨琅然，词锋峻上，感赏之情，殆出常表。"

明代陆时雍《诗镜·总论》：

"七言古，盛于开元以后，高适当属名手，调响气佚，颇得纵横。勾角廉折，立见涯涘。是以知李、杜之气局深矣。"

明代钟惺、谭元春《唐诗归》一二：

"（高适）五言律只如说话，其极炼、极厚、极润、极活，往往从敧侧历落中出。人不得以整求之，又不得学其不整。"（钟惺）

清代王夫之《唐诗评选》二：

"达夫善使气势，唯于短章能养其威，一往欲尽，则'卷起黄河向身泻'，为梁家弄童而已。"

清代王士祯《师友诗传续录》：

"高悲壮而厚，岑奇逸而峭。钟伯敬谓高、岑诗如出一手，大谬矣。"

清代贺裳《载酒园诗话·又编》：

"今读其诗（按：指高适诗），豁达磊落，寒涩琐媚之态，去之略尽。"

"高五言古劲浑朴厚耳。……七言古最有气力，李、杜之下，即当首推。"

清代叶燮《原诗·外篇》下：

"高七古为胜，时见沉雄，时见冲淡，不一色，其沉雄直不减杜甫。"

清代施补华《岘佣说诗》：

"高达夫七古骨整气遒；已变初唐之靡。特奇逸不如李（白），雄劲不如岑。"

## 四九 沈千运

千运，吴兴人[①]。工旧体诗，气格高古，当时士流，皆敬慕之，号为"沈四山人"[②]。天宝中，数应举不第，时年齿已迈，遂游襄、邓间，干谒名公③。来濮上，感怀赋诗曰："圣朝优贤良，草泽无遗族。人生各有命，在余胡不淑。一生但区区，五十无寸禄。衰落当捐弃，贫贱招谤讟。"④其时多艰⑤，自知屯蹇⑥，遂浩然有归欤之志，赋诗曰："栖隐无别事，所愿离风尘。不来城邑游，礼乐拘束人。"又曰："如何巢与由，天子不得臣。"遂释志，还山中别业⑦。尝曰："衡门之下，可以栖迟。有薄田园，儿稼女织，偃仰今古，自足此生。谁能作小吏走风尘下乎？"⑧高适赋《还山吟》⑨赠行曰："还山吟，天高日暮寒山深，送君还山识君心。人生老大须恣意，看君解作一生事⑩，山间偃仰无不至。石泉淙淙若风雨，桂花松子常满地。卖药囊中应有钱，还山服药又长年。白云劝尽杯中物，明月相随何处眠。眠时忆同醒时意⑪，梦魂可以相周旋。"肃宗议备礼征致，会卒而罢⑫。有诗传世⑬。

**【校注】**

① "吴兴人"　元结《箧中集·序》称"吴兴沈千运"，是为本篇所据。

吴兴：天宝、至德间曾改湖州为吴兴郡，治乌程，今浙江省吴兴县。见《旧书》四〇《地理志》三"江南道湖州"。

② "号为'沈四山人'"　高适有《赋得还山吟送沈四山人》、《赠别沈四逸人》诗（《全诗》二一三、二一〇）。后诗有"濮上多鸣砧"之句，濮上正是沈千运隐居之地。

③ "天宝中"至"干谒名公"　未知何据。高适《赠别沈四逸人》云："沈侯未可测，其况信浮沉。十载常独坐，几人知此心。"

襄：襄州治襄阳，今湖北省襄阳县。邓：邓州治穰县，今河南省邓县。并见《元和志》二一"山南道"。

④ "来濮上"至"贫贱招谤讟"　诗见《箧中集》、《全诗》二五九，题为《濮中言怀》。"遗族"，《箧中集》、《纪事》二二引沈诗、《全诗》并作"遗匿"。"有命"，《箧中集》、《纪事》作"有志"。"淑"，《箧中集》作"激"。"谤"，《箧中集》、《全诗》作"毁"，《纪事》作"时"。

濮上：濮水之北，当濮州濮阳县地，今山东省濮阳县西南。

不淑：叹惘之词。《诗经·王风·中谷有蓷》："遇人之不淑矣。"

谤讟（dú）：诽谤。《抱朴子·广譬》："美名起则谤讟及焉。"

⑤ "其时多艰"　《四库》本"艰"作"难"。

⑥屯蹇：原为《周易》二卦名，有艰难困苦意。后因谓挫折不顺利为屯蹇。

⑦"栖隐无别事"至"还山中别业" 《四库》本无"释志"二字。诗见《箧中集》、《全诗》二五九，题为《山中作》。"无别事"，《箧中集》、《全诗》作"非别事"，意较胜；《纪事》作"别无事"。"不来"，《箧中集》、《纪事》、《全诗》并作"不辞"，意相反，似以"来"字义允。"如何巢与由，天子不得臣"，《唐诗归》二四"如何"作"何如"，义较胜。按：孙望师《蜗叟杂稿·箧中集作者事辑·沈千运》云："辛氏以为先赋此诗，而后归山……余以为此诗乃既归后所赋。"又云："辛氏又以高适《赋得还山吟送沈四山人》一诗作结，前后颠倒，殊失所当。"

⑧"尝曰"至"走风尘下乎" 未知何据。

衡门：横木为门，言其简陋。《诗经·陈风·衡门》："衡门之下，可以栖迟。"《诗集传》："言衡门虽浅陋，然亦可以游息。"

⑨"《还山吟》" 《全诗》二一三题作《赋得还山吟送沈四山人》。

⑩"看君解作一生事" 《佚存》、《指海》本"看"作"省"。

⑪"眠时忆同醒时意" 《四库》、三间、《指海》本"同"作"问"。《四刊丛刊·高常侍集》作"同"，《全诗》作"问"。

⑫"肃宗议备礼征致，会卒而罢" 张籍《沈千运旧居》诗（《全诗》三八三）云："君辞天子书，放意任体躬。"此诗为《纪事》二二"沈千运"条引录，或为辛氏参采。

⑬"有诗传世" "诗"原作"集"，据《四库》本改。沈集，唐宋以来书目未见著录。

【补录】

唐代元结《箧中集·序》：

"自沈公及二三子，皆以正直而无禄位，皆以忠信而久贫贱，皆以仁让而至丧亡。异于是者，显荣当世。谁为辩士，吾欲问之！"

【辑评】

唐代元结《箧中集·序》：

"风雅不兴，几及千岁。……近世作者，更相沿袭，拘限声病，喜尚形似，且以流易为词，不知丧于雅正。……吴兴沈千运，独挺于流俗之中，强攘于已溺之后，穷老不惑，五十余年，凡所为文皆与时异。故朋友后生，稍见师效，能侣类者有五六人。"

明代钟惺、谭元春《唐诗归》二四：

"沈千运《汝坟示弟妹》（按：此诗《箧中集》题为《感怀弟妹》）：愁怀达识，迫成斥苦之音，忧、乐两境人俱读不得。'骨肉能几人，年大自疏隔。'说得老寿没趣。'惟念得尔辈，时看慰朝夕。'示弟妹止此一句，哽咽在此。"（钟惺）

清代贺裳《载酒园诗话·又编》：

"诗有一意透快，略不含蓄，不碍其为佳者，沈千运、孟云卿是也。沈之'近世多夭伤，喜见鬓发白'，孟之'为长心易忧，早孤意常伤'，语皆入妙。但读其全诗，皆羽声角调，无甚宫商之音。"

## 五〇　孟云卿（726？—？）

云卿，关西人[①]。天宝间不第，气颇难平[②]，志亦高尚，怀嘉遁[③]之节。与薛据相友善。尝流寓荆州[④]。杜工部多有与云卿赠答之作，甚爱重之[⑤]。工诗，其体祖述沈千运，渔猎陈拾遗，词气伤怨。虽然模效，才得升堂，犹未入室，然当时古调，无出其右，一时之英也[⑥]。如"虎豹不相食，哀哉人食人"[⑦]。又"朝亦常苦饥，暮亦常苦饥。飘飘万里余，贫贱多是非。少年莫远游，远游多不归"[⑧]。皆为当代推服。韦应物过广陵[⑨]，遇孟九赠诗云："高文激颓波，四海靡不传。西施且一笑，众女安得妍。"[⑩]其才名于此可见矣。仕终校书郎[⑪]。集今传[⑫]。〇云卿禀通济之才，沦吞噬之俗，栖栖南北，苦无所遇，何生之不辰也。身处江湖，心存魏阙[⑬]，犹杞国之人忧天坠[⑭]，相率而逃者。匹夫之志，亦可念矣。

### 【校注】

①"关西人"　元结《送孟校书往南海》诗序（《全诗》二四一）云："平昌孟云卿，与元次山同州里。"（按：元结居鲁山，属河南道汝州。）《纪事》二五"孟云卿"条作"河南人"。按：河南为籍贯，平昌为族望。本篇云关西人，当据杜甫《寄张十二山人彪三十韵》诗（《杜少陵集详注》八）中"关西得孟邻"为说（云卿与彪为中表），不确。参见孙望师《蜗叟杂稿·箧中集作者事辑·孟云卿》。

关西：汉以来泛指函谷关或潼关以西地区，犹言关内。《汉书·萧何传》："关中摇足，则关西非陛下有也。"

②"天宝间不第，气颇难平"　孟云卿《伤怀赠故人》诗（《全诗》一五七）云："二十学已成，三十名不彰。岂无同门友，贵贱易中肠。驱马行万里，悠悠过帝乡。幸因弦歌末，得上君子堂。众乐互喧奏，独余备笙簧。坐中无知音，安得神扬扬。愿因高风起，上感白日光。"本篇所述，当据此诗。

③嘉遁：合乎正道的退隐。《周易·遁》，"嘉遁，贞吉。"

④"与薛据相友善，尝流寓荆州"　杜甫《别崔潩因寄薛据孟云卿》诗（《杜少陵集详注》一八）云："荆州遇薛孟，为报欲论诗。"孟云卿《汴河阻风》诗（《全诗》一五七）云："清晨自梁宋，挂席之楚荆。"

薛据：传见本书本卷（三七）。

⑤"杜工部多有与云卿赠答之作，甚爱重之"　杜甫又有《酬孟云卿》等诗（《杜少陵集详注》六）。杜甫《解闷十二首》之五（《杜少陵集详注》一七）云："李陵苏武是吾师，孟子论文更不疑；一饭未曾留俗客，数篇今见古人诗。"原注："校书郎孟云卿。"

⑥"工诗"至"一时之英也"　《四库》本"伤怨"作"伤感"，《中兴》（何义门校本，下同）作"伤怨"。"虽然模效"，三间本校语谓《四库》本"虽然"作"虽能"，今所见《四库》本仍作"虽然"；《中兴》作"虽效于沈、陈。"然当时古调"，据《四库》、《指海》本补"然"字，与《中兴》合；《四库》本"调"作"词"，此段"祖述沈千运"以下，皆录自《中兴》中"孟云卿"评。《中兴》于"词意伤怨"下有："如：'虎豹不相食，哀哉人食人。'方之（"之"原作"于"，据《纪事》改）《七哀》'路有饥（"饥"字原缺，据《纪事》补）妇人，抱子弃草间'，则云卿之句深矣。"《中兴》于"一时之英也"下有："余感孟君好古，著《格律异门论》及谱二篇，以摄其体统焉。"

⑦"虎豹不相食"二句　见于孟云卿《伤时二首》之一。

⑧"朝亦常苦饥"六句　见于孟云卿《悲哉行》。"万里余"，《全诗》作"万余里"。

⑨韦应物：传见本书卷第四（一〇二）。

广陵：天宝、至德间曾改扬州为广陵郡，治江都，今江苏省扬州市。见《旧书》四〇《地理志》三"淮南道扬州"。

⑩"高文激颓波"四句　见于韦应物《广陵遇孟九云卿》诗（《全诗》一九〇）。

颓波：喻衰败的诗风。卢藏用《卢氏集序》："卓立千古，横制颓波。"李白《古风五十九首》之一："扬马激颓波，开流荡无垠。"

⑪"仕终校书郎"　元结《送孟校书往南海》诗序云："次山今罢守舂陵，云卿始典校芸阁。"杜甫《解闷十二首》之五原注："校书郎孟云卿。"本篇即据此。

⑫"集今传" 《四库》本"集"上有"有"字。

⑬魏阙：宫门外的阙门，常用作朝廷的代称。《庄子·让王》："身在江海之上，心居乎魏阙之下。"

⑭杞国之人忧天坠：用《列子·天瑞》典："杞国有人，忧天地崩坠，身亡所寄，废寝食者。"李白《梁甫吟》有"白日不照吾精诚，杞国无事忧天倾"之句，赵翼《冬暖》诗有"阴阳调燮何关汝，偏是书生易杞忧"之句，用意皆相近。

【补录】

唐代元结《送孟校书往南海》诗序（《全诗》二四一）：

"平昌孟云卿，与元次山同州里，以词学相友，几二十年。"

唐代袁郊《甘泽谣》：

"陶岘者，彭泽之子孙也，开元中家于昆山。……自制三舟，备极坚巧，一舟自载，一舟致宾，一舟贮饮馔。客有前进士孟彦深、进士孟云卿、布衣焦遂，各置仆妾共载。而岘有女乐一部，奏清商曲，逢奇遇兴，则穷其景物，兴尽而行。"

【辑评】

唐代张为《诗人主客图》：

"高古奥逸主孟云卿。"

明代胡应麟《诗薮·内编》二：

"孟（云卿）古雅有余。……'朝日上高堂，离人怨秋草；少壮无会期，水深风浩浩'，剧为东野所宗。"

明代钟惺、谭元春《唐诗归》二四：

"元次山与云卿，以词学相友二十年，次山直奥，云卿深婉，各不相同。此古人真相友处也。"（钟惺）

"孟云卿《伤情》：老人语，孺子心，感人处在声泪之外。"（钟惺）

清代贺裳《载酒园诗话·又编》：

"孟《寒食》诗最佳，'贫居往往无烟火，不独明朝为子推'，正可与韩翃诗参看。《行路难》曰：'海中之水慎勿枯，乌鸢啄蚌伤明珠'，大是激昂。"

# 卷 第 三

## 五一 岑 参（717？—769）

参，南阳人，文本之后①。天宝三年，赵岳榜第二人及第②。累官左补阙、起居郎，出为嘉州刺史③。杜鸿渐表置安西幕府，拜职方郎中，兼侍御史，辞罢④。别业在杜陵山中⑤。后终于蜀⑥。参累佐戎幕，往来鞍马烽尘⑦间十余载，极征行离别之情，城障塞堡，无不经行。博览史籍，尤工缀文，属词清尚，用心良苦⑧。诗调尤高，唐兴罕见此作。放情山水，故常怀逸念，奇造幽致，所得往往超拔孤秀，度越常情⑨。与高适风骨颇同，读之令人慷慨怀感⑩。每篇绝笔，人辄传咏⑪。至德中，裴休、杜甫等尝荐其识度清远，议论雅正，佳名早立，时辈所仰，可以备献替之官⑫。未及大用而谢世⑬，岂不伤哉。有集十卷行于世，杜确为之序云。

【校注】

① "南阳人，文本之后" 《纪事》二三"岑参"条、《郡斋》四上"岑参集十卷"条、《直斋》一九"岑嘉州集十卷"条并同。按：据《元和姓纂》五、《新书》七二中《宰相世系表》二中、《续古文苑》一八《岑君（植）德政碑》，岑氏世居南阳棘阳，自参之六世祖始，徙居江陵。则称南阳是从其旧望，籍贯实为江陵。又杜确《岑嘉州集序》（《全文》四五九）云："曾大父文本。"

南阳：注见本书卷第一（一六）《吴筠传》。

江陵：上元元年改荆州为江陵府，治江陵，今湖北省江陵县。见《旧书》三九《地理志》二"山南东道荆州江陵府"。

文本：参之曾祖。隋末萧铣召为中书侍郎，后归唐，太宗亲举为中书侍郎，贞观十七年与马周并为中书令。文本博通经史，美谈论，善属文，与令狐德棻同撰《北周书》。传见《旧书》七〇、《新书》一〇二。

② "天宝三年，赵岳榜第二人及第"　杜确《岑嘉州集序》记："天宝三载，进士高第。"《郡斋》、《直斋》同。按：徐应秋《玉芝堂谈荟》二"历代状元"条载："天宝三年进士二十九人，状元羊袭吉。"与本篇所述"天宝三年赵岳榜"不同，疑有误。

③ "累官左补阙、起居郎，出为嘉州刺史"　录自《郡斋》，唯《郡斋》"补阙"上无"左"字。《岑嘉州集序》云："入为右补阙。"又，岑参有《西掖省即事》诗（《全诗》二〇一），亦可证本篇"左"字之误。（按：西掖省即中书省，又称右省，置右补阙、右拾遗各二人。）

嘉州：治龙游，今四川省乐山县。见《元和志》三一"剑南道"。

④ "杜鸿渐"至"辞罢"　此据《郡斋》。"辞罢"，《郡斋》作："罢，终于蜀。"又，《郡斋》"幕府"上无"安西"二字，应据删。《纪事》云："累为安西、关西判官。"辛氏失察，乃将"安西"二字误嵌于此。（按：岑参天宝间为安西节度判官，系在封常清幕下。）《岑嘉州集序》云："副元帅相国杜鸿渐表公职方郎中兼侍御史，列于幕府。无几使罢，寓居于蜀。"（按：岑大历间入杜幕时，杜为山剑副元帅、剑南西川节度使。参见闻一多《岑嘉州系年考证》。）

杜鸿渐：天宝末仕为朔方判官。肃宗即位，累迁河西、荆南节度使，拜尚书右丞。代宗立，以兵部侍郎同中书门下平章事，寻进中书侍郎；永泰元年，郭英乂据成都，蜀中大乱，明年，命鸿渐往镇抚之。大历三年兼东都留守，四年病卒。传见《旧书》一〇八、《新书》一二六。

安西：安西都护府治龟兹，今新疆维吾尔自治区库车县。见《旧书》四〇《地理志》三"河西道"。

⑤ "别业在杜陵山中"　岑参有《宿蒲关东店忆杜陵别业》、《过酒泉忆杜陵别业》诗（《全诗》一九九、二〇〇）。

杜陵：本名杜原，又名乐游原，秦置杜县。汉宣帝在此筑陵，改名杜陵。在今陕西省西安市东南。见《元和志》一"关内道京兆府万年县"。

⑥ "后终于蜀"　《纪事》云："中原多故，卒死于蜀。"《岑嘉州集序》于"寓居于蜀"之后记："吉往凶归，呜呼不禄！"

⑦ "烽尘"　《四库》本作"风尘"。

⑧ "博览史籍"至"用心良苦"　《四库》本"清尚"作"清迥"，《郡斋》作"清尚"。此数语录自《郡斋》。

⑨ "所得往往超拔孤秀，度越常情"　录自《郡斋》。《郡斋》"所得"上有"其有"二字。

⑩ "与高适风骨颇同，读之令人慷慨怀感"　严羽《沧浪诗话·诗评》："高、岑之

诗悲壮，读之令人感慨。"

⑪ "每篇绝笔，人辄传咏" "咏"原作"味"，据《四库》、三间本改。《郡斋》作："每篇绝笔，人竞传讽。"《岑嘉州集序》作："诗一出，人人传写，戎夷蛮貊，莫不讽诵。"

⑫ "至德中"至"可以备献替之官" "尝"原作"常"，据《四库》抄本改。此段录自《郡斋》。"休"字误，《郡斋》作"荐"，应从。《全文》三五九载杜甫《为补遗荐岑参状》："至德二年六月十二日左拾遗内供奉臣裴荐等状。"（《杜少陵集详注》二五同。）可证。"识度清远"至"时辈所仰"，摘自《为补遗荐岑参状》。按：此段应移于"累官左补阙起居郎"之前。

裴荐：至德间仕为左拾遗，官至主客员外郎。见《新书》七一上《宰相世系表》一上。

裴休见于《旧书》一七七，宣宗大中间人，年代不相及。

献替：献可替否之略语，意为诤言进谏。《后汉书·胡广传》："臣以献可替否为忠。"袁宏《三国名臣序赞》："出能勤功，入能献替。"

⑬ "未及大用而谢世" 裴荐、杜甫等举荐后，即授岑参右补阙。辛氏似有误解。

**【补录】**

唐代杜确《岑嘉州集序》（《全文》四五九）：

"天宝三载，进士高第，解褐右内率府兵曹参军。转右威卫录事参军，又迁大理评事兼监察御史，充安西节度判官。入为右补阙，频上封章，指述权佞，改为起居郎，寻出虢州长史。又改太子中允，兼殿中侍御史，充关西节度判官。圣上潜龙藩邸，总戎陕服，参佐僚史，皆一时之选，由是委公以书奏之任。入为祠部、考功二员外郎，转虞部、库部二正郎，又出为嘉州刺史。副元帅相国杜公鸿渐表为职方郎中，兼侍御史，列于幕府。无何使罢，寓居于蜀。……旋轸有日，犯轸俟时，吉往凶归，呜呼不禄！"

**【辑评】**

唐代殷璠《河岳英灵集》中"岑参"评：

"参诗语奇体峻，意亦造奇。至如'长风吹白茅，野火烧枯桑'，可谓逸才。又，'山风吹空林，飒飒如有人'，宜称幽致也。"

唐代杜确《岑嘉州集序》（《全文》四五九）：

"南阳岑公，声称尤著。……属词尚清，用意尚切，其有所得，多入佳境,迥拔孤秀,出于常情。……时议拟公于吴均、何逊,亦可谓精当矣。"

宋代陆游《跋岑嘉州诗集》(《渭南文集》二六):

"予自少时,绝好岑嘉州诗。……尝以为太白、子美之后,一人而已。"

宋代陆游《夜读岑嘉州集》(《剑南诗稿》四):

"公诗信豪伟,笔力追李杜。常想从军时,气无玉关路。至今蠹简传,多昔横槊赋。零落财百篇,崔嵬多杰句。工夫刮造化,音节配韶濩。……诵公天山篇,流涕思一遇!"

宋代陆游《老学庵笔记》三:

"岑参在安西幕府,诗云:'那知故园月,也到铁关西。'韦应物作郡时,亦有诗云:'宁知故园月,今夕在西楼。'语意悉同,而豪迈、闲淡之趣,居然自异。"

宋代刘克庄《后村诗话·后集》二:

"参《送郭》又云:'初程莫早发,且宿灞桥头。'《送颜少府》云:'爱客多酒债,罢官无俸钱。'《汉川山行》云:'江村犬吠船。'《寻人不遇》云:'门前雪满无人迹,应是先生出未归。'郊、岛辈句日锻月炼者,参谈笑得之,词语壮浪,意象开阔。"

明代王世贞《艺苑卮言》四:

"岑气骨不如达夫,遒上而婉缛过之,《选》体时时入古。岑尤陟健,歌行磊落奇俊。"

明代胡应麟《诗薮·内编》二:

"嘉州(五言古)清新奇逸,大是俊才,质力造诣,皆出高上。然高黯淡之内,古意犹存;岑英发之中,唐体大著。"

"高、岑并工起语,岑尤奇峭。"

明代徐献忠《唐诗品》(《唐音癸签》五引):

"岑嘉州以风骨为主,故体裁峻整,语多造奇。"

明代钟惺、谭元春《唐诗归》一三:

"高、岑五言律,只如说话,本极真、极老、极厚,后人效之,反用为就易之资,流为浅弱。"(钟惺)

清代毛先舒《诗辩坻》三:

"嘉州《轮台》诸作,奇姿杰出,而风骨浑劲,琢句用意,俱极精思,殆非子美、达夫所及。"

清代贺贻孙《诗筏》：

"诗家化境，如风雨驰骤，鬼神出没，满眼空幻，满耳飘忽，突然而来，倏然而去，不得以字句诠，不可以迹相求。如岑参《归白阁草堂》起句云：'雷声傍太白，雨在八九峰。东望白阁云，半入紫阁松。'又《登慈恩寺》诗中间云：'秋色从西来，苍然满关中。五陵北原上，万古青濛濛。'不惟作者至此，奇气一往，即讽者亦把捉不住。安得刻舟求剑，认影作真乎？"

清代贺裳《载酒园诗话·又编》：

"高五言古劲浑朴厚耳，岑稍点染，遂饶秾色。"

清代张谦宜《絸斋诗谈》五：

"予读嘉州全集，爱其峭蒨苍秀，如对终南、太华。其近体略逊古诗。"

清代牟愿相《小澥草堂杂论诗》：

"岑嘉州（参）诗如雪天剑客，罢酒出门。"

清代翁方纲《石洲诗话》一：

"嘉州之奇峭，入唐以来所未有，又加以边塞之作，奇气益出。"

清代方东树《昭昧詹言》一二：

"高、岑奇峭，自是有气骨，非低平庸浅所及。然学之者亦须韵句深长而阔远不露乃佳，不然，恐不免短急无余韵，仍是俗手耳。"

"岑嘉州《白雪歌送武判官归京》：奇峭。起飒爽。'忽如'六句，奇才奇气，奇情逸发，令人心神一快。须日诵一过，心摹而力追之。"

清代施补华《岘佣说诗》：

"岑嘉州七古，劲骨奇翼，如霜天一鹗，故施之边塞最宜。"

## 五二　王之涣（689—742）

之涣[①]，蓟门人[②]。少有侠气，所以游皆五陵少年，击剑悲歌，从禽纵酒。中折节工文[③]，十年名誉日振。耻困场屋，遂交谒名公[④]。为诗情致雅畅，得齐、梁之风。每有作，乐工辄取以被声律。与王昌龄、高适、畅当忘形尔汝，尝共诣旗亭，有梨园名部继至，昌龄等曰："我辈擅诗名，未定甲乙。可观诸伶讴诗，以多者为优。"一伶唱昌龄二绝句，一唱适一绝句。之涣曰："乐人所唱皆下俚之词。"须臾,一佳妓唱曰:"黄沙远上白云间,一片孤城万仞山。羌笛何须怨杨柳,春风不度玉门关。"复唱二绝,皆之涣词。三子大笑。曰:"田舍奴,吾岂妄哉!"诸伶竟不谕其故,拜曰:"肉眼不识神仙。"三子从之酣醉终日。其狂放如此云⑤。有诗传于今。

**【校注】**

① "之涣" "涣"原作"奂",据《四库》、《指海》本改,与《国秀集》下、《纪事》二六合。靳能《唐故文安郡文安县太原王府君墓志铭》(见傅璇琮《唐代诗人丛考·靳能所作王之涣墓志铭跋》)记:"公名之涣,字季凌。"薛用弱《集异记》误为"王涣之"。《新书》一五九《王纬传》则记:"父之咸,为长安尉,与弟之贲、之奂皆有文(名)。"(《旧书》一四六《王纬传》仍作"之涣"。)

② "蓟门人" 王之涣《九日送别》诗(《全诗》二五三)云:"蓟庭萧瑟故人稀。"高适亦有《蓟门不遇王之涣郭密之因以留赠》诗(《全诗》二一一)。辛氏或据此以之涣为蓟门人。《纪事》二六"王之涣"条作"并州人"。两《唐书·王纬传》作"并州太原人"。靳能《王府君墓志铭》云:"本家晋阳,宦徙绛郡,即后魏绛州刺史隆之五代孙。"则之涣旧望太原,占籍绛州。

蓟门:指蓟城,今北京市。见《旧书》三九《地理志》二"河北道幽州蓟县"。高适《蓟门不遇王之涣郭密之因以留赠》诗:"远适登蓟丘,兹晨独搔屑。"明代蒋一葵《长安客话》一记:"京师,古蓟地,以蓟草多得名。……今都胜门外有土城关,相传古蓟门遗址,亦曰蓟丘。"

绛州:治正平,今山西省新绛县。见《元和志》一二"河东道"。

③ "中折节工文" 《四库》本"中"作"后"。

④ "耻困场屋,遂交谒名公" 薛用弱《集异记》载:"开元中,诗人王昌龄、高适、王涣之(之涣)齐名。时风尘未偶,而游处略同。"

⑤ "每有作"至"其狂放如此云" "继至",《四库》本无"继"字。"下俚",《四库》抄本作"下里",《集异记》作"巴人下俚"。"黄沙",《四库》本作"黄河",《集异记》作"黄沙"。此段据薛用弱《集异记》二"王涣之(之涣)"条。"黄沙远上"四句,《全诗》二五三题为《凉州词》,首四句作"黄河远上",一作"黄沙直上"。"复唱二绝,皆之涣词",《集异记》无此二句。"曰:'田舍奴,吾岂妄哉!'"《集异记》作:"涣之(之涣)即撤饮二子曰:'田舍奴,我岂妄哉!'"又,《集异记》所述,无"畅当",本篇增入,不知何据。按:据本书卷四(九七)《畅当传》,畅当大历七年进士,仕贞元间,而之涣天宝元年已卒,年辈不相及。或因之涣有《登鹳雀楼》诗,《纪事》

三七载有畅当同题之作("天势围平野"等四句),辛氏遂以畅当与王之涣同时,相酬唱。此误。据王重民《补全唐诗》所收敦煌唐诗残卷(伯三六一九)、沈括《梦溪笔谈》一五、胡仔《苕溪渔隐丛话·前集》二四,《登鹳雀楼》诗("天势围平野")为畅诸作,《纪事》误为畅当。

旗亭:酒楼。李贺《开愁歌》:"旗亭下马解秋衣,请贳宜阳一壶酒。"

【补录】

唐代靳能《唐故文安郡文安县太原王府君墓志铭并序》(据傅璇琮《唐代诗人丛考·靳能所作王之涣墓志铭跋》):

"父昱,皇鸿胪主簿,雍州司士,汴州浚仪县令。公即浚仪第四子,幼而聪明,秀发颖悟。不盈弱冠,则究文章之精;未及壮年,已穷经籍之奥。以门子调补冀州衡水主簿。会有诬人交构,公因拂衣去官,遂优游青山,灭裂黄绶。夹河数千里,籍其高风;在家十五年,食其旧德。雅淡珪爵,酷嗜闲放。密亲懿交,测公井渫,劝以入仕,久而乃从,复补文安郡文安县尉。在职以清白著,理人以公平称。方将遐陟庙堂,惟兹稍渐磐陆,天不与善,国用丧贤,以天宝元年二月十日遘疾,终于官舍,春秋五十有五。惟公孝闻于家,义闻于友,慷慨有大略,倜傥有异才。尝或歌从军,吟出塞,皦兮极关山明月之思,萧兮得易水寒风之声,传乎乐章,布在人口。至夫雅颂发挥之作,诗骚兴喻之致,文在斯矣,代未知焉,惜乎!"

宋代沈括《梦溪笔谈》一五:

"河中府鹳雀楼三层,前瞻中条,下瞰大河,唐人留诗甚多,惟李益、王之涣、畅诸三篇,能状其景。"

宋代计有功《唐诗纪事》二六"王之涣"条:

"之涣,并州人,与兄之咸、之贲皆有文名。"(按参见两《唐书·王纬传》。)

【辑评】

明代杨慎《升庵诗话》二:

"王之涣《梁州歌》:'黄河远上白云间,一片孤城万仞山。羌笛何须怨《杨柳》,春光不渡玉门关。'此诗言恩泽不及于边塞,所谓君门远于万里也。"

清代田同之《西圃诗说》：

"王龙标、高达夫、王并州偕饮旗亭，伎歌三人绝句，至'黄河远上'篇，并州自赞，二公亦皆帖服。若今人则各不相下矣。何者？音外之音，味外之味，正自索解人不得也。"

清代薛雪《一瓢诗话》：

"贺黄公极赞'几家门户重重闭，春色何因入得来'，以为苦思激成快响。殊不知'羌笛何须怨杨柳，春风不度玉门关'，其苦思妙响，尤得风人之旨。"

清代管世铭《读雪山房唐诗序例》：

"王之涣'黄河远上'之外，五言如《送别》及《鹳雀楼》二篇，亦当入旗亭之画。"

"或谓王之涣'黄河远上'一篇之外，何不多见？余应之曰：神来之作，即作者亦不能有再。"

## 五三　贺知章（759—744）

知章，字季真①，会稽人②。少以文词知名，性旷夷，善谈论笑谑③，证圣初，擢进士、超拔群类科。陆象先在中书，引为太常博士。象先与知章最亲善，常曰："季真清谈风韵，吾一日不见，则鄙吝生矣。"当时贤达，皆倾慕之④。为太子宾客。开元十三年，迁礼部侍郎兼集贤院学士⑤。晚年尤加纵诞，无复礼度，自号"四明狂客"，又称"秘书外监"，遨游里巷。又善草隶，每醉辄属词，笔不停辍，咸有可观，每纸不过数十字，好事者共传宝之⑥。天宝三年，因病，梦游帝居。及寤，表请为道士，求还乡里，即舍住宅为千秋观。上许之，诏赐镜湖剡溪一曲，以给渔樵，帝赋诗及太子、百官祖饯。寿八十六⑦。集今传。

【校注】

①"字季真"　《新书》一九六本传同。李白《对酒忆贺监》诗（《李太白全集》二三）亦称"风流贺季真"。而窦蒙《述书赋注》（《全文》四四七）称："贺知章，字

②"会稽人" 《旧书》一九〇中本传作"会稽永兴人",《新书》本传作"越州永兴人"。

会稽:越州天宝、至德年间称会稽郡,治会稽,今浙江省绍兴县。

永兴:天宝元年改永兴为萧山,今浙江省萧山县。见《元和志》二六"江南道越州"、《旧书》四〇《地理志》三"江南东道越州"。

③"少以文词知名,性旷夷,善谈论笑谑" 参采两《唐书》本传。又,李肇《国史补》下记:"诙谐自贺知章。"《广记》二〇二"贺知章"条引《谭宾录》亦云:"贺知章性旷放,美谈笑。"封演《封氏闻见记》一〇云:"贺素诙谐。"

旷夷:旷达坦易。夷,平坦,平易。

④"证圣初"至"皆倾慕之" 参采两《唐书》本传。《广纪》二〇二引《谭宾录》云:"陆象先,即知章姑子也,知章特与亲善。象先谓人曰:'贺兄言论调态,真可谓风流之士。'"

陆象先:举制科高第,累迁中书侍郎,景云二年进同中书门下平章事,监修国史。玄宗立,出为剑南按察使。迁太子少保。开元二十四年卒。传见《旧书》八八、《新书》一一六。

⑤"为太子宾客"至"集贤院学士" 此处有误。据《新书》本传,"肃宗为太子(按:肃宗立为皇太子在开元二十六年),知章迁宾客,授秘书监",是在"开元十三年迁礼部侍郎兼集贤院学士"之后。

⑥"晚年尤加纵诞"至"共传宝之" 据两《唐书》本传。《广记》引《谭宾录》略同。

⑦"天宝三年"至"寿八十六" 《四库》本"以给渔樵"后有"后改为天长观"六字。此段据两《唐书》本传。"天宝三年",《旧书》本传同,《新书》本传作"天宝初"。按:唐玄宗有《送贺知章归四明》诗并序(《全诗》三),李林甫、李白有《送贺监归四明应制》诗(《全诗》一二一、一七六),卢象有《送贺秘监归会稽歌序》(《全文》三〇七)。

帝居:天帝居处,天宫。

镜湖:东汉会稽太守马臻主持筑塘蓄水而成。水平如镜,风景绝佳。北宋时渐淤废。今惟绍兴城西南残存一段水道,称鉴湖。见《元和志》二六"江南道越州会稽县"。

剡〔shàn〕溪:为晋人王徽之月下泛舟访戴逵之处。参见本书卷一(九)《宋之问传》。李白《东鲁门泛舟》诗:"若教月下乘舟去,何啻风流到剡溪?"

【补录】

唐代李白《对酒忆贺监》诗(《李太白全集》二三):

"四明有狂客,风流贺季真。长安一相见,呼我谪仙人。昔好杯中物,今为松下尘。金龟换酒处,却忆泪沾巾。"

唐代窦蒙《述书赋注》(《全文》四四七):

"知章性放善谑,晚年尤纵,无复规检,年八十六,自号'四明狂客'。每兴酣命笔,好书大字,或三百言,或五百言,诗笔唯命。问:'有几纸?'报'十纸',纸尽语亦尽。二十纸、三十纸,纸尽语亦尽。忽有好处,与造化相争,非人工所到也。"

唐代赵璘《因话录》五:

"秘书省内有落星石、薛少保画鹤、贺监草书、郎余令画凤,相传号为四绝。"

后晋刘昫《旧唐书》一九〇中《贺知章传》:

"先是神龙中,知章与越州贺朝、万齐融,扬州张若虚、邢巨,湖州包融,俱以吴、越之士,文词俊秀,名扬于上京。"

【辑评】

宋代范晞文《对床夜语》三:

"卢象《还家》诗云:'小弟更孩幼,归来不相识。'贺知章云:'儿童相见不相识,笑问客从何处来。'语益换而益佳,善脱胎者宜参之。近时严坦叔《还家》诗亦有:'旧时巷陌浑忘记,却问新移来住人。'颇得知章之遗意。"

## 五四 包 何

何,字幼嗣,润州延陵人,包融之子也。与弟佶,俱以诗鸣,时称"二包"①。天宝七年,杨誉榜及第②。曾师事孟浩然,授格法。与李嘉祐相友善③。大历中,仕终起居舍人④。诗传者可数,盖流离世故,率多素辞⑤,大播芳名。亦当时望族也⑥。

【校注】

① "何,字幼嗣"至"时称'二包'" 《直斋》一九"包何集一卷"条:"唐起居舍人包何幼嗣撰。何,融之子,与弟佶齐名。"《新书》一四九《包佶传》:"润州延陵

人，父融。"《新书》六〇《艺文志》四"包融诗一卷"条："二子何、佶齐名，世称'二包'。"

润州延陵：注见本书卷第二（二七）《包融传》。

②"天宝七年，杨誉榜及第"　"杨"原作"扬"，据《四库》、三间本改。《直斋》一九"包佶集一卷"条载"天宝六载进士，兄何后一年"。

③"曾师事孟浩然，授格法。与李嘉祐相友善"　皆未悉何据。仅知包何父融与孟浩然友善，孟有《宴包二融宅》、《与崔二十一游镜湖寄包贺二公》诗（《全诗》一五九、一六〇）。（包融与贺知章、张旭、张若虚合称吴中四士，诗题中"包贺二公"即指包融、贺知章。）

李嘉祐：传见本书本卷（五七）。

④"大历中，仕终起居舍人"　《纪事》三二"包何"条："何字幼嗣，融之子也，大历中为起居舍人。"

⑤"率多素辞"　《佚存》本"率"作"卒"。

素辞：谓平实之言。谢灵运《拟魏太子邺中集·徐幹》诗序："少无宦情，有箕、颖之心事，故仕世多素辞。"《文选》吕向注："多有质素之言也。"

⑥"亦当时望族也"　《四库》本"亦"下有"以"字。

【补录】

唐代钱起《送包何东游》诗（《全诗》二三六）：

"子好谢公迹，常吟《孤屿》诗。"（按：谢灵运有《登江中孤屿》诗，孤屿山在温州南四里永嘉江中。）

【辑评】

明代胡震亨《唐音癸签》七：

"二包艺苑连枝，何七言余有片藻，佶五排概多完什。"

## 五五　包　佶（？—792）

佶，字幼正。天宝六年杨护榜进士①。累迁秘书监。刘晏治财，奏为汴东两税使。及晏罢，以佶为诸道盐铁等使。未几，迁刑部侍郎、太常少卿，拜谏议大夫、御史中丞②。居官谨确③，所在有声。佶天才赡逸，气宇清深，心醉古经，神和《大雅》④，诗家老斫轮也⑤。与刘长卿、窦叔向诸公皆莫逆之爱。晚岁沾风痹之疾，辞宠乐高，不及荣利⑥。卒封丹阳郡公⑦。有诗集，行于世。

**【校注】**

① "天宝六年杨护榜进士"　《直斋》一九"包佶集一卷"条："天宝六载进士。"《唐诗鼓吹》三郝天挺注同。

杨护：曾官水部郎中。见《新书》七一下《宰相世系表》一下。

② "累迁秘书监"至"御史中丞"　此处载录有误。据《新书》一四九本传，"累官谏议大夫"在前，"改秘书监"在后。《新书》记："佶擢进士第，累官谏议大夫。坐善元载，贬岭南。晏奏起为汴东两税使。晏罢，以佶充诸道盐铁轻货钱物使，迁刑部侍郎，改秘书监，封丹阳郡公。"参见权德舆《祭秘书包监文》（《全文》五○八）、梁肃《秘书监包府君集序》（《全文》五一八）。

刘晏：理财家，自比贾谊、桑弘羊。肃宗上元元年为户部侍郎，充度支等使。代宗广德元年任吏部尚书同平章事。不久罢相，仍领支度盐铁转运租庸使。德宗即位后，被杨炎构陷而死。传见《旧书》一二三、《新书》一四九。

③ "居官谨确"　《四库》抄本"确"作"恪"。

④ "心醉古经，神和《大雅》"　包佶诗有《祀风师乐章》、《祀雨师乐章》（《全诗》二○五），辛氏当指此类而言。

⑤ "诗家老斫轮也"　"轮"字原脱，据《四库》、三间、《指海》本补。

老斫轮：指经验丰富、技艺高超者，亦称斫轮老手。《庄子·天道》记轮扁斫制车轮之术，不徐不疾，得心应手，自称"行年七十而老斫轮"。

⑥ "与刘长卿"至"不及荣利"　包佶有《岭下卧疾寄刘长卿员外》、《答窦拾遗卧病见寄》、《近获风痹之疾题所怀》等诗（《全诗》二○五），皆为本书所取资。

窦叔向：官至左拾遗。传见本书卷四（九二）。

⑦ "卒封丹阳郡公"　据《新书》本传。权德舆《祭故秘书包监文》记："维贞元八年岁次壬申五月朔日……敬祭故秘书包七丈之灵。"

**【补录】**

唐代梁肃《秘书监包府君集序》（《全文》五一八）：

"烈考……讳融，实以文藻盛名扬于开元中。泊公与兄起居何，又世其业，竞爽于天宝之后，一动一静，必形于文辞，由是议者称为'二包'。"

后晋刘昫《旧唐书》一二《德宗纪》：

"（贞元二年正月）国子祭酒包佶知贡举。"

【辑评】

元代时天彝《唐百家诗选评》（见《吴礼部诗话》）：

"大历后，李纾、包佶有盛名，叔伦、士元从容其间，诗思逸发，于绮丽外仍有思致，非余子所及也。"

明代杨慎《升庵诗话》五：

"包佶诗'波影倒江枫'，与杜诗'石出倒听枫叶下'同意，二句并工，未易优劣也。"

明代谢榛《四溟诗话》四：

"庾信《咏荷》诗：'若有千年蔡，须巢但见随。'梁简文《纳凉》诗：'游鱼吹水沫，神蔡上荷心。''蔡'虽大龟，然字面入诗，殊欠明爽。包佶《秋日园林》诗：'鸟窥新罅栗，龟上半欹莲。'晚唐虽下六朝，由其不用'蔡'字，乃佳。"（按：谓包佶晚唐人，误。）

明代徐献忠《唐诗品》：

"五言排律可谓中唐作者，其他小诗，未见融悟。"

## 五六 张 彪

彪，颍上人①。初赴举，无所遇②。适遭丧乱，奉老母避地，隐居嵩山，供养至谨③。与孟云卿为中表④，俱工古调诗。云卿有赠云："善道居贫贱，洁服蒙尘埃。行行无定心，坎壈难归来。"⑤性高简，善草书⑥。志在轻举，咏神仙云："五谷非长年，四气乃灵药。列子何必待，吾心满寥廓。"⑦时与杜甫往还，尝寄张十二山人诗云："静者心多妙，先生艺绝伦。草书何太古，诗兴不无神。曹植休前辈，张芝⑧更后身。数篇吟可老，一字买堪贫⑨。"观工部之作，可知其人矣。

【校注】

①"颍上人" "颍"原讹作"颖"，据《佚存》、三间、《指海》本改。杜甫《寄

张十二山人彪三十韵》（《杜少陵集详注》八）云："独卧嵩阳客，三违颍水春。"又《纪事》二三"张彪"条："彪盖颍、洛间静者。"本篇即据以谓彪颍上人。

颖上：谓颍水之侧，非指颍州颍上县言。

②"初赴举，无所遇"　据张彪《杂诗》、《北游还酬孟云卿》诗（《全诗》二五九）。

③"适遭丧乱"至"供养至谨"　《纪事》载："天宝末，将母避乱，故子美以诗寄云。"杜甫《寄张十二山人彪三十韵》："艰难随老母，惨澹向时人。谢氏寻山屐，陶公漉酒巾。群凶弥宇宙，此物在风尘。"此皆为本篇所取资。

④"与孟云卿为中表"　张彪《北游还酬孟云卿》诗云："与君宿姻亲，深见中外怀。"

孟云卿：传见本书卷第二（五〇）。

中表：姑母子女为外表，舅父及姨母子女为内表，互称中表。

⑤"云卿有赠云"至"坎壈难归来"　此即张彪《北游还酬孟云卿》诗，见于《箧中集》、《文苑英华》二四四、《纪事》二三、《全诗》二五九。本篇误为孟云卿诗，应改为："有赠云卿诗云。"

坎壈〔lǎn〕：失意，不得志。刘向《九叹·怨思》："志坎壈而不违。"

⑥"性高简，善草书"　即据杜甫《寄张十二山人彪三十韵》，见下文所引。

⑦"五谷非长年"四句　见于《全诗》二五九，题为《神仙》。

四气：指四时阴阳变化之气，神仙家有服气之说。

列子：列御寇，战国时道家。《庄子·逍遥游》："列子御风而行，泠然善也。……此虽免乎行，犹有所待者也。若夫乘天地之正，而御六气之辩，以游无穷者，彼且恶乎待哉？"（待，意为凭借。）

⑧张芝：东汉书家，善草书，尤长章草，称"草圣"。传见《后汉书》九五。

⑨"一字买堪贫"　《杜少陵集详注》八《寄张十二山人彪三十韵》作"一字卖堪贫"，"卖"下注："旧作'买'。"按："买"字义较胜（谓倾囊买其一字，为此致贫亦值得），《纪事》二三、《韵语阳秋》一引此诗均作"买"。

附记：《四库》本此篇失收。

## 【辑评】

明代钟惺、谭元春《唐诗归》二四：

"张彪《古离别》：'别离无远近，事欢情亦悲。不闻车轮声，后会将何时？去日忘寄书，来日乖前期。纵知明当返，一息千万思。'有古诗之情。"（钟惺）

## 五七　李嘉祐

　　嘉祐，字从一[①]，赵州人[②]。天宝七年杨誉榜进士，为秘书正字[③]。以罪谪南荒，未几何，有诏量移为鄱阳宰，又为江阴令[④]。后迁台、袁二州刺史[⑤]。善为诗，绮靡婉丽，与钱、郎别为一体，往往涉于齐、梁时风，人拟为吴均、何逊之敌。自振藻天朝，大收芳誉，中兴风流也[⑥]。有集今传。

**【校注】**

①"字从一"　《极玄集》下"李嘉祐"附注、《纪事》二一"李嘉祐"条并同。《新书》六〇《艺文志》四"李嘉祐诗一卷"附注作"别名从一"，《郡斋》四上"李嘉祐二卷"条同。

②"赵州人"　《郡斋》同。核之以嘉祐《送从弟归河朔》诗（《全诗》二〇六）："故乡那可到，令弟独能归"，作"赵州人"是。《唐诗鼓吹》五郝天挺注亦作"赵州人"。按：《中兴》上"李嘉祐"评称："袁州自振藻天朝，大收芳誉。"袁州是嘉祐之官称（官终袁州刺史），非籍贯。《纪事》称："高仲武云：嘉祐，袁州人。"此为误解。《极玄集》亦以嘉祐为"袁州人"，亦疑误。

赵州：注见本书卷第一（一三）《李峤传》。

③"天宝七年杨誉榜进士，为秘书正字"　《极玄集》作"天宝七载进士"，《直斋》一九"李嘉祐集一卷"条同。《郡斋》亦载："天宝七年进士，为秘书正字。"

④"以罪谪南荒"至"又为江阴令"　《纪事》云："嘉祐盖尝谪宦，但不知其故。"按：李嘉祐诗《至七里滩》（《全诗》二〇六）云："迁客投于越，临江泪满衣。"又《入睦州分水路忆刘长卿》（《全诗》二〇七）云："北阙忤明主，南方随白云。"又《承恩量移江邑临鄱江怅然之作》（《全诗》二〇七）"四年谪宦滞江城，未厌门前鄱水清。谁言宰邑化黎庶，欲别云山如弟兄。"又《登溢城浦望庐山初晴直省贡敕催赴江阴》（《全诗》二〇六）云："白头悲作吏，黄纸苦催人。"此皆为本篇所据，然辛氏所述有误解处。嘉祐初贬鄱阳，历四年，乃量移为江阴令。参见傅璇琮《唐代诗人丛考·李嘉祐考》。

鄱阳：今江西省波阳县。见《元和志》二八"江南道饶州"。

江阴：今江苏省江阴县。见《元和志》二五"江南道常州"。

⑤"后迁台、袁二州刺史"　《新书·艺文志》记："袁州、台州二刺史。"《纪事》云："上元中尝为台州刺史，大历间刺袁州。"《郡斋》亦记："袁、台二州刺史。"

又《极玄集》称："大历中泉州刺史。"泉州疑为袁州之讹。钱起有《寄袁州李嘉祐员外》诗（《全诗》二三八）。

台、袁：台州，治临海，今浙江省临海县；袁州，治宜春，今江西省宜春县。见《元和志》二五、二六"江南道"。

⑥"绮靡婉丽"至"中兴风流也"　引自《中兴》上"李嘉祐"评，语句略异。"绮靡婉丽"，原作"绮丽婉靡"，据《中兴》、《纪事》、《郡斋》乙转。"中兴风流"，《中兴》、《纪事》作"中兴高流"。《中兴》于"盖吴均、何逊之敌也"之下又云："如'野渡花争发，春塘水乱流'，又'朝霞晴作雨，湿气晚生寒'，文章之冠冕也。又，'禅心超忍辱，梵语问多罗'，役使许询更出，孙绰复生，穷极笔力，未到此境。"

附记：此篇《四库》本失载。

## 【辑评】

宋代叶梦得《石林诗话》上：

"唐人记'水田飞白鹭，夏木啭黄鹂'为李嘉祐诗，王摩诘窃取之（按：见李肇《唐国史补》上），非也。此两句好处，正在添'漠漠'、'阴阴'四字，此乃摩诘为嘉祐点化，以自见其妙。如李光弼将郭子仪军，一号令之，精彩数倍。"

明代杨慎《升庵诗话》五：

"李嘉祐《王舍人竹楼》：'傲吏身闲笑五侯，西江取竹起高楼。南风不用蒲葵扇，纱帽闲眠对水鸥。'长夏之景，清丽潇洒，读之使人神爽。镜川杨文懿公爱此诗，尝以'对鸥'名其阁。"

明代陆时雍《诗镜·总论》：

"李嘉祐'野棠自发空流水，江燕初归不见人'，风味最佳。'野棠'句带琢，'江燕'句则真相自然矣。"

清代贺裳《载酒园诗话·又编》：

"高仲武称李嘉祐'绮靡婉丽，涉于齐、梁'，余意此由未见后人如温、李者耳，犹舜造漆器而指以为奢也。"

清代王夫之《唐诗评选》三：

"彼己之际，出入无痕，袁州是中唐第一佳手，近体独有片段，一往尤多古意。"

清代沈德潜《唐诗别裁》一一：

"李嘉祐《送王牧吉州谒使君叔》：'细草绿汀洲，王孙耐薄游。年华初冠带，文体旧弓裘。野渡花争发，春塘水乱流。使君怜小阮，应念倚门愁。'天然名秀，当时称其齐、梁风格，不虚也。"

清代薛雪《一瓢诗话》：

"李从一：'野棠自发空流水，江燕初飞不见人。'高青邱'阊门一带垂杨柳，绿到皋桥不见人'于此脱胎。如'细雨湿衣看不见，闲花落地听无声'，觉烘染太过。"

## 五八 贾　至 (718—772)

　　至，字幼几[①]，洛阳人，曾之子也[②]。曾，开元间与苏晋同掌制诰[③]。至天宝十年明经擢第，累官起居舍人，知制诰[④]。从幸西川，当撰传位肃宗册文，既进稿，玄宗曰："先天诰命，乃父所为。今兹大册，尔又为之。两朝盛典，出卿家父子，可谓继美矣。"[⑤]大历初，迁京兆尹，以散骑常侍卒[⑥]。初，尝以事谪守巴陵，与李白相遇，日酣杯酒，追忆京华旧游，多见酬唱[⑦]。白赠诗有云："圣主恩深汉文帝，怜君不遣到长沙。"[⑧]至特工诗，俊逸之气，不减鲍照、庾信，调亦清畅，且多素辞[⑨]，盖厌于漂流沦落者也。有集三十余卷，今传[⑩]。

【校注】

①"字幼几"　《唐语林》二"文学"门、《郡斋》四上、《直斋》一六并同，《新书》一一九本传、《纪事》二二均作"幼邻"。《文苑英华》七〇二李舟《独孤常州集序》、独孤及《赵郡李公中集序》并称"长乐贾幼几"，《唐摭言》七引"李华撰《三贤论》"则称"长乐贾至幼邻"。

②"洛阳人，曾之子也"　《旧书》一九〇中、《新书》一一九《贾曾传》均记："河南洛阳人"；"子至"。《纪事》、《直斋》从之。李华、李舟、独孤及称"长乐贾至"、"长乐贾幼几"，当指郡望。《元和姓纂》七亦在"长乐"下列贾曾子贾至。

　　曾：贾曾，景云中为吏部员外郎，徙谏议大夫、知制诰。开元初，拜中书舍人，与苏晋同掌制诰，皆以词学见知，时人称为苏、贾。终礼部侍郎。传见《旧书》一九〇中、《新书》一一九。

③"曾，开元间与苏晋同掌制诰"　据《旧书·贾曾传》。

苏晋：先天中累迁中书舍人，兼崇文馆学士。玄宗监国，每有制命，皆令晋及贾曾为之。历户部、吏部侍郎，出为汝州、魏州刺史，终太子左庶子。传见《旧书》一〇〇、《新书》一二八。

④ "至天宝十年"至"知制诰"　录自《郡斋》四上"贾至集一卷"条。按：贾至《虑子贱碑颂》（《全文》三六八）云："天宝初，至以校书郎尉于单父。"则天宝十年始擢第之说似有误。又《新书》本传记："擢明经第，解褐单父尉。从玄宗幸蜀，拜起居舍人，知制诰。"则《郡斋》及本篇于"从幸西川"之前叙"累官起居舍人、知制诰"，亦不确。

⑤ "从幸西川"至"可谓继美矣"　"西川"，《四库》本作"四川"。此段录自《郡斋》，参采《新书》本传。贾至有《自蜀奉册往朔方途中呈韦左相文部房尚书门下崔侍郎》诗（《全诗》二三五）。

⑥ "大历初，迁京兆尹，以散骑常侍卒"　与两《唐书》本传不尽符合。《旧书》本传记："大历初，改兵部侍郎。五年，转京兆尹。"《新书》本传记："（大历）七年，以右散骑常侍卒，年五十五。"按：独孤及有《祭贾尚书文》（《全文》三九三）。

⑦ "初，尝以事"至"多见酬唱"　《新书》本传记："坐小法，贬岳州司马。宝应初，诏复故官，迁尚书左丞。"贾至诗有《初至巴陵与李十二白裴九同泛洞庭湖三首》；又，《巴陵早秋寄荆州崔司马吏部阎功曹舍人》诗云："谪居潇湘渚，再见洞庭秋"；又，《洞庭送李十二赴零陵》诗云："共说金（京）华旧游处，回看北斗欲潸然"；又，《巴陵寄李二户部张十四礼部》诗（并见于《全诗》二三五）题下注："时贬岳州司马。"李白诗亦有《巴陵赠贾舍人》、《陪族叔刑部侍郎晔及中书贾舍人至游洞庭五首》（《李太白全集》一一、二〇）。皆为本篇所据。

巴陵：今湖南省岳阳县。见《元和志》二七"江南道岳州"。

⑧ "圣主恩深汉文帝"二句　李白《巴陵赠贾舍人》诗中句。按：东汉贾谊二十余岁召为博士，擢太中大夫，颇得文帝赏识，因周勃等谗毁，贬为长沙王太傅。见《史记·屈原贾生列传》。李白诗用此典。

⑨ 素辞：注见本书本卷（五四）《包何传》。

⑩ "有集三十余卷，今传"　《新书》六〇《艺文志》四著录："贾至集二十卷，别十五卷，苏冕编。"《郡斋》四上著录"贾至集十卷"，称："集，李邯郸淑家本二十卷，苏弁编次……今亡其本。"元代时是否有集三十余卷流传，颇可疑。

【补录】

后晋刘昫《旧唐书》一九〇中《贾至传》：

"广德二年，转礼部侍郎。是岁，至以时艰岁歉，举人赴省者，奏请两都试举人，自至始也。"

【辑评】

唐代独孤及《贾员外处见中书贾舍人巴陵诗集览之怀旧代书寄赠》（《全诗》二四六）：

"取公咏怀诗，示我江海澜。暂若窥武库，森然矛戟寒。眼明遗头风，心悦忘朝飡。"

唐代皇甫湜《谕业》（《全文》六八七）：

"贾常侍之文，高冠华簪，曳裾鸣玉，立于廊庙，非法不言，可以望为羽仪，资以道义。"

宋代蔡启《蔡宽夫诗话》：

"开元后，格律一变，遂超然度越前古。……独贾至未见深称者。予尝观其五言，如：'极浦三春草，高楼万里心。楚山晴霭碧，湘水暮流深。忽与朝中旧，同为泽畔吟。停杯试北望，还欲泪沾襟。'又，'越井人南去，湘川水不流。江边数杯酒，海内一孤舟。岭峤同迁客，京华即旧游。春心将别恨，万里共悠悠。'如此等类，使置老杜集中，虽明眼人恐未易辨也。"

宋代吴幵《优古堂诗话》"诚斋论山谷诗"条：

"《山谷集》中有绝句云：'草色青青柳色黄，桃花零落杏花香。春风不解吹愁却，春日偏能惹恨长。'此唐人贾至诗也，山谷特改五字耳。贾云：'桃花历乱杏垂香'，又'不为吹愁惹梦长'。"

明代钟惺、谭元春《唐诗归》一三：

"贾至《初至巴陵与李十二白裴九同泛洞庭湖》：'枫岸纷纷落叶多，洞庭秋水晚来波。乘兴轻舟无近远，白云明月吊湘娥。'二语不是翻太白案，'白云明月'四句正为'不知何处吊湘君'下一注脚。"（钟惺）

清代沈德潜《唐诗别裁》一〇：

"贾至《南州有赠》：'忽与朝中旧，同为泽畔吟。'作欹侧体，孑然异人。"

# 五九 鲍 防（722—790）

防，字子慎①，天宝十二年杨儇榜进士②，襄阳人也③。善辞章，笃志于学。累官至太原尹、河东节度使，人乐其治，不减龚、黄，诏图形别殿。又历福建、江西观察使。丁乱，从幸奉天，除礼部侍郎，封东海公，又迁御史大夫④。贞元元年，策贤良方正，得穆质、柳公绰等，皆位至台鼎，世美其知人。时比岁旱，质对：汉故事，免三公，烹弘羊。权近独孤恼欲下按治，防曰："使上闻所未闻，不亦善乎。"置质高第，帝见策嘉之。授工部尚书，卒⑤。防工于诗，兴思优足，风调严整，凡有感发，以讥切世弊，正国音之宗派也⑥。与谢良弼为诗友，时亦称"鲍、谢"云⑦。有诗集今传。

### 【校注】

① "字子慎" "慎"原作"愤"，据正保、《佚存》、三间本改，与《新书》一五九本传、《纪事》四七"鲍防"条、《全文》七八三穆员《工部尚书鲍防碑》相合。

② "天宝十二年杨儇榜进士" 《旧书》一四六本传作："天宝末举进士。"《鲍防碑》云："天宝中……举进士高第。"按：徐应秋《玉芝堂谈荟》二记天宝十二年状元为杨众。

③ "襄阳人也" 《元和姓纂》七"襄阳"："开元有鲍思远，生防，京兆尹，工部尚书。"《旧书》本传、《新书》本传、《纪事》并作"襄州人"、"襄州襄阳人"。《鲍防碑》作"洛阳人"，又云"薨于洛阳私第"。则襄阳为郡望，洛阳乃实籍。

襄阳：注见本书卷二（四三）《孟浩然传》。

④ "善辞章"至"又迁御史大夫" 据《新书》本传，兼采《旧书》本传。两《唐书》本传"入为御史大夫"均在"历福建、江西观察使"之前（参见《鲍防碑》），本篇误置于后，应据以订正。

龚、黄：汉代循吏龚遂、黄霸。传见《汉书》八九。

福建：方镇，置观察使，治福州，今福建省福州市。见《元和志》二九"江南道福州"。

江西：方镇，治洪州，今江西省南昌市。见《元和志》二八"江南道洪州"。

丁乱：指朱泚之乱。

奉天：今陕西省乾县。见《元和志》一"关内道京兆府"。

⑤ "贞元元年"至"授工部尚书，卒" 节录自《新书》本传。"质对汉故事"之前，《新书》本传有"策问阴阳褫渗"六字，似不应省。"欲下按治"，《新书》本传作"欲下质"，意亦有别。《新书》本传又记："不得志卒，年六十九。"《鲍防碑》记："贞元六年秋八月景申，薨于洛阳私第。"《旧书》一三《德宗纪》："（贞元六年）八月丁

未，工部尚书致仕鲍防卒。"

穆质：贞元元年应制策入第三等，仕历补阙、给事中；宪宗朝历太子左庶子、开州刺史。性强直，政事得失，未尝不尽言。传见《旧书》一五五、《新书》一六三。

柳公绰：贞元元年制举登科，德宗朝仕历开州刺史、吏部郎中；宪宗立，拜御史中丞，历六镇。大和中终兵部尚书。史称耿介有大臣节。弟公权为名书法家。传见《旧书》一六五、《新书》一六三。

台鼎：旧称三公为台鼎，如星有三台，鼎有三足。喻高位。

弘羊：桑弘羊，西汉政治家，主张重农抑商，推行盐铁酒类由国家专卖政策。后被指为谋废昭帝，死。事见《汉书》六八《霍光传》。《汉书》二四下《食货志》载："是岁小旱，上令百官求雨。卜式言曰：'县官当食租衣税而已，今弘羊令吏坐市列贩物求利，亨弘羊，天乃雨。'"

独孤恼：独孤及堂弟，及有《送弟恼之京序》（《全文》三八八）。《新书·鲍防传》记恼为"右司郎中"。《唐会要》七五记恼兴元元年为岭南选补使右司郎中。

⑥ "防工于诗"至"正国音之宗派也" 《新书》本传作："防于诗尤工，有所感发，以讥切世敝，当时称之。"

⑦ "与谢良弼为诗友，时亦称'鲍、谢'云" "谢良弼"，原脱"弼"字，卷首《传目》中亦脱"弼"字，均据《新书》、《纪事》补。《新书》本传作："与中书舍人谢良弼友善，时号'鲍、谢'云。"《纪事》四七"鲍防"条亦作"谢良弼"。按：《纪事》四七"谢良辅"条云："良辅，登天宝十一年进士第，德宗时刺商州，为团练所杀。"良辅、良弼，应是一人。《纪事》载良辅《忆长安十二咏》及鲍防同题酬唱之作。《新书·德宗纪》载："（建中四年十月）商州军乱，杀其刺史谢良辅。"《新书》二〇三《李华传》记："华爱奖士类，若独孤及……谢良弼、朱巨川，后至执政显官。"李白有《与谢良辅游泾川陵岩寺》诗（《李太白全集》一九）。当以作"良辅"为是。

附记：本篇《四库》本失载。

## 【补录】

唐代穆员《工部尚书鲍防碑》（《全文》七八三）：

"天宝中，天下尚文。……公赋《感遇》十七章，以古之政法，刺讥时病，丽而有则，属诗者宗而诵之。"

## 【辑评】

唐代白居易《与元九书》（《全文》六七五）：

"唐兴二百年，其间诗人不可胜数。所可举者，陈子昂有《感遇诗》

二十首,鲍防有《感兴诗》十五首。"(按:鲍防《感兴诗》已佚。)

元代时天彝《唐百家诗选评》(《吴礼部诗话》引):

"皇甫冉、鲍防、二张诗,在唐中叶,所谓铁中铮铮者。"

明代谢榛《四溟诗话》二:

"鲍防《杂感》诗曰:'五月荔枝初破颜,朝离象郡夕函关。'此作托讽不露。杜牧之《华清宫》诗曰:'一骑红尘妃子笑,无人知是荔枝来。'二绝皆指一事,浅深自见。"

## 六〇 殷 遥

遥,丹阳人。天宝间,尝仕为忠王府仓曹参军[1]。与王维结交,同慕禅寂,志趣高疏,多云岫之想[2]。而苦家贫,死不能葬,一女才十岁,日哀号于亲爱,怜之者赙赠,埋骨石楼山中[3]。工诗,词彩不群,而多警句,杜甫尝称许之[4]。有诗传于今。

【校注】

[1]"丹阳人"至"仓曹参军" "尝"原作"常",据《四库》本改。《新书》六〇《艺文志》四"包融诗一卷"附注:"句容有忠王府仓曹参军殷遥……十八人皆有诗名。殷璠汇次其诗,为《丹杨(阳)集》者。"《纪事》一七"殷遥"条:"遥,丹阳人,天宝间终于忠王府仓曹参军。"本篇即据此。按:储光羲有《新丰作贻殷四校书》诗(《全诗》一三八),殷遥行四,与储光羲友善(见后),则"殷四校书"当即殷遥。

丹阳:天宝元年改曲阿为丹阳,今江苏省丹阳县。见《元和志》二五"江南道润州"。

忠王:李亨,玄宗子,开元十五年封忠王,开元二十六年立为太子,至德元载即位,是为肃宗。见《旧书》一〇、《新书》六《肃宗纪》。

[2]"与王维结交"至"多云岫之想" 王维《哭殷遥》诗(《全诗》一二五)云:"忆昔君在时,问我学无生。"又,殷遥有《友人山亭》、《春晚山行》诗(《全诗》一一四)。皆为本篇所据。

[3]"而苦家贫"至"埋骨石楼山中" "赙"原讹为"赐",据《四库》、三间、《指海》本改。王维《哭殷遥》诗(《全诗》一二五)云:"慈母未及葬,一女才十龄。泱莽寒郊外,萧条闻哭声。……故人各有赠,又不及生平。"又《送殷四葬》诗(《全诗》一二八,题下注:"一作《哭殷遥》")云:"送君返葬石楼山。"储光羲《同王十三

维哭殷遥》诗(《全诗》一三八)亦云:"生理无不尽,念君在中年。游道虽未深,举世莫能贤。筮仕苦贫贱,为客少田园。……时闻孤女号,迥出陌与阡。"此皆为本书所据。

赗(fèng)赠:赠送财物助葬。赗,助葬用的车马束帛等财物。

④"杜甫尝称许之" 杜甫有《晚秋长沙蔡五侍御饮筵送殷六参军归澧州觐省诗》(《杜少陵集详注》二三)有"佳士欣相识"之句,辛氏或以为此"殷六参军"即殷遥。(非。殷遥行四,家丹阳,而非澧州,不合。)未见其他有关资料。

【辑评】

明代钟惺、谭元春《唐诗归》二四:

"此君诗少而能妙,王摩诘、储光羲哭得不错。"(谭元春)

"殷遥《送友人下第归省》:'君此卜行日,高堂应梦归。莫将和氏泪,滴着老莱衣。'和氏泪、老莱衣,滥极矣,如此说何尝不妙?大抵用事有意极真者,有笔极妙者,有一于此,无事不可用,不必避其套也。"(钟惺)

清代沈德潜《唐诗别裁》一○:

"殷遥《送友人下第归省》:真到极处,去风雅不远。和氏泪、老莱衣,本属套语,合用之只见其妙,有真性情流于笔墨之先也。"

## 六一 张 继

继,字懿孙,襄州人①。天宝十二年,礼部侍郎阳浚下及第②。与皇甫冉有髫年之故,契逾昆玉③。早振词名。初来长安,颇矜气节,有《感怀》诗云:"调与时人背,心将静者论。终年帝城里,不识五侯门。"④尝佐镇戎军幕府,又为盐铁判官。大历间,入内侍。仕终检校祠部郎中⑤。继博览有识,好谈论,知治体,亦尝领郡,辄有政声⑥。诗情爽激,多金玉音。盖其累代词伯,积袭弓裘,其于为文,不雕自饰,丰姿清迥,有道者风⑦。集一卷,今传。

【校注】

①"字懿孙,襄州人" 《新书》六○《艺文志》四"张继诗一卷"附注、《纪事》二五"张继"条并同。刘长卿《哭张员外继》诗(《全诗》一四九)称"故园荒岘

"西"，可证继家于襄阳。又，独孤及《唐故扬州庆云寺律师一公（灵一）塔铭并序》（《全文》三九〇）称"南阳张继"。

襄州：治襄阳，今湖北省襄阳县。见《元和志》二一"山南道"。

② "天宝十二年，礼部侍郎阳浚下及第"　　"阳浚"原作"杨浚"，讹，据诸书订正。《纪事》二五"张继"条载："登天宝进士第。"王定保《唐摭言》一四"主司称意"条："天宝十二载，礼部侍郎阳浚四榜，共放一百五十人。"《纪事》二七"长孙铸"条亦云："天宝十二年阳浚舍人下登第。"（同卷"刘舟"、"房白"、"刘太冲"、"姚发"、"郑谔"、"殷少野"条并同。）《新书》一四三《元结传》记："天宝十二年举进士，礼部侍郎阳浚见其文，曰：（下略）"均可证。又王谠《唐语林》八载"神龙元年以来累为主司者"："阳涣再：天宝十二载、十五载。""涣"字误。

③ "与皇甫冉有髫年之故，契逾昆玉"　　张继《春夜皇甫冉宅欢宴》诗（《全诗》二四二）云："兴因尊酒洽，愁为故人轻。"皇甫冉《酬张继》诗序（《全诗》二五〇）云："懿孙，余之旧好。"当为本篇所据。

皇甫冉：传见本书本卷（六五）。

④ "调与时人背"四句　　张继《感怀》诗，见于《全诗》二四二，题下注："一作陆沈诗，题作《上礼部杨（阳）侍郎》。"按："陆沈"应是"张继"二字之讹。

⑤ "尝佐镇戎军幕府"至"仕终检校祠部郎中"　　《四库》本无"入内侍"三字。《新书·艺文志》作："大历末，检校祠部员外郎，分掌财赋于洪州。"不云"入内侍"，亦不云"郎中"。按：刘长卿有《哭张员外继》诗（《全诗》一四九），题下原注："公及夫人相次殁于洪州。"又《中兴》下"张继"评亦称"员外"。

⑥ "继博览有识"至"辄有政声"　　参见刘长卿《哭张员外继》诗，本篇所述或据此诗。谓"尝领郡"，当指"分掌财赋于洪州"（《新书·艺文志》）而言。

⑦ "盖其累代词伯"至"有道者风"　　《四库》、三间本"自饰"作"不饰"。《中兴》作"自饰"，《纪事》引高仲武评作"不饰"。此段引自《中兴》下"张继"评。"盖其"，《中兴》作"员外"。"积袭"，《纪事》同，《中兴》作"积习"。"丰姿"，《中兴》作"诗体"。又，《中兴》"诗体清迥"上有："及尔登第，秀发当时"；"有道者风"下有："如'女停襄邑杼，农废汶阳耕'，可谓事理双切；又，'火燎原犹湿，风摇海未平'，比兴深矣。"

弓裘：喻父子世传的事业。《礼记·学记》："良冶之子必学为裘，良弓之子必学为箕。"白居易《除薛平郑渭节度判》："袭将门之弓裘。"

【辑评】

宋代欧阳修《六一诗话》：

"诗人贪求好句,而理有不通,亦语病也。……唐人有云:'姑苏台下寒山寺,半夜钟声到客船。'说者亦云:句则佳矣,其如三更不是打钟时!"

宋代王直方《王直方诗话》:

"余观于鹄《送宫人入道》诗云:'定知别后宫中伴,遥听猴山半夜钟。'而白乐天亦云:'新秋松影下,半夜钟声后。'岂唐人多用此语也。倘非递相沿袭,恐必有说耳。温庭筠诗亦云:'悠然逆旅顿回首,无复松窗半夜钟。'"

宋代计有功《唐诗纪事》二五"张继"条:

"此地有夜半钟,谓之'无常钟',继志其异耳。欧阳以为语病,非也。"

明代胡应麟《诗薮·外编》四:

"又张继'夜半钟声到客船',谈者纷纷,皆为昔人愚弄。诗流借景立言,惟在声律之调,兴象之合。区区事实,彼岂暇计?无论夜半是非,即钟声闻否,未可知也。"

清代周容《春酒堂诗话》:

"有伧父谓余曰:'南人诗□好,亦生得地方便宜耳。如姑苏城外寒山寺,有何心力,竟指为绝唱?若效之云通州城外金龙庙,便揶揄之矣。'余为之大笑。然亦可以悟诗中一境。"

清代王士禛《渔洋诗话》:

"陈伯玑常语余:'姑苏城外寒山寺,夜半钟声到客船,妙矣。然亦诗与地肖故尔。若云南门城外报国寺,岂不可笑耶?'余曰:'固然。即如:满天梅雨过苏州;流将春梦过杭州;白日澹幽州;风声壮岳州;黄云画角见并州;淡烟乔木隔绵州,皆诗地相肖。使云白日澹苏州、流将春梦过幽州,不堪绝倒耶?'"

# 六二 元 结(719—772)

结,字次山,武昌人①。鲁山令元紫芝族弟也。少不羁,弱冠始折节读书②。天宝十三年进士,礼部侍郎阳浚见其文曰:"一第恩子耳。"遂擢高品。后举制科③。会天下乱,沉浮人间,苏源明荐于肃宗，授右金吾兵曹。累迁御史，参山南来瑱府，除容管经略使④。始隐商於山中，称"元子"。逃难入猗玗洞，称"猗玗子"。或称浪士、渔者，或称聱叟、酒徒、漫叟。及为官，呼漫郎。皆以命所著⑤。性梗僻，深憎薄俗，有忧道闵世之心⑥。《中兴颂》一文，灿烂金石，清夺湘流⑦。作诗著辞，尚聱牙。天下皆知敬仰⑧。复嗜酒，有句云："有时逢恶客"，自注："非酒徒，即恶客也。"⑨有《文编》十卷，及所集当代人诗为《箧中集》⑩一卷，并传。

## 【校注】

①"武昌人" 颜真卿《唐故容州都督兼御史中丞本管经略使元君（结）表墓碑铭》（《全文》三四四）记："今上（按：指代宗）登极，节度使留后者，例加封邑。君逊让不受，遂归养亲，特蒙褒奖，乃拜著作郎，遂家于武昌之樊口。"本篇即据此。《新书》一四三本传引元结《自释》云："河南，元氏望也。"《旧书》一九〇下《元德秀传》亦云："河南人。"（德秀为结之从兄。）又颜真卿《元君（结）表墓碑铭》云："父延祖……以鲁县商余山多灵药，遂家焉。"按：元氏世居太原，著姓（见《元和姓纂》四）；后移居鲁县（属河南道汝州），故亦得称为河南人。参见孙望师《元次山年谱》。

武昌：今湖北省鄂城县。见《元和志》二七"江南道鄂州"。

鲁县：唐鲁山县即古鲁县地，今河南省鲁山县。见《元和志》六"河南道汝州"。

②"鲁山令元紫芝"至"折节读书" 据《新书》一四三本传。《元君表墓碑铭》云："君聪悟宏达，倜傥而不羁，十七始知书，乃受学于宗兄先生德秀。"

元紫芝：元德秀，字紫芝，元结族兄。少孤贫，乃求为鲁山令，以诚信化人。爱陆浑山水，结庐山阿，作《寒士赋》以自况。天宝十三载卒。天下高其行，不名，谓之元鲁山。传见《旧书》一九〇下、《新书》一九四。

③"天宝十三年进士"至"后举制科" 采自《新书》本传。"阳浚"原讹作"杨浚"，据《新书》本传改，参见本书本卷（六一）《张继传》校注。"天宝十三年进士"，《新书》本传作"天宝十二载举进士"，与颜真卿《元君表墓碑铭》合。颜《碑》云："天宝十二载举进士，作《文编》，礼部侍郎阳浚曰：'一第污元子耳，有可得元子是赖！'遂登高第。"而元结《文编序》（《全文》三八一）云："天宝十二载，漫叟以进士获举，名在礼部。……明年，有司于都堂策问群士，叟竟在上第。"则本篇谓"十三年进士"亦不误。

恩（hūn）：打扰。此为谦词。《史记·范雎传》："先生乃幸辱至此，是天以寡人恩先生而存先王之宗庙也。"

④"会天下乱"至"除容管经略使" 节录自《新书》本传。《新书》本传于"参山南东道来瑱府"之后记:"久之,拜道州刺史。"

苏源明:注见本书卷第二(四七)《郑虔传》。

来瑱:天宝间仕至伊西、北庭行军司马。安禄山反,以颍川太守守城,因功加防御使。乾元三年,充山南东道十州节度使。代宗立,因疑其倔强难制,赐死。传见《旧书》一一四、《新书》一四四。

⑤"始隐商於山中"至"皆以命所著" "隐商於山中",《佚存》、三间、《指海》本并作"隐於商山中",讹。《元君表墓碑铭》、《唐国史补》上、《新书》本传、《郡斋》四上皆作"商余山"。此段录自《郡斋》四上"元子十卷琦玗子一卷文编十卷"条。"猗玗洞"、"猗玗子",原作"琦玗洞"、"琦玗子",系沿袭《郡斋》之讹,据《元君表墓碑铭》及《新书》本传引《自释》改。"或称浪士、渔者,或称聱叟、酒徒、漫叟",《郡斋》作:"或称浪士,渔者称为聱叟,酒徒呼漫叟。"辛氏误读《郡斋》文而妄改,元结并无"渔者"、"酒徒"之别号。按:此处文字,本篇本于《郡斋》,《郡斋》本于《唐国史补》上,《唐国史补》又本于元结《自释》。《新书》本传引《自释》云:"少居商余山,著《元子》十篇,故以《元子》为称。天下兵兴,逃难入猗玗洞,始称猗玗子。后家瀼滨,乃自称浪士。及有官,人以为浪者亦漫为官乎,呼为漫郎。既客樊上,漫遂显。樊左右皆渔者,少长相戏,更曰聱叟。……酒徒得此,又曰:……公漫久矣,可以漫为叟。……取而醉人议,当以漫叟为称。"又,"皆以命所著",此句《自释》中无,《郡斋》作"因以命其所著"。

⑥"性梗僻"至"闵世之心" 据《郡斋》。

⑦"《中兴颂》一文,灿烂金石,清夺湘流" 《大唐中兴颂》(《全文》三八〇)序云:"天宝十四载,安禄山陷洛阳。明年,陷长安,天子幸蜀,太子即位于灵武。明年,皇帝移军凤翔,其年复两京,上皇还京师。於戏!前代帝王有盛德大业者,必见于歌颂;若今歌颂大业,刻之金石,非老于文字,其谁宜为?"颂有云:"湘江东西,中直浯溪,石崖天齐。可磨可镌,刊此颂焉,何千万年。"故辛氏称"灿烂金石,清夺湘流"。按:《金石苑》二云是碑上元二年秋八月撰,大历六年夏六月刻,颜鲁公书。

⑧"作诗著辞,尚聱牙,天下皆知敬仰" 《郡斋》作:"自谓与聱牙,岂独其行事而然,其文辞亦如之。……在当时名出萧、李下。至韩愈称数唐之文人,独及结云。"

⑨"非酒徒,即恶客也" 《元次山集》二(孙望师编校本)《将船何处去二首》之二"有时逢恶客"句原注:"非酒徒,即为恶客。"

⑩《箧中集》:元结编,一卷。集其亲友沈千运、王季友、于逖、孟云卿、张彪、赵微明、元季川七人的五言古诗二十四首,皆淳古淡泊之作。集前有元结乾元三年所作自序。

附注:本篇《四库》本失载。

……181

## 【补录】

唐代颜真卿《元君（结）表墓碑铭》(《全文》三四四)：

"十七始知书，乃受学于宗兄先生德秀，常著《说楚赋》三篇，中行子苏源明骇之曰：'子居今而作真淳之语，难哉！然世自浇浮，何伤元子！'"

"上以君居贫，起家为道州刺史。州为西原贼所陷，人十无一，户才满千。君下车行古人之政，二年间归者万余家，贼亦怀畏，不敢来犯。"

"容府自艰虞以来，所管皆拒山谷。君单车入洞，亲自抚谕，六旬而收复八州。"

"（大历七年）夏四月庚午，薨于永崇坊之旅馆，春秋五十，朝野震悼焉。"

"君雅好山水，闻有胜绝，未尝不枉路登览而铭赞之。感中行（按：指苏源明）见知之恩，及亡，至今分宅以恤其子。其不偷也多此类。"

## 【辑评】

唐代杜甫《同元使君舂陵行》(《杜少陵集详注》一九)：

"不意复见比兴体制，微婉顿挫之词，感而有诗。"（序）

"粲粲元道州，前圣畏后生。观乎《舂陵》作，欻见俊哲情。复览《贼退》篇，结也实国桢。贾谊昔流恸，匡衡尝引经。道州忧黎庶，词气浩纵横。两章对秋月，一字偕华星。"

唐代皇甫湜《题浯溪石》(《全诗》三六九)：

"次山有文章，可惋只在碎。然长于指叙，约洁有余态。心语适相应，出句多分外。于诸作者间，拔戟成一队。中行（按：指苏源明）虽富剧，粹美若可盖。子昂《感遇》佳，未若君雅裁。"

唐代李商隐《容州经略使元结文集后序》(《全文》七七三)：

"其文危苦激切，悲忧酸伤于性命之际。"

"次山之作，其绵远长大，以自然为祖，元气为根。"

宋代欧阳修《集古录》七：

"次山当开元、天宝时，独作古文，其笔力雄健，意气超拔，不减韩之徒也。"

宋代晁公武《郡斋读书志》四上"元子十卷猗玕（猗玗）子一卷文编

十卷"条：

"其辞义幽约，譬古钟磬，不偕于俚耳，而可寻玩。"

金代元好问《论诗三十首》之十七（《遗山先生文集》一一）：

"切响浮声发巧深，研摩虽苦果何心？浪翁水乐无宫徵，自是云山韶濩音。"（自注："水乐，次山事。"又其《欸乃曲》云："停桡静听曲中意，好是云山韶濩音。"）

明代钟惺、谭元春《唐诗归》二三：

"元次山诗溪刻直奥，有异趣，有奇响，在盛唐中自为一调，不读此不知古人无所不有。若掩其姓名以示俗人，决不以为盛唐人作矣。不知者笑其稚朴，知者惊其奇险。当观其意法深老处。"（钟惺）

"次山诸乐府古诗，有'朴素传幽真'意。"（钟惺）

"《与瀼溪邻里》：厚处似储，闲处似王，别有一段苍奥之气裹其笔端。"（钟惺）

清代贺贻孙《诗筏》：

"晋人诗能以真朴自立门户者，惟陶元亮一人。唐诗人能以真朴自立门户者，惟元次山一人。次山不惟不似唐人，并不似元亮。盖次山自有次山之真朴，此其所以自立门户也。"

清代贺裳《载酒园诗话·又编》：

"疏率自任，元次山之本趣也，然亦有太轻太朴者。酬赠游宴诸诗，须分别存之；惟悯贫穷、悲兵燹之言，宜备矇瞍之诵，为人牧者尤宜置之座右。"

清代王士禛《戏仿元遗山论诗绝句三十二首》（《渔洋山人精华录训纂》五下）：

"漫郎生及开元日，与世聱牙古性情。谁嗣《箧中》冰雪句？《谷音》一卷独铮铮。"（自注："《谷音》，杜清碧撰，宋末逸民之作。"）

清代管世铭《读雪山房唐诗序例》：

"元次山古调独弹，冰襟雪抱，令人不敢亵玩。"

清代方东树《昭昧詹言》二一：

"元次山苦直易详尽，无余可蓄。又往往题佳于诗，使观者失望于诗。又有诗复于序之病，人皆喜其序，予正嫌其多一序也。序与诗宜互见，不宜重见，详略异同自有法。"

清代施补华《岘佣说诗》：

"诗忌拙直，然如元次山《舂陵行》、《贼退示官吏》诸诗，愈拙直愈可爱。盖以仁心结为真气，发为愤词，字字悲痛，《小雅》之哀音也。"

## 六三　郎士元

　　士元，字君胄，中山人也①。天宝十五载卢庚榜进士②。宝应初，选京畿县官。诏试政事中书，补渭南尉，历左拾遗，出为郢州刺史③。与员外郎钱起齐名。时朝廷自丞相以下，出牧奉使，无两君诗文祖饯，人以为愧，其珍重如此。二公体调，大抵欲同，就中郎君稍更闲雅，逼近康乐④。珠联玉映，不觉成编，掩映时流，名不虚矣。有别业在半日吴村，王季友、钱起等皆见题咏，每夸胜绝⑤。诗集今传于世。

**【校注】**

①"字君胄，中山人也"　《新书》六〇《艺文志》四"郎士元诗一卷"附注、《纪事》四二"郎士元"条、《郡斋》四上"郎士元诗"条、《直斋》一九"郎士元集一卷"条并同。

中山：古中山国，即唐定州安喜县地，今河北省定县。见《元和志》一八"河北道定州"。

②"天宝十五载卢庚榜进士"　《极玄集》上"郎士元"附注、《郡斋》、《直斋》均作"天宝十五年（载）进士"。

③"宝应初"至"出为郢州刺史"　"京畿县官"，《四库》本无"县"字。《新书·艺文志》、《纪事》、《直斋》无"京"字，《新书·艺文志》所记大致相同，"宝应初"作"宝应元年"。"历左拾遗"，《极玄集》、《新书·艺文志》、《纪事》均作"历拾遗"。"出为郢州刺史"，《极玄集》作"终郢州刺史"。按：李端有《送客赴江陵寄郢州郎士元》诗（《全诗》二八五），钱起有《寄郢州郎士元使君》诗（《全诗》二三七）。

渭南：今陕西省渭南县。见《元和志》一"关内道京兆府"。

郢州：治长寿，今湖北省钟祥县。见《元和志》二一"山南道"。

④"与员外郎钱起齐名"至"逼近康乐"　《极玄集》作："与钱起齐名。"《中兴》下"郎士元"评作："右丞以往，与钱更长。自丞相已下，更出（按：何义门校本作"出使"）作牧，二公无诗祖饯，时论鄙之。两君体调，大抵欲同，就中郎公稍更闲

雅，近于康乐。"《郡斋》所记略同。按：《中兴》于"右丞以往"之上有："员外，河岳英灵，人伦秀异，自家形（按：何义门校本作"刑"）国，遂拥大名"；于"近于康乐"之下有："如'荒城背流水，远雁入塞云'，'去鸟不知倦，远帆生暮愁'；又，'萧条夜静边风吹，独倚营门向秋月'，可以齐衡古人，掩映时辈。又，'暮蝉不可听，落叶岂堪闻'，古谓谢朓工于发端，比之于今，有惭沮矣。"

钱起：传见本书卷第四（八六）。

康乐：南朝宋诗人谢灵运，袭封康乐公，世称谢康乐。传见《宋书》六七。

⑤ "有别业在半日吴村"至"每夸胜绝" 郎士元有《酬王季友题半日村别业兼呈李明府》诗（《全诗》二四八），钱起有《题郎士元半日吴村别业兼呈李长官》诗（《全诗》二三九）。此为本书所据。

半日吴村：《大清一统志》二二九《西安府·古迹》"半日村"条记："在渭南县东南。《寰宇记》：此村以山高蔽亏，日影常照其半，故名。（按：见《太平寰宇记》二九"华州渭南县"。）旧志：唐郎土元为渭南尉，构半日村别业，钱起有诗，郎士元又有《酬王季友题半日村别业》诗。"按：钱诗题称"半月吴村"。郎诗有"半景东邻照数家"之句。

## 【补录】

宋代王谠《唐语林》六：

"郎士元诗句清绝，轻薄好为剧语，每云：'郭令公不入琴，马镇西不入茶，田承嗣不入朝。'马知此，语之曰：'郎中言燧不入茶，请左顾为设也。'即依期而往。……马晨起㕮古楼子以贮，士元至，马喉干如窑，即命急烹茶，各啜二十余瓯。士元已老，虚冷腹胀，屡辞，马辄曰：'马镇西不入茶，何遽辞也？'如此又七瓯，士元固辞而起，及马，气液俱下，因病数旬。马乃遗绢二百匹。"

## 【辑评】

宋代吴曾《能改斋漫录》八：

"张文潜诗云：'新月已生飞鸟外，落霞更在夕阳西。'盖用郎士元《送杨中丞和番》诗耳。郎诗云：'河源飞鸟外，雪岭大荒西。'"

明代王世懋《艺圃撷余》：

"郎士元起句云'暮蝉不可听，落叶岂堪闻'，合掌可笑。高仲武乃云：'昔人谓谢朓工于发端，比之于今，有惭沮矣。'若谓出于讥戏，何得入选？

果谓发端工乎,谢宣城地下当为抚掌大笑。"

明代胡应麟《诗薮·内编》四:

"郎君胄'春色临关尽,黄云出塞多','河源飞鸟外,云岭大荒西',句格雄丽,天宝余音。"

清代毛先舒《诗辩坻》三:

"《中兴间气》称郎士元'暮蝉不可听,落叶岂堪闻',工于发端,谢朓惭沮。然二语排而弱,思致浅竭,遽驾玄晖乎?"

清代贺裳《载酒园诗话·又编》:

"郎君胄诗,不能高岸,而有谈言微中之妙。刘须溪谓其'浓景中别有澹意',余则谓其澹语中饶有腴味。如'乱流江渡浅,远色海山微','河来当塞曲,山远与沙平','荒城背流水,远雁入寒云','罢磬风枝动,悬灯雪屋明',虽萧寂而不入寒苦。"

## 六四　道人灵一 (728—762)

一公,剡中人①。童子出家②,瓶钵之外,余无有③。天性超颖,追踪谢客,隐麻源第三谷中,结茆读书④。后白业⑤精进,居若耶溪云门寺⑥,从学者四方而至矣。尤工诗,气质淳和,格律清畅。两浙名山,暨衡、庐诸甲刹,悉所经行。与皇甫昆季、严少府、朱山人、彻上人等为诗友,酬唱甚多⑦。刻意声调,苦心不倦,骋誉丛林⑧。后顺寂于岑山⑨。集今传世。

论曰:自齐、梁以来,方外工文者,如支遁、道遒、惠休、宝月之俦,驰骤文苑,沉淫藻思,奇章伟什,绮错星陈,不为寡矣。厥后丧乱,兵革相寻,缁素亦已狼藉,罕有复入其流者⑩。至唐,累朝雅道大振,古风再作,率皆崇衷像教⑪,驻念津梁⑫,龙象⑬相望,金碧交映。虽寂寥之山河,实威仪之渊薮。宠光优渥,无逾此时。故有颠顿文场之人,憔悴江海之客,往往裂冠裳,拨缯缴⑭,杳然高迈,云集萧斋⑮。一食自甘,方袍⑯便足,灵台⑰澄皎,无事相干,三余⑱有简牍之期,六时⑲分吟讽之隙。青峰瞰门,绿水周舍；长廊步屦，幽径寻真；景变序迁，荡入冥思。凡此数者，皆达人雅士，夙所钦怀，虽则心侔迹殊，所趣无闻。会稽传孙、许[20]之玄谈，庐阜接谢、陶[21]于白社，宜其日锻月炼，志弥历而道弥精。佳句纵横，不废禅定，岩穴相迩，更唱迭酬，苦于三峡猿，清同九皋鹤，不其伟欤。与夫迷津畏途，埋玉世虑，蓄愤于心，发在篇咏者，未可同年而论矣。然道或浅深，价有轻重，未能悉采。其乔松于灌莽，野鹤于鸡群者，有灵一、灵彻、皎然[22]、清塞[23]、无可[24]、虚中[25]、齐己[26]、贯休[27]八人，皆东南产秀，共出一时，已为录实。其或虽以多而寡称，或著少而增价者，如：惟审[28]、护国[29]、文益[30]、可止[31]、清江[32]、法照[33]、广宣[34]、无本[35]、修睦[36]、无闷[37]、太易[38]、景云[39]、法振[40]、栖白[41]、隐峦[42]、处默[43]、卿云[44]、栖一[45]、淡交[46]、良乂[47]、若虚[48]、云表[49]、昙域[50]、子兰[51]、僧鸾[52]、怀楚[53]、惠标[54]、可朋[55]、怀浦[56]、慕幽[57]、善生[58]、亚齐[59]、尚颜[60]、栖蟾[61]、理莹[62]、归仁[63]、玄宝[64]、惠侃[65]、法宣[66]、文秀[67]、僧泚[68]、清尚[69]、智暹[70]、沧浩[71]、不特[72]等四十五人，名既隐僻，事且微冥，今不复喋喋云尔。

**【校注】**

①"剡中人" 皇甫冉《小江怀灵一上人》诗（《全诗》二五〇）云："借问山阴远近，犹闻薄暮钟声。"又《西陵寄灵一上人》诗云："回望山阴路，心中有所亲。"或为本篇所据。按：独孤及《唐故扬州庆云寺律师一公塔铭并序》（《全文》三九〇）载："公讳灵一，俗姓吴，广陵人也。"赞宁《高僧传三集》一五《唐余杭宜丰寺灵一传》亦云："姓吴氏，广陵人也。"

剡中：注见本书卷一（一六）《吴筠传》。

广陵：天宝、至德间改扬州为广陵郡，今江苏省扬州市。见《旧书》四。《地理志》三"淮南道扬州"。

②"童子出家" 《一公塔铭》作"九岁出家"。

③"瓶钵之外，余无有" 《四库》本作"瓶钵外无所有"。

④"追踪谢客"至"结茆读书" 《四库》、《指海》本"隐"下有"居"字。灵一《送陈允初卜居麻园》诗（《全诗》八〇九）云："欲向麻源隐，能寻谢客踪。空山几

千里，幽谷第三重。茅宇宁须葺，荷衣不待缝。因君见往事，为我谢乔松。"（诗题中"麻园"，《纪事》七二引此诗作"麻源"。）辛氏所记当本此，疑有误解。（《文选》二六载有谢灵运《入华子岗是麻源第三谷》诗。）

谢客：南朝宋诗人谢灵运小名客儿，故又称谢客。传见《宋书》六七。

⑤白业：佛家语，谓善业。《大乘义章》七有《黑白四业义》篇。

⑥"居若耶溪云门寺"　灵一《酬皇甫冉将赴无锡于云门寺赠别》诗（《全诗》八〇九）云："欲识云门路，千峰到若耶。"又，《纪事》七二"僧灵一"条载有钱起《寄灵一上人初归云门寺》诗（按：此诗《全诗·钱起卷》无载，收入《全诗》三八四《张籍卷》）。又，皇甫冉亦有《赴无锡寄别灵一净虚二上人云门所居》诗（《全诗》二四九）。辛氏所记当本此。

若耶：若耶溪，在今浙江省绍兴县南。水至清，映众山倒影，窥之如画。相传西施浣纱于此，故又名浣纱溪。见《水经注·渐江水》。

云门寺：今浙江省绍兴县南云门山上旧有云门寺。见《大清一统志》二九四"绍兴府"。杜甫《奉先刘少府新画山水障歌》："若耶溪，云门寺，吾独胡为在泥滓，青鞋布袜从此始。"

⑦"与皇甫季昆"至"酬唱甚多"　灵一有《酬皇甫冉西陵见寄》、《赠别皇甫曾》、《送朱放》、《赠灵澈禅师》等诗（《全诗》八〇九），皇甫冉有《西陵寄灵一上人》、《小江怀灵一上人》诗（《全诗》二五〇），严维有《一公新泉》、《哭灵一上人》诗（《全诗》二六三），朱放有《云门寺赠灵一上人》诗（《全诗》三一五）。

皇甫昆季：皇甫冉、皇甫曾兄弟，传见本书本卷（六五、六六）。

严少府：严维，传见本书本卷（七一）。

朱山人：朱放，传见本书卷第五（一二一）。

彻上人：灵彻，传见本书本卷（七三）。

⑧丛林：众僧聚居念佛修道处。比丘和合一处，如众木相倚成林，故名。见《大智度论》三。后泛指寺院为丛林。

⑨"后顺寂于岑山"　《一公塔铭》记："宝应元年冬十月十六月，终于杭州龙兴寺，春秋三十有六。"严维《哭灵一上人》云："共说岑山路，今时不可行。"本篇即据此。按：灵一有《归岑山过惟审上人别业》诗（《全诗》八〇九）。

顺寂：佛家语，顺化圆寂，谓僧人死。江总《摄山栖霞寺碑》："于建武四年于此寺顺寂。"

⑩"自齐、梁以来"至"罕有复入其流者"　《中兴》下"道人灵一"评："自齐、梁以来，道人工文多矣，罕有入其流者。"本篇所论即据此。

支遁：东晋高僧，字道林，世称支公、林公。传见《高僧传》六。

道猷：即释道猷，南朝宋僧人，生公弟子，能诗。见钟嵘《诗品》下。

惠休：南朝宋僧人，原名汤休，人称休上人，善属文，辞采绮艳，时与鲍照相匹。见《诗品》下。

宝月：南朝齐僧人，能诗，善解音律。见《诗品》下。

缁素：缁指僧徒（衣缁），素指俗众。

⑪像教：佛教立像以设教，故称像教。杜甫《同诸公登慈恩寺塔》诗："方知像教力，足可追冥搜。"

⑫津梁：桥梁，佛家引申为接引意。雷次宗《与子侄书》："栖诚来生之津梁，专气莫年之摄养。"

⑬龙象：佛家称诸阿罗汉中修行勇猛有大力者。见《大智度论》三。后因以称高僧。

⑭矰〔zēng〕缴：系有丝绳用以射鸟的短箭，借喻人世间的危险。汉高祖《楚歌》："虽有矰缴，尚安所施！"

⑮萧斋：此处指僧人的居室。李肇《唐国史补》中："梁武帝造寺，令萧子云飞白大书'萧'字，至今一'萧'字存焉。李约竭产自江南买归东洛，匾于小亭以玩之，号为萧斋。"

⑯方袍：僧衣。《景德传灯录》三三泉州慧忠禅师述偈："虽着方袍未是僧。"

⑰灵台：谓心。见《庄子·庚桑楚》。

⑱三余：泛指空闲时间。《三国志·王肃传》裴注引《魏略》："或问三余之意，（董）遇言：'冬者岁之余，夜者日之余，阴雨者时之余也。'"

⑲六时：佛教分一昼夜为六时：晨朝、日中、日没、初夜、中夜、后夜。见《阿弥陀经》。

⑳孙、许：孙绰，东晋玄言诗人，家居会稽；许询，与孙绰同为东晋著名的玄言诗人。

㉑谢、陶：谢灵运、陶渊明。东晋僧慧远与慧永、刘遗民等十八人结社于庐山东林寺，号白莲社（亦称白社、莲社），陶渊明、谢灵运皆与慧远交往。见陈舜俞《庐山记》二。

㉒皎然：传见本书卷第四（一〇三）。

㉓清塞：传见本书卷第六（一四九）。

㉔无可：传见本书卷第六（一五〇）。

㉕虚中：传见本书卷第八（二一八）。

㉖齐己：传见本书卷第九（二三八）。

㉗贯休：传见本书卷第十（二六七）。

㉘惟审：身世不详。《全诗》八五〇录其诗三首。

㉙护国：江南人，工词翰，有声大历间。与张谓友善，谓有《哭护国上人诗》。《全诗》八一一录其诗十二首。

㉚文益：余杭人，姓鲁，金陵清凉寺僧。《全诗》八二五录其诗一首，孙望师《全唐诗补逸》一八补一首。

㉛可止：姓马氏，范阳房山人，长近体律诗。乾宁中至长安献诗，特赐紫袈裟。后唐明宗令住持洛京长寿寺，署号文智大师。有《三山集》，已佚。《全诗》八二五录其诗九首。《哭贾岛》云："燕生松雪地，蜀死葬山根。诗僻降今古，官卑误子孙。塚栏寒月色，人哭苦吟魂。墓雨滴碑字，年年添藓痕。"传见赞宁《高僧传》七。

㉜清江：会稽人，喜篇章。大历、贞元间与清昼齐名，称为"会稽二清"。与严维、章八元交往。《全诗》八一二收其诗一卷。传见赞宁《高僧传》一五。

㉝法照：大历、贞元间僧。《全诗》八一〇录其诗三首。

㉞广宣：姓廖氏，蜀中人，与刘禹锡最善。与李益、令狐楚、韩愈、元稹、白居易唱和。元和、长庆两朝为内供奉。有《红楼集》，已佚。《全诗》八二二收其诗一卷。事迹略见《纪事》七二。

㉟无本：贾岛为僧时法名无本，另有传，见本书卷五（一一八），不当列于此。此处无本或别是一人，未详。

㊱修睦：僖宗时居庐山东林寺，与贯休、处默、齐己、栖隐为诗友，与李咸用唱和尤多。光化中，为洪州僧正。李咸用《读修睦上人歌篇》云："贯休之后，唯修睦而已矣。"《全诗》八四九录其诗二十首，孙望师《全唐诗补逸》一八补一首。《怀故园》云："故园归未得，此日意何伤。独坐水边草，水流春日长。"传见赞宁《高僧传》三〇。

㊲无冈：身世不详。《全诗》八五〇录其诗二首。《寒林石屏》云："草堂无物伴身闲，惟有屏风枕簟间。本向他山求得石，却于石上看他山。"

㊳太易：公安沙门。《全诗》八一〇录其诗二首。有《赠司空拾遗》诗，司空曙有《送太易上人赴东洛》诗。

㊴景云：善草书。与岑参同时。《全诗》八〇八录其诗三首。《画松》云："画松一似真松树，且待寻思记得无。曾在天台山上见，石桥南畔第三株。"

㊵法振：大历、贞元间以诗名，与李益友善。《全诗》八一一录其诗十六首。

㊶栖白：越中僧，与姚合、刘得仁、李洞、曹松、贯休、齐己等友善。以诗为内供奉，赐紫。《全诗》八二三录其诗十六首。

㊷隐峦：唐末匡庐僧。《全诗》八二五录其诗五首。

㊸处默：初与贯休同薙染，后入庐山与修睦、栖隐游。《全诗》八四九录其诗八首。《织妇》云："蓬鬓蓬门积恨多，夜阑灯下不停梭。成缣犹自陪钱纳，未直青楼一曲歌。"

㊹卿云：唐末岭南僧。《全诗》八二五录其诗四首。《旧国里》云："石房云过湿，杉径雨余香。"

㊺栖一：武昌人，与贯休同时。《全诗》八四九录其诗二首。

㊻淡交：乾符中人，苏州昭隐寺僧。《全诗》八二三录其诗三首。

㊼良乂：大中时僧。《全诗》八二三录其《答卢郢》一首："风泉只向梦中闻，身外无余可寄君。当户一轮惟晓月，挂檐数片是秋云。"

㊽若虚：南唐僧，隐庐山石室，李主累征不就。《全诗》八二五录其诗三首。《乐仙观》云："老树夜风虫咬叶，古垣春雨藓生砖。"

㊾云表：唐末于豫章讲经，法席称盛。《全诗》八二五录其《寒食日》一首。

㊿昙域：贯休弟子。《全诗》八四九录其诗三首。有《怀齐己》诗。

(51)子兰：昭宗时以文章为内供奉。黄巢攻占长安时，子兰正在城中，有《长安伤春》、《悲长安》诗，仇视起义军。《全诗》八二四收其诗一卷。

(52)僧鸾：少有逸才，不事拘检。谒薛能尚书，以其颠率，令其出家，为文章供奉。或云即鲜于凤。《全诗》八二三录其诗二首。

(53)"怀楚"　《佚存》、三间、《指海》本皆作"怀素"。既称"名既隐僻，事且微冥"，当非怀素。卷首《传目》各本统作"怀素"，不改，以存原貌。本书卷四（八六）《钱起传》附记其"外甥怀素"之事。

怀楚：唐末僧，住安州白兆竺乾院。《全诗》八二三录其诗二首。《谢友人见访留诗》云："轩车谁肯到，泉石自相亲。暮雨凋残寺，秋风怅望人。庭新一片叶，衣故十年尘。赖有瑶华赠，清吟愈病身。"

(54)惠标：南朝陈诗僧，涉猎有才思，陈宝应反，以预谋坐诛。事见《南史·虞寄传》。《先秦汉魏晋南北朝诗》录其诗八首。按：唐代诗僧中无以惠标为名者，疑辛氏误记。

(55)可朋：后蜀诗僧，自号醉髡，与卢延让、方干、齐己、欧阳炯友善。家贫，好酒，欧阳炯常予周济，孟昶曾赐钱帛。欧阳炯曾与同僚宴于林亭，可朋见耕者曝背烈日下，击腰鼓以适倦，遂作《耕田鼓》诗献炯，诗云："农舍田头鼓，王孙筵上鼓。击鼓兮皆为鼓，一何乐兮一何苦！"炯为之罢宴。可朋有诗千余篇，号《玉垒集》，今佚。《全诗》八四九录其诗四首，断句五则。事迹略见《纪事》七四"可朋"条。

(56)怀浦：身世未详。《全诗》八五〇录其诗二首。

(57)慕幽：身世未详。《全诗》八五〇录其诗六首。

(58)善生：贞元时僧。《全诗》八二三录其诗四首。

(59)亚齐：翁承赞有《访建阳马驿僧亚齐》诗。参见本书卷第十（二五八）《翁承赞传》。

(60)尚颜：俗姓薛，字茂圣，汾州人，在荆门出家。晚年居长沙岳麓山。光化、开平间，以诗名世。与陆龟蒙、方干、陈陶友善，与齐己唱酬尤多。有《荆门集》五卷，已佚。《全诗》八四八录其诗三十四首。《言兴》云："矻矻被吟牵，因师贾浪仙。江山风月处，一十二三年。"

(61)栖蟾：居衡山，与沈彬交往。《全诗》八四八录其诗十二首。《宿巴江》云："一汀巫峡月，两岸子规天。"

㉒理莹：开元时人，与寇坦同时。《全诗》八〇八录其诗一首。

㉓归仁：唐末江南僧，住京洛灵泉。《全诗》八二五录其诗六首。

㉔玄宝：身世不详。《全诗》八五〇录其诗一首。

㉕惠侃：俗姓汤，曲阿人，住蒋州大归善寺。《全诗》八〇八录其诗二首。《闻侯方儿来寇》诗云："羊皮赎去士，马革裹还尸。天下方无事，孝廉非哭时。"

㉖法宣：常州弘业寺沙门，贞观间人，尝敕召至东都。《全诗》八〇八录其诗二首。

㉗文秀：江南僧，居长安，以文章应制。与郑谷善。《全诗》八二三录其诗一首。

㉘僧泚：大历时人。《全诗》八一〇录其诗二首。

㉙清尚：与齐己同时。《全诗》八四九录其诗一首。

㉚智暹：未详。

㉛沧浩：居庐山西林寺，余未详。《全诗》八五〇录其诗一首。

㉜不特：未详。

【补录】

唐代独孤及《唐故扬州庆云寺律师一公塔铭并序》（《全文》三九〇）：

"初，公之先世为富家，既削发，推万金之产，悉以让诸孤昆季，所取者惟衲衣、锡杖，及身而三。……初舍于会稽南山之南悬溜寺焉。……既辨惑，徙居余杭宜丰寺，邻青山，对佳境，以岭松涧石为梵宇，竹风月露为丈室，超然独往。……每禅诵之隙，辄赋诗歌事，思入无间，兴含飞动。潘、阮之遗韵，江、谢之阙文，公能缀之。"

【辑评】

唐代高仲武《中兴间气集》下"道人灵一"评：

"自齐、梁以来，道人工文多矣，罕有入其流者。一公乃能刻意精妙，与士大夫更唱迭和，不其伟欤！如'泉涌阶前地，云生户外峰'，则道猷、宝月，曾何及此。"

唐代刘禹锡《澈上人文集序》（《全文》六〇五）：

"诗僧多出江左，灵一导其源，护国袭之；清江扬其波，法振沿之。如幺弦孤韵，瞥入人耳，非大乐之音。"

宋代范晞文《对床夜语》五：

"唐僧诗，除皎然、灵彻三两辈外，余者率皆衰败不可救，盖气宇不宏而见闻不广也。"

明代胡震亨《唐音癸签》八：

"释子以诗闻世者，多出江南。灵一导其源，护国袭之；清江扬其波，法振沿之，风习渐盛。背箧笥，怀笔牍，挟海溯江，独行山林间，倏倏然模状物态，搜伺隐隙，凄怆超忽，游其心以求胜语，若有程督之者。嗜吟憨态，几夺禅诵。嗣后转唊膻名，竞营供奉，集讲内殿，献颂寿辰。如广宣、栖白、子兰、可止之流，栖止京国，交结重臣，品格斯非，诗教何取！"

## 六五　皇甫冉（717？—770？）

冉，字茂政，安定人，避地来寓丹阳[①]。耕山钓湖，放适闲淡。或云秘书少监彬之侄也[②]。十岁能属文，张九龄一见，叹以清才[③]。天宝十五年卢庚榜进士，调无锡尉[④]。营别墅阳羡山中[⑤]。大历初，王缙为河南节度，辟掌书记，后入为左金吾卫兵曹参军，仕终拾遗、左补阙[⑥]。公自擢桂礼闱，便称高格。往以世道艰虞，遂心江外，故多飘薄之叹。每文章一到朝廷，而作者变色，当年才子，悉愿缔交，推为宗伯。至其造语玄微，端可平揖沈、谢，雄视潘、张。惜乎长辔未骋，芳兰早凋，良可痛哉[⑦]！有诗集三卷，独孤及为序，今传。

【校注】

① "安定人，避地来寓丹阳"　独孤及有《唐故左补阙安定皇甫公（冉）集序》（《全文》三八八）。独孤及《唐故扬州庆云寺律师一公塔铭并序》（《全文》三九〇）亦称"安定皇甫冉"。《新书》六〇《艺文志》四"皇甫冉诗集三卷"附注作"润州丹杨人"。《极玄集》下"皇甫冉"附注、《郡斋》四上"皇甫冉诗二卷"条、《直斋》一九"皇甫冉集一卷"条均作"丹杨人"。独孤及《安定皇甫公集序》云："奉使江表，因省家至丹阳。"则安定当为族望。

安定：至德二年改为保定，今甘肃省泾川县。见《元和志》三"关内道泾州保定县"。

丹阳：注见本书本卷（六〇）《殷遥传》。

② "或云秘书少监彬之侄也"　《新书·艺文志》作："秘书少监、集贤院修撰彬

193

侄也。"独孤及《安定皇甫公集序》云:"伯父秘书少监彬尤器之。"

③"十岁能属文"至"叹以清才" "叹以清才",三间本校语云《四库》本"以"作"为",今所见《四库》本仍作"以"。此段据《新书》二〇二本传、《安定皇甫公集序》。《集序》作:"十岁能属文,十五岁而老成,右丞相曲江张公深听叹异,谓清颖秀拔,有江、徐之风。"

张九龄:注见本书卷第二(四三)《孟浩然传》。

④"天宝十五年卢庚榜进士,调无锡尉" 《极玄集》作"天宝十五载进士"。《新书》本传作:"与弟曾皆善诗,天宝中踵登进士,授无锡尉。"《新书·艺文志》作:"天宝末无锡尉。"《直斋》一九"皇甫曾集一卷"条作:"天宝十二载进士,兄冉后曾三载登第。"《安定皇甫公集序》云:"举进士第一,历无锡尉、左金吾兵曹。"按:"天宝十五年卢庚榜",与本书本卷(六三)《郎士元传》所记相合。

无锡:今江苏省无锡市。见《元和志》二五"江南道常州"。

⑤"营别墅阳羡山中" 《新书·艺文志》:"天宝末无锡尉,避难居阳羡。"皇甫冉《归阳羡兼送刘八侍御》诗(《全诗》二五〇)云:"武陵招我隐,岁晚闭柴扉。"

阳羡山:在今江苏省宜兴县境内。见《大清一统志》八六"常州府"。

⑥"大历初"至"仕终拾遗、左补阙" 独孤及《唐故左补阙安定皇甫公集序》作:"今相国太原公(按:指王缙)之推毂河南也,辟为书记。大历二年,迁左拾遗,转右补阙。……年方五十五而殁。"(此与文题中"左补阙"不合,《毗陵集》一三同。)《极玄集》作:"大历中,为左补阙。"《新书》本传作:"王缙为河南元帅,表掌书记。累迁右补阙。卒。"《新书·艺文志》作:"后为左金吾卫兵曹参军、左补阙。"《纪事》二七"皇甫冉"条作:"大历二年迁右补阙。"

王缙:注见本书卷第二(三六)《王维传》。

⑦"公自擢桂礼闱"至"良可痛哉" 《四库》本"公"作"冉","遂心江外"作"避地江外"(与《中兴》何义门校本同),"飘薄"作"飘泊","玄微"作"精微"。此段节录自《中兴》上"皇甫冉"评。此评收入《全文》三五七高适文中(误以高仲武即高适),题为《皇甫冉集序》。"故多飘薄之叹",《中兴》(何义门校本,下同)、《全文》无此六字。"当年才子,悉愿缔交,推为宗伯",《中兴》作:"于词场为先后,推钱为宗伯,诗家胜负,或逐鹿中原。"《全文》作:"于词场为先辈,推钱、郎为伯仲,谁家胜负,或逐鹿中原。"(《纪事》引高仲武评语同。)可知本篇所记推冉为宗伯之语,系误解。"至其造语玄微"六字,《中兴》、《纪事》、《全文》并无。按:《中兴》(《四部丛刊》本)此段文字颇异,录于下:"冉诗巧于文字,发调新奇,远出情外。然而'云藏神女馆,雨到楚王宫',与'闭门白日晚,倚杖青山暮',及'远山重叠见,芳草浅深生','岸草知春晚,沙禽好夜惊',又'燕知社日辞巢去,菊为重阳冒雨开',可以雄视潘、张,平揖沈、谢。又《巫山诗》终篇奇丽,自晋、宋、齐、梁、陈、隋以

来，采掇者无数，而补阙独获骊珠，使前贤失步，后辈却立。自非天假，何以逮斯？长辔未骋，芳兰早凋，悲夫！"

擢桂礼闱：指科举及第。唐代自开元二十四年以年，由礼部侍郎知贡举。

沈、谢：南朝梁诗人沈约、南朝宋诗人谢灵运。

潘、张：晋代诗人潘岳、张协。

【辑评】

唐代独孤及《唐故左补阙安定皇甫公集序》(《全文》三八八)：

"沈、宋既殁，而崔司勋颢、王右丞维复崛起于开元、天宝之间，得其门而入者，当代不过数人，补阙其人也。……其诗大略以古之比兴，就今之声律，涵咏《风》、《骚》，宪章颜、谢。……每舞雩咏归，或金谷文会，曲水修禊，南浦怆别，新声秀句，辄加于常时一等，才钟于情故也。"

唐代皎然《诗式》四：

"大历中，词人多在江外，皇甫冉、严维、张继素、刘长卿、李嘉祐、朱放，窃占青山白云、春风芳草，以为已有。吾知诗道初丧，正在于此，何得推过齐、梁作者？"

宋代黄升《玉林诗话》：

"唐皇甫冉《问李二司直》云：'门外水流何处？天边树绕谁家？山绝东西多少？朝朝几处云遮？'此盖用屈原《天问》体也。荆公《勘会贺兰山主》云：'贺兰山上几株松？南北东西共几峰？贸得住来今几日？寻常谁与坐从容？'全用其意。此体甚新，诗话中未有拈出者。"

清代贺裳《载酒园诗话·又编》：

"两皇甫殊胜'二包'，虽取境不远，而神幽韵洁，有凉月疏风、残蝉新雁之致。如补阙之'果熟任霜封，篱疏从水度'，'山晚云和雪，汀寒月照霜'，'浥露收新稼，迎寒葺旧庐'，昔人赏鉴固自不错。"

## 六六　皇甫曾 (？—785)

曾，字孝常，冉之弟也。天宝十二年杨儇榜进士[①]。善诗，出王维之门[②]。与兄名望相亚，当时以比张氏景阳、孟阳。协居上品，载处下流，侍御、补阙，文词亦然。体制清紧，华不胜文，为士林所尚③。仕历侍御史，后坐事贬舒州司马，量移阳翟令④。有诗一卷，传于世。

## 【校注】

① "天宝十二年杨儇榜进士"　"十二年"原作"十七年"，"七"字讹（天宝十五年七月改元至德，无十七年），今据本书本卷（五九）《鲍防传》所记"天宝十二年杨儇榜进士"改正。《极玄集》下"皇甫曾"附注及《直斋》一九"皇甫曾集一卷"条皆记："天宝十二载进士。"

② "善诗，出王维之门"　独孤及《安定皇甫公集序》（《全文》三八八）云："崔司勋颢、王右丞维复崛起于开元、天宝之间，得其门而入者，当代不过数人，补阙其人也。……君母弟殿中侍御史曾，字孝常，与君同禀学诗之训，君有诲诱之助焉。"此当为辛氏所本。

③ "与兄名望相亚"至"为士林所尚"　《四库》本"清紧"作"清洁"，与《中兴》合。《中兴》下"皇甫曾"评作："昔孟阳之与景阳，诗德远惭厥弟，协居上品，载处下流。今侍御之与补阙，文辞亦尔。体制清洁，华不胜文。然'寒生五湖道，春及万年枝'，五言之选也。其为士林所尚，宜哉！"此为辛氏所采。《安定皇甫公集序》作："丽藻竞爽，盛名相亚，同乎声者方之景阳、孟阳。"《新书》二〇二本传所记，略同于《集序》。

张氏景阳、孟阳：西晋张载，字孟阳，弟协，字景阳，均为太康诗人中重要作家。钟嵘《诗品》置协于"上品"，列载于"下品"。

④ "仕历侍御史"至"量移阳翟令"　《新书》六〇《艺文志》四作："历侍御史，坐事贬徙舒州司马，阳翟令。"《直斋》亦作"侍御史"。《纪事》二七"皇甫曾"条作"为殿中侍御史"。独孤及《安定皇甫公集序》亦作"君母弟殿中侍御史曾"。《新书》本传则作"历监察御史"，《极玄集》同。又，李嘉祐有《酬皇甫十六侍御曾见寄》诗（《全诗》二〇七），题下注："此时公贬舒州司马。"

舒州：治怀宁，今安徽省潜山县。见《旧书》四〇《地理志》三"淮南道"。

阳翟：今河南省禹县。见《元和志》五"河南道河南府"。

## 【辑评】

清代贺裳《载酒园诗话·又编》：

"侍御之'细泉松径里，返景竹林西'，'隔城寒杵急，带月早鸿还'，亦自清绝。至若'客散高楼上，帆飞细雨中'，旅中读之，尤不能为怀。才虽稍亚于兄，正自不堕家法。"

清代余成教《石园诗话》一：

"徐献忠曰：'景阳华净，遂掩哲昆；平原英赡，竟难家弟。若皇甫兄弟，仕道既同，才名亦配，奈何高生犹持不足之叹！观其律调澄泓，声文华洁，俯视当世，殆已飘然木末矣。'愚谓孝常诗如'返照城中尽，寒砧雨外闻'，'断猿知夜久，秋草助江长'，'客散高楼上，帆飞细雨中'，'江湖十年别，衰老一樽同'，皆足以追逐乃兄。"

## 六七 独孤及（725—777）

及，字至之，河南人[①]。卯角时诵《孝经》，父试之曰："尔志何语？"曰："立身行道，扬名于后世。"[②]天宝末，以道举高第[③]。代宗召为左拾遗，迁礼部员外郎，历濠、舒、常三州刺史[④]。及性孝友，喜鉴拔，为文必彰明善恶，长于议论[⑤]。工诗，格调高古，风神迥绝[⑥]，得大名当时。有集传世。○尝读《选》中沈、谢诸公[⑦]诗，有题：《新安江水至清浅深见底贻京邑游好》，及《石门新营所住四面高山回溪石濑茂林修竹》，及《田南树园激流植楥》、《斋中读书》、《南楼中望所迟客》、《晚登三山还望京邑》等数端，皆奇崛精当，冠绝古今，曾无[⑧]发其韫奥者。逮盛唐，沈、宋、独孤及、李嘉祐、韦应物[⑨]等诸才子集中，往往各有数题，片言不苟，皆不减其风度，此则无传之妙。逮元和以下，佳题尚罕，况于诗乎！立题乃诗家切要，贵在卓绝清新，言简而意足，句之所到，题必尽之，中无失节，外无余语。此可与智者商榷云，因举而论之。

【校注】

①"河南人" 崔祐甫《故常州刺史独孤公神道碑铭》（《全文》四〇九）、《新书》一六三本传均作"河南洛阳人"。《纪事》二七"独孤及"条、《郡斋》四上"独孤及毗陵集三十卷"条亦作"洛阳人"。按：独孤及《将还越州留别豫章诸公》诗（《全诗》二四七）云："客鸟倦飞思旧林，徘徊犹恋众花阴。他时相忆双航苇，莫问吴江深不深。"据此，及似为越人。

②"丱角时诵《孝经》"至"扬名于后世"　采自《新书》本传。又见于崔祐甫《独孤公神道碑铭》、梁肃《朝散大夫使持节常州诸军事守常州刺史赐紫金鱼袋独孤公行状》(《全文》五二二)。

丱〔guàn〕角：儿童束发成两角。《诗经·齐风·甫风》："总角丱兮。"

③"天宝末，以道举高第"　录自《新书》本传。《唐诗鼓吹》八郝天挺注作："天宝末，以有道举高第。"《独孤公神道碑铭》云："天宝末，以洞晓玄经对策上第，诏拜华阴县尉。"《独孤公行状》云："天宝十三载应诏至京师……以洞晓玄经对策高第，解褐拜华阴县尉。"《郡斋》亦云："天宝十三年举洞晓玄经科。"

④"代宗召为左拾遗"至"三州刺史"　"舒"原讹作"馆"，据三间本改，与《新书》本传合。此段节录自《新书》本传。"左拾遗"，《新书》本传、《神道碑铭》同，《行状》作"右拾遗"。

濠：濠州，治钟离，今安徽省凤阳县。见《元和志》九"河南道"。

舒：舒州，注见本书本卷(六六)《皇甫曾传》。

常：常州，治晋陵，今江苏省常州市。见《元和志》二五"江南道"。

⑤"及性孝友"至"长于议论"　据《新书》本传。《新书》本传"喜鉴拔"下有"后进"二字。《神道碑铭》云："公之文章，大抵以立宪诫世、褒贤遏恶为用，故议论最长。"

⑥"风神迥绝"　"风神"原作"风尘"，据《四库》本改。

⑦沈、谢诸公：指南朝宋诗人谢灵运、南朝齐诗人谢朓、南朝梁诗人沈约。下文所举诗，第一首为沈约诗，第二、三、四、五首为谢灵运诗，第六首为谢朓诗。

⑧"曾无"　原作"无曾"，据《四库》本乙转。

⑨李嘉祐：传见本书本卷(五七)。

韦应物：传见本书卷第四(一〇五)。

【补录】

后晋刘昫《旧唐书》一六八《独孤郁传》：

"父及，天宝末与李华、萧颖士齐名，善为文，所著《仙掌赋》，大为时流所赏。"

宋代李昉《太平广记》二〇一引《传载》：

"常州独孤及，末年尤嗜鼓琴，得眼疾不理，意欲专听。"

【辑评】

明代钟惺、谭元春《唐诗归》二四：

"少不喜此君（按：指独孤及）诗，其全集近八十首，冗累处甚不好看，故所选止此，然其高处已似元道州矣。……使此君止传此数诗（按：《唐诗归》选独孤及《杂诗》、《山中春思》等五首），则亦盛唐好手。"（钟惺）

清代乔亿《剑溪说诗》上：

"萧功曹颖士、李员外华、独孤常州及诗，皆以格胜，不欲与流辈争妍。"

清代管世铭《读雪山房唐诗序例》：

"独孤常州《早发龙沮馆》一篇，比之少陵拗律，正复不减。其《同皇甫侍御斋中春望》，则又大历之高唱也。七律中兼此两种笔墨者甚难。"（附：独孤及《早发龙沮馆舟中寄东海徐司仓郑司户》："沙禽相呼曙色分，渔浦鸣桹十里闻。正当秋风渡楚水，况值远道伤离群。津头却望后湖岸，别处已隔东山云。停舻目送北归翼，惜无瑶华持寄君。"）

## 六八　刘方平

方平，河南人①。白皙，美容仪。二十工词赋②，与元鲁山交善，隐居颍阳大谷，尚高不仕③。皇甫冉、李颀等相与赠答，有云："篱边颍阳道，竹外少姨峰。"④神意淡泊。善画山水，墨妙无前。汧国公李勉延至斋中，甚敬爱之⑤。欲荐于朝，不忍屈，辞还旧隐⑥。工诗，多悠远之思，陶写性灵，默会风雅，故能脱略世故，超然物外。区区斗筲⑦，何足以系刘先生哉！有集今传⑧。

【校注】

①"河南人"　《新书》六〇《艺文志》四"刘方平诗一卷"附注："河南人"。又据《新书》七一上《宰相世系表》一上，方平出"河南刘氏"。《纪事》二八"刘方平"条云："方平《泛舟思乡》云：'西北浮云外，伊川何处流？'盖洛中人也。"

②"白皙"至"工词赋"　李颀《送刘方平》诗（《全诗》一三三）云："绮纨游上国，多作少年行。二十工词赋，惟君著美名。童颜且白皙，佩德如瑶琼。"辛氏即据此。

③"与元鲁山交善"至"尚高不仕"　《四库》本"尚高"作"高尚"。《新书·

艺文志》:"与元鲁山善,不仕。"又皇甫冉《寄刘方平大谷田家》诗(《全诗》二五〇)云:"篱边颍阳道,竹外少姨峰。"皆为本篇所据。

元鲁山:即元德秀,注见本书本卷(六二)。

颍阳:今河南省登封县西南。见《元和志》五"河南道河南府。"

④"皇甫冉、李颀等相与赠答"至"竹外少姨峰" "颖阳"原作"颍阳",据皇甫冉《寄刘方平大谷田家》(《全诗》二五〇,见前引)改。刘方平有《秋夜寄皇甫冉郑丰》诗(《全诗》二五一)。皇甫冉有《答张谭刘方平兼呈贺兰广》、《刘方平西斋对雪》、《刘方平壁画山》、《寄刘方平》、《秋夜戏题刘方平壁》、《之京留别刘方平》等诗(《全诗》二五〇),李颀有《送刘方平》诗(《全诗》一三三)。

皇甫冉:传见本书本卷(六五)。

李颀:传见本书卷第二(四一)。

⑤"神意淡泊"至"甚敬爱之" 《四库》本"汧国公"上有"时"字。皇甫冉《刘方平壁画山》诗云:"墨妙无前,性在笔先。"张彦远《历代名画记》一〇载:"刘方平,工山水树石,汧国公李勉甚重之。"本篇即据此。

李勉:大历间官京兆尹、广州都督,进工部尚书,封汧国公。德宗立,加同中书门下平章事,官终太子太保。传见《旧书》一三一、《新书》一三一。

⑥"欲荐于朝,不忍屈,辞还旧隐" 未知何据。

⑦斗筲〔shāo〕:斗容十升,筲容二升;喻人之器量狭小,亦喻职位低微。《后汉书·郭太传》:"母欲使给事县廷,林宗曰:'大丈夫焉能处斗筲之役乎!'"

⑧"有集今传" 《四库》本"今传"作"传世"。

### 【辑评】

明代胡应麟《诗薮·外编》四:

"中唐律,有全作齐、梁者,刘方平'新岁芳梅树'是也。"

"方平中唐人,题《梅花》五言律,用修谓可配太白。此作于齐、梁不多让也。"

明代钟惺、谭元春《唐诗归》二三:

"刘方平《春怨二首》:'纱窗日落渐黄昏,金屋无人见泪痕。寂寞空庭春欲晚,梨花满地不开门。'此七字,读者稍不检,失足诗余不难矣。格不可太拘,界亦不可不明。'朝日残莺伴妾啼,开帘只见草萋萋。庭前时有东风入,杨柳千条尽向西。'忧愁人见柳条西向,始知东风,意深。"(钟惺)

清代贺裳《载酒园诗话》一:

"刘方平《京兆眉》曰:'新作蛾眉样,谁将月里同。有来凡几日,相效满城中。'似嘲似惜，却全是一片矜能炫慧之意，笔舌至此，可谓入微。"

清代施补华《岘佣说诗》：

"刘方平《长信宫》：'梦里君王近，宫中河汉高。秋风能再热，团扇不辞劳。'怨而不怒，意近风人，亦五绝所贵也。"

## 六九　秦　系

系，字公绪，会稽人①。天宝末，避乱剡溪，自称"东海钓客"。北都留守薛兼训奏为仓曹参军，不就。客泉州南安九日山中，有大松百余章，俗传东晋时所植，系结庐其上，穴石为研，注《老子》，弥年不出。时姜公辅以直言罢为泉州别驾，见系，辄穷日不能去，筑室与相近，遂忘流落之苦。公辅卒，妻子在远，系为营葬山下，每好义如此。张建封闻系不可致，请就加校书郎②。与刘长卿、韦应物善，多以诗相赠答③。权德舆曰："长卿自以为五言长城，系用偏师攻之，虽老益壮。"④年八十余卒。南安人思之，号其山为"高士峰"⑤。今有丽句亭在焉⑥。集一卷，今传。

**【校注】**

①"会稽人"　《新书》本传作"越州会稽人"。

会稽：注见本书本卷（五三）《贺知章传》。

②"天宝末"至"请就加校书郎"　"大松"，《新书》一九六本传同，《四库》本作"大杉"。"结庐"，《新书》本传同，《四库》本作"结屋"。"每好义如此"，《四库》本"每"作"其"，《新书》本传无此五字。此段录自《新书》本传。"自称东海钓客"五字，《新书》无，系据《纪事》二八"秦系"条增。"时姜公辅以直言罢为泉州别驾"，《新书》作"姜公辅之谪"。按：权德舆《秦征君校书（系）与刘随州（长卿）唱和诗序》（《全文》四九〇）云："伯喈、文举之徒，争为荐首，而寿阳大夫（按：指张建封）之章先闻，故有书府典校之拜，时动静不滞于一方矣。（贞元）七年春，始与予遇于南徐。白头初命，色无愠怍。"

剡溪：注见本书卷第一（七）《宋之问传》。

北都：天授元年罢并州都督府，置北都；开元十一年，改并州为太原府；天宝元年，改北都为北京。今山西省太原市。见《元和志》一三"河南道太原府"。

泉州南安：今福建省南安县东。见《元和志》二九"江南道"。

姜公辅：德宗朝为左拾遗、翰林学士，才高有器识。建中四年从幸至奉天，拜谏议大夫同中书门下平章事。因谏德宗薄葬公主，罢为左庶子，后又贬为泉州别驾。顺宗立，起为吉州刺史，未就官卒。传见《旧书》一三八、《新书》一五二。

张建封：德宗朝历任岳州、寿州刺史，以拒李希烈功进徐泗濠节度使。镇守徐州十年，卒赠司徒。传见《旧书》一四〇、《新书》一五二。

③ "与刘长卿、韦应物善，多以诗相赠答" 引自《新书》本传。"韦应物"三字《新书》无，为辛氏所加。刘长卿有《赠秦系征君》、《秦系顷以家事获谤因出旧山每荷观察崔公见知欲归未遂感其流寓诗以赠之》、《夜中对雪赠秦系时秦初与谢氏离婚谢氏在越》等诗（《全诗》一四七），韦应物有《送秦系赴润州》、《答秦十四校书》、《酬秦征君徐少府春日见寄》等诗（《全诗》一八九、一九〇）。

刘长卿：传见本书卷第二（二八）。

韦应物：传见本书卷第四（一〇二）。

④ "权德舆曰"至"虽老益壮" 引自《新书》本传。此本于权德舆《秦征君校书与刘随州唱和诗序》："噫夫，彼汉东守（按：指随州刺史刘长卿）尝自以为五言长城，而公绪用偏伍奇师，攻坚击众，虽老益壮，未尝顿锋，词或约而旨深，类乎近而致远。"

权德舆：传见本书卷第五（一四〇）。

⑤ "年八十余卒"至"高士峰" 引自《新书》本传。《新书》"南安人思之"下有"为立子亭"四字。

高士峰：在今福建省南安县九日山之西。见《大清一统志》三三八《泉州府·山川》。

⑥ "今有丽句亭在焉" 僧皎然有《题秦系山人丽句亭》诗（《全诗》八一七），戴叔伦有《题秦隐君丽句亭》诗（《全诗》二七四）。权德舆《唱和诗序》云："秦君丽句，创里亭之名。"即指此。按：《大清一统志》三三八《泉州府·古迹》有"秦君亭"。

【补录】

唐代权德舆《秦征君校书与刘随州唱和诗序》（《全文》四九〇）：

"儒有秦公绪者……遭多故，道进身退，越部山水，佐其清机，圆冠野服，翛然自放，宅遐心于事外，得佳句于物表，不知华缨丹毂之为贵者，几四十年。"

【辑评】

宋代刘克庄《后村诗话·新集》四：

"秦系五言云：'扫地青牛卧，松栽白鹤栖。'又云：'沤苎成鱼网，刳椰作酒卮。'又云：'上帘宜晚景，卧簟觉新秋。'……系诗仅百余首，而清趣翛然。"

明代胡应麟《诗薮·内编》四：

"秦系'流水闲过院，春风与闭门'，小见幽楚，此外绝无足采。唐人谓胜刘长卿，时论不足凭如此。"

明代徐献忠《唐诗品》（《唐音癸签》七引）：

"秦征君气过其文，遂乏华秀，然亦可谓跨俗之致。"

清代贺裳《载酒园诗话·又编》：

"秦系诗惟工写景，故能近人。其《赠张评事》作最佳，如'流水闲过院，春风与闭门'，颇有闲澹之趣。又'篱间五月留残雪，座右千年荫怪松'，工丽中不失矫健。其他悉有绮思，惜音节渐柔。"

## 七〇　张众甫（715—782）

众甫，京口人[1]。隐居不务进取，与皇甫曾御史[2]友善，精庐接近。后各游四方，曾寄张处士[3]诗曰："伏腊同鸡黍，柴门闭雪天。"[4]时官亦有征辟者，守死善道，卒不就[5]。众甫诗，婉媚绮错，巧用文字，工于兴喻，文流中佳士也[6]。○同在一时者[7]，有赵微明、于逖、蒋涣、元季川[8]，俱山颠水涯，苦学贞士，名同兰茝之芳，志非银黄之慕[9]。吟咏性灵，陶陈[10]衷素，皆有佳篇，不能[11]湮落。惜其行藏之大概，不见于记录，故缺其考详焉。

【校注】

[1]"京口人"　权德舆《监察御史清河张府君墓志铭》（《全文》五〇二）载："君讳众甫，字子初，清河人。"又云："转河南寿安县尉，罢秩历年，侨居云阳。"《纪事》二九"张众甫"条同。按：云阳，润州丹阳县旧名，京口为润州丹徒县旧名，地相近。京口：润州丹徒县，三国吴时称京口镇。见《元和志》二五"江南道润州。"

[2]"皇甫曾御史"　"曾"字原脱，据《四库》本补。

皇甫曾：传见本书本卷（六六）。

[3]"张处士"　"张"字原脱，据《四库》本补。

④"伏腊同鸡黍"二句　见于《全诗》二一〇《皇甫曾卷》，题为《寄张仲甫》（"仲"字下注："一作众"）。

伏腊：古时夏天的伏日、冬天的腊日，都是节日，合称伏腊。杨恽《报孙会宗书》："田家作苦，岁时伏腊，烹羊炰羔，斗酒自劳。"

鸡黍：杀鸡为黍待客。范云《赠张徐州稷》诗："恨不具鸡黍，得与故人挥。"

⑤"时官亦有征辟者，守死善道，卒不就"　"官"原作"宦"，据《佚存》、三间本改。《张府君墓志铭》云："居易向晦，固穷不变，故年过耳顺，方脱章甫。"并详载其仕履。辛氏失考。

守死善道：善行圣贤之道，坚持至死而不变。《论语·泰伯》："笃信好学，守死善道。"

⑥"众甫诗"至"文流中佳士也"　节录自《中兴》上"张众甫"评。《中兴》（何义门校本）"工于兴喻"下作："如：'不随淮海变，空愧稻粱恩'，尽陈谢之源。又，'自当舟楫路，应济往来人'，得讽兴之要。形容体裁皆如此，文流佳士也。"

⑦"同在一时者"　《四库》本"同"上有"凡"字，无"○"号。

⑧赵微明：天水人，诗格高古。乾元三年元结编《箧中集》，收其诗三首。工书，窦臮《述书赋》称之。

于逖：久居浚仪，与李白、李颀、独孤及、高适等友善。诗收入《箧中集》二首。

蒋涣：玄宗时进士，天宝末为给事中，安史乱中曾受伪职。永泰初，任鸿胪卿、右散骑常侍。官终礼部尚书。《全诗》二五八录其诗五首。事迹略见《旧书》一二七《蒋镇传》、《新书》一〇六《高智周传》。

元季川：河南人，元结从弟。诗收入《箧中集》四首。

⑨"俱山颠水涯"至"志非银黄之慕"　"银黄之慕"，"慕"原作"术"，据《四库》、三间本改。元结《箧中集序》云："自沈公及二三子（按：指沈千运及于逖、赵微明、元季川等），皆以正直而无禄位，皆以忠信而久贫贱，皆以仁让而至丧亡。"按：蒋涣历任显官（见前注），不应列入此数人之中。辛氏失考。

兰茝〔chǎi〕：香草，喻美誉芳名。

银黄：银印黄绶，指官职。刘孝标《广绝交论》："早绾银黄，夙昭民誉。"

⑩"陶陈"　《四库》本作"陶炼"。

⑪"不能"　《四库》本作"不致"。

【补录】

唐代权德舆《监察御史清河张府君墓志铭并序》（《全文》五〇二）："初为转运司所辟，解巾太常寺太祝，转河南府寿安县尉。罢秩历年，侨居云阳。时以缘情比兴，疏导心术，志之所之，辄诣绝境。间以羁旅游京师，卿大夫聆其风者，方以声韵属和不暇。会淮宁军帅之始至也，慎柬僚佐，求士于朝，朝贤多以君为才，辟书荐至，俄拜监察御史，且为从事。谠言幕画，举无违者。征军实于广陵，因涉江省家，道病沉痼，不克复命。从建中三年三月日，至家而终，享年六十八。"

## 七一　严　维

维，字正文①，越州人②。初，隐居桐庐，慕子陵之高风③。至德二年，江淮选补使侍郎崔涣下以词藻宏丽进士及第④。以家贫亲老，不能远离，授诸暨尉，时已四十余⑤。后历秘书郎⑥。严中丞节度河南，辟佐幕府⑦。迁余姚令⑧。仕终右补阙⑨。维少无宦情，怀家山之乐。以儒素⑩从升斗之禄，聊代耕耳。诗情雅重，挹魏、晋之风，锻炼铿锵，庶少遗恨。一时名辈，孰匪金兰⑪？诗集一卷，今传。

**【校注】**

①"字正文"　《极玄集》下、《新书》六〇《艺文志》四"严维诗一卷"附注、《纪事》四七并同。

②"越州人"　《新书·艺文志》、《纪事》并同。刘长卿《送严维尉诸暨》诗（《全诗》一四八）题下原注称："严即越州人。"李嘉祐亦有《送严维归越州》诗（《全诗》二〇六）。《极玄集》下"严维"附注则作"山阴人"，《直斋》一九"严维集一卷"条同。皇甫冉有《和朝郎中扬子玩雪寄山阴严维》诗（《全诗》二五〇）。

越州：注见本书卷第一（一九）《宋之问传》。

山阴：注见本书卷第二（二八）《崔国辅传》。

③"初，隐居桐庐，慕子陵之高风"　据刘长卿《对酒寄严维》诗（《全诗》一四七）："门前七旦濑，早晚子陵过。"

桐庐：今浙江省桐庐县。见《元和志》二五"江南道睦州"。

子陵：东汉严光，字子陵，少有高名，曾与光武帝刘秀同学。光武即位，光改名隐居。征召到京，除为谏议大夫，不受，退隐于富春山。今浙江省桐庐县富春渚有严子陵钓台。传见《后汉书》一一三。

④ "至德二年"至"进士及第" 《极玄集》作："至德一载进士。"《直斋》作："至德二载词藻宏丽科。"按：《旧书》一○《肃宗纪》：（至德元载十一月）"诏宰相崔涣巡抚江南，补授官吏。"又，严维《余姚祗役奉简鲍参军》诗（《全诗》二六三）云："童年献赋在皇州。"

崔涣：天宝末官巴西太守。天宝十五载从玄宗幸蜀，拜门下侍郎同中书门下平章事。肃宗立，赴行在。时京师未复，举选不至，诏涣为江淮宣谕选补使，以不职罢为左散骑常侍兼余杭太守。官终道州刺史。传见《旧书》一○八、《新书》一二○。

⑤ "以家贫亲老"至"时已四十余" 《四库》本"家贫"上无"以"字。《极玄集》作："历诸暨及河南尉。"刘长卿《送严维尉诸暨》诗（《全诗》一四八）云："退公兼色养，临下带乡情。"（按：《世说新语·德行》："事亲尽色养之孝。"）严维《留别邹绍先刘长卿》诗（《全诗》二六三）云："中年从一尉，自笑此身非。……晨起趋本府，昼掩故山扉。"以上资料皆为本篇所据。（又，钱起有《送严维尉河南诗》，载《全诗》二三九。）

诸暨：今浙江省诸暨县。见《元和志》二六"江南道越州"。

⑥ "后历秘书郎" 据《新传·艺文志》。

⑦ "严中丞节度河南，辟佐幕府" 严维有《赠别刘长卿时赴河南严中丞幕府》诗（《全诗》二六三）。刘长卿有《送严维赴河南充严中丞幕府》诗（《全诗》一四八）。

严中丞：严武，注见本书卷二（四六）《杜甫传》。

⑧ "迁余姚令" 严维有《余姚祗役奉简鲍参军》诗（《全诗》二六三），或为辛氏所据。

余姚：今浙江省余姚县。见《元和志》二六"江南道越州"。

⑨ "仕终右补阙" 《极玄集》、《纪事》并作"终校书郎"，误。耿㳂有《宿万固寺因寄严补阙》诗（《全诗》二六九）。（按：严与耿有交往，互有赠酬。）

⑩ "儒素" 原作"业素"，据《四库》本改。

儒素：儒者的品德操行。《晋书·谢鲲传》："父衡，以儒素显，仕至国子祭酒。"

⑪ 金兰：志同道合的友人。《周易·系辞》上："二人同心，其利断金；同心之言，其臭如兰。"

**【辑评】**

宋代欧阳修《六一诗话》：

"余曰：'……状难写之景，含不尽之意，何诗为然？'圣俞曰：'作者得于心，览者会以意，殆难指陈以言也。虽然，亦可略道其仿佛。若严维"柳塘春水漫，花坞夕阳迟"，则天容时态，融和骀荡，岂不如在目前乎？'"

明代谢榛《四溟诗话》二：

"刘贡父评严维曰：'柳塘春水漫，花坞夕阳迟。夕阳迟则系花，春水漫何须柳也。'（按：见宋代刘攽《中山诗话》。）此联妙于状景，华而不靡，精而不刻，贡父之说凿矣。"（按：清代何文焕《历代诗话考索》亦云："夫柳塘之下，自春水弥漫，何可瑕疵？"）

明代胡应麟《诗薮·内编》四：

"严维'柳塘春水慢，花坞夕阳迟'，字与意俱合掌，宋人击节佳句，何也？"（按：《全诗》二六三载严维《酬刘员外见寄》诗，五、六句作："柳塘春水慢，花坞夕阳迟。""慢"字下注："一作漫。"作"漫"是，无合掌之病。）

清代贺裳《载酒园诗话》一：

"宋人作诗极多蠢拙，至论诗则过于苛细，然正供识者一噱耳。如严维'柳塘春水漫，花坞夕阳迟'……不知此酬刘长卿之作，偶尔寄兴于夕阳春水，非咏夕阳春水也。夕阳春水，虽则无限，花柳映之，岂不更为增妍。倘云野塘山坞，有何味耶？"

《载酒园诗话·又编》：

"读元和以前诗，大抵如空山独行，忽闻兰气，余则寒柯荒阜而已。如严维'柳塘春水漫，花坞夕阳迟'，诚为佳句；但上云'窗吟绝妙辞'，却鄙。……又'还家万里梦，为客五更愁'，深切情事。'阳雁叫霜来枕上，寒山映月在湖中'，'渔浦浪花摇素壁，西陵树色入秋窗'，时一神游，忽忽在目。"

## 七二  于良史

良史，至德中仕为侍御史[①]。诗体清雅，工于形似[②]，又多警句。盖其珪璋特达，早步清朝[③]，兴致不群，词苑增价。虽平生似昧，而篇什多传[④]。

【校注】

① "至德中仕为侍御史"  《中兴》上于钱起、张众甫之后录于良史诗二首，称为"侍御"。（《中兴间气集序》云："起自至德元首，终于大德暮年。"）

② "诗体清雅，工于形似" 《中兴》上"于良史"评："侍御诗清雅，工于形似。如'风兼残雪起，河带断冰流'，吟之未终，皎然在目。"

③ "珪璋特达，早步清朝" 王谠《唐语林》四"企羡"门："于良史为张建封从事，每自吟曰：'出身三十年，发白衣犹碧。日暮倚朱门，从未污袍赤。'公闻之，为奏章服焉。"（《纪事》四三"于良史"条同。）此与"珪璋特达，早步清朝"殊不合。

④ "篇什多传" 《全诗》二七五录其诗七首。

附记：本篇《四库》本失载。

【辑评】

清代吴乔《围炉诗话》二：

"于良史《闲居》诗，得情得景。"（附《闲居寄薛华》："隐几读黄老，萧斋耳目清。僻居人事少，多病道心生。雨洗山林湿，鸦鸣池馆晴。晚来因废卷，行药至西城。"）

## 七三 灵彻上人（749—816）

灵彻①，姓汤氏，字澄源，会稽人②。自童子辞父兄入净，戒行果洁。方便读书，便觉勤苦③。授诗法于严维，遂籍籍有声。及维卒，乃抵吴兴，与皎然居何山游讲，因以书荐于包侍郎佶。佶得之大喜，又以书致于李侍郎纾。时二公以文章风韵为世宗④。贞元中，西游京师，名振辇下。缁流疾之，遂造飞语，激动中贵，因诬奏得罪，徙汀州，会赦，归东越。时吴、楚间诸侯，各宾礼招延之。元和十一年，终于宣州开元寺，年七十有一。门人迁归，建塔于山阴天柱峰下⑤。上人诗多警句，能备众体⑥。如《芙蓉寺》⑦云："经来白马寺，僧到赤乌年。"⑧《谪汀州》⑨云："青蝇为吊客，黄耳寄家书。"⑩性巧逸，居沃洲寺，尝取桐叶剪刻制器，为莲花漏，置盆水之上，穿细孔漏水，半之则沉，每昼夜十二沉，为行道之节⑪。初居嵩阳兰若，后来住匡庐东林寺⑫。如天目、四明、栖霞及衡、湘诸名山，行锡几遍⑬。尝与灵一上人约老天台，未得遂志⑭。虽结念云壑，而才名拘牵，罄息经微，吟讽无已。所谓拔乎其萃，游方之外者也。有集十卷，及录大历至元和中名人《酬唱集》十卷⑮，今传。

**【校注】**

① "灵彻" 《新书》六〇《艺文志》四作"灵彻"，《纪事》七二、赞宁《高僧传三集》一五均作"灵澈"。唐人诗文中"灵彻"、"灵澈"互见。范摅《云溪友议》中"思归隐"中作"灵辙"。

② "姓汤氏，字澄源，会稽人" 此据《纪事》七二"僧灵澈"条："生于会稽，本汤氏，字澄源。""澄源"当为"源澄'之误。刘禹锡《澈上人文集序》(《全文》六〇五)云："上人生于会稽，本汤氏子。聪察嗜学，不肯为凡夫，因辞父兄出家，号灵澈，字源澄。"《新书》六〇《艺文志》四"僧灵彻诗集十卷"附注："姓汤，字源澄，越州人。"窦庠有《于阗钟歌送灵彻上人归越》诗(《全诗》二七一)。

③ "方便读书，便觉勤苦" "方"下"便"字，疑涉下文"便"字而衍。

④ "授诗法于严维"至"以文章风韵为世宗" 采自《澈上人文集序》："虽受经论，一心好篇章，从越客严维学为诗，遂籍籍有闻。维卒，乃抵吴兴，与长老诗僧皎然游，讲艺益至。皎然以书致于李侍郎纾。是时以文章风韵主盟于世曰包、李，以是上人之名由三公而飏。"据此，"授诗法于严维"，"授"当作"受"。又，"与皎然居何山游讲"，"游讲"二字系误摘《澈上人文集序》，在此处疑不可通。《纪事》作："与吴兴诗僧皎然游。皎然荐之包佶、李纾，以是上人之名由二公而飏。"较之本篇，文省而义明。又，"何山"当为"杼山"之讹，参见本书卷四(一〇三)《皎然上人传》。

严维：传见本书本卷(七一)。

吴兴：注见本书卷第二(四九)《沈千运传》。

皎然：传见本书卷第四(一〇三)。

包佶：传见本书本卷(五五)。

李纾：大历初为左补阙，累迁中书舍人。德宗居奉天，由礼部侍郎选为同州刺史，擢兵部侍郎。传见《旧书》一三七、《新书》一六一。

⑤ "贞元中"至"山阴天柱峰下" 录自《澈上人文集序》，文字略异。

中贵：宦官。李白《古风》之二四："中贵多黄金，连云开甲宅。"

汀州：治长汀，今福建省长汀县。见《元和志》二九"江南道"。

宣州：治宣城，今安徽省宣城县。见《元和志》二八"江南道"。

山阴：注见本书卷第二(二八)《崔国辅传》。

⑥ "能备众体" 《澈上人文集序》云："独吴兴昼公，能备众体。昼公后，澈公承之。"

209

⑦《芙蓉寺》　据《澈上人文集序》及《纪事》引刘梦得语，诗题为《芙蓉园新寺诗》。按：此诗残句见收于《全唐诗外编·续补遗》四，云出自《诗话总龟》，此非原始出处。

⑧白马寺：东汉明帝时有天竺僧自西域以白马驮经而来，乃创建白马寺于洛阳。为佛教传入中国后的最早寺院。在今河南省洛阳市东郊。见杨衒之《洛阳伽蓝记》四。

赤乌年：赤乌为三国吴大帝孙权的年号。月支僧支谦入吴，孙权颇重其才，拜为博士。见费长房《历代三宝记》五。

⑨《谪汀州》　灵彻《谪汀州》诗见于《澈上人文集序》，《全诗》及《外编》均失载。

⑩青蝇吊客：三国吴虞翻获谴交州，曾自白："当长没海隅，生无可语，死以青蝇为吊客。"见《三国志·虞翻传》注引《翻别传》。刘禹锡《遥伤丘中丞》诗："何人为吊客，唯是有青蝇。"

黄耳寄书：晋陆机有犬名黄耳，后仕洛，久无家问，机乃为书盛以竹筒系犬颈，犬走向吴，遂至其家，得报还洛。见《晋书·陆机传》。

⑪"性巧逸"至"为行道之节"　李肇《唐国史补》中："越僧灵澈，得莲花漏于庐山，传江西观察使韦丹。初，惠远以山中不知更漏，乃取铜叶制器，状如莲花……为行道之节。"《唐语林》五略同。据此，莲花漏为东晋庐山僧惠远所制，辛氏错会。又，《唐国史补》云"得莲花漏于庐山"，不云"居沃洲寺"；权德舆有《送灵澈上人庐山回归沃洲序》（《全文》四九二），辛氏当据此。

沃洲寺：故址在今浙江省新昌县东沃洲山中，相传晋高僧支遁曾居于此，有遗迹。白居易有《沃洲山禅院记》。

⑫"初居嵩阳兰若，后来住匡庐东林寺"　刘长卿有《灵澈上人归嵩阳兰若》诗（《全诗》一四七）。灵澈有《宿东林寺》、《东林寺寄包侍御》等诗（《全诗》八一〇）。又《云溪友议》中"思归隐"条记，"东林灵澈上人"有《匡庐七咏》诗。

嵩阳兰若：嵩阳寺故址在今河南省登封县太室山下，北魏太和间始建，唐改为嵩阳观。宫前有唐代石刻《嵩阳观圣德感应颂》。

东林寺：故址在今江西省庐山，晋江州刺史桓伊为释慧远所建。白居易有《西林寺经藏西廊记》。

⑬天目：天目山在今浙江省临安县北，有两峰，峰顶各有一池，左右相对，故名曰天目。见《元和志》二五"江南道杭州於潜县"。

四明：四明山在今浙江省宁波市西南，相传上有方石，四面有窗，中通日月星辰之光，因名四明山。见《元和志》二六"江南道越州余姚县"。

栖霞：栖霞岭在今浙江省杭州市葛岭西，岭上有栖霞洞。见《大清一统志》一三八《杭州府·山川》。

行锡：僧人持锡杖云游。

⑭"尝与灵一上人约老天台，未得遂志"　灵一《赠灵澈禅师》诗（《全诗》八〇九）云："何时共到天台里，身与浮云处处闲。"

天台：注见本书卷第一（六）《骆宾王传》。

⑮"及录大历至元和中名人《酬唱集》十卷"　《新书》六〇《艺文志》四著录："僧灵彻《酬唱集》十卷"，附注："大历至元和中名人。"

附记：此篇《四库》本失载。

## 【补录】

唐代刘禹锡《澈上人文集序》（《全文》六〇五）：

"初，上人在吴兴，居何山（按：应作"杼山"），与昼公为侣。时予方以两髦执笔砚，陪其吟咏，皆曰'孺子可教'。后相遇于京、洛，与支、许之契焉。"

## 【辑评】

唐代权德舆《送灵澈上人庐山回归沃洲序》（《全文》四三九）：

"吴兴长老昼公，缀六义之清英，首冠方外；入其室者，有沃洲灵澈上人。上人心冥空无，而迹寄文字，故语甚夷易，如不出常境，而诸思虑，终不可至。其变也，如风松相韵，冰玉相叩，层峰千仞，下有金碧。"

唐代刘禹锡《澈上人文集序》（《全文》六〇五）：

"世之言诗僧者，多出江左……独吴兴昼公能备众体。昼公后，澈公承之。"

宋代邵博《邵氏闻见后录》一七：

"'经来白马寺，僧到赤乌年。'唐诗僧灵澈语，东坡《海会殿上梁文》全取之。"

明代杨慎《升庵诗话》一四：

"僧灵彻有诗名于中唐。《古墓》诗云：'松树有死枝，塚墓惟莓苔。石门无人入，古木花不开。'《天台山》云：'天台众山外，岁晚当寒空。有时半不见，崔嵬在云中。'《九日》云：'山僧不记重阳节，偶见茱萸忆去年。'诸篇为刘长卿、皇甫冉所称，予独取《天台山》一绝，真绝唱也。"

明代钟惺、谭元春《唐诗归》三二：

"灵澈《华顶》:'天台众峰外,华顶当其空。有时半不见,崔嵬在云中。'极深、极广、极孤、极高,二十字抵一篇大游记。"(钟惺)

## 七四 陆 羽(733—804?)

羽,字鸿渐,不知所生。初,竟陵禅师智积得婴儿于水滨,育为弟子。及长,耻从削发,以《易》自筮,得《蹇》之《渐》曰:"鸿渐于陆,其羽可用为仪。"始为姓名①。有学,愧一事不尽其妙②。性诙谐,少年匿优人中,撰谈笑万言③。天宝间,署羽伶师,后遁去。古人谓"洁其行而秽其迹"者也④。上元初,结庐苕溪上,闭门读书。名僧高士,谈宴终日。貌寝,口吃而辩。闻人善,若在己。与人期,虽阻虎狼不避也。自称"桑苎翁",又号"东岗子"。工古调歌诗,兴极闲雅。著书甚多⑤。扁舟往来山寺,唯纱巾藤鞋,短褐犊鼻,击林木,弄流水。或行旷野中,诵古诗,裴回至月黑,兴尽恸哭而返,当时以比接舆也。与皎然上人为忘言之交。有诏拜太子文学⑥。羽嗜茶,造妙理,著《茶经》三卷,言茶之原、之法、之具,时号"茶仙",天下益知饮茶矣。鬻茶家以瓷陶羽形,祀为神,买十茶器,得一鸿渐⑦。初,御史大夫李季卿宣慰江南,喜茶,知羽,召之,羽野服挈具而入。李曰:"陆君善茶,天下所知。扬子中泠水又殊绝。今二妙千载一遇,山人不可轻失也。"茶毕,命奴子与钱。羽愧之,更著《毁茶论》⑧。与皇甫补阙善。时鲍尚书防在越,羽往依焉,冉送以序曰:"君子究孔、释之名理,穷歌诗之丽则。远墅孤岛,通舟必行;鱼梁钓矶,随意而往。夫越地称山水之乡,辕门当节钺之重。鲍侯知子爱子者,将解衣推食,岂徒尝镜水之鱼,宿耶溪之月而已。"⑨集并《茶经》今传。⑩

【校注】

①"羽,字鸿渐"至"始为姓名" 《四库》本"始为姓名"作"以为姓名"。此

卷　第　三

段节录自《新书》一九六本传，参采《唐国史补》。《新书》于"字鸿渐"下又记："一名疾，字季疵，复州竟陵人。"李肇《唐国史补》中、王谠《唐语林》四所载略同。赵璘《因话录》三作："竟陵龙盖寺僧姓陆，于堤上得一初生儿，收育之，遂以陆为氏。"《广记》二〇一引《传载》同。陆羽《陆文学自传》（《全文》四三三）云："始三岁惸露，育于竟陵大师积公之禅院。"

竟陵：今湖北省天门县。见《元和志》二一"江南道复州"。

"鸿渐于陆"二句：见于《周易·渐》"上九"，意为水鸟飞上高地，它的羽毛可用作文舞之具。

②"有学，愧一事不尽其妙"　《唐国史补》作："有文学，多意思，耻一物不尽其妙，茶术尤著。"

③"性诙谐"至"撰谈笑万言"　《四库》抄本"谈笑"作"笑谈"。《自传》作："因倦所役，舍主者而去，卷衣诣伶党，著《谑谈》三篇，以身为伶正。"《新书》作："因亡去，匿为优人，作诙谐数千言。"

④"天宝间"至"古人谓'洁其行而秽其迹'者也"　《四库》本"谓"作"所谓"，"者"下无"也"字。此段据《新书》本传。《新书》所载略异，作："天宝中，州人酺，吏署羽伶师。太守李齐物见，异之，授以书，遂庐火门山。"本篇将《新书》上文所记离僧逃遁事误记于此。"洁其行而秽其迹"，出自《文选》四七夏侯湛《东方朔画赞》，原文"行"作"道"。

⑤"上元初"至"著书甚多"　"闻人善"，原脱"闻"字，据《四库》、三间、《指海》本补，与《新书》合。此段据《新书》本传，兼采《陆文学自传》。"闭门读书"，《新书》作"阖门著书"。《新书》"若在己"下又记："见有过者，规切至忤人。"

苕溪：源于浙江省天目山，有东西两源，北流，在吴兴会合，称霅溪，注入太湖。相传此水夹岸多苕花，秋时飘散水上如飞雪，故名。见《元和志》二五"江南道湖州乌程县"。

⑥"扁舟往来山寺"至"拜太子文学"　"往来山寺"，原脱"来"字，据《四库》、《指海》本补，与《新书》合。"忘言之交"，《四库》本"言"作"年"。与《自传》合。此段据《新书》本传，兼采《陆文学自传》。《新书》作："诏拜羽太子文学，徙太常寺太祝，不就职。"《新书》又记："贞元末卒。"《唐国史补》同。《自传》又记："上元辛丑岁，子阳秋二十有九。"

犊鼻：犊鼻裈，即短裤，或云是围裙。见《史记·司马相如传》。

接舆：传为春秋时楚隐士，佯狂避世。其名见于《论语》、《庄子》等书。《高士传》谓姓陆名通，字接舆。

皎然上人：传见本书卷四（一〇三）。

⑦"羽嗜茶"至"得一鸿渐"　"造妙理"，《四库》本无此三字，与《新书》合。

213

此段据《新书》本传，兼参他书。《唐国史补》中记："巩县陶者多为瓷偶人，号陆鸿渐，买十茶器得一鸿渐。市人沽茗不利，辄灌注之。"《广记》二〇一引《传载》作："今为鸿渐形者，因目为茶神。有交易则茶祭之；无，以釜汤沃之。"又，赵璘《因话录》三作："至今鬻茶之家，陶为其像，置炀器之间，云宜茶足利。"（《新书》本传略同。）本篇连缀《国史补》、《因话录》二书之说，觉文义欠明。按：《四库全书总目》一一五"茶经三卷"条记："其书分十类，曰一之源、二之具、三之造、四之器、五之煮、六之饮、七之事、八之出、九之略、十之图。"

⑧"初，御史大夫李季卿"至"更著《毁茶论》" "挈具"原作"絜具"，据《四库》、《佚存》、《指海》本改，与《新书》合。此段据《新书》本传，兼参他书。"李曰"至"命奴子与钱"，《新书》无，有"季卿不为礼"五字。"李曰陆君善茶"云云，见于张又新《煎茶水记》（《全文》七二一），亦见于《广记》三九六引《水经》，文字略同。《煎茶水记》云："李曰：'陆君善于茶，盖天下闻名矣。况扬子南零水又殊绝。今二妙千载一遇，何旷之乎？'"然《煎茶水记》所载，前后情节皆异，惟此语同。当是辛氏采此语以补本传，似觉与上下文不甚协调。

李季卿：李适之子。肃宗朝累迁中书舍人，贬通州别驾。代宗立，征为京兆少尹，拜吏部侍郎，兼御史大夫，奉使河南、江淮宣慰。史称以进贤为务，士以此多之。大历二年卒。传见《旧书》九九。

中泠水：在今江苏省镇江市西北，有天下第一泉之称，后为江岸涨沙湮没。原在长江中，盘涡深险，至冬季枯水期，可以汲竿取水。见《大清一统志》九〇"镇江府"。

⑨"与皇甫补阙善"至"宿耶溪之月而已" "远墅"，与《全诗》合，《四库》抄本作"远屿"。此序见于《全诗》二五〇，即皇甫冉《送陆鸿渐赴越》诗序；又误收入《全文》六八六皇甫湜文中，题为《送陆鸿渐赴越序》。本篇系节录。

皇甫补阙：皇甫冉，传见本书本卷（六五）。

鲍尚书防：传见本书本卷（五九）。

镜水：镜湖，注见本书本卷（五三）《贺知章传》。

耶溪：若耶溪，注见本书本卷（六四）《道人灵一传》。

⑩"集并《茶经》今传" 陆羽《茶经》今存，唐宋以来书目未见著录其集。《全文》四三三收其文四篇，《全诗》三〇八收其诗二首。

【补录】

唐代陆羽《陆文学自传》（《全文》四三三）：

"天宝中，郢人酺于沧浪道，邑吏召子为伶正之师。时河南尹李公齐物出守，见异，捉手拊背，亲授诗集。于是汉、沔之俗亦异焉。后负书于火门山邹夫子别墅。属礼部郎中崔公国辅出守竟陵郡,与之游处凡三年。……洎至德初,秦人过江,子亦过江,与吴兴释皎然为缁素忘年之交。……自禄山乱中原,为《四悲诗》;刘展窥江淮,作《天之未明赋》,皆见感激当时,行哭涕泗。"

唐代李肇《唐国史补》中:

"羽少事竟陵禅师智积,异日在他处闻禅师去世,哭之甚哀,乃作诗寄情,其略云:'不羡白玉盏,不羡黄金罍。亦不羡朝入省,亦不羡暮入台。千羡万羡西江水,曾向竟陵城下来!'"

宋代宋祁《新唐书》一九六《陆羽传》:

"幼时……得张衡《南都赋》,不能读,危坐效群儿嗫嚅若成诵状。师拘之,令薙草莽。当其记文字,懵懵若有遗,过日不作,主者鞭苦。因叹曰:'岁月往矣,奈何不知书!'呜咽不自胜,因亡去。"

## 七五　顾　况

况,字逋翁,苏州人①。至德二年,天子幸蜀,江东侍郎李希言下进士②。善为歌诗,性诙谐,不修检操。工画山水③。初为韩晋公江南判官④。德宗时,柳浑辅政,荐为秘书郎⑤。况素善于李泌,遂师事之,得其服气之法,能终日不食。及泌相,自谓当得达官,久之,迁著作郎。及泌卒,作《海鸥咏》嘲诮权贵,大为所嫉,被宪劾贬饶州司户⑥。作诗曰:"万里飞来为客鸟,曾蒙丹凤借枝柯。一朝凤去梧桐死,满目鸱鸢奈尔何!"⑦遂全家去,隐茅山,炼金拜斗,身轻如羽⑧。况暮年一子暴亡,追悼哀切,吟曰:"老人丧爱子,日暮泣成血。老人年七十,不作多时别。"其年又生一子,名非熊,三岁始言:在冥漠中闻父吟苦,不忍,乃来复生⑨。非熊后及第,自长安归庆,已不知况所在。或云,得长生诀仙去矣⑩。今有集二十卷传世,皇甫湜⑪为之序。

【校注】

①"苏州人"　《旧书》一三〇本传,《郡斋》四上"顾况集二十卷"条同,《纪

事》三八"顾况"条作"姑苏人"。《唐国史补》中称"吴人顾况",《直斋》一九"顾况集五卷"条称"吴郡顾况逋翁"。惟张彦远《历代名画记》一〇"顾况"条作"吴兴人"。

②"至德二年"至"李希言下进士" 《郡斋》作"至德二年江东进士"。《直斋》作"至德二载进士。"顾况《戴氏广异记序》(《全文》五二八)云:"至德初,天下肇乱,况始与同登一科。"按:《文献通考》二九《唐登科记总目》载:"至德二载,进士二十二人,江淮六人,成都府十六人。江东七人。各地分试,盖丧乱时之权制。"

李希言:天宝末为吴郡采访使,至德间任礼部侍郎,乾元二年迁浙江东道节度使。见《旧书》一〇七《永王璘传》、《新书》七二上《宰相世系表》二上、《唐方镇年表》五引《嘉泰会稽志》。

③"善为歌诗"至"工画山水" 《旧书》本传作:"能为歌诗,性诙谐,虽王公之贵与之交者,必戏侮之;然以嘲诮能文,人多狎之。"《唐国史补》中作:"词句清绝,杂以诙谐,尤多轻薄。"《历代名画记》云:"善画山水。……有《画评》一卷。"

④"初为韩晋公江南判官" "韩晋"下原脱"公"字。皇甫湜《唐故著作佐郎顾况集序》(《全文》六八六)云:"尝从韩晋公于江南,为判官。"(亦见于《历代名画记》。)又顾况有《奉和韩晋公晦日呈诸判官》诗(《全诗》二六七)。今据以补"公"字。

韩晋公:韩滉,大历中官吏部郎中、给事中。德宗立,出为晋州刺史,未几,拜浙江东西观察、苏州刺史。史称政令明察,境内称理。贞元元年为江淮转使,封郑国公,二年更封晋国公。传见《旧书》一二九、《新书》一二六,顾况撰有《韩滉行状》(《全文》五二八)。

⑤"德宗时,柳浑辅政,荐为秘书郎" 《旧书》本传作:"柳浑辅政,以校书郎征。"本篇从《郡斋》作"秘书郎",疑误。

柳浑:贞元二年拜兵部侍郎,三年加同平章事。在朝直言守正,后为张延赏所挤,罢知政事。贞元五年卒。传见《旧书》一二五、《新书》一四二。

⑥"况素善李泌"至"贬饶州司户" 此据《旧书》本传,兼采他书。《旧书》本传无"师事之,得其服气之法"等语。《旧书》一三〇《李泌传》:"初,泌流放江南,与柳浑、顾况为人外之交。"《旧书》本传"久之方迁著作郎"下记:"况心不乐,求归于吴。而班列群官,咸有侮玩之目,皆恶嫉之。及泌卒,不哭,而有调笑之言,为宪司所劾,贬饶州司户。"《历代名画记》作:"入为著作佐郎,久次不迁,乃嘲诮宰相,为宪司所劾,贞元五年贬饶州司户。"《唐国史补》中记:"为著作郎,傲毁朝列,贬死江南。"赵令畤《侯鲭录》六载:"及邺侯(按:即李泌)卒,况感其知,作《海鸥咏》以寄怀云:(诗略,与本篇下文所载四句同)遂为权贵所嫉,贬饶州司户。"数说各异,本篇参采群书。又《顾况集序》记:"入佐著作,不能慕顺,为江南郡丞。"《名画记》

亦云"入为著作佐郎",皆不云"著作郎"。

李泌:天宝中以翰林供奉东宫,历仕玄、肃、代、德四朝,以图谋画策见重,位至宰相。封邺侯。好神仙道术。数为权幸忌嫉,常以智免。传见《旧书》一三〇、《新书》一三九。

饶州:治鄱阳,今江西省波阳县。见《元和志》二八"江南道"。

⑦"万里飞来为客鸟"四句　此诗即《海鸥咏》(见《全诗》二六七),似不应记于"贬饶州司户"之后。

⑧"遂全家去"至"身轻如羽"　《历代名画记》、《纪事》并作:"居茅山,以寿终。"《顾况集序》记:"为江南郡丞累岁,脱縻,无复北意。起屋于茅山,意飘然,若将续古三仙。"按:韦夏卿有《送顾况归茅山》诗,綦毋诚有《同韦夏卿送顾况归茅山》诗(并载《全诗》二七二)。

茅山:在今江苏省句容县东南。原名句曲山,相传茅氏兄弟三人得道于此,故名茅山。见《元和志》二五"江南道润州延陵县"。

⑨"况暮年一子暴亡"至"乃来复生"　"暴亡"原作"即亡",据《四库》本改,与《北梦琐言》合。此段即采自孙光宪《北梦琐言》八,亦见于段成式《酉阳杂俎》一三。"老人丧爱子"四句,《全诗》二六四题作《伤子》,首句作"老夫哭爱子";"泣成血"作"千行血",下又有"声逐断猿悲,迹随飞鸟灭"二句。按:事怪诞,不可信。

非熊:传见本书卷第七(一八八)。

⑩"非熊后及第"至"仙去矣"　王定保《唐摭言》八"入道":"顾况全家隐茅山,竟莫知其所止。其子非熊及第归庆,既莫知况宁否,亦隐于旧山。或闻有所遇长生之秘术也。"本篇即据此。按:《顾况集序》云:"起屋于茅山……以寿九十卒。"《历代名画记》云:"居茅山,以寿终。"

⑪皇甫湜:元和进士,官工部郎中。从韩愈学古文,为文奇僻俭奥。有《皇甫持正文集》传世。传见《新书》一七六。

【补录】

唐代皇甫湜《唐故著作佐郎顾况集序》(《全文》六八六):

"湜以童子见君扬州孝感寺,君披黄衫,白绢韬头,眸子瞭然,炯炯清立,望之真白圭振鹭也。既接欣然,以我为扬雄、孟子。顾恨不及见三十年于兹矣。知音之厚,曷尝忘诸?去年以丞相凉公襄阳,有曰顾非熊生者在门,讯之即君之子也,出君之诗集二十卷,泣请余发之。"

唐代张固《幽闲鼓吹》:

"白尚书（居易）应举，以诗谒顾著作。顾睹姓名，熟视白公，曰：'米价方贵，居亦弗易。'乃披卷，首篇曰：'离离原上草……'即嗟赏曰：'道得个语，居即易矣！'因为之延誉，声名大振。"

宋代孙光宪《北梦琐言》七：

"顾况著作披道服在茅山，有一秀才吟诗曰：'驻马上山阿。'久思不得。顾曰：'何不道：风来屁气多。'秀才云：'贤莫无礼。'顾曰：'是况。'其人惭惕而退。"

**【辑评】**

唐代皇甫湜《唐故著作佐郎顾况集序》（《全文》六八六）：

"偏于逸歌长句，骏发踔厉，往往穿天心，出月胁，意外惊人语，非寻常所能及，最为快也。李白、杜甫已死，非君将谁与哉？"

唐代李肇《唐国史补》：

"吴人顾况，词句清绝，杂以诙谐，尤多轻薄。为著作郎，傲毁朝列，贬死江南。"

宋代陈师道《后山诗话》：

"望夫石在处有之。古今诗人，共用一律，惟刘梦得云：'望来已是几千岁，只似当年初望时。'语虽拙而意工。黄叔达，鲁直之弟也，以顾况为第一，云：'山头日日风和雨，行人归来石应语。'语意皆工。江南有望夫石，每过其下，不风即雨，疑况得句处也。"

宋代严羽《沧浪诗话·诗评》：

"顾况诗多在元、白之上，稍有盛唐风骨处。"

明代杨慎《升庵诗话》一四：

"顾况诗：'远寺吐朱阁，春潮浮绿烟。'二句情景绝妙，虽入《文选》可也。然况集不载。"

明代谢榛《四溟诗话》四：

"诗中罕用'血'字，用则流于粗恶。李长吉《白虎行》云：'衮龙衣点荆卿血。'顾逋翁《露青竹鞭歌》云：'碧鲜似染苌弘血。'二公妙于句法，不假调和，野蔬何以有味。"

清代贺裳《载酒园诗话·又编》：

"顾况诗极有气骨，但七言长篇，粗硬中时杂鄙句，惜有高调而非雅音。"

清代翁方纲《石洲诗话》二：

"顾逋翁歌行，邪门外道，直不入格。"

清代查世沣：《重刻顾华阳集序》：

"观其气度磊落，诗笔之骏发踔厉，语必惊人，正孔门之狂者，故自称狂生。"

## 七六　张南史

南史，字季直，幽州人①。工弈棋，神算无敌，游心太极。尝幅巾藜杖，出入王侯之宅十年，高谈阔视，慷慨奇士也。中岁感激，始苦节学文，无希世苟合之意。数年间，稍入诗境，调体超闲，情致兼美②。如并、燕老将，气韵沉雄③，时少及之者。肃宗时，庙堂奖拔，仕为左卫仓曹参军。后避乱寓居扬州扬子。难平再召，未及赴而卒④。有诗一卷，今传。

【校注】

①"字季直，幽州人"　《新书》六〇《艺文志》四"张南史诗一卷"附注、《纪事》四一"张南史"条并同。独孤及《唐故扬州庆云寺律师一公塔铭》（《全文》三九〇）称"范阳张南史"。《直斋》一九"张南史集一卷"条亦称"唐试参军范阳张南史季直"。张南史《早春书事奉寄中书李舍人》诗（《全诗》二九六）自称："儒服山东士，衡门洛下居。"

幽州：天宝时为范阳郡，治蓟县，今北京市。见《旧书》三九《地理志》二"河北道"。

②"工弈棋"至"情致兼美"　"中岁感激"，"岁"原作"自"，据《四库》本改，与《中兴》合。《中兴》下"张南史"评云："张君，弈棋者，中岁感激，苦节学文。数载间，稍入诗境。如：'已被秋风教忆鲙，更闻寒雨劝飞觞。'可谓物理俱美，情致兼深。"按：张南史事迹，参见张南史《早春书事奉寄中书李舍人》（《全诗》二九六）。

③"如并、燕老将，气韵沉雄"　敖陶孙《敖器之诗话》云："魏武帝如幽燕老将，气韵沉雄。"辛氏借用此语评张南史。

······☞ 219

④ "肃宗时"至"未及赴而卒"　"难平"原作"平难",据《佚存》本乙转。《新书·艺文志》作:"以试参军避乱居扬州扬子。再召之,未赴卒。"按:窦常有《哭张仓曹南史》诗(《全诗》二七一)。

扬子:今江苏省邗江县南。见《旧书》四〇《地理志》三"淮南道扬州"。

【补录】

唐代李端《哭张南史因寄南史侄叔宗》(《全诗》二八六):
"结交唯我少,丧旧自君初。谏草文难似,围棋智不如。仲宣新有赋,叔夜近无书。地闭滕公宅,山荒谢客庐。"

【辑评】

清代毛先舒《诗辩坻》三:
"张季直中岁感激,苦节学文。而'深竹闲园偶辟疆',谓与顾辟疆为偶,既是凑韵;若解开辟疆畔,更自生硬。渤海五十,张有恧焉。然题云'探韵',岂是为韵所拘故耶?"(按:诗见《中兴间气集》下,题为《陆胜宅秋雨中探韵同作》。)

## 七七　戎　昱

昱,荆南人①。美风度,能谈。少举进士不上②,乃放游名都。虽贫士而轩昂,气不消沮。爱湖、湘山水,来客③。时李夔廉察桂林,寓官舍,月夜,闻邻居行吟之音清丽,迟明访之,乃昱也。即延为幕宾,待之甚厚④。崔中丞亦在湖南,爱之,有女国色,欲以妻昱,而不喜其姓戎,能改则订议。昱闻之,以诗谢云:"千金未必能移姓,一诺从来许杀身。"⑤自谓李大夫恩私至深,无任感激⑥。初事颜平原,尝佐其征南幕,亦累荐之⑦。卫伯玉镇荆南,辟为从事。历虔州刺史。至德中,以罪谪为辰州刺史⑧。后客剑南,寄家陇西数载⑨。宪宗时,边烽累急,大臣议和亲。上曰:"比闻一诗人,姓名稍僻者,为谁?"宰相对以冷朝阳、包子虚,皆非。帝举其诗,对曰:"戎昱也。"上曰:"尝记其《咏史》云:

'汉家青史上,计拙是和亲。社稷依明主,安危托妇人。岂能将玉貌,便拟净沙尘?地下千年骨,谁为辅佐臣!'"因笑曰:"魏绛何其懦也!此人如在,可与武陵桃花源,足称其清咏。"士林荣之[10]。昱诗在盛唐,格气稍劣,中间有绝似晚作[11]。然风流绮丽,不亏政化,当时赏音,喧传翰苑,固不诬矣。有集今传。

**【校注】**

①"荆南人" 戎昱《长安秋夕》诗(《全诗》二七〇,下文引戎昱诗同此)云:"昨宵西窗梦,梦入荆南道。远客归去来,在家贫亦好。"又,《云梦故城秋望》诗云:"梦渚鸿声晚,荆门树色秋。片云凝不散,遥挂望乡愁。"此当为本篇所据。又,《直斋》一六"戎昱集五卷"条称"唐虔州刺史扶风戎昱"。扶风当为郡望。

荆南:注见本书卷第二(三〇)《綦毋潜传》。

②"少举进士不上" 《四库》本"不上"作"不第"。戎昱有《下第留辞顾侍郎》诗(《全诗》二七〇)。《纪事》八二"戎昱"条则记:"昱登进士第。"

③"虽贫士"至"来客" 《四库》本"轩昂气"作"气轩昂"。戎昱有《湖南春日二首》、《宿湘江》诗。又《上湖南崔中丞》诗云:"山上青松陌上尘,云泥岂合得相亲。举世尽嫌良马瘦,唯君不弃卧龙贫。千金未必能移性,一诺从来许杀身。莫道书生无感激,寸心还是报恩人。"皆为本书所据。

④"时李夔廉察桂林"至"待之甚厚" 此据《郡斋》四中"戎昱集三卷"条。"待之甚厚",《郡斋》作:"后因饮席调其侍儿,夔微知其故,即赠之。昱感作赋诗,有'恩合死前酬'之句。"按:戎昱有《再赴桂光寄李大夫》(有句云:"过因谗后重,恩合死前酬")、《上桂州李大夫》诗。《旧书》一一《代宗纪》:"(大历八年九月)以辰锦观察使李昌夔为桂州刺史、桂管防御观察使。"则"李夔"应作"李昌夔",本篇承袭《郡斋》之误。

⑤"崔中丞亦在湖南"至"一诺从来许杀身" "移姓",戎昱《上湖南崔中丞》诗作"移性"。范摅《云溪友议》下"和戎讽"条记:"上(宪宗)遂吟曰:'……千金未必能移姓,一诺从来许杀身。……'侍臣对曰:'此是戎昱诗也。京兆尹李銮拟以女妻昱,令其改姓,昱固辞焉。"又见于《纪事》二八。本书当据此,又参戎昱诗题改"京兆尹李銮"为崔中丞。按:胡震亨《唐音癸签》二九云:"(戎昱)《上崔中丞》诗云:'千金未必能移性,一诺从来拟杀身。'求知激切之辞,与改姓事无涉也。范摅欲傅合为一,并易诗中'移性'为'移姓',使昱一生作诗,下一嫌字不得,不大苦乎!(高获对光武:'臣受性父母,不可改之于陛下。'见范史。)"

崔中丞:崔瓘,大历四年由澧州刺史迁潭州刺史兼御史中丞,充湖南团练观察使。

大历五年，兵马使臧玠构乱，遇害。传见《旧书》一一五。

⑥ "自谓李大夫恩私至深，无任感激" 此句应移至上文"待之甚厚"之下。

⑦ "初事颜平原"至"亦累荐之" 戎昱有《闻颜尚书陷贼中》诗云："闻说征南没，那堪故吏闻。……同荣不同辱，今日负将军。"

颜平原：即颜真卿，注见本书卷一（一九）《孙逖传》。

⑧ "卫伯玉镇荆南"至"以罪谪为辰州刺史" 《新书》六〇《艺文志》四 "戎昱集五卷"附注："卫伯玉镇荆南从事，后为辰州、虔州二刺史。"《纪事》、《郡斋》略同。戎昱有《辰州建中四年多怀》、《谪辰州冬至日有怀》等诗。

卫伯玉：肃宗朝为神策军节度。代宗广德至大历间为荆南节度使。传见《旧书》一一五、《新书》一四一。

虔州：治赣县，今江西省赣江市。见《元和志》二八"江南道"。

辰州：治沅陵，今湖南省沅陵县。见《元和志》三〇"江南道"。

⑨ "后客剑南，寄家陇西数载" 戎昱有《入剑门》、《成都暮雨秋》、《云安阻雨》、《逢陇西故人忆关中舍弟》（有 "数年家陇西"之句）等诗。

⑩ "宪宗时"至"士林荣之" "帝举其诗"，《四库》抄本"帝"作"上"。"计拙"原作"拙计"，据《四库》本乙转，与《云溪友议》、《纪事》、《全诗》合。《四库》本"净"作"静"，与《友议》、《纪事》、《全诗》合。此段据《云溪友议》下"和戎讽"条。"汉家青史上"八句，《全诗》二七〇题为《咏史》，注云："一作《和蕃》。"《云溪友议》、《纪事》、《全诗》"沙尘"作"胡尘"。

冷朝阳：传见本书卷第四（九五）。

包子虚：未详。

魏绛：春秋时晋国大夫，即魏庄子。悼公时，绛言和戎五利，晋侯乃使绛与诸戎盟。见《左传》（襄公四年、五年）。

⑪ "昱诗在盛唐"至"绝似晚作" 严羽《沧浪诗话·诗评》："戎昱在盛唐为最下，已滥觞晚唐矣。戎昱之诗，有绝似晚作者。"按：翁方纲《石洲诗话》云："戎昱应入中唐，不应入盛唐。"

## 【补录】

唐代孟棨《本事诗·情感》：

"韩晋公（按：即韩滉）镇浙西，戎昱为部内刺史，郡有酒妓，善歌，色亦媚妙，昱情属甚厚。浙西乐将闻其能，白晋公召置籍中。昱不敢留，饯于湖上，为歌词以赠之，且曰：'至彼令歌，必首唱是词。'既至，韩为开筵，自持杯命歌送之，遂唱戎词。曲既终，韩问曰：'戎使君于汝寄情耶？'

悚然起立曰：'然。'言随泪下。韩令更衣待命，席上为之忧危。韩召乐将责曰：'戎使君名士，留情郡妓，何故不知而召置之，成余之过！'乃答之，命与妓百缣，即时归之。其词曰：'好去春风湖上亭，柳条藤蔓系离情。黄莺久住浑相识，欲别频啼四五声。'"

宋代陈振孙《直斋书录解题》一六"戎昱集五卷"条：

"其侄孙为序，言弱冠谒杜甫于渚宫，一见礼遇。集中有哭甫诗。"（按：戎昱有《耒阳溪夜行》诗，原注："为伤杜甫作。"）

宋代佚名《宣和书谱》四"戎昱"条：

"尝书其自作《早梅》诗云：'应缘近水花先发，疑是经春雪未消。'岂有得于此乎？宜其字特奇崛，盖是挟胜气作之耳。"

【辑评】

元代时天彝《唐百家诗选评》（《吴礼部诗话》引）：

"戎昱稍为后辈，多军旅离别之思，造语益巧，用意益浅矣。"

明代陆时雍《诗镜·总论》：

"叙事议论，绝非诗家所需……然总贵不烦而至。……戎昱'社稷依明主，安危托妇人'，'过因谗后重，恩合死前酬'，此亦议论之佳者矣。"

清代贺裳《载酒园诗话·又编》：

"戎有《苦哉行》，写暴兵之虐甚工。如'去年狂胡来，惧死翻生全；今秋官军至，岂意遭戈铤！'真为酸鼻。○又《过商山作》：'雨暗商山过客稀，路旁孤店闭柴扉。卸鞍良久茅檐下，待得主人樵采归。'深肖山僻之景。又《古意》曰：'女伴朝来说，知君欲弃捐。懒梳明镜下，羞到画堂前。有泪沾脂粉，无情理管弦。不知将巧笑，更遣向谁怜？'宛然如见伍举辞荆、廉颇去赵，真使逋臣羁客闻之泣下。"

清代丁仪《诗学渊源》：

"其诗辞旨清拔，多感慨之作。乐府尤以气质胜。"

## 七八　古之奇

之奇，宝应二年礼部侍郎洪源下及第，与耿沣同时[①]。尝为安西幕府书记。与李司马端有金兰之好[②]。工古调，足幽闲淡泊之思，婉而成章，得名艺圃，不泛然矣。诗集传于世③。

【校注】

①"宝应二年"至"与耿沣同时" 《纪事》二八"古之奇"条作："登宝应进士第。"按：本篇记宝应二年洪源知贡举，误。王定保《唐摭言》八"遭遇"条载："（萧）昕宝应二年一榜。"洪迈《容斋五笔》七引《登科记》云："高郢以宝应二年癸卯礼部侍郎萧昕下第九人登科。"王谠《唐语林》八"累为主司"条记："萧昕再：宝应二年、贞元三年。"可证宝应二年知贡举者为萧昕。又据本书卷四（八五）《耿沣传》称"宝应二年洪源榜进士"，可知洪源为宝应二年状元。本篇"礼部侍郎洪源下"应作"洪源榜"。

②"尝为安西幕府书记"至"金兰之好" 李端《送古之奇赴安西幕》诗（《全诗》二八五）云："畴昔十年兄，相逢五校营。今宵举杯酒，陇月见军城。堠火经阴绝，边人接晓行。殷勤送书记，强虏几时平？"本篇当据此。此诗又见于《纪事》二八"古之奇"条，题为《送古之奇赴泾州幕》，仅录前四句，附小注云："时从马仆射辟。"按：安史乱后，安西与中原长期断绝联系，后终没于吐蕃。李端诗题当以《送古之奇赴泾州幕》为是。（马仆射即马燧。）则本书所云"安西幕府书记"应作"泾州幕府书记"。

安西：注见本书本卷（五一）《岑参传》。

李端：官终杭州司马，传见本书卷四（九一）。

③"诗集传于世" 古之奇诗集，唐宋以来书目未见著录。《全诗》二六二收其诗《秦人谣》一首。

# 七九　苏　涣（？—755）

涣，广德二年杨栖梧榜进士①。本不平者，往来剽盗，善用白弩，巴賨商人苦之，称曰"白跖"。后自知非，折节从学，遂成名。累迁侍御史。湖南崔中丞瓘辟为从事。瓘遇害，继走交、广，扇动哥舒晃跋扈，如蛟龙见血，本质彰矣。居无何，伏诛②。初，尝为《变律诗》十九首，上广州节度李勉，其文意长于讽刺，亦有陈拾遗一鳞半甲，故加待之。或曰："此子羽翼嬖臣，侵败王略，今尚其文，可欤？"勉曰："汉策载蒯通说辞，皇史录祖君檄草，此大容细者。善恶必书，《春秋》至训，明言不废，孔子格谈。涣其庶乎？岂但存雕虫小技，亦以深惩贼子也。"③时以为名言。杜甫有与赠答之诗，今悉传④。

**【校注】**

①"广德二年杨栖梧榜进士"　《中兴》上"苏涣"评："乡试擢第。"《新书》六〇《艺文志》四"苏涣诗一卷"附注："进士及第。"

②"本不平者"至"居无何，伏诛"　"本不平者"，与《中兴》合，《纪事》二六引高仲武评语亦同，《四库》本作"少好奸利"，疑为馆臣妄改。"侍御史"，《四库》本作"御史"，与《中兴》合。"跋扈"，《中兴》同，《四库》本作"叛"。此段据《中兴》上"苏涣"评，兼采《新书·艺文志》。"巴賨商人"，《中兴》作"賨人"，《新书》作"巴蜀商人"。按：杜甫有《苏大侍御访江浦赋八韵记异》、《暮秋枉裴道州手札率尔遣兴寄递呈苏涣侍御》诗（《杜少陵集详注》二三），则作"侍御史"是。

巴賨〔cóng〕：指今四川东部地区。賨，原为巴人赋税之称，亦用以称巴地。见《晋书·李特载记》。扬雄《蜀都赋》："东有巴賨，绵亘百濮。"

崔中丞瓘：注见本书本卷（七七）《戎昱传》。

交、广：交州治宋平，今越南河内市；广州治南海，今广东省广州市。见《元和志》三八"岭南道安南"、同书三四"岭南道"。

哥舒晃：岭南节度使、广州刺史吕崇贲部将，大历八年杀吕起事，大历十年为路嗣恭擒杀。见《新书·代宗纪》、《路嗣恭传》。

③"初，尝为《变律诗》"至"亦以深惩贼子也"　"《变律诗》"，《四库》本同，与《中兴》及《纪事》引高仲武评语合；《指海》本作"《变体诗》"，《中兴》（何义门校本）作"《变体律诗》"。"其文意"，与《中兴》合，《四库》本作"其意"。"故加待之"，《四库》、《指海》本作"故勉加礼待之"，《中兴》作"故善之"。"明言不废"，与《中兴》合，《四库》本作"言有不废"。"孔子格谈"，原作"孟子格谈"，《中兴》作"孟子格言"，今据《四库》本改。（《论语·卫灵公》："子曰：'君子不以言举人，不以人废言。'"）此段采自《中兴》上"苏涣"评。"《变律诗》十九首"，《中兴》（《四部丛刊》本）"十九首"作"九首"，《中兴》（何义门校本）作"十九首"。《全诗》二五五录苏涣《变律》诗三首，题下注云："本十九首，今存三首。""亦以深惩贼子也"，《中兴》作"亦以深戒君子之意"。

李勉：注见本书本卷（六八）《刘方平传》。

陈拾遗：陈子昂，传见本书卷第一（一一）。

蒯通：楚、汉时人，以善辩著名，有权变，曾说韩信取齐地自立。传见《汉书》四五。

祖君：祖君彦，隋人，官至东平郡书佐。隋末李密称魏公，以君彦为记室。李密逼东都，令君彦草檄。传见《隋书》七六。

④ "今悉传" 《四库》本此句之下有："诗云：'再闻诵新作，突过黄初诗。''今晨清镜里，胜食斋房芝。'"（节录自杜甫《苏大侍御访江浦赋八韵记异》诗。）

**【补录】**

唐代杜甫《苏大侍御访江浦赋八韵记异》诗序（《全诗》二二三）：

"苏大侍御涣，静者也，旅于江侧，凡是不交州府之客，人事都绝久矣。肩舆江浦，忽访老夫舟楫。而已茶酒内，余请诵近诗，肯吟数首，才力素壮，辞句动人。接对明日，忆其涌思雷动，书箧几杖之外，殷殷留金石声。赋八韵记异，亦见老夫倾倒于苏至矣。"

唐代权德舆《伊公（慎）神道碑》（《全文》四九七）：

"大历中，岭南裨将哥舒晃盗杀其帅吕崇贲以乱。……晃之谋主苏涣、骑将王明悦，鸱张蚁聚，皆据陁害。……冬十月，斩晃、涣于泔溪，揭其首以徇。"

**【辑评】**

唐代杜甫《苏大侍御访江浦赋八韵记异》诗（《全诗》二二三）：

"庞公不浪出，苏氏今有之。再闻诵新作，突过黄初诗。乾坤几反覆，扬马宜同时。今晨清镜中，胜食斋旁芝。余发喜却变，白间生黑丝。昨夜舟火灭，湘娥帘外悲。百灵未敢散，风破寒江迟。"

宋代洪迈《容斋三笔》一六：

"涣在广州，作《变律诗》十九首上广帅。其一曰：'养蚕为素丝，叶尽蚕不老。倾筐对空林，此意向谁道？一女不得织，万夫受其寒。一夫不得意，四海行路难。祸亦不在大，福亦不在先。世路险孟门，吾侪当勉旃。'其二曰：'毒蜂一成窠，高挂恶木枝。行人百步外，目断魂为飞。长安大道边，挟弹谁家儿？手持黄金丸，引满无所疑。一中纷下来，势若风雨随。身如万箭攒，宛转迷所之。徒有疾恶心，奈何不知几。'读此二诗，可以知其人矣。杜赠涣诗，名为记异，语意不与他等，厥有旨哉！"

宋代范晞文《对床夜语》四：

"苏涣有《变律诗》二首，其一云：'养蚕为素丝，叶尽蚕不老。……'

言语如此，则涣亦非寻常之盗也。"

## 八〇 朱 湾

湾，字巨川，大历时隐君也，号"沧洲子"①。率履贞素，潜辉不曜，逍遥云山琴酒之间，放浪形骸绳检之外。郡国交征，不应②。工诗，格体幽远，兴用宏深，写意因词，穷理尽性，尤精咏物③，必含比兴，多敏捷之奇。及李勉镇永平，嘉其风操，厚币邀来，署为府中从事，日相谈讌，分逾骨肉④。久之，尝谒湖州崔使君，不得志，临发以书别之曰："湾闻：蓬莱山藏杳冥间，行可到；贵人门无媒通，不可到。骊龙珠潜汸滉之渊，或可识；贵人颜无因而前，不可识。自假道路，问津主人，一身孤云，两度圆月，载请执事，三趋戟门。信知庭之与堂，不啻千里。况寄食漂母，夜眠渔舟，门如龙而难登，食如玉而难得。食如玉之粟，登如龙之门，实无机心，翻成机事，汉阴丈人闻之，岂不大笑？属溪上风便，囊中金贫，望甘棠而叹，自引分而退。湾白。"⑤遂归会稽山阴别墅⑥。其耿介类如此也。有集四卷，今传。

**【校注】**

①"号'沧洲子'" 《直斋》一九"朱湾集一卷"条记："自号沧洲。"《唐诗品汇·诗人爵里详节》"朱湾"条："字巨川，西蜀人，号'沧洲子'。"

②"率履贞素"至"不应" 《中兴》上"朱湾"评作："从事率履正素（《纪事》四五'朱湾'条引高仲武评语作'贞素'，是），放情江湖，潜跃（《纪事》作'潜耀'，是）不起，有唐高人也。"

③"工诗"至"尤精咏物" "兴用"，与《中兴》合，《四库》本作"兴会"。"写意因词"，《四库》本作"写意因时"，《中兴》作"因词写意"。此段录自《中兴》。《中兴》于"于咏物尤工"下又云："如'受气何曾迟，开花独自异'，所谓哀而不伤，国风之深者也。"

④"及李勉镇永平"至"分逾骨肉" 《四库》本"邀"下无"来"字。《新书》六〇《艺文志》四"朱湾诗集四卷"附注："李勉永平从事。"《纪事》同。《直斋》称"唐永平从事朱湾"，谓"其从事李勉辟之也"。

李勉：注见本书本卷（六八）《刘方平传》。大历十年，李勉出任滑亳永平军节度使。

⑤"湾闻"至"湾白" "沆漭"，原作"漭沆"，据《四库》本乙转。"湾闻"至"不可识"，《四库》本作："湾闻：蓬莱之山，藏杳冥而可到；贵人之门，无媒而通不可到。骊龙之珠，潜沆漭而可识，贵人之颜，无因而前不可识。""执事"，与《纪事》合；《四库》本作"职事"，与《全文》合。"渔舟"，原作"鱼舟"，据《四库》本改，与《全文》、纪事》合。此书载《全文》五三六、《纪事》四五，题为《别湖州崔使君侃书》，本篇系节录，文字略同。按：朱湾有《逼寒节寄崔七》诗（《全诗》三〇六），题下原注："崔七，湖州崔使君之子。"诗云："他日趋庭应问礼，须言陋巷有颜回。"

湖州：治乌程，今浙江省湖州市。见《元和志》二五"江南道"。

崔使君：崔侃，湖州刺史。朱湾有《别湖州崔使君侃书》，见前。

沆漭：水深广貌。见郭璞《江赋》。

戟门：唐制，官、阶、勋俱三品得立戟于门。

汉阴丈人：古隐者，居汉水南岸。抱瓮灌园，不愿使用桔槔，谓："有机械者必有机事（投机之事），有机事者必有机心（机巧之心）。"

甘棠：传说周武王时，召伯巡行南国曾憩甘棠树下，后人思其德因作《甘棠》诗。见《诗经·召南》。后人用作称颂官吏之词。

⑥"遂归会稽山阴别墅" 未悉何据。按：朱湾有《假摄池州留别东溪隐居》诗（《全诗》三〇六），可知湾曾摄池州刺史。诗有"暂辞南国隐"之句，则"东溪隐居"或则"山阴别墅"。

【辑评】

清代吴乔《围炉诗话》二：

"朱湾《露中菊》，自道也。"（附朱湾《秋夜宴王郎中宅赋得露中菊》："众芳春竞发，寒菊露偏滋。受气何曾异，开花独自迟。晚成犹待赏，欲采未过时。忍弃东篱下，看随秋草衰。"）

## 八一 张志和

志和，字子同，婺州人①。初名龟龄，诏改之。十六擢明经，尝以策干肃宗，特见赏重，命待诏翰林。以亲丧辞去，不复仕。居江湖，性迈不束，自称"烟波钓徒"。撰《玄真子》十二卷，又为号焉②。兄鹤龄恐其遁世，为筑室越州东郭，茅茨数椽，花竹掩映。尝豹席棕屩，沿溪垂钓，每不投饵，志不在鱼也。观察使陈少游频往候问。帝尝赐奴、婢各一人，志和配为夫妇，号渔童、樵青③。与陆羽尝为颜平原食客。平原初来刺湖州，志和造谒，颜请以舟敝，欲为更之。曰："愿为浮家泛宅，往来苕、霅间足矣。"④善画山水，酒酣，或击鼓吹笛，舐笔辄就，曲尽天真。自撰《渔歌》，便复画之，兴趣高远，人不能及。宪宗闻之，诏写真求访，并其歌诗，不能致⑤。后传一旦忽乘云鹤而去⑥。李德裕称以为⑦"渔父贤而名隐，鸱夷智而功高，未若玄真隐而名彰，方而无事，不穷而达，其严光之比欤"⑧。

## 【校注】

①"婺州人"　《新书》一九六本传作"婺州金华人"。张彦远《历代名画记》一〇"张志和"条作"会稽人"。《广记》二七"玄真子"条引《续仙传》作"会稽山阴人"。颜真卿《浪迹先生玄真子张志和碑铭》（《全文》三四〇）作"东阳金华人"。《直斋》九"玄真子外篇三卷"条称"唐隐士金华张志和"。

婺州：治金华，今浙江省金华县。见《元和志》二六"江南道"。

②"初名龟龄"至"又为号焉"　《四库》本"性迈不束"作"性高迈"。"《玄真子》十二卷"，原脱"十"字，据《四库》本补，与《新书》五九《艺文志》三合。此段据《新书》本传节写。又《张志和碑铭》记："年十六游太学，以明经擢第。"《新书》于"命待诏翰林"下记："授左金吾卫录事参军，因赐名。后坐事贬南浦尉，会赦还，以亲既丧不复仕。"《张志和碑铭》略同。

③"兄鹤龄恐其遁世"至"号为渔童、樵青"　《四库》本"帝尝赐奴、婢各一人"之前有"志和待诏翰林时"七字，《新书》无此七字。此段据《新书》本传节写。"号渔童、樵青"，《张志和碑铭》作："名夫曰渔童，妻曰樵青。"

越州：注见本书卷一（九）《宋之问传》。

棕屩〔zōng juē〕：棕毛制的鞋子。

陈少游：永泰间宣州刺史，大历五年改越州刺史、浙东观察使，八年迁淮南节度观察使。建中间累加检校左仆射同平章事。后因上表归顺李希烈，惶恐发疾死。传见《旧书》一二六、《新书》二二四上。

④"与陆羽"至"足矣"　据《新书》本传节写。"与陆羽尝为颜平原食客"，此句《新书》无；《新书》作："陆羽常问：'孰为往来者？'对曰：'太虚为室，明月为

烛，与四海诸公共处，未尝少别也，何有往来？'"又，《张志和碑铭》于"愿以为浮家泛宅"之上有"傥惠渔舟"四字，义较明。

陆羽：传见本书本卷（七四）。

颜平原：颜真卿，注见本书卷第一（一九）《孙逖传》。大历中颜为湖州刺史。

湖州：注见本书本卷（八〇）《朱湾传》。

苔、霅：注见本书本卷（七四）《陆羽传》。

⑤ "善画山水"至"不能致"　据《新书》本传，兼采他书。"善画山水"至"舐笔辄就"，《新书》略同；《张志和碑铭》义较明："性好画山水，皆因酒酣乘兴，击鼓吹笛，或闭目，或背面，舞笔飞墨，应节而成。""自撰《渔歌》"云云，据《历代名画记》："自为《渔歌》，便画之，甚有逸思。""宪宗闻之"至"不能致"，《新书》作："宪宗图真求其歌，不能致。'此据李德裕《玄真子渔歌记》（《全文》七〇八）："德裕顷在内庭，伏睹宪宗皇帝写真求访玄真子《渔歌》，叹不能致。"《纪事》四六"张志和"条作："宪宗时，画玄真子像，访之江湖间，不可得，因令集其诗上之。"按：《直斋》一五著录"玄真子《渔歌碑传集录》一卷"。

⑥ "后传一旦忽乘云鹤而去"　见于《广记》二七"玄真子"条引《续仙传》。

⑦ "李德裕称以为"　《新书》本传"称"下无"以为"二字，二字衍。

李德裕：大和、开成中为浙西观察使。武宗立，召为门下侍郎同中书门下平章事。拜太尉，封卫国公。佐武宗讨平刘稹，为中唐名相。为牛、李党争中李派首领，后遭牛派打击，贬崖州司户而死。传见《旧书》一七四、《新书》一八〇。

⑧ "渔父贤而名隐"至"其严光之比欤"　录自《玄真子渔歌记》。《渔歌记》"方而无事"作"显而无事"，"不穷而达"作"不穷不达"，《新书》本传同。

渔父：《楚辞·渔父》中描写的佯狂避世的隐者。

鸱夷：范蠡，春秋时楚人，仕越为大夫，佐越王句践刻苦图强，卒灭吴国。以句践为人可与共患难，不能共安乐，去越入齐，改名鸱夷子皮。见《史记·越王句践世家》。

严光：注见本书本卷（七一）《严维传》。

【补录】

唐代颜真卿《浪迹先生玄真子张志和碑铭》（《全文》三四〇）：

"吏人尝呼为掏河夫，执畚就役，曾无忤色。又欲以大布为褐裘服，徐氏闻之，手为织纴，一制十年，方暑不解。"（按：《新书》本传作："嫂为躬绩织，及成，衣之，虽暑不解。"）

唐代李德裕《玄真子渔歌记》（《全文》七〇八）：

"余世与玄真子有旧，早闻其名，又感明主赏异爱才，见思如此，每梦遗迹。今乃获之，如遇良宝。"（按：文末署："长庆三年甲寅岁夏四月辛未日润州刺史兼御史大夫李德裕记。"）

宋代计有功《唐诗纪事》四六"张志和"条：

"《渔父歌》云：'西塞山前白鹭飞，桃花流水鳜鱼肥。青箬笠，绿蓑衣，斜风细雨不须归。'……玄真之兄张松龄，惧其放浪而不返也，和答其《渔父》云：'乐在风波钓是闲，草堂松径已胜攀。太湖水，洞庭山，狂风浪起且须还。'"

【辑评】

清代刘熙载《艺概·词曲概》：

"张志和《渔歌子》'西塞山前白鹭飞'一阕，风流千古。东坡尝用其成句入《鹧鸪天》，又用于《浣溪沙》，然其所足成之句，犹未若原词之通妙造化也。"

"太白《菩萨蛮》、《忆秦娥》，张志和《渔歌子》，两家一忧一乐，归趣难名。或灵均《思美人》、《哀郢》，庄叟《濠上》近之耳。"

# 卷第四

## 八二 卢 纶（？—799？）

纶，字允言，河中人①。避天宝乱，来客鄱阳。大历初，数举进士不入第。元载素赏重，取其文进之，补阌乡尉。累迁检校户部郎中、监察御史。称疾去。浑瑊镇河中，就家礼起为元帅判官②。初，舅韦渠牟得幸德宗，因表其才，召见禁中，帝有所作，辄赓和。至是，帝忽问渠牟："卢纶、李益何在？"对曰："纶从浑瑊在河中。"诏令驿召之，会卒③。○纶与吉中孚、韩翃、耿湋、钱起、司空曙、苗发、崔峒、夏侯审、李端，联藻文林，银黄相望，且同臭味，契分俱深，时号"大历十才子"④。唐之文体，至此一变矣。纶所作特胜，不减盛时，如三河少年，风流自赏⑤。文宗雅爱其诗，问宰相："纶没后，文章几何？亦有子否？"李德裕对："纶四子皆擢进士，佐在台阁。"帝遣中使悉索其巾笥，得诗五百首进之⑥。有别业在终南山中⑦。集十卷，今传。

【校注】

①"河中人" 《新书》二〇三本传作"河中蒲人"。《极玄集》上"卢纶"附注作"河东人"。《旧书》一六三《卢简辞传》作："范阳人，后徙家于蒲。"（简辞为纶之子。）则范阳为族望。《直斋》一九"卢纶集十卷"条称"河东卢纶允言"。

河中：注见本书卷二（四〇）《阎防传》。

②"避天宝乱"至"元帅判官" 节录自《新书》本传，文字略同。"大历初，数举进士不入第"，《新书》同，《旧书·卢简辞传》作："父纶，天宝末举进士，遇乱不

第。"《极玄集》亦作:"天宝末,举进士不第。"(《纪事》三〇"卢纶"条作"大历进士",疑误。)又,《新书》于"补阙乡尉"下只记"累迁监察御史",而"累迁检校户部郎中"一语在"辟元帅判官"下,本篇微误。"检校户部郎中",《旧书》作"检校金部郎中"。

鄱阳:注见本书卷第三(五七)《李嘉祐传》。

元载:肃宗时累官至度支使并诸道转运使,同中书门下平章事。代宗时仍为相。与宦官李辅国相勾结,贪横,获罪被杀。传见《旧书》一八八,《新书》一四五。

阌乡:今河南省灵宝县西北。见《元和志》六"河南道虢州"。

浑瑊:代宗时,从郭子仪击退吐蕃,升至左金吾卫大将军。德宗兴元元年与李晟讨平朱泚,收复京师,又与马燧讨平李怀光,充河中同陕虢节度使及节内兵马副元帅。传见《旧书》一三四、《新书》一五五。

③ "舅韦渠牟"至"会卒"　录自《新书》本传。"韦渠牟","韦"字原讹作"常",据两《唐书》改。

韦渠牟:兴元中为四门学士。贞元十二年,得幸德宗,迁右补阙内供奉,岁终,至谏议大夫。官终太常卿。传见《旧书》一三九、《新书》一六七。

④ "纶与吉中孚"至"时号'大历十才子'"　此据《新书》本传及《极玄集》上"李端"附注,葛立方《韵语阳秋》四、《郡斋》四上"卢纶诗一卷"条、《直斋》一九"卢纶集十卷"条并同。他书所载有异。《纪事》三〇"李益"条载:"大历十才子,《唐书》不见人数。卢纶、钱起、郎士元、司空曙、李端、李益、苗发、皇甫曾、耿㳨、李嘉祐。又云:吉顼、夏侯审亦是。或云:钱起、卢纶、司空曙、皇甫曾、李嘉祐、吉中孚、苗发、郎士元、李益、耿㳨、李端。"按:王士禛《分甘余话》三云:"唐大历十才子,传闻不一。江邻几所志,乃卢纶、钱起、郎士元、司空曙、李益、李端、李嘉祐、皇甫曾、耿㳨、苗发、吉中孚,共十一人。或又云有夏侯审。按发、审诗名不甚著,未可与诸子颉颃。且皇甫兄弟齐名,不应有曾而无冉。又韩翃同时盛名,而亦不之及。皆不可解。"(宋代江休复字邻几,著《嘉祐杂志》二卷,收入《稗海》、《四库全书》。)

银黄:谓银印、黄绶。刘峻《广绝交论》:"早绾银黄,夙昭民誉。"

大历十才子:十人传记并载本书本卷。

⑤ "如三河少年,风流自赏"　敖陶孙《敖器之诗话》谓:"曹子建如三河少年,风流自赏。"辛氏借此语评论卢纶。

三河:汉代以河内、河南、河东三郡为三河。《史记·货殖传》:"昔唐人都河东,殷人都河内,周人都河南。夫三河在天下之中,若鼎足,王者所更居也。"三河少年指京都大邑贵族少年。

⑥ "文宗雅爱其诗"至"得诗五百首进之"　节录自《新书》本传。

李德裕:注见本书卷三(八一)《张志和传》。

⑦ "有别业在终南山中"　卢纶有《落第后归终南别业》(《全诗》二八〇)等诗。

附记：此篇《四库》本失载。

## 【补录】

后晋刘昫《旧唐书》一六三《卢简辞传》：

"初，大历中，诗人李端、钱起、韩翃辈能为五言诗，而辞情捷丽，纶作尤工。至贞元末，钱、李诸公凋落，纶尝为《怀旧诗》五十韵，叙其事曰：'吾与吉侍郎中孚、司空郎中曙、苗员外发、崔补阙峒、耿拾遗沣、李校书端，风尘追游，向三十载。数公皆负当时盛称，荣耀未几，俱沉下泉。伤悼之际，畅当博士追感前事，赋诗五十韵见寄。辄有所酬，以申悲旧，兼寄夏侯审侍御。'"

## 【辑评】

宋代刘克庄《后村诗话·后集》一：

"卢纶、李益善为五言绝句，意在言外。纶《伤秋》云：'岁去人头白，秋来树叶黄。搔头向黄叶，与尔共悲伤。'"

明代钟惺、谭元春《唐诗归》二六：

"卢纶《送吉中孚校书归楚州旧山》：'下淮风自急，树杪分郊邑。送客随岸行，离人出帆立。'只写景到极象处，情便难堪。"(钟惺)

明代许学夷《诗源辩体》二〇：

"七言古，卢气胜于刘，才胜于钱，故稍气轶荡而有格，但未能完美耳。"

清代贺裳《载酒园诗话·又编》：

"刘长卿外，卢纶为佳，其诗亦以真而入妙。"

"《塞下曲》六曲，俱有盛唐之音，'平明寻白羽，没在石棱中'一章尤佳。人顾称'欲将轻骑逐，大雪满弓刀'，虽亦矫健，然殊有逗遛之态，何如前语雄壮。"

清代薛雪《一瓢诗话》：

"卢允言'衰颜重喜归乡国'，是自幸语。'身贱多惭问姓名'，是世故语。'估客昼眠知浪静'，是看他得意语。'舟人夜语觉潮生'，是惟我独醒语。余因向老无成，最怕人问尊庚几何，同此可怜。"

清代潘德衡《唐诗评选》：

"纶诗五绝时作劲健语，七律则情致深婉，有一唱三叹之音。"

## 八三　吉中孚

中孚，楚州人，居鄱阳最久①。初为道士，山河寂寥。后还俗，李端赠诗云："旧山连药卖，孤鹤带云归。"卢纶送诗云："旧箓藏云穴，新诗满帝乡。"②来长安，谒宰相，有荐于天子，日与王侯高会，名动京师③。无几何，第进士，授万年尉，除校书郎。又登宏辞科，为翰林学士，历谏议大夫、户部侍郎判度支事。贞元初卒④。初，拜官后，以亲垂白在堂，归养至孝，终丧复仕⑤。中孚神骨清虚，吟咏高雅，若神仙中人也⑥。集一卷，今传。

【校注】

①"楚州人，居鄱阳最久"　"鄱"原作"番"，据《四库》本改。《新书》六〇《艺文志》四"吉中孚诗一卷"附注作"楚州人"。《元和姓纂》一〇载："淮阴：贞元户部侍郎吉中孚。"又《新书》二〇三《卢纶传》作："中孚，鄱阳人。"《旧书》一六三《卢简辞传》亦称："父纶，天宝末……避地于鄱阳，与郡人吉中孚为林泉之友。"李嘉祐《晚春送吉校书归楚州》诗（《全诗》二〇六）题下注："吉中孚曾为道士。"诗云："淮上及春归。"李端《送吉中孚拜官归楚州》诗（《全诗》二八四）云："孤帆淮上归。"卢纶亦有《送吉中孚校书归楚州旧山》诗（《全诗》二七六）。

楚州：天宝、至德间称淮阴郡，治山阳，今江苏省淮安县。见《旧书》四〇《地理志》三"淮南道"。

②"初为道士"至"新诗满帝乡"　"旧山连药卖"二句，《四库》本载全诗云："闻道华阳客，儒衣谒紫薇。旧山连药卖，孤鹤带云归。柳市名犹在，桃源梦已稀。还家见鸥鸟，应愧背船飞。"《新书·艺文志》云："始为道士。""旧山连药卖"云云，见于李端《闻吉道士还俗因而有赠》诗（《全诗》二八五）。"旧箓藏云穴"二句，见于卢纶《送吉中孚校书归楚州旧山》诗，题下原注："中孚自仙官入仕。"

③"来长安"至"名动京师"　李端《送吉中孚拜官归楚州》诗云："初戴莓苔帻，来过宰相宅。满堂归道师，众口宗诗伯。须臾里巷传，天子亦知贤。出诏升高士，驰声在少年。自为才哲爱，日与侯王会。匡主一言中，荣亲千里外。"本篇即据此。

④"无几何"至"贞元初卒"　"第进士"未知何据。《新书·艺文志》作："后

235

校书郎，登宏辞，谏议大夫、翰林学士、户部侍郎判度支。贞元初卒。"《新书·卢纶传》作："中孚，鄱阳人，官户部侍郎。"皆为本篇所据。又，韦应物有《春霄燕万年吉少府中孚南馆》、《春日郊居寄万年吉少府中孚三原少府伟夏侯校书审》诗（《全诗》一八六、一八七），本篇云"授万年尉"，当据此。按："贞元初卒"，误。参见"补录"。

万年：注见本书卷二（三七）《薛据传》。

⑤ "初，拜官后"至"终丧复仕"　李端《送吉中孚拜官归业》诗（《全诗》二八五）云："因病求归易，沾恩更隐难。孟宗应献鲊，家近守渔官。"本篇所云或据此。（孟宗，三国吴人。以孝称。为盐池司马时，不避嫌疑以鲊寄母。后以母丧弃官归。见《三国志·孙皓传》裴注。诗即用此典。）

⑥ "中孚神清骨虚"至"若神仙中人也"　李端《送吉中孚拜官归楚州》诗云："才子神骨异，虚竦眉眼明。貌应同卫玠，鬓且异潘生。"当即本此。

**【补录】**

唐代丁居晦《重修承旨学士壁记》：

"吉中孚兴元元年自司封郎中、知制诰充。六月，改谏议大夫。贞元二年迁户部侍郎，出院。"

后晋刘昫《旧唐书》一二《德宗纪》上：

"（贞元二年正月）谏议大夫、知制诰、翰林学士吉中孚为户部郎中，判度支两税。"

《旧唐书》一三《德宗纪》下：

"（贞元四年）八月，以权判吏部侍郎吉中孚为中书舍人。"

**【辑评】**

唐代卢纶《纶与吉侍郎中孚司空郎中曙苗员外发崔补阙峒耿拾遗沣李校书端风尘追游向三十载数公皆负当时盛称……》诗（《全诗》二七七）：

"侍郎文章宗，杰出淮楚灵。掌赋若吹籁，司言如建瓴。"

明代胡应麟《诗薮·外编》四：

"吉中孚列大历十才子，而篇什殊不经见。独其妻张氏《拜月》七言古，可参张籍、王建间。"

## 八四　韩　翃

翃，字君平，南阳人①。天宝十三载杨紘榜进士②。侯希逸素重其才，至是表佐淄青幕。府罢，闲居十年。及李勉在宣武，复辟之③。德宗时，制诰阙人，中书两进除目，御笔不点，再请之，批曰："与韩翃。"时有同姓名者，为江淮刺史。宰相请孰与？上复批曰："'春城无处不飞花'韩翃也。"俄以驾部郎中知制诰。终中书舍人④。翃工诗，兴致繁富，如芙蓉出水，一篇一咏，朝士珍之。比讽深于文房，筋节成于茂政，当时盛称焉⑤。有诗集五卷，行于世。

**【校注】**

①"南阳人" 《新书》二〇三《卢纶传》、《极玄集》下"韩翃"附注、《纪事》三〇"韩翃"条、《郡斋》四上"韩翃诗五卷"条并同。

南阳：注见本书卷第一（一六）《吴筠传》。

②"天宝十三载杨纮榜进士" 《四库》"载"作"年"。《极玄集》、《郡斋》、《直斋》一九"韩翃集五卷"条皆记："天宝十三载（年）进士。"《本事诗·情感》记："韩翃少负才名，天宝末举进士。"徐应秋《玉芝堂谈荟》二"历代状元"条载："天宝十三年进士三十五人，状元杨纮。"

③"侯希逸素重其才"至"复辟之" 录自《新书·卢纶传》。《广记》四八五引《柳氏传》记："天宝末，盗复二京"，"是时侯希逸自平卢节度淄青，因借翊（翃）名，请为书记。"《本事诗·情感》记："天宝末举进士"；"后数年，淄青节度使侯希逸奏为从事"。"后事罢，闲居将十年，李相勉镇夷门，又署为幕吏。"

侯希逸：乾元元年授平卢节度使，宝应元年加淄青节度使。与诸节度同讨史朝义，平之。后渐纵恣，永泰元年为部将所逐。传见《旧书》一二四、《新书》一四四。

淄青：宝应元年所置方镇，治青州，今山东省益都县；大历、元和间移治郓州，今山东省东平县西北。见《元和志》一〇"河南道淄青节度使"。

李勉：注见本书卷第三（六八）《刘方平传》。

宣武：方镇名。天宝十四年初置称河南，广德后又称汴宋，建中二年号宣武军。治汴州，今河南省开封市。见《元和志》七"河南道汴宋节度使"。

④"德宗时"至"终中书舍人" 采自《本事诗》，文字小异。亦见于《新书·卢纶传》。《本事诗》记："御笔复批曰：'春城无处不飞花，寒食东风御柳斜。日暮汉宫传蜡烛，轻烟散入五侯家。'又批曰：'与此韩翃。'"《本事诗》又记："时建中初也。"按：诗载《全诗》二四五，题为《寒食》。

除目：授职名单。

⑤ "翃工诗" 至 "当时盛称焉" 采自《中兴》上 "韩翃" 评。《中兴》作："韩员外诗，匠意近于史，兴致繁富，一篇一咏，朝士珍之，多士之选也。如'星河秋一雁，砧杵夜千家'，又'客衣筒布润，山舍荔支繁'，又'疏帘看雪卷，深户映花关'，方之前载，芙蓉出水，未足多也。其比兴深于刘员外，筋节成于皇甫冉也。"按：钟嵘《诗品》中称："汤惠休曰：谢诗（指谢灵运诗）如芙蓉出水。"

文房：刘长卿，传见本书卷第二（三八）。

茂政：皇甫冉，传见本书卷第三（六五）。

## 【辑评】

宋代陆游《老学庵笔记》五：

"唐韩翃诗云：'门外碧潭春洗马，楼前红烛夜迎人。'近世晏叔原乐府词云：'门外绿杨春系马，床前红烛夜呼卢。'气格乃过于本句，不谓之剽可也。"

明代杨慎《升庵诗话》一四：

"唐人评韩翃诗，谓'比兴深于刘长卿，筋节减于皇甫冉'。比兴，景也。筋节，情也。"

明代胡应麟《诗薮·内编》六：

"韩翃七言绝，如'青楼不闭葳蕤锁，绿水回通婉转桥'，'玉勒乍回初喷沫，金鞭欲下不成嘶'，'急管昼催平乐酒，春衣夜宿杜陵花'，'晓月暂飞千树里，秋河隔在数峰西'，皆全首高华明秀，而古意内含，非初非盛，直是梁、陈妙语，行以唐调耳，人不易晓。若'柴门流水依然在，一路寒山万木平'，'寒天暮雨秋风里，几处蛮家是主人'，则自是钱、刘格，虽众所共晓，非其至也。"

明代胡震亨《唐音癸签》七：

"君平高华之句，几夺右丞之席，无奈其使事堆垛堪憎。见珍朝士以此，见侮后进亦以此。"

清代毛先舒《诗辩坻》三：

"君平长篇，天才逸丽，兴逐笔生，复工染缀，色泽秾妙。在天宝后，文房、仲文俱当却席者也。"

清代贺裳《载酒园诗话·又编》：

"贞元以前人诗多朴重，韩翃在天宝中已有名，其诗始修辞逞态，有风流自赏之意。昌黎曰：'欢愉之辞难工，穷苦之言易好。'独翃反是。"

清代吴乔《围炉诗话》一：

"韩翃《寒食》诗云：'春城无处不飞花，寒食东风御柳斜。日暮汉宫传蜡烛，轻烟散入五侯家。'唐之亡国由于宦官握兵，实代宗授之以柄。此诗在德宗建中初，只'五侯'二字见意，唐诗之通于《春秋》者也。"

## 八五　耿　沣

沣①，河东人也②。宝应二年洪源榜进士③。与古之奇为莫逆之交④。初为大理司法⑤。充括图书使，来江淮⑥，穷山水之胜。仕终左拾遗⑦。诗才俊爽，意思不群。似沣等辈，不可多得。诗集二卷，今传。

### 【校注】

①"沣"　《新书》二○三《卢纶传》、《新书》六○《艺文志》四、《极玄集》上、《直斋》一九并同。《郡斋》四上作"纬"；《极集玄》原注："或作纬"；《直斋》一九："《登科记》一作纬。"

②"河东人也"　《直斋》一九"耿沣集二卷"条称："唐右拾遗河东耿沣"。河东：治所在今山西省永济县蒲州镇。见《元和志》一二"河东道河中府"。

③"宝应二年洪源榜进士"　《极玄集》上"耿沣"附注："宝应二年进士。"《直斋》同。徐应秋《玉芝堂谈荟》二"历代状元"条："代宗宝应二年，进士二十七人，状元洪源。"又，《纪事》三○"耿沣"条："宝应元年进士。"《郡斋》同，疑误。（据徐松《登科记考》一○，宝应元年停贡举。）按：戴叔伦有《酬周至耿少府沣见寄》诗（《全诗》二七三），周至尉当为耿沣登科后所授官。

④"与古之奇为莫逆之交"　本书卷三（七八）《古之奇传》云："宝应二年……及第，与耿沣同时。"

⑤"初为大理司法"　卢纶有《得耿沣司法书因叙长安故友零落……》诗（题长不具录，载《全诗》二七七），本篇或即据此。

⑥"充括图书使，来江淮"　卢纶有《送耿拾遗沣充括图书使往江淮》诗（《全诗》二八○），当为本篇所据。按：此时耿沣已任拾遗。

⑦"仕终左拾遗"　《四库》、《指海》本"左"作"右"，与《新书·卢纶传》、《直斋》合。《极玄集》作"官至左拾遗"。《纪事》、《郡斋》同。按：梁肃有《送耿拾遗归朝廷序》（《全文》五一七）。

**【补录】**

宋代计有功《唐诗纪事》五六"雍陶"条：

"唐诗人最重行卷。陶首篇上裴度，或云耿湋行卷首篇上第五琦，遂指为二子邪正。虽然，方琦未有衅时，上诗亦何足多怪。"

**【辑评】**

唐代卢纶《纶与吉侍郎中孚司空郎中曙苗员外发崔补阙峒耿拾遗湋李校书端风尘追游向三十载数公皆当时盛称……》诗（《全诗》二七七）：

"拾遗兴难侔，逸调旷无程。九酝贮弥洁，三花寒转馨。"

明代胡震亨《唐音癸签》七：

"耿拾遗（湋）诗举体欲真。'家贫僮仆慢，官罢友朋疏'，浅言偏深世情。上第五相公八韵，宛致可悯，时讶其不当作，何也？"

清代贺裳《载酒园诗话·又编》：

"耿湋诗善传荒寂之景，写细碎之事。"

"'虽言千骑上头居，一世生离恨有余。叶下绮窗银烛冷，含啼自草锦中书。'此诗直而温，怨而不怒，当共《秋日》诗为集中之冠。"

## 八六　钱　起

起，字仲文，吴兴人[①]。天宝十年李巨卿榜及第[②]。少聪敏，承乡曲之誉。初，从计吏，至京口客舍，月夜闲步，闻户外有行吟声，哦曰："曲终人不见，江上数峰青。"凡再三往来。起遽从之，无所见矣。尝怪之。及就试粉闱，诗题乃《湘灵鼓瑟》，起辍就，即以鬼谣十字为落句。主文李昕深嘉美击节，吟咏久之，曰："是必有神助之耳。"遂擢置高第，释褐授校书郎[③]。尝采箭竹，奉使入蜀[④]。除考功郎中。大历中，为太清宫使、翰林学士[⑤]。起诗体制新奇，理致清赡，芟宋、齐之浮游，削梁、陈之嫚靡，迥然独立也。王右丞许以高格，与郎士元齐名，士林语曰："前有沈、宋，后有钱、郎。"[⑥]集十卷，今传。子徽能诗，外甥怀素善书⑦，一门之中，艺名森出，可尚矣。○凡唐人燕集祖送，必探题分韵赋诗，于众中推一人擅场者。刘相巡察江淮，诗人满座，而起擅场。郭暧尚主盛会，李端擅场⑧。缅怀盛时，往往文会，群贤毕集，觥筹乱飞，遇江山之佳丽，继欢好于畴昔，良辰美景，赏心乐事，于此能并矣⑨。况宾无绝缨之嫌，主无投辖之困⑩，歌阑舞作，微闻香泽，冗长之礼，豁略去之。王公不觉其大，韦布不觉其小⑪，忘形尔汝，促席谈谐，吟咏继来，挥毫惊座，乐哉！古人有秉烛夜游，所谓非浅。同宴一室，无及于乱，岂不盛也。至若残杯冷炙，一献百拜，察喜怒于眉睫之间者，可以休矣。

**【校注】**

① "吴兴人"　《新书》二〇三《卢纶传》、《极玄集》上"钱起"附注、《直斋》一九"钱考功集十卷"条并同。《旧书》一六八《钱徽传》作"吴郡人"，《郡斋》四上"钱起诗二卷"条同。

吴兴：注见本书卷第二（四九）。

② "天宝十年李巨卿榜及第"　《新书·卢纶传》作"天宝中举进士"。《旧书·钱徽传》作："父起，天宝十年登进士第。"《极玄集》作："天宝十载进士。"《直斋》同。徐应秋《玉芝堂谈荟》二"历代状元"条："天宝十年，进士二十人，状元李臣卿。"不作"巨卿"。

③ "少聪敏"至"释褐授校书郎"　"吟咏"，正保、《佚存》、《四库》、三间本"咏"作"味"，讹。此段采自《旧书·钱徽传》，亦见于《诗话总龟》四八、《纪事》三〇、《郡斋》四上。"曲终人不见"二句，见于《全诗》二三八《省试湘灵鼓瑟》。按：本篇云"主文李晫"，《旧书》、《郡斋》同（《诗话总龟》讹为"李时"，《纪事》讹为"崔晫"。）。《纪事》二七"贾邕"条记："邕天宝九年李晫侍郎下登第"，则李晫九载主文。另据《唐语林》八"累为主司"条，十载主文者为李麟。则本篇云钱起十载及第为可疑。又按：钱起有《初黄绶赴蓝田县作》（《全诗》二三六），则起曾为蓝田尉。

计吏：掌计簿的官吏。《汉书·朱买臣传》："买臣随上计吏为卒，将重车至长安，诣阙上书。"

京口：注见本书卷第三（七〇）《张众甫传》。

粉闱：亦称粉署，尚书省之别称。汉代尚书省皆以胡粉涂壁，画古贤人列女，后因

241

称尚书省为粉闱。韦应物《寄职方刘郎中》诗："归来坐粉闱，挥笔乃纵横。"

主文：即主考，知贡举。见《唐摭言》八。

④"尝采箭竹，奉使入蜀" 钱起有《奉使采箭簳竹谷中晨兴赴岭》诗（《全诗》二三六），本篇当即据此。

⑤"除考功郎中"至"翰林学士" 《旧书·钱徽传》作："起位终尚书郎。"《新书·卢纶传》作："终考功郎中。"《纪事》、《郡斋》同。《极玄集》作："终尚书郎、太清宫使。"

太清宫使：唐室谬托老子为始祖，立庙。天宝二年，改西京玄元庙为太清宫。太清宫使即执掌其事。

⑥"起诗体制新奇"至"后有钱、郎" 节录自《中兴》上"钱起"附评。《中兴》评语全文见"辑评"。

郎士元：传见本书卷第三（六二）。

⑦"子徽能诗，外甥怀素善书" "子徽能诗"，《四库》本作："子徽、孙珝并能诗。"《旧书》一六八《钱徽传》称："钱徽字蔚平，父起。"钱起有《送外甥怀素上人归乡侍奉》诗（《全诗》二三八）。

钱徽：元和初入朝，历左补阙、翰林学士、中书舍人、虢州刺史。长庆元年，为礼部侍郎。文宗立，拜尚书左丞。传见《旧书》一六八、《新书》一七七。

怀素：俗姓钱，玄奘弟子。以狂草著名，继承张旭笔法，世称"颠张狂素"。陆羽有《僧怀素传》（《全文》四三三）。

⑧"刘相巡察江淮"至"李端擅场" 采自李肇《国史补》上，亦见于钱易《南部新书》戊。钱起有《奉送刘相公江淮催转运》诗（《全诗》二三八）。

刘相：刘晏，肃宗、代宗时，历任京兆尹、户部侍郎、吏部尚书同中书门下平章事及度支、盐铁、转运、铸钱等使，管理财政达二十年。德宗时，为杨炎诬陷，诛死。传见《旧书》一二三、《新书》一四九。

郭暧：郭子仪子，以太常主簿尚昇平公主（代宗女），袭代国公。传见《旧书》一二〇、《新书》一三七。

李端：传见本书本卷（九一）。

⑨"于此能并矣" 《四库》本"此"作"斯"。谢灵运《拟魏太子邺中集诗序》："天下良辰、美景、赏心、乐事，四者难并。"

⑩绝缨：《说苑·复恩》载，楚庄王宴群臣，灯烛偶灭，有引美人之衣者，美人援手绝其缨，以告王，命促上火，欲得绝缨之人。王不从，命人人皆绝缨而后上火，尽欢而罢。后遂以绝缨为度量宽大、不拘小节之典。

投辖：辖，车厢两端之键，去辖则车不能行。《汉书·陈遵传》载："遵嗜酒，每大饮，宾客满堂，辄关门，取宾客之车辖投井中，虽有急，终不得去。"后遂以投辖为主人强行留客之典。

⑪韦布：韦带布衣，贫贱者所服。韦，皮革。

**【辑评】**

唐代高仲武《中兴间气集》上"钱起"评：

"员外诗，体格新奇，理致清赡。越从登第，挺冠士林，文宗右丞许以高格。右丞没后，员外为雄。芟齐、宋之浮游，削梁、陈之靡嫚，迥然独立，莫与之群。且如：'鸟道挂疏雨，人家残夕阳。'又，'牛羊上山小，烟火隔林疏'。又，'长乐钟声花外尽，龙池柳色雨中深'。皆特出意表，标雅古今。又，'穷达恋明主，耕桑亦近郊'。则礼义克全，忠孝兼备，足可弘长名流，为后楷式。士林语曰：'前有沈、宋，后有钱、郎。'"

宋代刘克庄《后村诗话》四：

"钱起与郎士元同时齐名，人谓之钱、郎。二人诗骨体弱而力量轻。然警句脍炙人口者不可泯灭。钱古诗如《病鹤篇》，亦有意味。"

明代王世贞《艺苑卮言》四：

"人谓唐以诗取士，故诗独工，非也。凡省试诗，类鲜佳者。如钱起《湘灵》之诗，亿不得一。"

明代王世懋《艺圃撷余》：

"钱员外诗'长信'、'宜春'句，于晴雪妙极形容，脍炙人口，其源得之初唐。然从初竟落中唐，了不与盛唐相关。何者？愈巧则愈远。"（按：钱起《晴雪早朝》诗："长信月留宁避晓，宜春花满不飞香。"）

清代牟愿相《小澥草堂杂论诗》：

"钱仲文（起）诗如水头山脚，独树人家。"

清代沈德潜《唐诗别裁》三：

"仲文五言古仿佛右丞，而清秀弥甚。然右丞所以高出者，能冲和能浑厚也。"

清代纪昀《四库全书总目》一五〇"钱仲文集十卷"条：

"大历以还，诗格初变，开、宝浑厚之气，渐远渐离。风调相高，稍趋浮响，十子实为之职志。起与郎士元，其称首也。然温秀蕴藉，不失风人之旨，前辈典型，犹有存焉。"

## 八七　司空曙

曙，字文明①，广平人也②。磊落有奇才。韦皋节度剑南，辟致幕府③。授洛阳主簿④，未几，迁长林县丞⑤。累官左拾遗⑥，终水部郎中⑦。与李约员外至交⑧。性耿介，不干权要。家无儋石，晏如也⑨。尝病中不给，遣其爱姬⑩。亦自流寓长沙⑪，迁谪江右，多结契双林⑫，暗伤流景。《寄暕上人》诗云："欲就东林寄一身，尚怜儿女未成人。柴门客去残阳在，药圃虫喧秋雨频。近水方同梅市隐，曝衣多笑阮家贫。深山兰若何时到，羡与闲云作四邻。"⑬闲园即事，高兴可知，属调幽闲，终篇调畅，如新花笑日，不容熏染⑭。锵锵美誉，不亦宜哉。有诗集二卷，今传。

**【校注】**

①"字文明"　《四库》本作"字文初"。《纪事》三〇"司空曙"条、《直斋》一九"司空文明集二卷"条并作"字文明"，《新书》二〇三《卢纶传》、《极玄集》上"司空曙"附注并作"字文初"。卢纶、李端诗皆称"司空文明"（《全诗》二七八、二八四、二八五），符载《剑南西川幕府诸公写真赞并序》（《全文》六九〇）称"水部司空郎中曙字文初"。

②"广平人也"　《新书·卢纶传》、《极玄集》、《纪事》并同。《直斋》一九"司空文明集二卷"条则称"唐虞部郎中京兆司空曙"。李端《江上逢司空文明》诗（《全诗》二八五）云："秦人江上见，握手泪沾衣。"又《宿淮蒲忆司空文明》诗（《全诗》二八六）云："秦地故人成远梦。"

广平：今北京市西北。见《旧书》三九《地理志》二"河北道幽州"。

③"韦皋节度剑南，辟致幕府"　《新书·卢纶传》作："从韦皋于剑南。"《纪事》同。按：符载《剑南西川幕府诸公写真赞并序》云："戊辰岁，尚书韦公授钺之四年也……四方文行忠信豪迈偞傥之士，奔走接武，麇集至幕下。"赞辞十三章，其中一章题为"水部司空郎中曙字文初"。据此，应为贞元四年（戊辰）事，其时司空曙已官水部郎中。

韦皋：建中四年，以拒朱泚功拜陇州刺史、奉义军节度使。贞元初，代张延赏为剑南西川节度使。顺宗立，加检校太尉。治蜀二十一年，数出师破吐蕃。传见《旧书》一四〇、《新书》一五八。

④"授洛阳主簿" 卢纶有《洛阳早春忆吉中孚校书司空曙主簿因寄清江上人》、《早春游樊川野居却寄李端校书兼呈崔峒补阙司空曙主簿耿湋拾遗》诗（《全诗》二七八、二九九），此或为辛氏所本，疑不足据。

⑤"未几，迁长林县丞" 卢纶有《送张调参军侍从归觐荆南因寄长林司空十四曙》、《得耿湋司法书因叙长安故友零落……长林司空丞曙俱谪远方……》诗（《全诗》二七六、二七七）。此当为辛氏所本。

长林：今湖北省荆门县西北。见《旧书》三九《地理志》二"山南东道荆州"。

⑥"累官左拾遗" 耿湋有《秋晚卧疾寄司空拾遗曙卢少府纶》诗（《全诗》二六八），戴叔伦有《赠司空拾遗》诗（《全诗》二七三）。

⑦"终水部郎中" 误。《极玄集》作："贞元中水部郎中，终虞部郎中。"《纪事》同。《新书·卢纶传》作："（司空曙）终虞部郎中。"按：水部郎中为贞元间佐韦幕所带散官衔。

⑧"与李约员外至交" 今存司空曙《和李员外与舍人咏玫瑰花寄徐侍郎》诗（《全诗》二九二），未见李约赠司空曙诗。按：司空曙与李端相互赠酬之作甚多（见《全诗》二八五、二九三），实堪称至交，辛氏或误记为李约。

李约：传见本书卷第六（一五二）。

⑨"性耿介"至"晏如也" 韦应物《冬夜宿司空曙野居因寄酬赠》诗（《全诗》一九〇）云："南北与山邻，蓬庵庇一身。繁霜疑有雪，荒草似无人。遂性在耕稼，所交唯贱贫。何揉张椽傲，每重德璋亲。"辛氏或即据此。

儋石：儋容一斗，故称儋石。《史记·淮阴侯传》："守儋石之禄者，阙卿相之位。"

⑩"尝病中不给，遣其爱妓" 司空曙有《病中嫁女妓》诗（《全诗》二九二）："万事伤心在目前，一身垂泪对花筵。黄金用尽教歌舞，留与他人乐少年。"

⑪"亦自" 《四库》、三间、《指海》本作"亦尝"。

⑫双林：佛逝世于娑罗双树间，称双林。后亦用以称僧人。

⑬"欲就东林寄一身"八句 《全诗》二九二题为《闲园即事寄暕公》。

东林：东林寺，注见本书卷三（七三）《灵彻上人传》。此处泛指寺庙。

梅市隐：东汉梅福弃官退隐，后有人遇福于会稽，已变姓名，为吴市门卒。后人因称其隐居处为梅市（今浙江省绍兴县城之西）。见《汉书·梅福传》。郎士元《送李遂之越》："梅市门何处，兰亭水尚流。"

阮家贫：东晋阮咸家贫，七月七日，诸阮盛晒衣，阮咸以竿挂大布犊鼻裈于中庭。人或怪之。答曰："未能免俗，聊复尔耳。"见《世说新语·任诞》。

兰若：梵语阿兰若之省称，意为寂静无烦恼处，指寺院。见《释氏要览》上"住处"。

⑭"熏染" 《四库》本作"重染"。

【辑评】

唐代卢纶《纶与吉侍郎中孚司空郎中曙苗员外发崔补阙峒耿拾遗湋李校书端风尘追游向三十载数公皆负当时盛称……》诗（《全诗》二七七）：

"郎中善余庆，雅韵与琴清。郁郁松带雪，萧萧鸿入冥。"

宋代范晞文《对床夜语》四：

"诗人发兴造语，往往不约而合。如'雨中山果落，灯下草虫鸣'，王维也。'树初黄叶日，人欲白头时'，乐天也。司空曙有云：'雨中黄叶树，灯下白头人。'句法王而意参白，然诗家不以为袭也。"

宋代范晞文《对床夜语》五：

"'马上相逢久，人中欲认难。'（郎士元）'问姓惊初见，称名忆旧容。'（李益）'乍见翻疑梦，相悲各问年。'（司空曙）皆唐人会故人之诗也。久别倏逢之意，宛然在目，想而味之，情融神会，殆如直述。"

明代谢榛《四溟诗话》一：

"韦苏州曰：'窗里人将老，门前树已秋。'白乐天曰：'树初黄叶日，人欲白头时。'司空曙曰：'雨中黄叶树，灯下白头人。'三诗同一机杼，司空为优，善状目前之景，无限凄感，见乎言表。"

明代胡震亨《唐音癸签》七：

"司空虞部曙婉雅闲淡，语近性情，抗衡长文不足，平视茂政兄弟有余。"

明代陆时雍《诗镜·总论》：

"司空曙'兼葭有新雁，云雨不离猿'，'云雨'句似不落思虑所得，意何襞积，语何浑成。语云：'已雕已琢，复归于朴。''穷水云同穴，过僧虎共林'，昔庾子山曾有'人禽或对巢'之句，其奇趣同而庾较险也。凡异想异境，其托胎处固已远矣。老杜云：'勋业频看镜，行藏独倚楼。'语意徘徊。司空曙'相悲各问年'，更自应手犀快。风尘阅历，有此苦语。"

清代贺裳《载酒园诗话·又编》：

"司空文明每作得一联好诗，辄为人压占。如'乍见翻疑梦，相悲各问年'，可谓情至之语，李益曰'问姓惊初见，称名忆旧容'，则情尤深，语尤怆。"

"诗有以谑而妙者，如'无将故人酒，不及石尤风'是也。诗固不必尽庄。"

## 八八 苗 发（？—785？）

发，潞州人也，晋卿长子①。初为乐平令②，授兵部员外，迁驾部员外郎，仕终都官郎中③。虽名齿才子，少见诗篇④。当时名士，咸与赠答云⑤。

**【校注】**

① "潞州人也，晋卿长子" 《新书》一四〇《苗晋卿传》作"潞州壶关人"，记晋卿十子，发为长子。又据《新书》七五《宰相世系表》五上载，发为晋卿次子。

潞州：治上党，今山西省长治市。

壶关，属潞州，今山西省县名。并见《元和志》一五"河东道"。

苗晋卿：开元间累迁吏部郎中，知选事。天宝间充河北采访使。肃宗立，拜左相。传见《旧书》一一三、《新书》一四〇。

② "初为乐平令" 卢纶、司空曙均有《送乐平苗明府》诗（《全诗》二八〇、二九二），李端亦有《送乐平苗明府得家字》诗（《全诗》二八五），本书当即据此。

乐平：今江西省乐平县东。见《元和志》二八"江南道饶州"。

③ "授兵部员外"至"都官郎中" 据《新书·宰相世系表》载，苗发为"驾部员外郎"。《新书》二〇三《卢纶传》作："发，晋卿子，终都官员外郎。"《纪事》三〇"苗发"条同，不作"郎中"。又，卢纶有《得耿沣司法书因叙长安故友零落兵部苗员外发秘省李校书端相次倾逝……》诗（题长不具录，载《全诗》二七七）。李端有《酬前驾部员外郎苗发》诗（《全诗》二八六）。李嘉祐有《和都官苗员外秋夜省直对雨简诸知己》诗（《全诗》二〇六）。又，常衮《授苗发都官员外郎制》（《全文》四一一）称："朝散大夫、前守秘书丞、龙门县开国男苗发……可行尚书都官员外郎，赐绯鱼袋、封如故。"

④ "少见诗篇" 《全诗》二九五录苗发诗二首。

⑤ "当时名士，咸与赠答云" 苗发有赠司空曙诗，李嘉祐、祖咏、李端、卢纶、钱起、秦系、李益、耿沣有赠酬、怀念苗发诗。

附记：此篇《四库》本失载。

**【辑评】**

唐代卢纶《纶与吉侍郎中孚司空郎中曙苗员外发崔补阙峒耿拾遗沣李校

书端风尘追游向三十载数公皆负当时盛称……》(《全文》二七七):

"员外真贵儒,弱冠被华缨。月香飘桂实,乳溜滴琼英。"

## 八九 崔 峒

峒,博陵人①。工文,有价②。初辟潞府功曹③,后历左拾遗,终右补阙④。词采炳然,意思方雅,时人称其句为披沙拣金,往往见宝⑤。诗集一卷,今行于世。

【校注】

①"博陵人" 据《新书》七二下《宰相世系表》二下,崔氏十房,崔峒属博陵大房。

博陵:汉博陵郡治博陵,今河北省蠡县南。晋博陵国治安平,今河北省安平县。唐天宝至德间曾改定州为博陵,治安喜,今河北省定县。见《元和志》一八"河北道"。

②"工文,有价" 《四库》本"价"作"声"。

③"初辟潞府功曹" 卢纶有《得耿沣司法书因叙长安故友零落兵部苗员外发秘省李校书端相次倾逝潞府崔功曹峒长林司空丞曙俱谪远方……》诗(题长不具录,见《全诗》二七八)。本篇当即据此。

④"后历左拾遗,终右补阙" 《新书》二〇三《卢纶传》云:"峒终右补阙。"《新书·宰相世系表》作:"峒,左补阙。"《中兴》下"崔峒"附评称"崔拾遗"。又,崔峒有《初除拾遗酬丘二十二见寄》诗(《全诗》二九四)。戴叔伦有《送崔拾遗峒江淮访图书》诗(《全诗》二七三),卢纶有《客舍喜崔补阙司空拾遗访宿》诗(《全诗》二七三)。参见"补录"。

⑤"词采炳然"至"往往见宝" 引自《中兴》下"崔峒"附评。按:钟嵘《诗品》上"晋黄门郎潘岳"诗条引谢混语:"陆文如披沙简金,往往见宝。"高仲武借此语评崔峒诗。《中兴》下"崔峒"附评原文见"辑评"。

【补录】

宋代计有功《唐诗纪事》三〇"崔峒"条:

"峒登进士第,为拾遗,入集贤为学士,后终州刺史,或云终玄武令。《文艺传》云:终右补阙。"

【辑评】

唐代卢纶《纶与吉侍郎中孚司空郎中曙苗员外发崔补阙峒耿拾遗沣李校书端风尘追游向三十载数公皆负当时盛称……》诗（《全诗》二七七）：

"补阙思冲融，巾拂艺亦精。采蝶戏芳圃，瑞云凝翠屏。"

唐代高仲武《中兴间气集》下"崔峒"附评：

"崔拾遗文采炳然，意思方雅，如'清磬渡山翠，闲云来竹房。'又，'流水声中视公事，寒山影里见人家。'斯亦披沙拣金，往往见宝。"

明代胡应麟《诗薮·外编》四：

"杜：'拭泪沾襟血，梳头满面丝。'崔峒'泪流襟上血，发白镜中丝'，全首拟杜，亦婉切可观，而力量顿自悬绝。"

清代何文焕《历代诗话考索》：

"崔峒'流水声中视公事，寒山影里见人家。'意境直同山鬼游魂，真下劣诗魔也。"

清代乔亿《大历诗略》：

"崔补阙诗结体疏淡，似不欲锻炼为功，品第当在韩君平之上，而才调则逊之。"

## 九〇　夏侯审

审，建中元年，礼部侍郎令狐峘下试军谋越众科第一①，释褐校书郎②，又为参军③，仕终侍御史④。初，于华山下多买田园为别墅⑤，水木幽闷⑥，云烟浩渺，晚岁退居其下。讽吟颇多，今稍零落，时见一二，皆锦制也⑦。

【校注】

①"建中元年"至"试军谋越众科第一"　《册府元龟》六四五《贡举部》七"科目"条载："（建中元年）军谋越众科：夏侯审。"《唐会要》七六"制举科"条所记相同。又，王定保《唐摭言》一四"主司失意"条记，令狐峘知建中元年春贡举。

令狐峘（huán）：令狐德棻玄孙。大历间官刑部员外郎，建中初为礼部侍郎，贞元中历史馆修撰、吉州刺史、衢州别驾。传见《旧书》一四九、《新书》一〇二。

②"释褐校书郎" 韦应物有《春日郊居寄万年吉少府中孚三原少府伟夏侯校书审》诗(《全诗》一八七)。钱起有《送夏侯审校书东归》诗(《全诗》二三七)。本篇或即据此。

③"又为参军" 李嘉祐有《送夏侯审参军游江东》诗(《全诗》二〇六)。

④"仕终侍御史" 《新书》二〇三《卢纶传》:"审,侍御史。"

⑤"于华山下多买田园为别墅" 《四库》本无"多"字。卢纶有《送夏侯审校书归华阴别墅》诗(《全诗》三七六),本书即据此。

⑥"幽闵" 《四库》本作"幽闲"。

⑦"讽吟颇多"至"皆锦制也" 《四库》本"讽吟"作"吟讽"。李嘉祐《送夏侯审参军游江东》诗(《全诗》二〇六)谓:"袖中多丽句,未遣世人闻。"韩翃《送夏侯校书归上都》诗(《全诗》二四四)谓:"后辈传佳句,高流爱美名。"《全诗》二九五仅存其《咏被中绣鞋》一首,无足称。

**【辑评】**

明代杨慎《升庵诗话》一一:

"夏侯审为大历十才子之一,而诗集不传,惟此一绝(按:指《咏被中绣鞋》)及《织锦图》'君承皇诏安边戍'一歌而已。往年刘润之在蜀刻大历十子诗,无夏侯审集,余以二诗讯之,润之笑曰:'两枚枣子如何泡茶?'"

## 九一 李 端(?—785?)

端,赵州人①,嘉祐之侄也②。少时居庐山,依皎然读书,意况清虚,酷慕禅侣③。大历五年李抟榜进士及第④,授秘书省校书郎⑤。以清羸多病,辞官,居终南山草堂寺。未几,起为杭州司马⑥,牒诉敲扑⑦,心甚厌之。买田园在虎丘下⑧,为耽深癖,泉石少幽。移家来隐衡山⑨,自号"衡岳幽人"。弹琴读《易》,登高望远,神意泊然。初无宦情,怀箕、颍之志。尝曰:"余少尚神仙,且未能去。友人畅当以禅门见导,余心知必是,未得其门。"⑩诗更高雅,于才子中名响铮铮。与处士京兆柳中庸、大理评事江东张芬友善唱酬⑪。初来长安,诗名大振。时令公子郭暧尚升平公主,贤明有才,延纳俊士,端等皆在馆中。暧尝进宫,大宴,酒酬，主属端赋诗，顷刻而就，曰："青春都尉最风流，二十功成便拜侯。金距斗鸡过上苑，玉鞭骑马出长楸。熏香荀令偏怜小，傅粉何郎不解愁。日暮吹箫杨柳陌，路人遥指凤凰楼。"主甚喜，一座赏叹。钱起曰："此必端宿制，请以起姓为韵。"端立献一章曰："方塘似镜草芊芊，初月如钩未上弦。新开金埒看调马，旧赐铜山许铸钱。杨柳入楼吹玉笛，芙蓉出水妒花钿。今朝都尉如相顾，愿脱长裾逐少年。"作者惊伏。主厚赐金帛，终身以荣，其工捷类此[12]。集三卷，今传于世。

## 【校注】

① "赵州人"　《新书》二〇三《卢纶传》、《纪事》三〇"李端"条、《郡斋》四上"李端司马集三卷"条并同。《旧书》一六三《李虞仲传》作"赵郡人"（虞仲为端之子）。《极玄集》上"李端"附注亦作："字正己，赵郡人。"《直斋》一九"李端"条亦称"赵郡李端"。

赵州：注见本书卷第一（一三）《李峤传》。

② "嘉祐之侄也"　李嘉祐有《送从侄端之东都》诗（《全诗》二〇六）。

李嘉祐：传见本书卷三（五七）。

③ "少时居庐山"至"酷慕禅侣"　李端《长安书事寄卢纶》诗（《全诗》二八六）云："弱冠家庐岳，从师岁月深。"李端又有《忆皎然上人》、《送皎然上人归山》诗（《全诗》二八五、二八六），后一诗云："法主欲归须有说，门人流泪厌浮生。"是为辛氏所本。

皎然：传见本书本卷（一〇三）。

④ "大历五年李搏榜进士及第"　《极玄集》："大历五年进士。"《郡斋》同。徐应秋《玉芝堂谈荟》二"历代状元"条："（大历）五年，状元王储。"与本篇所记"李搏榜"不同。

⑤ "授秘书省校书郎"　《极玄集》："历校书郎。"又，卢纶有《早春归周至旧居却寄耿拾遗湋李校书端》诗（《全诗》二六三），司空曙有《酬李端校书见赠》诗（《全诗》二六三）。

⑥ "以清羸多病"至"起为杭州司马"　《旧书·李虞仲传》记："端自校书郎移疾江南，授杭州司马，卒。"《新书·卢纶传》亦云："后移疾江南，终杭州司马。"《郡斋》云："卒官杭州司马。"《直斋》亦称"唐杭州司马。"又，李端《野寺病居喜卢纶见访》诗（《全诗》二八六）云："一卧漳滨今欲老。"卢纶《酬李端公野寺病居见寄》诗（《全诗》

二八〇)云:"清羸已觉助禅心。"似为辛氏所本,然非"辞官居终南山草堂寺"。

⑦"敲扑" "扑"原作"朴",据《佚存》、《四库》本改。

⑧"买田园在虎丘下" 李端《戏赠韩判绅卿》诗(《全诗》二八六)云:"欲随山水居茅洞,已有田园在虎丘。"

虎丘:在今江苏省苏州市西北。相传春秋时吴王阖闾葬于此,三日有虎踞其上,故名。泉石幽深,为姑苏名胜。见《大清一统志》七七"苏州府"。

⑨"移家来隐衡山" 李端《江上逢柳中庸》诗(《全诗》二八六)云:"旧住衡山曾夜归,见君江客忆荆扉。"

⑩"余少尚神仙"至"未得其门" "心知必是",《四库》本"必"作"其"。引自李瑞《书志赠畅当》诗序(《全诗》二八五)。

畅当:传见本书本卷(九七)。

⑪"与处士"至"友善唱酬" 李端有《酬前大理评事张芬》、《送张芬归江东兼寄柳中庸》、《山中期张芬不至》、《宿瓜洲寄柳中庸》、《江上别柳中庸》(俱见《全诗》二八五)、《江上逢柳中庸》、《溪行逢雨遇柳中庸》(俱见《全诗》二八六)等诗。

柳中庸:名淡,以字行,柳宗元族叔。工诗文,萧颖士爱其才,以女妻之。事迹见《新书》二〇二《柳并传》、《纪事》三一"柳中庸"条。

张芬:曾官大理评事,贞元间以兵部郎中衔佐西川节度使韦皋幕府。见符载《剑南西川幕府诸公写真赞并序》(《全文》六九〇)。

⑫"时令公子郭暧"至"其工捷类此" "作者惊伏",《四库》本"作"作"见"。此段采自《旧书·李虞仲传》,文字略异。又见于《新书·卢纶传》、《唐语林》三、《郡斋》,出自《唐国史补》上。两诗均载《全诗》二六六,题为《赠郭驸马》。

郭暧:注见本书本卷(八六)《钱起传》。

金距:斗鸡时让鸡爪套上金属套子,称金距。《左传》昭公二十五年:"季、郈之鸡斗,季氏介其鸡,郈氏为之金距。"

荀令:汉荀彧,曾守尚书令,故称荀令。喜以香熏衣,所到之处,香气经日不散。见《太平御览》七〇三引《襄阳记》。

何郎:三国魏何晏喜修饰,粉白不去手,行步顾影,人称"傅粉何郎"。见《三国志·曹爽传》裴注引《魏略》。

凤凰楼:萧史善吹箫,秦穆公女弄玉好之,公遂以女妻之。吹箫似凤声,凤凰来止其屋。为作凤台,夫妻居其上。一日皆随凤凰飞去。见《列仙传》。

金埒〔liè〕:晋王济好马射,买地作埒(界垣),地上铺满金钱,称金埒。后人常以此言豪奢。见《世说新语·汰侈》。

铜山:汉文帝赐宠臣邓通蜀严道铜山,可自铸钱。见《汉书·邓通传》。

都尉:指驸马都尉郭暧。

**【辑评】**

唐代卢纶《纶与吉侍郎中孚司空郎中曙苗员外发崔补阙峒耿拾遗沣李校书端风尘追游向三十载数公皆负当时盛称……》(《全诗》二七七):

"校书才智雄,举世一娉婷。赌墅鬼神变,属词鸾凤惊。"

明代陆时雍《诗镜·总论》:

"绝去形容,独标真素,此诗家最上一乘。本欲素而巧出之,此中唐人之所以病也。李端'园林带雪潜生草,桃李虽春未有花',此语清标绝胜。"

清代贺裳《载酒园诗话·又编》:

"初读李端集,苦于平熟,遇其时一作态,即新警可喜。如'月落星稀天欲明,孤灯未灭梦难成。披衣更向门前望,不忿朝来鹊喜声',何其多姿也!……《瘦马行》颇有少陵之遗。《杂歌》长篇,宛似太白,中曰'酒沽千日人不醉,琴弄一弦心已悲',最为警策。"

## 九二　窦叔向

叔向,字遗直,扶风平陵人也[①]。有卓绝之行,登第于大历初,远振嘉名,为文物冠冕。诗法谨严,又非常格。一流才子[②],多仰飙尘[③],少与常衮同灯火,及衮相,引擢左拾遗、内供奉;及坐贬,亦出为溧水令[④]。卒,赠工部尚书[⑤]。五子:常、牟、群、庠、巩[⑥],俱能诗,咄咄有跨灶之兴[⑦],当时羡之。《艺文志》载《叔向集》七卷[⑧],今存诗甚寡,盖零落久矣[⑨]。

**【校注】**

①"扶风平陵人也"　《旧书》一五五《窦群传》同(群为叔向之子)。《新书》七一下《宰相世系表》一下记叔向祖居扶风平陵。《直斋》一九"窦拾遗集一卷"条亦称"扶风窦叔向"。《新书》一七五《窦群传》则记:"京兆金城人,父叔向。"《纪事》三一"窦叔向"条亦作"京兆人"。

扶风平陵:平陵为西汉五陵县之一,属古扶风。唐景龙间改为金城,至德间改为兴平。见《元和志》二"关内道京兆府兴平县"。

②"一流才子"　《四库》、三间本"一流"作"名流。"

③飙〔biāo〕尘：狂风卷起的尘埃。《古诗十九首》："奄忽若飙尘。"多仰飙尘，意为望尘莫及。

④"少与常衮同灯火"至"亦出为溧水令"　"及坐贬"，《四库》本"及"作"衮"。《新书》六〇《艺文志》四"窦叔向集七卷"附注："字遗直，与常衮善。衮为相，用为左拾遗、内供奉。及贬，亦出溧水令。"《纪事》略同。《旧书》一五五《窦群传》作："父叔向，以工诗称，代宗朝，官至左拾遗。"《新书》一七五《窦群传》同。又，张继有《酬张二十员外前国子博士窦叔向》诗（《全诗》二四二），则窦叔向曾为国子博士。

常衮：天宝末进士，历官翰林学士、考功员外郎、中书舍人。大历间，迁礼部侍郎，又拜门下侍郎、同平章事。德宗立，贬潮州刺史。建中元年起为福建观察使。传见《旧书》一一九、《新书》一五〇。

⑤"卒，赠工部尚书"　韩愈《国子司业窦公（牟）墓志铭》（《全文》五六三）云："皇考讳叔向，官至左拾遗、溧水令，赠工部尚书。"

⑥常、牟、群、庠、巩：传见本书本卷（一〇五、一〇六、一〇七、一〇八、一〇九）。

⑦"跨灶之兴"　《四库》、三间、《指海》本"兴"作"誉"。

跨灶：灶上有釜，故谓子胜于父为跨灶。苏轼《答陈季常书》："二子作诗骚殊胜，咄咄有跨灶之兴。"

⑧"《艺文志》载《叔向集》七卷"　"艺"字原脱，据《四库》本补。《新书》六〇《艺文志》著录"《窦叔向集》七卷"。

⑨"今存诗甚寡，盖零落久矣"　"久"原作"之"，据《四库》本改。按：《全诗》二七一录窦叔向诗九首。

**【辑评】**

元代时天彝《唐百家诗选评》（《吴礼部诗话》引）：

"五窦诗存者惟《联珠集》。叔向诗弥佳，传弥少，草木飘风之叹，不其然乎？"

清代王夫之《唐诗评选》三：

"窦叔向《春日早朝应制》，其不如岑、杜七言者，未能以景外取景；而润秀无强人语、则贤于右丞'绛帻''鸡人'矣。一结意开句合，自是名手。五子碌碌，不足步乃公后尘。"（附《春日早朝应制》："紫殿俯千官，春松应合欢，御炉香焰暖，驰道玉声寒。乳燕翻珠缀，祥乌集露盘。宫花一万树，不敢举头看。"）

清代方东树《昭昧詹言》一八：

"窦遗直《夏夜宿表兄宅话旧》：起叙题，兼写景。中二联皆言情，而真挚动人。收自然不费力，而却有不尽之妙。"（附《夏夜宿表兄宅话旧》诗："夜合花开香满庭，夜深微雨醉初醒。远书珍重何曾达，旧事凄凉不可听。去日儿童皆长大，昔年亲友半凋零。明朝又是孤舟别，愁见河桥酒幔青。"）

## 九三　康　洽

洽，酒泉人，黄须美丈夫也①。盛时携琴剑来长安，谒当道，气度豪爽。工乐府诗篇，宫女梨园皆写于声律。玄宗亦知名，尝叹美之。所出入皆王侯贵主之宅，从游与宴，虽骏马苍头如其己有②。观服玩之光，令人归欲烧物③，怜才乃能如是也。后遭天宝乱离，飘蓬江表。至大历间，年已七十余，龙钟衰老，谈及开元繁盛，流涕无从。往来两京，故侯馆谷，空咸阳一布衣耳④。于时文士，愿与论交。李端逢之，赠诗云："声名常压鲍参军，班位不过扬执戟。"又云："同时献赋人皆尽，共壁题诗君独在。"⑤后卒杜陵山中⑥。文章不得见矣⑦。

【校注】

①"酒泉人，黄须美丈夫也"　《四库》本"须"作"发"。戴叔伦《赠康老人洽》诗（《全诗》二七四）："酒泉布衣旧才子，少小知名帝城里。"李端《赠康洽》诗（《全诗》二八四）："黄须康兄酒泉客，平生出入王侯宅。"本篇即据此。

酒泉：今甘肃省酒泉县。见《元和志》四〇"陇右道肃州"。

②"盛时携琴剑"至"如其己有"　戴叔伦《赠康老人洽》诗云："酒泉布衣旧才子，少小知名帝城里。一篇飞入九重门，乐府喧喧闻至尊。宫中美人皆唱得，七贵因之尽相识。"又云："贤王贵主于我厚，骏马苍头如己有。"又，李顾有《送康洽入京进乐府歌》（《全诗》一三三）。

③"令人归欲烧物"　《四库》本作"令人欲惜物"。三间本陆芝荣校语云："文有脱误。"按：此用《汉书》中语，无脱误。《汉书》九七上《外戚传》："上官安以后父封乐侯。……受赐殿中。出对宾客言：'与我婿饮，大乐。见其服饰，使人归欲自烧物！'"

④ "至大历间"至"空咸阳一布衣耳"　李端《赠康洽》诗："迩来七十遂无机，空是咸阳一布衣。后辈轻肥贱衰朽，五侯门馆许相依。"又云："汉家尚壮今则老，发短心长知奈何。华堂举杯白日晚，龙钟相见谁能免？"

馆谷：居其馆，食其谷。《左传》僖公二十八年："晋师三日馆谷，及癸酉而还。"

⑤ "声名常压鲍参军"四句　"鲍"原作"饱"，"扬"原作"杨"，并据《佚存》、《四库》本改。诗四句出自李端《赠康洽》。

扬执戟：汉扬雄，博通群籍，长于辞赋。成帝时献赋，拜为郎。汉郎官皆更直执戟，故后人称扬执戟。王莽时为大夫，校书天禄阁。以事被株连，投阁自杀，几死。《汉书》有传。

⑥ "后卒杜陵山中"　戴叔伦《赠康洽老人》诗云："杜陵往往逢秋暮，望月临风攀古树。繁霜入鬓何足论，旧国连天不知处。"是否"卒杜陵山中"，则不详。参见"补录"《带经堂诗话》。

⑦ "文章不得见矣"　康洽诗文今皆不存，唐、宋以来书目亦不见著录。

【补录】

唐代李颀《送康洽入京进乐府歌》（《全诗》一三三）：

"识子十年何不遇，只爱欢游两京路。朝吟左氏《娇女篇》，夜诵相如《美人赋》。长安春物旧相宜，小苑蒲萄花满枝。柳色偏浓九华殿，莺声醉杀五陵儿。曳裾此日从何所，中贵由来尽相许。白夹春衫仙吏赠，乌皮隐几台郎与。新诗乐府唱堪愁，御妓应传鸒鹊楼。西上虽因长公主，终须一见曲陵侯。"

清代王士禛《带经堂诗话》一五《古夫于亭杂录》：

"盛唐诗人多有赠康洽之作，最传者李颀所谓'西上虽因长公主，还须一见曲阳侯'，盖特指杨国忠暨秦、虢辈也。后长庆白居易作忠州刺史，亦有赠康诗云：'殷勤怜汝无他意，天宝遗民见渐稀。'天宝至是已历六朝，而康犹在，则禄山之乱，流落西蜀，至元和、长庆时亦已老矣。"

## 九四　李　益（748？—829？）

益，字君虞，陇西姑臧人①。大历四年齐映榜进士，调郑县尉②。同辈行稍进达，益久不升，郁郁去游燕、赵间，幽州节度刘济辟为从事③。未几，又佐邠宁幕府④。风流有词藻，与宗人贺相埒，每一篇就，乐工赂求之，被于雅乐，供奉天子⑤。如《征人》、《早行》篇，天下皆施绘画⑥。二十，三受策秩，从军十年⑦。运筹决胜，尤其所长。往往鞍马间为文，横槊赋诗，故多抑扬激厉悲离之作⑧，高适、岑参之流也。宪宗雅闻其名，召为秘书少监、集贤殿学士。自负其才，凌轹士众，有不能堪，谏官因暴其诗"不上望京楼"等句，以涉怨望，诏降职。俄复旧，除侍御史，迁礼部尚书，致仕。大和初卒⑨。益少有僻疾，多猜忌，防闲妻妾，过为苛酷，有散灰扃户之谈，时称为"妒痴尚书李十郎"⑩。有同姓名者，为太子庶子，皆在朝，人恐莫辨，谓君虞为"文章李益"，庶子为"门户李益"云⑪。有集今传。

【校注】

① "陇西姑臧人"　《纪事》三〇"李益"条、《郡斋》四上"李益诗一卷"条并同。《新书》七二上《宰相世系表》列："益，秘书少监"，出"姑臧"大房。又，柳宗元《先君石表阴先友记》（《全文》五八八）载："李益，陇西姑臧人，风流有文词。"

陇西姑臧：今甘肃省武威县。见《元和志》四〇"陇右道凉州"。

② "大历四年齐映榜进士，调郑县尉"　《纪事》："大历四年进士。"《郡斋》："大历四年进士，调郑县尉。"《直斋》亦云："大历四年进士。"《金石萃编》八〇《华岳题名》载："前郑县主簿李益。"蒋防《霍小玉传》亦记："生（李益）以书判拔萃登科，授郑县主簿。"《唐会要》七六载："大历六年讽谏主文科，郑珣瑜、李益及第。"徐应秋《玉芝堂谈荟》二"历代状元"条："大历四年，进士二十六人，状元齐映。"

齐映：大历四年于东都举进士及宏词，授河南府参军。先后佐令狐彰、马燧、张镒军幕。建中间除御史中丞，颇得德宗亲信。贞元二年，以中书舍人同中书门下平章事，俄改中书侍郎。官终江西观察使。传见《旧书》一三六，《新书》一五〇。

郑县：今陕西省华县。见《元和志》二"关内道华州"。

③ "同辈行稍进达"至"辟为从事"　采自《旧书》一三七、《新书》二〇三本传。按：李益有《献刘济》诗（《全诗》二八三）。韦应物有《送李侍御益赴幽州幕》诗（《全诗》一八九）。

幽州：治蓟县，今北京市。见《元和志》三九"河北道"。

刘济：刘怦子。贞元元年代父为幽州帅，五年充幽州节度使，在镇二十余年。传见《旧书》一四三、《新书》二一二。

④ "又佐邠宁幕府"　李益《赴邠宁留别》诗（《全诗》二八三）云："身承汉飞

将,束发即言兵。……幸应边书募,横戈会取名。"又李观《邠宁庆三州节度飨军记》(《全文》五三四)云:"宗盟兄侍御史益,有文行忠信,而从朗宁之军。"(朗宁指朗宁郡王张献甫,时为邠宁庆节度观察使。)

邠宁:乾元二年所置方镇,治邠州,今陕西省邠县。见《元和志》三"关内道邠州"。

⑤"风流有词藻"至"供奉天子"　采自两《唐书》本传。朱自清《李贺年谱补记》(《清华学报》第十卷第五期)云:"《新书》'名与贺埒'一语,《旧书》作'与宗人李贺齐名',苦不知其所据。疑原意或谓二子皆以乐府见称,虽益成名在前,而贺才情不匮,亦能比肩前辈。然其语实有病。"李贺:传见本书卷五(一一五)。

⑥"如《征人》、《早行》篇,天下皆施绘画"　采自两《唐书》本传。《征人》、《早行》篇,《旧书》作"《征人歌》、《早行篇》",《新书》作"《征人》、《早行》等篇",《唐国史补》下、《唐语林》二均作"《征人歌且行》一篇"。《郡斋》云:"《征人》、《早行》篇,天下皆施之图绘。今集有《从军诗》五十篇,而无此诗,惜其放佚多矣。"按:《全诗》二八三《李益卷》二有《暖川》诗,题下注:"一作《征人歌》。"《纪事》则径题为《征人歌》。

⑦"二十,三受策秩,从军十年"　此处颇难卒读,疑有脱误。李益《从军诗并序》(见《二酉堂丛书·李尚书诗集》)云:"君虞长始八岁,燕戎乱华。出身二十年,三受末秩;从军十八载,五在兵间。"辛氏所据,当是此序。

⑧"往往鞍马间为文"至"悲离之作"　"激厉"原作"激砺",据《四库》、《指海》本改。元稹《唐故工部员外郎杜君墓系铭序》(《全文》六五四)云:"曹氏父子鞍马间为文,往往横槊赋诗,故其道文壮节,抑扬哀怨,悲离之作,尤极于古。"辛氏论李益诗,借用此语。

⑨"宪宗雅闻其名"至"大和初卒"　"以涉怨望",《四库》、《指海》本"以"下有"为"字。此段采自两《唐书》本传。"不上望京楼",见于《全诗》二八三《李益卷》二《献刘济》诗,诗云:"草绿古燕州,莺声引独游。……感恩知有地,不上望京楼。""俄复旧,除侍御史",《新书》作:"俄复旧官,累迁右散骑常侍。"《旧书》作:"俄复用为秘书监,迁太子宾客、集贤学士判院事,转右散骑常侍。"

⑩"益少有僻疾"至"妒痴尚书李十郎"　采自两《唐书》本传。柳宗元《先君石表阴先友记》亦载:"(李益)少有僻疾,以故不得用。年老常望,仕非其志。复为尚书郎。""僻疾",《旧书》作"痴病",《唐国史补》中作"疑病"、"心疾"。"时称妒痴尚书李十郎",《旧书》作"故时谓妒痴为李益疾",《新书》作"世谓妒为李益疾"。

⑪"有同姓名者"至"为门户李益云"　据《新书》本传。亦见于赵璘《因话录》二。

## 【补录】

唐代李肇《唐国史补》下：

"李益诗名早著，有《征人歌且行》一篇，好事者画为图障。又有云：'回乐峰前沙似雪，受降城外月如霜。不知何处吹芦管，一夜征人尽望乡。'天下亦唱为乐曲。"

## 【辑评】

明代胡应麟《诗薮·内编》六：

"七言绝，开元之下，便当以李益为第一。如《夜上西城》、《从军》、《北征》、《受降》、《春夜闻笛》诸篇，皆可与太白、龙标竞爽，非中唐所得有也。"

明代胡震亨《唐音癸签》七：

"李君虞生长西凉，负才尚气，流落戎旃，坎壈世故。所作从军诗，悲壮宛转，乐人谱入笙歌。至今诵之，令人凄断。"

明代陆时雍《诗镜·总论》：

"李益五古，得太白之深，所不能者澹荡耳。太白力有余闲，故游衍自得。益将矻矻以为之。《莲塘驿》、《游子吟》自出身手，能以意胜，谓之善学太白可。"

明代许学夷《诗源辩体》二二：

"李益、权德舆在大历之后，而其诗气格有类盛唐者，乃是其气质不同，非有意复古也。"

清代毛先舒《诗辩坻》三：

"七绝，李益、韩翃足称劲敌。李华逸稍逊君平，气骨过之，至《从军》、《北征》，便不减盛唐高手。"

## 九五　冷朝阳

朝阳，金陵人[①]。大历四年齐映榜进士及第[②]，不待调官，言归省觐。自状元以下，一时名士大夫及诗人李嘉祐、李端、韩翃、钱起等，大会赋诗攀饯③。以一布衣，才名如此，人皆羡之。朝阳工诗，在大历诸才子，法度稍弱④，字韵清越不减也。有集传世⑤。

【校注】

①"金陵人"　李嘉祐有《送冷朝阳及第东归江宁》诗（《全诗》二〇六），钱起亦有《送冷朝阳擢第后归金陵觐省》诗（《全诗》二三九）。本篇当即据此。又，《元和姓纂》五"江都"下载："冷朝阳，吴人。"

金陵：战国时楚金陵邑，秦为秣陵，三国吴名建业，晋为江宁，南朝宋为建康。唐武德八年仍改名金陵，九年改为白下，贞观九年改为江宁，上元二年改为上元。见《元和志》二五、《旧书》四〇《地理志》三"江南道润州上元县"。

②"大历四年齐映榜进士及第"　《纪事》三〇"冷朝阳"条作："登大历进士第。"徐应秋《玉芝堂谈荟》二"历代状元"条："大历四年，进士二十六人，状元齐映。"

齐映：注见本书本卷（九四）《李益传》。

③"不待调官"至"赋诗攀饯"　"名士大夫"，原无"大"字，据《四库》、《指海》本补。此段系以李嘉祐、钱起诗为据，参见前注。又韩翃《送冷朝阳还上元》诗（《全诗》二四五）云："名遂身归拜庆年。"

李嘉祐：传见本书卷第三（五七）。

韩翃、钱起、李端：传见本书本卷（八四、八六、九一）。

④"在大历诸才子，法度稍弱"　严羽《沧浪诗话·诗评》云："冷朝阳在大历才子中为最下。"

⑤"有集传世"　《佚存》本"传"下有"于"字。

【补录】

宋代计有功《唐诗纪事》三〇"冷朝阳"条：

"潞州节度薛嵩，有青衣善弹阮咸琴，手纹隐起如红线，因以名之。一日辞去，朝阳为词曰：'采菱歌怨木兰舟，送客魂销百尺楼。还似洛妃乘雾去，碧天无际水东流。'"（按：见于袁郊《甘泽谣·红线》，谓"嵩以歌送红线，请座客冷朝阳为词曰"云云。）

## 九六　章八元

八元，睦州桐庐人①。少喜为诗，尝于邮亭偶题数语，盖激楚之音也。宗匠严维到驿，见而异之，问八元曰："尔能从我授格乎？"曰："素所愿也。"少顷遂发，八元已辞亲矣。维大器之，亲为指谕，数岁间，诗赋精绝②。大历六年王溆榜第三人进士③。居京既久，床头金尽，归江南，访韦苏州，待赠甚厚。复来都应制科④。贞元中调句容主簿⑤，况薄辞归。时有清江上人善诗，与八元为兄弟之好⑥。初，长安慈恩寺浮图，前后名流诗版甚多，八元亦题，有云："却怪鸟飞平地上，自惊人语半天中。"后元微之、白乐天至塔下遍览，因悉除去，惟存八元版在，吟咏久之，曰："名下无虚士也。"⑦其警策称是。有诗集传于世，一卷。

**【校注】**

① "睦州桐庐人" 《新书》六〇《艺文志》四"章八元诗一卷"附注："睦州人。"《纪事》二六"章八元"条同。又，章八元有《归桐庐旧居寄严长史》诗（《全诗》二八一）。

睦州桐庐：注见本书本卷（七一）《严维传》。

② "尝于邮亭偶题数语"至"诗赋精绝" "谕"原作"踰"，据《佚存》、三间、《指海》本改。引自《中兴》上"章八元"附评，又见于钱易《南部新书》壬。"数岁间诗赋精绝"，《中兴》（何义门校本）作"数年间，诗赋擢第"。

宗匠：大师，此处指诗艺为众人所宗仰者。

严维：传见本书本卷（七一）。

授格：传授诗格。

③ "大历六年王溆榜第三人进士" 《新书·艺文志》、《纪事》并作"大历进士第"。《唐诗鼓吹》七"章八元"下元代郝天挺注："大历六年进士。"《唐诗品汇·诗人爵里详节》同。

④ "归江南"至"复来都应制科" 韦应物《送章八元秀才擢第往上都应制》诗（《全诗》一八九）云："旅食不辞游阙下，春衣未换报江南。"

韦苏州：韦应物，传见本书本卷（一〇二）。

⑤ "贞元中调句容主簿，况薄辞归" 《唐诗鼓吹》七"章八元"下郝天挺注、《唐诗品汇·诗人爵里详节》并记："贞元中调句容主簿。"

句容：今江苏省句容县。见《元和志》二五"江南道润州"。

况：通贶，此处指官俸。

⑥ "时有清江上人善诗，与八元为兄弟之好" 清江有《宿严维宅简章八元》、《上

都酬章十八兄》等诗（《全诗》八一二）。

清江：注见本书卷第三（六四）《道人灵一传》。

⑦ "初，长安慈恩寺"至"名下无虚士也"　"却怪"，《四库》本作"初怪"。此段采自范摅《云溪友议》下，又见于何光远《鉴戒录》七、《纪事》二六。"却怪鸟飞平地上"二句，见于《全诗》二八二章八元《题慈恩寺塔》诗。

**【补录】**

北宋钱易《南部新书》壬：

"章八元及第后，居浙西，恃才浮傲，宴游不恭。韩晋公自席间械系之。时杨于陵乃韩女婿，以同年救之，曰：'为杨郎屈法。'"

**【辑评】**

唐代高仲武《中兴间气集》上"章八元"附评（何义门校本）：

"如'雪晴山脊见，沙浅浪痕交'，此得江山之状貌矣。"

清代王士禛《带经堂诗话》二"推较"类《居易录》：

"唐人章八元《题慈恩寺塔》诗云：'回梯暗踏如穿洞，绝顶初攀似出笼。'俚鄙极矣。乃元、白激赏之不容口，且曰：'不意严维出此弟子！'论诗至此，亦一大劫也。盛唐诸大家有同登慈恩塔诗……如大将旗鼓相当，皆万人敌；视八元诗，真鬼窟中作活计，殆奴仆台隶之不足矣。元、白岂未睹此耶？"

# 九七　畅　当

当，河东人①。大历七年张式榜及第②。当少谙武事，生乱离间，盘马弯弓，抟沙写阵，人曾伏之。时山东有寇，以子弟被召参军③。贞元初，为太常博士，仕终果州刺史④。与李司马、司空郎中有胶漆之契⑤。多往来嵩、华间，结念方外，颇参禅道，故多松桂之兴，深存不死之志⑥。词名藉甚，表表凌云。有诗二卷传于世。同时有郑常，亦鸣诗⑦。集一卷，今行。○尝观建安初，陈琳、阮瑀数子⑧，从戎管书记之任，所得经奇，英气逼人也。承平则文墨议论,警急则櫜鞬矢石,金羁角逐⑨,珠符相照,草檄于盾鼻⑩,勒铭于山头,此磊磊落落,通方之士,皆古书生也。容有郁志窗下,抱膝呻吟,而曰"时不我与,人不我知"耶?大道无窒,徒自为老夫耳。唐间如此特达甚多,光烈垂远。慨然不能不以之兴怀也。

**【校注】**

① "河东人" 《新书》二〇〇本传、《极玄集》上"畅当"附注、《纪事》二七"畅当"条并同。按:戴叔伦《吊畅当》诗(《全诗》二七三)有"万里江南一布衣,早将佳句动京畿"之句,据此,叔伦似为江南人。

河东:注见本书卷四(八五)《耿湋传》。

② "大历七年张式榜及第" 《新书》本传、《极玄集》只记:"进士及第。"徐松《登科记考》一〇载:"柳宗元《先友记》:'式,南阳人。'韩注:'大历七年进士。'"

③ "当少诸武事"至"以子弟被召参军" 韦应物有《寄畅当》诗(《全诗》一八八),题下原注:"闻以子弟被召入军。"诗云:"寇贼起东山,英俊方未闲。闻君新应募,籍籍动京关。出身文翰场,高步不可攀。青袍未及解,白羽插腰间。……"又,卢纶有《送畅当赴山南幕》诗(《全诗》二七六)。据此,本篇所云"山东"当是"东山"或"山南"之讹。

④ "贞元初"至"果州刺史" 据《新书》本传、《极玄集》。

果州:治南充,今四川省南充市。见《旧书》四一《地理志》四"剑南道"。

⑤ "与李司马、司空郎中有胶漆之契" 李端(官终杭州司马)有《寄畅当》、《书志赠畅当》诗(《全诗》二八五),司空曙(官终虞部郎中)有《闲园书事寄畅当》诗(《全诗》二九二)。

李司马:李端,传见本书本卷(九一)。

司空郎中:司空曙,传见本书本卷(八七)。

⑥ "多往来嵩、华间"至"深存不死之志" 卢纶有《酬畅当寻嵩岳麻道士见寄》诗(《全诗》二七六)。又,李端《书志赠畅当》诗序(《全诗》二八五)云:"余少尚神仙,且未能去。友人畅当,以禅门见导。余心知必是,未得其门,因寄诗以咨焉。"诗有云:"请问宗居士,君其奈老何?"

⑦ "同时有郑常,亦鸣诗" 《新书》六〇《艺文志》四"畅当诗二卷"之后著录"郑常诗一卷"。按:《纪事》三一"郑常"条:"高仲武云:'常诗省静婉靡,虽未洪深,已入文流,翻翻然有士风,故录之。'"

郑常:肃、代间诗人,身世未详。《全诗》三一一录其诗三首。

⑧陈琳、阮瑀：三国魏诗人、文章家，二人齐名，名列建安七子。曹丕《典论·论文》："琳、瑀之章表书记，今之隽也。"

⑨櫜鞬〔gāo jiàn〕：櫜为盛箭之器，鞬为盛弓之器，泛指武将装束。见《左传》僖公二三年。

金羁：金饰马络头，借指战马。曹植《白马篇》："白马饰金羁，连翩西北驰。"

⑩盾鼻：盾牌的把手。《资治通鉴》一六〇梁太清元年："（荀济）常谓人曰：'会于盾鼻上磨墨檄之。'"

## 【补录】

宋代宋祁《新唐书》二〇〇《畅当传》：

"父璀，左散骑常侍，代宗时，与裴冕、贾至、王延昌待制集贤院，终户部尚书。"

## 【辑评】

宋代吴聿《观林诗话》：

"畅当诗有云：'酒渴爱江清，余酣漱晚汀。软沙欹坐隐，冷石醉眠醒。'四句皆说醉，不觉烦也。"

宋代计有功《唐诗纪事》二七"畅当"条：

"当诗平淡多佳句。如《钓渚亭》云：'花发多远意，凫雁有闲情。迟晖耿不暮，平江寂无声。'《天柱隐所》云：'荒径饶松子，深萝绝鸟声。阳崖全带日，宽嶂偶通耕。'《山居》云：'水定鹤翻去，松欹峰俨如。'又，'寒林苞晚橘，风絮露垂杨。湖畔闻渔唱，天边数雁行。'皆有远意。"

明代钟惺、谭元春《唐诗归》二七：

"此君诗少，而别有清骨妙情。"（钟惺）

清代潘德舆《养一斋诗话》九：

"当诗则如：'夜殿若山横，深松如涧凉。''阳崖全带日，宽嶂偶通耕。''酒渴爱江清，余酣漱晚汀。'又如蒲州绝句：'苍苍中条山，厥形极奇魄。我欲涉其崖，濯足黄河水。'皆极超拔。"

## 九八　王季友

季友，河南人①。暗诵书万卷，论必引经②。家贫卖屦，好事者多携酒就之③。其妻柳氏，疾季友穷丑，遣去④。来客酆城，洪州刺史李公，一见倾敬，即引佐幕府⑤。工诗，性磊浪不羁⑥。爱奇务险，远出常性之外。白首短褐，崎岖士林，伤哉贫也⑦。尝有诗云："山中谁余密？白发日相亲。雀鼠昼夜无，知我厨廪贫。"⑧又："自耕自刈食为天，如鹿如麋饮野泉。亦知世上公卿贵，且养丘中草木年。"⑨观其笃志山水，可谓远性风疏，逸情云上矣。有集传于世。

【校注】

① "河南人" 吴绾《唐诗记》载："《纪事》云：河南人。"（按：今本《纪事》二六"王季友"条无此语。）又，高棅《唐诗品汇·诗人爵里详节》亦云"河南人"。

河南：开元元年改洛州为河南府，治洛阳，今河南省洛阳市。见《元和志》五"河南道河南府"。

② "暗诵书万卷，论必引经" 杜甫《可叹》诗（《杜少陵集详注》二一）云："丈夫正色动引经，酆城客子王季友。群书万卷常暗诵，《孝经》一通看在手。"辛氏即据此诗。

③ "家贫卖屐，好事者多携酒就之" 杜甫《可叹》诗云："贫穷老瘦家卖屐，好事就之为携酒。"

④ "其妻柳氏"至"遣去" 杜甫《可叹》诗云："近者抉眼去其夫，河东女儿身姓柳。"仇兆鳌注："《杜臆》曰：抉眼犹反目。赵曰：柳氏不喜其夫，如抉眼之物而去之。"

⑤ "来客酆城"至"即引佐幕府" 于邵有《送王司议季友赴洪州序》（《全文》四二七），钱起亦有《送王季友赴洪州幕下》诗（《全诗》二三七）。杜甫《可叹》诗云："豫章太守高帝孙，引入宾客敬颇久。"即指季友入江西观察使、洪州刺史李勉幕府事。杜诗称"酆城客子王季友"，酆城即属洪州。详孙望师《蜗叟杂稿·箧中集作者事辑·王季友》。

酆城：今江西省丰城县。见《元和志》二八"江南道洪州"。

李公：李勉，注见本书卷三（六八）《刘方平传》。

⑥ "性磊浪不羁" 《四库》、三间本"磊浪"作"磊落"。

⑦ "爱奇务险"至"伤哉贫也" 《四库》本"常性"作"常情"，与《河岳》合。此段录自《河岳》上"王季友"附评。《河岳》"爱奇务险"二句之上有"季友诗"三字，是论其诗；"伤哉贫也"作"良可悲夫"。

⑧ "山中谁余密"四句 见于王季友《寄韦子春》诗（《全诗》二五九）。

⑨ "自耕自刈食为天"四句 见于王季友《酬李十六岐》诗（《全诗》二五九）。

265

【补录】

唐代于邵《送王司议季友赴洪州序》(《全文》四二七)：

"洪州之为连率也旧矣，自幽蓟外奸，加之师旅，十年之间，为巨防焉。……故朝廷重于镇定，咨尔宗枝，勉移独坐之权，实专方面之寄，七州奔走而承命，一都风化以在我，是以王司议得为副车。……邵，史官也，职在书法。以中丞宣力王室，以司议硕画幕中，予将书之，行矣自念！"

【辑评】

唐代殷璠《河岳英灵集》上"王季友"附评：

"至如《观于舍人西亭壁画山水》诗：'野人宿在人家少，朝见此山谓山晓。半壁仍栖岭上云，开帘放出湖中鸟。'甚有新意。"

明代钟惺、谭元春《唐诗归》一六"王季友"附评：

"此公有古骨古心，复有妙舌妙笔，然在盛唐不甚有诗名，为其少耳。余性不以名取人……喜拈其不著名而最少者，常有一种别趣奇理，不堕作家气。"(钟惺)

清代贺裳《载酒园诗话·又编》：

"王季友诗，磊块有筋骨，但亦附寒苦以见长。如'自耕自刈食为天……'诚高出流辈。至'雀鼠昼夜无，知我厨廪贫'，俨然一阆仙矣。又《赠崔高士瑾》曰：'问家惟指云，爱气尝言酒。'亦佳。'日月不能老，化肠为筋否'，殊不堪。僻涩之过，必涉鄙俚，不待贾、孟也。"

清代潘德舆《养一斋诗话》八：

"季友诗最沉奥有古骨。然如《观于舍人壁画山水》诗云：'独坐长松是阿谁？再三招手起来迟。于公大笑向予说，小弟丹青能尔为。'未免质而有俚气，灵而有稚气。"

## 九九　张　谓

谓，字正言，河内人也[①]。少读书嵩山，清才拔萃，泛览流观，不屈于权势。自矜奇骨，必谈笑封侯。二十四受辟，从戎营朔十载，亭障间稍立功勋。以将军得罪，流滞蓟门②。有以非辜雪之者。累官为礼部侍郎。无几何，出为潭州刺史③。性嗜酒，简淡，乐意湖山④。工诗，格度严密，语致精深，多击节之音。今有集，传于世。

【校注】

①"河内人也"　《直斋》八"长沙土风碑一卷"条称"唐潭州刺史河南张谓"。《唐诗品汇·诗人爵里详节》作："张谓，字正言，河南人。"张谓《别睢阳故人》诗（《全诗》一九七）云："少小客游梁，依然似故乡。"常衮《授张谓礼部侍郎制》（《全文》四一一）称"河内县开国子"。

河内：今河南省沁阳县。见《元和志》一六"河北道怀州"。

②"自矜奇骨"至"流滞蓟门"　张谓《同孙构免官后登蓟楼》诗（《全诗》一九七）云："昔在五陵时，年少心亦壮；尝矜有奇骨，必是封侯相。东走到营州，投身似边将。一朝去乡国，十载履亭障。"又云："去年大将军，忽负乐生谤。北别伤士卒，南迁死炎瘴。濩落悲无成，行登蓟丘上。"本篇即据此诗。按：《纪事》二五"张谓"条记："登天宝二年进士第。"

营朔：指营州，为平庐节度使治所，今辽宁省朝阳县。见《旧书》三九《地理志》二"河北道"。朔，北方。

蓟门：注见本书卷第三（五二）《王之涣传》。

③"累官为礼部侍郎"至"潭州刺史"　《纪事》："谓大历间为礼部侍郎，典七年、八年、九年贡举。"（《唐语林》二"累为主司"条："张谓三：大历六年、七年、八年。"）又，常衮《授张谓礼部侍郎制》（《全文》四一一）称："中散大夫守太子左庶子上柱国河内县开国子赐紫金鱼袋张谓……可尚书礼部侍郎。"常衮《授张谓太子左庶子制》（《全文》四一二）称："中散大夫前守潭州刺史本州团练守捉使上柱国河内县开国子赐紫鱼袋张谓……可守太子左庶子。"依此，张谓刺潭州应在为礼部侍郎之前。本篇次序颠倒。

潭州：治长沙，今湖南省长沙市。见《元和志》二九"江南道"。

④"性嗜酒，简淡，乐意湖山"　张谓《湖上对酒行》（《全诗》一九七）云："夜坐不厌湖上月，昼行不厌湖上山，眼前一樽又长满，心中万事如等闲。"此即本篇所据。又李白《泛沔州城南郎官湖》诗（《李太白全集》二〇）云："张公多逸兴，共泛沔城隅。……郎官爱此水，因号郎官湖。"

【补录】

唐代李白《泛沔州城南郎官湖》诗序（《李太白全集》二〇）：

"乾元岁秋八月，白迁于夜郎，遇故人尚书郎张谓出使夏口，沔州牧杜公，汉阳宰王公觞于江城之南湖，乐天下之太平也。方夜，水月如练，清光可掇。张公殊有胜概，四望超然，乃谓白曰：'此湖古来贤豪游者非一，而枉践佳景，寂寥无闻。夫子可为我标之嘉名，以传不朽。'白因举酒酹水，号之为郎官湖。"

宋代计有功《唐诗纪事》二五"张谓"条：

"奉使长沙，尝作《长沙风土记》云：'巨唐八叶，元圣六载，正言待罪湘东。'"

【辑评】

唐代殷璠《河岳英灵集》上"张谓"附评：

"谓《代北州老翁答》，及《湖中对酒》，行在物情之外，但众人未曾说耳。亦何必历遐远、探古迹，然后始为冥搜？"

明代王世贞《艺苑卮言》四：

"张谓'星轺计日'之句，孟浩然'县城南面'之篇，不作奇事丽语，以平调行之，却足一唱三叹。"（附张谓《别韦郎中》诗："星轺计日赴岷峨，云树连天阻笑歌。南入洞庭随雁去，西过巫峡听猿多。峥嵘洲上飞黄蝶，滟滪堆边起白波。不醉郎中桑落酒，叫人无奈别离何！"）

明代钟惺、谭元春《唐诗归》一六：

"七言律，诗家所难。初、盛唐以庄严雄浑为长，至其痴重处，亦不得强为之佳。耳食之夫，一概追逐，滔滔可笑。张谓变而流丽清老，可谓善自出脱。"（钟惺）

清代贺裳《载酒园诗话·又编》：

"张正言诗，亦倜傥率真，不甚蕴藉，然胸中殊有浩落之趣。'眼前一樽又长满，胸中万事如等闲'，有此风调，固宜太白与之把臂。"

清代沈德潜《说诗晬语》上：

"诗有当时盛称而品不贵者。王维之'白眼看他世上人'，张谓之'世人结交须黄金'，曹松之'一将功成万骨枯'，章碣之'刘项原来不读书'，此粗派也。"

## 一〇〇 于 鹄

鹄，初买山于汉阳高隐，三十犹未成名①。大历中，尝应荐历诸府从事②。出塞入塞，驰逐风沙③。有诗，甚工，长短间作，时出度外，纵横放逸，而不陷于疏远，且多警策云。集一卷，今传。

【校注】

①"初买山于汉阳高隐，三十犹未成名" 《纪事》二九"于鹄"条云："居江湖间，有《卜居汉阳》（按：此诗佚）、《荆南陪樊尚书赏花》诗（按：诗见于《全诗》三一〇）。其《自述》云：'三十无名客，空山独卧秋。'（按：此诗见于《全诗》三一〇）岂以诗穷者耶？"《唐诗鼓吹》八"于鹄"郝天挺注："高隐于汉阳。"于鹄《买山吟》（《全诗》三一〇）亦云："买得幽山居汉阳。"

汉阳：今湖北省武汉市汉阳。见《元和志》二七"江南道沔州"。

②"大历中，尝应荐历诸府从事" 《纪事》作："大历、贞元间诗人也，为诸府从事。"按：于鹄有《山中寄樊仆射》诗（见《全诗》三一〇，一作《寄襄阳樊司空》，《纪事》题为《山中寄樊尚书》）云："却忆东溪日，同年事鲁儒。僧房闲共宿，酒肆醉相扶。天畔双旌贵，山中病客孤。无谋还有计，春谷种桑榆。"樊仆射即樊泽，兴元元年官襄州刺史、山南东道节度观察等使。贞元三年为荆南节度观察等使，三年加检校礼部尚书，复代襄州刺史、山南东道节度使，十二年加检校右仆射。卒赠司空（传见《旧书》一二二）。于鹄曾与樊泽同学，寄樊诗有干谒意。于鹄《荆南陪樊尚书赏花》诗（见《纪事》二九，《全诗》三一〇题为《寓意》，一作《荆南陪楚（樊）尚书惜落花》）中"樊尚书"，亦即樊泽。则于鹄或曾佐樊泽幕府。

③"出塞入塞，驰逐风沙" 《全诗》三一〇载有于鹄《出塞》、《塞下曲》。

【补录】

唐代张籍《哭于鹄》（《全文》三八三）：

"青山无逸人，忽觉大国贫。良玉沈幽泉，名为天下珍。野性疏时俗，再拜乃从军。气高终不古，去如镜上尘。我初有章句，相合者唯君。今来吊嗣子，对陇烧新文。"

【辑评】

元代时天彝《唐百家诗选评》（《吴礼部诗话》引）：

"于鹄、曹唐,仅如候虫之自鸣者耳。"

明代胡应麟《诗薮·外编》四:

"于鹄《公子行》云:'少年初拜大长秋,半醉垂鞭见列侯。马上抱鸡三市斗,袖中携剑五陵游。玉箫金管迎归院,锦袖红妆拥上楼。更向苑中新买宅,碧波春水入门流。'鹄中唐人,此作颇有古意,起结甚佳。元人《万种闲愁》散套,全用此颔联,何氏《谈丛》称为第一,盖未见鹄诗故。"

清代贺裳《载酒园诗话·又编》:

"读于鹄诗,惟恨其少。如《途中寄杨陟》曰:'前村见来人,羸马自行迟。'《出塞》曰:'分阵瞻山势,潜兵制马鸣。'《南溪书斋》曰:'茅屋住来久,山深不置门。草生垂井口,花落拥篱根。'……刻划处无不形神俱似。"

"'秦女窥人不解羞,攀花趁蝶出墙头。胸前空带宜男草,嫁得萧郎爱远游。'首二句即王江宁'闺中少妇不知愁,春日凝妆上翠楼'意。但见柳色而悔,是少妇自悔;此却出于旁观者之矜惜,然语意含蓄。"

"《江南曲》曰:'偶向江边采白蘋,还随女伴赛江神。众中不敢分明语,暗掷金钱卜远人。'摹写一段柔肠慧致,自是化工之笔。读此,则前篇秦女仅有貌耳,深情大不如。"

# 一〇一 王 建

建,字仲初,颍川人①。大历十年丁泽榜第二人及第,释褐授渭南尉②。调昭应县丞。诸司历荐,迁太府寺丞、秘书丞、侍御史。大和中,出为陕州司马③。从军塞上,弓剑不离身④。数年后归,卜居咸阳原上⑤。初,游韩吏部门墙,为忘年之友⑥。与张籍契厚,唱答尤多。工为乐府歌行,格幽思远⑦。二公之体,同变时流。建性耽酒,放浪无拘。《宫词》特妙前古。建初与枢密使王守澄有宗人之分,守澄以弟呼之,谈间故多知禁掖事,作《宫词》百篇。后因过燕饮,以相讥谑,守澄深衔之,忽曰:"吾弟所作《宫词》,内庭深邃,何由知之?明当奏上。"建作诗以谢,末句云:"不是姓同亲说向,九重争得外人知?"守澄恐累己,事遂寝⑧。建才赡，有作皆工。盖尝跋涉畏途，甘分穷苦⑨。其《自伤》诗云："衰门海内几多人，满眼公卿总不亲。四授官资元七品，再经婚娶尚单身。图书亦为频移尽，兄弟还因数散贫。独自在家常似客，黄昏哭向野田春。"⑩又于征戍、迁谪、行旅、离别、幽居、官况之作，俱能感动神思，道人所不能道也。集十卷，今传于世。

**【校注】**

① "字仲初，颍川人" 《直斋》一九 "王建集十卷" 条称："唐陕州司马王建仲和。"《唐诗品汇·诗人爵里详节》作："字仲和，颍州人。"

颍川：注见本书卷第一（一〇）《刘希夷传》。

② "大历十年"至"授渭南尉" 《纪事》四四 "王建" 条："建，大历进士。……建初为渭南尉。"《郡斋》四上 "王建诗十卷" 条："大历十年进士。"《直斋》同。范摅《云溪友议》下"琅琊忤"条："王建校书为渭南尉，作《宫词》。"《纪事》三四"丁泽"条："大历十年试《龟负图》诗，为东都第一。"

释褐：亦云解褐，谓脱去布衣，换着官服，即初任官职之意。唐制，科举及第者，尚须经吏部考试，中式者方授以官，称释褐试。

渭南：注见本书卷第三（六三）《郎士元传》。

③ "调昭应县丞"至"出为陕州司马" 《新书》六〇《艺文志》四 "王建集十卷" 附注："大和陕州司马。"《纪事》："为昭应丞、太府寺，终于司马。"《郡斋》："为昭应县丞、太府寺丞，大和中陕州司马。"白居易《授王建秘书郎制》（《全文》六五七）称："敕太府丞王建……诗人之作丽以则，建为文近之矣。故其所著章句，往往在人口中，求之辈流，亦不易得。帑藏之吏，非而官也。……可秘书郎。"而不云"秘书丞"。张籍有《登楼寄王秘书建》诗（《全诗》三八四）。

昭应：今陕西省临潼县。见《元和志》一"关内道京兆府"。

陕州：治陕县，今河南省陕县。见《元和志》六"河南道"。

④ "从军塞上，弓剑不离身" 王建有《塞上》、《从军后寄山中友人》等诗（《全诗》二九九、三〇〇）。后一诗有"别来弓箭不离身"之句。

⑤ "卜居咸阳原上" 王建有《原上新居十三首》（《全诗》二九九），是为本篇所据。

⑥ "初，游韩吏部门墙，为忘年之友" 王建《寄上韩愈侍郎》诗（《全诗》三〇〇）云："不以雄名疏野贱，唯将直气折王侯。"

韩吏部：韩愈，传见本书卷第五（一三〇）。

⑦"与张籍契厚"至"格幽思远"　王建有《送张籍归江东》、《洛中张籍新居》、《扬州寻张籍不见》等诗（《全诗》二九七、三〇〇、三〇一）。张籍有《赠太常王建藤杖笋鞋》、《逢王建有赠》、《赠王建》等诗（《全诗》三八四、三八五、三八六）。《文献通考》二四二记："（王建）与韩愈、张籍同时，而籍相友善，工为乐府歌行，思远格幽。"

张籍：传见本书卷第五（一三八）。

⑧"建初与枢密使王守澄"至"事遂寝"　"亲说向"，《四库》本作"亲向说"，与《全诗》合。此段据《云溪友议》下"琅琊忤"条节录，亦见于《纪事》。"不是姓同亲说向"二句，见于《全诗》三〇〇《赠王枢密》。按：胡震亨《唐音癸签》二九："今观全篇，并叙枢密内庭恩宠秘事，故以是结之，益致艳诧意，言非自向人说，人那得知耳。此岂挟制语哉？唐时诗人于宫禁事皆尽说无忌，杨阿环、孟才人尚入篇咏，建词有何嫌，必制人以自全也？"

王守澄：宦官，参与册立穆宗。长庆中，知枢密事。文宗即位，为骠骑大将军、右军中尉。大和九年被毒死。传见《旧书》一八四、《新书》二〇八。

⑨"甘分穷苦"　《四库》本"甘分"作"分甘"。

甘分：甘心，安分。白居易《病后喜过刘家》诗："忽忆前年初病后，此生甘分不衔杯。"

⑩"衰门海内几多人"八句　《自伤》诗篇载于《全诗》三〇〇，文同。

【辑评】

宋代陈辅《陈辅之诗话》：

"王建《宫词》，荆公独爱其'树头树底觅残红，一片西飞一片东；自是桃花贪结子，错教人恨五更风'，谓其意味深婉而悠长也。"

宋代范晞文《对床夜语》四：

"王建《绮岫宫》云：'武帝去来红袖尽，野花黄蝶领春风。'鲍溶《隋宫》云：'炀帝春游古城在，坏宫芳草满人家。'……此皆意相袭者。"

清代贺贻孙《诗筏》：

"王建'御厨不食索时新'七字，写女子性情娇痴厌饫之状如见。……下二句情景事三者俱媚，'白日卧多'，便为'苦春'二字传神，'隔帘唤医'，撒痴极妙，非果病也。女子性情，决非女子所能道，每被文人信手描出。"（附王建《宫词》："御厨不食索时新，每见花开即苦春。白日卧多娇似病,隔帘教唤女医人。")

清代毛先舒《诗辩坻》三:

"王建歌行,才思佻浅,便开《花间》一派,不待温、李诸公也。"

清代贺裳《载酒园诗话·又编》:

"仲初妙于不含蓄,亦自有晓钟残角之韵。后人徒称其《宫词百首》,此如食熊唼股,何尝得其美处?"

## 一〇二 韦应物 (737—793?)

应物,京兆人也①。尚侠,初以三卫郎事玄宗。及崩,始悔,折节读书②。为性高洁,鲜食寡欲,所居必焚香扫地而坐,冥心象外③。天宝时,扈从游幸。永泰中,任洛阳丞,迁京兆府功曹。大历十四年,自鄠县令制除栎阳令,以疾辞归,寓善福寺精舍。建中二年,由前资除比部员外郎,出为滁州刺史。居顷之,改江州刺史,追赴阙,改左司郎中。或媢其进,媒孽之。贞元初,又出为苏州刺史④。大和中,以太仆少卿兼御史中丞,为诸道盐铁转运、江淮留后。罢居永定,斋心,屏除人事⑤。初,公豪纵不羁,晚岁逢杨开府,赠诗言事曰:"少事武皇帝,无赖恃恩私。身作里中横,家藏亡命儿。朝持樗蒲局,暮窃东邻姬。司隶不敢捕,立在白玉墀。骊山风雪夜,长杨羽猎时。一字都不识,饮酒肆顽痴。武皇升仙去,憔悴被人欺。读书事已晚,把笔学题诗。两府始收迹,南宫谬见推。非才果不容,出守抚惸嫠。忽逢杨开府,论旧涕俱垂。坐客何由识,唯有故人知。"⑥足见古人真率之妙也。○论云:诗律自沈、宋之下,日益靡嫚,镂章刻句,揣合浮切,音韵婉谐,属对藻密,而闲雅平淡之气不存矣。独应物驰骤建安以还,各有风韵⑦,自成一家之体,清深雅丽,虽诗人之盛,亦罕其伦,甚为时论所右。而风情不能自已,如赠米嘉荣、杜韦娘等作⑧,皆杯酒之间,见少年故态,无足怪矣。有集十卷,今传于世。

# 唐才子传校注

## 【校注】

① "京兆人也"　《郡斋》四上"韦应物集十卷"条、《直斋》一九"韦苏州集十卷"条并作"京兆人"。据《元和姓纂》二，应物出自"京兆杜陵"韦氏，为北周逍遥公韦夐之后。赵与时《宾退录》九引沈明远《韦应物传》亦云："京兆长安人也。"

京兆：注见本书卷第一（七）《杜审言传》。

② "尚侠"至"始悔，折节读书"　宋代王钦臣《宋嘉祐校本韦苏州集序》（《韦苏州集》附录）云："详其集中诗，天宝时扈从游幸，疑为三卫。"《纪事》二六"韦应物"条："其诗言天宝时扈从游幸事，疑为三卫。"《直斋》亦云："天宝时为三卫。"又《宾退录》九记："韩子苍云：韦苏州少时，以三卫郎事玄宗，豪纵不羁。玄宗崩，始折节读书。"参用下文所引《逢杨开府》诗（《全诗》一九〇）以及《燕李录事》（《全诗》一八六）、《温泉行》（《全诗》一九四）等诗。下文"天宝时扈从游幸"，亦据此。

三卫郎：皇家警卫官。唐代设有亲卫、勋卫、翊卫三卫，每卫置中郎将、郎将，掌官廷警卫之事。见《通典》二八《职官志》一〇、《旧书》四四《职官志》二。

③ "为性高洁"至"冥心象外"　采自李肇《唐国史补》下，又见于《唐语林》二、《纪事》、《郡斋》、《宾退录》。

④ "永泰中"至"又出为苏州刺史"　此据王钦臣《韦苏州集序》，《纪事》、《郡斋》略同。"居顷之，改江州刺史"，《郡斋》同，《集序》作"改刺江州"，无"居顷之"三字。"或媢其进，媒蘖之"，《郡斋》同，"蘖"作"糵"；《直斋》作"或媢其进，媒蘖之计"，《集序》、《纪事》无此七字。按：韦应物《示从事河南尉班》诗（《全诗》一八七）序云："永泰中，余任洛阳丞。"《答刘西曹》诗（《全诗》一九〇）题下原注："时为京兆功曹。"《谢栎阳令归西郊赠别诸友生》诗（《全诗》一八九）原注："大历十四年六月二十三日，自鄠县制除栎阳令，以疾辞归善福精舍。"《始除尚书郎别善福精舍》诗（《全诗》一八九）题下原注："建中二年四月十九日，自前栎阳令除尚书比部员外郎。"

鄠〔hù〕县：今陕西省户县。见《元和志》二"关内道京兆府"。

栎〔yuè〕阳：今陕西省临潼县北。见《元和志》二"关内道京兆府"。

滁州：治清流，今安徽省滁县。见《旧书》四〇《地理志》三"淮南道"。

江州：治浔阳，今江西省九江市。见《元和道》二八"江南道"。

媢〔mào〕：嫉妒。

媒蘖：即媒糵，酝酿之意。媒为酒母，糵为酒曲。比喻构陷诬害，酿成其罪。

⑤ "大和中"至"屏除人事"　王钦臣《韦苏州集序》于"又历苏州"下记："罢守，寓居永定精舍。其后事迹，寻究无所见。"（韦应物《寓居永定精舍》诗〔《全诗》一九三〕题原注："苏州。"诗云："政拙忻罢守，闲居初理生。"）辛氏所述"大和中"云云，系据沈明远《补韦刺史传》（见赵与时《宾退录》九），误将《刘禹锡集》中

《苏州举韦中丞自代状》中所涉及的中丞韦应物与诗人韦应物相混。详岑仲勉《唐集质疑》"韦应物"条、余嘉锡《四库提要辩证》二〇"韦应物集"条、孙望师《蜗叟杂稿·韦应物事迹考述》）。

斋心：清心寡欲。《列子·黄帝》："斋心服形，三月不视政事。"

⑥"少事武皇帝"至"唯有故人知"　《佚存》本"坐客"作"坐容"，讹。诗见于《全诗》一九〇，题为《逢杨开府》。

武皇帝：指玄宗。

樗〔chū〕蒲：一种博戏。

长杨：长杨宫，汉代行宫，故址在今陕西省周至县东南。见《三辅黄图》一。扬雄有《长杨赋》，铺赋汉天子狩猎事。韦诗中借指唐宫苑。

两府：古代称丞相、御史为两府。见《汉书·翟方进传》。

南宫：古称尚书省为南宫。汉代郑弘有《南宫故事》。

嫇嫠〔qióng lí〕：孤苦无依的人。嫇，同惸、茕。

⑦"诗律自沈、宋之下"至"各有风韵"　引自《郡斋》，《直斋》略同。"各有风韵"，《唐国史补》下作"各得其风韵"，义较明；《郡斋》、《直斋》作"得其风格云"。

⑧"赠米嘉荣、杜韦娘等作"　阮阅《诗话总龟·前集》二六载："韦应物为苏州太守，尝有诗赠米嘉荣曰：'吹得《凉州》意外声，旧人唯有米嘉荣。近来年少欺前辈，好染髭须学后生。'"又尝赴本州司马杜鸿渐宴，醉宿驿亭，醒见二佳人在侧，惊而问之。乃曰："郎中席上与司空诗，因令乐妓侍寝。问：'记其诗否？'一妓强记，乃诵之曰：'高髻云鬟宫样妆，春风一曲《杜韦娘》。司空见惯浑闲事，断尽苏州刺史肠！'"注云："《古今诗话》：刘梦得诗。"（后一则亦见于胡仔《苕溪渔隐丛话·后集》九引《唐宋遗史》，"本州司马"作"大司马"。《杜韦娘》为歌曲名，见于崔令钦《教坊记》，非妓名。）又见于范摅《云溪友议》中"中山诲"条，"本州司马"作"扬州大司马"；前一则又见于《广记》二〇四引《卢氏杂说》；后一则又见于孟棨《本事诗·情感》，"本州司马杜鸿渐"作"李司空"（李绅），"断尽苏州刺史肠"作"断尽江南刺史肠"。上三书，皆记为刘禹锡诗。《全诗》三五六《刘禹锡卷》一二载此二诗，题为《与歌者米嘉荣》、《赠李司空妓》（一作《禹锡赴吴台扬州大司马杜公鸿渐开宴命妓侍酒》，《四部丛刊·刘梦得文集》不载此诗）。二诗《四部丛刊·韦江州集》及《全诗·韦应物卷》均不载。按：岑仲勉《唐史余沈》三"司空见惯"条论韦应物或刘禹锡在杜鸿渐或李绅席上赋"司空见惯"诗，与史实相违，均不可信。详见其书。

附记：三间本陆芝荣校语云："目录附丘丹，不载丹事，当有脱误。按韦集收有赠丘丹诗多首。《纪事》四七'丘丹'条云：'丘丹隐临平山，与韦苏州往还。'"

【补录】

唐代白居易《吴郡诗石记》（《全文》六七六）：

"贞元初，韦应物为苏州牧，房孺复为杭州牧，皆豪人也。韦嗜诗，房嗜酒，每与宾客一醉一咏，其风流雅韵，多播于吴中，或目韦、房为诗、酒仙。时予年十四五，旅二郡，以幼贱不得与游宴，尤觉其才调高而郡守尊。……韦在此州，歌诗甚多，有《郡宴》诗云：'兵卫森画戟，燕寝凝清香'，最为警策。今刻此篇于石，传贻将来。"

**【辑评】**

唐代刘太真《与韦应物书》(《全文》三九五)：

"顾著作来（按：《纪事》二六引此文附注："况也"），以足下《郡斋燕集》相示，是何情致畅茂遒逸如此！宋、齐间沈、谢、何、刘（按：《纪事》作"沈、谢、吴、何"），始精于理意，缘情体物，备诗人之旨，后之传者，甚失其源。惟足下制其横流，师挚之始，《关雎》之乱，于足下之文见之矣。"

唐代白居易《与元九书》(《白氏长庆集》二八)：

"如近岁韦苏州歌行，才丽之外，颇近兴讽。其五言诗又高雅闲淡，自成一家之体。今之秉笔者谁能及之？"

唐代司空图《与李生论诗书》(《司空表圣文集二》)：

"王右丞、韦苏州澄淡精致，格在其中，岂妨于遒举哉？"

宋代吴处厚《青箱杂记》五：

"（晏元献）公风骨清羸，不喜肉食，尤嫌肥膻。每读韦应物诗，爱之曰：'全没些脂腻气。'"

宋代苏轼《书黄子思诗集后》(《经进东坡文集事略》六〇)：

"李、杜之后，诗人继作，虽间有远韵，而才不逮意。独韦应物、柳宗元发纤秾于简古，寄至味于淡泊，非余子所及也。"

宋代蔡絛《蔡百衲诗评》：

"韦苏州诗如浑金璞玉，不假雕琢成妍，唐人有不能到。至其过处，大似村寺高僧，奈时有野态。"

宋代许顗《彦周诗话》：

"韦苏州诗云：'落叶满空山，何处寻行迹？'东坡用其韵曰：'寄语庵中人，飞空本无迹。'此非才不逮，盖绝唱不当和也。"

宋代吕本中《童蒙诗训》：

"徐师川言：人言苏州诗多言其古谈，乃是不知苏州诗。自李、杜以来，古人诗法尽废，惟苏州有六朝风致，最为流丽。"

宋代张戒《岁寒堂诗话》上：

"韦苏州诗，韵高而气清；王右丞诗，格老而味长。"

宋代朱熹《朱子全书·论诗》：

"杜子美'暗飞萤自照'，语只是巧。韦苏州云：寒雨暗深更，流萤度高阁。'此景色可想，但则是自在说了。……其诗无一字做作，直是自在。其气象近道，常意爱之。"

"韦苏州诗，高过王维、孟浩然诸人，以其无声色臭味也。"

宋代刘克庄《后村诗话·新集》三：

"唐诗多流丽妩媚，有粉绘气，或以辨博名家。惟韦苏州继陈拾遗、李翰林崛起，为一种清绝高远之言以矫之。……前世惟陶，同时惟柳，可以把臂入林，余人皆在下风。"

宋代刘辰翁评韦应物诗（《唐音癸签》七引）：

"其诗如深山采药，饮泉坐石，日晏忘归。孟浩然如访梅问柳，偏入古寺。二人意趣相似，然入处不同：韦诗润者如石；孟诗如雪，虽淡无彩色，不免有轻盈之意。"

明代钟惺、谭元春《唐诗归》二六：

"韦苏州等诗，胸中腕中，皆先有一段真至深婉之趣，落笔自然清妙，非专以清淡拟陶者。世人误认陶诗作清淡，所以不知韦诗也。"

清代贺裳《载酒园诗话·又编》：

"韦苏州冰玉之姿，蕙兰之质，粹如蔼如，警目不足，而沁心有余。然虽以淡漠为宗，至若'乔木生夏凉，流云吐华月'，'日落群山阴，天秋百泉响'，'落叶满空山，何处寻行迹'……正如嵇叔夜土木形骸，不加修饰，而龙章凤姿，天质自然特秀。"

"宋人又多以韦、柳并称，余细观其诗，亦甚相悬。韦无造作之烦，柳极锻炼之力。韦真有旷达之怀，柳终带排遣之意。诗为心声，自不可强。"

清代纪昀《四库全书总目》一四九"韦苏州集十卷"条：

"其诗七言不如五言，近体不如古体。五言古诗源出于陶，而镕化于三谢，故真而不朴，华而不绮。但以为步趋柴桑，未为得实。如'乔木生夏凉，流云吐华月'，陶诗安有是格耶？"

清代施补华《岘佣说诗》：

"《寄全椒山中道士》一作，东坡刻意学之而终不似。盖东坡用力，韦公不用力，东坡尚意，韦公不尚意，微妙之诣也。"

## 一〇三　皎然上人

皎然，字清昼，吴兴人[①]。俗姓谢，宋灵运之十世孙也[②]。初入道，肄业杼山，与灵彻、陆羽同居妙喜寺[③]。羽于寺旁创亭，以癸丑岁癸卯朔癸亥日落成，湖州刺史颜真卿名以"三癸"，皎然赋诗，时称"三绝"[④]。真卿尝于郡斋集文士撰《韵海镜源》，预其论著，至是声价藉甚。贞元中，集贤御书院取高僧集上人文十卷，藏之，刺史于頔为之序[⑤]。李端在匡岳依止，称门生[⑥]。一时名公，俱相友善，题云"昼上人"是也[⑦]。时韦应物以古淡矫俗，公尝拟其格，得数解为贽，韦心疑之。明日，又录旧制以见，始被领略，曰："人各有长，盖自天分。子而为我失故步矣。但以所诣，自名可也。"公心服之[⑧]。往时住西林寺[⑨]，定余多暇，因撰序作诗体式，兼评古今人诗，为《昼公诗式》五卷，及撰《诗评》三卷[⑩]，皆议论精当，取舍从公，整顿狂澜，出色骚雅。公性放逸，不缚于常律。初，房太尉琯早岁隐终南，峻壁之下，往往闻湫中龙吟，声清而静，涤人邪想。时有僧潜戛三金以写之，惟铜酷似。房公往来，他日至山寺，闻林岭间有声，因命僧出其器，叹曰："此真龙吟也。"大历间，有秦僧传至桐江，皎然戛铜椀效之，以警深寂。缁人有献讥者，公曰："此达僧之事，可以嬉禅。尔曹胡凝滞于物，而以琐行自拘耶！"[⑪]时人高之。公外学超然，诗兴闲适[⑫]，居第一流，第二流不过也[⑬]。诗集十卷。

**【校注】**

①"字清昼，吴兴人"　《纪事》七三"僧皎然"条、《直斋》一九"吴兴集一卷"条并同。于頔《释皎然杼山集序》（《全文》五四四）称："有唐吴兴开士释皎然，

字清昼。"《新书》六〇《艺文志》四"皎然诗集十卷"附注作:"字清昼,姓谢,湖州人。"(天宝、至德间改湖州为吴兴郡。)刘禹锡《澈上人文集序》(《全文》六〇五)云:"乃抵吴兴,与长老诗僧皎然游。"福琳《唐湖州杼山皎然传》(《全文》九一九)则称:"释皎,名昼,姓谢氏,长城人。"《郡斋》四中"皎然杼山集十卷"条亦称:"字昼。"唐人多称昼公。

吴兴:注见本书卷第二(四九)《沈千运传》。

长城:今浙江省长兴县。见《元和志》二五"江南道湖州"。

② "俗姓谢,宋灵运之十世孙也" 于頔《杼山集序》云:"即康乐之十世孙。"福琳《皎然传》云:"姓谢氏……康乐侯十世孙也。"《新书·艺文志》、《纪事》、《郡斋》、《直斋》并同。

谢灵运:南朝宋著名诗人。东晋名将谢玄孙,袭封康乐公,入宋降爵为侯,任散骑常侍,出为永嘉太守。后因谋反罪被杀。《宋史》、《南史》有传。

③ "初入入道"至"居妙喜寺" 《新书·艺文志》、《纪事》并作"居杼山"。《直斋》云:"又尝居杼山,在妙喜。"皎然有《杼山禅居寄赠东溪吴处士冯》、《妙喜寺高房期灵澈上人不至重招之》(《全诗》八一五)等诗。参见下文。

杼山:在湖州乌程县(今浙江省吴兴县)之西南,唐时山上有妙喜寺,梁武帝所置。颜真卿有《湖州乌程县杼山妙喜寺碑铭》(《全文》三三九)。

灵彻:传见本书卷第三(七三)。

陆羽:传见本书卷第三(七四)。

④ "羽于亭旁创寺"至"时称'三绝'" 皎然有《奉和颜使君真卿与陆处士羽登妙喜寺三癸亭》诗(《全诗》八一七),题下原注:"亭即陆生所创。"诗中原注:"三癸,以癸丑岁、癸卯朔、癸亥日立。"颜真卿《湖州乌程县杼山妙喜寺碑铭》(《全文》三三九):"大历七年,真卿蒙刺是邦……遂建亭于东南,陆处士(羽)从癸丑岁冬十月癸卯朔二十一日癸亥立建,因名之曰三癸亭。"

⑤ "真卿尝于郡斋集文士"至"刺史于頔为之序" "《韵海镜源》","镜"原作"敬",据《四库》本改,与《新书·艺文志》、《妙喜寺碑铭》合。(《碑铭》云:"以其镜照原本,无所不见,故曰《镜源》。")"预其论著",《四库》本"预"作"与"。"至是",《四库》本作"由是"。"取高僧集上人文十卷,藏之",《四库》本"上人文"上有"得"字,义较明,《新书·艺文志》作"取其集十卷以藏之"。此段据《新书·艺文志》,文字略异。又见于于頔《杼山集序》、颜真卿《妙喜寺碑铭》、福琳《皎然传》。

于頔〔dí〕:贞元七年官湖州刺史,贞元十四年拜山南东道节度使,专有汉南之地,不奉朝旨。宪宗立,稍戒惧,遂入朝,卒。传见《旧书》一五六、《新书》一七二。

⑥ "李端在匡岳依止,称门生" 李端《送皎然上人归山》诗(《全诗》二八六)云:"法主欲归须有说,门人流泪厌浮生。"参见本书本卷(九一)《李端传》。

⑦ "题云'昼上人'是也"　《四库》本"昼"上有"清"字。

⑧ "时韦应物"至"公心服之"　"但以所诣","诣"原作"谐",据《佚存》、三间本改。此段据赵璘《因话录》四,又见于《纪事》七三"僧皎然"条。《因话录》文字颇异,参见"补录"。

韦应物:传见本书本卷（一〇二）。

解:乐曲的章节,亦指诗歌的篇章。

⑨ "往时住西林寺"　皎然《怀旧山》诗（《全诗》）八一五）云:"一坐西林寺,从来未下山。"

西林寺:在今江西省庐山麓。宋代陈舜俞《庐山记》二:"东林之西百余步,至远公塔;塔西百余步,至西林乾明寺。"

⑩ "为《昼公诗式》五卷,及撰《诗评》三卷"　《新书》六〇《艺文志》四著录（《诗评》或云即《诗议》）。

⑪ "初,房太尉琯早岁隐终南"至"而以琐行自拘耶"　"邪想",《全诗》同,《四库》本"邪"作"雅"。"房公往来他日至山寺",《四库》本无"往来"二字,二字疑衍;《全诗》作"他日房公偶至山寺"。此段引自皎然《戛铜椀为龙吟歌序》（《全诗》二八一）,文字略同。

房琯:注见本书卷第二（四六）《杜甫传》。

桐江:即桐庐江,即钱塘江中游自严州至桐庐一段的别称。

⑫ "公外学超然,诗兴闲适"　《四库》本"诗兴"作"兴会"。

外学:佛教徒谓佛学为内学,谓佛教以外学问为外学,亦称"外道"。

⑬ "居第一流,第二流不过也"　《四库》本作"居第一流不疑也"。

## 【补录】

唐代赵璘《因话录》四:

"吴兴僧昼,字皎然。工律诗。尝谒韦苏州,恐诗体不合,乃于舟中抒思,作古体十数篇为贽。韦公全不称赏,昼极失望。明日写其旧制献之,韦公吟讽,大加叹咏。因语昼云:'师几失声名。何不但以所工见投,而猥希老夫之意?人各有所得,非卒能致。'昼大伏其鉴别之精。"

## 【辑评】

唐代权德舆《送灵澈上人庐山回沃州序》（《全文》四三九）:

"吴兴长老昼公,缀六义之精英,首冠方外。"

唐代于頔《释皎然杼山集序》（《全文》五四四）:

"得诗人之奥旨，传乃祖之菁华，江南词人，莫不楷范，极于缘情绮靡，故词多芳泽；师古兴制，故律尚清壮。"

唐代刘禹锡《澈上人文集序》（《全文》六〇五）：

"独吴兴昼公，能备众体。"

宋代赞宁《唐湖州杼山皎然传》：

"特所留心于篇什中，吟咏情性，所谓造其微矣。……时谚曰：雪之昼，能清秀。"

明代杨慎《升庵诗话》二：

"五言律八句不对，太白、浩然集有之，乃是平仄隐贴古诗也。僧皎然有《访陆鸿渐不遇》一首云：'移家虽带郭，野径入桑麻。近种篱边菊，秋来未著花。到门无犬吠，欲去问西家。报道山中去，归来每日斜。'虽不及李白之雄丽，亦清致可喜。"

明代胡震亨《唐音癸签》八：

"皎然《杼山集》清机逸响，闲淡自如，读之觉别有异味，在咀嚼之表，当由雅慕曲江，取则不远耳。集中《读曲江集》诗可证。"

明代钟惺、谭元春《唐诗归》三二：

"僧诗有僧诗气息，僧而不必作僧诗，便有不作僧诗气习。皎然清淳淹远，当于诗中求之，不当于僧中求之。"（钟惺）

清代毛先舒《诗辩坻》三：

"皎然精于诗法，而己作不能称，较之清江气骨，故应却步。"

清代翁方纲《石洲诗话》二：

"东坡《琴诗》'若言弦上有琴声'云云，已为禅偈子矣。而杼山《戛铜椀为龙吟歌》云：'未必全由戛者功，声生虚无非椀中。'则更在前。"

# 一〇四　武元衡（758—815）

元衡，字伯苍，河南人①。建中四年薛展榜进士②。元和三年，以门下侍郎平章事，出为剑南节度使。后秉政，明年早朝，遇盗从暗中射杀之③。元衡工诗，虽时见雕镂，不动机构，要非高斫之所深忌④。每好事者传之，被于丝竹。尝夏夜作诗曰："夜久喧暂息，池台惟月明。无因驻清景，日出事还生。"翌日遇害⑤，诗盖其谶也。议者谓：工诗而宦达者惟高适，达宦而诗工者惟元衡⑥。今有《临淮集》十卷，传于世。

**【校注】**

①"河南人"　《旧书》一五八本传作"河南缑氏人。"

河南：注见本书本卷（九八）《王季友传》。

缑氏：今河南省偃师县南。见《元和志》五"河南道河南府"。

②"建中四年薛展榜进士"　《郡斋》四上"武元衡临淮集一卷"条："建中四年进士。"《唐诗品汇·诗人爵里详节》同。

薛展：《唐尚书省郎官石柱题名》"祠部员外郎"第八行有"薛展"，余不详。

③"元和三年"至"射杀之"　节录自《郡斋》。"三年"，此为沿袭《郡斋》之误，据两《唐书》本传应作"二年"。"明年早朝"，《郡斋》同，此系以两《唐书》本传为据；据《资治通鉴》二三九，此事在元和十年。

④高斫：谓诗文高手。

⑤"每好事者传之"至"翌日遇害"　录自《郡斋》，亦见于《纪事》三三"武元衡"条。"夜久喧暂息"四句，载《全诗》三一七《武元衡卷》，题为《夏夜作》。

⑥"议者谓"至"惟元衡"　录自《郡斋》。

**【补录】**

后晋刘昫《旧唐书》一五八《武元衡传》：

"上（宪宗）方讨淮、蔡，悉以机务委之。时王承宗遣使奏事，请赦吴元济。请事于宰相，辞礼悖慢，元衡叱之，承宗因飞章诋元衡，答怨颇结。元衡宅在静安里，九年六月三日，将朝，出里东门，有暗中叱使灭烛者，导骑诃之，贼射之中肩。又有匿树阴突出者，以梃击元衡左股。其徒驭已为贼所格奔逸，贼乃持元衡马，东南行十余步害之，批其颅骨怀去。"

**【辑评】**

唐代张为《诗人主客图》：

"瓌奇美丽主：武元衡。"

宋代王楙《野客丛书》七：

"刘长卿诗：'柳色孤城外，莺声细雨中。'而武伯苍诗：'千条翠柳衡门里，百啭黄鹂细雨中。'增前人之语者如此。"

元代时天彝《唐百家诗选评》（《吴礼部诗话》引）：

"武元衡、令狐楚皆以将相之重，声盖一时，其诗宏毅阔远，与灞桥驴子上所得者异矣。"

明代谢榛《四溟诗话》二：

"武元衡曰：'残云带雨过春城。'韩致光曰：'断云含雨入孤村。'二句巧思，不及子美'淡云疏雨过高城'句法自然。"

明代胡震亨《唐音癸签》七：

"武相（元衡）宦达后工诗，虽理致未繇，时复露鲜华之度。"

清代翁方纲《石洲诗话》二：

"武公之死，有关疆场，而文词复清隽不羁，可称中唐时之刘越石。"

# 一〇五 窦 常 (756—825)

常，字中行，叔向之子也。京兆人①。大历十四年王储榜及第②。初历从事，累官水部员外郎，连除闽、夔、江、抚四州刺史。后入为国子祭酒而终③。○常兄弟五人，联芳比藻，词价霭然，法度风流，相距不远。且俱陈力王事，膺宠清流，岂怀玉迷津区区之比哉。后人集其所著诗，通一百首，为五卷，名《窦氏联珠集》，谓若五星然④。常集十八卷，及选韩翃至皎然三十人诗，合三百五十篇，为《南薰集》，各系以赞，为三卷⑤，今并传焉。

【校注】

①"京兆人" 褚藏言《窦常传》（《全文》七六一）作"扶风平陵人"。参见本书本卷（九二）《窦叔向传》。

②"大历十四年王储榜及第" 褚藏言《窦常传》："府君大历十四年举进士，与故吏部侍郎奚陟、商州牧卞俛、秘校独孤授同年上第。"《旧书》一五五本传作："大历十四年登进士第。"按：徐应秋《玉芝堂谈荟》二"历代状元"条载，大历十四年状元为王缙，大历五年状元为王储。

③"初历从事"至"后入为国子祭酒而终" 采自《新书》一七五本传、褚藏言《窦常传》。"除闽、夔、江、抚四州刺史"，"闽"字误，两《唐书》本传、褚藏言《窦

283

常传》并作"朗"。韩愈《国子司业窦公(牟)墓志铭》(《全文》五六三)亦记:"常进士,水部员外郎,朗、夔、江、抚四州刺史。"均不作"阆州"。又,窦常有《之任武陵寒食日途次松滋渡先寄刘员外禹锡》诗(《全诗》二七一)武陵即为江南道朗州治。阆州治阆中,属剑南道。

　　朗州:治武陵,今湖南省常德市。见《旧书》四〇《地理志》三"江南西道"。

　　夔州:注见本书卷第二(四六)《杜甫传》。

　　江州:注见本书本卷(一〇二)《韦应物传》。

　　抚州:治临川,今江西省抚州市。见《元和志》二八"江南道"。

④ "名《窦氏联珠集》,谓若五星然"　褚藏言有《窦氏联珠集序》(《全文》七六一)。《新书·窦群传》:"义取昆弟若五星然。"

⑤ "及选韩翃至皎然"至"为三卷"　《郡斋》四下"南薰集三卷"条:"右唐窦常集韩翃至皎然三十人约三百六十篇,凡三卷。其序云:欲勒上、中、下,则近于褒贬;题一、二、三,则有等衰。故以西掖、南宫,外台为目,人各系名、系赞。"书今佚。

【补录】

唐代褚藏言《窦常传》(《全文》七六一):

"由擢第至释褐,凡二十年。……元和六年,由侍御史入为水部员外郎。亦既二岁,婚嫁未毕,求牧守之官,出为朗州刺史,转固陵、浔阳、临川三郡。既罢秩,东归别业。……宝历元年,寝疾,告终于广陵之白沙别业,卒时年七十。"

# 一〇六　窦　牟（749—822）

　　牟,字贻周,贞元二年张正甫榜进士①。初,学问于江东,家居孝谨,善事继母,奇文异行,闻于京师。舅给事中袁高,当时专重名,甄拔甚多,而牟未尝干谒,竟捷文场②。始佐六府、五公,八迁至检校虞部。元和五年,拜尚书虞部郎中,转洛阳令、都官郎中,出为泽州刺史。仕终国子司业③。牟晚从昭义卢从史,从史寝骄,牟度不可谏,即移疾归,居东都别业④。长庆二年卒,昌黎韩先生为之墓志云⑤。

卷 第 四

【校注】

①"贞元二年张正甫榜进士"　褚藏言《窦牟传》(《全文》七六一)云:"府君贞元二年举进士,与……故工部侍郎张公正甫同年上第。"《旧书》一五五本传亦作:"贞元二年登进士第。"

张正甫:历户部郎中、河南尹、同州刺史、工部尚书,大和五年为太子詹事。传见《旧书》一六二。

②"初,学问于江东"至"竟捷文场"　采自韩愈《国子司业窦公(牟)墓志铭》(《全文》五六三),文字略同。"而牟未尝干谒",《墓志铭》作"然未尝以干谒有司"。

袁高:代宗朝,累官至给事中、御史中丞。建中二年擢为京畿观察使,坐累贬韶州长史,复拜给事中,卒于官。传见《旧书》一五三、《新书》一二〇。

③"始佐六府、五公"至"仕终国子司业"　采自《窦公墓志铭》,文字略同。

泽州:治晋城,今山西省晋城县。见《元和志》一五"河南道"。

④"牟晚从昭义卢从史"至"东都别业"　"寝骄"原讹作"寝娇",据《四库》本改,与《新书》合。"即移疾归,居东都别业","疾"原作"舟",据《四库》、三间本改;《新书》作"即移疾归东都",《窦公墓志铭》作"伪疾经年,攀归东都"。此段录自《新书》本传。韩愈《窦公墓志铭》及褚藏言《窦牟传》均述及窦牟佐昭义事,皆不云"晚"。参见"补录"。

昭义:至德元年置泽潞节度使,治潞州(今山西省长治市)。大历三年与相卫六州节度合为一镇,号昭义军。见《元和志》一五"河东道"。

卢从史:贞元中授昭义军节度使,狂恣不道。为吐突承璀诱缚,于元和五年贬驩州司马,赐死。传见《旧书》一三二、《新书》一四一。

⑤"长庆二年卒,昌黎韩先生为之墓志云"　《四库》本无"之"字。韩愈《窦公墓志铭》:"年七十四,长庆二年二月丙寅,以疾卒。"褚藏言《窦牟传》略同。

【补录】

唐代褚藏言《窦牟传》(《全文》七六一):

"府君初授秘校、东都留守巡官。历河阳、昭义从事,累转协律郎、评事、监察御史里行。府罢,复为留守判官,转殿中侍御史。寻为昭义节度判官,累迁检校水部员外郎,转本司郎中兼御史,赐绯鱼袋。后为留守判官,检校尚书都官郎中。出为泽州刺史,改国子祭酒。"

"世为五言诗,加以笔述,文集十卷,未暇编录。"(按:集今失传。其诗收入《窦氏联珠集》。)

## 一〇七 窦 群 (675—814)

群，字丹列，初隐毗陵，称处士。性至孝，定省无少怠。及母卒，哀踊不已，啮一指置棺中，结庐墓次，终丧①。苏州刺史韦夏卿荐之，举孝廉，德宗擢为左拾遗②。宪宗立，转吏部郎中，出为唐州刺史。节度使于頔奇之，表以自副。武元衡辅政，荐为御史中丞③。群引吕温、羊士谔为御史，宰相李吉甫不可，群等怨。遂捃摭吉甫阴事告之，帝面覆多诳，大怒，欲杀群等，吉甫又为力救得解。出为黔南观察使，迁容管经略使，卒官所④。家无余财，惟图书万轴耳。

### 【校注】

① "初隐毗陵"至"终丧"　"哀踊不已"，《四库》本"踊"作"痛"。此段采自《旧书》一五五本传。"性至孝，定省无少怠"，《旧书》作"以节操闻"。

毗陵：汉毗陵县，唐称晋陵县，今江苏省武进县。见《元和志》二五"江南道常州"。

② "苏州刺史"至"擢为左拾遗"　据两《唐书》本传改写，内容有异。《旧书》作："贞元中，苏州刺史韦夏卿以丘园茂异荐，兼献其书，不报。及夏卿入为吏部侍郎，改京兆尹，中谢日，因对复荐群，征拜左拾遗，迁侍御史。"《新书》一七五本传略同，皆无"举孝廉"之语。参见褚藏言《窦群传》(《全文》七六一)。又，《旧书》一六五《韦夏卿传》记夏卿为常州刺史时，荐本郡处士窦群于朝，遂为门人。

韦夏卿：曾官长安令，拜给事中，贞元中出为常、苏二州刺史。贞元末征为吏部侍郎，转京兆尹、东都留守。夏卿有风韵，所与游辟之宾佐皆一时名士。传见《旧书》一六五、《新书》一六二。

③ "宪宗立"至"荐为御史中丞"　此据《新书》本传，然有讹误。"转吏部郎中"，《新书》作"转膳部员外郎，兼侍御史知杂事"。又在"表以自副"下记："武元衡、李吉甫皆所厚善，故召拜吏部郎中。"《旧书》本传略同。详见褚藏言《窦群传》。

唐州：治比阳，今河南省泌阳县。见《元和志》二一"山南道。"

于頔：注见本书本卷（一〇三）《皎然上人传》。

武元衡：传见本书本卷（一〇四）。

④ "群引吕温"至"卒官所"　据两《唐书》本传节写。"出为黔南观察使"，"黔

南"应作"黔州",见两《唐书》本传及褚藏言《窦群传》。"卒官所",不确,《旧书》作"(元和)九年,诏还朝,至衡州病卒,时年五十。"《新书》及褚藏言《窦群传》略同。

吕温、羊士谔：传见本书卷第五（一三七、一二二）。

李吉甫：初任太常博士，出为忠州等地刺史。宪宗立，官中书舍人，参与策划讨平刘辟。元和二年拜中书侍郎、同平章事，策划讨平李锜。转任淮南节度使。六年，再度入相。传见《旧书》一四八、《新书》一四六。

黔州：大历十二年置方镇，治彭水（今贵州省彭水县），管黔、涪、夷等十五州。见《元和志》三〇"江南道黔州"。

容管：开元中设容州都督府，置防御、经略使，治容州北流（今广西省北流县），管容、辩、白等十州。见《旧书》四一《地理志》四"岭南道容管十州"。

【补录】

宋代宋祁《新唐书》一七五《窦群传》：

"王叔文党盛，雅不喜群，群亦悻悻然不肯附。欲逐之，韦执谊不可，乃止。群往见叔文曰：'事有不可知者。'叔文曰：'奈何？'曰：'去年李实伐恩恃权，震赫中外，君此时逡巡路傍，江南一吏耳。今君又处实之势，岂不思路傍复有如君者乎？'叔文悚然，亦卒不用。"

"群很自用，果于复怨。始召，将大任之，众皆惧，及闻其死，乃安。"

## 一〇八 窦 庠

庠，字胄卿，尝应辟三佐大府[①]，调奉先令，迁东都留守判官，拜户部员外郎。贞元中，出为婺、登二州刺史[②]。平生工文[③]，甚苦，著述亦多，今并传之[④]。

【校注】

① "尝应辟三佐大府" 《旧书》一五五本传云："释褐国子主簿。吏部侍郎韩皋出镇武昌，辟为推官。皋移镇浙西，奏庠为节度副使、殿中侍御史，迁泽州刺使。又为宣歙副使。"此即所谓"三佐大府"。韩愈《国子司业窦公（牟）墓志铭》（《全文》五六三）云："庠三佐大府。"详见褚藏言《窦庠传》（《全文》七六一）。

② "调奉先令"至"二州刺史" 与《旧书》本传所记颇异。《旧书》作："除奉

天令、登州刺史、东都留守判官,历信、婺二州刺史。卒年六十三。"不作"奉先令"。然韩愈《窦公(牟)墓志铭》云:"庠三佐大府,自奉先令为登州刺史。"又,本篇颠倒登、婺二州刺史次序。据褚藏言《窦庠传》及《旧书》本传载,庠除奉天令,迁登州刺史,后迁信州刺史,三载转婺州。《新书》一七五本传亦记:"终婺州刺史。"

奉先:今陕西省蒲城县。

奉天:今陕西省乾县。并见《元和志》一"关内道京兆府"。

婺州:注见本书卷一(四)《杨炯传》。

登州:治东牟,今山东省蓬莱县。见《元和志》一一"河南道"。

③"工文" 《四库》抄本作"攻文"。

④"今并传之" 《四库》本无"之"字。

【补录】

唐代褚藏言《窦庠传》(《全文》七六一):

"公天授偶党,气在物表,一言而合,期于岁寒。为五言诗,颇得其妙。"

# 一〇九 窦 巩 (772—831)

巩,字友封,状貌瑰伟,少博览无不通。性宏放,好谈古今,所居多长者车辙①。时诸兄已达,巩尚来场屋间,颇抑初志,作《放鱼》诗云:"黄金赎得免刀痕,闻道禽鱼亦感恩。好去长江千万里,不须辛苦上龙门。"②人知其述怀也。元和二年王源中榜进士③。佐淄青幕府。累迁秘书少监,拜御史中丞。仕终武昌观察副使④。巩平居与人言不出口,时号为"嗫嚅翁"云⑤。

【校注】

①"状貌瑰伟"至"所居多长者车辙" 《新书》一七五本传云:"雅裕,有名于时。"参见窦巩《江陵遇元九李六二侍御纪事书情呈十二韵》、《赠阿史那都尉》、《送刘禹锡》等诗(《全诗》二七一)。

②"黄金赎得免刀痕"四句 《四库》抄本"禽鱼"作"金鱼"。《放鱼》诗载《全诗》二七一,诗中"黄金"作"金钱",《纪事》三一"窦巩"条载此诗亦作"金钱"。

③ "元和二年王源中榜进士"　褚藏言《窦巩传》(《全文》七六一)记:"府君元和二年举进士,与……故吏部侍郎兴元节度使王公源中……同年上第。"《旧书》一五五本传亦记:"元和二年登进士第。"

王源中:宪宗时以直谏知名。擢进士,累迁左补阙、户部郎中、侍郎,出为山南西道节度使,入拜户部侍郎,未几领天平节度使。传见《新书》一六四。

④ "佐淄青幕府"至"武昌观察副使"　此段据两《唐书》本传、褚藏言《窦巩传》、韩愈《国子司业窦公(牟)墓志铭》(《全文》五六三)。《旧书》记:"元稹观察浙东,奏为副使、检校秘书少监兼御史中丞,赐金紫。稹移镇武昌,巩又从之。"

淄青:注见本书本卷(八四)《韩翃传》。

武昌:永贞元年升鄂岳观察使为武昌军节度使,治鄂州(今湖北省武汉市武昌)。见《元和志》二七"江南道鄂州"。

⑤ "巩平居与人言不出口,时号为'嗫嚅翁'云"　录自《新书》本传。《新书》"言"下有"若"字,义较允。《旧书》本传云:"性温雅,多不能持论,士友言议之际,吻动而不发,白居易等目为嗫嚅翁。"

【补录】

唐代褚藏言《窦巩传》(《全文》七六一):

"公温仁华茂,风韵峭逸,遇境必言诗,言之必破的,佳句不泯,传于人间。"

后晋刘昫《旧唐书》一五五《窦巩传》:

"巩能五言诗,昆仲之间,与牟诗俱为时所赏重。"

【辑评】

宋代吴曾《能改斋漫录》八:

"唐窦巩有《南游感兴》诗:'伤心欲问当时事,惟见江流去不回。日暮东风春草绿,鹧鸪飞上越王台。'盖用太白《览古》诗意也。李云:'越王勾践破吴归,义士还家尽锦衣。宫女如花满春殿,只今惟有鹧鸪飞。'"

# 一一〇　刘言史 (?—812)

言史,赵州人也①。少尚气节,不举进士。工诗,美丽恢赡,世少其伦。与李贺、孟郊同时为友②。镇冀节度使王武俊颇好词艺，言史造之，特加敬异。武俊尝猎，有双鸭起蒲稗间，一矢联之，遂于马上草《射鸭歌》以献。因表荐请官，诏授枣强令，辞疾不就，当时重之③。故相国陇西公李夷简为汉南节度，与言史少同游习，因遗以襄阳髹器千事，赂武俊请之，由是为汉南幕宾。日与谈晏，歌诗唱答，大播清才。问言史所欲为，曰："司功掾甚闲，或可承阙。"遂署。虽居官曹，敬待垺诸从事。岁余奏升秩，诏下之日，不恙而终。公初以言史相薄，不欲贵，以惜其寿。至是恸哭之，曰："果然微禄杀吾爱客也！"厚葬于襄城④。皮日休称其赋："雕金篆玉，牢奇笼怪，百锻为字，千炼成句，真佳作也。"⑤有《歌诗》六卷，今传。

**【校注】**

① "赵州人也" 未知何据。《全诗》四六八《刘言史卷》附小传云"邯郸人"，疑不确。刘言史《春过赵墟》诗云："下马邯郸陌头歌……行人感此复悲春。"可知非邯郸人。皮日休《刘枣强碑》（《皮子文薮》四）云："先生姓刘氏，名言史，不详其乡里。"

赵州：注见本书卷第一（一三）《李峤传》。

② "工诗"至"同时为友" 《刘枣强碑》云："与李贺同时……所有歌诗千首，其美丽恢赡，自贺外，世莫能比。"未云与李贺为友。《纪事》四六"刘言史"条云："言史与孟东野友善，诗中有贝州召郊之作。"刘言史有《初下东周赠孟郊》诗（《全诗》四六八），孟郊有《哭刘言史》诗（《全诗》三八一）。

③ "镇冀节度使"至"当时重之" 据《刘枣强碑》节写。"镇冀"原讹作"冀镇"，据《刘枣强碑》乙转。《射鸭歌》今佚。

镇冀：即成德，宝应元年所置方镇，河北三镇之一。治恒州，今河北省正定县。见《元和志》一七"河北道恒州"。

王武俊：初为成德节度使李宝臣部将，从宝臣子惟岳叛乱，后又杀惟岳降唐，任恒州刺史、恒冀都团练观察使。建中三年叛唐称赵王。兴元元年削国号归唐，任成德节度使。传见《旧书》一四二、《新书》二一一。

枣强：今河北省枣强县东。见《元和志》一七"河北道冀州"。

④ "故相国陇西公"至"厚葬于襄城" "遗"原作"遣"，据《佚存》本改。此段据《刘枣强碑》节写。"或可承阙"，"阙"原讹作"阔"，此据《刘枣强碑》改（《四部丛刊·皮子文薮》四亦作"阙"）。"公初以言史相薄，不欲贵，以惜其寿"，《刘枣强

碑》无此数句。"果然微禄杀吾爱客也",《刘枣强碑》作:"果然止掾曹,煞(《全文》讹作"然",此从《四部丛刊》本;"煞",俗"杀"字)吾爱客!"

李夷简:元和中历御史中丞、户部侍郎,出为山南东道节度使,徙帅剑南西川,十三年召为御史大夫,进门下侍郎、同平章事,复出为淮南节度使。传见《新书》一三一。

髹〔xiū〕器:漆器。

司功掾〔yuàn〕:司州参军,州府佐吏。

⑤ "雕金篆玉"至"真佳作也" 录自《刘枣强碑》。"真佳作也",《刘枣强碑》作:"虽不追躅太白,亦后来之佳作也。"

附记:此篇《四库》本失载。

【补录】

宋代计有功《唐诗纪事》四六"刘言史"条:

"言史与孟东野友善,诗中有贝州召郊之作。又有金陵、潇湘之游,广州赠北中亲友诗,盖言史平生所经历处。东野哭言史诗云:'精异刘言史,诗肠倾珠珂。取此为抛掷,飞过东溟波。可惜大国谣,飏为四夷歌。常于众中会,颜色两切磋。今日果成死,葬襄之洛河。'"

【辑评】

元代时天彝《唐百家诗选评》(《吴礼部诗话》引):

"刘言史有小说行于世,其诗铺张甚富,而咀嚼少味,正似其小说。独《竹间梅》二十八字,清洒可爱耳。"(附《竹里梅》诗:"竹里梅花相并枝,梅花正发竹枝垂。风吹总向竹枝上,直似王家雪下时。")

# 一一一 刘 商

商,字子夏,徐州彭城人①。擢进士第②。贞元中,累官比部员外郎,改虞部员外郎③。数年,迁检校兵部郎中,后出为汴州观察判官④。辞疾,挂印归旧业。商性好酒,苦家贫。尝对花临月⑤,悠然独酌,亢音长谣⑥,放适自遂。赋诗曰:"春草秋风老此身,一瓢长醉任家贫。醒来还爱浮萍草,漂寄官河不属人。"⑦乐府歌诗,高雅殊绝。拟蔡琰《胡笳曲》,脍炙当时⑧。仍工画山水树石，初师吴郡张璪，后自造真。张贬衡州司马，有惆怅之诗⑨。好神仙，炼金骨。后隐义兴胡父渚，结侣幽人，世传冲虚而去⑩，可谓江海冥灭，山林长往者矣。有集十卷，今传，武元衡序之云⑪。

## 【校注】

①"彭城人" 武元衡《刘商郎中集序》（《全文》五三一）、《新书》七一上《宰相世系表》一上、《纪事》二三"刘商"条、《郡斋·后志》二"胡笳十八拍一卷"条并同。《广记》四六"刘商"条称："彭城人也，家于长安。"彭城为郡望。

彭城：今江苏省徐州市。见《元和志》九"河南道徐州"。

②"擢进士第" 《广记》、《郡斋·后志》并同。

③"贞元中"至"改虞部员外郎" 《新书》六〇《艺文志》四"刘商诗集十卷"附注作"贞元比部郎中"。《新书·宰相世系表》作："（刘）商，检校虞部郎中。"《直斋》一六"刘虞部集十卷"条亦称"虞部郎中刘商子夏"。均不作"员外郎"。《郡斋·后志》作"历台省为郎"。

④"数年"至"汴州观察判官" "兵部"疑误。张彦远《历代名画记》一〇："唐刘商，官至检校礼部郎中、汴州观察判官。"《广记》二一二"刘商"条引《名画记》同。《纪事》亦作："商终于检校礼部郎中、汴州观察判官。"均不作"兵部"。

汴州：注见本书卷一（二四）《崔颢传》。

⑤"尝对花临月" 《四库》本"尝"作"常"。

⑥"亢音长谣" 《四库》抄本"亢"作"抗"。

⑦"春草秋风老此身"四句 《全诗》三〇四《刘商卷》题为《醉后》。

⑧"乐府歌诗"至"鲙炙当时" 《广记》称："有《胡笳十八拍》，盛行于世，儿童妇女，咸悉诵之。"《郡斋·后志》二"胡笳十八拍一卷"条："汉蔡邕女琰为胡骑所掠，因胡人吹芦叶以为歌，遂翻为琴曲，其辞古淡。商因拟之，叙琰事，盛行一时。"刘商《胡笳十八拍》载《全诗》三〇三。

蔡琰：注见本书卷二（三九）《李季兰传》。

⑨"仍工画山水树石"至"有惆怅之诗" 采自《历代名画记》，文字微异。《名画记》载："尝惆怅赋诗云：'昔石苍苍临涧水，溪风袅袅动松枝。世间惟有张通会，流向衡阳那得知？'"《全诗》三〇四题为《怀张璪》。（通会，知晓也。）

张璪〔zǎo〕：一作张藻，历官检校祠部员外郎，盐铁判官，后被贬官。画山水树石，《唐朝名画录》列为神品。传见《历代名画记》一〇。

⑩"好神仙"至"世传冲虚而去" 《历代名画记》："或云，商后得道。"《郡

斋·后志》："好道术，隐义兴胡父渚，世传其仙去。"参见《广记》四六引《续仙传》、《广记》六引《仙传拾遗》。

义兴：今江苏宜兴县。见《元和志》二五"江南道润州"。

⑪"今传，武元衡序之云"　《四库》本"今传"作"传世"。武元衡《刘商郎中集序》载《全文》五三一。

武元衡：传见本书本卷（一〇四）。

**【补录】**

唐代朱景玄《唐朝名画录》"能品上"：

"刘商，官为郎中，爱画松石、树石，格性高迈。时有毕庶子亦善画松树、水石，时人云：'刘郎中松树孤标，毕庶子松根绝妙。'"

**【辑评】**

唐代武元衡《刘商郎中集序》（《全文》五三一）：

"著歌行等篇，皆思之窅冥，势含飞动。滋液琼瓓之朗润，濬发绮绣之浓华。触境成文，随文变象。是谓折繁音于孤韵，贯清济于洪流者也。早岁著《胡笳十八拍》，出入沙塞之勤，崎岖惊畏之患，亦云至矣。"

宋代范晞文《对床夜语》三：

"刘商《柳》诗'几回离别折欲尽，一夜春风吹又长'，不如乐天《草》诗'野火烧不尽，春风吹又生'，语简而思畅。"

# 卷 第 五

## 一一二 卢 仝（？—835）

　　仝，范阳人。初隐少室山，号玉川子①。家甚贫，惟图书堆积。后卜居洛城，破屋数间而已。一奴长须，不裹头，一婢赤脚，老无齿。终日苦哦，邻僧送米。朝廷知其清介之节，凡两备礼征为谏议大夫，不起。时韩愈为河南令，爱其操，敬待之。尝为恶少所恐，诉于愈，方为申理，仝复虑盗憎主人，愿罢之，愈益服其度量②。元和间，月蚀，仝赋诗，意切当时逆党，愈极称工，余人稍恨之③。时王涯秉政，胥怨于人。及祸起，仝偶与诸客会食涯书馆中，因留宿，吏卒掩捕，仝曰："我卢山人也，于众无怨，何罪之有？"吏曰："既云山人，来宰相宅，容非罪乎？"苍忙不能自理，竟同甘露之祸。仝老无发，奄人于脑后加钉。先是生子名"添丁"，人以为谶云④。仝性高古介僻，所见不凡近。唐诗体无遗，而仝之所作特异，自成一家，语尚奇谲，读者难解，识者易知。后来仿效比拟，遂为一格宗师。有集一卷，今传⑤。〇古诗云："枯鱼过河泣，何时悔复及。作书与鲂鲌，相戒慎出入。"⑥斯所以防前之覆辙也。仝志怀霜雪，操拟松柏⑦，深造括囊之高，夫何户庭之失⑧！噫，一蹈非地，旋踵逮殃，玉石俱烂，可不痛哉！

【校注】

① "范阳人"至"号玉川子"　《郡斋》四中"卢仝诗一卷"条同。《直斋》一九

"卢仝集三卷"条称"唐处士洛阳卢仝"。韩愈《寄卢仝》诗(《全诗》三四〇)有"玉川先生洛城里"之句。韩诗又云:"少室山人索价高。"《郡斋》或据此误以为卢仝隐居少室山,本篇承袭此误。韩诗"少室山人"系指李渤,见下。

范阳:注见本书卷一(五)《卢照邻传》。

②"家甚贫"至"愈益服其度量" 此段所记皆据韩愈《寄卢仝》诗(《全诗》三四〇)。"凡两备礼征为谏议大夫,不起",韩诗作:"少室山人(原注:李渤)索价高,两以谏官征不起。"辛氏以为征辟卢仝,是误解韩诗。《郡斋》亦作"征谏议不起",疑并误。

③"元和间"至"余人稍恨之" "意切",《四库》本"切"上有"讥"字,与《新书》合。"余人",《四库》本作"奄人"。《新书》一七六本传作:"尝为《月蚀诗》,以讥切元和逆党,愈称其工。"(《月蚀诗》载《全诗》三八七。)

余人:阉人,宦官。

④"时王涯秉政"至"人以为谶云" 《四库》抄本"苍忙"作"仓忙"。钱易《南部新书》壬记:"玉川先生,卢仝也。仝亦(王)涯客,性僻面黑,常闭一室,凿壁穴以送食。大和九年十一月二十日夜,偶宿涯馆。明日,左军屠涯家族,随而遭戮。"《郡斋》记:"后死于甘露之祸。"刘克庄《后村诗话·前集》一载:"唐人多传卢仝因留宿王涯第中,遂预甘露之祸。仝老无发,阉人于脑后加钉焉,以为添丁之谶(按:《唐诗品汇·诗人爵里详节》所记略同)。或言好事者为之。仝处士,无人无怨,何为有此谤?然平时切齿元和逆党,《月蚀》一诗脍炙人口,意者群阉因此害之。"(卢仝有《示添丁》诗,载《全诗》三八七。韩愈《寄卢仝》诗[《昌黎集》五]云:"去年生儿名添丁,意令与国充耘耔。")又,许顗《彦周诗话》载:"玉川子在王涯书馆会食,不能自别,柱陷于祸,哀哉!"。

王涯:传见本书卷第五(一二九)。

甘露之祸:文宗大和九年,李训、郑注谋诛宦官,诈称左金吾卫石榴树上有甘露,诱使宦官仇士良等往视,即加诛杀。因伏兵暴露,事败。李训、郑注、王涯等皆被宦官所杀,株连者千余。史称"甘露之变"。见《旧书·文宗纪》。

奄人:即阉人。

⑤"今传" 《四库》本"传"下有"于世"二字。

⑥"枯鱼过河泣"四句 见于《乐府诗集》七四《杂曲歌辞》,题为《枯鱼过河泣》;"戒"作"教",《古诗纪》七同。

⑦"松柏" 《四库》、三间本"柏"作"筠"。

⑧括囊:闭束袋口,后以喻闭口不言。《周易·坤》:"括囊,无咎无誉。"

户庭:门庭,家门。《周易·系辞》上:"不出户庭,无咎。"

295

【辑评】

唐代孙樵《与王霖秀才书》(《全文》七九四)：

"譬如玉川子《月蚀诗》……莫不拔地倚天，句句欲活，读之如赤手捕长蛇，不施控骑生马，急不得暇，莫可捉搦。"

宋代朱熹《朱子全书·论诗》：

"诗须是平易不费力，句法浑成。如唐人玉川子辈，句语险怪，意思亦自有浑成气象。"

宋代严羽《沧浪诗话·诗评》：

"玉川之怪，长吉之瑰诡，天地间自欠此体不得。"

宋代刘克庄《后村诗话·新集》三：

"玉川诗有古朴而奇怪者，有质俚而高深者，有僻涩而条畅者。……此公虽与世殊嗜好，然以诗求之，于养生概有所闻。其序闺情酒兴，缠绵悲壮，唐以来诗客酒徒不能道也。"

金代元好问《论诗三十首》之十三(《遗山先生文集》卷十一)：

"万古文章有坦途，纵横谁似玉川卢？真书不入今人眼，儿辈从教鬼画符。"

明代谢榛《四溟诗话》二：

"卢仝曰：'黄金矿里铸出相思泪。'此太涉险怪矣。"

"卢仝曰：'相思一夜梅花发，忽到窗前疑是君。'孙太初曰：'夜来梦到西湖路，白石滩头鹤是君。'此从玉川变化，亦有风致。"

明代胡应麟《诗薮·内编》三：

"少陵拙句，实玉川之前导。"

《诗薮·外编》四：

"东野之古，浪仙之律，长吉乐府，玉川歌行，其才具工力，故皆过人。如危峰绝壁，深涧流泉，并自成趣，不相沿袭。"

明代朱承爵《存余堂诗话》：

"诗家评卢仝诗，造语险怪百出，几不可解，余尝读其《示男抱孙》诗，中有常语，如：'任汝恼弟妹，任汝恼姨舅。姨舅非吾亲，弟妹多老丑。'殊类古乐府语。"

清代黄子云《诗鸿野的》：

"玉川好怪,作《月蚀诗》以吓鸢雏,宁不虑苍鹰见之而一击乎?至'七碗吃不得也'句,又令人流汗发呕。"

## 一一三 马 异

异,睦州人也[①]。兴元元年,礼部侍郎鲍防下进士第二人[②]。少与皇甫湜同砚席[③]。赋性高疏,词调怪涩,虽风骨棱棱,不免枯瘠。卢仝闻之,颇合己志,愿与结交,遂立同异之论,以诗赠答,有云:"昨日仝不同,异自异,是谓大同而小异。今日仝自同,异不异,是谓同不往而异不至。"[④]斯亦怪之甚也。后不知所终。集今传世。

**【校注】**

① "睦州人也" 《纪事》四〇"马异"条作"河南人"。按:马异有《送皇甫湜赴举》诗(《全诗》三六九)。皇甫湜为睦州人(据《新书》一七六《皇甫湜传》),马异送皇甫湜赴举,辛氏或以为二人同乡,遂据此定马异亦为睦州人。不确。

睦州:注见本书卷第二(三八)《刘长卿传》。

② "兴元元年,礼部侍郎鲍防下进士第二人" 王谠《唐语林》八"累为主司"条:"鲍防三:兴元元年,贞元元年、二年。"

鲍防:传见本书卷第三(五九)。

③ "少与皇甫湜同砚席" 马异有《送皇甫湜赴举》诗,本篇或即据此。

皇甫湜:注见本书卷第三(七五)《顾况传》。

④ "卢仝闻之"至"同不往而异不至" 卢仝有《与马异结交诗》(《全诗》三八八),"昨日仝不同"云云即引自此诗。《全诗》、《纪事》"而"均作"兮"。按:马异有《答卢仝结交诗》(《全诗》三六九)。韩愈《寄卢仝》诗(《全诗》三四〇)云:"往年弄笔嘲同异,怪辞惊众谤不已。"

附注:此篇《四库》本失载。

**【辑评】**

明代王世贞《艺苑卮言》四:

"前则任华,后则卢仝、马异,皆乞儿唱长短急口歌博酒食者。"

## 一一四 刘 叉

　　叉，河朔间人①，一节士也。少尚义行侠，傍观切齿，因被酒杀人亡命，会赦，乃出。更改志从学，能博览。工为歌诗，酷好卢仝、孟郊之体，造语幽蹇。议论多出于正，《冰柱》、《雪车》二篇，含蓄风刺，出二公之右矣。时樊宗师文亦尚怪，见而独拜之。恃故时所负，自顾俯仰不能与世合，常破履穿结，筑环堵而居休焉②。闻韩吏部接天下贫士，步而归之，出入门馆无间。时韩碑铭独唱，润笔之货盈缶，因持案上金数斤而去，曰："此谀墓中人所得耳，不若与刘君为寿。"不能止。其旷达至此③。初，玉川子履道守正，反关著述，《春秋》之学，尤所精心，时人不得见其书，惟叉惬愿，曾授之以奥旨，后无所传④。叉刚直，能面白人短长，其服义则又弥缝若亲属然。后以争语不能下客，去游齐、鲁，不知所终⑤。诗二十七篇，今传⑥。

【校注】

①"河朔间人"　李商隐《齐鲁二生·刘叉》（《全文》七八〇）云："不知其所从来。"又云："后流入齐鲁。"刘叉《塞上逢卢仝》诗（《全诗》三九五）有"直到桑乾北"之句，但不足以说明刘叉为河朔间人。参见"补录"。刘叉又有《自问》诗云："自问彭城子，何人授汝颠？"则叉当为彭城人。

河朔：泛指黄河以北地区。

②"一节士也"至"筑环堵而居休焉"　据《新书》一七六本传改写，大致相同。"自顾俯仰"，《新书》作"不能俯仰贵人"，与李商隐《刘叉》合。《冰柱》、《雪车》诗并见《全诗》三九五。

樊宗师：元和间为太子舍人，后历金部郎中，绵州刺史、左司郎中，又出为绛州刺史。其文好用奇字，造句怪异，极其艰涩，时号"涩体"。传见《新书》一五九。

穿结：言衣服破烂。穿，破洞；结，补缀之物。陶潜《五柳先生传》："环堵萧然，不蔽风日，短褐穿结，箪瓢屡空，晏如也。"

③"闻韩吏部接天下贫士"至"其旷达至此"　"润笔之货"，三间本"货"作"资"。"不能止"，三间本作"韩不能止"，《新书》、《刘叉》并作"愈不能止"。此段据

《新书》本传改写，大致相同。

韩吏部：韩愈，传见本书本卷（一三〇）。玉川子：卢仝，传见本书本卷（一一二）。

④"初，玉川子履道守正"至"后无所传"　此段《新书》、《卢仝》、《刘叉》并无，未详所出。按：卢仝《月蚀诗》（《全诗》三八七）云："或问玉川子：孔子修《春秋》，二百四十年，月蚀尽不收。今子咄咄词，颇合孔意否？玉川子笑答：或请听逗留。孔子父母鲁，讳鲁不讳周；书外书大恶，故月蚀不见收。"谓卢仝精于《春秋》，或即据此。

⑤"叉刚直"至"不知所终"　"短长"，与《新书》、《刘叉》合；《四库》本作"长短"。"弥缝若亲属然"，与《新书》合；《四库》本无"然"字。"不能下客"，三间本据《新书》于"客"上补"宾"字，《四库》本无"客"字。《四库》本"尝持韩愈金去，曰：'此谀墓中人所得也，不若与刘君为寿。'遂持去"在"不能止"之下，与《新书》、《刘叉》相符。"游齐鲁"，《四库》本"游"上有"客"字，《新书》作"归齐鲁"，《刘叉》作"复归齐鲁"。此段据《新书》本传改写。

⑥"诗二十七篇，今传"　《四库》本作"有诗二十七篇传世"。

**【补录】**

唐代李商隐《齐鲁二生·刘叉》（《全文》七八〇）：

"（刘叉）在魏与焦濛、间冰、田滂善，任气重义。大躯，有膂力，常出入市井，杀牛击犬豕，罗网鸟雀。亦或时饮酒杀人，变姓名遁去，会赦得出。后流入齐、鲁，始读书，能为歌诗。"

**【辑评】**

宋代惠洪《天厨禁脔》上：

"《落叶》：'返蚁难寻穴，归禽易见窠。满廊僧不厌，一个俗嫌多。'《柳》：'半烟半雨村桥畔，间杏间桃山路中。会得离人无限意，千丝万絮惹春风。'前诗刘叉作，后诗郑谷作。赋落叶而未尝及凋零飘坠之意，题柳而未尝及袅袅弄日垂风之意，然自然知是落叶，知是柳也。"

宋代葛立方《韵语阳秋》三：

"刘叉诗酷似玉川子。……《冰柱》、《雪车》二诗，虽作语奇怪，然议论亦皆出于正也。《冰柱》诗云：'不为四时雨，徒于道路成泥阻。不为九江浪，徒能汩没天之涯。'《雪车》诗谓：'官家不知民馁寒，尽驱牛车盈道载屑玉。载载欲何之？秘藏深宫，以御炎酷。'如此等句，亦有补于时，与玉川《月蚀诗》稍相类。"

宋代刘克庄《后村诗话·续集》二：

"卢仝、刘叉，以怪名家。仝集中有《含曦上人》一首云：'长寿寺，石壁院，卢公一首诗，渴读即不渴，饥读即不饥。鲸饮海水尽，露出珊瑚枝。海神知贵不知价，留与人间光照夜。'叉集有《范宗韩喜得刘先生诗》云：'玉尺沉埋久，得之铭篆深。指磨露正色，扣击吐哀音。'二诗可见仝、叉对垒。"（按：刘叉此诗《全诗》及《外编》失收。）

清代余成教《石园诗话》二：

"刘叉《冰柱》、《雪车》诗，人谓其出卢、孟右，才气甚健。然径行直遂，毫无含蓄，非温柔敦厚之旨，少讽谕比兴之情。其《自问》诗云：'酒肠宽似海，诗胆大如天。'信乎诗胆之大也。"

清代施补华《岘佣说诗》：

"刘叉、贾岛，粗率荒陋，殊少可取，古之依草附木者也。"

# 一一五 李 贺（790—816）

贺，字长吉，郑王之孙也[①]。七岁能辞章，名动京邑。韩愈、皇甫湜览其作，奇之，而未信，曰："若是古人，吾曹或不知；是今人，岂有不识之理。"遂相过其家，使赋诗。贺总角荷衣而出，欣然承命，旁若无人，援笔题曰《高轩过》。二公大惊，以所乘马命联镳而还，亲为束发。贺父名晋肃，不得举进士，公为著《辩讳》一篇[②]。后官至太常寺奉礼郎[③]。贺为人纤瘦，通眉，长指爪，能疾书。且日出，骑弱马，从平头小奴子，背古锦囊，遇有所得，书置囊里。凡诗不先命题。及暮归，太夫人使婢探囊中，见书多，即怒曰："是儿要呕出心乃已耳。"上灯，与食，即从婢取书，研墨叠纸足成之。非大醉吊丧，率如此[④]。贺诗稍尚奇诡，组织花草，片片成文，所得皆惊迈，绝去翰墨畦径，时无能效者。乐府诸诗，云韶众工，谐于律吕[⑤]。尝叹曰："我年二十不得意，一生愁心，谢如梧叶矣。"[⑥]忽疾笃，恍惚昼见人绯衣，驾赤虬腾下，持一版，书若太古雷文，曰："上帝新作白玉楼成，立召君作记也。"贺叩头辞，谓母老病。其人曰："天上比人间差乐，不苦也。"居顷之，窗中勃勃烟气，闻车声甚速，遂绝⑦。死时才二十七⑧，莫不怜之。李藩缀集其歌诗，因托贺表兄访所遗失，并加点窜，付以成本，弥年绝迹，及诘之，曰："每恨其傲忽，其文已焚之矣。"⑨今存十之四五，杜牧为序者五卷，今传。○老子曰⑩："其进锐者其退速。"信然。贺天才俊拔，弱冠而有极名，天夺之速，岂吝也耶？若少假行年，涵养盛德，观其才，不在古人下矣。今兹惜哉！

**【校注】**

①"郑王之孙也"　《旧书》一三七本传作"宗室郑王之后"，《新书》二〇三本传略同。李贺《金铜仙人辞汉歌序》（《全诗》三九一）自称"唐诸王孙李长吉"。杜牧《太常寺奉礼郎李贺歌诗集序》（《全文》七五三）云："贺，唐诸皇孙。"按：李贺郡望为陇西，居河南府福昌县之昌谷，俱见其诗。详参钱仲联《李贺年谱会笺》。

郑王：郑孝王李亮，高祖李渊从父，隋海州刺史，武德初进封郑王。见《旧书》六〇《宗室传》。

②"七岁能辞章"至"公为著《辩讳》一篇"　"名动京邑"，《四库》本"邑"作"师"。此段引自王定保《唐摭言》一〇，文字微异，亦见于两《唐书》本传。《辩讳》，《昌黎先生文集》一二、《唐摭言》及两《唐书》本传并作《讳辩》。《高轩过》（《全诗》三九三）下小序云："韩员外愈、皇甫侍御湜见过，因而命作。"朱自清《李贺年谱》："按是年（贞元十二年，贺七岁）愈未为员外，湜亦尚未擢进士第，且诗有'秋蓬'、'死草'、'垂翅'等语，亦不当出于七龄童子之手。"钱仲联《李贺年谱会笺》："（元和四年）秋末，又至洛阳。时韩愈为都官员外郎分司东都，与皇甫湜同往访贺。贺赋《高轩过》诗。"

皇甫湜：注见本书卷第三（七五）《顾况传》。

总角：古代未成年男子束发为两结如角，故称总角。《诗·齐风·甫田》："婉兮娈兮，总角丱兮。"

③"后官至太常寺奉礼郎"　"郎"原讹作"部"，据三间、《指海》本改。李贺有《始为奉礼忆昌谷山居》诗（《全诗》三九〇），又《听颖师弹琴歌》（《全诗》三九四）云："奉礼官卑复何益。"沈亚之《送李胶秀才诗序》（《全文》七三五）云："贺名溢天下，年二十七，官卒奉常。"李商隐《李贺小传》（《全文》七八〇）云："位不过

301

奉礼太常。"按:《旧》本传作:"补太常协律郎。"《新书》本传、《郡斋》四中"李贺集四卷外集一卷"条同,并误。《直斋》一九"李长吉集一卷"条作"奉礼郎"。

④"贺为人纤瘦"至"率如此" 引自《李贺小传》,亦见于《新书》本传。

通眉:双眉相连,或云即"庞眉"(浓眉)。李贺《高轩过》有"庞眉书客感秋蓬"之语。

⑤"贺诗稍尚奇诡"至"谐于律吕" 《四库》本"谐于律吕"作"皆谐之律吕"。此段采自《新书》本传。"云韶众工,谐于律吕",《旧书》本传作:"至于云韶众工,无不讽诵";《新书》本传作:"云韶诸工,皆合之弦管。"义较明。按:沈亚之《送李胶秀才诗序》云:"余故友李贺善择南北朝乐府故词,其所赋亦多怨郁凄艳之巧,诚以盖古排今,使为词者莫得偶矣。惜乎其终亦不备声弦唱。"又李贺《申胡子觱篥歌序》(《全诗》三九一)云:"歌成,左右合噪相唱。……命花娘出幕,徘徊拜客。吾问所宜,称善平弄,于是以弊辞配声,与予为寿。"

畦径:田间小路,喻常规旧矩。

⑥"我年二十不得意,一生愁心,谢如梧叶矣" 《四库》本作:"我年二十,不意一生愁心,如欲谢梧桐叶矣。"李贺《开愁歌》(《全诗》三九二)作:"我当二十不得意,一心愁谢如枯兰。"按:"贺诗稍尚奇诡"至"如欲谢梧桐叶矣"一段,《四库》本移于"死时才二十七莫不怜之"之下。

⑦"忽疾笃"至"遂绝" "书若太古雷文","太"原作"大",据正保、三间、《指海》本改。("大"即古"太"字。)《李贺小传》作:"书若太古篆或霹雳石文者。"此段据《李贺小传》。按:朱自清《李贺年谱》云:"濒死神志既亏,种种想遂幻作种种行,要以洩其隐情,偿其潜愿耳。"不为无见。又,《广记》四九引《宣室志》记:贺死后,母郑氏哀不自解,一日梦贺云"为上帝白瑶宫作记,今为神仙中人甚乐,愿夫人无以为念"云云。托之梦思,或较近真。

雷文:古篆文。

⑧"死时才二十七" 此据《新书》本传,与沈亚之《诗序》、杜牧《集序》合;《旧书》本传作"卒时二十四",与李商隐《小传》合。

⑨"李藩缀集其歌诗"至"其文已焚之矣" 节录自张固《幽闲鼓吹》。"其文已焚之矣",《幽闲鼓吹》作"所得兼旧有者一时投入溷中矣"。按:朱自清《李贺年谱》云:"审此文当是贺死后事,然《旧书》一四八《藩传》谓其死于本年(元和六年),年五十八,则张固所叙亦妄言之耳。"又据杜牧《集序》载,贺且死,将生平所著歌诗授沈子明,离为四编,凡二百三十三首,沈子明乃请杜牧作序。

李藩:德宗朝仕至吏部员外郎;元和中,历吏部郎中,拜门下侍郎、同平章事,六年出为华州刺史,未行卒。传见《旧书》一四八、《新书》一六九。

⑩"老子曰" 此误,"其进锐者其退速"出《孟子·尽心上》。

## 卷第五

**【补录】**

唐代张固《幽闲鼓吹》：

"贺以歌诗谒韩吏部。吏部时为国子博士分司，送客归，极困。门人呈卷，解带旋读之。首章《雁门太守行》曰：'黑云压城城欲摧，甲光向日金鳞开。'却援带，命邀之。"

**【辑评】**

唐代杜牧《太常寺奉礼郎李贺歌诗集序》（《全文》七五三）：

"贺，唐皇诸孙，字长吉，元和中韩吏部亦颇道其歌诗。云烟绵联，不足为其态也。水之迢迢，不足为其情也。春之盎盎，不足为其和也。秋之明洁，不足为其格也。风樯阵马，牛鬼蛇神，不足为其勇也。瓦棺篆鼎，不足为其古也。时花美女，不足为其色也。荒国陊殿，梗莽丘陇，不足为其怨恨悲愁也。鲸呿鳌掷，不足为其虚荒诞幻也。盖骚之苗裔，理虽不及，辞或过之。"

后晋刘昫《旧唐书》一三七《李贺传》：

"手笔敏捷，尤长于歌篇。其文思体势，如崇岩峭壁，万仞崛起。当时文士从而效之，无能仿佛者。"

宋代张戒《岁寒堂诗话》上：

"贺有太白之语，而无太白之韵。元、白、张籍以意为主，而失于少文，贺以词为主，而失于少理，各得其一偏。"

宋代敖陶孙《敖器之诗话》：

"李长吉如武帝食露盘，无补多欲。"

宋代严羽《沧浪诗话·诗评》：

"人言太白仙才，长吉鬼才，不然；太白天仙之词，长吉鬼仙之词耳。"

宋代刘克庄《后村诗话·新集》六：

"长吉歌行，新意险语，自有苍生以来所无。樊川一序，极骚人墨客之笔力，尽古今文章之变态，非长吉不足以当之。"

明代李东阳《麓堂诗话》：

"李长吉诗，字字句句欲传世，顾过于刿鉥，无天真自然之趣。通篇读之，有山节藻棁而无梁栋，知其非大道也。"

明代谢榛《四溟诗话》三：

"正者，奇之根，奇者，正之标。二者自有轻重。若歧而又奇，则堕于长吉之下。惜乎！长吉不与陈拾遗同时，得一印正，则奇正相兼，造乎大家，无可议者矣。"

明代王世贞《艺苑卮言》四：

"李长吉师心，故尔作怪，亦有出人意表者。虽奇过则凡，老过则稚，此君所谓不可无一，不可有二。"

明代胡应麟《诗薮·内编》三：

"太白幻语，为长吉之滥觞。"

明代钟惺、谭元春《唐诗归》三一：

"诗家变化，自盛唐诸家而妙已极，后来人又欲别寻出路，自不能无东野、长吉一派。"（谭元春）

清代方世举《兰丛诗话》：

"李（贺）如起网珊瑚，临风欲老，映日澄鲜。"

清代纪昀《四库全书总目》一五〇"笺注评点李长吉歌诗四卷外集一卷"条：

"贺之为诗，冥心孤诣，往往出笔墨蹊径之外，可意会而不可言传。严羽所谓'诗有别趣，非关理'者，以品贺诗，最得其似。"

清代王琦《李长吉歌诗编序》：

"长吉下笔务为劲拔，不屑作经人道过语，然其源实出自楚骚，步趋于汉、魏古乐府。"

清代黄子云《诗鸿野的》：

"昌谷之笔，有若鬼斧，然仅能凿幽而不能抉明，其不永年宜矣。呕心之句，亦亘古仅见。"

# 一一六  李　涉

涉，洛阳人①，渤之仲兄也，自号"清溪子"②。早岁客梁园，数逢乱兵③，避地南来，乐佳山水，卜隐匡庐香炉峰下石洞间。尝养一白鹿，甚驯狎，因名所居曰白鹿洞，与弟渤、崔膺昆季茅舍相接④。后徙居终南。偶从陈许辟命，从事行军⑤。未几，以罪谪夷陵宰，十年蹭蹬峡中，病疟成痼，自伤羁逐，头颁又复如许⑥。后遇赦得还，赋诗云："荷蓑不是人间事，归去沧江有钓舟。"遂放船重来，访吴、越旧游，登天台石桥望海。得风水之便，挂席浮潇、湘，岳阳逢张祜话故，因盘桓。归洛下，营草堂，隐少室，身自耕耘，妾能织纴，稚子供渔樵，拓落生计，伶俜酒乡，罕交人事⑦。大和中，宰相累荐，征起为太学博士，卒致仕。妻亦入道⑧。涉工为诗，词意卓荦，不群世俗。长篇叙事，如行云流水，无可牵制，才名一时钦动⑨。初，尝过九江皖口，遇夜客方跧伏，问："何人？"曰："李山人。"豪首曰："若是，勿用剽夺。久闻诗名，愿题一篇足矣。"涉欣然书曰："暮雨潇潇江上村，绿林豪客夜知闻。他时不用藏名姓，世上如今半是君。"大喜，因以牛酒厚遗，再拜送之⑩。○夫以跖、蹻之辈⑪，犹曰怜才，而至宝横道，君子不顾，忍哉！诗集一卷，今传。

**【校注】**

① "洛阳人"　《唐诗品汇·诗人爵里详节》记："李涉，字清溪，洛阳人。"又，元代吴师道《吴礼部诗话》录时天彝语称"淮南李涉"。李涉有《京口送朱昼之淮南》诗（《全诗》四七七）云："两行客泪愁中落，万树山花雨后残。君到扬州见桃叶，为传风水渡江难。"可知李涉曾居淮南（扬州）。

② "渤之仲兄也，自号'清溪子'"　《新书》——八《李渤传》记："与仲兄涉偕隐庐山。"李涉《南溪元岩铭并序》（《全文》六九三）自称"青溪子"，又云："予之仲曰渤。"（则涉当为伯。）张固《幽闲鼓吹》下、《纪事》四六"李涉"条、《郡斋》四中"李涉歌诗一卷"条皆记涉为渤之兄。李涉有《奉和九弟渤见寄绝句》、《与弟渤新罗剑歌》（《全诗》四七七）。《直斋》一九"李涉集一卷"条作"渤之弟也"，误。

李渤：元和间历左拾遗、库部员外郎，谢病归。穆宗立，召为考功员外郎，出为虔州刺史、江州刺史。宝历间官给事中，出为桂州刺史。屡以峭直冒犯权倖遭斥，守节者尚之。传见《旧书》一七一、《新书》一一八。

③ "乱兵"　《四库》、三间本作"兵乱"。

④ "卜隐匡庐"至"茅舍相接"　"白鹿洞"上原无"曰"字，据《四库》本补。"弟渤"，"弟"原误作"兄"，据《四库》本改。《新书·李渤传》记："与仲兄涉偕隐

庐山。"李渤《真系》(《全文》七一二):"时贞元乙酉岁七月二十一日,于庐山白鹿洞栖真堂中述。"宋代陈舜俞《庐山记》二载:"又五里,至白鹿洞,贞元中李渤字濬之与仲兄涉偕隐焉。"

白鹿洞,在今江西省庐山五老峰下。

崔膺:博陵人,性狂,能文,张建封爱其才,以为客。见《纪事》四三"崔膺"。

⑤"偶从陈许辟命,从事行军" 《纪事》作:"早从陈许辟。"《郡斋》同。

陈许:贞元三年置陈许节度使,治许州,今河南省许昌市。见《元和志》八"河南道许州"。

⑥"未几"至"头颅又复如许" 《纪事》作:"宪宗时为太子通事舍人,投匦言吐突承璀冤状,孔戣知匦事,表其奸,逐为峡州司仓参军。"(《旧书》一五四《孔戣传》误作"陕州";《新书》一六三《孔戣传》、《通鉴》二三八〔元和六年〕并作"峡州"。)《郡斋》作:"一再谪官夷陵。"李涉有《再谪夷陵题长乐寺》、《葺夷陵幽居》等诗(《全诗》四七七)。又《岳阳别张祐(祜)》诗云:"十年蹭蹬为逐臣,鬓毛白尽巴江春。……山疟困中闻有赦,死灰不望光阴惜。"此皆为本篇所取材。

夷陵:今湖北省宜昌市。见《旧书》三九《地理志》二"山南东道硖州"。

⑦"后遇赦得还"至"罕交人事" "张祐"原讹作"张祐",据《指海》本改。"因盘桓",《四库》本下有"焉"字。"荷蓑不是人间事"二句,见于《全诗》四七七,题为《硖石遇赦》。又《寄河阳从事杨潜》诗云:"忆昨天台寻石梁,赤城枕下看扶桑。……回舟偶得风水便,烟帆数夕归潇湘。潇湘水清岩嶂曲,夜宿朝游常不足。"又云:"身解耕耘妾能织,岁宴饥寒免相逼。稚子才年七岁余,渔樵一半分渠力。"又《岳阳别张祐(祜)》诗云:"霸桥昔与张生别,万变桑田何处说。"又《再到长安》诗云:"十年谪宦鬼方人,三遇鸿恩始到秦。"(并见《全诗》四七七)此皆为本篇所取材。

张祜:传见本书卷第六(一六五)。

天台石桥:注见本书卷第一(六)《骆宾王传》。

⑧"大和中"至"妻亦入道" "卒致仕",《四库》、三间本作"致仕卒"。《纪事》载:"大和中,为太学博士。"《郡斋》同。《直斋》亦称"国子太学博士"。又,李涉有《送妻入道》诗。此皆为本篇所据。按:据《旧书》一六七《李逢吉传》载,宝历元年太学博士李涉因武昭谋害宰相李逢吉事牵连,流康州。李涉有《谴谪康州先寄弟渤》诗(《全诗》四七七)。

⑨"一时钦动" 《四库》本"钦"作"倾"。

⑩"初,尝过九江皖口"至"再拜送之" "夜客方跧伏",《四库》本"夜"作"盗"。"大喜",《四库》本作"盗喜"。"暮雨潇潇江上村"四句,《全诗》四七七《李涉卷》题为《井栏砂宿遇夜客》,题下附注云:"涉尝过九江,至皖口遇盗,从者曰:'李博士也。'其豪首曰:'既是李博士,不用剽夺,久闻诗名,愿题一篇足矣。'涉遂赠

诗云云。"此与《纪事》所载略同，出自《云溪友议》下"江客仁"条。"绿林豪客"，《纪事》、《全诗》同，《友议》作"五陵豪客"。《友议》又记豪客得李涉赠诗后，改恶从善，后又与涉相遇。胡震亨《唐音癸签》二九云："李涉井栏砂赠诗一事，或有之；至此盗归而改行，八十一岁后遇李汇征，自署姓名为韦思明，备诵涉他诗，沥酒酹涉，则《云溪友议》所添蛇足也。唐人好为小说，或空造其事而全无影响，或影借其事而更加缘饰。即黄巢尚予一禅师号，为伪造一诗实之，况此小小夜劫乎？"

九江：指江州，今江西省九江市。见《元和志》二八"江南道江州"。

皖口：皖水注入长江处，称皖口，在今安徽省安庆市西。见《元和郡县志阙文》二"淮南道舒州怀宁县"。

牛酒：牛和酒，常指馈赠之酒肉。《战国策·齐策》六："乃赐（田）单牛酒，嘉其行。"

⑪跖、蹻：跖与庄蹻，春秋战国时期人民起义领袖，封建时代呼为盗。

【辑评】

元代时天彝《唐百家诗选评》（《吴礼部诗话》引）：

"淮南李涉探上意，知（吐突）承璀恩顾未衰，遽上言兵不可罢，承璀亲近信臣不可出。……其为人如此，而诗句清熟，有足赏者。世方以言取人，果可信乎？"

明代胡震亨《唐音癸签》七：

"李涉为人倾斜，无大异。井栏、君子诸绝，间有可观。古风概多疏莽。严沧浪深取之，不知何解？"（按：严羽《沧浪诗话·诗评》云："大历以后，吾所深取者，李长吉、柳子厚、刘言史、权德舆、李涉、李益耳。"）

清代贺裳《载酒园诗话·又编》：

"于𬱖为观察使，有酷虐声，李涉过襄阳上诗曰：'方城汉水旧城池，陵谷依然世自移。歇马独来寻故事，逢人惟说岘山碑。'谢注曰：'劝于当以羊祜为法，词婉而妙。'此言诚然。……若此诗，真所谓主文谲谏者，闻之者不怒，而有以感发其善心。余谓此二十八字，尚胜昌黎赠许郢州、崔复州两篇大文。李绝句多佳，此篇尤为可法。"

# 一一七 朱昼

昼，广陵人①。贞元间，慕孟郊之名②，为诗格范相似，曾不远千里而访之,不厌勤苦。体尚奇涩。与李涉友善,相酬唱③。昼《古镜》诗云:"我有古时镜,初自坏陵得。蛟龙犹泥蟠,魑魅幸月蚀。磨久见菱蕊,青于蓝水色。赠君将照心,无使心受惑④。"凡如此警策稍多,今传于世⑤。

【校注】

①"广陵人" 李涉有《京口送朱昼之淮南》诗(《全诗》四七七),本篇或即据此。《纪事》四一"朱昼"条:"元和间进士。"

广陵:天宝、至德间改扬州为广陵郡,治江都,今江苏省扬州市。见《旧书》四○《地理志》三"淮南道扬州"。

②"慕孟郊之名" 朱昼有《喜陈懿老示新制》诗(《全诗》四九一),自注云:"予欲见诗人孟郊,故寄诚于此。"

孟郊:传见本书本卷(一三四)。

③"与李涉友善,相酬唱" 李涉有《京口送朱昼之淮南》诗,未见其他酬唱之作。

④"我有古时镜"八句 《全诗》四九一题为《赠友人古镜》。

⑤"凡如此警策稍多,今传于世" 《四库》本"稍"字作"者颇"二字。按:《全诗》四九一仅录朱昼诗三首。

## 一一八 贾 岛 (779—843)

岛,字阆仙①,范阳人也②。初,连败文场,囊箧空甚,遂为浮屠,名无本③。来东都,旋往京,居青龙寺。时禁僧午后不得出,为诗自伤④。元和中,元、白变尚轻浅,岛独按格入僻,以矫浮艳⑤。当冥搜之际,前有王公贵人皆不觉,游心万仞,虑入无穷⑥。自称"碣石山人"。尝叹曰:"知余素心者,惟终南紫阁、白阁诸峰隐者耳。"⑦嵩丘有草庐,欲归未得,逗留长安⑧。虽行坐寝食,苦吟不辍。尝跨蹇驴张盖,横截天衢,时秋风正厉,黄叶可扫,遂吟曰:"落叶满长安。"方思属联,杳不可得,忽以"秋风吹渭水"为对,喜不自胜,因唐突大京兆刘栖楚,被系一夕,旦释之⑨。后复乘闲策蹇,访李凝幽居,得句云:"鸟宿池中树,僧推月下门。"又欲作"僧敲",炼之未定,吟哦引手作推敲之势,傍观亦讶。时韩退之尹京兆,车骑方出,不觉冲至第三节,左右拥到马前,岛具实对,未定"推""敲",神游象外,不知回避。韩驻马久之,曰:"敲字佳。"遂并辔归,共论诗道,结为布衣交⑩。遂授以文法,去浮屠,举进士⑪。愈赠诗云:"孟郊死葬北邙山,日月风云顿觉闲。天恐文章浑断绝,再生贾岛在人间。"自此名著⑫。时新及第,寓居法乾无可精舍⑬,姚合、王建、张籍、雍陶⑭,皆琴樽之好。一日,宣宗微行至寺,闻钟楼上有吟声,遂登,于岛案上取卷览之,岛不识,因作色攘臂,睨而夺取之曰:"郎君鲜醊自足,何会此耶?"帝下楼去。既而觉之,大恐,伏阙待罪,上讶之。他日,有中旨,令与一清官谪去者。乃授遂州长江主簿。后稍迁普州司仓⑮。临死之日,家无一钱,惟病驴、古琴而已。当时谁不爱其才,而惜其命薄。岛貌清意雅,谈玄抱佛⑯,所交悉尘外之人。况味萧条,生计岨峿。自题曰:"二句三年得,一吟双泪流。知音如不赏,归卧故山秋。"⑰每至除夕,必取一岁所作置几上,焚香再拜,酹酒祝曰:"此吾终年苦心也。"痛饮长谣而罢⑱。今集十卷,并《诗格》一卷,传于世。

【校注】

① "字阆仙" 《四库》"阆"作"浪"。王定保《唐摭言》一一"无官受黜"条作"阆",苏绛《贾司仓墓志铭》(《全文》七六三)、《新书》一七六本传、《纪事》四〇"贾岛"条均作"浪"。

② "范阳人也" 《新书》本传、《墓志铭》、《纪事》、《直斋》一九"贾长江集十卷"条并同。韩愈《送无本师归范阳》诗(《全诗》三四〇)云:"家住幽都远。"

范阳:注见本书卷第一(五)《卢照邻传》。

③ "初,连败文场"至"名无本" 《苕溪渔隐丛话·前集》一九引《刘公嘉话》(即《刘宾客嘉话录》)于"(韩愈)与为布衣之交,自此名著"后记:"后以不第,乃为僧……号无本。"何光远《鉴戒录》八"贾忤旨"条亦记:"岛后为僧,名无本。"《新书》本传记载有异:"初为浮屠,名无本。……(韩)愈怜之,因教其为文,遂去浮屠。……累举不中第。"《纪事》所载略同。

浮屠：即佛陀，梵语音译。亦指僧人。

④"来东都"至"为诗自伤" "旋往京"，《四库》本"京"下有"师"字。《新书》本传作："来东都，时洛阳令禁僧午后不得出，岛为诗自伤。"《纪事》作："岛为僧时，洛阳令不许僧午后出寺，岛有诗云：'不如牛与羊，犹得日暮归。'"（按：此诗本集不载，《全诗》亦未收。）又，贾岛有《题青龙寺》诗（《全诗》五四七）。

东都：显庆二年以洛阳为东都，天宝元年改称东京，至德元年复为东都。

青龙寺：在长安南门之东，本隋灵感寺。白居易有《青龙寺早夏》诗。见徐松《唐两京城坊考》三"西京""新昌坊"条。

⑤"元和中"至"以矫浮艳" 引自《唐摭言》一一"无官受黜"条，文字略同。"变尚轻浅"，《摭言》无"变"字，应从。"按格入僻"，《摭言》"按"作"变"，应从。《纪事》作："能诗，独变格入僻，以矫艳于元、白。"

⑥"当冥搜之际"至"虑入无穷" 《新书》本传作："当其苦吟，虽逢值公卿贵人，皆不之觉也。"

⑦"自称'碣石山人'"至"诸峰隐者耳" 贾岛《题青龙寺》诗云："碣石山人一轴诗，终南山北数人知。"贾岛又有《怀紫阁隐者》、《长孙霞李溟自紫阁白阁二峰见访》等诗（《全诗》五七二、五七三）。是为本篇所据。

紫阁、白阁：终南山峰名。岑参《因假归白阁西草堂》诗："东望白阁云，半入紫阁松。"

⑧"嵩丘有草庐，欲归未得，逗留长安" 《四库》抄本"丘"作"山"。贾岛《病起》诗（《全诗》五七三）云："嵩丘归未得，空自责迟回。"即为本篇所据。

嵩丘：嵩山，注见本书卷第一（一六）《吴筠传》。

⑨"虽行坐寝食"至"旦释之" 采自《唐摭言》一一"无官受黜"条，文字略同。"秋风吹渭水"两句，见于《全诗》五七二《忆江上吴处士》诗。

刘栖楚：敬宗朝历右拾遗、谏议，宣授刑部侍郎，改京兆尹。峻诛罚，不避权豪。出为桂州观察使。传见《旧书》一五四、《新书》一七五。

⑩"后复乘闲策蹇"至"结为布衣交" "李凝"，原作"李余"，据《四库》、三间本改。（按："鸟宿池中树"二句，见于《全诗》五七二及《四部丛刊·长江集》四，均题为《题李凝幽居》；《纪事》引此诗题为《李欵幽居》。贾岛另有《送李余及第归蜀》诗，载《全诗》五七二。）"鸟宿池中树"，《四库》本"中"作"边"，与《全诗》合。"韩驻马久之"，原无"马"字，据《四库》本补，与《刘公嘉话》、《唐宋遗史》合。此段即采自《刘公嘉话》（《苕溪渔隐丛话·前集》一九引），又见于何光远《鉴戒录》八、《诗人玉屑》一五、《诗话总龟》一一"苦吟"门引《唐宋遗史》。"后复乘闲策蹇，访李凝幽居，得句云"，《嘉话》作"岛初赴举京师，一日于驴上得句云"。

⑪"遂授以文法，去浮屠，举进士" 《新书》本传于"岛为诗自伤"下记："愈

卷 第 五

怜之，因教其为文，遂去浮屠，举进士。"本篇移置此处。

⑫ "愈赠诗云"至"自此名著" 采自《纪事》，又见于《诗话总龟》——引《唐宋遗史》。"孟郊死葬北邙山"四句，《全诗》三四五《韩愈卷》一〇附于卷末，题为《赠贾岛》，题下注："见《万首绝句》。"（按：本集不载。）《纪事》引此诗，附注云："或曰：非退之诗。"

⑬ "时新及第，寓居法乾无可精舍" 《刘公嘉话》作："自此名著。后以不第，乃为僧，居法乾寺，号无本。"《诗话总龟》引《唐宋遗史》所记与《嘉话》略同，谓"居于法乾寺，与无可唱和"。

无可：传见本书卷第六（一五〇）。

⑭ 姚合：传见本书卷第六（一五七）。

王建：传见本书卷第四（一〇一）。

张籍：传见本书卷第五（一三八）。

雍陶：传见本书卷第七（一七三）。

⑮ "一日"至"普州司仓" 《四库》"遂登"下有"焉"字。"令与一清官谪去者"，《四库》本"者"上有"主"字，此段采自《刘公嘉话》，又见于何光远《鉴戒录》、《诗话总龟》引《唐宋遗史》，文字略同。《唐摭言》——"无官受黜"条作："又尝遇武宗皇帝于定水精舍，岛尤侮肆，上讶之。他日有中旨，令与一官谪去，乃授长江县尉。稍迁普州司仓而卒。""上讶之"在"岛尤侮肆"之下，似较合理。《北梦琐言》八亦记贾岛因不识宣宗而谪授长江尉，均不作"长江主簿"。《新书》本传载："文宗时，坐飞谤，贬长江主簿。会昌初，以普州司仓参军迁司户，未受命卒，年六十五。"按：本传所记，系以苏绛《贾司仓墓志铭》为据，可信。（贾岛《谢令狐绹相公赐衣九事》诗[《全诗》五七三]云："长江飞鸟外，主簿跨驴归。"又，崔涂有《长江贾主簿旧厅》诗[《全诗》六七九]。均可证贾岛官长江主簿，而非县尉。）又，《直斋》一九"贾长江集十卷"条云："今遂宁刊本首载大中墨制云：'比者礼部奏卿风狂，且养疾关外。今却携卷轴，潜至京城，遇朕微行，闻卿讽咏，观其志业，可谓屈人。是用显我特恩，赐卿墨制，宜从短簿，别俟殊科。'（按：此"墨制"见于何光远《鉴戒录》，"别俟殊科"下又有"可守剑南道遂州长江县主簿"云云。）与所称诽谤不同。盖宣宗好微行，小说载岛应对忤旨，好事者撰此制以实之。"又，陈鳣《唐才子传校勘记》（南京图书馆藏抄本）云："《新唐书》谓岛于文宗时坐飞谤贬为长江主簿，《唐遗史》则谓岛夺诗忤宣宗除长江主簿，《摭言》又谓岛遇武宗于定水精舍，以肆慢授长江主簿（按：《摭言》谓"授长江县尉"）。考《野客丛谈》引苏绛所撰《墓志》云：'岛殁于会昌癸亥岁。则宣宗之世岛死久矣。'"

遂州长江：今四川省蓬溪县西。普州：治安岳，今四川省安岳县。并见《元和志》三三"剑南道"。

⑯ "谈玄抱佛"　《四库》本作"好谈禅宗元（玄）理"。

⑰ "二句三年得"四句　《全诗》五七四题为《题诗后》，题下注："岛吟成'独行潭底影，数息树边身'，二句下注此一绝。"

⑱ "每至除夕"至"痛饮长谣而罢"　冯贽《云仙杂记》四载："贾岛常以岁除取一年中所得诗，祭以酒脯，曰：'劳吾精神，以是补之。'"谓出自《金门岁节》。按：《四库全书总目》一四〇"云仙杂记十卷"条云："实伪书也。……所引书目皆历代史志所未载。"

## 【补录】

唐代苏绛《贾司仓墓志铭》（《全文》七六三）：

"妙之尤者，属思五言，孤绝之句，记在人口。……又工笔法，得钟、张之奥。"

"会昌癸亥岁七月二十八日，终于郡官舍，春秋六十有五。"

五代王定保《唐摭言》一二"轻佻"条：

"贾岛不善程式，每自叠一幅，巡铺告人曰：'原夫之辈，乞一联，乞一联！'"

宋代计有功《唐诗纪事》四〇"贾岛"条：

"岛久不第，吟《病蝉》之句以刺公卿。或奏岛与平曾等为'十恶'，逐之。"（《纪事》六五"平曾"条记："曾长庆二年同贾阆仙辈贬，谓之'举场十恶'。"）

## 【辑评】

唐代苏绰《贾司仓墓志铭》（《全文》七六三）：

"所著文编，不以新句绮靡为意，淡然蹑陶、谢之踪，片云独鹤，高步尘表。"

唐代司空图《与李生论诗书》（《司空表圣文集》二）：

"贾浪仙诚有警句，视其全篇，意思殊馁。大抵附于蹇涩，方可致才，亦为体之不备也。"

宋代欧阳修《六一诗话》：

"孟郊、贾岛皆以诗穷至死，而平生尤自喜为穷苦之句。……贾云：'鬓边虽有丝，不堪织寒衣。'就令织得，能得几何？又其《朝饥诗》云：'坐闻西床琴，冻折两三弦。'人谓其不止忍饥而已，其寒亦何可忍也！"

"贾岛'怪禽啼旷野，落日恐行人'，则道路辛苦，羁愁旅思，岂不见于言外乎？"

宋代蔡正孙《诗林广记·前集》七：

"欧阳公曰：'岛尝为衲子，故枯寂气味，形之于诗句中。'"

明代谢榛《四溟诗话》二：

"韩退之称贾岛'鸟宿池边树，僧敲月下门'为佳句；未若'秋风吹渭水，落叶满长安'，气象雄浑，大类盛唐。"

《四溟诗话》四：

"贾岛'独行潭底影'，其词意闲雅，必偶然得之，而难以句匹。当入五言古体，或入仄韵绝句，方是作手。而岛积思三年，局于声律，卒以'数息树边身'为对，不知反为前句之累。……因拟浪仙，勉成一绝，附之末简：'杂树已秋风，空山又斜景。杖策不逢人，独行潭底影。'"

明代杨慎《升庵诗话》一一：

"贾岛诗'长江风送客，孤馆雨留人'，二句为平生之冠。而其全集不载，仅见于坡诗注所引。"

明代陆时雍《诗镜·总论》：

"贾岛衲气终身不除，语虽佳，其气韵自枯寂耳。予尝谓读孟郊诗如嚼木瓜，齿缺舌敝，不知味之所在。贾岛诗如寒虀，味虽不和，时有余酸荐齿。"

清代王夫之《薑斋诗话》下：

"'僧敲月下门'，只是妄想揣摩，如说他人梦，纵令形容酷似，何尝毫发关心？知然者，以其沉吟推敲二字，就作他想也。若即景会心，则或推或敲，必居其一；因景因情，自成灵妙，何劳拟议哉？"

清代叶矫然《龙性堂诗话·续集》：

"贾岛'怪禽啼旷野，落日恐行人'，夕阳驴背上，真有此景，想之心怦怦然动。"

清代许印芳《诗法萃编·跋司空图与王驾评诗书》：

"阆仙、东野并擅天才。……两人生李、杜之后，避千门万户之广衢，走羊肠鸟道之仄径，志在独开生面，遂成僻涩一体。"

清代方南堂《辍锻录》：

"诗有语意相同而工拙大相远者,如贾长江'走月逆行云',亦可为形容刻画之至矣。试与韦苏州'乔木生夏凉,流云吐华月'较之,真不堪与之作奴。"

清代卢文弨《题贾长江诗集后》(《抱经堂文集》一三):

"长江诗虽不合雅奏,然尚有古意,读之可以矫俗媚绮靡之习。"

清代施补华《岘佣说诗》:

"孟郊、贾岛并称,谓之郊寒岛瘦。然贾万不及孟,孟坚贾脆、孟深贾浅故也。"

## 一一九　庄南杰

南杰,与贾岛同时,曾从受学①。工乐府杂歌②,诗体似长吉,气虽壮道③,语过镌凿,盖其天资本劣,未免按抑,不出自然,亦一好奇尚僻之士耳。集二卷,今行。

【校注】

①"与贾岛同时,曾从受学"　《直斋》一九"庄南杰集一卷"条记:"唐进士庄南杰撰,与贾岛同时。"

②"工乐府杂歌"　《宋史·艺文志》著录其《杂歌行》一卷,《全诗》四七〇存录其乐府诗五首。

③"壮道"　《四库》本作"道壮"。

## 一二〇　张　碧

碧,字太碧①。贞元间②,举进士累不第,便觉三山跬步,云汉咫尺③。初,慕李翰林之高躅④,一杯一咏,必见清风,故其名字皆亦逼似,如司马长卿希蔺相如为人也。天才卓绝,气韵不凡,委兴山水,投闲吟酌,言多野意,俱状难摹之景焉。有《歌行集》二卷传世。子瀛。

## 【校注】

①"字太碧" "太"原作"大",从《四库》、三间、《指海》本改。《纪事》四五"张碧"条亦作"字太碧"。

②"贞元间" 《新书》六〇《艺文志》四"张碧《歌行集》二卷"附注:"贞元人。"《纪事》亦作"贞元中人"。

③"举进士累不第"至"云汉咫尺" 张碧《山居雨霁即事》诗(《全诗》四六九,一作长孙佐辅诗)有云:"结茅苍岭下,自与喧卑隔。……常臁腐儒操,谬习经邦画。有待时未知,非关慕沮溺。"余不详。

三山:蓬莱、方丈、瀛洲,神话中的三仙山。见《史记·封禅书》。

跬步:半步,形容距离很近。

④"慕李翰林之高躅" 《纪事》载:"自序其诗云:'碧尝读李长吉集,谓春拆红翠,霹开蛰户,其奇峭者不可攻也。及览李太白词,天与俱高,青且无际,鹏触巨海,澜涛怒翻,则观长吉之篇,若陟嵩之巅视诸阜者耶!余尝锐志狂勇心魄,恨不得摅文阵以交锋,睹拔戟挟轹而比矣。"

## 【辑评】

唐代孟郊《读张碧集》(《全诗》三八〇):

"天宝太白没,六义已消歇。大哉国风本,丧而王泽竭。先生今复生,斯文信难缺。下笔证兴亡,陈词备风骨。高秋数奏琴,澄潭一轮月。谁作采诗官,忍之不挥发。"

宋代洪迈《容斋五笔》一〇:

"张碧《农父》诗云:运锄耕劚侵晨起,陇畔丰盈满家喜。到头禾黍属他人,不知何处抛妻子!'……读之使人怆然。"

# 一二一 朱 放

放①,字长通,南阳人也②。初,居临汉水,遭岁歉,南来③,卜隐剡溪、镜湖间④。排青紫之念,结庐云卧,钓水樵山。尝著白接䍠,鹿裘笋屦⑤,盘桓酒家。时江浙名士如林,风流儒雅,俱从高义。如皇甫兄弟、皎、彻上人,皆山人良友也⑥。大历中,嗣曹王皋镇江西，辟为节度参谋⑦。有《别同志》曰⑧："潺湲寒溪上，自此成离别。回首望归人，移舟逢暮雪。频行识草树，渐老伤年发。唯有白云心，为向东山月。"⑨未几，不乐鞅掌⑩，扁舟告还。贞元二年，诏举韬晦奇才，诏下聘礼，拜左拾遗，不就，表谢之⑪。忘怀得失，以此自终。放工诗，风度清越，神情萧散⑫，非寻常之比。集二卷，今行于世。

**【校注】**

①"放" 《纪事》二六"朱放"条注："一作倣"。《郡斋》四中亦作"朱倣"。

②"南阳人也" 疑误。独孤及《唐故扬州庆云寺律师一公塔铭并序》（《全文》三九〇）称"襄阳朱放"，《郡斋》四中"朱倣诗一卷"条亦作"襄阳人"。《极玄集》下"朱放"附注及《新书》六〇《艺文志》四"朱放诗一卷"条附注并作"襄州人"。《纪事》二六"朱放"条同。《直斋》一九"朱放集一卷"条则称"吴郡朱放长通"。刘长卿《朱放自杭州与故里相使君立碑回……》诗（《全诗》一四七）云："片石羊公后，凄凉江水滨。"可知放为襄阳人。

南阳：注见本书卷第一（一六）《吴筠传》。

襄阳：注见本书卷第一（一七）《张子容传》。

③"初，居临汉水，遭岁歉，南来" "歉"原作"慊"（歉或字），从《四库》本改；正保、《佚存》、三间、《指海》本作"馑"。严维《赠送朱放》诗（《全诗》二六三）云："昔年居汉水，日醉习家池。道胜迹常在，名高身不知。欲依天目住，新自始宁移。生事曾无长，惟将白接䍦。"辛氏采此入传。"遭岁歉"，未详所据。

④"卜隐剡溪、镜湖间" 《极玄集》记："隐居剡溪"，《新书·艺文志》、《纪事》、《郡斋》并同。又，朱放有《剡溪行却寄新别者》、《经故贺宾客镜湖道士观》、《剡山夜月》（一作《剡溪舟行》）等诗（《全诗》三一五）。刘长卿有《送朱山人放越州贼退后归山阴别业》诗（《全诗》一四七）。

剡溪：注见本书卷第一（九）《宋之问传》。

镜湖：注见本书卷第三（五三）《贺知章传》。

⑤"尝著白接䍦，鹿裘笋屦" "接䍦"原作"摆䍦"，据《四库》本改。

接䍦〔lí〕：一种帽子。《世说新语·任诞》载，晋代山简镇守襄阳时，常常外出饮酒，倒著白接䍦，大醉而归。

鹿裘：粗陋的裘衣。《晏子春秋·外篇》载："晏子相（齐）景公，布衣鹿裘以朝。公曰：'夫子之家若此其贫也，是奚衣之恶也！'"

笋屦：以笋壳制成的鞋子。

⑥ "如皇甫兄弟、皎、彻上人，皆山人良友也"　朱放有《山中谒皇甫曾》诗。皇甫冉有《送朱逸人》诗（《全诗》二四九）。皎然有《访朱放山人》诗（《全诗》八一六）。

皇甫兄弟：皇甫冉、皇甫曾，传见本书卷三（六五、六六）。

皎、彻上人：皎然、灵彻，传见本书卷四（一〇三）、卷三（七三）。

⑦ "大历中，嗣曹王皋镇江西，辟为节度参谋"　《新书·艺文志》记："嗣曹王皋镇江西，辟节度参谋。"《纪事》、《郡斋》并同。按：据《新书》一三一《李皋传》，建中三年"李希烈反，迁江西道节度使、洪州刺史兼御史大夫"（又见于《通鉴》二二七），而非"大历中"。

嗣曹王皋：李皋，太宗子曹王李明之玄孙，天宝十一载嗣封。建中三年为江西节度使、洪州刺史，贞元初拜江陵尹、荆南节度等使。传见《旧书》一三一、《新书》八〇。

⑧ "有《别同志》曰"　《四库》本"曰"上有"诗"字。

⑨ "潺湲寒溪上"八句　《全诗》三一五题为《剡溪行却寄新别者》。

东山：在今浙江省上虞县西南。晋代谢安曾隐居于此，后因以东山指隐居。

⑩ 鞅掌：谓职事忙碌。《诗经·小雅·北山》："或王事鞅掌。"

⑪ "贞元二年"至"表谢之"　"诏下聘礼"，《四库》本"诏"作"特"，义较允。"表谢之"，《四库》本无"之"字。《极玄集》作："贞元初，召拜拾遗，不就。"《新书·艺文志》并同。《纪事》作："贞元中，召为左拾遗，不就。"《直斋》称"唐右拾遗"。秦系有《晚秋拾遗朱放访山居》诗（《全诗》二六〇）。武元衡有《夏日对雨寄朱放拾遗》诗（《全诗》三一六）。

⑫ "神情萧散"　"情"原作"精"，据《四库》、三间、《指海》本改。

## 【辑评】

唐代皎然《诗式》四"齐梁诗"条：

"大历中，词人多在江外，皇甫冉、严维、张继素、刘长卿、李嘉祐、朱放，窃占青山白云、春风芳草，以为己有。吾知诗道初丧，正在于此，何得推过齐、梁作者。迄今余波尚寖，后生相效，没溺者多。大历末年，诸公改辙，盖知前非也。"

唐代顾况《右拾遗吴郡朱君集序》：

"朱君能以烟霞风采，补缀藻秀，符于自然。"

## 一二二　羊士谔

士谔，贞元元年礼部侍郎鲍防下进士①。顺宗时，累至宣歙巡官，王叔文所恶，贬汀州宁化尉。元和初，宰相李吉甫知奖，擢为监察御史，掌制诰。后以与窦群、吕温等诬论宰执，出为资州刺史②。士谔工诗，妙造梁《选》③，作皆典重。早岁尝游女几山，有卜筑之志，勋名相迫，不遂初心④。有诗集行于世。

**【校注】**

①"贞元元年礼部侍郎鲍防下进士"　《郡斋》四上"羊士谔诗一卷"条记："贞元元年擢进士第。"《直斋》一九"羊士谔集一卷"条同。按：《唐语林》八"累为主司"条："鲍防三：兴元元年，贞元元年、二年。"

鲍防：传见本书卷第三（五九）。

②"顺宗时"至"出为资州刺史"　"王叔文所恶"，《四库》本"王"上有"为"字，《郡斋》无"为"字。此段录自《郡斋》，仅增添"后以与窦群、吕温等诬论宰执"一句。按：有关史实详载韩愈《顺宗实录》四、《旧书》一四八及《新书》一四六《李吉甫传》、《旧书》一三七《吕温传》。参见本书卷四（一〇七）《窦群传》。

宣歙〔xī〕：宣歙观察使，理所在宣州，今安徽省宣城县。见《元和志》二八"江南道宣州"。

王叔文：德宗时侍读东宫。顺宗即位，拜翰林学士（时称内相），联合王伾、柳宗元、刘禹锡等，进行政治改革，当政一百四十六天。宦官俱文珍等迫顺宗退位，立宪宗。叔文贬死。传见《旧书》一三五、《新书》一六八。

汀州宁化：本名黄连，天宝元年更名，今福建省宁化县，见《元和志》二九"江南道汀州"。

李吉甫：注见本书卷第四（一〇七）《窦群传》。

吕温：传见本书本卷（一三七）。

资州：治盘石，今四川省资中县。见《元和志》三一"剑南道"。

③"妙造梁《选》"　"妙造"原作"造妙"，据《四库》、《指海》本乙转。

梁《选》：指《文选》，南朝梁昭明太子萧统所编文学总集。

④"早岁"至"不遂初心"　羊士谔《过三乡望女几山早岁有卜筑之志》诗（《全诗三三二》）云："女几山头春雪消，路傍仙杏发柔条。心期欲去知何日，惆怅回车上野

桥。"辛氏采此入传。

女几山：在河南府福昌县西南三十里，今河南省洛宁县境内。见《元和志》五"河南道河南府福昌县"。

**【辑评】**

明代谢榛《四溟诗话》二：

"予赋《牡丹》曰：'花神默默殿春残，京洛名家识面难。国色从来有人妒，莫教红袖倚阑干。'及读羊士谔《郡中即事》曰：'红衣落尽暗香残，叶上秋光白露寒。越女含情已无限，莫教长袖倚阑干。'因与暗合，遂删己作。"

明代徐献忠《唐诗品》（《唐音癸签》七引）：

"羊士谔风格不落卑调，然例之能品，亦萧然微尔。"

清代贺裳《载酒园诗话·又编》：

"诗有美不胜收，品居中下者，亦有无一言可举，不得不称为胜流者，以风度论也。知此可以定羊资州诗矣。贞元后，集中有佳诗易，无恶诗难。羊士谔诗虽不甚佳，却求一字之恶不可得。"

# 一二三　姚　系

系，河中人[①]。贞元元年进士。与韦应物同时，有诗名，工古调，善弹琴，好游名山[②]，希踪谢、郭[③]。终身不言禄，禄亦不及之也[④]。乃林栖谷隐之士，往还酬酢，兴趣超然[⑤]。弟伦，诗亦清丽[⑥]，有集，并传。

**【校注】**

[①]"河中人"　韦应物有《送姚系还河中》诗（《全诗》一八九，亦载于《纪事》二七"姚系"条），本篇即据此。按：《新书》七四下《宰相世系表》四下载，姚系出自"陕西姚氏"，为隋汾州刺史姚安仁之后，姚崇曾孙。《旧书》九六《姚崇传》云："陕州硖石人也。"

河中：注见本书卷第二（四〇）《阎防传》。

[②]"善弹琴，好游名山"　姚系《秋夕会友》诗（《全诗》二五三）云："白露下

庭梧，孤琴始悲辛。"又《荆山独往》诗云："宿昔山水上，抱琴聊踯躅。山远去难穷，琴悲多断续。……恣此平生怀，独游还自足。"此皆为本篇所取材。

③谢、郭：东晋谢安、郭文。谢安，隐居东山，朝廷屡召不就，年四十余始出山从政，孝武帝时位至宰相，使弟谢石、侄谢玄等领兵拒前秦南侵，获淝水之战大捷，并乘胜北伐。传见《晋书》七九。郭文，隐者，居余杭大涤山。传见《晋书》九四。

④"禄亦不及之也" 按：《新书·宰相世系表》载："系，门下典仪。"

⑤"乃林栖谷隐之士，往还酬酢，兴趣超然" 《四库》、三间、《指海》本"乃"作"与"。姚系有《五老峰大明观赠隐士》诗。

⑥"弟伦，诗亦清丽" 《新书·宰相世系表》载："伦，扬州大都督府仓曹参军。"《中兴》下"姚伦"附评云："姚子诗虽未弘深，去凡已远，属辞比事，不失文流。如'乱声千叶下，寒影一巢孤'，篇什之秀也。"

# 一二四 □信陵

信陵，贞元元年郑全济榜及第①。仕为舒州望江县令，卒②。工诗，有集一卷，今传。

【校注】

①"贞元元年郑全济榜及第" 《纪事》三五"麹信陵"条："信陵，贞元元年进士。"《郡斋》四上"麹信陵集一卷"条、《直斋》一九"麹信陵集一卷"条同。《容斋五笔》七"书麹信陵事"条："信陵以贞元元年鲍防下及第为第四人。"

②"仕为舒州望江县令卒" 《纪事》："为舒州望江令，卒。"《郡斋》、《直斋》略同。《容斋五笔》："以六年作望江令。"

舒州望江：今安徽省望江县。见《旧书》四〇《地理志》三。

【补录】

唐代白居易《秦中吟·立碑》（《全诗》四二五）：

"我闻望江县，麹令抚惸嫠。（原注：麹令名信陵。）在官有仁政，名不闻京师。身殁欲归葬，百姓遮路岐。攀辕不得归，留葬此江湄。至今道其名，男女皆涕垂。无人立碑碣，唯有邑人知。"

## 一二五　张　登

登，初隐居。性刚洁，幅巾短褐，交友名公。后就辟，历卫府参谋，迁廷尉平。久之，拜监察御史。贞元中，改河南士曹掾，迁殿中侍御史、漳州刺史，退居告老[1]。尝晚春乘轻车出南熏门，抵暮，指宜春门入，关吏捧牌请书官位，登醉题曰："闲游灵沼送春回，关吏何须苦见猜。八十老翁无品秩，三曾身到凤池来。"其狷迫如此[2]。数年，坐公累被劾，吏议掯摭，不堪，感疾而卒[3]。有集六卷，权德舆为序云。

### 【校注】

①"性刚洁"至"退居告老"　"历卫府参谋"，《四库》本作"历参戎幕"，《郡斋》作"历卫佐"。"迁廷尉平"，与《郡斋》合，《佚存》本"廷"讹作"延"。（按：廷尉平，《纪事》作"廷评"，官名，即大理寺评事。或乙转为"延平尉"，误。）"拜监察御史"，"察"字原脱，三间本校语云"监下脱察字"，据《四库》本补，与《郡斋》合。"漳州刺史"，"漳"原作"潭"，据《四库》本改，与《纪事》、《郡斋》合。（《新书》六〇《艺文志》四"张登集六卷"附注："贞元漳州刺史。"）此段采自《郡斋》四中"张登集六卷"条，《纪事》四〇"张登"条略同。《郡斋》无"久之"、"退居告老"等语。按：《郡斋》、《纪事》所载，系以权德舆《张君集序》为据，参见"补录"。

漳州：治龙溪，今福建省漳州市。

②"尝晚春乘轻车"至"其狷迫如此"　"指宜春门入"，《四库》、三间本"指"作"诣"。"其狷迫如此"，《四库》本"迫"作"迂"。此段见于《诗龟总话》一七，记为"退傅张懿事"，辛氏误采入《张登传》。"闲游灵沼送春回"四句，见于《全唐诗续补遗》七，误收，即录自本书。（"三曾身到凤池来"，各本皆同，《续补遗》"三"误作"也"。）

灵沼：原为周文王离宫中的池沼，见于《诗经·大雅·灵台》。后世常以灵沼指宫苑池沼。班团《西都赋》："离宫别院，三十六所，神池灵沼，往往而在。"

凤池：即凤凰池，指中书省。王维《和贾至舍人早朝大明宫之作》："朝罢须裁五色沼，佩声归到凤池头。"

③"数年"至"感疾而卒"　《郡斋》于"漳州刺史"后记："居七年，坐公累受劾，吏议侵诬，感疾卒。"

捃摭〔jùn zhí〕：采集。此处指罗织罪名。

## 【补录】

唐代权德舆《唐故漳州刺史张君集序》（《全文》四九三）：

"清河张登，刚洁介特，不趋和从俗。循性属同，发为英华。秉直好静，居多隐约。始以巾褐辟，历卫佐、廷尉平、监察御史。罢去，家居。以荐延改河南士曹掾，满岁，计相表为殿中侍御史，董赋于江南。无何，授漳州刺史。居七年，坐公事受劾，吏议侵诬，胸肊约结，感疾不起，悲夫！"

## 【辑评】

唐代权德舆《唐故漳州刺史张君集序》（《全文》四九三）：

"所著诗赋之外，书启序述，志记铭诔，合为一百二十篇。相如之形似，二班之情理，公幹之卓荦经奇，景阳之铿锵葱倩，升堂睹奥，我无愧焉。"

唐代李肇《国史补》下：

"张登于小赋，气宏而密，间不容发，有织成隐起往往蹙金之状。"

# 一二六　令狐楚（766—837）

楚，字壳士，燉煌人也①。五岁能文章②。贞元七年尹枢榜进士及第③。时李说、严绶、郑儋继领太原，高其才行，引在幕府，由掌书记至判官。德宗喜文，每省太原奏疏，必能辨楚所为，数称美之。宪宗时，累擢知制诰。皇甫镈荐为翰林学士，迁中书舍人，拜中书侍郎同平章事④。楚工诗，当时与白居易、元稹、刘禹锡唱和甚多⑤。有《漆奁集》一百三十卷，行于世。自称曰"白云孺子"⑥。

## 【校注】

①"燉煌人也"　《旧书》七三《令狐德棻传》云："宜州华原人。……先居燉煌，代为河西右族。"（《新书》一六六本传："令狐楚字壳士，德棻之裔也。"）刘禹锡《唐故相国赠司空令狐公集序》："公名楚，字壳士，敦煌人。"

燉煌：今甘肃省敦煌县。见《元和志》四〇"陇右道沙州"。

② "五岁能文章" 《集序》作："五岁已为诗成章。"《新书》本传作："生五岁，能为辞章。"

③ "贞元七年尹枢榜进士及第" 《旧书》一七二本传作："弱冠应进士，贞元七年登第。"《纪事》四二"令狐楚"条云："贞元七年，杜黄裳知举，微服访名士于尹枢。枢言……孤进有林藻、令狐楚。其年枢冠榜。……是年楚第五，藻第十一。"

尹枢：贞元七年状元，时年已七十余，事迹见《唐摭言》八"自放状头"条。

④ "时李说"至"同平章事" 节录自《新书》本传，《旧书》本传略同。"迁中书舍人"以下，节略甚多。

李说：淮南王李神通之裔。贞元间官御史中丞、太原少尹，拜河东节度使。传见《旧书》一四六、《新书》七八。

严绶：贞元间历刑部员外郎，十七年拜太原尹、河东节度使，在镇九年。元和四年入为尚书右仆射，后出为荆南节度使，徙淮南东道节度使。传见《旧书》一四六、《新书》一二九。

郑儋：贞元十六年李说卒，河东节度行军司马郑儋代说为太原尹、河东节度使，在任不期年而卒。见《旧书》一四六《李说传》。

皇甫铸：与令狐楚同年登进士第。元和间历御史中丞，拜户部侍郎。以聚敛媚上，十三年同中书门下平章事。穆宗立，贬死崖州。传见《旧书》一三五、《新书》一六七。

⑤ "楚工诗"至"唱和甚多" 唱酬诗今存。白居易《宣武令狐相公以诗寄赠传播吴中聊奉短草用申酬谢》诗（《全诗》四四七）云："新诗传咏忽纷纷，楚老吴娃耳遍闻。"刘禹锡《重酬前寄》诗（《全诗》三六〇）云："新成丽句开缄后，便入清歌满座听。"《新书》六〇《艺文志》四著录："《彭阳唱和集》三卷，令狐楚、刘禹锡。"今佚。

⑥ "自称曰'白云孺子'" 《新书》六〇《艺文志》四"令狐楚《漆奁集》一百三十卷又《梁苑文类》三卷"之后著录"《表奏集》十卷"，附注："自称《白云孺子表奏集》。"

附记：此篇《四库》本失载。

# 【补录】

后晋刘昫《旧唐书》一七二《令狐楚传》：

"郑儋在镇暴卒，不及处分后事，军中喧哗，将有急变。中夜十数骑持刃迫楚至军门，诸将环之，令草遗表。楚在白刃之中，搦管即成，读示三军，无不感泣，军情乃安。自是声名益重。"

【辑评】

元代时天彝《唐百家诗选评》(《吴礼部诗话》引)：

"武元衡、令狐楚皆以将相之重，声盖一时，其诗宏毅阔远，与灞桥驴子上所得者异矣。"

明代胡应麟《诗薮·内编》六：

"王涯、张仲素、令狐楚三舍人合诗一卷，五言绝多可观，在中、晚自为一格。"

清代贺裳《载酒园诗话》一：

"杜牧《边上闻笳》诗：'何处吹笳薄暮天，塞垣高鸟没狼烟。游人一听头堪白，苏武争经十九年！'令狐楚《塞上曲》：'阴碛茫茫塞草腓，桔槔烽上暮烟飞。交河北望天连海，苏武曾将汉节归。'二诗同为用苏武事而俱佳，然杜诗止于感叹，令狐便有激发忠义之意，杜不如也。"

## 一二七　杨巨源（755—?）

巨源，字景山，蒲中人①。贞元五年，刘太真下第二人及第②。初为张弘靖从事，拜虞部员外郎，后迁太常博士、国子祭酒。大和中，为河中少尹，入拜礼部郎中③。巨源才雄学富，用意声律，细挹得无穷之源，缓隽有愈永之味④。长篇刻琢，绝句清冷，盖得于此而失于彼者矣。有诗一卷，行于世。

【校注】

①"蒲中人"　《直斋》一九"杨少尹集五卷"条《聚珍丛书》本按语载："《唐诗纪事》：杨巨源，蒲州人。"按今本《纪事》三五"杨巨源"条仅记："巨源，字景山。"未记里贯。《唐诗鼓吹》三元代郝天挺注亦作"蒲州人"。

蒲中：指蒲州，乾元时改为河中府，治河东，今山西省永济县西。见《元和志》一二"河东道河中府"。

②"贞元五年，刘太真下第二人及第"　"太真"原作"大真"，据《旧书》一三七、《新书》二〇三《刘太真传》改。《郡斋》四上"杨巨济（源）诗一卷"条作："字景山，贞元五年进士。"《唐语林》八"累为主司"条："刘太真再：贞元四年、五年。"

卷第五

刘太真：大历中征拜起居郎。累历台阁，自中书舍人转工部、刑部、礼部侍郎。传见《旧书》一三七、《新书》二〇三。

③"初为张弘靖从事"至"入拜礼部郎中"　《郡斋》作："为张弘靖从事，太常博士、礼部员外郎。"王建有《贺杨巨源博士拜虞部员外》诗（《全诗》三〇〇），则拜虞部员外应在迁太常博士之后。《新书》六〇《艺文志》四"杨巨源诗一卷"条记："大和河中少尹。"《纪事》作："大中时，为河中少尹。"《直斋》作"河南少尹杨巨源"，云："按韩退之有《送杨少尹序》，盖其自司业为少尹，称'以为其都少尹'者，乃其乡里也。《艺文志》乃云'大和河中少尹'，误。"《直斋》《聚珍丛书》本于此处加按语云："按《唐诗纪事》：杨巨源，蒲州人。为国子司业时，年满七十丐归，时宰惜其去，署以为其都少尹，不绝其禄。张籍有《送杨少尹赴河中》诗云：'官为本府当身荣，因得还乡任野情。'则为河中少尹无疑。陈氏称河南少尹，反以河中为误，非也。又考韩愈《送杨少尹序》，乃在长庆中。《唐诗纪事》称为大中时，固非；《唐·志》称为大和中，亦疑误也。"今按：作"河中少尹"是。元稹有《授杨巨源郭同玄河中兴元少尹制》（《全文》六四八）。

张弘靖：张延赏子。德宗朝，擢监察御史，累迁户部侍郎、陕州观察使，徙河中节度使。元和中拜刑部尚书、同中书门下平章事，出为太原节度使、宣武节度使。长庆元年为卢龙节度使，军乱被囚，贬抚州刺史。传见《旧书》一二九、《新书》一二七。

河中：注见本书卷第二（四〇）《阎防传》。

④"缓隽有愈永之味"　正保、《佚存》、三间本作"缓有愈隽永之味"。

【补录】

唐代元稹《叙诗寄乐天书》（《全文》六五三）：

"仆时孩呆……与诗人杨巨源友善，日课为诗。"

宋代计有功《唐诗纪事》三五"杨巨源"条：

"巨源在元和时，诗韵不为新语，体律务实，工夫颇深，旦暮吟咏不辍。年老头摇，人言吟诗所致。"（按：刘克庄《后村诗话·新集》六亦记："世传杨公（巨源）苦吟，常掉其头。至老，虽未尝吟，而掉头自若。"）

【辑评】

宋代罗大经《鹤林玉露》五：

"唐人《柳诗》云：'水边杨柳绿烟丝，立马烦君折一枝。惟有春风最相惜，殷勤更向手中吹。'（按：即杨巨源《和练秀才杨柳》诗。）朱文公每喜诵之,取其兴也。"

元代时天彝《唐百家诗选评》(《吴礼部诗话》引):

"杨巨源始与元、白学诗,而诗绝不类元、白。……岂相马者固不在色别乎?巨源清新明严,有元、白所不能至者。"

明代胡应麟《诗薮·内编》四:

"杨巨源'炉烟添柳重,宫漏出花迟',语极精工,而气复浓厚,置初、盛间,当无可辨。又'岩廊开凤翼,水殿压鳌身',奇丽不减六朝。此君中唐格调最高,神情少减耳。"

清代王夫之《唐诗评选》四:

"此公七言平远深细,是中唐第一高手。《纪事》称其'不为新语,体律务实'。所云'新语'者,十才子以降枯枝败梗耳。"

# 一二八 马 逢

逢,关中人①。贞元五年卢顼榜进士②。佐镇戎幕府③,尝从军出塞④。得诗名,篇篇警策。有集今传。

【校注】

①"关中人" 《元和姓纂》七马氏于"扶风茂陵"下列"逢,监察御史"。又,刘禹锡《重送鸿举师赴江陵谒马逢侍御》诗(《全诗》三六五)有"茂陵才子江陵住"之句。

关中:相当于今陕西省。潘岳《关中记》谓"东自函关,西至陇关",二关之间称关中。

扶风茂陵:今陕西兴平县地。汉武帝葬此,因置为县,属右扶风。见《元和志》二"关内道京兆府兴平县"。

②"贞元五年卢顼榜进士" 裴度《刘府君神道碑铭并序》(《全文》五三八)列举刘太真门生之在藩牧者,有"泽州刺史卢顼";在幕府者,有"殿中侍御史卢璠、马逢,监察御史杨巨源"。(按:贞元五年刘太真知贡举,见本书本卷〔一二七〕《杨巨源传》。)

③"佐镇戎幕府" 未知其详。元稹有《送东川马逢侍御史回十韵》(《全诗》四〇六)。

④"尝从军出塞" 《全诗》七七二存马逢诗五首,其中有《从军》、《部落曲》等。

附记：此篇《四库》本失载。

**【补录】**

唐代李肇《唐国史补》中：

"王仲舒为郎中，与马逢有善，每责逢曰：'贫不可堪，何不求碑志见救？'逢笑曰：'适有人走马呼医，立可待否？'"

## 一二九 王 涯（765？—835）

涯，字广津，贞元八年贾棱榜及第①。博学工文，尤多雅思。梁肃异其才，荐于陆贽。又举宏辞。宪宗时知制诰、翰林学士，俄拜中书侍郎平章事。长庆中，节度剑南，召为御史大夫，迁户部尚书、监盐铁使。进仆射②。涯榷盐苛急，百姓怨之。及甘露祸起，就诛，悉诟骂，投以瓦砾，须臾成堆。性啬，不蓄妓妾，家财累巨万，尝布衣蔬食。酷好前古名书名画，充积左右，有不可得，必百计倾陷以取之。及家破，往来人得卷轴，皆剔取奁盒金玉牙锦，余弃道途，车马践踏，悉损污矣，惜哉③！善为诗，风韵遒然，殊超意表。集十卷，今传。○否泰递复④，盈虚消息⑤，乃理之常。夫物盛者衰之渐也，散者积之极也，有能终满而不覆者乎！况图书入变化之际，神物所深忌者焉。前修耽玩成癖⑥，往往杀身，犹非剽剥而至也。王涯掊克聚敛⑦，以邀穹爵，逼孤凌弱，以积珍奇，知己之利，忘人之害，至于天夺其魄，鬼瞰其家，一旦飘零，殊可长叹。孟子曰："死矣，盆成括。"⑧《传》曰："货悖而入者，亦悖而出。"⑨不亦宜哉。庶来者之少戒云⑩。

**【校注】**

①"贞元八年贾棱榜及第" 《旧书》一六九本传："贞元八年擢进士第，登宏词科。"徐应秋《玉芝堂谈荟》二"历代状元"条："贞元八年，状元贾棱。"参见本书本卷（一三二）《陈羽传》。

贾棱：任大理评事。见《新书》七五下《宰相世系表》五下。

②"博学工文"至"进仆射" "宪宗时知制诰",《四库》本"知"上有"为"字。此段节录自《新书》一七九本传。"进仆射",《新书》作:"文宗嗣位……进尚书右仆射。"而非"长庆中"。

梁肃:建中初登文辞清丽科,授太子校书郎。杜佑辟为淮南掌书记,后入朝为监察御史,转右补阙、翰林学士、皇太子诸王侍读。工古文,曾得独孤及传授。传见《新书》二〇二。

陆贽:德宗时召为翰林学士。建中四年朱泚叛乱,从帝逃至奉天,参决机谋,称"内相"。贞元八年,以中书门下侍郎同中书门下平章事。十年,以直谏罢相。卒谥"宣",世称陆宣公。传见《旧书》一三九、《新书》一五七。

剑南:注见本书卷第二(四六)《杜甫传》。

③"涯榷盐苛急" 至"惜哉"兼采两《唐书》本传。"涯榷盐苛急",《新书》作"民怨茶禁苛急",《旧书》略同。

榷〔què〕盐:征收盐税。榷,专卖。王涯长庆间曾任盐铁转运使。

甘露祸:注见本书本卷(一一二)《卢仝传》。

④"否泰递复" "递"(递之繁体递,俗字作递递),原作"逅",五山、正保本同。《佚存》本作"逝",《四库》本作"姤",并讹,从三间、《指海》本改。

否〔pǐ〕泰:本指《周易》中两卦名,常以指命运的好坏、事情的顺逆。《吴越春秋·勾践入臣外传》:"时过于期,否终则泰。"

⑤盈虚:满与空。《周易·丰》:"天地盈虚,与时消息。"

⑥前修:前贤。

⑦掊〔póu〕克:以苛税搜刮民财。

⑧"死矣,盆成括" 原作"盆成括,死矣",从《四库》本乙转,与《孟子·尽心下》合。

盆成括:盆成括仕于齐,见杀。孟子谓:"其为人也,小有才,未闻君子之大道也,则足以杀其躯而已矣。"见《孟子·尽心下》。

⑨"《传》曰"至"亦悖而出" 此语见于《礼记·大学》。"传曰"二字误。

⑩"庶来者之少戒云" 《四库》抄本"庶"上有"用备列之"四字。

【辑评】

宋代范晞文《对床夜语》四:

"韦应物《访人》云:'怪来诗思清人骨,门对寒流雪满山。'王涯《宫词》云:'共怪满衣珠翠冷,黄花瓦上有新霜。'……此皆意相袭者。"

明代胡应麟《诗薮·内编》六:

"王涯、张仲素、令狐楚三舍人合诗一卷，五言绝多可观，在中、晚自为一格。"

清代沈德潜《唐诗别裁》一九：

"王涯《闺人赠远》：'莺啼绿树深，燕语雕梁晚。不省出门行，沙场知近远。'闺人不省出门，而梦中时到沙场，若知其近远者然。如云，不省出门，焉知沙场之近远，意味便薄。"

## 一三〇 韩 愈（768—824）

愈，字退之，南阳人①。早孤依嫂，读书日记数千言，通百家②。贞元八年擢第③。凡三诣光范上书，始得调④。董晋表署宣武节度推官。汴军乱，去依张建封，辟府推官。迁监察御史，上疏论宫市，德宗怒，贬阳山令。有善政，改江陵法曹参军。元和中，为国子博士、河南令。愈才高难容，累下迁，乃作《进学解》以自谕。执政奇其才，转考功，知制诰，进中书舍人。裴度宣慰淮西，奏为行军司马。贼平，迁刑部侍郎。宪宗遣使迎佛骨入禁中，因上表极谏，帝大怒，欲杀，裴度、崔群力救，乃贬潮州刺史。任后上表，陈情哀切，诏量移袁州刺史。召拜国子祭酒，转兵部侍郎、京兆尹兼御史大夫。长庆四年卒⑤。〇公英伟间生，才名冠世，继道德之统，明列圣之心。独济狂澜，词彩灿烂，齐、梁绮艳，毫发都捐。有冠冕珮玉之气，宫商金石之音，为一代文宗，使颓纲独振，岂易言也哉！固无辞足以赞述云。至若歌诗累百篇，而驱驾气势，若掀雷走电，撑决于天地之垠⑥，词锋学浪⑦，先有定价也。时功曹张署亦工诗，与公同为御史，又同迁谪，唱答见于集中⑧。有诗赋杂文等四十卷，行于世。

【校注】

① "南阳人"　《新书》一七六本传作"邓州南阳人"。按：岑仲勉《唐集质疑》"韩愈河南河阳人"条云："河阳，唐之县，愈里居也；南阳，汉之郡，愈之郡望也。"

南阳：注见本书卷一（一六）《吴筠传》。

② "早孤"至"通百家"　此据《新书》本传。

③ "贞元八年擢第"　洪兴祖《韩子年谱》："（贞元）八年壬申春登进士第。"（见《粤雅堂丛书·韩子类谱》。）《郡斋》四上"韩愈集四十卷外文一卷"条亦作："贞元八年进士。"

④ "凡三诣光范上书，始得调"　韩愈有《上宰相书》、《后十日复上书》、《后廿九日复上书》（《全文》五五一）。《上宰相书》云："前乡贡进士韩愈，谨伏光范门下再拜献书相阁下。"

光范门：唐西京大明宫（东内）宫门之一。徐松《唐两京城坊考》一"大明宫"条："光范门西与日营门直，东即观象门。昌黎《上宰相书》'伏光范下'者，盖由此入中书省。"

⑤ "董晋表署宣武节度判官"至"长庆四年卒"　据《新书》本传节写。"表署宣武节度判官"，《新书》作"表署观察推官"，与李翱《韩公行状》（《全文》六三九）合。《旧书》一六〇本传于"转兵部侍郎"之下记："会镇州杀田弘正，立王廷凑，令愈往镇州宣谕。愈既至，集军民，谕以逆顺，辞情切至，廷凑畏重之。改吏部侍郎。"《新书》略同。《新书》于"长庆四年卒"下记："年五十七。"《旧书》同。

董晋：贞元五年为门下侍郎、同平章事。后出为东都留守，汴州刺史、宣武军节度使。传见《旧书》一四五、《新书》一五一。

宣武：注见本书卷第四（八四）《韩翃传》。

张建封：注见本书卷第三（六九）《秦系传》。

宫市：德宗贞元末，宫中宦官到民市强行买卖，付价甚少，行同掠夺，称宫市。见韩愈《顺宗实录》二。

阳山：今广东省阳山县。见《元和志》二九"江南道连州"。

河南：今河南省洛阳市。见《元和志》五"河南道河南府"。

裴度：贞元九年官御史中丞，力主削平藩镇。十年，拜门下侍郎、同中书门下平章事。十二年，督师攻破蔡州。以功封晋国公。后为奸臣所构，出为河东节度使。文宗时官东都留守。晚年以宦官专政，辞官退居洛阳。传见《旧书》一七〇、《新书》一七三。

淮西：至德元年所置方镇，大历以后治蔡州（今河南省汝南县）。长期为李希烈、吴少诚、吴少阳、吴元济割据。至元和十三年，裴度督师淮西，李愬夜袭蔡州，擒吴元济，始被平定。

佛骨：又叫佛舍利，相传为释迦牟尼的遗骨。韩愈有《论佛骨表》。

崔群：元和初为翰林学士，历中书舍人、礼部侍郎、户部侍郎。十二年，拜中书侍郎、同中书门下平章事。为皇甫镈所构，出为湖南观察使。穆宗立，拜御史中丞，历徐州刺史、宣州刺史，荆南节度使。传见《旧书》一五九、《新书》一六五。

卷 第 五

袁州：见本书卷第三（五七）《李嘉祐传》。

⑥"至若歌诗"至"撑决于天地之垠" 采自司空图《题柳柳州集后》（《司空表圣文集》三，《全文》八〇七）。"走电"，《全文》作"抶电"，《文集》作"扶电"。"撑决于天地之垠"，《文集》"撑决"作"撑抉"，《全文》作"奔腾于天地之间"。

⑦"学浪" 《四库》本作"学殖"。

⑧"时功曹张署"至"唱答见于集中" 韩愈《河南令张君（署）墓志铭》（《全文》五六五）记："拜监察御史，为幸臣所谗，与同辈韩愈、李方叔俱为县令南方。三年逢恩，俱徙掾江陵。"韩愈《八月十五夜赠张功曹》诗（《全诗》三三八）序云："张功曹，署也。愈与署以贞元二十一年二月十四日赦自南方，俱徙掾江陵。至是俟命于郴，而作是诗。"皆为本篇所取材。

附记：《四库》本此篇传文阙，仅存附论。

【补录】

唐代李翱《韩公行状》（《全文》六三九）：

"自贞元末以至于兹，后进之士其有志于古文者，莫不视公以为法。"

唐代韦绚《刘宾客嘉话录》：

"韩十八愈，直是太轻薄。谓李二十六程曰：'某与丞相崔大群同年往还，直是聪明过人。'李曰：'何处是过人者？'韩曰：'共愈往还二十余年，不曾共说着文章。此岂不是聪敏过人也？'"

唐代赵璘《因话录》三：

"韩文公与孟东野友善。韩公文至高，孟长于五言，时号孟诗韩笔。元和中，后进师匠韩公，文体大变。"

后晋刘昫《旧唐书》一六〇《韩愈传》：

"常以为自魏、晋已还，为文者多拘偶对，而经诰之指归，迁、雄之气格，不复振起矣。故愈所为文，务反近体，抒意立言，自成一家之语。后学之士，取为师法。当时作者甚众，无以过之，故世称'韩文'焉。"

【辑评】

唐代孟郊《戏赠无本》（《全诗》三七七）：

"诗骨耸东野，诗涛涌退之。"

唐代皇甫湜《谕业》（《全文》六八七）：

"韩吏部之文，如长江秋注，千里一道，冲飙激浪，瀚流不滞。"

宋代欧阳修《六一诗话》：

"退之笔力，无施不可，而尝以诗为文章末事，故其诗曰：'多情怀酒伴，余事作诗人'也。然其资谈笑、助谐谑、叙人情、状物态，一寓于诗，而曲尽其妙。"

宋代佚名《雪浪斋日记》：

"退之参李、杜，透机关，于《调张籍》见之。自'我愿生两翅，捕逐出八荒'以下，至'乞君飞霞珮，与我高颉颃'，此领会语也。"

宋代魏泰《临汉隐居诗话》：

"存中（按：即沈括）曰：'韩退之诗乃押韵之文尔，虽健美富赡，而格不近诗。'吉父（按：即吕惠卿）曰：'诗正当如是，我谓诗人以来未有如退之者。'"

宋代陈师道《后山诗话》：

"黄鲁直云：'……诗文各有体，韩以文为诗，杜以诗为文，故不工尔。'"

"退之以文为诗，子瞻以诗为词，如教坊雷大使之舞，虽极天下之工，要非本色。"

宋代蔡絛《蔡百衲诗评》：

"韩退之诗，山立霆碎，自成一法；然譬之樊侯冠佩，微露粗疏与。"

宋代佚名《道山诗话》：

"馆中一日会茶，有一新进曰：'退之诗太孟浪。'时贡父偶在座，厉声问曰：'风约一池萍'，谁诗也？'其人无语。"

宋代刘克庄《后村诗话·新集》五：

"韩诗沉着痛快，可以配杜；但以气为之，直截者多，隽永者少。"

明代高棅《唐诗品汇·五言古诗叙目》：

"昌黎之博大而文，鼓吹六经，搜罗百氏。其诗骋驾气势，崭绝崛强，若掀雷抉电，千夫万骑，横鹜别驱，汪洋大肆，而莫能止。又《秋怀》数首及《暮行河堤上》等篇，风骨颇逮建安。"

明代胡应麟《诗薮·内编》四：

"昌黎有大家之具，而神韵全乖，故纷拏叫噪之途开，蕴藉陶镕之义缺。"

明代胡震亨《唐音癸签》七：

"韩公挺负诗力,所少韵致,出处既掉运不灵,更以储才独富,故犯恶韵斗奇,不加拣择,遂致丛杂难观。得妙笔汰用,瓒宝自出。第以为类押韵之文者过。"

明代钟惺、谭元春《唐诗归》三九:

"唐文奇碎,而退之春融,志在挽回。唐诗淹雅,而退之艰奥,意专出脱。诗文出一手,彼此犹不相袭,真持世特识也。"(钟惺)

清代贺裳《载酒园诗话·又编》:

"七言古最见笔力,中唐名家,亦多缓弱。惟韩退之有项羽救钜鹿,呼声动天,诸侯莫敢仰视之概。至败亡,犹能以二十八骑于百万众中斩将刈旗。……张司业祭韩诗曰:'独得雄直气,发为古文章',余意独举以评其诗尤当。"

"韩诗至《石鼓歌》而才情纵恣已极,至《嗟哉董生行》则骎骎淫于卢仝矣。"

清代方世举《兰丛诗话》:

"东坡云:'退之仙人也,游戏于斯文。'游戏三昧,何可易言?香山寄韩诗云:'户大嫌甜酒,才高笑小诗。'毕竟是才高而后能戏,亦始可戏。"

清代延君寿《老生常谈》:

"昌黎五古,语语生造,字字奇杰,最能医庸熟之病。如《荐士》、《调张籍》等篇,皆宜熟读以壮其胆识,寄其豪气。'横空盘硬语'云云,此公自状其诗耳。"

# 一三一　柳宗元（773—819）

宗元,字子厚,河东人①。贞元九年苑论榜第进士②。又试博学宏辞,授校书郎,调蓝田县尉,累迁监察御史里行。与王叔文、韦执谊善,二人引之谋事,擢礼部员外郎,欲大用。值叔文败,贬邵州刺史,半道,有诏贬永州司马。遍贻朝士书言情,众忌其才,无为用心者。元和十年,徙柳州刺史。时刘禹锡同谪,得播州,宗元以播非人所居,且禹锡母老,具奏以柳州让禹锡,而自往播,会大臣亦有为请者,遂改连州。宗元在柳多惠政,及卒,百姓追慕，立祠享祀，血食至今③。公天才绝伦，文章卓伟，一时辈行，咸推仰之④。工诗，语意深切，发纤秾于简古，寄至味于淡泊，非余子所及也⑤。司空图论之曰：梅止于酸，盐止于咸，饮食不可无，而其美常在酸咸之外⑥，可以一唱而三叹也。子厚诗在陶渊明下，韦应物上。退之豪放奇险则过之，而温厉靖深不及也⑦。今诗赋杂文等三十卷，传于世。

## 【校注】

①"河东人"　《旧书》一六〇本传同。《新书》一六八本传作"其先盖河东人"。按：原籍河东，居长安。

河东：注见本书卷第四（八五）《耿沣传》。

②"贞元九年苑论榜第进士"　《郡斋》四上"柳宗元集三十卷外文一卷"条："贞元九年进士。"刘禹锡《唐故尚书礼部员外郎柳君文集序》（《全文》六〇五）云："子厚始以童子有奇名于贞元初，至九年为名进士。"柳宗元《先侍御史府君神道表》（《全文》五八八）亦云："贞元九年，宗元得进士第。"

苑论：柳宗元友，同年登科。柳宗元称其"掉鞅于术艺之场，游刃乎文翰之林，风雨生于笔札，云霞发于简牍，左右环视，明俦拱手，甚可壮也"（《送苑论归第后归覲诗序》）。

③"又试博学宏辞"至"血食至今"　"韦执谊"，原讹作"常执谊"，据《佚存》、《四库》、三间、《指海》本改，与《新书》合。"播非人所居"，《新书》同，《四库》本"播"下有"州"字。"且禹锡母老"，《四库》本作"且禹锡有老母"。此段据《新书》本传节写。"血食至今"，《新书》无。又，《旧书》本传记："元和十四年十月五日卒，时年四十七。"

蓝田：今陕西省蓝田县。见《元和志》一"关内道京兆府"。

王叔文：注见本书本卷（一二二）《羊士谔传》。

韦执谊：德宗朝仕至吏部郎中。顺宗立，王叔文改革朝政，擢执谊为尚书左丞、同中书门下平章事。宪宗即位，逐王伾、王叔文徒党，贬为崖州司户参军，卒。传见《旧书》一三五、《新书》一六八。

邵州：治邵阳，今湖南省邵阳市。见《元和志》二九"江南道"。

永州：注见本书卷第二（二九）《卢象传》。

柳州：治马平，今广西僮族自治区柳州市。见《元和志》三七"岭南道"。

刘禹锡：传见本书本卷（一三三）。

播州：治遵义，今贵州省遵义市。见《元和志》三〇"江南道"。

连州：治桂阳，今广东省连县。见《元和志》二九"江南道"。

④"公天才绝伦"至"咸推仰之"　《四库》抄本"公"作"宗元"。《四库》本无"推"字。

⑤"发纤秾于简古"至"非余子所及也"　采自《东坡题跋》二《书黄子思诗集后》，"发"上原有"独韦应物柳宗元"七字。

⑥"司空图论之曰"至"其美常在酸咸之外"　《司空表圣文集》二有《题柳柳州集后序》（《全文》八〇七），文中无此语。此系采自《东坡题跋·书黄子思诗集后》，苏文乃据司空图《与李生论诗书》节写，与原文颇异。《与李生论诗书》原文为："愚以为辨于味，而后可以言诗也。江、岭之南，凡足资于适口者，若醯，非不酸也，止于酸而已；若鹾，非不咸也，止于咸而已。华之人以充饥而遽辍者，知其咸酸之外，醇美者有所乏耳。"

司空图：传见本书卷第八（二一七）。

⑦"子厚诗在陶渊明下"至"而温厉靖深不及也"　采自《东坡题跋》二《评韩柳诗》。"温厉"原作"温丽"。

【补录】

唐代韩愈《柳子厚墓志铭》（《韩昌黎集》三二）：

"俊杰廉悍，议论证据今古，出入经史百子，踔厉风发，常屈其座人。"

唐代刘禹锡《唐故柳州刺史柳君集序》（《刘梦得文集》二三）：

"病且革，留书抵其友中山刘某曰：'我不幸，卒以谪死，以遗草累故人。'某执书以泣。遂编次为三十通，行于世。"

宋代宋祁《新唐书》一六八《柳宗元传》：

"贬永州司马。既窜斥，地又荒疠，因自放山泽间，其堙厄感郁，一寓诸文，仿《离骚》数十篇，读者咸悲恻。"

【辑评】

唐代刘禹锡《唐故柳州刺史柳君集序》（《刘梦得文集》二三）：

"子厚之丧，昌黎韩退之志其墓，且以来书吊曰：'哀哉，若人之不淑！吾尝评其文，雄深雅健，似司马子长，崔、蔡不足多也。'"

唐代司空图《题柳柳州集后序》（《司空表圣文集》一）：

"今于华下方得柳诗，味其搜研之致，亦深远矣。"

宋代苏轼《东坡题跋》二"评韩柳诗"条：

"柳子厚诗，在陶渊明下，韦苏州上；退之豪放奇险则过之，而温丽靖深不及也。所贵乎枯淡者，谓其外枯而中膏，似淡而实美，渊明、子厚之流是也。"

宋代范温《潜溪诗眼》：

"（子厚诗）'道人庭宇静，苔色连深竹'，盖远过'曲径通幽处，禅房花木深'。'日出雾露余，青松如膏沐'，予家旧有大松，偶见露洗而雾披，真如洗沐未干，染以翠色，然后知此语能传造化之妙。"

宋代蔡絛《蔡百衲诗评》：

"柳子厚诗雄深简淡，迥拔流俗，至味自高，直揖陶、谢。然似入武库，但觉森严。"

宋代陈知柔《休斋诗话》：

"柳子厚小诗，幻眇清妍，与元、刘并驰而争先，而长句大篇，便觉窘迫，不若韩之雍容。"

宋代敖陶孙《敖器之诗评》：

"柳子厚如高秋独眺，霁晚孤吹。"

元代方回《瀛奎律髓》四：

"韦诗淡而缓，柳诗峭而劲。……杜诗哀而壮烈，柳诗哀而酸楚。"

明代李东阳《麓堂诗话》：

"陶诗质厚近古，愈读而愈见其妙。韦应物稍失之平易，柳子厚则过于精刻。"

清代贺裳《载酒园诗话·又编》：

"韦无造作之烦，柳极锻炼之力。韦真有旷达之怀，柳终带排遣之意。诗为心声，自不可强。"

"余以韦、柳相同者神骨之清，相异者不独峭淡之分，先自忧乐之别。"

"《南涧》诗从乐而说至忧，《觉衰》诗从忧而说至乐，其胸中郁结则一也。柳子厚之答贺者曰：'庸讵知吾之浩浩，非戚戚之尤者乎？'读此文可解此诗。"

"柳五言诗犹能强自排遣，七言则满纸涕泪。"

清代刘熙载《艺概·诗概》：

"陶、谢并称，韦、柳并称。苏州出于渊明，柳州出于康乐，殆各得其性之所近。"

"韦云：'微雨夜来过，不知春草生'，是道人语。柳云：'回风一萧瑟，林影久参差'，是骚人语。"

## 一三二　陈　羽（753—?）

羽，江东人①。贞元八年，礼部侍郎陆贽下第二人登科，与韩愈、王涯等共为龙虎榜②。后仕历东宫卫佐③。羽工吟，与灵一上人交游唱答④。写难状之景，了了目前；含不尽之意，皎皎言外⑤。如《自遣》诗云："稚子新能编笋笠，山妻旧解补荷衣。秋山隔岸清猿叫，湖水当门白鸟飞。"⑥此景何处无之，前后谁能道者？二十八字，一片画图，非造次之谓也。警句甚多。有集传于世。

【校注】

①"江东人"　陈羽《送友人及第归江东》诗（《全诗》三四八）云："成名空羡里中儿。"本篇或即据此。

②"贞元八年"至"共为龙虎榜"　《新书》二〇三《欧阳詹传》记："举进士，与韩愈、李观、李绛、崔群、王涯、冯宿、庾承宣联第，皆天下选，时称龙虎榜。"洪兴祖《韩子年谱》引《登科记》云："贞元八年，陆贽主司，赋《明水赋》、《御沟新柳诗》。其人：贾棱、陈羽、欧阳詹、李博、李观、冯宿、王涯、张季友、齐孝若、刘遵古、许季同、侯继、穆质、韩愈、李绛、温商、庾承宣、员结、胡谅、崔群、邢册、裴光辅、万珰。是年榜多天下孤隽伟杰之士，号龙虎榜。"（见《粤雅堂丛书·韩子类谱》。）又，《直斋》一九"陈羽集一卷"条："贞元八年，陆贽下第二人。"

陆贽：注见本书本卷（一二九）《王涯传》。

③"后仕历东宫卫佐"　《直斋》称"唐东宫卫佐陈羽"。

④"与灵一上人交游唱答"　陈羽有《送灵一上人》诗（《全诗》三四八）。

灵一上人：传见本书卷三（六四）。

⑤"写难状之景"至"皎皎言外"　此语采自欧阳修《六一诗话》。《诗话》记梅圣俞语云："状难写之景，如在目前；含不尽之意，见于言外。"

⑥"稚子新能编笋笠"四句　《全诗》三四八《陈羽卷》收此断句，注云："出自《锦绣万花谷》。"

【辑评】

五代何光远《鉴戒录》九：

"陈羽秀才题破吴王夫差庙，汪遵先辈咏绝万里长城。……已上名公，称为卓绝，千百集中，无以加此。陈秀才《题夫差庙》云：'姑苏台上千年木，刻作夫差庙里神。幡盖寂寥尘土满，不知箫鼓乐何人？'"

清代黄生《唐诗摘钞》：

"陈羽《吴城览古》：'吴王旧国水烟空，香径无人兰叶红。春色似怜歌舞地，年年先发馆娃宫。'此首犹是盛唐余韵，觉比太白'旧苑荒台'作（《苏台览古》）较浑。"

## 一三三　刘禹锡（772—842）

禹锡，字梦得，中山人①。贞元九年进士②，又中博学宏辞科。工文章。时王叔文得幸③，禹锡与之交，尝称其有宰相器④，朝廷大议，多引禹锡及柳宗元与议禁中。判度支盐铁案⑤，凭借其势，多中伤人。御史窦群⑥劾云"挟邪乱政"，即日罢⑦。宪宗立，叔文败，斥朗州司马⑧。州接夜郎，俗信巫鬼，每祀，歌《竹枝》，鼓吹俄延，其声伧伫⑨。禹锡谓屈原居沅、湘间作《九歌》，使楚人以迎送神，乃倚声作《竹枝辞》十篇⑩，武陵人悉歌之。始，坐叔文贬者，虽赦不原，宰相哀其才且困，将澡用之⑪，乃悉诏补远州刺史，谏官奏罢之。时久落魄，郁郁不自抑⑫，其吐辞多讽托远⑬，意感权臣⑭，而憾不释。久之，召还，欲任南省郎⑮，而作《玄都观看花君子》诗⑯，语讥忿，当路不喜，又谪守播州⑰。中丞裴度言⑱："播，猿狖所宅，且其母年八十余，与子死决⑲，恐伤陛下孝治，请稍内迁。"乃易连州，又徙夔州⑳。后由和州刺史入为主客郎中。至京后，游玄都咏诗，且言："始谪十年，还辇下，道士种桃，其盛若霞；又十四年而来，无复一存，唯兔葵燕麦动摇春风耳。"㉑权近闻者，益薄其行。裴度荐为翰林学士㉒，俄分司东都，迁太子宾客㉓。会昌时，加检校礼部尚书，卒㉔。公恃才而放，心不能平㉕，行年益晏，偃蹇寡合，乃以文章自适。善诗，精绝，与白居易酬唱颇多，尝推为"诗豪"，曰："刘君诗在处有神物护持。"㉖有集四十卷，今传。

【校注】

① "中山人"　《新书》一六八本传作："自言系出中山。"刘禹锡《子刘子自传》（《全文》六一〇）云："其先汉景帝贾夫人子胜，封中山王，谥曰靖。子孙因封，为中山人也。"《旧书》一六〇本传作："彭城人。"刘禹锡《汝州上后谢宰相状》（《全文》六〇三）称："家本荥上，籍占洛阳。"

中山：注见本书卷第三（六三）《郎士元传》。

② "贞元九年进士"　《旧书》一六〇本传："禹锡贞元九年擢进士第。"《郡斋》四上"刘禹锡梦得集三十卷外集十卷"条亦记："贞元九年进士。"按：本篇下文悉据《新书》本传节写。

③ 王叔文：注见本书本卷（一三一）《柳宗元传》。

④ "尝称其有宰相器"　《新书》作"叔文每称有宰相器"，义较显。

⑤ "判度支盐铁案"　《新书》此句之上有"擢屯田员外郎"六字。

⑥ 窦群：传见本书卷第四（一〇七）。

⑦ "即日罢"　《新书》"即"上有"群"字，义较显。

⑧ 朗州：治武陵，今湖南省常德市。见《旧书》四〇《地理志》三"江南道"。

⑨ 伧伫：形容边地语言发音粗重。刘禹锡《竹枝词九首》引："里中儿联歌《竹枝》……虽伧伫不可分，而含思宛转，有淇澳之艳音。"

⑩ "作《竹枝辞》十篇"　《新书》"十篇"作"十余篇"。刘禹锡《竹枝词九首》引（《全诗》三六五）云："故余亦作《竹枝》九篇。"

⑪ "将澡用之"　三间本于"澡"下补"濯"字，与《新书》合。《旧书》作："欲洗涤累痕，渐序用之。"

⑫ "郁郁不自抑"　《新书》"抑"作"聊"。

⑬ "其吐辞多讽托远"　《新书》"远"上有"幽"字。

⑭ "意感权臣"　《新书》作"欲感讽权近"。

⑮ 南省：唐尚书省设在皇城正中，居宫城之南，且在中书、门下二省之南，故通称南省。

⑯ "《玄都观看花君子》诗"　《全诗》三六五题为《元和十一年自朗州召至京师戏赠看花诸君子》。

339

⑰播州：注见本书本卷（一三一）《柳宗元传》。

⑱裴度：注见本书本卷（一三〇）《韩愈传》。

⑲"死决"　《新书》"决"作"诀"。

⑳连州：注见本书本卷（一三一）《柳宗元传》。

夔州：注见本书卷第二（四六）《杜甫传》。

㉑"始谪十年"至"动摇春风耳"　此据《新书》本传过录，《新书》则据刘禹锡《再游玄都观》诗小引（《全诗》三六五）节写。

㉒"翰林学士"　《新书》本传作"集贤直学士"，《旧书》本传作"集贤院学士"。《子刘子自传》作"集贤殿学士"。又，《新书》"集贤直学士"上有"礼部郎中"四字。

㉓"俄分司东都，迁太子宾客"　《新书》本传"俄分司东都"在"荐为礼部郎中、集贤直学士"之上，下文又记："迁太子宾客，复分司。"《新书》所记与《子刘子自传》合。本篇此处似觉夹杂不清。

㉔"卒"　《旧书》本传作"会昌二年七月卒，时年七十一"；《新书》本传作"卒年七十二"。

㉕"公恃才而放，心不能平"　《新书》本传作："禹锡恃才而废，褊心不能无怨望。"

㉖"刘君诗在处有神物护持"　《新书》本传作："其诗在处应有神物护持。"白居易《刘白唱和集解》（《全文》六七七）作："在在处处，应当有灵物护之。"

附记：此篇《四库》本失载。

## 【补录】

后晋刘昫《旧唐书》一六〇《刘禹锡传》：

"禹锡精于古文，善五言诗，今体文章复多才丽。"

"禹锡晚年与少傅白居易友善，诗笔文章，时无在其右者。"

"梦得尝为《西塞怀古》、《金陵五题》等诗，江南文士称为佳作。"

## 【辑评】

唐代白居易《刘白唱和集解》（《全文》六七七）：

"彭城刘梦得，诗豪者也；其锋森然，少敢当者。"

后晋刘昫《旧唐书》一六〇：

"贞元、大和之间，以文学耸动搢绅之伍者，宗元、禹锡而已。其巧丽渊博，属辞比事，诚一代之宏才。"

宋代黄庭坚《黄山谷诗话》：

"刘梦得《竹枝》九章，词意高妙，元和间诚可以独步。道风俗而不俚，追古昔而不愧，比之杜子美夔州歌，所谓同工而异曲也。昔子瞻尝闻余咏第一篇，叹曰：'此奔轶绝尘，不可追也。'"

宋代陈师道《后山诗话》：

"苏诗学刘禹锡，故多怨刺。"

宋代吴曾《能改斋漫录》八：

"李长吉有'桃花乱落如红雨'之句，以此名世。予观刘禹锡诗云：'花枝满空迷处所，摇落繁英坠红雨。'刘、李同出一时，决非相为剽窃。"

宋代计有功《唐诗纪事》三九"刘禹锡"条：

"乐天掉头苦吟，叹赏良久曰：'《石头》诗云：潮打空城寂寞回。吾知后之诗人，不复措辞矣。'（禹锡《金陵五题》自叙云）"

明代胡震亨《唐音癸签》七：

"禹锡有诗豪之目，其诗气该今古，词总华实，运用似无甚过人，却都惬人意，语语可歌，真才情之最豪者。"

明代陆时雍《诗镜·总论》：

"刘禹锡一往深情，寄言无限，随物感兴，往往调笑而成。'南宫旧吏来相问，何处淹留白发生？旧人惟有何戡在，更与殷勤唱《渭城》。'更有何意索得？此所以有水到渠成之说也。"

清代贺裳《载酒园诗话·又编》：

"五古自是刘诗胜场，然其可喜处多在新声变调，尖警不含蓄者。《团扇歌》曰：'明年入怀袖，别是机中练。'不惟竿头进步，正自酸感动人。"

"梦得最长于刻划，如《泰娘歌》：'朱弦已绝为知音，云鬟未秋私自惜'，则如见狭邪人矜能炫色，摇摇靡泊之怀。"

"梦得佳诗，多在朗、连、夔、和时作。主客以后，始事疏纵，其与白傅唱和者，尤多老人衰飒之音。长律虽有美言，亦多语工而调熟。呜呼！名宿犹尔，何以责江湖小生！"

清代翁方纲《石洲诗话》二：

"刘宾客《西塞山怀古》之作，极为白公所赏，至于为之罢唱。起四句洵是杰作，后四则不振矣。此中唐以后，所以气力衰飒也。固无八句皆紧之理，然必松处正是紧处，方有意味。"

"刘宾客之能事,全在《竹枝词》。至于铺陈排比,辄有伧俗之气。"

## 一三四 孟 郊 (751—814)

郊,字东野,洛阳人①。初隐嵩少②,称处士。性介不谐合③,韩愈一见为忘形交,与唱和于诗酒间。贞元十二年李程榜进士,时年五十矣④。调溧阳尉。县有投金濑、平陵城,林薄蒙翳,下有积水,郊间往坐水傍,命酒挥琴,裴回赋诗终日,而曹务多废。县令白府,以假尉代之,分其半俸⑤。辞官家居,李翱分司洛中,日与谈谦,荐于兴元节度使郑余庆,遂奏为参谋,试大理平事,卒⑥。余庆给钱数万营葬,仍赡其妻子者累年。张籍谥为贞曜先生,门人远赴心丧⑦。郊拙于生事,一贫彻骨,裘褐悬结,未尝俯眉为可怜之色,然好义者更遗之。工诗,大有理致,韩吏部极称之。多伤不遇,年迈家空,思苦奇涩,读之每令人不欢⑧。如:"借车载家具,家具少于车。"⑨如《谢炭》云:"吹霞弄日光不定,暖得曲身成直身。"⑩如:"愁人独有夜烛见,一纸乡书泪滴穿。"如《下第》:"弃置复弃置,情如刀剑伤"⑪之类,皆哀怨清切,穷入冥搜。其初登第,吟曰:"昔日龌龊不足嗟,今朝旷荡恩无涯。春风得意马蹄疾,一日看尽长安花。"⑫当时议者,亦见其气度窘促,卒漂沦薄宦,诗谶信有之矣。天实为之,谓之何哉!李观论其诗曰:"高处在古无上,平处下顾二谢"云⑬。时陆长源工诗,相与来往,篇什稍多,亦佳作也⑭。有《咸池集》十卷,行于世。

【校注】

①"洛阳人" 《旧书》一六〇《韩愈传》称"洛阳人孟郊"。《新书》一七六本传作"湖州武康人"。

湖州武康:今浙江省德清县西。见《元和志》二四"江南道"。

②"初隐嵩少" 《佚存》、《指海》本"少"作"山",与两《唐书》本传合。按:以下至"张籍谥为贞曜先生",据两《唐书》本传节写。

嵩少:嵩山少室,注见本书卷一(一六)《吴筠传》。

③ "性介不谐合" 三间本据《新书》本传改"不"为"少"。

④ "贞元十二年"至"时年五十矣" 《新书》本传作"年五十得进士第"。韩愈《贞曜先生墓志铭》(《全文》五六四)作:"年几五十,始以尊夫人之命,来集京师,从进士试,既得即去。间四年,又命来选,为溧阳尉。"《唐摭言》一〇"韦庄奏请不及第人近代者"条:"孟郊……贞元十二年及第。"《郡斋》四上"孟东野诗集十卷"条亦作"贞元十二年进士"。又宋代吴子良《荆溪林下偶谈》引《唐登科记》,谓孟郊在"贞元十二年李程榜"。《旧书》一六七《李程传》:"贞元十二年进士擢第。"

李程:贞元二十年召充翰林学士。元和中,历兵部郎中、礼部侍郎、鄂州刺史。敬宗立,以吏部侍郎同平章事。宝历二年罢为太原尹。大和间,官终山南东道节度使。传见《旧书》一六七、《新书》一三一。

⑤ "调溧阳尉"至"分其半俸" 录自《新书》本传。《新书》采自陆龟蒙《书李贺小传后》(《甫里先生集》一八)。

溧阳:今江苏省溧阳县西北。见《元和志》一八"江南道宣州"。

投金濑、平陵城:据《甫里先生集》:"溧阳昔为平陵,县南五里有投金濑,濑南八里许,道东有故平陵城,周千余步,基址坡陁,栽高三四尺,而草木势甚盛。"

假尉:代理县尉。

⑥ "辞官家居"至"试大理平事,卒" 《旧书》本传:"李翱分司洛中,与之游,荐于留守郑余庆,辟为宾佐。……郑余庆镇兴元,又奏为从事,辞书下而卒。"详见《贞曜先生墓志铭》。《墓志铭》又记:"唐元和四年,岁在甲午,八月己亥,贞曜先生孟氏卒。……卒年六十四。"

李翱:元和初国子博士,史馆修撰。元和十五年官考功员外郎、兼史职。后历朗州刺史、礼部郎中、庐州刺史等职,官终山南东道节度使。从韩愈学习古文,为韩门大弟子。传见《旧书》一六〇、《新书》一七七。

分司:唐以洛阳为东都,分设在东都的中央官员称分司。

兴元:兴元府,治南郑(今陕西省汉中市东),为山南西道节度使治所。见《元和志》二二"山南道"。

郑余庆:贞元十四年拜中书侍郎同平章事,后贬彬州司马。顺宗朝征拜尚书左丞。宪宗立,又擢守本官平章事,罢为太子宾客。元和三年出为兴元尹、山南西道节度使,十三年节度凤翔。传见《旧书》一五八、《新书》一六五。

⑦ "张籍谥为贞曜先生,门人远赴心丧" "籍"原作"藉",据《四库》本改。两《唐书》本传无"门人远赴心丧"。《贞曜先生墓志铭》云:"诸尝与往来者,咸来哭吊。"

心丧:师死,弟子守丧,不穿丧服,只在心中悼念,谓之心丧。见《礼记·檀弓》上。

⑧ "工诗"至"读之每令人不欢" 《新书》本传作:"郊为诗有理致,最为愈所称,然思苦奇涩。"《沧浪诗话·诗评》:"孟郊之诗刻苦,读之使人不欢。"

⑨ "借车载家具"二句 见于《全诗》三八〇,题为《借车》。

⑩ "吹霞弄日光不定"二句 见于《全诗》三八〇,题为《答友人赠炭》。

⑪ "弃置复弃置"二句 见于《全诗》三八〇,题为《落第》。

⑫ "昔日龌龊不足嗟"四句 见于《全诗》三七四,题为《登科后》,"思"作"思"。

⑬ "李观论其诗曰"至"平处下顾二谢云" 采自《新书》本传。李观《上梁补阙荐孟郊崔宏礼书》(《全文》五三四)原文作:"孟之诗,五言高处,在今无二;其有平处,下顾两谢。"

李观:贞元八年举进士、宏辞,连中,授校书郎。二十九岁卒于京师,韩愈为作墓志。工古文,名著当世。传见《新书》二〇三。

⑭ "时陆长源"至"亦佳作也" 《全诗》收录孟郊、陆长源唱和之作有:孟《戏赠陆大夫十二丈》(《全诗》三七三),陆《乐府答孟东野戏赠》(《全诗》二七五);孟《夷门雪赠主人》(《全诗》三七三),陆《答东野夷门雪》(《全诗》二七五);孟《新卜青罗幽居奉献陆大夫》(《全诗》三七六),陆《酬孟十二新居见寄》(《全诗》二七五)。

陆长源:历任建州、信州、汝州刺史,贞元十二年为宣武行军司马,军乱被杀。传见《旧书》一四五、《新书》一五一。

【补录】

五代王定保《唐摭言》一〇:

"孟郊,字东野,工古风,诗名播天下,与李观、韩退之为友。……韩文公作东野志,谥曰贞曜先生。贾岛诗曰:'身殁声名在,多应万古传。寡妻无子息,破宅带林泉。冢近登山道,诗随过海船。故人相吊处,斜日下寒天。'"

【辑评】

唐代韩愈《贞曜先生墓志》(《全文》五六四):

"及其为诗,刿目怵心,刃迎缕解,钩章棘句,掐擢胃肾,神施鬼设,间见层出。"

唐代韩愈《荐士》(《全诗》三三七):

"有穷者孟郊，受材实雄骜。冥观洞古今，象外逐幽好。横空盘硬语，妥帖力排奡。敷柔肆纡余，奋猛卷海潦。荣华肖天秀，捷疾逾响报。"

唐代张为《诗人主客图》：

"清奇僻苦主：孟郊。"

宋代欧阳修《六一诗话》：

"孟郊、贾岛皆以诗穷至死，而平生尤自喜为穷苦之句。孟有《移居》诗云：'借车载家具，家具少于车。'乃是都无一物耳。又《谢人惠炭》云：'暖得曲身成直身。'人谓非其身备尝之，不能道此句也。"

宋代吴处厚《青箱杂记》七：

"白居易赋性旷远，其诗曰：'无事日月长，不羁天地阔。'此旷达者之词也。孟郊赋性褊隘，其诗曰：'出门即有碍，谁谓天地宽？'此褊隘者之词也。"

宋代苏轼《读孟郊诗二首》（《苏东坡集》九）：

"初如食小鱼，所得不偿劳。又似煮彭蚏，竟日持空螯。要当斗僧清，未足当韩豪。"

"我憎孟郊诗，复作孟郊语。饥肠自鸣唤，空壁传饥鼠。诗从肺腑出，出辄愁肺腑。有如黄河鱼，出膏以自煮。"

宋代许顗《许彦周诗话》：

"孟东野诗，苦思深远，可爱不可学。"

宋代严羽《沧浪诗话·诗评》：

"孟郊之诗刻苦，读之使人不欢。"

"孟郊之诗，憔悴枯槁，其气局促不伸，退之许之如此，何邪？"

金王若虚《滹南诗话》一：

"郊寒白俗，诗人类鄙薄之。然郑厚评诗，荆公、苏、黄辈，曾不比数，而云：'乐天如柳阴春莺，东野如草根秋虫，皆造化中一妙。'何哉？哀乐之真，发乎情性，此诗之正理也。"

金代元好问《论诗三十首》之十八（《遗山先生文集》一一）：

"东野穷愁死不休，高天厚地一诗囚。江山万古潮阳笔，合在元龙百尺楼。"

明代钟惺、谭元春《唐诗归》三一：

"东野诗有孤峰峻壑之气，其云'郊寒'者，高则寒，深则寒也，莫作

贫寒一例看。"（钟惺）

"诗家变化，至盛唐诸家而妙已极，后来人欲别寻出路，自不能无东野、长吉一派。"（谭元春）

明代许学夷《诗源辩体》二五：

"古人自许不谬。东野诗云：'诗骨耸东野，诗涛涌退之。'以涛归韩，以骨自许，不谬。"

清代管世铭《读雪山房唐诗序例》：

"孟东野蜇吻涩齿，然自是盘餐中所不可少。"

清代方南堂《辍锻录》：

"孟东野集不必读，不可不看。如《列女操》、《塘下行》、《去妇词》、《赠文应道月》、《赠郑鲂》、《送豆卢策归别墅》、《游子吟》、《送韩愈从军》诸篇，运思刻，取径窄，用笔别，修辞洁，不一到眼，何由知诗中有如此境界耶？"

清代纪昀《四库全书总目》一五〇"孟东野集十卷"条：

"郊诗托兴深微，而结体古奥。"

清代许印芳《诗法萃编》：

"（孟郊）避千门万户之通衢，走羊肠鸟道之仄径，志在独开生面。"

清代刘熙载《艺概·诗概》：

"昌黎、东野两家诗，虽雄富清苦不同，而同一好难争险。惟中有质实深固者存，故较李长吉为老成家数。"

"孟东野诗好处，黄山谷得之，无一软熟句；梅圣俞得之，无一热俗句。"

清代施补华《岘佣说诗》：

"孟东野奇杰之笔万不及韩，而坚瘦特甚。譬之偪阳之城，小而愈固，不易攻破也。东坡比之空螯，遗山呼为诗囚，毋乃太过！"（按：纪昀《四库全书总目》一五〇"孟东野集十卷"条云："当以苏尚俊迈，元尚高华，门径不同，故是丹非素。"）

# 一三五　戴叔伦（732—789）

　　叔伦，字幼公，润州金坛人①。师事萧颖士为门生②。赋性温雅，善举止，能清谈，无贤不肖，相接尽心③。工诗。贞元十六年陈权榜进士④。尝在租庸幕下数年，夕惕匪怠⑤。吏部尚书刘公与祠部员外郎张继书，博访选材，日揖宾客，叔伦投刺，一见称心，遂就荐⑥。累迁抚州刺史，政拟龚、黄，民乐其治，圜扉寂然，鞠为茂草。诏书褒美，封谯郡男，加金紫。后迁容管经略使，威名益振，治亦清明，仁恕多方，所至称最。德宗赋《中和节诗》，遣使者宠赐，世以为荣⑦。还，上表请为道士。未几卒⑧。叔伦初以淮、汴寇乱，鱼肉江上，携亲族避地来鄱阳⑨。肆业勤苦⑩，志乐清虚，闭门却扫。与处士张众甫、朱放素厚，范、张之期，曾不虚月⑪。诗兴悠远，每作惊人。有《述稿》十卷，今传于世。

## 【校注】

①"字幼公，润州金坛人"　《新书》一四三本传、《极玄集》下"戴叔伦"附注并同。权德舆《朝散大夫使持节都督容州诸军事守容州刺史兼侍御史充本管经略招讨使谯县开国男赐紫金鱼袋戴公墓志铭》（《全文》五〇二）云："本谯国人。"

金坛：今江苏省金坛县。见《元和志》二五"江南道润州"。

②"师事萧颖士为门生"　《极玄集》作："师萧颖士，为门人冠。"《新书》本传同。

萧颖士：天宝中历集贤校理，史馆待制。安史乱中，曾为山南节度使源洧掌书记。官终扬州功曹参军。工文能诗，名重一时。传见《旧书》一九〇下、《新书》二〇二。

③"赋性温雅"至"相接尽心"　采自《中兴》上"戴叔伦"附评（何义门校本）。亦见于《纪事》二九"戴叔伦"条。

④"贞元十六年陈权榜进士"　《郡斋》四中"戴叔伦述稿十卷外诗一卷书状一卷"条亦作："贞元十六年进士。"按：此误。据权德舆《戴公墓志铭》，叔伦卒于"贞元五年夏四月……春秋五十八。"参岑仲勉《唐史余沈》"戴叔伦贞元进士"条。

⑤"尝在租庸幕下数年，夕惕匪怠"　据《中兴》上"戴叔伦"附评（何校本）。按：《新书》本传记："刘晏管盐铁，表主运湖南，至云安，杨子琳反，驰客劫之曰：'归我金币，可缓死。'叔伦曰：'身可杀，财不可夺。'乃舍之。"

夕惕：戒慎恐惧。《周易·乾》："夕惕若厉，无咎。"

⑥"吏部尚书刘公"至"遂就荐"　"投刺"原讹作"投剌"，据《指海》本改。"称心"，《四库》本作"称契"。此段据《中兴》（见何校本），有讹误。《中兴》原文作："吏部尚书刘公与祠部员外张继书，博访选材，曰：'揖对宾客如叔伦者，一见称

心。"《纪事》二九"戴叔伦"条引高仲武评语作:"吏部尚书刘公与祠部员外郎张继书云:'博访选材,揖对宾客,如戴叔伦。'其见推称如此。"又,《中兴》、《纪事》皆无"遂就荐"三字。

刘公:或指刘晏。注见本书卷四(八六)《钱起传》。

张继:传见本书卷三(六一)。

⑦"累迁抚州刺史"至"世以为荣" "政拟龚、黄","拟"原作"议",据《四库》、三闾本改。此段据《新书》本传。详见《墓志铭》。李肇《唐国史补》下亦记:"贞元五年,初置中和节,御制诗,朝臣奉和,诏写本赐戴叔伦于容州,天下荣之。"

抚州:注见本书卷四(一〇五)《窦常传》。

龚、黄:龚遂、黄霸,汉代循吏,见《汉书》八九。

容管:注见本书卷第四(一〇七)《窦群传》。

中和节:德宗贞元五年,下诏废止正月晦日之节,以二月初一为中和节,与上巳、九日为三令节,休假一日。见《旧书·德宗纪》。

⑧"还,上表请为道士。未几卒" 此据《郡斋》:"代还,请为道士,未几卒。"又,王定保《唐摭言》八"入道"条载:"戴叔伦,贞元中罢容管都督,上表请度为道士。"此疑误。《新书》本传作:"代还,卒于道。"与权德舆《戴公墓志铭》合,皆不云请为道士。《墓志铭》记:"维贞元五年夏四月,容州刺史经略使侍御史谯县男戴公,至部之三月,以疾受代,回车瓯洛,六日甲申,次于清远峡而薨,春秋五十八。"

⑨"叔伦初以淮、汴寇乱"至"避地来鄱阳" 此据戴叔伦《抚州对事后送外生宋垓归饶州觐侍呈上姊夫》诗(《全诗》二七四):"淮汴初丧乱,蒋山烽火起。与君随亲族,奔进辞故里。京口附商客,海门正狂风;忧心不敢住,夜发惊浪中。云开方见日,潮尽炉峰出;石壁转棠阴,鄱阳寄茅室。淹留三十年,分种越入田。骨肉无半在,乡园犹未旋。"

鄱阳:注见本书卷第三(五七)《李嘉祐传》。

⑩"肄业勤苦" "肄"原作"隶",据《四库》、《佚存》本改。

⑪"与处士张众甫"至"曾不虚月" 戴叔伦有《酬赠张众甫》诗(《全诗》二七四)以及《早行寄朱山人放》、《哭朱放》等诗(《全诗》二七三)。

张众甫:传见本书卷第三(七〇)。

朱放:传见本书卷五(一二一)。

范、张:东汉范式、张劭,二人重义守信,为生死之交。见《后汉书》一一一《范式传》。

【补录】

唐代司空图《与极浦书》(《司空表圣文集》三):

"戴容州云：'诗家之景，如蓝田日暖，良玉生烟，可望而不可置于眉睫之前也。'"

**【辑评】**

唐代高仲武《中兴间气集》上"戴叔伦"附评（何义门校本）：

"其诗体格虽不越中□（《纪事》二九引高仲武评语作"诗体虽不中越格"），然'廨宇经山火，公田没海潮'，亦指事造形。其骨稍软，故诗家少之。"

元代时天彝《唐百家诗选评》（《吴礼部诗话》引）：

"大历后，李纾、包佶有盛名，叔伦、士元从容其间，诗思逸发，于绮丽外仍有思致，非余子所及也。"

清代贺裳《载酒园诗话·又编》：

"《女耕田行》曰：（略）此诗语直而气婉，悲感中仍带勉励，作劳中不废礼防，真有女士之风，裨益风化。张司业得其致，王司马肖其语，白少傅时或得其意，此殆兼三子之长先鸣者也。"

"近体诗亦多可观，如'风枝惊暗鹊，露草覆寒蛩'，'对酒惜余景，问程愁乱山'，'竹暗闲房雨，茶香别院风'，语皆清警。"

清代翁方纲《石洲诗话》二：

"容州七古，皮松肌软，此又在钱、刘诸公下矣。"

"戴容州尝拈'蓝田日暖，良玉生烟'之语以论诗，而其所自作，殊平易浅薄，实不可解。"

清代施补华《岘佣说诗》：

"戴叔伦《三闾庙》：'沅湘流不尽，屈子怨何深。日暮秋风起，萧萧枫树林。'并不用意，而言外自有一种悲凉感慨之气。五绝中此格最高。"

## 一三六　张仲素（？—819）

仲素，字绘之[①]。贞元十四年李随榜进士，与李翱、吕温同年[②]。以中朝无援，不调，潜耀久之，复中博学宏辞，始任武康军从事[③]。贞元二十年，迁司勋员外郎。除翰林学士。时宪宗求卢纶诗文遗草，敕仲素编集进之。后拜中书舍人④。仲素能属文，法度严确。魏文帝有云："文以意为主，以气为辅，以词为卫。"⑤此言得之矣。其每词未达而意先备也⑥。善诗，多警句，尤精乐府，往往和叶宫商，古人有未能虑及者⑦。集一卷，及《赋枢》三卷，今传。

**【校注】**

①"字绘之"　《新书》五九《艺文志》三"张仲素词圃十卷"附注及《纪事》四二"张仲素"条并同。白居易《燕子楼三首》序（《白氏文集》一五、《全诗》四三八）作"张仲素缋之"（"缋"同"绘"）。按：《旧书》一七八《张濬传》记："河间人。祖仲素，位至中书舍人。"《新书》一八五《张濬传》亦称"河间人"。《新书》七二下《宰相世系表》二下记，仲素出"河间张氏"。

河间：注见本书卷第二（三八）《刘长卿传》。

②"贞元十四年李随榜进士，与李翱、吕温同年"　徐松《登科记考》一四（贞元十四年）"张仲素"下记："按《广川书跋》载李翱《慈恩题名》云：李翱第一，张仲素次之，十人解送，而九人入等。盖李、张皆于上年为京兆等第也。"《旧书》一八〇《李翱传》："贞元十四年登进士第。"又参见本书本卷（一三七）《吕温传》。

李翱：注见本书本卷（一三四）《孟郊传》。

吕温：传见本书本卷（一三七）。

③"始任武康军从事"　"武康军"疑即"武宁军"。白居易《燕子楼诗三首》序称："徐州故张尚书（按：即张愔）有爱妓曰盼盼，善歌舞，雅多风态。……缋之从事武宁军累年，颇知盼盼始末。"《通鉴》二三六："（永贞元年三月）戊子，名徐州军曰武宁，以张愔为节度使。"

④"贞元二十年"至"后拜中书舍人"　白居易《燕子楼诗三首》序云："司勋员外郎张仲素缋之访余。"（白氏此诗正作于贞元二十年，参朱金城《白居易年谱》。）丁居晦《重修承旨学士壁记》云："张仲素，元和十一年八月十五日，自礼部郎中充翰林学士。"《新书》五九《艺文志》三"张仲素词圃十卷"条附注云："元和翰林学士，中书舍人。"《纪事》："宪宗以仲素、段文昌为翰林学士，韦贯之曰：'学士所以备顾问，不宜专取辞艺。'罢之。（按：此见于《新书》一六九《韦贯之传》。）后终中书舍人。"《新书》二〇三《卢纶传》："宪宗诏中书舍人张仲素访集遗文。"（据此，编集卢纶遗文时，仲素已是中书舍人。）又，元稹《承旨学士院记》（据岑仲勉《翰林承旨学士厅壁记校补》）载："张仲素，元和十三年二月十八日，以司封郎中知制诰、翰林学士仍赐紫金鱼袋（充）。十四年三月二十八日，正除。其年卒官。"

⑤ "魏文帝有云"至"以词为卫" 录自魏庆之《诗人玉屑》六"以意为主"条。按：《玉屑》误以杜牧《答庄充书》(《全文》七五一）中语为魏文语。杜牧《答庄充书》云："凡为文以意为主，以气为辅，以辞采章句为之兵卫。"曹丕《典论·论文》(《文选》五二）云："文以气为主。"

⑥ "其每词未达而意先备也" 《四库》、《指海》本"每"作"次"。

⑦ "古人有未能虑及者" 原无"及"字，据《四库》本补。

**【补录】**

唐代赵璘《因话录》三：

"李相国程、王仆射起、白少傅居易兄弟、张舍人仲素，为场中词赋之最，言程式者，宗此五人。"

宋代计有功《唐诗纪事》四二"张仲素"条：

"右王涯、令狐楚、张仲素五言七言绝句共作一集，号《三舍人集》。"

**【辑评】**

明代杨慎《升庵诗话》八：

"唐人诗主情，去《三百篇》近；宋人诗主理，去《三百篇》却远矣。匪惟作诗也，其解诗亦然。且举唐人闺情诗云：'袅袅庭前柳，青青陌上桑。提笼忘采叶，昨夜梦渔阳。'（按：即张仲素《春闺思》。）即《卷耳》诗首章之意也。"

明代胡应麟《诗薮·内编》六：

"张仲素《秋闺曲》：'梦里分明见关塞，不知何路向金微。''欲寄征衣问消息，居延城外又移军。'皆去龙标不远。"

清代管世铭《读雪山房唐诗序例》：

"张仲素《塞下》、《秋闺》诸曲，升王江宁之堂。"

# 一三七 吕 温 (722—811)

温，字和叔①，河中人②。初，从陆质治《春秋》③，梁肃为文章④。贞元十四年李随榜及第。中宏辞⑤。与王叔文厚善⑥，骤迁左拾遗，除侍御史。使吐蕃，留不得遣弥年。温在绝域，常自悲惋。元和元年还⑦，进户部员外郎。与窦群、羊士谔相爱⑧。群为中丞，荐温为御史⑨，宰相李吉甫持久不报⑩。会吉甫病，夜召术士，群等因奏之，事见《群传》。上怒，贬均州，再贬道州刺史，诏徙衡州⑪。卒官所⑫。温藻翰精赡⑬，一时流辈咸推尚⑭。性险躁，谲怪而好利。今有集十卷，行于世。

**【校注】**

①"字和叔" 《旧书》一三七本传作"字化光"。《新书》一六〇本传作"字和叔，一字化光"。刘禹锡《唐故衡州刺史吕君（温）集序》（《全文》六〇五）同。

②"河中人" 《郡斋》四上"吕温集十卷"条同。《元和姓纂》六吕氏"河东"条："温，户部郎中，衡州刺史、侍御史。"柳宗元，刘禹锡文皆称"东平吕君"，参见"补录"。

河中：注见本书卷第二（四〇）《阎防传》。

东平：今山东省东平县东。见《元和志》一〇"河南道郓州"。

③"初，从陆质治《春秋》" "质"原作"贽"，误，据三间本改，与《新书》本传合。《刘梦得文集》二三《唐故衡州刺史吕君集序》亦作"又师吴郡陆质，通《春秋》"（《全文》六〇五讹作"陆贽"）。又《新书》一六八《陆质传》云："世居吴，明《春秋》。"按：下文据《新书》本传节写。

陆质：德宗朝仕至信、台二州刺史。与韦执谊善，顺宗立，征为给事中，太子侍读。著有《集注春秋》等。传见《旧书》一八九下、《新书》一六八。

④梁肃：注见本书本卷（一二九）《王涯传》。

⑤"贞元十四年李随榜及第。中宏辞" 《新书》本传作："贞元末，擢进士第。"《旧书》本传同。《郡斋》作："贞元十四年进士。"《纪事》四三"吕温"条作："贞元中，连中两科。"《吕君集序》作："两科连中，锋芒愈出。"

⑥王叔文：注见本书本卷（一二二）《羊士谔传》。

⑦"元和元年还" 《新书》本传此句下又记："而柳宗元等皆坐叔文贬，温独免。"《旧书》本传略同。

⑧窦群：传见本书卷第四（一〇七）。

羊士谔：传见本书本卷（一二二）。

⑨"荐温为御史" 《新书》本传作："荐温知杂事，士谔为御史。"《郡斋》作"累进知御史杂事"。《旧书》本传作："窦群请为知杂。"

⑩李吉甫：注见本书卷四（一〇七）《窦群传》。

⑪"贬均州"至"诏徙衡州" "均"原作"筠"，讹。两《唐书》本传及《元和

志》二一"山南道",两《唐书·地理志》并作"均",据改。

均州:治武当,今湖北省均县西北。见《元和志》二一"山南道"。

道州:治弘道,今湖南省道县西。见《元和志》二九"江南道"。

衡州:治衡阳,今湖南省衡阳市。见《元和志》二九"江南道"。

⑫ "卒官所"　《旧书》本传作:"秩满归京,不得意,发疾卒。"《新书》本传作:"卒年四十。"柳宗元《衡州刺史东平吕君诔》(《全文》五九二)记:"维唐元和六年八月日,衡州刺史东平吕君卒。"

⑬ "藻翰精赡"　《新书》本传作"操翰精富",《郡斋》作"藻翰精富"。

⑭ "一时流辈咸推尚"　《新书》本传略同,《旧书》本传作:"为时流柳宗元、刘禹锡所称。"

附记:此篇《四库》本失载。

## 【补录】

唐代刘禹锡《唐故衡州刺史吕君集序》(《全文》六〇五):

"东平吕和叔……始以文学震三川,三川守以为贡士之冠。名声四驰,速如羽檄,长安中诸生咸避其锋。两科连中,铓刃愈出。"

唐代柳宗元《衡州刺史东平吕君诔》(《全文》五九二):

"君由道州陟为衡州,君之卒,二州之人哭者逾月。……余居永州,在二州中,闻其哀声交于南北。舟船之上下,必呱呱然,盖尝闻于古而观于今也。"

唐代柳宗元《同刘二十八哭吕衡州兼寄江陵李元二侍御》(《全诗》三五一):

"衡岳新摧天柱峰,士林憔悴泣相逢。只令文字传青简,不使功名上景钟。三亩空留悬磬室,九原犹寄若堂封。遥想荆州人物论,几回中夜惜元龙!"

宋代魏泰《临汉隐居诗话》:

"池州齐山石壁,有刺史杜牧、处士张祜题名,其旁又刊一联云:'天下起兵诛董卓,长沙子弟最先来。'与题名一手书也。此句乃吕温诗,前篇曰:'恩驱义感即风雷,谁道南方乏武才',云云。"

## 【辑评】

后晋刘昫《旧唐书》一三七《吕温传》:

"温文体富艳,有丘明、班固之风。"

宋代严羽《沧浪诗话·诗评》:

"马戴在晚唐诸人之上,刘沧、吕温亦胜诸人。"

清代贺裳《载酒园诗话·又编》:

"温诗不及刘、柳,气亦劲重苍厚。其《望思台》曰:'浸润成宫蛊,苍黄弄父兵。人情疑始变,天性感还生。'二语可谓格言。"(黄白山评:"二语极善道武帝父子间意,即使乃公自己动笔,不过如此。")

"温《孟冬蒲津关河亭作》有句云:'雪霜自兹始,草木当更新。严冬不肃杀,何以见阳春?'语自佳,然敢作敢为,勃勃喜事之态,亦见言下。"

## 一三八　张　籍 (768?—830)

籍,字文昌,和州乌江人也①。贞元十五年封孟绅榜及第②。授秘书郎,历太祝③,除水部员外郎。初至长安,谒韩愈,一会如平生欢,才名相许,论心结契,愈力荐为国子博士。然性狷直,多所责讽于愈,愈亦不忌之。时朝野名士皆与游,如王建、贾岛、于鹄、孟郊诸公集中④,多所赠答,情爱深厚。皆别家千里,游宦四方,瘦马羸童,青衫乌帽⑤,故每邂逅于风尘,必多殷勤之思,衔杯命素⑥,又况于同志者乎。声调相似,况味颇同。公于乐府古风,与王司马自成机轴,绝世独立。自李、杜之后,风雅道丧,至元和中,暨元、白歌诗,为海内宗匠,谓之"元和体",病格稍振,无愧洪河砥柱也⑦。乐天赠诗曰:"张公何为者?业文三十春。尤工乐府词,举代少其伦。"⑧仕终国子司业⑨。有集七卷,传于世。

### 【校注】

①"籍,字文昌,和州乌江人也"　"籍"原作"藉",据《四库》本改。《新书》一七六本传、五代张洎《张司业集序》(《四部丛刊·张司业集》)并同。

乌江:今安徽省和县东北。见《旧书》四〇《地理志》三"淮南道和州"。

②"贞元十五年封孟绅榜及第"　《旧书》一六〇本传作"贞元中登进士第"。《郡斋》四上"张籍集五卷"条作"贞元十五年登进士第"。《张司业集序》作"贞元十五年

渤海公（高郢）下及第"。赵令時《侯鲭录》引《唐登科记》："张籍以贞元十五年高郢下登科。"《纪事》三九"封孟绅"条："孟绅，贞元十五年高郢下进士第一人，终于太常卿。"

③ "授秘书郎，历太祝"　《新书》本传作："第进士，为太常寺太祝。久次，迁秘书郎。"《旧书》本传略同。韩愈《举荐张籍状》（《全文》五四九）称"登仕郎守秘书省校书郎籍"，不云"秘书郎"。按：下文至"皆与游"，均采自《新书》本传。

④ 王建：传见本书卷第四（一〇一）。

贾岛：传见本书本卷（一一八）。

于鹄：传见本书卷第四（一〇〇）。

孟郊：传见本书本卷（一三四）。

⑤ 青衫：指官职卑微。唐制，文官八品九品服以青。

乌帽：唐贵者多服乌纱帽，其后上下通用，成为闲居常服。

⑥ "衔杯命素"　《四库》本"命素"作"酬唱"。

命素：犹言命笔。古人在素绢上书写。

⑦ "公于乐府古风"至"无愧洪河砥柱也"　"公于乐府古风"，《四库》本"公"作"籍"。"暨元、白歌诗"，《四库》、三间本"暨"作"叶"，属上读。（《张司业集序》云："元和中，公及元丞相、白乐天、孟东野歌调天下宗匠，谓之元和体。"《郡斋》略同。则作"暨"字是。）此段系据《张司业集序》改写。

王司马：王建。

⑧ "张公何为者"四句　见于《全诗》四二四，题为《读张籍古乐府诗》。

⑨ "仕终国子司业"　《新书》本传同。

【补录】

后晋刘昫《旧唐书》一六〇《张籍传》：

"以诗名当代，公卿如裴度、令狐楚，才名如白居易、元稹，皆与之游，而韩愈尤重之。"

【辑评】

唐代白居易《读张籍古乐府》（《全诗》四二四）：

"张君何为者？业文三十春。尤工乐府诗，举代少其伦。为诗意如何？六义互铺陈。风雅比兴外，未尝著空文。读君《学仙》诗，可讽放佚君。读君《董公》诗，可诲贪暴臣。读君《商女》诗，可感悍妇仁。读君《勤齐》诗，可劝薄夫敦。"

五代张洎《张司业集序》(《全文》八七二)：

"公为古风最善。李、杜之后，风雅道丧，继其美者，唯公一人。"

宋代王安石《题张司业诗》(《王荆公文集笺注》四五)：

"苏州司业诗名老，乐府皆言妙入神。看似容易最奇崛，成如容易却艰辛。"

宋代刘攽《中山诗话》：

"张籍乐府词清丽深婉，五言律诗亦平淡可爱，至七言诗，则质多文少。材各有宜，不可强饰。文昌有《谢裴司空马》诗曰：'乍离华厩移蹄涩，初到贫家举眼惊。'此马却是一迟钝多惊者，诗词微而显，亦少其比。"

宋代张戒《岁寒堂诗话》上：

"张司业诗与元、白一律，专以道得人心中事为工。但白才多而意切，张思深而语精，元体轻而词躁尔。"

明代钟惺、谭元春《唐诗归》三〇：

"张文昌妙情秀质，而别有温夷之气，思绪清密，读之无深苦之迹，在中唐最为蕴藉。"(钟惺)

"司业诗，少陵所谓'冰雪净聪明'，足以当之。"(谭元春)

清代毛先舒《诗辩坻》三：

"张籍《节妇吟》亦浅亦隽，《吴宫怨》无中生有，得青莲之遗。余作亦有工妙。大抵于结处正意悉出，虑人不知，露出卑手。"

"文昌乐府与仲初齐名，然王促薄而调急。张风流而情永，张为胜矣。"

清代贺裳《载酒园诗话·又编》：

"'妙绝《江南曲》，凄凉怨女词'，姚秘书之评张司业也，此言甚当。"

## 一三九  雍裕之

裕之，蜀人①，有诗名。贞元后，数举进士不第②，飘零四方③。为乐府，极有情致④。集一卷，今传。

【校注】

①"蜀人"  未知何据。

②"贞元后，数举进士不第"  《纪事》五二"雍裕之"条记："贞元后诗人也。"

《直斋》一九"雍裕之集一卷"条云:"未详何时人。"

③ "飘零四方"　《四库》本"零"作"蓬"。

④ "为乐府,极有情致"　今存《五杂组》、《自君之出矣》等乐府诗,见于《全诗》四七一。

## 一四〇　权德舆（759—818）

德舆,字载之,秦州人①。未冠,以文章称诸儒间。韩洄黜陟河南,辟置幕府。复从江西观察使李兼府为判官。德宗闻其材,召为太常博士,改左补阙,中间累上书直言,迁起居舍人。贞元十五年知制诰,进中书舍人。宪宗初,历兵部侍郎、太子宾客。以陈说谋略多中,元和五年自太常卿拜礼部尚书,同中书门下平章事。德舆善辩论,开陈古今,觉悟人主。为辅相,尚宽,不甚察察。封扶风郡公②。德舆能赋诗,工古调乐府,极多情致。积思经术,无不贯综,手不释卷。虽动止无外饰,其酝藉风流,自然可慕。贞元、元和间,为荐绅羽仪③。有文集,今传,杨嗣复为序。

【校注】

① "秦州人"　《旧书》一四八本传作"天水略阳人"。韩愈《唐故相权公（德舆）墓碑》（《全文》五六二）记其先世称:"周衰,入楚为权氏;楚灭,徙秦,而居天水略阳。"《郡斋》四上"权德舆集五卷"条作"秦州人"。

秦州:注见本书卷二（四六）《杜甫传》。

天水略阳:汉天水郡略阳道,唐时为秦州陇城县,今甘肃省秦安县东北。见《元和志》三九"陇右道秦州"。

② "未冠"至"封扶风郡公"　节录自《新书》一六五本传。"贞元十五年",《新书》作"岁中",上文无纪年;《旧书》本传此处作:"（贞元）十年,迁起居舍人。岁中,兼知制诰,转驾部员外郎、司勋郎中,职如旧。迁中书舍人。"又,《新书》于"进中书舍人"之下记:"久之,知礼部贡举,真拜侍郎。""元和五年",《新书》此处亦无系年,系据《旧书》补。《新书》于"进扶风郡公"之下又记:"复拜太常卿,徙刑部尚书。……出为山南西道节度使。后二年,以病乞还,卒于道,年六十。"《旧书》记卒于

元和十三年八月。

韩洄：代宗朝官至谏议大夫、知制诰，坐与元载善，贬邵州司户参军。德宗立，起为淮南黜陟使，复为谏议大夫。历户部、兵部侍郎，京兆尹，终国子祭酒。传见《旧书》一二九、《新书》一二六。

李兼：《旧书》一二《德宗纪》作"李慊"。贞元元年至六年为江西观察使。见《唐方镇年表》五、六。

察察：苛察小事。《老子》："俗人察察，我独闷闷。"

③"积思经术"至"为荐绅羽仪"　采自《新书》本传。

荐绅：同搢绅、缙绅，指士大夫有官位者。见《韩非子·五蠹》。

羽仪：羽饰；后亦以喻表率。

## 【补录】

唐代韩愈《唐故相权公墓碑》（《全文》五六二）：

"前后考第进士及庭所策试士，踵相蹑为宰相达官，与公相先后，其余布处台阁外府，凡百余人。"

宋代宋祁《新唐书》一六五《权德舆传》：

"其文雅正赡缛，当时公卿侯王功德卓异者，皆所铭纪，十常七八。"

## 【辑评】

唐代杨嗣复《丞相礼部尚书文公权德舆文集序》（《全文》六一一）：

"千名万状，随意所属，牢笼今古，穷极微细，周流于亲爱情理之间，磅礴于勋贤久大之业，不为利疚，不为菲废，本乎道以行乎文，故能独步当时，人人心伏。"

唐代皇甫湜《谕业》（《全文》六八七）：

"权文公之文，如朱门大第，而气势宏敞，廊庑廪厩，户牖悉周；然而不能有新规胜概，令人竦观。"

宋代陆游《老学庵笔记》六：

"'水流天地外，山色有无中。'王维诗也。权德舆《晚渡扬子江》诗云：'远岫有无中，片帆烟水上。'已是用维语。"

宋代严羽《沧浪诗话·诗评》：

"权德舆之诗，却有绝似盛唐者。权德舆或有似韦苏州、刘长卿处。"

明代徐献忠《唐诗品》（《唐音癸签》七引）：

"贞元后,近体既繁,古声渐杳。权相诗先气格而后词藻,然风候既至,藻亦自丰。其在开元名手,亦堂奥之间。"

清代毛先舒《诗辩坻》三:

"元和诗响,不振已极,唯权文公乃颇见初唐遗构,亦一奇也。"

清代翁方纲《石洲诗话》二:

"元和间权、武二相,词并清超,可接钱、刘。"

## 一四一 长孙佐辅

佐辅,朔方人[①]。举进士下第,放怀不羁。弟公辅,贞元间为吉州刺史,遂往依焉[②]。后卒不宦,隐居以求志,然风流酝藉,一代名儒。诗格词情,繁缛不杂,卓然有英迈之气。每见其拟古、乐府数篇[③],极怨慕伤感之心,如水中月,如镜中相,言可尽而理无穷也[④]。集今传。

【校注】

①"朔方人" 长孙佐辅《南中客舍对雨送故人归北》诗(《全诗》四六九)云:"况送君归我犹阻。"又云:"家书作得不忍封。"本篇或即据此。

朔方:泛指北方。见《尚书·尧典》。唐有朔方县,今陕西省靖边县北。见《元和志》四"关内道夏州"。

②"弟公辅"至"遂往依焉" 《纪事》四〇"长孙佐辅"条:"德宗时人,弟公辅为吉州刺史,佐辅往依焉。"《直斋》一九"长孙佐辅集一卷"条:"按《百家诗选》云:德宗时人,其弟公辅为吉州刺史,往依焉。当必有据也。其诗号《古调集》。"

吉州:注见本书卷一(七)《杜审言传》。

③"拟古、乐府数篇" 《全诗》四六九载有长孙佐辅《拟古咏河边枯树》、《答边信》、《对镜吟》、《古宫怨》、《关山月》、《陇西行》等诗。

④"如水中月"至"理无穷也" 此语采自严羽《沧浪诗话·诗辩》:"如空中之音,相中之色,水中之月,镜中之象,言有尽而意无穷。"

【辑评】

宋代范晞文《对床夜语》四:

"七言仄韵，尤难于五言。长孙佐辅有诗云：'独访山家歇还涉，茅屋斜连隔松叶。主人闻语未开门，绕篱野菜飞黄蝶。'好事者或绘为图。"

元代时天彝《唐百家诗选评》（《吴礼部诗话》引）：

"文章尚论其世。长孙佐辅贞元前人，要为有一种风气。"

## 一四二 杨 衡

衡，字中师①，霅人②。天宝间避地西来，与符载、李群、李渤同隐庐山，结草堂于五老峰下，号"山中四友"③。日以琴酒寓意，云月遣怀。衡诗工，苦于声韵奇拔，非常格敢窥其涯涘④。尝吟罢⑤，自赏其作，抵掌大笑长谣曰："一一鹤声飞上天！"⑥谓其响彻如此，人亦叹伏。试大理评事⑦。往来多山僧道士，为方外之期。诗一卷，今传于世。

【校注】

① "字中师" 《四库》抄本"中"作"仲"。符载《荆州与杨衡说旧因送南游越序》（《全文》六九〇）称"中师"。岑仲勉《读全唐诗札记》"七函九册""杨衡"条云："衡、中相应，作仲误。"

② "霅人" 孟郊《悼吴兴汤衡评事》诗（《全诗》三八一，题下注："一作杨"）云："君生霅水清，君没霅水浑。"（《纪事》五一"杨衡"条引此诗作《悼吴兴杨衡》）。此当为辛氏所本。按：符载《犀浦令杨府君（鸥）墓志铭》（《全文》六九一）云："唐益州犀浦县令宏（弘）农杨府君，春秋三十九，以大历十四年冬十月卒于郫县之私第。……有才子衡，进士擢第，官曰左金吾卫仓曹参军，为桂阳部从事……以（贞元）十六年春二月某日，归葬于凤翔之陈仓某乡某原，从先茔也。"《广记》四六七"李汤"条引《戎幕闲谈》亦称"征南从事弘农杨衡"。则知杨衡为凤翔陈仓人，郡望弘农。

霅〔zhá〕：霅溪，在今浙江省吴兴县境。参本书卷三（七四）《陆羽传》"苕溪"注。

凤翔陈仓：唐至德二年改名宝鸡，今陕西省宝鸡市。见《元和志》二"关内道凤翔府宝鸡县"。

③ "天宝间"至"号'山中四友'" "李群"，《四库》、三间本作"崔群"。王定保《唐摭言》二"争解元"条："合淝李郎中群，始与杨衡、符载等同隐庐山，号'山中四友'。（原注：内一人不记姓名。）"《纪事》五一"杨衡"条作："衡与符载、崔群

隐庐山，号'山中四友'。"按：崔群《送庐岳处士符载归蜀觐省序》(《全文》六一二)记："建中初，有峨嵋客符君，发六籍，棹三湘，深入匡庐，绝迹半纪。……顷予奉命江西，三年往复彭蠡，未尝不咏湖月，漱天倪，造符君云扃，宿五老峰下。"据此，杨衡与符载等同隐于庐山，不当在天宝间，应在建中以后。又据岑仲勉《跋唐摭言》引《关中金石逸存考》二《符载妻李氏志》，"符载"当作"符载"。又按：《唐摭言》张海鹏校注云："已上李群与杨衡、符载等事一节，事意、年代，前后不相接，差互尤甚。"岑仲勉《跋唐摭言》"符载杨衡栖隐匡庐事"条，引符载《送杨衡游南越序》(《全文》六九〇)，谓《摭言》失记之一人即王简言；四友中有李元象，《摭言》误以"李郎中群"当之。该条又驳正《唐才子传》记载之误云："《名人年谱》二，渤生于大历八年癸丑，辈行更后；盖沿《摭言》之误而朝代复舛，遗其一人，又增渤以实之者。"参见"补录"符载文。

符载：一作符载，蜀人，初隐庐山，后辟为西川李皋掌书记、泽潞郄士美参谋，历协律郎、监察御史。见《纪事》五一。

李群：长庆四年状元，见本书卷六(一六三)《韩琮传》。事迹略见《唐摭言》二"争解元"条。

李渤：李涉弟，注见本书本卷(一一六)《李涉传》。

④"非常格敢窥其涯涘" 《四库》本"敢"上有"无"字。

⑤"尝吟罢" 《四库》本"尝"作"常"。

⑥"一一鹤声飞上天" 全诗佚，此句见《唐摭言》二"争解元"条："杨衡后因中表盗衡文章及第，诣阙寻其人，遂举，亦及第。或曰：见衡业古调诗，其自负者，有'一一鹤声飞上天'之句。初遇其人，颇愤怒，既而问曰：'且一一鹤声飞上天在否？'前人曰：'此句知兄最惜，不敢辄偷。'衡笑曰：'犹可恕矣。'"又见于《纪事》五一"杨衡"条。

⑦"试大理评事" 即据孟郊《悼吴兴汤(一作杨)衡评事》诗(《全诗》三一八)。按：岑仲勉《读全唐诗札记》"六函五册""孟郊"条云："及读十二函二册(《全诗》八一六)皎然诗题有《苕溪草堂自大历三年夏新营泊秋及春弥觉境胜因记其事简潘丞述汤评事衡四十三韵》，乃恍然于汤衡、杨衡之灼是两人。"据此，则评事当属汤衡，恐非杨衡所官。

【补录】

唐代符载《荆州与杨衡说旧因送游南越序》(《全文》六九〇)：

"载弱年与北海王简言、陇西李元象洎中师高明会合于蜀，四人相依然约为友，遂同诣青城山，斩刈蓁苇，手树屋宇，俱务佐王之学。……无几何，共欲张闻见之路，方乘扁舟，沿三峡，造浔阳庐山，复营蓬居，遂我遁栖。……由是声誉殷然，为江湖闻人。……前年冬，中师聊整文思起，尝于礼闱间飞声腾陵，噪动公卿，常伯输教，俯授高第。"

宋代李昉《太平广记》四六七"李汤"条引《戎幕闲谈》：

"唐贞元丁丑岁，陇西李公佐泛潇湘苍梧，偶遇征南从事弘农杨衡，泊舟古岸，淹留佛寺。"

## 【辑评】

宋代魏泰《临汉隐居诗话》：

"人岂不自知耶？及自爱其文章，乃更大缪，何也？……杨衡自爱其句云：'一一鹤声飞上天。'此尤可笑也。"

宋代范晞文《对床夜语》三：

"杨衡诗云：'正是忆山时，复送归山客。'张籍云：'长因送人处，忆得别家时。'……语益换而益佳，善脱胎者宜参之。"

《对床夜语》四：

"杨衡诗云：'落叶寒拥壁，清霜夜沾石。正是忆山时，复送归山客。殷勤一尊酒，晓月当窗白。'语意清脱，略无尘土纷华之气。及读其《白纻词》，则有云：'蹑珠履，步琼筵，轻身起舞红烛前。'又：'凉风萧萧漏水急，月华泛滟红莲湿，牵裙揽带翻成泣。'又：'金壶半倾芳夜促，梁尘霏霏暗红烛。'全类李长吉。谓与前诗同出一喙，吾不信也。其《看花》小句亦佳，诗云：'都无看花意，偶到树边来。可怜枝上色，一一为愁开。'"

清代毛先舒《诗辩坻》三：

"杨衡《白纻》，唐乐府之佳绝者，然自齐、梁视之，便词色轻露矣。"

# 卷 第 六

## 一四三 白居易（772—849）

居易，字乐天，太原下邽人①。弱冠名未振，观光上国，谒顾况。况，吴人，恃才少所推可，因谑之曰："长安百物皆贵，居大不易！"及览诗卷，至"离离原上草，一岁一枯荣，野火烧不尽，春风吹又生"，乃叹曰："有句如此，居天下亦不难。老夫前言戏之尔。"②贞元十六年，中书舍人高郢下进士、拔萃皆中，补校书郎③。元和元年，作乐府及诗百余篇，规讽时事，流闻禁中，上悦之。召拜翰林学士，历左拾遗④。时盗杀宰相，京师汹汹，居易首上疏，请亟捕贼。权臣有嫌其出位，怒，俄有言居易母堕井死，而赋《新井篇》，言既浮华，行不可用，贬江州司马。初以勋庸暴露不宜，实无他肠，怫怒奸党，遂失志。亦能顺所遇，托浮屠死生说，忘形骸者。久之，转中书舍人，知制诰。河朔乱，兵出无功，又言事不见听，乞外除为杭州刺史。文宗立，召迁刑部侍郎。会昌初，致仕，卒⑤。居易累以忠鲠遭摈，乃放纵诗酒，既复用，又皆幼君，仕情顿尔索寞。卜居履道里，与香山僧如满等结净社，疏沼种树，构石楼，凿八节滩，为游赏之乐，茶铛酒杓不相离。尝科头箕踞，谈禅咏古，晏如也。自号"醉吟先生"，作传。酷好佛，亦经月不荤，称"香山居士"。与胡杲、吉旼、郑据、刘真、卢贞、张浑、如满、李文爽燕集，皆高年不仕，日相招致，时人慕之，绘《九老图》⑥。公诗以六义为主，不尚艰难，每成篇，必令其家老妪读之，问解则录⑦。后人评白诗，"如山东父老课农桑，言言皆实"⑧者也。鸡林国行贾售于其国相，率篇百金，伪者即能辨之⑨。与元稹极善胶漆，音韵亦同，天下曰"元白"。元卒，与刘宾客齐名，曰"刘白"云⑩。公好神仙，自制飞云履，焚香振足，如拨烟雾，冉冉生云。初来九江，居庐阜峰下，作草堂烧丹⑪，今尚存⑫。有《白氏长庆集》七十五卷，及所撰古今事实为《六帖》⑬，及述作诗格法，欲自除其病⑭，名《白氏金针集》，三卷⑮，并行于世。

**【校注】**

①"太原下邽人"　《新书》一一九本传作："其先太原人……又徙下邽。"按：太原府属河东道，下邽县属关内道华州，两地不相及，本篇云"太原下邽人"，误。

下邽〔guī〕：今陕西省渭南县东北。见《元和志》"关内道华州"。

②"弱冠名未振"至"老夫前言戏之尔"　"居天下亦不难"，《四库》本无"亦"字。此段采自《新书》本传、王定保《唐摭言》七"知己"条。《新书》作："未冠，谒顾况。况，吴人，恃才少所推可，见其文，自失曰：'吾谓斯文遂绝，今复得子矣！'"（《旧书》一六六本传所记略同，"未冠"作"年十五六时"。）又见于张固《幽闲鼓吹》、王谠《唐语林》三。"离离原上草"四句，见于《全诗》四六二，题为《赋得古原草送别》。

观光：观览国家的盛德光辉。《周易·观》："观国之光，利用宾于王。"孟浩然《送袁太祝尉豫章》诗："何幸逢休明，观光来上京。"

上国：京都。

顾况：传见本书卷第三（七五）。

③"贞元十六年"至"补校书郎"　《旧书》一六六本传作："贞元十四年，始以进士就试，礼部侍郎高郢擢升甲科，吏部判入等，授秘书省校书郎。"《新书》本传作："贞元中，擢进士、拔萃皆中，补校书郎。"《纪事》三九"白居易"条作："德宗贞元十六年庚辰，中书舍人高郢下及第四人。……十七年辛巳，试中书判拔萃，补校书郎。"洪迈《容斋随笔》七："予考《登科记》：乐天以贞元十六年庚辰中书舍人高郢下第四人登科。"白居易《送侯权秀才序》（《全文》六七五）云："贞元十五年秋，予始举进士，与侯生俱为宣城守所贡；明年春，予中春官第。"白居易《箴言序》（《全文》六七七）亦云："贞元十有五年，天子命中书舍人渤海公领礼部贡举；越明年春，居易以进士举，一上登第。"

卷第六

　　高郢：曾为朔方郭子仪幕掌书记，邠宁李怀光幕判官，召拜主客员外郎，历刑部侍郎、中书舍人、礼部侍郎，掌贡部三岁。贞元十九年冬，守中书侍郎、同中书门下平章事。顺宗朝罢知政事，出镇华州。元和间官终兵部侍郎。传见《旧书》一四七、《新书》一六五。

　　④"元和元年"至"历左拾遗"　据《旧书》本传节写。《新书》本传作："元和元年，对制策乙等，调盩厔尉，为集贤校理；月中，召入翰林为学士，迁左拾遗。"

　　⑤"时盗杀宰相"至"致仕，卒"　"居易首上疏"，与《新书》合；《四库》本无"首"字。"嫌其出位，怒"，《四库》、《指海》本"怒"下有"之"字。此段据《新书》本传节写。"盗杀宰相"，《旧书》本传作"盗杀宰相武元衡"。"亦能顺所遇"，《新书》"顺"下有"适"字。"忘形骸者"，《新书》"忘"上有"若"字，应据补。"转中书舍人，知制诰"，微误；《新书》作："以主客郎中知制诰。……俄转中书舍人。""致仕卒"，《新书》作："会昌初，以刑部尚书致仕。六年卒，年七十五。"

　　盗杀宰相：元和十年，平卢节度使李师古遣人入京师刺杀宰相武元衡。见本书卷四（一〇四）《武元衡传》。

　　江州：见本书卷第四（一〇二）《韦应物传》。

　　浮屠：即佛陀，亦指佛教。

　　河朔乱：穆宗长庆间河北三镇作乱，朝廷讨之无功，不得已而罢兵。河朔指河北地区，大历、贞元以来长期为卢龙、成德、魏博三镇所割据。

　　⑥"居易累以忠鲠遭摈"至"绘《九老图》"　"构石楼"，与《新书》合；《佚存》本"楼"作"栖"，讹。"酷好佛"，《四库》本"酷"上有"晚节"二字，《新书》作"暮节感浮屠道尤甚"。"胡杲"，与白诗（见后）、《新书》合；正保、《佚存》、《指海》本"杲"作"果"，讹。此段据《新书》本传，兼采《旧书》本传。"履道里"，《新书》作"东都所居履道里"。"与香山僧如满等结净社"，《旧书》"净社"作"香火社"，白氏《醉吟先生传》（《全文》六八〇）"香山僧"作"嵩山僧"。"吉旼"，与《新书》合，白诗"旼"作"皎"。"卢贞"，白诗、《新书》并作"卢真"。朱金城《白居易年谱》云："真，据宋绍兴本、那波道圆本、卢文弨校当作贞。此范阳卢贞即居易诗中之卢子蒙侍御，与河南尹卢贞非一人。""如满、李文爽"，与白诗合，《新书》误为"狄兼谟、卢贞"。按：白居易有诗，题为《胡吉郑刘卢张等六贤皆多年寿予亦次焉偶于弊居合成尚齿之会七老相顾既醉且欢……》，诗后附注详述七老姓名、官衔、年龄。又云："时秘书监狄兼谟、河南尹卢贞，以年未七十，虽与会而未及列。"（见《全诗》四六〇、《白氏长庆集》三七。）又有《九老图诗》，序云又增二老，"二老谓洛中遗老李元爽"、"僧如爽"（见《全诗》四六二、《长庆集》三九）。

　　履道里：在洛阳长夏门之东第四街，南第二坊。见徐松《唐两京城坊考》五。《旧书·白居易传》记："居易罢杭州，归洛阳，于履道里得故散骑常骑杨凭宅，竹木池馆，

365

有林泉之致。"

香山：在今河南省洛阳市龙门山之东。

⑦"每成篇"至"问解则录"　释惠洪《冷斋夜话》一"老妪解诗"条："白乐天每作诗，令一老妪解之。问曰：解否？妪曰解，则采之；不解，则易之。"又见于彭乘《墨客挥犀》三。

⑧"如山东父老课农桑，言言皆实"　引自敖陶孙《臞翁诗评》（见《诗人玉屑》二）。

⑨"鸡林国行贾"至"即能辨之"　"售于其国相"，"国"原作"人"，据《佚存》、三间、《指海》本改，与《新书》合。此段采自《新书》本传。"率篇百金"，《新书》作"率篇易一金"，元稹《白氏长庆集序》（《元氏长庆集》五一）作"每以百金换一篇"，元《序》（《全文》六五三）作"每以一金换一篇"。"即能辨之"，《新书》作"相辄能辩之"。

鸡林国：即新罗，朝鲜古国，与高句丽、百济并立。公元六七六年（唐仪凤元年），新罗统一朝鲜半岛大部。唐龙朔三年以新罗为鸡林州，故名新罗曰鸡林。见《旧书》一九九上《新罗国传》。

⑩"与元稹"至"曰'刘白'云"　采自《新书》本传。

刘宾客：刘禹锡，官终太子宾客，传见本书卷四（一三三）。

⑪"公好神仙"至"作草堂烧丹"　采自冯贽《云仙杂记》一"飞云履"条。按：《四库全书总目》一四〇"云仙杂记十卷"条云："其书杂载古今逸事……诗家往往习用之，然实伪书也。"

⑫"今尚存"　《四库》本无此三字。又，"初来九江"至"今尚存"，《四库》本此段在"贬江州司马"之下。

⑬"《六帖》"　《新书》五九《艺文志》二著录《白氏经史事类》三十卷。称"一名《六帖》"。

⑭"欲自除其病"　《四库》本此五字在上文"作草堂烧丹"之下。

⑮"《白氏金针集》，三卷"　胡仔《苕溪渔隐丛话·前集》八引《诗眼》云："世俗所谓《乐天金针集》，殊鄙浅。"按：此书当系后人伪托。《宋史》二〇九《艺文志》著录为"白居易《白氏金针诗格》三卷"。

附记：《四库》本按语云："《居易传》有脱文，今就《永乐大典》所载五条编录。"

【补录】

唐代元稹《白氏长庆集序》（《全文》六五三）：

"时予与乐天……前后多以诗章相赠答。……巴、蜀、江、楚间及长安中少年,递相仿效,自谓为元和诗。而乐天《秦中吟》、《贺雨》、讽谕闲适等篇,时人罕能知者。然而二十年间,禁省、观寺、邮堠墙壁之上无不书,王公、妾妇、牛童、马走之口无不道,至于缮写模勒,衒卖于市井,或持之以交酒茗者,处处皆是。"

唐代李肇《唐国史补》下:

"元和已后,为文笔则学奇诡于韩愈,学苦涩于樊宗师。歌行则学流荡于张籍。诗章则学矫激于孟郊,学浅切于白居易,学淫靡于元稹。俱名为元和体。"

后晋刘昫《旧唐书》一六六《白居易传》:

"居易文辞富艳,尤精于诗笔。自雠校至结绶畿甸,所著歌诗数十百篇,皆意存讽赋,箴时之病,补政之缺,而士君子多之,而往往流闻禁中。"

宋代宋祁《新唐书》一一九《白居易传》:

"初,与元稹酬咏,故号'元白';稹卒,又与刘禹锡齐名,号'刘白'。"(按:孙光宪《北梦琐言》六云:"洎自撰墓志云与彭城刘梦得为诗友,殊不言元公,时人疑其隙终也。")

宋代钱易《南部新书》庚:

"白傅葬龙门山,河南尹卢贞刻《醉吟先生传》,立于墓侧,至今犹存。洛阳士庶及四方游人过其墓者,奠以卮酒,冢前常成泥泞。"

宋代计有功《唐诗纪事》二"宣宗"条:

"白居易之死,宣宗以诗吊之曰:'缀玉联珠六十年,谁教冥路作诗仙。浮云不系名居易,造化无为字乐天。童子解吟《长恨》曲,胡儿能唱《琵琶》篇。文章已满行人耳,一度思卿一怆然。'"

宋代王直方《王直方诗话》:

"在一人家见白公诗草数纸,点窜涂抹,及其成篇,殊与初作不侔也。"

【辑评】

唐代元稹《白氏长庆集序》(《全文》六五三):

"大凡人之文,各有所长,乐天之长可以为多矣夫!讽谕之诗长于激,闲适之诗长于遣,感伤之诗长于切,五字律诗百言而上长于赡,五字七字百言而下长于情,赋赞箴诫之类长于当,碑记叙事制诰长于实,启奏表状长于直，书檄辞册剖判长于尽。总而言之，不亦多乎哉！"

唐代皮日休《论白居易荐徐凝屈张祜》（《全文》七九七）：

"元、白之心，本乎立教，乃寓意于乐府雍容宛转之词，谓之讽谕，谓之闲适。既持是取大名，时士翕然从之，师其词，失其旨。凡言之浮靡艳丽者，谓之元白体。二子规规攘臂辩解，而习俗既深，牢不可破，非二子之心也。"

唐代张为《诗人主客图》：

"广大教化主：白居易。"

唐代黄滔《答陈磻隐论诗书》（《黄御史集》七）：

"大唐前有李、杜，后有元、白，信若沧溟无际，华岳干天。然自李飞（按：即李勘）数贤，多以粉黛为乐天之罪。殊不谓《三百篇》多乎女子，盖在所指说如何耳。"

宋代钱易《南部新书》丙：

"李白为天才绝，白居易为人才绝，李贺为鬼才绝。"

宋代宋祁《新唐书》一一九《白居易传》：

"居易在元和、长庆时，与元稹俱有名，最长于诗，它文未能称是也。多至数千篇，唐以来所未有。其自叙言：'关美刺者，谓之讽谕；咏性情者，谓之闲适；触事而发，谓之感伤；其它为杂律。'又讥'世人所爱惟杂律诗，彼所重，我所轻。至讽谕意激而言质，闲适思澹而辞迂，以质合迂，宜人之不爱也。'今视其文，信然。而杜牧谓：'纤艳不逞，非庄士雅人所为。流传人间，子父女母交口教授，淫言媟语入人肌骨不可去。'（按：此为李勘语，见于杜牧《樊川文集》九《李府君〔勘〕墓志铭》。）盖救所失，不得不云。"

宋代赵令畤《侯鲭诗话》七：

"东坡云：'白公晚年诗极高妙。'余请其妙处，坡云：'如风生古木晴天雨，月照平沙夏夜霜。此少时不到也。'"

宋代方勺《泊宅编》一：

"韩退之多悲，诗三百六十，言哭泣者三十首。白乐天多乐，诗三千八百，言饮酒诗九百首。"

宋代蔡絛《蔡百衲诗评》：

"白乐天诗，自擅天然，贵在近俗；恨为苏小虽美，终带风尘。"

宋代张戒《岁寒堂诗话》上：

"世言白少傅诗格卑，虽诚有之，然亦不可不察也。元、白、张籍诗，皆自陶、阮中出，专以道得人心中事为工，本不应格卑。但其词伤于太烦，其意伤于太尽，遂成冗长卑陋尔。比之吴融、韩偓俳优之词，号为格卑，则有间矣。若收敛其词，而少加含蓄，其意味岂复可及也。"

宋代朱熹《朱子语类》一四〇《论文》：

"乐天，人多说其清高，其实爱官职。诗中凡及富贵处，皆说得口津津地涎出。"

明代王世贞《艺苑卮言》四：

"张为称白乐天'广大教化主'。用语流便，使事平妥，固其所长，极有冗易可厌者。少年与元稹角靡逞博，意在警策痛快；晚年更作知足语，千篇一律。诗道未成，慎勿轻看，最能易人心手。"

明代钟惺、谭元春《唐诗归》二八：

"元、白浅俚处，皆不足为病，正恶其太直耳。诗贵言其所欲言，非直之谓也，直则不必为诗矣。又二人酬唱，似惟恐一语或异，是其大病。所谓同调，亦不在语语同也。今取其词旨蕴藉而能自出者，庶使人知真元、白耳。"

"《和微之大嘴乌》：写到可笑可哭处，极痛极快，物无遁情，然风刺深微之体索然矣。知此可与读元、白诗。"

清代叶燮《原诗·外篇》下：

"今观其集，矢口而出者固多，苏轼谓其局于浅切，又不能变风操，故读之易厌。……然有作意处，寄托深远，如《重赋》、《致仕》、《伤友》、《伤宅》等篇，言浅而深，意微而显，此风人之能事也。至五言排律，属对精紧，使事严切，章法变化中，条理井然，读之使人惟恐其竟，杜甫后不多得者。人每易视白，则失之矣。"

"白俚俗处而雅亦在其中，终非庸近可拟。"

清代王士禛《戏仿元遗山论诗绝句三十二首》之十（《渔洋山人精华录训纂》五下）：

"广大居然太傅宜，沙中金屑苦难披。诗名流播鸡林远，独愧文章替左司。"（按：白居易《重答刘和州》诗："敢有文章替左司。"韦应物，玄宗时曾任左司郎中。）

清代袁枚《随园诗话》三：

"阮亭《池北偶谈》笑元、白作诗，未窥盛唐门户，此论甚谬。桑弢父讥之曰：'大辨才从觉悟余，香山居士老文殊。渔洋老眼披金屑，失却光明大宝珠。'余按元、白在唐朝，所以能独树一帜者，正为其不袭盛唐窠臼也。"

清代袁枚《续诗品·灭迹》：

"白傅改字，不留一字；今读其诗，平平无异。意深词浅，思苦言甘；寥寥千年，此妙谁探！"

清代翁方纲《石洲诗话》二：

"白公五古上接陶，下开苏、陆；七古乐府，则独辟町畦，其钩心斗角，接笋合缝处，殆于无法不备。"

"白公之妙，亦在无意，此其似陶处也。"

清代施补华《岘佣说诗》：

"香山七古，所谓'长庆体'，然终是平弱漫漶。"

"读《公孙大娘弟子舞剑器》诗，叙天宝事只数语，而无限凄凉，可悟《长恨歌》之繁冗。"

"《琵琶行》较有情味，然'我从去年'一段又嫌繁冗，如老妪向人谈旧事，叨叨絮絮，厌渎而不肯休也。"

## 一四四　元　稹（779—831）

稹，字微之，河南人[1]。九岁工属文，十五擢明经，书判入等，补校书郎。元和初，对策第一，拜左拾遗。数上书言利害，当路恶之，出为河南尉。后拜监察御史，按狱东川。还次敷水驿，中人仇士良夜至，稹不让邸，仇怒，击稹败面。宰相以稹年少轻威，失宪臣体，贬江陵士曹参军，李绛等论其枉。元和末，召拜膳部员外郎[2]。稹诗变体，往往宫中乐色皆诵之，呼为才子。然缀属虽广，乐府专其警策也。初，在江陵，与监军崔潭峻善，长庆中，崔进其歌诗数十百篇，帝大悦，问："今安在？"曰："为南宫散郎。"擢祠部郎中，知制诰，俄迁中书舍人，翰林承旨。后拜同中书门下平章事。初以瑕衅，举动浮薄，朝野杂笑，未几罢。然素无检，望轻，不为公议所右。除武昌节度使，卒③。在越时，辟窦巩。巩工诗，日酬和，故镜湖、秦望之奇益传，时号"兰亭绝唱"④。微之与白乐天最密，虽骨肉未至，爱慕之情，可欺金石⑤，千里神交，若合符契⑥，唱和之多，无逾二公者。有《元氏长庆集》一百卷及《小集》十卷，今传。○夫松柏饱风霜，而后胜梁栋之任；人必劳饿空乏，而后无充诎⑦之态。誉早必气锐，气锐则志骄，志骄则敛怨。先达者未足喜，晚成者或可贺。况庆吊相望于门间，不可测哉。人评元诗，"如李龟年说天宝遗事，貌悴而神不伤"⑧。况尤物⑨移人，佟俗迁性，足见其举止斐薄丰茸，仍且不容胜己。至登庸成忝⑩，贻笑于多士，其来尚矣。不矜细行，终累大德。岂不闻"言行君子之枢机、荣辱之主"⑪邪？古人不耻能治而无位，耻有位而不能治也。

【校注】

①"河南人"　《新书》一七四本传作"河南河内人"。元稹《夏阳县令陆翰妻河南元氏墓志铭》（《全文》六五五）称："我系祖有魏昭成皇帝，后嗣失国，今称河南洛阳人焉。"

河南河内：注见本书卷四（九九）《张谓传》。

②"九岁工属文"至"召拜膳部员外郎"　"数上书言利害"，《四库》本无"数"字。"以稹年少轻威"，《四库》、《指海》本"轻威"作"威轻"。此段节录自《新书》本传。"还次敷水驿"，《新书》于此句之上有"俄分司东都"，"召稹还"等情节，《旧书》一六六本传略同；本篇皆节去，易滋误解。"中人仇士良"，与《新书》合，《旧书》作"内官刘士元"。"以稹年少轻威"，《新书》"轻威"作"轻树威"，义较明，当据补。《旧书》作"务作威福"，白居易《检校户部尚书鄂州刺史赠尚书右仆射河南元公（稹）墓志铭》（《全文》六七九）作"专逞作威"。

河南：注见本书卷第五（一三〇）《韩愈传》。

东川：方镇，至德二年分剑南节度使东部地置，治梓州，今四川省三台县。见《元和志》三三"剑南道梓州"。

中人：宦官。

仇士良：宦官，历任内外五坊使、左神策军中尉等职，残横贪暴。文宗受其控制，李训因发动甘露之变，事败，仇大杀朝官。在职二十余年，前后共杀二王、一妃、四宰相。传见《新书》二〇七。

江陵：注见本书卷第三（五一）《岑参传》。

李绛：元和中历翰林学士、知制诰、中书舍人，六年拜中书侍郎、同中书门下平章事。十年出为华州刺史。文宗朝，官山南西道节度使，为乱兵所害。史称绛以直道进退，闻望倾于一时。传见《旧书》一六四、《新书》一五二。

③ "稹诗变体"至"除武昌节度使，卒" "数十百篇"，与《新书》合，《旧书》作"百余篇"；《佚存》本"十"作"千"，讹。此段节录自《新书》本传。"呼为才子"，《新书》作"宫中呼元才子"。"长庆中"，两《唐书》并作"长庆初"。"然素无检"，《新书》于此句之上记："大和三年，召为尚书左丞，务振纲纪，出郎官尤无状者七人"，此为本篇节去，则"然"字无着落。又，《旧书》记："（大和）五年七月二十二日暴疾，一日而卒于镇，时年五十三。"

监军：唐代中后期以宦官为监军，控制军队。

南宫散郎：尚书省闲散郎官。古称尚书省为南宫。

武昌：注见本书卷四（一〇九）《窦巩传》。

④ "在越时"至"时号'兰亭绝唱'" 采自《新书》本传。《新书》上文记"徙浙东观察使"事，本篇略去，"在越时"云云遂无着落。

窦巩：传见本书卷第四（一〇九）。

镜湖：注见本书卷第三（五三）《贺知章传》。

秦望：秦望山，在今浙江省杭州市南。

兰亭：故址在今浙江省绍兴县西南。东晋王羲之与谢安等四十一人集会于此，临流赋诗，羲之作《兰亭集序》记其事。

⑤ "可欺金石" 三间本校语云："按欺疑款。"

⑥ "千里神交，若合符契" 《本事诗·征异》："元相公稹为御史，鞫狱梓潼。时白尚书在京，与名辈游慈恩，小酌花下，为诗寄元曰：'花时同醉破春愁，醉折花枝当酒筹。忽忆故人天际去，计程今日到梁州。'时元果及褒城，亦寄《梦游》诗曰：'梦君兄弟曲江头，也向慈恩院里游。驿吏唤人排马去，忽惊身在古梁州！'千里神交，若合符契。友朋之道，不期至欤。"

⑦ 充诎：自满而失去节制。《礼记·儒行》："不充诎于富贵。"

⑧ "如李龟年说天宝遗事，貌悴而神不伤" 引自敖陶孙《臞翁诗评》（《诗人玉屑》二）。按：此处似不应插写诗评。

李龟年：宫廷乐师，开元中供职梨园。安史乱后，流落江南，每遇良辰胜景，为人歌数阕，座中莫不掩泣罢酒。杜甫赠《江南逢李龟年》诗。见《明皇杂录》。

⑨ 尤物：原意为特出的人物，后常以指绝色的美女或珍贵的物品。《左传》（昭公二

十八年）："夫有尤物，足以移人。"白居易《八骏图》诗："由来尤物不在大，能荡君心则为害。"

⑩登庸：举用。见《尚书·尧典》。

忝：有愧。

⑪"言行君子之枢机、荣辱之主" 此语出自《易·系辞》上："言行君子之枢机，枢机之发，荣辱之主也。"

**【补录】**

唐代白居易《检校户部尚书鄂州刺史赠尚书右仆射河南元公（稹）墓志铭》（《全文》六七九）：

"公凡为文，无不臻极。尤工诗，在翰林时，穆宗前后索诗数百篇，命左右讽咏，宫中呼为'元才子'。自六宫、两都，八方至南蛮、东夷国，皆传写之。一章一句出，无胫而走，疾于珠玉。"

后晋刘昫《旧唐书》一六六《元稹传》：

"稹聪警绝人，年少有才名，与太原白居易友善。工为诗，善状咏风态物色，当时言诗者称元、白焉。自衣冠士子，至闾阎下俚，悉传讽之，号为'元和体'。既以俊爽不容于朝，流放荆蛮者仅十年。俄而白居易亦贬江州司马，稹量移通州司马。虽通、江悬邈，而二人来往赠答，凡所为诗，有三十、五十韵乃至百韵者。江南人士，传道讽诵，流闻阙下，里巷相传，为之纸贵。观其流离放逐之意，靡不凄惋。"

**【辑评】**

唐代白居易《放言五首序》（《白氏长庆集》一五）：

"元九在江陵时，有《放言》长句诗五首，韵高而体律，意古而词新。予每咏之，甚觉有味。虽前辈深于诗者，未有此作。唯李颀有云：'济水自清河自浊，周公大圣接舆狂。'"

唐代白居易《和微之诗二十三首序》（《白氏长庆集》二二）：

"大凡依次用韵，韵同而意殊；约体为文，文成而理胜。此足下素所长者，仆何有焉。"

唐代司空图《与王驾评诗书》（《司空表圣文集》一）：

"元、白气勍而力屠，乃都市豪估耳。"

明代瞿佑《归田诗话》上：

"乐天《长恨歌》凡一百二十句，读者不厌其长；元微之《行宫》才四句，读者不觉其短，文章之妙也。"

明代钟惺、谭元春《唐诗归》二八：

"看古人轻快诗，当另察其精神静深处。如微之'秋依静处多'，乐天'清冷由木性，恬淡随人心'，'曲罢秋夜深'等句，元、白本色，几无寻处矣。然此乃元、白诗所由自出，与其所以可传之本也。"（钟惺）

清代贺裳《载酒园诗话·又编》：

"选语之工，白不如元；波澜之阔，元不如白。白苍莽中间存古调，元精工处亦杂新声。"

"微之自是一种轻艳之才，所作排律动数十韵，正是夸多斗靡，虽有秀句，补缀牵凑者亦多，宜为大雅所薄。集中惟乐府诗多佳。如《忆远曲》：'水中书字无字痕，君心暗画谁会君？'"

"《苦乐相倚曲》尤妙，如：'君心半夜猜恨生，荆棘满怀天未明。汉成眼瞥飞燕时，可怜班女恩已衰。未有因由相决绝，犹得半年伴暖热。转将深意谕旁人，缉缀瑕疵遣潜说。'将闺房衽席之间，说得一团机械，凛凛可畏。然正是唐玄宗、汉武帝一辈，若陈叔宝之此处不留人，卫庄公之莫往莫来，正不须此。然陷阱愈深，冤酷愈烈矣。谭元春曰：'深于涉世，乃能写得如此刻骨，君臣朋友之间，诵之惕然。'此评妙甚，亦当与此诗同不朽也。"

清代叶燮《原诗·外篇》下：

"元稹作意胜于白，不及白舂容暇豫。"

清代薛雪《一瓢诗话》：

"元、白诗言浅而思深，意微而词显，风人之能事也。至于属对精警，使事严切，章法变化，条理井然，杜浣花之后，不可多得。盖因元和、长庆间与开元、天宝时，诗之运会，又当一变，故知之者少。而其即用现前俚语，如'矮张''短李'之类，断不可学。"

# 一四五 李　绅 (772—846)

绅，字公垂，亳州人①。元和元年武翊黄榜进士，与皇甫湜同年，补国子助教②。穆宗召为翰林学士，累迁中书舍人。武宗即位，拜中书侍郎平章事。绅为人短小精悍，于诗特有名，号"短李"。与李德裕、元稹同时，称"三俊"③。集名《追昔游》，多纪行之作。又《批答》一卷，皆传。初，为寿州刺史，有秀才郁浑，年甫弱冠，应百篇科，绅命题试之，未昏而就，警句佳意甚多④。亦有集，今传。

【校注】

①"亳州人"　《郡斋》四中"李绅追昔游集三卷"条同；《旧书》一七三本传作"润州无锡人"，《新书》一八一本传作"世宦南方，客润州"，沈亚之《李绅传》（《全文》七三八）作"本赵人，徙家吴中"。按：检《新书》七二上《宰相世系表》二上，李绅出赵郡李氏，其祖先自赵郡徙居谯。

亳州：治谯县，今安徽省亳县。见《元和志》七"河南道。"

②"元和元年"至"补国子助教"　《旧书》本传作："元和初，登进士第，释褐国子助教。"《新书》略同。《李绅传》云："元和元年，节度使宗臣锜在吴，绅以进士及第还，过谒锜。"《容斋四笔》引《登科记》云："元和元年崔邠下放李绅。"

武翊黄：武元衡子，官大理卿。见《南部新书》己、《新书》七四上《宰相世系表》四上。

③"穆宗召为翰林学士"至"称'三俊'"　录自《郡斋》。《郡斋》从《新书》本传节录。按：《旧书》本传记："（会昌）六年卒。"

李德裕：注见本书卷第三（八一）《张志和传》。

④"初为寿州刺史"至"警句佳意甚多"　《新书》六〇《艺文志》四"郁浑百篇集一卷"附注作："浑常（尝）应百篇科，寿州刺史李绅命百题试之。"

寿州：治寿春，今安徽省寿县。见《旧书》四〇《地理志》三"淮南道"。

百篇科：唐以诗赋取士，设百篇科，有请求终场作百篇以表现捷才者，即命试。宋代龚明之《中吴纪闻》一"孙百篇"条："吴士孙发尝举百篇科，故皮日休赠以诗云：'百篇宫体喧金屋，一日官衔下玉除。'"

【补录】

宋代宋祁《新唐书》一八一《李绅传》：

"穆宗召为右拾遗、翰林学士，与李德裕、元稹同时，号'三俊'。……会敬宗立，（李）逢吉知绅失势可乘……乃贬绅为端州司马。……大和中，李德裕当国，擢绅浙东观察使。"

宋代计有功《唐诗纪事》三九"李绅"条：

"绅初以《古风》求知于吕温。温见齐煦，诵其《悯农》诗曰：'春种一粒粟，秋收万颗子。四海无闲田，农夫犹饿死。''锄禾日当午，汗滴禾下土。谁知盘中飧，粒粒皆辛苦。'又曰：'此人必为卿相。'果如其言。"

"乐天诗曰：'闷劝迂辛酒，闲吟短李诗。'迂辛，辛丘度也。丘度之子一日自云辛氏子，来见绅曰：'小子每忆白二十二丈诗：闷劝畴昔酒，闲吟廿丈诗。'绅笑曰：'辛大有此狂儿，吾敢不存旧？'"

【辑评】

清代贺裳《载酒园诗话·又编》：

"短李以歌行自负，乐天亦称之。又少以《悯农》诗见赏于吕温，今二绝盛传，吕之鉴赏真是不谬。歌行遂不可复见，惟有《追昔游集》耳，颇有体格。如《石泉》诗'微度竹风涵淅沥，细浮松月透轻明'，《翡翠》诗'莲茎触散莲叶欹，露滴珠光似还浦'，皆秀句也。"

清代吴乔《围炉诗话》：

"诗苦于无意，有意矣又苦于无辞，如'锄禾日当午'云云。诗之所以难得也。"

## 一四六　鲍　溶

溶，字德源[①]，元和四年，韦瓘榜第进士，在杨汝士一时[②]。与李端公益少同袍，为尔汝交[③]。初，隐江南山中避地。家苦贫，劲气不扰，羁旅四方，登临怀昔，皆古今绝唱。过陇头古天山大阪，泉水鸣咽，分流四下，赋诗曰："陇头水，千古不堪闻。生归苏属国，死别李将军。细响风凋草，清哀雁入云。"[④]其警绝大概如此。古诗乐府，可称独步。盖其气力宏赡，博识清度，雅正高古，众才无不备具云[⑤]。卒飘蓬薄宦，客死三川[⑥]。有集五卷，今传。

【校注】

①"字德源"　《郡斋》四中"鲍溶诗一卷"条称"唐鲍溶德源"。

② "元和四年"至"在杨汝士一时" 《四库》本无"第"字。"一时",三间本校语云:"一作下",未知何据,误。《郡斋》、《直斋》一九"鲍溶集五卷"条并作:"元和四年进士。"《旧书》一七六《杨汝士传》记:"元和四年进士擢第。"

韦璀:《登科记考》一七引《桂林风土记》谓韦璀年十九应进士举,二十一岁为进士状头,除左拾遗。余不详。

杨汝士:大和三年知制诰,李宗闵、牛僧孺引为中书舍人。开成初,由兵部侍郎为东川节度,终刑部尚书。传见《旧书》一七六、《新书》一七五。

③ "与李端公益少同袍,为尔汝交" 鲍溶有《秋暮山中怀李端公益》(《全诗》四八五),本篇所述即据此诗。

李端公益:李益,传见本书卷四(九四)。唐代侍御史称"端公",见《唐国史补》下。

尔汝交:指友谊亲密,不拘形迹。见《世说新语·言语》裴注。

④ "陇头水"六句 《全诗》八四六题为《陇头水》。

陇头:今陕西省陇山。见《元和志》三九"陇右道秦州陇城县"。

苏属国:汉代苏武,使匈奴十九年归,拜为典属国。《汉书》有传。

李将军:李陵,《史记》、《汉书》有传。

⑤ "盖其气力宏赡"至"众才无不备具云" 据《郡斋》,此为张为语。

⑥ 三川:唐以剑南东、剑南西、山南西三道为三川。又,关内道鄜州有三川县,在今陕西省富县南,见《元和志》三。

【补录】

宋代计有功《唐诗纪事》四一"鲍溶"条:

"溶,登元和进士第,与韩愈、李正封、孟郊友善。"

【辑评】

唐代张为《诗人主客图》:

"博解宏拔主:鲍溶。"

宋代刘克庄《后村诗话·新集》六:

"鲍溶诗'清约谨严,违理者少'之评,惟深于诗者知之。"

清代翁方纲《石洲诗话》二:

"中唐之末,如吕温、鲍溶之流,概少神致。"

清代潘德舆《养一斋诗话》五:

377

"鲍溶诗云：'门前青山路，眼见归不得。'姚合则云：'门外青山路，因循自不归。'愤惋各尽其妙。"

## 一四七　张又新

又新，字孔昭，深州人也①。初，应宏辞第一，又为京兆解头。元和九年，礼部侍郎韦贯之下状元及第，时号为"张三头"②。应辟为广陵从事，历补阙③。为性倾邪，谄事宰相李逢吉，为之鹰犬，名在"八关十六子"之目。逢吉领山南节度，表为司马，坐田伾事贬官。李训专政，又新复见用。后竟坐事谪远州刺史。仕终左司郎中④。善为诗，恃才多辒藉。其淫荡之行，卒见于篇⑤。尝曰："我少年擅美名，意不欲仕宦，惟得美妻，平生足矣。"娶杨虔州女，有德无色，殊怏怏。后过淮南，李绅筵上得一歌姬，与之偕老，其狂斐类此⑥。喜嗜茶⑦，恨在陆羽后，自著《煎茶水记》一卷⑧，及诗文等行于世。

**【校注】**

①"深州人也"　《旧书》一四九《张荐传》作"深州陆泽人"。（按：张荐为又新父。）

深州：治陆泽，今河北省深县。见《元和志》一七"河北道"。

②"初应宏辞第一"至"时号为'张三头'"　《新书》一七五本传作："元和中，及进士高第。"宋代乐史《广卓异记》一九"进士状元却为宏辞头"条云："右按《登科记》：张又新，元和九年进士，状元及第；十二年宏辞头登科。"王定保《唐摭言》二"争状元"条作："张又新时号'张三头'。"原注："进士状头，宏词敕头，京兆解头。"按："张又新《煎茶水记》（《全文》七二一）记：'元和九年春，余初成名，与同年生期于荐福寺。'《唐语林》八"累为主司"条载："韦贯之再：元和八年、九年。"

解头：乡贡第一名。

韦贯之：元和中历巴州刺史、都官郎中、礼部侍郎，拜尚书右丞、同中书门下平章事。传见《旧书》一五八、《新书》一六九。

③"应辟为广陵从事，历补阙"　《新书》本传作："历左右补阙。"孟棨《本事诗·情感》作："张（又新）尝为广陵从事。"

广陵：注见本书卷五（一一七）《朱昼传》。

④"为性倾邪"至"仕终左司郎中"　据《新书》本传节写。"田伓"，诸本皆误作"由任"，据两《唐书》本传改。

李逢吉：元和间历给事中、中书舍人，十一年加门下侍郎、同平章事，后出为剑南东川节度使。长庆间入为兵部尚书、左仆射，敬宗立，兼左仆射，勾结宦官，把持朝政，排斥异己。后出为山南东道节度使。传见《旧书》一六七、《新书》一七四。

八关十六子：敬宗朝，左仆射李逢吉党人张又新等八人皆仕要职，而傅会者又八人，号"八关十六子"。有所请求者，先赂关子，后达于逢吉，无不如意。见《新书》一七四《李逢吉传》。

田伓：李逢吉为相，用门下主事田伓，伓犯赃亡命，逢吉保之于外。及罢相，裴度发其事，逢吉坐罚俸，张又新坐贬汀州刺史。见《旧书》一四九《张又新传》。

李训：李逢吉从子，为"八关十六子"之一。因郑注、王守澄所荐得文宗信用，官翰林侍讲学士。大和九年以礼部侍郎同平章事，支持文宗诛杀宦官王守澄。后又谋诛宦官仇士良，事泄被杀，是为甘露之变。传见《旧书》一六九、《新书》一七九。

⑤"卒见于篇"　《四库》"卒"作"率"。

⑥"尝曰"至"其狂斐类此"　据《本事诗·情感》改写，与原文不尽相同。《本事诗》不云"娶杨虔州女"，亦不云"与之偕老"。"意不欲仕宦"，《本事诗》作"不忧仕宦矣"。陈鳣《唐才子传校勘记》（南京图书馆藏抄本）"张又新"条云："按孟棨《本事诗》，张与杨虔州齐名，张求室，杨为求之，非娶其女也。"

李绅：传见本书本卷（一四五）。

⑦"喜嗜茶"　《四库》、三间本"喜"作"性"。

⑧陆羽：传见本书卷三（七四）。

《煎茶水记》：《全文》七二一载有此文。


**【补录】**

宋代宋祁《新唐书》一七五《张又新传》：

"元和中，及进士高第，历左右补阙。性倾邪。李逢吉用事，恶李绅，冀得其罪，求中朝凶果敢言者厚之，以危中绅。又新与拾遗李续、刘栖楚等为逢吉搏吠所憎，故有'八关十六子'之目。敬宗立，绅贬端州司马，朝臣过宰相贺，阍者曰：'止，宰相方与补阙语，姑伺之。'及又新出，流汗揖百官曰：'端溪之事，窃不敢让。'人皆辟易畏之。"

"又新善文辞，再以谄附败，丧其家声云。"

## 一四八　殷尧藩

　　尧藩，秀州人①。为性简静②，眉目如画。工诗文，耽丘壑之趣。尝曰："吾一日不见山水，与俗人谈，便觉胸次尘土堆积，急呼浊醪浇之，聊解秽耳。"元和九年，韦贯之放榜，尧藩落第，杨尚书大为称屈料理，因擢进士③。数年，为永乐县令④。一舸之官，弹琴不下堂，而人不忍欺。雍陶⑤寄诗曰："古县萧条秋景晚，昔时陶令亦如君。头巾漉酒临黄菊，手板支颐向白云。百里岂能容骥足，九霄终自别鸡群。相思不恨书来少，佳句多从阙下闻。"⑥及与沈亚之、马戴为诗友⑦，赠答甚多。后仕终侍御史⑧。尧藩初游韦应物门墙，分契莫逆。及来长沙，尚书李翱席上有舞《柘枝》者，容语凄恻，因感而赋诗以赠曰："姑苏太守青娥女，流落长沙舞《柘枝》。满座绣衣皆不识，可怜红粉泪双垂。"众客惊问之，果韦公爱姬所生女也，相与呼叹。翱即命削丹书，于宾馆中择士嫁之⑨。今有集一卷传世，皆铿锵蕴藉之作也。

### 【校注】

①"秀州人"　高棅《唐诗品汇·诗人爵里详节》"殷尧藩"条亦作"秀州人"。《全诗》四九二殷尧藩小传作"苏州嘉兴人"。按：秀州于五代吴越时始置，相当于唐时苏州嘉兴。

②"为性简静"　《四库》本"为"作"天"。

③"元和九年"至"因擢进士"　《唐摭言》八"已落重收"条："元和九年韦贯之榜，殷尧藩杂文落矣，杨汉公尚书，乃贯之前榜门生，盛言尧藩之屈，贯之为之重收。"《直斋》一九作"元和元年进士"。

韦贯之：注见本书本卷（一四七）《张又新传》。

杨尚书：杨汉公，大和中累迁司封郎中，后历舒、湖、亳、苏等州刺史，由户部侍郎拜荆南节度使，召为工部尚书。宣宗擢为同州刺史，更宣武、天平两节度使。传见《旧书》一七六、《新书》一七五。

④"为永乐县令"　《纪事》五一"殷尧藩"条："尧藩为永乐县令。"姚合有《寄永乐长官殷尧藩》诗（《全诗》四七九）。

永乐：今山西省芮城县西。见《元和志》一二"河东道河中府"。

⑤雍陶：传见本书卷第七（一七三）。

⑥"古县萧条秋景晚"八句　《全诗》五一八《雍陶卷》题为《寄永乐殷尧藩明府》。

头巾漉酒：萧统《陶渊明传》记："郡将尝候之，值其酿熟，取头上葛巾漉酒，漉毕，还复著之。"

手板：即笏，古代官吏上朝或谒见上司时所执，备记事用。

支颐：托颊。

⑦"及与沈亚之、马戴为诗友"　《四库》本无"及"字。《全诗》四九二《殷尧藩卷》有《赠龙阳尉马戴》、《送沈亚之尉南海》诗。《全诗》四九三《沈亚之卷》有《答殷尧藩赠罘泾源记室》诗。

沈亚之：传见本书本卷（一五三）。

马戴：传见本书卷第七（一八五）。

⑧"后仕终侍御史"　《纪事》作："尧藩从李翱长沙幕府，后以侍御官江南。"《直斋》亦称"唐侍御史殷尧藩"。姚合有《送殷尧藩侍御赴同州》、《送殷尧藩侍御游山南》诗（《全诗》四九六）。

⑨"尧藩初游韦应物门墙"至"攫士嫁之"　《四库》本"攫士"作"择士"。此段据范摅《云溪友议》上"舞娥异"条（又见于《唐语林》四）改写，然辛氏有误解。《友议》作"乃苏台韦中丞爱姬所生女也"，原注："夏卿之胤，正卿之侄。"不云韦应物女。"姑苏太守青娥女"，《全诗》四九二题为《潭州席上赠舞柘枝妓》。

李翱：注见本书卷第五（一三四）《孟郊传》。

柘枝：一种舞蹈。舞时二女童藏于莲花形道具中，花瓣开放，出而对舞。舞女帽缀金铃，舞时转动作声。见《梦溪笔谈》五。

丹书：奴婢名册。古时用丹笔书写，故称丹书。《左传》（襄公二年）："斐豹隶也，著于丹书。"

【补录】

宋代计有功《唐诗纪事》五一"殷尧藩"条：

"尧藩有《忆江南》诗三十章，皆苏、杭事。乐天诗曰：'江南名郡数苏杭，写在殷家三十章。君是旅人犹苦忆，我为刺史更难忘。'"（按：殷诗已佚。）

【辑评】

胡代胡震亨《唐音癸签》七：

"殷尧藩诗有葩艳，微嫌肉丰。《鹳雀楼》一律，独茂硕而婉，不愧初盛遗则。"（附殷尧藩《和赵相公登鹳雀楼》："危楼高架沈寥天，上相闲登立彩斿。树色到京三百里，河流归汉几千年。晴峰耸日当周道，秋谷垂花满舜田。云路何人见高志，最看西面赤栏前。"）

## 一四九　清　塞

清塞，字南卿①，居庐岳为浮屠，客南徐亦久，后来少室、终南间。俗姓周，名贺②。工为近体诗，格调清雅，与贾岛、无可齐名。宝历中，姚合守钱塘，因携书投刺以丐品第，合延待甚异。见其《哭僧》诗云："冻须亡夜剃，遗偈病中书。"大爱之，因加以冠巾，使复姓字③。时夏腊④已高，荣望落落，竟往依名山诸尊宿⑤，自终⑥。诗一卷，今存。

**【校注】**

①"字南卿"　正保、《佚存》、《指海》本"卿"作"乡"，讹。《郡斋》四中"清塞诗一卷"条称"唐诗僧清塞，字南卿"。

②"居庐岳"至"名贺"　《唐摭言》一〇"海叙不遇"条作："周贺，少从浮图，法名清塞，遇姚合而返初。"《纪事》七七"僧清塞"条作："师东洛人，姓周氏，少从浮图，法名清塞，遇姚合而返初，易名贺。"又，周贺有《留别南徐故人》诗（《全诗》五〇三，下同）云："三年蒙见待，此夕是前程。"《秋晚归庐山留别道友》诗云："已许衲僧修静社，便将樵叟对闲扉。不嫌旧隐相随去，庐岳临天好息机。"《同徐处士秋怀少室旧居》诗云："曾居少室黄河畔，秋梦长悬未得回。"

浮屠：指僧人。注见本书卷五（一一八）《贾岛传》。

南徐：南徐州。东晋南渡，侨置徐州于京口（今江苏省镇江市），南朝时称南徐州，唐人沿袭旧称。

少室：注见本书卷第一（一六）《吴筠传》。

③"工为近体诗"至"使复姓字"　采自《郡斋》，文略同。《唐摭言》一〇"海叙不遇"条记："诗格清雅，与贾长江、无可上人齐名。""冻须亡夜剃"二句，见于《全诗》五〇三《周贺卷》，题为《哭闲霄上人》。

无可：传见本书本卷（一五〇）。

姚合：传见本书本卷（一五七）。

钱塘：注见本书卷第一（六）《骆宾王传》。

④夏腊：僧人出家的年数称夏腊。和尚以七月十六日为岁首，七月十五日为除夕，以夏腊计算年岁，犹常人称年岁为春秋。见《释氏要览》下"夏腊"条。

⑤尊宿：对前辈有德望者之敬称。《景德传灯录》一五《令遵禅师》："遍参尊者宿。"

⑥"自终"　《四库》本"自"作"而"。

【补录】

五代王定保《唐摭言》一〇"海叙不遇"条：

"（贾）岛《哭柏岩禅师》诗籍甚，及（周）贺赋一篇，与岛不相上下。岛曰：'苔覆石床新，师曾占几春。写留行道影，焚却坐忘身。塔院关松雪，房廊露隙尘。自嫌双泪下，不是解空人。'贺曰：'林径西风急，松枝讲法余。冻须亡夜剃，遗偈病时书。地燥焚身后，堂空著影初。此时频下泪，曾省到吾庐。'"

【辑评】

宋代惠洪《天厨禁脔》上：

"自携瓶去沽村酒，却著衫来作主人。'又，'却从城里携琴去，许到山中寄药来。'前对王操诗，后对清塞诗，皆翛然有出尘之姿，无险阻之态。以十四字叙一事，如人信手斫木，方圆一一中规矩，其法亦宜颔联用之也。"

明代杨慎《升庵诗话》一四：

"周贺诗'鸿嘶荒垒闭'，鸿未闻嘶也。近日一士夫诗'枕上闻猿唤'，余弟叙庵戏之曰：'猿变为鹤矣。'"

明代徐献忠《唐诗品》（《唐音癸签》七引）：

"周贺沉郁有骨力，写象痛切，意旨融变。"

明代钟惺、谭元春《唐诗归》三二：

"贺诗清奥，有异气，有孤响。与僧清塞盖一人也。"

清代贺裳《载酒园诗话·又编》：

"周贺诗颇多清刻之句，然终嫌未脱僧气。人多称其'澄江月上见鱼掷，晚径叶飞闻犬行'，余尤喜其《寄新头陀》：'远洞省穿湖底过，断崖曾向壁中禅'，真巉险而工。"

清代翁方纲《石洲诗话》二：
"周贺五律，颇有意味，在中末、晚初诸人五律之上，尚可颉颃温岐。"
清代余成教《石园诗话》二：
"（周贺）五言皆有深致，警句为多：'树寒稀宿鸟，山迥少来僧'，'眠客闻风觉，飞虫入烛来'，'归人值落叶，远路入寒山'，'野渡人初过，前山雪未开'，'空将未归意，说向欲行人'。当时与浪仙、无可齐名，而清雅更过之也。"

# 一五〇 无 可

无可，长安人①，高僧也。工诗②，多为五言。初，贾岛弃俗时，同居青龙寺，呼岛为从兄③。与马戴、姚合、厉玄多有酬唱④。律调谨严，属兴清越。比物以意，谓之"象外句"。如曰："听雨寒更尽，开门落叶深。"又扫："微阳下乔木，远烧入秋山。"凡此等新奇，当时翕然称尚，妙在言用而不失其名耳⑤。今集一卷相传。

**【校注】**

① "长安人" 未知何据。无可系贾岛从弟，应为范阳人（参见本书卷五〔一一八〕《贾岛传》）。

② "高僧也。工诗" 《佚存》作"高僧，世工诗"，《指海》本作"高僧也，世工诗"，《四库》本连下句作"高僧也，工五言诗"。

③ "初贾岛弃俗时"至"呼岛为从兄" 无可有《题青龙寺纵公房》、《秋寄从兄贾岛》（《全诗》八一三）、《客中闻从兄岛游蒲绛因寄》、《吊从兄岛》（《全诗》八一四）等诗。又，齐己《酬西蜀广济大师见寄》诗（《全诗》八四四）云："应怜无可与无本（按：贾岛），终向风骚作弟兄。"《直斋》一九"无可集一卷"条："唐僧贾无可撰，岛弟也。"

青龙寺：注见本书卷第五（一一八）《贾岛传》。

④ "与马戴、姚合、厉玄多有酬唱" 无可有《寄华州马戴》、《晚酬姚合见寄》、《陪姚合游金州南池》、《金州别姚合》、《秋日寄厉玄先辈》等诗（《全诗》八一三）。

马戴：见本书卷第七（一八五）。

姚合：见本书本卷（一五七）。

厉玄：大和二年进士，终侍御史。见《纪事》五一"厉元（玄）"条。

⑤"比物以意"至"妙在言用而不失其名耳""不失其名"，"失"应作"言"。此段采自《冷斋夜话》。《诗人玉屑》三"象外句"条引《冷斋》云："唐僧多佳句，其琢句法比物以意，而不指言一物，谓之象外句。如无可上人诗曰：'听雨寒更尽，开门落叶深。'是落叶比雨声也。又曰：'微阳下乔木，远烧入秋山。'以微阳比远烧也。用事琢句，妙在言其用而不言其名耳。"蔡居厚《诗史》略同。"听雨寒更尽"二句，见于《全诗》八一三《无可卷》，题为《秋寄从兄贾岛》。"微阳下乔木"二句，《全诗》失收。

【补录】

唐代姚合《送无可上人游越》（《全诗》四九六）：

"清晨相访立门前，麻履方袍一少年。懒读经文求作佛，愿攻诗句觅升仙。芳春山影花连寺，独夜潮声月满船。今日送行偏惜别，共师文字有因缘。"

【辑评】

宋代惠洪《天厨禁脔》上：

"《宿西林寺》：'听雨寒更尽，开门落叶深。'《登楼晚望》：'微阳下乔木，远烧入秋山。'此诗，唐僧无可诗也。退之所称岛、可，岛谓贾岛也。此句法最有奇趣，然譬之嚼蟹螯，不能多得。一夜萧萧，谓必雨也，及晓乃叶落也，其境绝可知。方远望谓斜阳，自乔木而下，乃是远烧入山，其远可知矣。"（按：余意是乔木斜阳之景，望之如秋山远烧也。）

明代胡震亨《唐音癸签》八：

"无可诗与兄岛同调，亦时出雄句，咄咄火攻。"

清代贺贻孙《诗筏》：

"唐释子以诗者数十家，然自皎然外，应推无可、清塞（即周贺）、齐己、贯休数人为最，以此数人诗无钵盂气也。僧家不独忌钵盂语，尤忌禅语。……尝见刘梦得云：'释子诗因定得境，故清；由悟遣言，故慧。'余谓不然。僧诗清者每露清痕，慧者即有慧迹。"

清代贺裳《载酒园诗话·又编》：

"无可诗如秋涧流泉，虽波涛不兴，亦自清泠可悦。如：'磬寒彻几里？

385

云白已经宵。''雾交高顶草，云隐下方灯。''夜雨吟残烛，秋城忆远山。'亦不在'听雨寒更彻，开门落叶深'之下。但多与郎士元相杂，殊不能辨。"

## 一五一　熊孺登

孺登①，钟陵人②。有诗名。元和中，为西川从事③。与白舍人、刘宾客善，多赠答④。亦祗役湘中数年⑤。凡下笔，言语妙天下。如："江流如箭月如弓，行尽三湘数夜中。无奈子规知向蜀，一声声似怨春风。"⑥又《经古墓》⑦云："碑折松枯山火烧，夜台曾闭不曾朝。那将逝者比流水，流水东流逢上潮。"类此极多。有集今传。

【校注】

①"孺登"　《纪事》四三"熊孺登"条同；《四库》本作"儒登"，与《直斋》一九"熊儒登"条合。

②"钟陵人"　《纪事》同。参见本篇校注④。

钟陵：宝应元年改豫章县为钟陵县，今江西省南昌市。见《元和志》二八"江南道洪州南昌县"。

③"元和中，为西川从事"　《纪事》作"终于藩镇从事"。《直斋》记："唐西川从事熊儒登撰，元和中人。"

西川：剑南西川。至德二年，分剑南节度使西部地所置方镇，治成都府（今四川省成都市）。见《元和志》三一"剑南道成都府"。

④"与白舍人、刘宾客善，多赠答"　白居易有《洪州逢熊孺登》诗（《全诗》四四〇），刘禹锡有《送湘阳熊判官孺登府罢归钟陵寄呈江西裴中丞二十三兄》诗（《全诗》三五四）。二诗《纪事》四三"熊孺登"条皆引录，本篇当即据此。

⑤"亦祗役湘中数年"　熊孺登有《祗役遇风谢湘中春色》、《湘江夜泛》诗（《全诗》四七六）。

祗〔zhī〕役：指官府衙吏执役。

⑥"江流如箭月如弓"四句　《全诗》四七六题为《湘江夜泛》。

⑦《经古墓》　诗载《全诗》四七六《熊孺登卷》。

卷 第 六

## 一五二　李　约

　　约，字存博，汧公李勉之子也。元和中，仕为兵部员外郎[1]。与主客员外张谂极相知。每单枕静言，达旦不寐。尝赠韦况曰："我有心中事，不向韦郎说。秋夜洛阳城，明月照张八。"[2]性清洁寡欲，一生不近粉黛，博古探奇。初，汧公海内名臣，多蓄古今玩器，约愈好之。所居轩屏几案，必置古铜怪石、法书名画，皆历代所宝。坐间悉雅士，清谈终日，弹琴煮茗，心略不及尘事也[3]。尝使江南，于海门山得双峰石及绿石琴荐[4]，并为好事者传。闵然亦寓意，未尝戛然寡情[5]，豪夺吝与。复嗜茶，与陆羽、张又新论水品特详。曾授客煎茶法，曰："茶须缓火炙，活火煎，当使汤无妄沸。始则鱼目散布，微微有声；中则四畔泉涌，累累然；终则腾波鼓浪，水气全消。此老汤之法，固须活火，香味俱真矣。"[6]时知音者赏之。有诗集。后弃官终隐[7]。又著《东杓引谱》一卷，今传。

**【校注】**

①"汧公李勉"至"兵部员外郎"　《新书》五七《艺文志》一"李约《东杓引谱》一卷"附注："勉子，兵部员外郎。"李绰《尚书故实》："兵部员外郎约，汧公之子也。"（《因话录》二同。）

李勉：注见本书卷第三（六八）《刘方平传》。

②"与主客员外"至"明月照张八"　《四库》、《指海》本"单枕"作"联枕"。此段采自《尚书故实》，又见于《广记》一六八、《南部新书》丁、《纪事》三一"李约"条。"极相知"，《尚书故实》作"同弃官"，《南部新书》、《纪事》作"同官"。"我有心中事"四句，《全诗》三〇九题为《赠韦况》，"韦郎"作"韦三"（《尚书故实》、《南部新书》、《纪事》同）。

张谂：德宗时宰相张延赏子，官主客员外郎。见《新书》七二下《宰相世系表》二下。

③"性清洁寡欲"至"心略不及尘事也"　赵璘《因话录》二记："雅度玄机，萧萧冲远，德行既优，又有山林之致。琴道、酒德、诗调皆高绝，一生不近粉黛，性喜接

387

引人物，不好俗谈。……多蓄古器，在湖州尝得古铁一片，击之清越。"张弘靖《萧斋记》（《唐文拾遗》二五）记："陇西李君约于江南得萧子云壁书飞白'萧'字……遂特建精室，陷列于垣。……（李君）所得魏晋以降名书秘籍多矣。"

④"绿石琴荐" 《四库》本无"荐"字。

琴荐：琴床，安放琴的器具。

⑤闷〔bì〕然：谨慎貌。

戛然：形容面有难色。

⑥"复嗜茶"至"香味俱真矣" 《因话录》二记："约天性唯嗜茶，能自煎。谓人曰：'茶须缓火炙，活火煎。活火谓炭火之焰者也。'"亦见于《纪事》、《广记》二〇一。参见陆羽《茶经·五之煮》。

陆羽：传见本书卷第三（七四）。

张又新：传见本书本卷（一四七）。

鱼目：煮茶时水中泛起的气泡。

⑦"后弃官终隐" 《尚书故实》作："与主客张员外谂同弃官，并韦征君况，墙东遁世。"

# 【补录】

唐代赵璘《因话录》二：

"君（按：指李约）初至金陵，于府主庶人锜（按：润州刺史李锜，后以谋反贬为庶人诛死）坐，屡赞招稳寺标致。一日，庶人燕于寺中，明日谓君曰：'十郎尝夸招隐寺，昨宴游细看，何殊州中？'君笑曰'某所赏者，疏野耳。若远山将翠幕遮，古松用彩物裹，腥膻涴鹿掊泉，音乐乱山鸟声，此则实不如叔父大厅也。'庶人大笑。"

唐代李绰《尚书故实》：

"兵部李约员外尝江行，与一商胡舟楫相次。商胡病，固邀相见，以二女托之，皆国色也。又与一珠，约悉唯唯。及商胡死，财宝钜万，约悉籍其数送官，而以二女求配。始殓商，约自以夜光含之，人莫知之。后死商胡有亲属来理资财，约请官司发掘验之，夜光果在。其密行皆此类也。"

宋代郭若虚《图画见闻志》五：

"唐张璪员外，画山水松石，名重于世。……又有一士人家，曾请璪画林石一障。士人云亡，有兵部李约员外，好画成癖，知而购之，其家弱妻已练为衣里矣。惟得中两幅，双柏一石在焉。李嗟惋久之，作《练桧记》，述张画意,词多不载。"

**【辑评】**

明代杨慎《升庵诗话》四:

"学诗者动辄言唐诗,便以为好,不思唐人有极恶劣者。……其他如'我有心中事,不向韦三说。昨夜洛阳城,明月照张八'(按:李约诗)……此类皆下净优人口中语。"

《升庵诗话》五:

"李约《观祈雨》:'桑条无叶土生烟,箫管迎龙水庙前。朱门几处耽歌舞,犹恨春阴咽管弦。'与聂夷中'二丝'、'五谷'之诗并观,有《三百篇》意。"

明代胡震亨《唐音癸签》七:

"李存博贵公子,亦豪亦恬,虽篇什无多,疏野可赏。"

清代余成教《石园诗话》二:

"李存博雅度简远,诗亦清旷。"

## 一五三 沈亚之(781—832)

亚之,字下贤,吴兴人①。初至长安,与李贺结交。举不第,为歌以送归②。元和十年,侍郎崔群下进士。泾原李汇辟为掌书记。为秘书省正字。长庆中,补栎阳令。四年,迁福建团练副使,事徐晦。后累迁殿中丞御史内供奉。大和三年,柏耆宣慰德州,取为判官。耆罢,亚之贬南康尉。后终郢州掾③。亚之以文辞得名,然狂躁贪冒,辅耆为恶,颇凭陵晚达,故及于谪。尝游韩吏部门。杜牧、李商隐俱有拟沈下贤诗,盖甚为当时名辈器重云④。有集九卷,传世。

**【校注】**

① "吴兴人" 李贺《送沈亚之歌》(《全诗》三九〇)称"吴兴才子怨春风","家住钱塘东复东"。《纪事》五一"沈下贤"条作"吴人"。《郡斋》四中"沈亚之集八

卷"条作"长安人"。《直斋》一六"沈下贤集十二卷"条云："吴兴者，著郡望，其实长安人。"沈下贤《别权武文》(《全文》七三四) 称："余吴兴人，生于汧陇之阳。"

　　吴兴：注见本书卷第二（五〇）《孟云卿传》。

　　②"初至长安"至"为歌以送归"　"举不第"，《四库》、《指海》本"举"下有"进士"二字。李贺《送沈亚之歌》序云："文人沈亚之，元和七年以书不中第，返归于吴江。吾悲其行，无钱酒以劳，又感沈之勤请，乃歌一解以送之。"

　　③"元和十年"至"后终郢州掾"　"为秘书省正字"，《郡斋》同；《四库》、《指海》本"为"作"迁"。此段引自《郡斋》，文略同。"长庆中"，《郡斋》"中"作"初"。《直斋》作："元和十年进士，仕不出藩府。长庆中为栎阳尉，大和中谪掾郢州。皆集中可见者也。"按：钱易《南部新书》已记："（崔）群元和十年典贡，放三十人。"殷尧藩有《送沈亚之尉南康》诗（《全诗》四九二），张祜亦有《送沈下贤谪尉南康》诗（《全诗》五一〇）。亚之贬南康尉事，参见《新书》一七五《柏耆传》。

　　崔群：注见本书卷第五（一三〇）《韩愈传》。

　　泾原：大历三年所置方镇，治泾州（今甘肃省泾川县北）。见《元和志》三"关内道泾州"。

　　李汇：李光弼子。元和初，官宿州刺史，十年迁泾原节度使。传见《新书》一三六。沈亚之有《泾原节度使李常侍墓志》。

　　栎阳：注见本书卷第四（一〇二）《韦应物传》。

　　福建：注见本书卷第三（五九）《鲍防传》。

　　徐晦：历殿中侍御史、晋州刺史、中书舍人。宝历元年出为福建观察使。大和四年征拜兵部侍郎。传见《旧书》一六五。

　　柏耆：元和中，自处士授左拾遗，转兵部郎中。大和初，沧德李同捷叛乱，柏耆奉旨宣慰，以沈亚之为判官；乱平，诸将嫉柏耆邀功，上奏论诬，乃贬为循州司户，后又长流爱州，赐死。传见《旧书》一五四、《新书》一七五。

　　德州：治安德，今山东省陵县。见《元和志》一七"河北道"。

　　南康：今江西南康县。见《元和志》二八"江南道虔州"。

　　郢州：注见本书卷第三（六三）《郎士元传》。

　　④"亚之以文辞得名"至"名辈器重云"　"尝"原作"常"，据《四库》抄本改。此段引自《郡斋》，文略同。《郡斋》"杜牧"上有"李贺"二字。

　　韩吏部：韩愈，传见本书卷第五（一三〇）。

　　杜牧：传见本书本卷（一六八）。

　　李商隐：传见本书卷第七（一七七）。

【辑评】

　　唐代杜牧《沈下贤》（《全诗》五二一）：

"斯人清唱何人和?草径苔芜不可寻。一夕小敷山下梦,水如环佩月如襟。"

明代胡震亨《唐音癸签》七:

"沈亚之意尚新奇,风骨未就。以当时有学其体者,故论之。"

清代贺裳《载酒园诗话·又编》:

"沈亚之《村居》诗曰:'月上蝉韵残,梧桐阴满地。'二语清绝。然上语曰:'无树栖宿鸟,无酒共客醉。'梧阴既已满地,则树亦不小,鸟不堪宿耶?此语病也。"

## 一五四　徐　凝

凝,睦州人①。元和间有诗名,方干师事之②。与施肩吾同里闬,日亲声调③。无进取之意,交眷悉激勉,始游长安,不忍自衒鬻,竟不成名。将归,以诗辞韩吏部云:"一生所遇惟元白,天下无人重布衣。欲别朱门泪先尽,白头游子白身归。"④知者怜之。遂归旧隐,潜心诗酒,人间荣耀,徐山人不复贮齿颊中也。老病且贫,意泊无恼,优悠自终。集一卷,今传。○余昔经桐庐⑤古邑,山水苍翠,严先生⑥钓石,居然无恙。忽自星沉,千载寥邈,后之学者,往往继踵芳尘⑦。文华伟杰,义逼云天,产秀毓奇,此时为冠。至今有长吟高蹈之风,古碑、石刻、题名等,相传不废。揽辔徬徨,不忍去之。胜地以一人兴,先贤为来者重,固当相勉而无倦也。

【校注】

①"睦州人"　《纪事》五一"徐凝"条同。雍陶《送徐山人归睦州旧隐》诗(《全诗》五一八)云:"君在桐庐何处住?草堂应与戴家邻。"

睦州:注见本书卷二(三八)《刘长卿传》。

②"方干师事之"　皮日休《论白居易荐徐凝屈张祜》(《全文》七九七)记:"方干学诗于凝。"《纪事》五二"徐凝"条同。《摭言》四、一○亦记方干师徐凝事,参见本书卷七(一九二)《方干传》。

③"与施肩吾同里閈，日亲声调" 徐凝有《回施先辈见寄新诗二首》（《全诗》四七四），施肩吾有《春日宴徐君池亭》（《全诗》四九四）。

施肩吾：传见本书本卷（一六〇）。

里閈〔hàn〕：里门；乡里。

④"一生所遇惟元白"四句 《全诗》四七四《徐凝卷》题为《自鄂渚至河南将归江外留辞侍郎》。洪迈《容斋随笔》一〇"徐凝诗"条题为《将归江外辞韩侍郎》。

白身：指没有官职出身的人。

⑤桐庐：注见本书卷第三（七一）《严维传》。

⑥严先生：东汉严光，注见本书卷第三（七一）《严维传》。

⑦"芳尘" "尘"原作"蓙"，此从《指海》本。

## 【补录】

唐代皮日休《论白居易荐徐凝屈张祜》（《全文》七九七）：

"凝之操履，不见于史。然方干学诗于凝，赠之诗曰：'吟得新诗草里论。'戏反其词，谓'村里老'也。方干世所谓简古者，且能讥凝，则凝之朴略椎鲁，从可知矣。"（按：参见本书卷七（一九二）《方干传》。）

五代王定保《唐摭言》二"争解元"条：

"白乐天典杭州，江东进士多奔杭取解。时张祜自负诗名，以首冠为己任。既而徐凝后至。会郡中有宴，乐天讽二子矛盾。祜曰：'仆为解元，宜矣。'凝曰：'君有何嘉句？'祜曰：'《甘露寺》诗有：日月光先到，山河势尽来。又《金山寺》诗有：树影中流见，钟声两岸闻。'凝曰：善则善矣，奈无野人句云：千古长如白练飞，一条界破青山色。'祜愕然不对。于是一座尽倾，凝夺之矣。"（按：又见《云溪友议》中"钱塘论"条。）

## 【辑评】

宋代王直方《王直方诗话》：

"东坡云，世传徐凝《瀑布诗》，至为尘陋。又伪作乐天诗称美此句，有'赛不得'之语。乐天虽涉浅易，岂至是哉！乃作一绝云：'帝遣银河一派垂，古来惟有谪仙词。飞流溅沫知多少，不与徐凝洗恶诗。'"

宋代龚颐正《芥隐笔记》：

"《天台山赋》：'瀑布飞流而界道。'所以徐凝有'界破青山色'，孰谓其恶而无所自耶？"

宋代洪迈《容斋随笔》一〇：

"徐凝以瀑布'界破青山'之句，东坡指为恶诗，故不为诗人所称说。予家有凝集，观其余篇，亦自有佳处，今漫记数绝于此。《汉宫曲》云：'水色帘前流玉霜，赵家飞燕侍昭阳。掌中舞罢箫声绝，三十六宫秋夜长。'《忆扬州》：'萧娘脸下难胜泪，桃叶眉头易得愁。天下三分明月夜，二分无赖是扬州。'……皆有情致，宜见知于微之、乐天也。但俗子妄作乐天诗，谬为赏激，以起东坡之诮耳。"

清代吴骞《拜经楼诗话》：

"《青梅轩诗话》：徐凝绝句殊有佳者，不尽恶诗也。如'娟娟水宿初三夜，曾伴愁娥到语儿'，及'不寒不暖看明月，况是从来少睡人'，极似香山。"（按：语儿为人名，诗题为《语儿见新月》。）

清代吴景旭《历代诗话》五一：

"然观《天台山赋》：'赤城霞起以建标，瀑布飞流而界道。'则凝所云'界破'，其亦有所本矣。曹松诗：'庐山瀑布三千仞，画破青霄始落斜。'其意亦同。"

## 一五五　裴夷直

夷直，字礼卿[①]，吴人[②]。元和十年，礼部侍郎崔群下进士[③]。仕为中书舍人。武宗立，以罪贬驩州司户。宣宗初，为江、华二州刺史，终尚书左司员外郎、散骑常侍[④]。工诗，有盛名。集一卷，今传于世。

【校注】

① "字礼卿"　《新书》一四六本传（《张孝忠传》附）同。

② "吴人"　裴夷直《秦中卧病思归》诗（《全诗》五一三）云："病身归处吴江上，一寸心中万里愁。"本篇或即据此。《纪事》五一"裴夷直"条引《王质传》称"河东裴夷直"。

③ "元和十年，礼部侍郎崔群下进士"　《新书》本传记："第进士。"钱易《南部新书》己记："（崔）群元和十年典贡，放三十人。"

崔群：注见本书卷第五（一三〇）《韩愈传》。

393

④ "仕为中书舍人"至"散骑常侍" 据《新书》本传节写。《新书》无"尚书左司员外郎"七字。按《唐尚书省郎官石柱题名》（据岑仲勉《郎官石柱题名新著录》），裴夷直名载"左司员外郎"下第八行。

驩州：注见本书卷第一（八）《沈佺期传》。

江州：注见本书卷第四（一〇二）《韦应物传》。

华州：传见本书卷第二（四六）《杜甫传》。

附记：此篇《四库》本失载。

### 【补录】

后晋刘昫《旧唐书》一六三《王质传》：

"（王质）在宣城辟崔珦、刘蕡、裴夷直、赵晳为从事，皆一代名流。"（按：大和八年王质为宣歙团练观察使。）

宋代宋祁《新唐书》一四八《裴夷直传》：

"亦婞亮。……武宗立，夷直视册牒不肯署，乃出为杭州刺史，斥驩州司户参军。"

## 一五六 薛 涛（770？—832）

涛，字洪度，成都乐妓也①。性辨慧，调翰墨②。居浣花里，种菖蒲满门③，傍即东北走长安道也。往来车马留连。元和中，元微之使蜀，密意求访，府公严司空知之，遣涛往侍。微之登翰林，以诗寄之曰："锦江滑腻峨嵋秀，幻出文君与薛涛。言语巧偷鹦鹉舌，文章分得凤凰毛。纷纷词客皆停笔，个个公侯欲梦刀。别后相思隔烟水，菖蒲花发五云高。"④及武元衡入相，奏授校书郎⑤。蜀人呼妓为校书，自涛始也。后胡曾⑥赠诗曰："万里桥边女校书，枇杷树下闭门居。扫眉才子知多少，管领春风总不如。"⑦涛工为小诗，惜成都笺幅大，遂皆制狭之，人以为便，名曰"薛涛笺"⑧。且机警闲捷，座间谈笑风生。高骈镇蜀门日，命之佐酒，改一字惬音令，且得形象，曰："口似没梁斗。"答曰："川似三条椽。"公曰："奈一条曲何？"曰："相公为西川节度，尚用一破斗；况穷

卷 第 六

酒佐，杂一曲橡，何足怪哉！"其敏捷类此特多，座客赏叹⑨。其所作诗，稍欺良匠⑩，词意不苟，情尽笔墨，翰苑崇高，辄能攀附。殊不意裙裾之下⑪，出此异物，岂得匪其人而弃其学哉⑫。大和中，卒⑬。有《锦江集》五卷，今传，中多名公赠答云。

【校注】

① "字洪度，成都乐妓也"　《郡斋》四中"薛涛锦江集五卷"条称"唐薛涛洪度"，"西川乐妓"。《直斋》一九"薛涛集一卷"条称"唐成都妓女薛涛"，"字洪度"。

② "性辨慧，调翰墨"　《四库》、《指海》本"调"作"娴"。

③ "居浣花里，种菖蒲满门"　元稹《寄赠薛涛》诗（《全诗》四二三）："别后相思隔烟水，菖蒲花发五云高。"前蜀景涣《牧竖闲谈》云："薛尝好种菖蒲，故有是句。"又，薛涛有《浣花亭陪川主王播相公暨僚同赋早菊》诗（《全诗》失收，见于张蓬舟《薛涛诗笺》。）

浣花里：在今四川省成都市西南，锦江支流浣花溪（即百花潭）流经此处，溪畔有杜甫草堂。

④ "元和中"至"菖蒲花发五云高"　此段据《纪事》三七"元稹"条。又见于范摅《云溪友议》下"艳阳词"条。"使蜀"，《纪事》作"为监察使蜀"。"府公严司空"，《友议》"司空"下有"绶"字。"锦江滑腻峨嵋秀"八句，《全诗》四二三题为《寄赠薛涛》。

元微之：元稹，传见本书本卷（一四四）。

严司空：严绶，注见本书卷第五（一二六）《令狐楚传》。

梦刀：晋王濬梦三刀卧屋梁上，须臾又盖一刀。或谓：三刀为州字，又盖一刀者，当临益州。后果迁益州刺史。见《晋书·王濬传》。

⑤ "及武元衡入相，奏授校书郎"　《郡斋》记："武元衡奏校书郎。"五代何光远《鉴戒录》"蜀才妇"条记："薛涛者，容仪颇丽，才调尤佳，言谑之间，立有酬对。大凡营妓，比无校书之称，自韦南康（皋）镇成都日，欲奏而罢，至今呼之。"《直斋》一九"薛涛集一卷"条："号薛校书，世称奏授，恐无是理，殆一时州镇褒借为戏，如今世白帖、借补之类耶？"

武元衡：传见本书卷第四（一〇四）。

⑥ 胡曾：传见本书卷第八（二一二）。

⑦ "万里桥边女校书"四句　《四库》本"树"作"花"。《全诗》三〇一《王建卷》题为《寄蜀中薛涛校书》，题下注："一作胡曾诗。"《全诗》六四七《胡曾卷》亦收此诗，题为《赠薛涛》。按：《鉴戒录》以为"进士胡曾所作"，《纪事》同。胡曾乾

395

符初始佐剑南西川高骈幕，与薛涛年岁不相及，诗当系王建作。

万里桥：在今四川省成都市南。三国蜀费祎使吴。叹曰："万里之路，始于此桥。"见《元和志》三一"剑南道成都府"。浣花溪即在附近，杜甫《狂夫》诗有"万里桥西一草堂，百花潭水即沧浪"之句。

扫眉才子：才女，有文学才能的女子。

⑧"涛工为小诗"至"名曰'薛涛笺'"　采自《南部新书》、《纪事》。

⑨"且机警闲捷"至"座客赏叹"　"改一字慊音令"，《四库》本"改"作"行"，正保、《佚存》本"慊"作"叶"。"奈一条曲何"，《四库》本作"奈何一条曲"。此段内容见于宋代皇都风月主人《绿窗新话》下"薛涛妓滑稽改令"条引《纪异录》。"命之佐酒，改一字慊音令，且得形象"，《绿窗新话》作："命酒佐薛涛改一字令，曰：须一字象形，又须逐韵。"按：高骈为高崇文之孙，乾符三年始节度西川，与薛涛年度不相及。或为高崇文之误。

高骈：传见本书卷第九（二二八）。

改一字慊音令：酒令之一种。"口""斗"同韵，"川""椽"同韵，符合"慊音"的要求。

⑩"稍欺良匠"　《四库》、《指海》本"欺"作"窥"。

⑪"裙裾之下"　《四库》本"下"作"中"。

⑫"岂得匪其人而弃其学哉"　《四库》、《指海》本"匪其人"作"以匪人"。

⑬"大和中，卒"　据《郡斋》。

【补录】

宋代王谠《唐语林》六：

"西蜀官妓曰薛涛者，辩慧知诗。尝有黎州刺史（失姓名）作《千字文令》，带禽鱼鸟兽，乃曰：'有虞陶唐。'坐客忍笑不罚。至薛涛云：'佐时阿衡。'其人谓语中无鱼鸟，请罚。薛笑曰：'衡字尚有小鱼子。使君"有虞陶唐"，都无一鱼。'宾客大笑。"

宋代章渊《槁简赘笔》：

"蜀妓薛涛字弘度，本长安良家子。父郑，因官寓蜀。涛八九岁知声律，其父一日坐庭中，指井梧而示之曰：'庭除一古桐，耸干入云中。'令涛续之，涛应声曰：'枝迎南北鸟，叶送往来风。'父愀然久之。父卒，母孀居。韦皋镇蜀，召令侍酒赋诗，因入乐籍。涛暮年屏居浣花溪，着女冠服。有诗五百首。"

宋代佚名《宣和书谱》一○：

"妇人薛涛，成都倡妇也，以诗名当时。虽失身卑下，而有林下风致。故词翰一出，则人争传以为玩。作字无女子气，笔力峻激，其行书妙处，颇得王羲之法，少加以学，亦卫夫人之流也。每喜写己所诗，语亦工，思致俊逸，法书警句，因而得名。"

明代钟惺《名媛诗归》一三：

"（薛涛）晚岁居碧鸡坊，创吟诗楼，偃息其上。后段文昌再镇成都，涛卒，年七十五，文昌为撰墓志。"

【辑评】

明代杨慎《升庵诗话》一一：

"'闻说边城苦，如今到始知。好将筵上曲，唱与陇头儿。'此薛涛在高骈宴上乐府也，有讽谕而不露，得诗人之妙。"（按：诗见于《又玄集》下，题为《罚赴边有怀上韦相公》，文略同。）

明代胡震亨《唐音癸签》八：

"薛工绝句，无雌声，自寿者相。"

明代钟惺《名媛诗归》一三：

"《十离诗》有引咎自责者，有归咎他人者，有拟议情好者，有直陈过端者，有微寄讽刺者，皆情到至处，一往而就。非才人、女人不能，盖女人善想、才人善达故也，此《长门赋》所以授情于洛阳年少也。"

"《海棠溪》：'春教风景驻仙霞，水面鱼身总带花。人世不思灵卉异，竟将红缬染轻沙。'鲜明的烁，以用意得之，而气仍奥衍，绝不欲为繁饰也。"

"《送卢员外》：'玉垒山前风雪夜，锦官城外别离魂。信陵公子如相问，长向夷门感旧恩。'只似一首吊古咏怀诗，却作送赠，高而朴，古而静，可谓大手笔。"

"《段相国游武担寺病不能从题寄》：'消瘦翻堪见令公，落花无那恨东风。侬心犹道青春在，羞看飞蓬石镜中。'自忖自量，自羞自畏，无限揣摩蓄缩之状。"

清代纪昀《四库全书总目》一八六"薛涛李冶诗集二卷"条：

"涛《送友人》及《题竹郎庙》诗，为向来传诵。然如《筹边楼》诗曰：'平临云鸟八窗秋，壮压西南四十州。诸将莫贪羌族马，最高层处见边头。'其托意深远，有'鲁嫠不恤纬，漆室女坐啸'之思，非寻常裙屐所及，宜其名重一时。"

## 一五七 姚 合（779—846）

合，陕州人，宰相崇之曾孙也[1]。以诗闻。元和十一年，李逢吉知贡举，有夙好，因拔泥涂，郑澥榜及第。历武功主簿，富平、万年尉[2]。宝应中，除监察御史，迁户部员外郎，出为金、杭二州刺史。后召入，拜刑户二部郎中、谏议大夫、给事中[3]。开成间，李商隐尉弘农，以活囚忤观察使孙简，将罢去；会合来代简，一见大喜，以风雅之契，即谕使还官[4]，人雅服其义。后仕终秘书监[5]。与贾岛同时，号"姚、贾"，自成一法[6]。岛难吟，有清冽之风；合易作，皆平澹之气。兴趣俱到，格调少殊，所谓方拙之奥，至巧存焉。盖多历下邑，官况萧条，山县荒凉、风景凋弊之间，最工模写也。性嗜酒爱花，颓然自放，人事生理，略不介意，有达人之大观。所为诗十卷，及选集王维、祖咏等一十八人诗为《极玄集》一卷[7]，《序》称维等"皆诗家射雕手也"[8]。又摭古人诗联，叙其措意。各有体要，撰《诗例》一卷，今并传焉。

【校注】

[1] "陕州人，宰相崇之曾孙也" 《旧书》九六《姚崇传》作"陕州硖石人也。……玄孙合。"《新书》一二四《姚崇传》作"曾孙合"。《直斋》一九"姚少监集十卷"条亦作"崇之曾孙也"。按：据《新书》七四下《宰相世系表》四下，姚合为姚崇弟元素之曾孙，姚崇之曾侄孙。参见徐松《登科记考》一八（元和十一年）"姚合"条引宋代邓名世《古今姓氏书辨证》。按：沈亚之《异梦录》（《沈下贤文集》四）称"吴兴姚合"。

陕州：注见本书卷第四（一○一）《王建传》。

姚崇：则天朝为夏官侍郎、同凤台鸾阁平章事。中宗朝出为刺史。睿宗立，拜兵部尚书，同中书门下三品，后贬刺史。先天中还为尚书，知政事，迁紫微令。开元中居宰执,称名相。传见《旧书》九六、《新书》一二四。

②"元和十一年"至"富平、万年尉" 采自《郡斋》四中"姚合诗十卷"条,文略同。"历武功主簿",两《唐书》本传(《姚崇传》附)作"授(调)武功尉"。《直斋》一九"姚少监集十卷"条亦作:"元和十一年进士"。按:徐应秋《玉芝堂谈荟》二"历代状元"条:"(元和)十一年,进士三十二人,状元郑澥。"《御史台精舍题名碑》、《新书·艺文志》作"郑澥"。

李逢吉:见本书本卷(一四七)《张又新传》。

郑澥:字蕴士,山南东道李愬幕掌书记,开州刺史。见《新书》五八《艺文志》二"郑澥凉国公平蔡录一卷"条。

武功:今陕西省武功县西。见《元和志》二"关内道京兆府"。

富平:今陕西省富平县。见《元和志》一"关内道京兆府"。

万年:注见本书卷第二(三七)《薛据传》。

③"宝应中"至"谏议大夫、给事中" 引自《郡斋》,文微异。"宝应中",《郡斋》、《纪事》同;姚合元和十一年始登第,则"宝应"疑为"宝历"之误。"监察御史",两《唐书》本传、《纪事》四九"姚合"条同,《郡斋》作"监察殿中御史"。"金、杭二州刺史",《郡斋》同,《纪事》"金"作"荆",《全诗》四九六姚合小传从之,误;姚合有《金州书事寄山中旧友》诗(《全诗》四九七),诗云:"安康虽好郡,刺史是憨翁。"按:刘得仁有《送姚合郎中任杭州》诗(《全诗》五四四)。

金州:治西城,今陕西省安康县。见《旧书》三九《地理志》二"山南西道"。

④"开成间"至"即谕使还官" 引自《新书》二〇三《李商隐传》,文略同。《旧书》本传记:"历陕虢观察使。"

李商隐:传见本书卷第七(一七七)。

弘农:今河南省灵宝县。见《元和志》六"河南道虢州"。

孙简:文宗朝仕至中书舍人,会昌初迁尚书左丞,开成间官陕虢观察使。历河中、兴元、宣武节度使,东都留守。传见《新书》二〇二。

⑤"后仕终秘书监" 据《新书》本传。《郡斋》、《直斋》并作:"开成末,终秘书监。"

⑥"与贾岛同时,号'姚、贾',自成一法" 《沧浪诗话·诗辨》:"近世赵紫芝、翁灵舒辈,独喜贾岛、姚合之诗,稍稍复就清苦之风。江湖诗人多效其体,一时谓之唐宗。""姚、贾"之称,见于刘克庄《后村题跋》三"程垣诗卷"条:"窃知君喜姚合所编《极玄集》,而自方贾岛。余谓姚、贾缚律,俱窘边幅。"

⑦"一十八人诗为《极玄集》一卷" 《极玄集·自序》谓:"凡念一人,共百首。"《直斋》一九"极玄集一卷"条亦记:"唐姚合集王维至戴叔伦二十一人诗一百首。"今本《极玄集》录王维、祖咏等二十一人诗。

⑧ "皆诗家射雕手也"  引自《极玄集·自序》,原文"皆"上有"此"字。

附记:此篇《四库》本失载。

**【补录】**

宋代宋祁《新唐书》一二四《姚合传》:

"累转给事中。奉先、冯翊二县民诉牛羊使夺其田,诏美原主簿朱俦覆按,猥以田归使,合劾发其私,以地还民。"

宋代计有功《唐诗纪事》四九"姚合"条:

"与马戴、费冠卿、殷尧藩、张籍游,李频师之。"

**【辑评】**

宋代刘克庄《后村诗话·新集》四:

"亡友赵紫芝选姚合、贾岛诗为《二妙集》,其语往往有与姚、贾相犯者。按贾太雕镌,姚差律熟,去韦、柳尚争等级。"

元代方回《瀛奎律髓》一〇:

"(姚少监)诗亦一时新体也,而格卑于岛,细巧则或过之。……予谓诗家有大判断,有小结裹。姚之诗专在小结裹,故四灵学之,五言八句皆得其趣,七言律及古体则衰落不振,又所用料不过花、竹、鹤、僧、琴、药、茶、酒,于此几物,一步不可离,而气象小矣。"

明代胡震亨《唐音癸签》七:

"姚秘监诗洗濯既净,挺拔欲高。得趣于浪仙之僻,而运以爽亮;取材予籍、建之浅,而媚以蒨芬,殆兼同时数子巧,撮其长者。但体似尖小,味亦微醨,故品局中驷尔。"

明代许学夷《诗源辩体》二五:

"其人既在元和间,先已逗入晚唐纤巧,故晚唐诸家实多类之,非有意学之耳。"

清代贺裳《载酒园诗话》一:

"凡摹拟最忌入俗。姚合形容山邑荒僻,官况萧条,曰'马随山鹿放,鸡杂野禽栖',真刻画而不伤雅。至'县古槐根出'犹可,下云'官清马骨高','官清'字太着痕迹,'马骨高'尤入俗诨。梅圣俞乃言胜前二语,真是颠倒。"(按:参见《六一诗话》引梅尧臣语。)

《载酒园诗话·又编》：

"秘书与阆仙善，兼效其体。古诗不惟气格近之，尚无其酸言。至近体如'酒熟听琴酌，诗成削树题'，'过门无马迹，满宅是蝉声'，'看月嫌松密，垂纶爱水深'，'弄日莺狂语，迎风蝶倒飞'，俱为宋人所尊，观之果亦警策。"

清代潘德舆《养一斋诗话》五：

"合诗体气清整，人以为宋末四灵之开山，恐不尽然。"

## 一五八 李 廓

廓，宰相程之子也①。少有志勋业，揽辔慨然，而未肯屑就，遂困场屋中。作《下第》诗曰："榜前潜制泪，众里独嫌身。气味如中酒，情怀似别人。"②时流皆称赏，且怜之，因共推挽。元和十三年独孤樟榜进士③，调司经局④正字，出为鄂县令⑤。累历显宦，仕终武宁节度使，政有奇绩⑥。工诗，极绮致。与贾岛相友善。集今传世⑦。

【校注】

① "宰相程之子也" "程"原作"裎"，据正保、《佚存》、《四库》、三间本改。《新书》一三一《李程传》："子廓。"

李程：德宗朝仕至翰林学士。元和中，历中书舍人、礼部侍郎、鄂岳观察使、吏部侍郎。敬宗立，以本官同平章事，出为河东节度使。开成间终山南东道节度使。传见《旧书》一六七、《新书》一三一。

② "榜前潜制泪"四句，见于《全诗》四七九，题为《落第》（全诗八句）。

③ "元和十三年独孤樟榜进士" 《纪事》作"登元和进士第"。按：徐应秋《玉芝堂谈荟》二"历代状元"条作："（元和）十三年，进士三十二人，状元独孤梓。"徐松《登科记考》一八（元和十三年）"独孤樟"条："状元，见《永乐大典》引《清漳志》。《玉芝堂谈荟》作独孤梓，误。"

④ 司经局：属詹事府，为太子属官，主管四库图书刊辑。见《唐六典》二六"司经局"。

⑤ "出为鄂县令" 贾岛有《酬鄂县李廓少府见寄》、《净业寺与前鄂县李廓少府同

401

宿》诗（《全诗》五七三），姚合有《寄鄠县尉李廓少府》诗（《全诗》四九七）。据此，应作"鄠县尉"。

鄠县：今陕西省户县。见《元和志》二"关内道京兆府"。

⑥ "仕终武宁节度使，政有奇绩"　《新书》一三一《李程传》记："大中中，拜（廓）武宁节度使，不能治军。"辛氏云"政有奇绩"，未知何据。

武宁：元和二年所置方镇，治徐州。见《新书》六五《方镇表》二。

⑦ "与贾岛相友善。集今传世"　《四库》本无"相"、"世"二字。

## 【补录】

后晋刘昫《旧唐书》一六七《李程传》：

"廓进士登第，以诗名闻于时。大中末，累官至颍州刺史，再为观察使。"

宋代宋祁《新唐书》一三一《李程传》：

"子廓，第进士，累迁刑部侍郎。大中中，拜武宁节度使，不能治军。补阙郑鲁奏言：'新麦未登，徐必乱。'既而果逐廓。"（亦见于《东观奏记》上。）

宋代计有功《唐诗纪事》六〇"李廓"条：

"小说载：廓从其父程过三亭渡，为小石隐，足痛，以呼父。程曰：'太华峰头，见有仙人手迹；黄河滩里，争得隐人脚跟？'"

## 【辑评】

明代胡震亨《唐音癸签》七：

"李武宁（廓）宰相子，才藻翩翩。《少年行》字字取新，冶游趣事，碎小毕备，老人读之亦狂。"

明代钟惺、谭元春《唐诗归》三〇：

"便娟隽爽，艳情侠骨。心口足以兼之，别具灵慧。"（钟惺）

## 一五九　章孝标

孝标，字道正①，钱塘人②。李绅镇淮东时，春雪，孝标参座席，有诗名，绅命札请赋，唯然，索笔一挥云："六出花飞处处飘，粘窗拂砌上寒条。朱门到晚难盈尺，尽是三军喜气消。"李大称赏，荐于主文③。元和十四年，礼部侍郎庾承宣下进士及第，授校书郎④。于长安将归家庆，先寄友人曰："及第全胜十改官，金汤渡了出长安。马头渐入扬州郭，为报时人洗眼看。"绅适见，亟以一绝箴之曰："假金方用真金镀，若是真金不镀金。十载长安方一第，何须空腹用高心。"孝标惭谢⑤。伤其气宇窘急，终不大用。大和中，尝为山南道从事，试大理评事。仕终秘书正字⑥。有集一卷，传世。

【校注】

① "字道正"　未知所据。

② "钱塘人"　杨巨源有《送章孝标校书归杭州因寄白舍人》诗（《全诗》三三三）。《云溪友议》下"巢燕词"条云："前有章八元，后有章孝标，皆桐庐人，复同姓而皆不达。"《纪事》四一"章孝标"条同。按：雍陶有《寄襄阳章孝标》诗（《全诗》五一八）。

钱塘：注见本书卷第一（六）《骆宾王传》。

③ "李绅镇淮东时"至"荐于主文"　采自《唐摭言》一三"敏捷"条。"淮东"，据章孝标诗题应作"淮南"；《唐摭言》作"扬州"，《纪事》同。"唯然"，《唐摭言》作"孝标唯然"，《纪事》同。"六出花飞处处飘"四句，《全诗》五〇六题为《淮南李相公绅席上赋春雪》。"荐于主文"，《唐摭言》、《纪事》并无，疑无据，李绅于开成、会昌间始节度淮南，而章孝标已于元和间及第授官。

李绅：传见本书本卷（一四五）。

淮南：至德元载所置方镇，治扬州（今江苏省扬州市）。见《新书》六八《方镇表》五。

主文：即知贡举。

④ "元和十四年"至"授校书郎"　《直斋》一九"章孝标集一卷"条作"元和十四年进士"。《云溪友议》下"巢燕词"条记："章正字孝标"，"元和十三年下第……为《归燕诗》，留献庾侍郎承宣。……庾果秉礼曹，孝标来年擢第。"又记："孝标及第，除正字东归。"《纪事》亦云："孝标及第除正字。"按：本篇云"及第授校书郎"，下文又云"仕终秘书正字"，疑误。参见前引杨巨源诗题。

庾承宣：元和十三年权知礼部侍郎，长庆中官陕虢观察使，大和中历充海节度使、天平军节度使。见《新书》四四《选举志》上、《唐方镇年表》三、四。

⑤ "于长安将归家庆"至"孝标惭谢" "家庆"原作"嘉庆",据三间本改。此段采自《唐摭言》一三"矛盾"条,亦见于《纪事》、《广记》二五一。"先寄友人曰",《唐摭言》作"寄淮南李相曰"。"及第全胜十改官"四句,《全诗》五〇六题为《及第后寄广陵故人》,一作《寄淮南李相公绅》。"改"原作"政",讹,据《唐摭言》、《纪事》、《全诗》改。"金汤渡了",《唐摭言》、《全诗》"汤渡"作"鞍镫"。"假金方用真金镀"四句,《全诗》四八三题为《答章孝标》。

家庆:唐人称归家谒亲为拜家庆,亦简称家庆。卢象《自江东上田园移庄庆会》:"上堂家庆毕,顾与亲姻迩。"

⑥ "大和中"至"仕终秘书正字" 引自《纪事》,《纪事》无"仕终秘书正字"六字。《直斋》称"唐秘书省正字章孝标"。

附记:此篇《四库》本失载。

【补录】

唐代范摅《云溪友议》下"巢燕词"条:

"孝标及第正字,东归题杭州樟亭驿云:'樟亭驿上题诗客,一半寻为山下尘。世事日随流水去,红花还似白头人。'初成落句云'红花真笑白头人',改为'还似白头人'。言:'我将老成名,似花芳艳,讵能久乎?'及还乡而逝。"

【辑评】

明代谢榛《四溟诗话》二:

"章孝标下第曰:'连云大厦无栖处,更傍谁家门户飞?'后及第曰:'马头渐入扬州廓,为报时人洗眼看。'其量狭大类孟郊。"

明代胡震亨《唐音癸签》七:

"章孝标殊有蒨饰,七字尤爽朗。'云领浮名去,钟撞大梦醒。'何其伟也!"

# 一六〇 施肩吾

肩吾,字希圣①,睦州人②。元和十五年卢储榜进士。登第后,谢礼部陈侍郎云:"九重城里无亲识,八百人中独姓施。"③不待除授,即东归,张籍群公吟饯。人皆知有仙风道骨,宁恋人间升斗耶?而少存箕、颍之情,拍浮诗酒,搴挐烟霞④。初,读书五行俱下,至是授真诠于仙长,遂知逆顺颠倒之法,与上中下精气神三田返覆之义。以洪州西山,十二真君羽化之地,慕其真风,高蹈于此⑤。题诗曰:"重重道气结成神,玉阙金堂逐日新。若数西山得道者,兼余即是十三人。"⑥早尝赋《闲居遣兴诗》一百韵,颇述初心,大行于世⑦。著《辨疑论》一卷,《西山传道》⑧、《会真》⑨等记各一卷。述气住则神住,神住则形住,为《三住铭》一卷,及所为诗十卷,自为之序,今传。

**【校注】**

①"字希圣" 施肩吾《西山群仙会真记》(《全文》七三九)自称"华阳真人施肩吾希圣"。

②"睦州人" 《新书》五九《艺文志》三"施肩吾辨疑论一卷"附注作"睦州人"。《郡斋》四中"施肩吾西山集五卷"条作"吴兴人"。《直斋》一二"西山群仙会真记五卷"条称"九江施肩吾希圣"。

睦州:注见本书卷第二(三八)《刘长卿传》。

③"元和十五年"至"八百人中独姓施" "登第后",原无"登"字,据《四库》本补。徐松《登科记考》一八(元和十五年)"施肩吾"条云:"是年为李建知举,《才子传》以为陈侍郎,误。"《纪事》四一"施肩吾"条作"上礼部侍郎陈情云",应从。《新书·艺文志》:"元和进士第。"《郡斋》、《直斋》一九"西山集一卷"条并作"元和十五年进士"。《唐摭言》八"及第后隐居"条作"元和十年及第"。《唐语林》六记:"元和十五年,太常少卿李建知举,放进士二十九人,时崔嘏舍人与施肩吾同榜。"(《登科记考》云:"《摭言》又以肩吾为元和十年及第,亦误。")《纪事》五二"卢储"条记储状头及第。"九重城里无亲识"二句,见于《全诗》四九四《施肩吾卷·上礼部侍郎陈情》诗。

④"不待除授"至"搴挐烟霞" "颍"原作"颖",据《佚存》、《指海》本改。张籍《送施肩吾东归》诗(《全诗》三八五)云:"知君本是烟霞客,被荐因来城阙间。世业偏临七里濑,仙游多在四明山。早闻诗名传人遍,新得科名到处闲。惆怅灞亭相送去,云中琪树不同攀。"本篇所记当即据此。

箕、颍之情:谓隐逸的志趣。传说尧让天下于许由,不受,遁耕于箕山之下、颍水之滨。见《高士传》上。

拍浮：《世说新语·任诞》："毕茂世云：'一手持蟹螯，一手持酒杯，拍浮酒池中，便足了一生。'"

⑤"初，读书"至"高蹈于此"　"授真诠于仙长"，"铨"原作"筌"，据《四库》本改。此段据《西山群仙会真记序》节写。《新书·艺文志》记："隐于洪州西山。"又，《唐摭言》八"及第后隐居"条云："以洪州之西山，乃十二真君羽化之地，灵迹俱存，慕其真风，高蹈于此。"（《纪事》略同。）按：齐己有《过西山施肩吾旧庐》诗（《全诗》八三九）。

洪州：治南昌，今江西省南昌市。见《元和志》二八"江南道"。

西山：在今江西省新建县西，一名南昌山，道家称第十二洞天。见《读史方舆纪要》八四。

⑥"重重道气结成神"四句　《全诗》四九四题为《西山静中吟》。

⑦"早尝赋"至"大行于世"　据《唐摭言》八"及第后隐居"条。《闲居遣兴诗》一百韵，《全诗》四九四《施肩吾卷》存二联，题为《百韵山居诗》，系采自《纪事》四一"施肩吾"条。

⑧"《西山传道》"　《宋史·艺文志》四著录为"《真仙传道集》"。

⑨"《会真》"　《直斋》一二著录为"《西山群仙会真记》"。

**【辑评】**

宋代葛立方《韵语阳秋》一八：

"唐曹邺《及第诗》云：'白日探得珠，不待骊龙睡。匆匆出九衢，僮仆颜色异。'是生敬于僮仆也。施肩吾《及第诗》云：'今日步春早，复来经此道。江神也世情，为我风光好。'是改观于江神也。盖其心之喜，自生疑尔，僮仆、江神岂遽如是哉！邺又云：'故衣未及换，尚有去年泪。'肩吾云：'忆昔将贡年，把愁此江边。'二子所作，皆以今年之喜而思昔日之愁也，是岂能置得丧于膜外者乎？"

元代时天彝《唐百家诗选评》（《吴礼部诗话》引）：

"施肩吾最为富丽。"

明代胡震亨《唐音癸签》七：

"施肩吾学道西山，自诧群真之一，而章句尚艳硕，乏韵致，未谂何以御风？"

明代许学夷《诗源辩体》二九：

"施肩吾七言绝见《唐人万首绝句》，凡一百五十余首，中有艳词三十余篇，语多新巧，能道人意中事，较微之艳诗远为胜之。"

清代毛先舒《诗辩坻》三：

"施肩吾《幼女词》，摹事太入情，便落卑格。"（附施肩吾《幼女词》："幼女才七岁，未知巧与拙。向夜在堂前，学人拜新月。"）

清代余成教《石园诗话》二：

"施希圣（肩吾）登元和进士，慕仙迹隐豫章西山，有《西山集》。其自序云：'二十年辛苦烟萝松月之下，或时学龟息，饮而不食，肠胃无滓，形神益清，见天地六合之奥。凡奇兆异状，阅乎心目者，锐思一搜，皆落我文字网中。'今读其诗，奇丽果如所自序。然其诗如'只言众口铄千金，不信独愁销片玉'，'长短艳歌君不解，浅深更漏妾偏知'，'向夜在堂前，学人拜新月'，'自家夫婿无消息，却恨桥头卖卜人'，'明朝欲饮还来此，只怕春风却在前'，'绣衣年少朝欲归，美人犹在青楼梦'，'莫愁今夜无诗思，已听秋猿第一声'，'乱山重叠云相掩，君向乱山何处行'，'良人一夜出门宿，减却桃花一半红'，皆善于言情，哀艳宛转，绝不类隐者之语。"

## 一六一　袁不约

不约，字还朴①。长庆三年郑冠榜进士②。大和中，以平判入等，调官③。有诗传世。

【校注】

① "字还朴"　《直斋》一九"袁不约集一卷"条称"唐袁不约还朴"。

② "长庆三年郑冠榜进士"　《纪事》六〇"袁不约"条作"登长庆三年第"。《直斋》作"长庆三年进士，其年试《丽龟赋》"。按：本书卷七（一七一）《李敬方传》亦谓"长庆三年郑冠榜进士"。

③ "大和中，以平判入等，调官"　未知何据。

入等：唐代取士，凡试判登科，谓之入等。见《新书》三五《选举志》下、《容斋随笔》一〇"唐书判"条。

按：本篇《四库》本失收。

【补录】

唐代范摅《云溪友议》中"白马吟"条：

"(平)曾后游蜀川,谒少师李固言相公。在成都宾馆,则李珪郎中、郭圆员外、陈曾端公、袁不约侍郎、来择书记、薛重评事,皆远从公,可谓莲幕之盛矣。"

## 一六二 韩 湘

湘,字清夫,愈之侄孙也①。长庆三年礼部侍郎王起下进士②。落魄不羁,见趣高远,尤耽苦吟③。公勉以经学,曰:"湘所学,公不知耶?"因赋诗以述志云:"青山云水窟,此地是吾家。后夜流琼液,凌晨咀绛霞。琴弹碧玉调,炉炼白朱砂。宝鼎存金虎,元田养白鸦。一瓢藏世界,三尺斩妖邪。解造逡巡酒,能开顷刻花。有人能学我,同去看仙葩。"④公笑曰:"子能夺造化乎?"湘曰:"此事甚易。"公为开樽,湘聚土,以盆覆之,噀水。良久,开碧花二朵,花片上有诗一联云:"云横秦岭家何在,雪拥蓝关马不前。"公甚异怪,未喻其意。曰:"他日验之。"告违去。未几,公以谏佛骨事谪潮州刺史。一日,途中见有人冒风雪从林岭间来,视乃湘也,再拜马前,曰:"公忆花上之句乎?"因询其地,即蓝关,嗟叹久之。解鞍酒垆,命酌,足成诗曰:"一封朝奏九重天,夕贬潮阳路八千。本为圣朝除弊事,岂期衰朽送残年。云横秦岭家何在,雪拥蓝关马不前。知汝远来应有意,好收吾骨瘴江边。"⑤又赠诗曰:"人才为世古来多,如子雄文孰可过。好待功名成就日,却抽身去上烟萝。"湘笑而不答,献诗别公曰:"举世都为名利醉,惟吾来向道中醒。他时定是飞升去,冲破秋空一点青。"遂别,竟不知所终⑥。

【校注】

①"字清夫,愈之侄孙也" 刘斧《青琐高议·前集》九"韩湘"条作:"韩湘字清夫,唐韩文公之侄也。"《新书》七三上《宰相世系表》三上载:"(韩)湘字北渚,大理丞,为韩愈侄老成之子。"则作"侄孙"是。韩愈有《宿曾江口示侄孙湘二首》

(《全诗》三四一)、《左迁至蓝关示侄孙湘》诗(《全诗》三四四)。

②"长庆三年礼部侍郎王起下进士" 韩愈《左迁至蓝关示侄孙湘》诗题下注:"湘,愈侄十二郎之子,登长庆三年进士第。"《唐语林》八"累为主司"条:"王起四:长庆二年、三年,会昌三年、四年。"按:姚合有《送韩湘赴江西从事》诗(《全诗》四九六)。

王起:元和末,累迁中书舍人。长庆二年迁礼部侍郎,掌贡二年。历兵部侍郎、尚书左丞、山南东道节度使、兵部尚书。武宗立,历东都留守、左仆射、山南西道节度使。前后四典贡部,所选皆当代辞艺之士,有名于时。传见《旧书》一六四、《新书》一六七。

③"落魄不羁,见趣高远,尤耽苦吟" "见趣高远,尤耽苦吟",原作"见趣必高远苦吟",据《四库》、《指海》本改。以下皆据《青琐高议·前集》九"韩湘"条节写。类似故事又见于《广记》五四引《仙传拾遗》、《酉阳杂俎》一九。

④"青山云水窟"十四句 《四库》本"白朱沙"作"白硃砂",与《全诗》、《青琐高议》合。诗见于《全诗》八六〇,题为《言志》。

⑤"公笑曰"至"好收吾骨瘴江边" "开碧花二朵",《四库》本"二"作"三"。"未喻其意","喻"原作"谕"。据《四库》本改。"告违去",《四库》、三间本无"违"字,与《青琐高议》合。"从林岭间来",《四库》本无"岭"字。"视乃湘也",《四库》、《指海》本"视"下有"之"字。"除弊事",《四库》本"事"作"政"。"惜残年",《佚存》本"残"作"殊",讹。此段采自《青琐高议》,文略同。"一朝封奏九重天"八句,《全诗》二四四题为《左迁至蓝关示侄孙湘》。

蓝关:即蓝田关,今陕西省蓝田县东南。见《元和志》一"关内道京兆府蓝田县"。

谏佛骨事:见本书卷第六(一三〇)《韩愈传》。

潮州:治潮阳,今广东省潮安县。见《元和志》三四"岭南道"。

⑥"又赠诗曰"至"竟不知所终" 采自《青琐高议》,文略同。《高议》"人才为世"作"未为世用"。"举世都为名利醉"四句,亦见于《全诗》八六〇,题为《答从叔愈》。"惟吾来向",《高议》作"吾今独向",《全诗》作"伊予独向","定是",《高议》作"定见"。

【补录】

唐代姚合《答韩湘》(《全诗》五〇一):

"疏散无世用,为文乏天格。把笔日不休,忽忽有所得。所得良自慰,不求他人识。子独访我来,致诗过相饰。君子无浮言,此诗亦应直。但虑忧我深,鉴亦随之惑。子在名场中,屡战还屡北。我无数子明,端坐空叹息。

昨闻过春关（一作闱），名系吏部籍。三十登高科，前涂浩难测，诗人多峭冷，如水在胸臆。岂随寻常人，五藏为酒食。期来作酬章，危坐吟到夕。难为间其辞，益贵我纸墨。"

## 一六三 韩 琮

琮，字成封①，长庆四年李群榜进士及第②。大中中，仕至湖南观察使③。有诗名，多清新之制，锦不如也④。《浐水送别》⑤云："绿暗红稀出凤城，暮云楼阁古今情。行人莫听宫前水，流尽年光是此声。"《骆口晚望》⑥云："秦川如画渭如丝，去国还家一望时。公子王孙莫来好，岭花多是断肠枝。"如此等皆喧满人口，余极多，皆称是。集一卷，今传。

【校注】

① "字成封" 《新书》六〇《艺文志》四 "韩琮诗一卷" 条附注同。《纪事》五八 "韩琮" 条作 "字代封"。

② "长庆四年李群榜进士及第" 《四库》本 "群" 作 "郡"，无 "及第" 二字。

③ "大中中，仕至湖南观察使" 据《新书·艺文志》。《纪事》作："大中中，为湖南观察使。待将士不以礼，宣宗时，为都将石载顺等所逐。"《新唐书·宣宗纪》："（大中十二年五月）庚辰，湖南军乱，逐其观察使韩琮"。

湖南：广德二年所置方镇，治潭州（今湖南省长沙市）。见《元和志》二九 "江南道潭州。"

④ "锦不如也" 《四库》、《指海》本 "锦" 下有 "绮" 字。

⑤ "《浐水送别》" 《全诗》五六五题为《暮春浐水送别》。

浐水：古代关东八川之一，源出今陕西省蓝田县西南秦岭山中，北流至西安市，东入灞水。

⑥ "《骆口晚望》" 《四库》本 "口" 作 "谷"。《全诗》五六五即题为《骆谷晚望》。

【辑评】

明代杨慎《升庵诗话》一四：

"韩琮《杨柳枝》：'梁苑隋堤事已空，万条犹舞旧春风。那堪更想千年后，谁见杨花入汉宫。'韩琮在蜀，作此以讽王宗衍，亦有古意。"

明代胡震亨《唐音癸签》八：

"韩成封咏物七字，着色巧衬，是当行手。"（附韩琮《雨》："阴云拂地散丝轻，长得为霖济物名。夜浦涨归天堑阔，春风洒入御沟平。轩车几处归频湿，罗绮何人去欲生。不及流他荷叶上，似珠无数转分明。"）

## 一六四　韦楚老

楚老，长庆四年中书舍人李宗闵下进士[①]，仕终国子祭酒[②]。工诗，气既淳雄[③]，语亦豪健，众作古乐府居多。《祖龙行》[④]曰："黑云兵气射天裂，壮士朝眠梦冤结。祖龙一夜死沙丘，胡亥空随鲍鱼辙。腐肉偷生二千里，伪书先赐扶苏死。墓接骊山土未干，瑞光已向芒砀起。陈胜城中鼓三下，秦家天下如崩瓦。龙蛇撩乱入咸阳，少帝空随汉家马。"杰制颇多，俱当刮目。今并传。

**【校注】**

① "长庆四年中书舍人李宗闵下进士"　《纪事》五六"韦楚老"条作"长庆进士"。《旧书》一七六《李宗闵传》："（长庆）三年冬，权知礼部侍郎。四年，贡事毕，权知兵部侍郎。"南唐刘崇远《金华子杂编》记："韦楚老少有诗名，相国李公宗闵之门生也。"

李宗闵：元和三年对策，指责时政之失，为宰相李吉甫所斥。七年，入朝后，又与牛僧孺结为朋党，与吉甫子德裕等互相倾轧，形成牛、李党争。大和三年，以吏部侍郎同平章事，罢斥李德裕之党。七年德裕入相，宗闵罢山南西道节度使。后贬潮州司户，历杭州刺史。会昌中，流彬州。传见《旧书》一七六、《新书》一七四。

② "仕终国子祭酒"　《金华子》作："自左拾遗辞官东归，寄居金陵。"《纪事》亦作："终于拾遗。"参见《旧书》一七四《李德裕传》。

③ "淳雄"　《四库》、《指海》本"淳"作"沈"。

④ "《祖龙行》"　《四库》本"祖"上有"作"字。又《四库》、三间本"行"作"吟"。《全诗》五〇九题为《祖龙行》。

祖龙：谓秦始皇。见《史记·秦始皇本纪》。

【补录】

南唐刘崇远《金华子》：

"（韦楚老）自左拾遗辞官东归，寄居金陵。常跨驴策杖经阛中过，布袍貌古，群稚随而笑之。即以杖指画厉声曰：'上不属天，下不属地，中不累人，可畏韦楚老（《唐语林》七作"可谓大韦楚老"）。'引群儿令笑，因吟咏而去。"

宋代王谠《唐语林》七：

"平泉，即征士韦楚老拾遗别墅。楚老风韵高邈，好山水。卫公为丞相，以白衣擢升谏官。后归平泉，造门访之，楚老避于山谷。"（见于《剧谈录》下。）

"（韦楚老）与杜牧同年生，情好相得。初，以谏官赴征，值牧分司东都，以诗送。及卒，又以诗哭之。"（按：《全诗》五二一《杜牧卷》有《洛中监察病假满送韦楚老拾遗归朝》诗。）

【辑评】

明代胡应麟《诗薮·内编》三：

"韦楚老《祖龙行》，雄迈奇警。……长吉诸篇全出此。"

明代许学夷《诗源辩体》二六：

"按韦楚老乐府七言有《祖龙行》，正效长吉体也。楚老，长庆进士，开成间为拾遗，奏李德裕倾牛僧孺，而贺则卒于太和五年，元瑞乃谓'长吉诸篇出于楚老'，则失考矣。"

## 一六五 张 祜

祜①，字承吉，南阳人，来寓姑苏②。乐高尚，称处士③。骚情雅思，凡知己者悉当时英杰。然不业程文④。元和、长庆间，深为令狐文公器许，镇天平日，自草表荐，以诗三百首献于朝，辞略曰："凡制五言，苞含六义，近多放诞，靡有宗师。祜久在江湖，早工篇什，研几甚苦，搜象颇深，辈流所推，风格罕及。谨令缮录，诣光顺门进献，望宣付中书门下。"祜至京师，属元稹号有城府，偃仰内庭，上因召问祜之词藻上下，稹曰："张祜雕虫小巧，壮夫不为。若奖激太过，恐变陛下风教。"上颔之。由是寂寞而归，为诗自悼云："贺知章口徒劳说，孟浩然身更不疑。"⑤遂客淮南，杜牧时为度支使，极相善待，有赠云："何人得似张公子，千首诗轻万户侯。"⑥祜苦吟，妻孥每唤之皆不应，曰："吾方口吻生花，岂恤汝辈乎！"⑦性爱山水，多游名寺，如杭之灵隐、天竺，苏之灵岩、楞伽，常之惠山、善权，润之甘露、招隐，往往题咏唱绝⑧。同时崔涯亦工诗，与祜齐名，颇自放行乐，或乘兴北里，每题诗倡肆，誉之则声价顿增，毁之则车马扫迹。涯尚义，有《侠士诗》云："太行岭上三尺雪，崔涯袖中三尺铁。一朝若遇有心人，出门便与妻儿别。"⑨尝共谒淮南李相，祜称"钓鳌客"，李怪之，曰："钓鳌以何为竿？"曰："以虹。""以何为钩？"曰："新月。""以何为饵？"曰："以'短李'相也。"绅壮之，厚赠而去⑩。晚与白乐天日相聚宴谑，乐天讥以"足下新作《忆柘枝》云：'鸳鸯钿带抛何处，孔雀罗衫付阿谁？'乃一问头耳。"祜曰："鄙薄之消是也。明公《长恨歌》曰：'上穷碧落下黄泉，两处茫茫都不见。'又非目连寻母耶？"一座大笑⑪。初过广陵曰："十里长街市井连，月明桥上看神仙。人生只合扬州死，禅智山光好墓田。"大中中，果卒于丹阳隐居，人以为谶云⑫。诗一卷，今传。○卫蘧伯玉⑬耻独为君子，令狐公其庶几，元稹则不然矣。十誉不足，一毁有余，其事业浅深，于此可以观人也。尔所不知，人其舍诸？稹谓祜雕虫琐琐，而稹所为，有不若是耶？忌贤嫉能，迎户而噬，略己而过人者，穿窬⑭之行也。祜能以处士自终其身，声华不借钟鼎，而高视当代，至今称之。不遇者天也，不泯者亦天也。岂若彼取容阿附⑮，遗臭之不已者哉！

【校注】

① "祜" 原作"祐"，据《四库》、《指海》本改，下文同此。《新书·艺文志》、

《本事诗》、《唐摭言》、《云溪友议》、《郡斋》、宋本《张承吉文集》并作"祜"。按：胡震亨《唐音癸签》二九云："张祜之祜，人多作祐字者。小说，张孙名冬瓜，或讥之，答云：'冬瓜合出瓠子。'则张之名祜不名祐，可知矣。"参见《桂苑丛谈》"崔张自称侠"条、《南部新书》丁。

② "南阳人，来寓姑苏" 《纪事》五二"张祜"条作"或言祜清河人"。《郡斋》四中"张祜诗一卷"条亦作"清河人"。王赞《玄英先生（方干）诗集序》（《全文》八六五）云："丹阳有南阳张祜（祜）。"又陆龟蒙《和过张祜处士丹阳故居》诗（《全诗》六二六）序云："以曲阿地古澹，有南朝之遗风，遂筑室种树而家焉。"

南阳：注见本书卷第一（一六）《吴筠传》。

丹阳：注见本书卷第三（六〇）《殷遥传》。

③ "乐高尚，称处士" 《郡斋》记："乐高尚。"《新书》六〇《艺文志》四"张祜诗一卷"附注云："为处士。"

④ 程文：科举考试用作示范的文章。应试者须依此程式作文，故称程文。始于五代。见顾炎武《日知录》一六"程文"条。辛氏谓唐人张祜"不业程文"，未妥。

⑤ "元和、长庆间"至"孟浩然身更不疑" "辈流所推"，《唐摭言》同，《四库》本脱"辈流"二字。"若奖激太过"，"太"原作"大"，据《四库》、《指海》本改；《唐摭言》作"更奖激之"。此段采自《唐摭言》一一"荐举不捷"条。令狐楚荐张祜语，载于《全文》五三九《令狐楚卷》，题为《题张祜诗册表》。皮日休《论白居易荐徐凝屈张祜》七九七亦记："令狐楚以祜诗三百篇上之。元稹曰：'雕虫小技，或奖激之，恐害风教。'""贺知章口徒劳说"二句，见于《全诗》五一一《寓怀寄苏州刘郎中》诗。按：令狐楚于大和三年十一月转天平军节度使，而元稹于大和四年正月已离朝，出为武昌军节度使，五年卒于镇。谓令狐镇天平日荐祜而为元所沮，有误。

令狐文公：令狐楚，谥曰文，大和三年为天平军节度使。传见本书卷五（一二六）。

天平：元和十四年置郓曹濮节度使，治郓州（今山东省东平县西北），十五年赐号天平军。见《新书》六五《方镇表》二。

光顺门：大明宫集贤殿书院之西有光顺门，百官上书皆由此门。见徐松《两京城坊考》一"大明宫"条。

雕虫小巧，壮夫不为：扬雄《法言·吾子》称辞赋为"童子雕虫篆刻"，"壮夫不为也"。

贺知章：传见本书卷第三（五三）。贺知章曾奖荐李白，故以喻令狐楚。

孟浩然：传见本书卷二（四三）。孟浩然为玄宗黜退不仕，散以自喻。

⑥ "遂客淮南"至"千首诗轻万户侯" 采自《郡斋》，亦见于《云溪友议》中"钱塘论"条。"何人得似张公子"二句，见于《全诗》五二二《杜牧卷》《登池州九峰楼寄张祜》。

414

卷 第 六

　　淮南：注见本书本卷（一五九）《章孝标传》。

　　杜牧：传见本书本卷（一六八）。

　　⑦"祜苦吟"至"岂恤汝辈乎"　"挈"原作"挐"，据《四库》、《指海》本改，与《云仙杂记》合。此段采自冯贽《云仙杂记》五。按《云仙杂记》所引皆伪书，不可信。

　　⑧"性爱山水"至"往往题咏唱绝"　张祜有《题杭州灵隐寺》、《题杭州天竺寺》、《题苏州灵岩寺》、《题苏州楞枷寺》、《题惠山寺》、《题善权寺》、《题润州甘露寺》、《题招隐寺》等诗（并见《全诗》五一〇），本篇即据此。

　　⑨"同时崔涯亦工诗"至"出门便与妻儿别"　"侠士诗"，原无"士"字，据《四库》本补，与《纪事》五二、《全诗》五〇五合。《云溪友议》中"辞雍氏"条载："崔涯者，吴楚之狂生也，与张祜齐名。每题一诗于倡肆，无不诵之于衢路。誉之，则车马继来；毁之，则杯盘失错。"《纪事》五二"崔涯"条记："崔涯，吴楚人，与张祜齐名。……'太行岭上三尺雪……'涯《侠士诗》也。涯与张祜失意，游侠江淮，此诗往往传于人口。"又见于《桂苑丛谈》"崔张自称侠"条。

　　⑩"尝共谒淮南李相"至"厚赠而去"　"短李相"，《四库》本"相"下有"公"字。此据宋代孔平仲《孔氏谈苑》五"钓鳌客"条。按：封演《封氏闻见记》一〇"狂谲"条谓王严先自称"钓鳌客"，赵德麟《侯鲭录》六谓李白自称"钓鳌客"。

　　李相：李绅。为人短小精悍，诗友白居易呼为"短李"。传见本书本卷（一四五）。

　　钓鳌：《列子·汤问》记：渤海之东有五山，天帝使巨鳌十五，举首负载。伯龙国有大人，举足数步而至五山，一钓连六鳌，于是岱舆、员峤二山流于北极，沉于大海。后因以钓鳌喻抱负远大或举止豪迈。

　　⑪"晚与白乐天"至"一座大笑"　"乃一问头耳"，《四库》本"一问头"作"款头诗"，《唐摭言》作"白乐天呼为问头"。"明公《长恨歌》"，《四库》本作"君《明皇长恨歌》"。此段采自《唐摭言》一三"矛盾"条。"鸳鸯钿带抛何处"二句，见于《全诗》五一一《张祜卷》《感王将军柘枝妓殁》诗。

　　问头：对罪犯的起诉文书称问头。《刘宾客嘉话录》："王缙之下狱也，问头曰：身为宰相，夜醮何为？"

　　目连寻母：目连为释迦牟尼十大弟子之一，母死，堕饿鬼道中，目连以十方威神之力，救母脱饿鬼之苦，是为民间流行最广的佛教故事之一。唐代《目连变文》即取材于此，见《敦煌变文集》。

　　⑫"初过广陵曰"至"人以为谶云"　《四库》本"广陵"下有"题"字。此段采自《纪事》，亦见于《郡斋》。"初过广陵"，《纪事》作"尝赋《淮南诗》"。"十里长街市井连"四句，《全诗》五一一题为《纵游淮南》。

　　广陵：即扬州，注见本书卷五（一一七）《朱昼传》。

415

丹阳：注见本书卷第三（六〇）《殷遥传》。

⑬蘧伯玉：春秋时卫人，名瑗。卫大夫史鳅知其贤，屡荐于灵公，皆不用。《论语·卫灵公》记孔子语："君子哉蘧伯玉！邦有道，则仕；邦无道，则可卷而怀之。"

⑭穿窬〔yú〕：穿壁翻墙，指行窃，常以指小人。

⑮"岂若彼取容阿附"　《四库》本无"彼"字。

【补录】

唐代陆龟蒙《和过张祜处士丹阳故居》诗序（《全诗》六二六）：

"贤俊之士及高位重名者，多与之游，谓有鹄鹭之野、孔翠之鲜、竹柏之贞、琴磬之韵。或荐之于天子，书奏不下。亦受辟诸侯府，性狷介不容物，辄自劾去。"

五代王定保《唐摭言》一三"矛盾"条：

"令狐赵公镇维扬，处士张祜尝与狎谶。公因视祜改令曰：'上水船，风又急；帆下人，须好立。'祜应声答曰：'上水船，船底破；好看客，莫倚拖（柁）。'"

《唐摭言》一三"敏捷"条：

"张祜客淮南，幕中赴宴，时杜紫微为支使，南座有属意之处，索骰子赌酒，牧微吟曰：'骰子逡巡裹手拈，无因得见玉纤纤。'祜应声曰，'但知报道金钗落，仿佛还应露指尖。'"

【辑评】

唐代陆龟蒙《和过张处士丹阳故居》诗序（《全诗》六二六）：

"张祜，字承吉，元和中作宫体小诗，辞曲艳发。当时轻薄之流能其才，合噪得誉。及老大，稍窥建安风格，诵《乐府录》，知作者本意。短章大篇，往往间出，谏讽怨谲，时与六义相左右。善题目佳境，言不可刊置别处。此为才子之最也。"

宋代葛立方《韵语阳秋》四：

"张祜诗云：'故国三千里，深宫二十年。'杜牧赏之，作诗云：'可怜故国三千里，虚唱歌词满六宫。'故郑谷云：'张生故国三千里，知者惟应杜紫微。'诸贤品题如是，祜之诗名安得不重乎？"

明代胡震亨《唐音癸签》七：

"'张承吉五言律诗，善题目佳境，不可刊置他处，'当时以乐府得名，未是完论。"

明代许学夷《诗源辩体》二九：

"张祜元和中作宫词七言绝三十余首，多道天宝宫中事，入录者较王建工丽稍逊，而宽裕胜之。"

清代毛先舒《诗辩坻》三：

"张承吉风流之士，而《金山寺》诗：'因悲在城市，终日醉醺醺'，村鄙乃尔，不脱善和坊题帕手段。"

清代贺裳《载酒园诗话·又编》：

"乐天号为与物无竞，乃致张祜坎壈终身，事虽成于元稹，要不能辞伯仁由我之讥也。（按：白居易荐徐凝屈张祜事，见《云溪友议》中"钱塘论"条。）……款头诗、目连救母，艺林载为雅谑，安知不以其不为前辈少容而有意压之？然宫体诸诗，实皆浅淡，即'故国三千里，深宫二十年'，亦甚平常，不知何以合誉至此。惟《金山寺》作真佳，祜自谓可敌綦毋潜《灵隐寺禅院》诗，余则谓正与王湾《北固山下》作并驱耳。结语稍凑，不能损价也。"（黄白山评："此诗结语实不佳，第此韵字数甚窄，结语似为凑韵所苦，又当为作者致想耳。"）（附张祜《题润州金山寺》："一宿金山寺，超然离世群。僧归夜船月，龙出晓堂云。树色中流见，钟声两岸闻。翻思在朝市，终日醉醺醺。"）

清代沈德潜《唐诗别裁》一二：

"此公（张祜）《金山寺》最为庸下，偏以此得名，真不可解。"

清代翁方纲《石洲诗话》二：

"张祜《金山》诗：'树影中流见，钟声两岸闻'，只唐人常调耳。而谭艺家奉为杰作，失之矣。"

## 一六六　刘得仁

得仁，公主之子也。长庆间以诗名。五言清莹，独步文场[①]。自开成后至大中三朝，昆弟以贵戚皆擢显仕，得仁独苦工文。尝立志必不获科第，不愿儧人之爵也。出入举场二十年，竟无所成，投迹幽隐,未尝耿耿。有寄所知诗云:"外族帝王是,中朝亲故稀。翻令浮议者,不许九霄蜚。"②忧而不困,怨而不怒,哀而不伤,铿锵金玉,难合同流,而不厌于磨淬。端能确守格律,揣治声病,甘心穷苦,不汲汲于富贵。王孙公子中,千载求一人不可得也。及卒,僧栖白吊之曰:"思苦为诗身到此,冰魂雪魄已难招。直教桂子落坟上,生得一枝冤始销。"③有诗一卷,行于世。

## 【校注】

①"公主之子也"至"独步文场"　引自《郡斋》四中"刘得仁诗一帙一卷"条。《唐摭言》一〇"海叙不遇"条亦记:"刘得仁,贵主之子。"《纪事》五三"刘得仁"条同。

②"自开成后"至"不许九霄蜚"　"帝王",《四库》本作"帝皇"。此段采自《唐摭言》、《纪事》、《郡斋》,文略同。"二十年",《郡斋》同,《摭言》、《纪事》作"三十年"。"外族帝王是"四句,见《全诗》五四五《上翰林丁学士》(其二,共八句;一本仅此四句,题为《下第吟绝句》)。《摭言》作:"尝自述曰:'外家虽是帝,当路且无亲。'"

蜚:通"飞"。

③"及卒"至"生得一枝冤始销"　采自《唐摭言》、《纪事》、《郡斋》,文略同。"思苦为诗身到此"四句,《全诗》八二三题为《哭刘得仁》。首句,《纪事》、《郡斋》"思"作"忍",《全诗》作"为爱诗名吟至死";次句,《全诗》作"凤魂雪魄去难招"。

栖白:注见本书卷第三(六四)《道人灵一传》。

## 【补录】

唐代韦庄《刘得仁墓》(《全诗》六九五):

"至公遗至艺,终抱至冤沉。名有诗家业,身无戚里心。桂和秋露滴,松带夜风吟。冥寞知春否?坟蒿日已深!"

唐代康骈《剧谈录》下:

"大中、咸通之后,每岁试礼部者千余人,其间章句有闻如:……贾岛、平曾、李陶、刘得仁、喻坦之、张乔、剧燕、许琳、陈觉,以律诗传。……虽然,皆不中科。"

**【辑评】**

唐代司空图《与王驾评诗书》(《司空表圣文集》一)：

"阆仙、东野、刘得仁辈，时得佳致，亦足涤烦。"

明代胡震亨《唐音癸签》八：

"刘得仁诗思深合处尽可味，奈笔难掉何！天子甥，为一名终日哀吟，何自苦？"

明代钟惺、谭元春《唐诗归》三三：

"刘得仁《听夜泉》：'静里层层石，潺湲到鹤林。流回出几洞，源远历千岑。寒助空山月，清兼此夜心。幽人听达曙，难罢薜床吟。''石'承'静里'说来，妙矣。看他'层层'二字，何等幽细！清微语，有一片真气在内。"（钟惺）

## 一六七 朱庆馀

庆馀，字可久，以字行①，闽中人②。宝历二年，裴球榜进士及第③，授秘省校书。得张水部诗旨，气平意绝，社中哲匠也。有名当时④。集一卷，今传。

**【校注】**

①"字可久，以字行" 《新书》六〇《艺文志》四"朱庆馀诗一卷"附注作："名可久，以字行。"《纪事》四六"朱庆馀"条同，应据改。《直斋》一九"朱庆馀集一卷"条亦作"唐朱可久庆馀撰，以字行"。

②"闽中人" 姚合有《送朱庆馀及第后归越》、《送朱庆馀越中归觐》诗（《全诗》四九六），张籍亦有《送朱庆馀及第归越》诗（《全诗》三八四），则朱应为越中人。

③"宝历二年裴球榜进士及第" 《直斋》作"宝历二年进士"，《新书·艺文志》作"宝历进士第"，《纪事》亦作"登宝历进士第"。按：《金华子杂编》下记："朱庆馀之赴举也，张水部一为发其卷于司文，遂登第也。"

裴球：徐松《登科记考》二〇谓"球"当作"俅"。裴俅为大中时宰相裴休之弟。见《旧书》一七七《裴休传》。

419

④"授秘省校书"至"有名当时" 《云溪友议》下"闺妇歌"条载:"朱庆馀校书,既遇水部郎中张知音,遍索庆馀所制篇什数通,吟改后,只留二十六章。水部置于怀抱,而推赞欤。清列以张公重名,无不缮录而讽咏之,遂登科第。"又《纪事》四九"项斯"条载:"始张水部为格律诗,惟朱庆馀亲授其旨。"此当为本篇所据。按:许浑有《再游越中伤朱庆馀协律直上人》诗(《全诗》五二九)。

张水部:张籍,传见本书卷五(一三八)。

附记:此篇《四库》本失载。

【补录】

唐代范摅《云溪友议》下"闺妇歌":

"朱君尚为谦退,(作)《闺意》一篇,以献张公(张籍)。张公明其进退,寻亦和焉。诗曰:'洞房昨夜停红烛,待晓堂前拜舅姑。妆罢低声问夫婿:画眉深浅入时无?'张籍郎中酬曰:'越女新妆出镜心,自知明艳更沉吟。齐纨未足人间贵,一曲菱歌敌万金。'朱公才学,因张公一诗,名流于海内矣。"

【辑评】

宋代刘克庄《后村诗话·新集》六:

"庆馀绝句,为世所称赏,然他作皆不如此。"

明代杨慎《升庵诗话》四:

"朱庆馀《闺意上张水部》……洪容斋云:'此诗不言美丽,而味其词意,非绝色第一不足以当之。'其评良是。"

明代胡震亨《唐音癸签》七:

'朱庆馀学诗于张籍,具体而微。'旅雁投孤岛,长天下四维',猛句亦水部所少。"

明代钟惺、谭元春《唐诗归》三三:

"朱庆馀《与贾岛顾非熊无可上人宿万年姚少府宅》:'莫厌通宵坐,贫中会聚难。堂虚雪气入,灯在漏声残。役思因生病,当禅岂觉寒?开门各有事,非不惜余欢。'情辞到极真处,虽不深亦妙。亦有真而不尽妙者,笔不活故也。诗可以不深,不可以不活,于此诗起结悟其法。"

清代贺裳《载酒园诗话·又编》:

"朱庆馀不能为古诗,即近体亦惟工于绝句。如《闺意》:'妆罢低声问夫婿,画眉深浅入时无?'《宫词》:'含情欲说宫中事,鹦鹉前头不敢言。'真妙于比拟。《宫词》深妙,更在《闺意》之上。又《公子行》,虽无比兴,亦酷肖游冶儿之态:'闲从结客冶游时,忘却红楼薄暮期。醉上黄金堤上去,马鞭捎断绿杨丝。'末句正与次句相应,写匆匆急归之景,何止颊上三毛!"

## 一六八 杜 牧(803—852)

牧,字牧之,京兆人也①。善属文。大和二年韦筹榜进士,与厉玄同年②。初,未第,来东都,时主司侍郎崔郾,太学博士吴武陵策蹇进谒曰:"侍郎以峻德伟望,为明君选才,仆敢不薄施尘露。向偶见文士十数辈,扬眉抵掌,共读一卷文书,览之,乃进士杜牧《阿房宫赋》。其人,王佐才也。"因出卷,措笏朗诵之,郾大加赏。曰:"请公与状头。"郾曰:"已得人矣。"曰:"不得,即请第五人。更否,则请以赋见还!"辞容激厉。郾曰:"诸生多言牧疏旷,不拘细行。然敬依所教,不敢易也。"③后又举贤良方正科。沈传师表为江西团练府巡官。又为牛僧孺淮南节度府掌书记。拜侍御史,累迁左补阙,历黄、池、睦三州刺史,以考功郎中知制诰,迁中书舍人。牧刚直有奇节,不为龊龊小谨,敢论列大事,指陈利病尤切。兵法戎机,平昔尽意。尝以从兄悰更历将相,而己困踬不振,怏怏难平。卒年五十,临死自写墓志,多焚所为文章。诗情豪迈,语率惊人,识者以拟杜甫,故称"大杜"、"小杜"以别之④。后人评牧诗,"如铜丸走坂,骏马注坡"⑤,谓圆快奋急也。牧美容姿,好歌舞,风情颇张,不能自遏。时淮南称繁盛,不减京华,且多名妓绝色,牧恣心赏,牛相收街吏报"杜书记平安"帖子,至盈箧⑥。后以御史分司洛阳,时李司徒闲居,家妓为当时第一,宴朝士,以牧风宪,不敢邀,牧因遣讽李,使召己。既至,曰:"闻有紫云者妙歌舞,孰是?"即赠诗曰:"华堂今日绮筵开,谁唤分司御史来?忽发狂言惊四座,两行红袖一时回。"意气闲逸,傍若无人,座客莫不称异⑦。大和末,往湖州,目成一女子,方十余岁,约以"十年后吾来典郡,当纳之",结以金币。洎周墀入相,上笺乞守湖州,比至,已十四年,前女子从人,两抱雏矣。赋诗曰:"自恨寻芳去较迟,不须惆怅怨芳时。如今风摆花狼藉,绿叶成阴子满枝。"⑧此其大概一二⑨。凡所牵系,情见于辞⑩。别业樊川⑪,有《樊川集》二十卷,及注《孙子》,并传。同时有严恽,字子重,工诗,与牧友善,以《问春》诗得名⑫。昔闻有集,今无之矣⑬。

**【校注】**

① "京兆人也"  《旧书》一四七、《新书》一六六《杜佑传》并作"京兆万年人"。(按:牧为佑之孙。)

京兆万年:注见本书卷二(三七)《薛据传》。

② "大和二年"至"与厉玄同年"  《郡斋》四中"杜牧樊川集二十卷外集一卷"条作:"大和二年进士。"杜牧《投知己书》(《全文》七五一)云:"大和二年,小生应进士举。"《唐摭言》三《慈恩寺题名游赏赋咏杂记》:"大和二年,崔郾侍郎东都放榜,西都过堂,杜牧有诗云:'东都放榜未花开,三十三人走马回。秦地少年多酿酒,却将春色入关来。'"按:《纪事》五一"厉元(玄)"条:"元(玄),大和二年进士。"

厉玄:注见本书本卷(一五〇)《无可传》。

③ "初,未第"至"不敢易也"  "时主司侍郎崔郾",《四库》、《指海》本"主司"下有"为"字。此段采自《唐摭言》六"公荐"条,文略同。又见于《新书》二〇三《吴武陵传》。

主司:即知贡举。

崔郾:宝历间官中书舍人,转礼部侍郎,凡两岁掌贡士。后历虢州、鄂岳、浙西观察使。传见《旧书》一五五、《新书》一六三。

吴武陵:宝历、大和间为翰林学士。后出为韶州刺史,贬潘州司户。柳宗元贤其人。传见《新书》二〇三。

搢笏:插笏版于腰带上。《宋书·礼志》五:"古者贵贱皆执笏,其有事,则搢之于腰带,所谓搢绅之士者,搢笏而垂绅带也。"

④ "后又举贤良方正科"至"以别之"  据《新书》一六六本传节录,文略同。"兵法戎机,平昔尽意",《新书》无此八字。(《旧书》一四七本传记:"武宗朝诛昆夷、鲜卑,牧上宰相书论兵事……李德裕称之。注曹公所定《孙武十三篇》,行于代。")"拜

侍御史"，《新传》作"拜殿中侍御史内供奉"，与杜牧《自撰墓铭》（《全文》七五四）、《旧书》本传合。

沈传师：沈既济子。长庆间官中书舍人、兼史职，修《宪宗实录》。宝历间拜尚书右丞，出为江西、湖南、宣歙观察使，入为吏部侍郎。传见《旧书》一四九、《新书》一三二。

牛僧孺：元和三年对策指责朝政，为宰相李吉甫所斥。穆宗时，累官至户部侍郎、同平章事。敬宗时出任武昌军节度使。文宗大和三年，李宗闵为相，四年召还僧孺，守兵部尚书、同平章事。六年出为淮南节度副大使。开成间历东都留守、山南东道节度使。传见《旧书》一七二、《新书》一七四。

黄州：治黄冈，今湖北省黄冈县。见《元和志》二七"江南道"。

池州：治秋浦，今安徽省贵池县。见《元和志》二八"江南道"。

睦州：注见本书卷二（三八）《刘长卿传》。

齪齪：拘谨貌。

杜悰：文宗朝历京兆尹、凤翔节度使。武宗朝官淮南节度使，后拜检校尚书右仆射、同中书门下平章事。宣宗立，出镇西川，又召为右仆射，进兼门下侍郎、同平章事。终荆南节度使。传见《旧书》一四七、《新书》一六六。

⑤ "如铜丸走坂，骏马注坡" 引自宋代敖陶孙《臞翁诗评》（见《诗人玉屑》二）。

⑥ "时淮南称繁盛"至"至盈篚" "京华"，正保、《佚存》本"华"作"花"，讹。"牧恣心赏"，《四库》本"赏"上有"游"字。此段采自唐代高彦休《唐阙史》，亦见于《唐语林》七、《苕溪渔隐丛话·后集》一五"杜牧之"条引《芝田录》。

⑦ "后以御史分司洛阳"至"座客莫不称异" "后以御史"，"后以"二字原作一"牧"字，据《四库》本改补。"红袖"，《四库》抄本作"红粉"。此段采自《唐阙史》，亦见于《本事诗·高逸》、《纪事》五六。"李司徒"，《唐阙史》作"李司徒愿"。"华堂今日绮筵开"四句，《全诗》五二五题为《兵部尚书席上作》。

分司：唐以洛阳为东都，分设在东都的中央官员称分司。

李司徒：李愿，李晟子，李愬兄。宪宗朝历夏绥等州节度使、刑部尚书、凤翔陇右节度使。长庆中，官宣武军节度使，军乱，坐贬隋州刺史。复拜河中尹。卒赠司徒。传见《旧书》一三三、《新书》一四五。

风宪：风化、法度，此处指御史台官员。

⑧ "大和末"至"绿叶成阴子满枝" "目成"，《四库》本作"近城"。"上笺乞守湖州"，《四库》本"上"上有"牧"字，义较显。此段采自《唐阙史》，亦见于《唐语林》七、《苕溪渔隐丛话·后集》一五"杜牧之"条引《丽情集》。"自恨寻芳去较迟"四句，《全诗》五二四题为《叹花》，次句作"往年曾见未开时"。

423

目成：男女间以目传情。《楚辞·九歌·少司命》："满堂兮美人，忽独与余兮目成。"

周墀：开成中官翰林学士、中书舍人。会昌中历鄂岳及江南西道观察使。宣宗朝入为兵部侍郎、同平章事。历方镇卒。传见《旧书》一七六、《新书》一八二。

⑨ "此其大概一二"　《四库》本"一二"作"如此"。

⑩ "情见于辞"　《四库》本"于"作"乎"。

⑪ "别业樊川"　《四库》、《指海》本"业"下有"在"字。

樊川：水名，在今陕西省长安县南。汉代樊哙食邑于此，因以得名。见裴延翰《樊川文集序》。参《读史方舆纪要》五三"西安府"。

⑫ "同时有严恽"至"以《问春》诗得名"　宋代钱易《南部新书》丁记："严恽，字子重，善为诗，与杜牧友善。皮、陆常爱其篇什。有诗云：'春光冉冉归何处？更向花前把一杯。尽日问花花不语，为谁零落为谁开？'七上不第，卒于吴中。"本篇即据此。皮日休《伤进士严子重诗序》（《全诗》六一四）谓咸通十一年卒。参见《纪事》六六"严恽"条。

⑬ "今无之矣"　《四库》本此句下有"牧子荀鹤"四字。

## 【补录】

宋代宋祁《新唐书》一六六《杜牧传》：

"牧追咎长庆以来朝廷措置亡术，复失山东，钜封剧镇，所以系天下轻重，不得承袭轻授，皆国家大事，嫌不当位而言，实有罪，故作《罪言》。"

## 【辑评】

宋代张戒《岁寒堂诗话》上：

"杜牧之云：'多情却是总无情，惟觉尊前笑不成。'意非不佳，然而词意浅露，略无余蕴。……只知道得人心中事，而不知道尽则又浅露也。"

宋代蔡絛《蔡百衲诗评》：

"杜牧之诗风调高华，片言不俗；有类新及第少年，略无少退藏处，固难求一唱而三叹也。"

宋代刘克庄《后村诗话·前集》一：

"牧于唐律中常寓少拗峭，以矫时弊。"

《后村诗话·新集》五：

"牧之门户贵盛，文章独步一时，其机锋凑拍如德山棒、临济喝。"

明代杨慎《升庵诗话》五：

"律诗至晚唐，李义山而下，惟杜牧之为最。宋人评其诗豪而艳，宕而丽，于律诗中特寓拗峭，以矫时弊，信然。"

明代徐献忠《唐诗品》（《唐音癸签》八引）：

"牧之诗含思悲凄，流情感慨，抑扬顿挫之节，尤其所长。以时风委靡，独持拗峭，虽云矫其流弊，然持情亦巧矣。"

清代贺裳《载酒园诗话·又编》：

"杜紫微诗，惟绝句最多风调，味永趣长，有明月孤映，高霞独举之象，余诗则不能尔。昔人多称其《杜秋诗》，今观之，真如暴涨奔川，略少渟泓澄澈。"

"紫微尝有句曰：'杜诗韩集愁来读，似倩麻姑痒处搔。'此正一生所得力处，故其诗文俱带豪健。"

清代翁方纲《石洲诗话》二：

"盛之后渐趋坦迤，中之后渐入薄弱，所以秀异所结，不得不归樊川、玉溪也。"

"小杜《感怀诗》，为沧州用兵作，宜与《罪言》同读。《郡斋独酌》诗，意亦在此。王荆公曰：'末世篇章有逸才。'其所见者深矣。"

"樊川真色真韵，殆欲吞吐中晚千万篇，正亦何必效杜哉！"

清代李调元《雨村诗话》下：

"杜牧之诗轻倩秀艳，在唐贤中另是一种笔意。故学诗者不读小杜，诗必不韵。"

清代潘德舆《养一斋诗话》一〇：

"然牧之非徒以绮罗铅粉擅长者，史称其刚直有大节，余观其诗，亦伉爽有逸气。"

清代刘熙载《艺概·诗概》：

"杜樊川诗雄姿英发，李樊南诗深情緜邈。其后李成宗派而杜不成，殆以杜之较无窠臼与？"

# 卷 第 七

## 一六九　杨　发

　　发，大和四年礼部侍郎郑澣下第二人及第①。工诗，亦当时声韵之伟者。略举一篇，《宿黄花馆》云："孤馆萧条槐叶稀，暮蝉声隔水声微。年年为客路长在，日日送人身未归。何处离鸿迷浦月，谁家愁妇捣寒衣。夜深不卧帘犹卷，数点残萤入户飞。"②俱浏亮清新，颇惊凡听。恨其出处事迹不得而知也③。有诗传世尚多④。

【校注】

①"大和四年"至"第二人及第"　《旧书》一七七本传（《杨收传》附）："发字至之，大和四年登进士第。"按：《唐语林》八"累为主司"条："郑澣再：大和三年、四年。"

郑澣：长庆中累迁中书舍人。文宗立，擢为翰林侍讲学士。大和二年，迁礼部侍郎，典贡举二年。后历吏部侍郎、河南尹、刑部尚书、山南西道节度使。传见《旧书》一五八、《新书》一六五。

②"孤馆萧条槐叶稀"八句　见于《全诗》五一七，题为《宿黄花馆》。"离鸿迷浦月"，《全诗》作"迷鸿离浦月"，似误，应据本篇订正。

③"恨其出处事迹不得而知也"　《新书》一八四附《杨发传》，即是此人。传载其履历甚详，辛氏偶失检。参见"补录"。

④"有诗传世尚多"　《四库》、三间本于传末附论云："礼乐之学，何世无之？周罗睺，虎将也，而能不失事旧主之仪。杨发，健吏也，而能抗改作神主之议。（按：事见于本传。）杨收博学精辨，其论音律之变与旂常之藏，诚不谬于古。然运丁叔季，制行出处皆不能尽合中道，位愈高则祸愈大。古称知礼乐之情者，能作；知礼乐之文者，能述。夫皆知礼乐之文者欤？"按：前文已云"恨其出处事迹不得而知也"，此论述及杨发、杨收事迹，可知非辛氏原书所有。

## 【补录】

宋代宋祁《新唐书》一八四《杨发传》：

"收兄发，字至之，登进士，又中拔萃，累官左司郎中。……改太常少卿，为苏州刺史，治以恭长慈幼为先。徙福建观察使，又以能政闻。朝廷意有治剧才，拜岭南节度使。承前宽弛，发操下刚严，军遂怨，起为乱，囚传舍。贬婺州刺史。"

## 一七〇 李 远

远，字求古①，大和五年杜陟榜进士及第，蜀人也②。少有大志，夸迈流俗③，为诗多逸气，五彩成文。早历下邑，词名卓然。宣宗时，宰相令狐绹进奏，拟远杭州刺史，上曰："朕闻远诗有'青山不厌千杯酒，白日惟销一局棋'，是疏放如此，岂可临郡理人？"绹曰："诗人托此以写高兴耳，未必实然。"上曰："且令往，观之。"④至，果有治声。性简俭，嗜啖凫鸭。贵客经过，无他赠，厚者绿头一双而已⑤。后历忠、建、江三州刺史，仕终御史中丞⑥。初牧涪城，求天宝遗物，得秦僧收杨妃袜一绔，珍袭，呈诸好事者。会李群玉校书自湖湘来，过九江，远厚遇之，谈笑永日。群玉话及向赋《黄陵庙》诗，动朝云暮雨之兴，殊亦可怪。远曰："仆自获凌波片玉，软轻香窄，每一见，未尝不在马嵬下也。"遂更相戏笑，各有赋诗。后来颇为法家所短⑦。盖多情少束，亦徒以微辞相感动耳。有诗集一卷，今传。

## 【校注】

①"字求古" 《新书》六〇《艺文志》四"李远诗集一卷"附注、《纪事》五六"李远"条、《直斋》一九"李远集一卷"条并同。

②"大和五年"至"蜀人也" 高儒《百川书志》一四"李远集二卷"条称"蜀人李远"。徐应秋《玉芝堂谈荟》二"历代状元"条记："文宗大和五年，状元李远，夔州人。"劳格《郎官石柱题名考》八引《九国志》二称："李远，杭州刺史，赵郡人。"

③"夸迈流俗" 《四库》本"夸"作"远"。

④"宣宗时"至"且令往，观之" 采自张固《幽闲鼓吹》，又见于《北梦琐言》七、《纪事》五六、《唐语林》二。"青山不厌千杯酒"二句，见于《全诗》五一九《李远卷》（断句）。《琐言》作"人事三杯酒，流年一局棋"。《鼓吹》、《语林》、《纪事》、《全诗》"白日"均作"长日"。"上曰：'且令往，观之。'"《语林》（嘉靖齐之鸾刻本）作："上曰：且令行，要观其如何。"《鼓吹》作："仍荐远廉察可任，乃俞之。"《资治通鉴》二四九（宣宗大中十二年冬十月）亦载此事，作："上曰：且令往，试观之。"

令狐绹：开成中累迁库部、户部员外郎。会昌间，出为湖州刺史。宣宗朝，历知制诰、中书舍人，大中四年兵部侍郎、同平章事。辅政十年。僖宗立，出为河中节度使、淮南副大使。传见《旧书》一七二、《新书》一六六。

⑤"性简俭"至"厚者绿头一双而已" 采自《唐语林》（佚文见《类说》三二《语林·嗜绿头鸭》）。

绿头：指鸭。《本草·鹜》引《格物论》云："鸭雄者，绿头文翅。"温庭筠《昆明池水战词》："绿头江鸭眠莎草。"

⑥"后历忠、建、江三州刺史，仕终御史中丞" 《新书·艺文志》作"大中建州刺史"，《纪事》、《郡斋》略同。高棅《唐诗品汇·诗人爵里详节》记："李远，字承古，蜀人，太和五年进士，累官忠、建、江三州刺史，终御史中丞。"《北梦琐言》五称"岳阳李远员外"，《广记》二五六引《北梦琐言》作"岳阳守李远"。

忠州：治临江，今四川省忠县。见《旧书》三九《地理志》三"山南东道"。

江州：注见本书卷第四（一〇二）《韦应物传》。

建州：治建安，今福建省建瓯县。见《元和志》二九"江南道"。

⑦"初牧湓城"至"后来颇为法家所短" "每一见"，《四库》本"每"下有"日"字。此段采自宋代刘斧《青琐高议·前集》六"贵妃袜事"条，文略同。按：李群玉《黄陵庙》诗（《全诗》五七〇）云："黄陵庙前莎草春，黄陵女儿茜裙新。轻舟短棹唱歌去，水远山长愁杀人。"

湓城：即江州浔阳县，隋大业间称湓城，今江西省九江市。见《元和志》二八"江南道江州浔阳县"。

黄陵庙：在今湖南省湘阴县北，为舜二妃娥皇、女英祠庙。见《水经注》三八"湘水"。

法家：守法度的世臣。《孟子·告子》下："入则无法家拂士，出则无敌国外患者，国恒亡。"

【补录】

五代孙光宪《北梦琐言》五：

"唐进士曹唐《游仙诗》才情缥缈,岳阳李远员外每吟其诗而思其人。一日,曹往谒之,李倒屣而迎。曹生仪质充伟,李戏之曰:'昔者未睹标仪,将谓可乘鸾鹤;此际拜见,安知壮水牛亦恐不胜其载!'时人闻而笑之。世谓'浑诗远赋,不如不做',言其无才藻(《广记》二五六引《琐言》作"非言其无才藻"),鄙其无教化也。"

【辑评】

宋代潘若同《郡阁雅言》:

"李远体物缘情皆谓臻妙,尝有《赠筝妓伍卿》诗云:'轻轻没后更无筝,玉腕红纱到伍卿。坐客满筵都不语,一行哀雁十三声。'"

宋代蔡居厚《诗史》:

"许浑诗格清丽,然不干教化。又有李远以赋名,伤于绮靡不涉道,故当时号浑诗远赋。"

清代吴乔《围炉诗话》一:

"起联如李远'有客新从赵地回,自言曾上古丛台',太伤平浅。"

## 一七一　李敬方（?—855?）

敬方,字中虔[①],长庆三年郑冠榜进士[②]。大和中,仕为歙州刺史[③]。后坐事,左迁台州刺史[④]。有诗一卷,传世。

【校注】

①"字中虔"　《新书》六〇《艺文志》四"李敬方诗一卷"附注、《纪事》五八"李敬方"条同。按:劳格《郎官石柱题名考》一一引石刻孙谏卿《唐明州象山县蓬莱观碑铭》称"陇西李公敬方"。

②"长庆三年郑冠榜进士"　《纪事》作"登长庆进士第"。按:本书卷六(一六一)《袁不约传》亦记"长庆三年郑冠榜进士"。

③"大和中,仕为歙州刺史"　《新书·艺文志》作"大和歙州刺史",《纪事》略同。按:《郎官石柱题名考》一一引《新安志》九谓李敬方于大中四年至六年为歙州刺史。同书同卷引《宝应四明志》一谓李敬方大中初为明州刺史。《旧五代史》五八谓李敬方文宗朝为谏议大夫。

歙〔shè〕州：治歙县，今安徽省歙县。见《元和志》二八"江南道"。

④ "后坐事，左迁台州刺史"　李敬方《天台晴望》诗（《全诗》五〇八）题下原注："时左迁台州刺史。"本篇即据此。按：《郎官石柱题名考》一一引《嘉定赤城志》所载《桐柏山题名碑》云："会昌六年三月台州长史员外置李敬方自寒山回游此。"据此，"刺史"应作"长史"。（劳格云："当以碑为正。"）

台州：注见本书卷第二（四七）《郑虔传》。

附记：此篇《四库》本失载。

【辑评】

唐代顾陶《唐诗类选后序》（《全文》七六五）：

"唯李歙州敬方，才力周备，兴比之间，独与前辈相近。"（附李敬方《汴河直进船》："汴水通淮利最多，生人为害亦相和。东南四十三州地，取尽脂膏是此河！"）

# 一七二　许　浑

浑，字仲晦①，润州丹阳人②，圉师之后也③。大和六年李珪榜进士④。为当涂、太平二县令。少苦学劳心，有清羸之疾，至是以伏枕免。久之，起为润州司马。大中三年，拜监察御史，历虞部员外郎，睦、郢二州刺史⑤。尝分司朱方，买田筑室。后抱病退居丁卯涧桥，村舍暇日，缀录所作，因以名集⑥。浑乐林泉，亦慷慨悲歌之士，登高怀古，已见壮心，故为格调豪丽⑦，犹强弩初张，牙浅弦急，俱无留意耳。至今慕者极多，家家自谓得骊龙之照夜⑧也。早岁尝游天台⑨，仰看瀑布，旁眺赤城，辨方广于非烟，蹑石桥于悬壁⑩，登陟兼晨，穷览幽胜，朗诵孙绰古赋⑪，傲然有思归之想，志存不朽，再三信宿⑫，彷徨不能去。以王事不果，有负初心。后昼梦登山⑬，有宫阙凌虚，问，曰："此昆仑也。"少顷，远见数人方饮，招浑就坐，暮而罢。一佳人出笺求诗，未成，梦破。后吟曰："晓入瑶台露气清，庭中惟见许飞琼。尘心未断俗缘在，十里下山空月明。"他日，复梦至山中，佳人曰："子何题余姓名于人间？"遂改为"天风吹下步虚声"，曰："善矣。"⑭浑才思翩翩，仙子所爱，梦寐求之，一至于此。昔子建赋《洛神》⑮，人以徒闻虚语，以是谓迂诞不信矣⑯。未几遂卒。有诗二卷，今传。

【校注】

①"字仲晦"　《郡斋》四中"许浑丁卯集二卷"条同。《新书》六〇《艺文志》四"许浑丁卯集"附注、《纪事》五六"许浑"条并作"字用晦"。《直斋》一九"丁卯集二卷"条亦称"许浑用晦"。

②"润州丹阳人"　《直斋》作"丹阳许浑"。《纪事》作"睦州人"。许浑《送王总下第归丹阳》诗（《全诗》五三五）云："凭寄家书为回报，旧乡还有故人知。"

丹阳：注见本书卷三（六〇）《殷遥传》。

③"圉师之后也"　《新书·艺文志》、《纪事》、《郡斋》均作"圉师之后"。按：据《新书》七三上《宰相世系表》三上，许圉师出安陆许氏。

许圉〔yǔ〕师：高宗显庆三年累迁黄门侍郎、同中书门下三品，兼修国史。龙朔中为左相，出为虔州、相州刺史。上元中，再迁户部尚书。传见《旧书》五九、《新书》九〇。

④"大和六年李珪榜进士"　《郡斋》作"大和六年进士"，《直斋》作"大和五年进士"。

⑤"为当涂、太平二县令"至"睦、郢二州刺史"采自《郡斋》，文略同。

当涂：今安徽省当涂县。太平：今安徽省太平县。并见《元和志》二八"江南道宣州"。

润州：注见本书卷第六（一五五）《裴夷直传》。

睦州：注见本书卷第二（三八）《刘长卿传》。

郢州：注见本书卷第三（六三）《郎士元传》。

⑥"尝分司朱方"至"因以名集"　三间、《指海》本校记并称《四库》本"村舍暇日"上有"每"字，今所见《四库》本、《四库》抄本皆无"每"字。《郡斋》作："尝分司于朱方丁卯涧（润），自编所著，因以名。"按：许浑有《夜归丁卯桥村舍》诗（《全诗》五二九）。又许浑《乌丝阑诗自序》（《全文》七六〇）云："大中三年，守监察御史，抱疾不任朝谒，坚乞东归。明年少间，端居多暇，因编集新旧五百篇，置于几案间，聊用自适，非求知之志也。时庚午三月十日，于丁卯涧村舍手写此本。"

朱方：春秋时吴国朱方邑，即唐润州丹徒县地，今江苏省丹徒县。见《元和志》二五"江南道润州"。许浑有《下第归朱方寄刘三复》诗（《全诗》五三一）。

⑦"故为格调豪丽" 《四库》本"为"作"其"。
⑧"照夜" 《四库》抄本作"夜照"。
骊龙之照夜：谓夜明珠。《庄子·列御寇》："夫千金之珠，必在九重之渊，而骊龙颔下。"
⑨"早岁尝游天台" 许浑有《早发天台中岩寺度关岭次天姥岑》（《全诗》五三三）、《思天台》诗（《全诗》五三八）。
天台：注见本书卷一（六）《骆宾王传》。
⑩赤城：山名，在今浙江省天台县北六里，为天台山南门。因土色皆亦，状似云霞，望之如雉堞，故名。孙绰《游天台山赋》"赤城霞起而建标"。见《元和志》二六"江南道台州唐兴县"。
非烟：祥瑞的彩云。《史记·天官书》："若烟非烟，若云非云，郁郁纷纷，非云，萧索轮囷，是谓卿云。卿云，喜气也。"
石桥：注见本书卷第一（六）《骆宾王传》。
⑪孙绰古赋：东晋孙绰《游天台山赋》，见《文选》一一。
⑫"再三信宿" "信宿"原作"平昔"，据《四库》本改。
⑬"有负初心。后昼梦登山" 《佚存》本"心后"二字误置为"后心"。
⑭"后昼梦登山"至"善矣" 采自《本事诗·事感》。（又见于《广记》七〇引《逸史》，谓是"唐开成初进士许瀍"事。）《纪事》载："浑《纪梦诗序》云：余尝梦登山，有宫室凌云。人云，此昆仑也。既入，见数人方饮，招之，至暮方罢。""昼梦"，《本事诗》作"尝梦"。"问曰"，《本事诗》作"人云"，应从。"晓入瑶台露气清"四句，《全诗》五三八题为《记梦》。
昆仑：山名，在新疆、西藏之间，西接帕米尔高原。层峰叠岭，势极高峻，古代传说为神人所居。见《水经注》一《河水》。
许飞琼：女仙。《汉武帝内传》："王母又命侍女董双成吹云和之笙，石公子击昆庭之金，许飞琼鼓震灵之簧。"
步虚声：道士诵经之声。南朝宋刘敬叔《异苑》五："陈思王游山，忽闻空里诵经声，清远道亮。解音者则而写之为神仙声，道士效之作步虚声。"
⑮子建赋《洛神》：三国魏曹植字子建，作《洛神赋》，载《文选》一九。
⑯"以是谓迂诞不信矣" 《四库》本"谓"作"为"。

【补录】
宋代佚名《宣和书谱》五"许浑"条：
"卯角为诗，已能超出童稚。及长秀发，颇为流辈所推。正书字虽非专门,而洒落可爱,想见其风度。浑作诗似杜牧,俊逸不及,而美丽过之,古今学诗者无不喜诵。"

**【辑评】**

唐代韦庄《题许浑诗卷》(《全诗》六九六):

"江南才子许浑诗,字字清新句句奇。十斛明珠量不尽,惠休虚作碧云词。"

宋代佚名《桐江诗话》:

"许浑集中佳句甚多,然多用'水'字,故国初士人云许浑'千首湿'是也。谓如《洛中怀古》云:'水声东去市朝变,山势北来宫殿高。'若其他诗无'水'字,则此句当无愧于作者。"

宋代葛立方《韵语阳秋》三:

"余读许浑诗,独爱'道直去官早,家贫为客多'之句。非亲尝者,不知其味也。"

宋代刘克庄《后村诗话·新集》四:

"(许)浑字用晦……其诗如天孙之织,巧匠之斫,尤善用古事以发新意。其警联快句,杂之元微之、刘梦得集中不能辨。"

元代方回《瀛奎律髓》一〇:

"许浑《丁卯集》,予幼尝读之喜焉,渐老渐不喜之。……大抵工有余而味不足,即如人之为人,形有余而韵不足。诗岂在专对偶声病而已哉!"

《瀛奎律髓》四七:

"许丁卯……诗句句工,但太工则形胜于神矣。"

明代杨慎《升庵诗话》九:

"唐诗至许浑,浅陋极矣,而俗喜传之,至今不废。高棅编《唐诗品汇》,取至百余首。甚矣,棅之无目也。棅不足言,而杨仲弘选《唐音》,自谓详于盛唐而略于晚唐,不知浑乃晚唐之尤下者,而取之极多。仲弘之赏鉴,亦羊质而虎皮乎?陈后山云:'近世无高学,举俗爱许浑。'斯卓识矣。孙光宪云:'许浑诗,李远赋,不如不做。'当时已有公论,惜乎伯谦辈之懵于此也。"

明代谢榛《四溟诗话》二:

"句巧则卑,若许用晦'鱼下碧潭当镜跃,鸟还青嶂拂屏飞'是也。"

明代胡应麟《诗薮·外编》四：

"俊爽若牧之，藻绮若庭筠，精深若义山，整密若丁卯，皆晚唐铮铮者。"

清代贺裳《载酒园诗话》一：

"作诗以情意为主，景与事辅之，兼之者宗工巨匠也，得一端者亦艺林之秀也。许（浑）诗情好景好，特意少事少。"

《载酒园诗话·又编》：

"许郢州诗，前后多互见，故人讥才短。"

"《金陵怀古》诗……在晚唐亦为振拔。顾璘称其'前四句雄浑而意象不合'，正不知何者为意象？又云'次联粗硬'，粗硬者如是乎？"（附许浑《金陵怀古》："玉树歌残王气终，景阳兵合戍楼空。松楸远近千官塚，禾黍高低六代宫。石燕拂云晴亦雨，江豚吹浪夜还风。英雄一去豪华尽，惟有青山似洛中。"）

清代田雯《古欢堂集·杂著》三：

"予谓声律之熟，无如浑者。七言拗句，如'岭猿群宿夜山静，沙鸟独飞秋水来'，'孤舟移棹一江月，高阁卷帘千树风'，'一声溪鸟暗云散，万片野花流水香'，'刘伶台下稻花晚，韩信庙前枫叶秋'，'两岩花落夜风急，一径苇荒秋雨多'，拗字声律，极自然可爱。又如'兰叶露光秋月上，芦花风起夜潮来'，'村径绕山松叶暗，柴门临水稻花香'，'花盛庾园携酒客，草深颜巷读书人'，'舟横野渡寒风急，门掩荒山夜雪深'……亦自挺拔，兼饶风致，似不可过诋丁卯也。"

清代李重华《贞一斋诗说》：

"许丁卯格甚凝练，气未深厚。"

# 一七三　雍　陶

陶，字国钧，成都人①。工于词赋。少贫，遭蜀中乱后，播越羁旅②。有诗云："贫当多病日，闲过少年时。"③大和八年，陈宽榜进士及第，一时名辈，咸伟其作④。然恃才傲睨，薄于亲党。其舅云安刘钦之下第，归三峡，却寄陶诗云："地近衡阳虽少雁，水连巴蜀岂无鱼?"陶得诗颇愧赧,遂通问不绝⑤。大中六年,授国子毛诗博士。与贾岛、殷尧藩、无可、徐凝、章孝标友善,以琴樽诗翰相娱,留长安中。大中末,出刺简州,时名益重⑥。自比谢宣城、柳吴兴,国初诸人,书奴耳。宾至,必俫俫挫辱,投贽者少得通。秀才冯道明,时称机捷,因罢举请谒,给阍者曰:"与太守有故。"陶倒屣,及见,呵责曰:"与足下素昧平生,何故之有?"冯曰:"诵公诗文,室迩人远,何隔平生?"吟陶诗数联,如"立当青草人先见,行近白莲鱼未知"。又"闭门客到常如病,满院花开未是贫"。又"江声秋入峡,雨色夜侵楼"等句。陶多其慕己,厚赠遣之⑦。自负如此。后为雅州刺史,郭外有情尽桥,乃分袂祖别之所,因送客,陶怪之,遂于上立候馆,改名折柳桥,取古乐府《折扬柳》之义。题诗曰:"从来只有情难尽,何事呼为情尽桥? 自此改名为折柳,任它离恨一条条。"⑧甚脍炙⑨当时。竟辞荣,闲居庐岳,养疴傲世,与尘事日冥矣。有《唐志集》五卷⑩,今传。

**【校注】**

①"字国钧,成都人" 《新书》六〇《艺文志》四"雍陶诗集十卷"附注:"字国钧。"《云溪友议》上"冯生佞"条:"雍陶员外,蜀川人也。"贾岛有《送雍陶及第归成都宁亲》诗(《全诗》五一八)。

②"少贫"至"播越羁旅" 雍陶有《蜀中战后感事》、《答蜀中经蛮后友人马艾见寄》、《哀蜀人为南蛮俘虏五章》等诗(《全诗》五一八)。

③"贫当多病日"二句 《全诗》五一八题为《自述》(一作《下第》)。

④"大和八年"至"咸伟其作" 《郡斋》四中"雍陶诗五卷"条作"大和八年进士"。贾岛《送雍陶及第归成都宁亲》诗云:"不唯诗著籍,兼又赋知名。议论于题称,《春秋》对问精。"

⑤"然恃才傲睨"至"遂通问不绝" "陶得诗颇愧报","陶"字原脱,据《四库》、《指海》本补。"刘钦之","刘"原作"李",据《四库》本改。此段采自《云溪友议》上"冯生佞"条,文略同。又见于《纪事》五六"雍陶"条。《友议》"刘钦之"作"刘敬之"。"遂通问不绝",《友议》作"方有狐首之思欤"。按:"地近衡阳虽少雁"二句,收入《全诗》七九五刘敬之断句,"地"作"山",与《友议》合。

傲睨：倨傲旁视。见郭璞《江赋》。

云安：今四川省云阳县。见《旧书》三九《地理志》二"山南东道夔州"。

衡阳：今湖南省衡阳市。见《元和志》二九"江南道衡州"。衡阳有回雁峰，为衡山七十二峰之一。其势如雁回转，相传雁至此峰不过，古代诗人因以衡阳雁转喻音信阻隔。见《读史方舆纪要》八〇"衡阳县"。

⑥"大中六年"至"时名益重"　"大中六年"，《四库》本"六"作"二"。《新书·艺文志》作："大中八年，自国子《毛诗》博士出为简州刺史。"又，雍陶有《同贾岛宿无可上人院》、《永乐殷尧藩明府县池嘉莲咏》、《怀无可上人》、《送徐山人归睦州旧隐》、《寄襄阳章孝标》等诗（《全诗》五一八）；贾岛有《送雍陶入蜀》、《喜雍陶至》等诗（《全诗》五七二、五七三）；殷尧藩有《过雍陶博士邸中饮》诗（《全诗》四九二）。

贾岛：传见本书卷第五（一一八）。

殷尧藩、无可、徐凝、章孝标：传见本书卷六（一四八、一五〇、一五四、一五九）。

简州：治阳安，今四川省简阳县。见《元和志》三一"剑南道"。

⑦"自比谢宣城"至"厚赠遣之"　《四库》本"书奴"作"诗奴"，"伴伴"作"伴狂"。"少得通"，《四库》抄本"少"作"以"。"倒屣"，原作"倒履"，据《四库》本改。"闭门"，原作"闲门"，据《四库》、三间本改，与《云溪友议》、《纪事》合。此段采自《云溪友议》上"冯生佞"条，又见于《纪事》、《诗人玉屑》一〇"知音"门。"立当青草人先见"二句，见于《全诗》五一八，题为《咏双鹭》。"闭门客到常如病"二句，收入《全唐诗外编·全唐诗续补遗》一〇。"江声秋入峡"二句，收入《全唐诗续补遗》一〇；《友议》、《纪事》"峡"作"寺"，"色"作"气"，义较胜，应从。

谢宣城：南朝齐诗人谢朓，曾为宣城太守，世称谢宣城。其诗清新流丽，工于写景。《南齐书》有传。

柳吴兴：南朝梁诗人柳恽，曾为吴兴太守，世称柳吴兴。"亭皋木叶下，陇首秋云飞"等句，深受时人赞赏。《梁书》有传。

室迩人远：《诗经·郑风·东门之墠》："其室则迩，其人则远。"

⑧"后为雅州刺史"至"任它离恨一条条"　采自《诗话总龟》一五"留题"门引《江南野录》，文略同。又见于《纪事》。"后为雅州刺史"，《诗总》作"典雅州"，《纪事》作"典阳安"。"从来只有情难尽"四句，《全诗》五一八题为《题情尽桥》。

雅州：治严道，今四川省雅安县。见《元和志》三二"剑南道"。

候馆：接待行旅、宾客宿食的馆舍。常建《泊舟盱眙》："平沙依雁宿，候馆听鸡鸣。"

⑨"脍炙"　"炙"原作"美"，据《佚存》、《四库》、三间、《指海》本改。

⑩ "有《唐志集》五卷"　此误。三间本汪继培《唐才子传跋》云："晁《志》载《雍陶诗》五卷,谓《唐·志》集十卷今亡其半。《唐·志》者《艺文志》也。文房直以《唐·志》为陶集名,尤为巨谬。"

**【补录】**

宋代计有功《唐诗纪事》五六"雍陶"条：

"唐诗人最重行卷,陶首篇上裴度。"

**【辑评】**

宋代佚名《雪溪诗话》：

"众禽中惟鹤标致高逸,其次鹭亦闲野不俗。若规规只及羽毛飞鸣,则陋矣。李德裕云：'拂日疑星落,凌风讶雪飞。'雍陶云：'立当青草人先见,行近白莲鱼未知。'皆无远韵。……如欧阳公诗：'风格孤高尘外物,性情闲散水边身。尽日独行溪浅处,青苔白石见纤鳞。'真佳句也。"

明代杨慎《升庵诗话》一一：

"雍陶《哀蜀人为南诏所俘》：'云南路出洱河西,毒草长青瘴雾低。渐近蛮城谁敢哭,一时收泪羡猿啼。'……去乡离家,俘于犬羊,苦已极矣。又畏死吞声不敢哭,所以羡猿声之啼也。一'羡'字妙,或改作'听',非知诗者。"

明代胡震亨《唐音癸签》八：

"雍简州（陶）矜负好句,于客所窥。此公工于造联,奈屚于送结,落晚调不振。"

明代钟惺、谭元春《唐诗归》三三：

"雍陶《和孙明府怀旧山》：'五柳先生本在山,偶然为客落人间。秋来见月多归思,自起开笼放白鹇。'见月放鹇与归思何干？其妙可想。"（钟惺）

清代贺裳《载酒园诗话》一：

"晚唐气益靡弱,间于长律中出一二俊语,便嚣然得名。……如雍陶《白鹭》诗曰：'立当青草人先见,行傍白莲鱼未知。'可为佳绝。至'一足独拳寒雨里,数声相叫早秋时',已成俗韵,此粘皮带骨之累也。末句'林塘得尔须增价,况是诗家物色宜',竟成打油恶道矣。"

437

## 一七四　贾　驰

驰，大和九年郑确榜进士①。初负才质，蹭蹬名场，往来公卿间，担簦蹑屩②，莫伸其志。尝入关，赋诗云："河上微风来，关头树初湿。今朝关城吏，又见孤客入。上国谁与期，西来徒自急。"③主司得闻，有怜才之意，遂放第④。不甚显宦。诗文俱得美声，后来文士集中，多称贾先辈⑤，其名誉为时所重云。有集传世⑥。

【校注】

①"大和九年郑确榜进士"　徐应秋《玉芝堂谈荟》二"历代状元"条记："大和九年，进士二十五人，状元郑璀。"《纪事》六〇"贾驰"条记："唐末人。"

②担簦〔dēng〕蹑屩〔juē〕：谓远行。簦，有长柄的笠。屩，亦作蹻，草鞋。皆远行用具。《史记·平原君虞卿列传》："虞卿者，游说之士也，蹑蹻檐（担）簦，说赵孝成王。"

③"河上微风来"六句　《全诗》七二六题为《西入关》。

上国：京都。

④"主司得闻"至"遂放第"　《四库》、《指海》本"得闻"作"闻之"，"有"上有"颇"字。所记未知何据。

⑤"多称贾先辈"　曹邺有《寄贾驰先辈》诗（《全诗》五九二）。

⑥"有集传世"　唐、宋以来书目未见著录。《全诗》七二六收其诗二首。

【补录】

宋代计有功《唐诗纪事》六〇"贾驰"条：

"驰，唐末人。会昌间，陆贞洞、王涤辈题三乡诗，驰后留赠云：'壁古字未灭，声长响不绝。蕙质本如云，松心应耐雪。耿耿离幽谷，悠悠望瓯越。杞妇哭夫时，城崩无此说。'"

"驰有《秋入关》诗及'东风吹晓霜，雪鸟双双来'之句，张为取作《主客图》。"

## 一七五 伍 乔

乔，少隐居庐山读书，工为诗，与杜牧之同时擢第①。初，乔与张洎少友善，洎仕为翰林学士，眷宠优异，乔时任歙州司马，自伤不调，作诗寄洎，戒去仆曰："俟张游宴，即投之。"洎得缄，云："不知何处好销忧？公退携樽即上楼。职事久参侯伯幕，梦魂长达帝王州。黄山向晚盈轩翠，黟水含春绕郡流。遥想玉堂多暇日，花时谁伴出城游？"洎动容久之，为言于上，召还为考功员外郎②。卒官。今有诗二十余篇，传于世。

【校注】

①"少隐居庐山读书"至"同时擢第" 马令《南唐书》一四本传作："庐江人也，性嗜学，以淮人无己右者，遂渡江入庐山国学，苦节自励。"陆游《南唐书》一二本传略同。又，伍乔《闻杜牧赴阙》诗（《全诗》七四四）："旧隐匡庐一草堂，今闻携策谒吾皇。……他时得意交知仰，莫忘裁诗寄钓乡。"又据马、陆两家《南唐书》，伍乔于南唐元宗时举进士，榜列第一，张洎第二。本篇谓"与杜牧之同时擢第"，年代不相及，甚误。伍乔诗中所称杜牧，当别是一人。

②"初，乔与张洎少友善"至"召还为考功员外郎" 采自《诗话总龟》五"自荐"门引《诗史》，文略同。"歙州司马"，《诗总》"司马"作"通判"。"不知何处好销忧"八句，《全诗》七四四题为《寄张学士洎》。

张洎：初仕南唐后主朝，历工部员外郎、礼部员外郎、知制诰、中书舍人、清辉殿学士，参与机密，恩宠第一。南唐亡，仕宋，历官参知政事。事迹见马令《南唐书》二三，《宋史》有传。

歙州：注见本书本卷（一七一）《李敬方传》。

黟〔yī〕水：又称吉阳水，源出今安徽省黟县吉阳山，东南流，经休宁县西，注入浙水（新安江）。

玉堂：唐、宋时称学士院（学士供职之所）为玉堂。见叶梦得《石林燕语》七。

附记：此篇《四库》本失载。

【补录】

宋代马令《南唐书》一四《伍乔传》：

"是岁同试数百人，初中有司之选者，必延之升堂，而加慰饮焉。先是宋贞观登坐，张洎续至。主司览程文，遂揖贞观南坐，而引洎西首，酒数行，乔始上卷，主司读之惊叹，乃以贞观处席北，辟洎居南，登乔为宾首。覆考榜出，乔果第一，洎第二，贞观第三，时称主司精于衡鉴。元宗命勒乔程文于石，以为永式。署宣州幕府，考满，迁考功郎，卒于官。"

**【辑评】**

明代钟惺、谭元春《唐诗归》三六：

"伍乔《晚秋同何秀才溪上》：'闲步秋光思杳然，荷藜因共过林烟。期收野药寻幽路，欲采溪菱上小船。云吐晚烟藏霁岫，柳含余霭咽残蝉。倒尊尽日忘归处，山磬数声敲暝天。'幽细。结得有景，却是中晚气调。"（钟惺）

## 一七六　陈上美

上美，开成元年礼部侍郎高锴放榜，第二人登科①。以诗鸣当时，间作，悉佳制。论其骨格本峭，但少气耳。有集今传②。○夫矻矻③穷经，志在死而不亡者，天道良难，无固必也。或称硕儒，而名偶身丧；或乃颓然④，而青编⑤不削。又若以位高金多，心广体胖，而富贵骄人，文称，功业黯黯，则未若腐草之有萤也。今群居论古终日，其人既远，骨已朽矣，幸而炤灼简牍，未必皆扬雄、班、马⑥之流耳。于兹传中，族匪闻望，官不隆重，俱以一咏争长岁月者亦多，岂曰小道而忽之？设有白璧，入地不满尺，出土无肤寸，虽卞和憧憧⑦往来其间，不失者亦鲜矣。幸不幸之谓也。

**【校注】**

① "开成元年"至"第二人登科"　《纪事》五〇"陈上美"条作"登开成进士第"。《唐语林》八"累为主司"条："高锴二：开成元年、二年。"

高锴：大和中官至中书舍人，九年十月权知贡举。开成元年为礼部侍郎，凡掌贡部三年。转吏部侍郎,出为岳鄂观察使。传见《旧书》一六八,《新书》一七七。

②"有集今传" 唐、宋以来书目均未见著录。《全诗》五四二收《咸阳有怀》诗一首,《全唐诗外编·全唐诗补逸》一二从《又玄集》辑得一首。

③矻矻〔kū〕:劳极貌。

④颓然:首秃貌,指衰老之年。

⑤青编:原指古代记事之书,此处泛指著述。

⑥班、马:班固、司马迁,皆汉代史家。《晋书·陈寿论》:"丘明既没,班、马迭兴。"

⑦卞和:春秋时楚人,善识宝玉。见《韩非子·和氏》。

憧憧〔chōng〕:往来不绝貌。《周易·咸》:"憧憧往来,朋从尔思。"

附记:此篇《四库》本失载。

# 一七七　李商隐（812？—858）

商隐,字义山,怀州人也①。令狐楚奇其才,使游门下,授以文法,遇之甚厚。开成二年,高锴知贡举,楚善于锴,奖誉甚力,遂擢进士。又中拔萃。楚又奏为集贤校理。楚出,王茂元镇河阳,素爱其才,表掌书记,以子妻之。除侍御史。茂元为李德裕党,士流嗤谪商隐,以为诡薄无行,共排摈之②。来京都,久不调。更依桂林总管郑亚府,为判官,后随亚谪循州,三年始回。归,穷于宰相绹,绹恶其忘家恩,放利偷合,从小人之辟,谢绝,殊不展分③。重阳日,因诣厅事,留题云:"十年泉下无消息,九日樽前有所思。"又云:"郎君官重施行马,东阁无因许再窥。"绹见之,恻然④。乃补太学博士。柳仲郢节度东川,辟为判官⑤。商隐廉介可畏,出为广州都督,人或袖金以赠,商隐曰:"吾自性分不可易,非畏人知也。"未几,入拜检校吏部员外郎。罢,客荥阳,卒⑥。商隐工诗,为文瑰迈奇古,辞难事隐。及从楚学,俪偶长短,而繁缛过之⑦。每属缀,多检阅书册,左右鳞次,号"獭祭鱼"⑧。而旨能感人,人谓其横绝前后。时温庭筠、段成式各以秾致相夸,号"三十六体"⑨。后评者谓其诗"如百宝流苏,千丝铁网,绮密瑰妍,要非适用之具"⑩。斯言信哉。初得大名,薄游长安,尚希识面。因投宿逆旅,有众客方酣饮,赋《木兰花》诗,就呼与坐,不知为商隐也。后成一篇云:"洞庭波冷晓侵云,日日征帆送远人。几度木兰船上望,不知元是此花身。"客问姓名,大惊称罪⑪。时白乐天老退,极喜商隐文章,曰:"我死后,得为尔儿足矣。"白死数年,生子,遂以"白老"名之。既长,殊鄙钝,温飞卿戏曰,"以尔为侍郎后身,不亦忝乎?"后更生子,名衮师,聪俊。商隐诗云:"衮师我娇儿,英秀乃无匹。"此或其后身也⑫。商隐文自成一格,后学者重之⑬,谓"西昆体"⑭也。有《樊南甲集》二十卷,《乙集》二十卷,《玉溪生诗》三卷。初,自号玉溪子。又赋一卷,文一卷,并传于世。

## 【校注】

① "怀州人也" 《旧书》一九〇下、《新书》二〇三本传并作"怀州河内人"。

怀州:治河内,今河南省沁阳县。见《元和志》一六"河北道"。

② "令狐楚奇其才"至"共排摈之" "王茂元镇河阳","河阳"原作"兴元",据《四库》、三间本改,与两《唐书》本传合。"茂元为李德裕党,士流嗤谪商隐","李德裕党"原作"牛、李党",据《四库》本改。(《指海》本校语云:"此并有脱误。《新唐书》云:茂元善李德裕,而牛、李党人蚩谪商隐。牛、李谓李宗闵也,《唐才子传》盖即用《新唐书》文。")此段节录自《新书》本传。"又中拔萃",《旧书》本传作:"会昌二年,又以书判拔萃。""楚又奏为集贤校理",两《唐书》本传皆无此语,此误,令狐楚已于开成二年卒。又,中拔萃应在入王茂元幕、妻其女之后。(据张采田《玉溪生年谱会笺》,开成三年李商隐入泾原节度使王茂元幕,并娶王氏女为妻。)

令狐楚:传见本书卷第五(一二六)。

高锴:注见本书本卷(一七六)《陈上美传》。

王茂元:元和中为右神策将军。大和七年为岭南节度使,九年转泾原节度使。会昌中,为忠武军节度使、河阳节度使。传见《旧书》一五二、《新书》一七〇。

③ "来京都"至"殊不展分" "京都",《四库》本作"京师",与《新书》本传合。"归,穷于宰相绹","于"上当有阙文;《指海》本"穷"作"躬";《新书》本传作:"商隐归,穷自解,绹憾不置。"(按《文学山房丛书》本此处文字乙转为:"穷,归于宰相绹",可通,然无版本依据。)"放利偷合","放"原作"做",《佚存》本作"做",并讹;

据《四库》、三间、《指海》本改，与《新书》合。此段节录自《新书》本传，文微异。"后随亚谪循州，三年始回"，《四库》本按语云："商隐《樊南乙集自序》云：'余为桂林从事日，常（尝）使南郡。……明年正月，自南郡归，二月，府贬，迁为盩厔尉。……尹即留假参军事，典章奏。'（按：序见《全文》七七九。）考商隐自岭表归朝，即为京兆尹、卢宏（弘）正掾曹，其在岭表期年耳。原文及新、旧《唐书》并误。"

桂林：为桂管经略使治所，今广西壮族自治区桂林市。见《元和志》三七"岭南道桂州"。

郑亚：会昌中历监察御史、刑部郎中、给事中。宣宗立，出为桂管观察使。大中三年，贬循州刺史。传见《旧书》一七八、《新书》一八五。

循州：治归善，今广东省惠州市东。见《元和志》三四"岭南道"。

宰相绹：令狐绹，令狐楚子，宣宗大中间为相。注见本书本卷（一七〇）《李远传》。

④"重阳日"至"恻然"　"官重"，《四库》本作"官贵"；《北梦琐言》作"官重"，《唐摭言》、《纪事》、《全诗》作"官贵"。此段《新书》本传无，采自《北梦琐言》七，又见于《唐摭言》一一"怨怒"门、《纪事》五三。《琐言》记："李商隐员外依彭阳令狐公楚，以笺奏受知。……彭阳之子绹，继有韦、平之拜，似疏陇西，未尝展分。重阳日，义山诣宅，于厅事上留题，其略云：（略）相国睹之，惭怅而已。乃扃闭此厅，终身不处也。""十年泉下无消息"四句，见于《全诗》五四一，题为《九日》。

厅事：官府办公处。

施行马：官署前设施的挡众木。汉制，光禄大夫秩，施行马以旌别之。见《汉官仪》。

东阁：西汉公孙弘为相时，开东阁以延请人才。见《汉书·公孙弘传》。

⑤"乃补太学博士"至"辟为判官"　"东川"原作"中州"，讹，据《四库》、《指海》本改，与《新书》合。此段据《新书》本传。《新书》"乃补"上有"复干绹"三字。

柳仲郢：会昌中历吏部郎中、谏议大夫，李德裕奏为京兆尹。宣宗立，德裕罢相，出仲郢为郑州刺史，后迁河南尹，转剑南东川节度使。咸通中，历山南西道节度使、东都留守。传见《旧书》一六五、《新书》一六三。

⑥"出为广州都督"至"客荥阳，卒"　《四库》本按语云："按《新唐书》：柳仲郢节度剑南东川，辟商隐为判官、检校工部员外郎。府罢，客荥阳卒。则员外郎系判官带衔，并非入拜，亦非吏部也。又，商隐亦未尝为广州都督，原文全误。"三间本汪继培《唐才子传跋》云："按《唐书·李尚隐传》称：尚隐迁广州都督、五府经略使，及还，人或衷金以赠，尚隐曰：吾自性分不可易，非畏人知也。（按见《旧书》一八五下、《新书》一三〇《李尚隐传》。）文房乃误载其事于《李商隐传》。"按：唐代裴延裕《东

443

观奏记》下记:"(商隐)自开成二年登第,至上十二年(宣宗大中十二年)竟不升于王廷。"则商隐卒于大中十二年。

荥阳:今河南省荥阳县。见《元和志》八"河南道郑州"。

⑦"商隐工诗"至"而繁缛过之" 采自《新书》本传。

⑧"每属缀"至"号'獭祭鱼'" 宋代吴炯《五总志》载:"唐李商隐为文,多检阅书史,鳞次堆积左右,时谓为獭祭鱼。"又见于杨亿《谈苑》。

獭祭鱼:獭捕得鱼陈列水边,犹如祭祀,称獭祭鱼。见《礼记·月令》。后因称罗列典故、堆砌成文为獭祭鱼。

⑨"时温庭筠"至"号'三十六体'" 据《新书》本传。

温庭筠:传见本书卷第八(二〇二)。

段成式:宰相段文昌子,会昌中官吉州刺史,大中间入朝为太常少卿,后出为江州刺史。工诗,撰有《酉阳杂俎》三十卷。传见《旧书》一六七、《新书》八九。

三十六体:三人均排列第十六,又皆擅长骈体文,故称三十六体。见《小学绀珠》四。

⑩"如百宝流苏"至"要非适用之具" 引自敖陶孙《臞翁诗评》(《诗人玉屑》二),《诗评》无"之具"二字。

流苏:五彩羽毛或丝线制成的垂饰。见张衡《东京赋》。

⑪"初得大名"至"大惊称罪" 此段采自《纪事》。亦见于李颀《古今诗话》(《诗话总龟·前集》二〇)。"洞庭波冷晓侵云"四句,《全诗》五四一《李商隐卷》题为《木兰花》;《全诗》六二八《陆龟蒙卷》一二题为《木兰堂》,题下注"一作李商隐诗",首句作"洞庭波浪渺无津"。陈鳣《唐才子传校勘记》(南京图书馆藏抄本)"李商隐"条云:"按《枫斋集》以此诗为陆龟蒙作。又《西豀丛语》云:唐末,馆阁诸公泛舟,以木兰为题,忽一贫士登舟作诗云:'洞庭春水绿于云,日日征帆送远行。曾向木兰洲上望,不知元是此花身。'诸公大惊,物色之,乃义山之魄也。说甚荒诞。"冯浩《玉溪生诗集笺注》二:"李跃《岚齐集》云:是陆龟蒙于苏守张抟坐中赋《木兰堂诗》,故诸本附入集外诗。今细玩诗趣,必是义山,且《万首绝句》入《义山集》,不并重见《鲁望集》,因皮、陆有《宿木兰院诗》,致生岐说耳。"

⑫"时白乐天老退"至"此或其后身也" 宋代蔡启《蔡宽夫诗话》(《苕溪渔隐丛话·前集》一六引)所载内容微异。"衮师我娇儿"二句,见于《全诗》五四一,题为《娇儿诗》。

⑬"后学者重之" 原作"后之学重者",据《四库》、三间本改。

⑭西昆体:严羽《沧浪诗话·诗体》云:"西昆体,即李商隐体,然兼温庭筠及本朝杨、刘诸公而名之也。"翁方纲《石洲诗话》云:"西昆者,宋初翰苑也。是宋初馆阁效温、李体,乃有西昆之目。"

## 【补录】

宋代佚名《宣和书谱》三"李商隐"条：

"观其《四六稿草》，方其刻意致思，排比声律，笔画虽真，亦本非用意。然字体妍媚，意气飞动，亦可尚也。"

## 【辑评】

宋代蔡启《蔡宽夫诗话》：

"王荆公晚年亦喜称义山诗，以为唐人知学老杜而得其藩篱，惟义山一人而已。每诵其'雪岭未归天外使，松州犹驻殿前军'，'永忆江湖归白发，欲回天地入扁舟'，与'池光不受月，暮气欲沉山'，'江海三年客，乾坤百战场'之类，虽老杜亡以过也。义山诗合处信有过人，若其用事深辟，语工而意不及，自是其短。世人反以为奇而效之，故昆体之弊，适重其失。"

宋代葛立方《韵语阳秋》二：

"公（杨亿）尝论义山诗，以谓包蕴密致，演绎平畅，味无穷而炙愈出，镇弥坚而酌不竭。"

宋代范温《潜溪诗眼》：

"义山诗，世人但称其巧丽，与温庭筠齐名，盖俗学但见皮肤，其高情远意，皆不识也。"

金代元好问《论诗三十首》之十二（《遗山先生文集》一一）：

"望帝春心托杜鹃，佳人锦瑟怨华年。诗家总爱西昆好，独恨无人作郑笺！"

明代陆时雍《诗镜·总论》：

"李商隐七律，气韵香甘。唐季得此，所谓枇杷晚翠。"

清代钱谦益《注李义山诗集序》（《有学集》一五）：

"义山《无题》诸什，春女读之而哀，秋士读之而悲。"

清代贺裳《载酒园诗话·又编》：

"义山绮才艳骨，作古诗乃学少陵，如《井泥》、《骄儿》、《行次西郊》……颇能质朴。然已有'镜好鸾空舞，帘疏燕误飞'，'十五泣春风，背面鞦韆下'诸篇，正如木兰虽兜牟裲裆，驰逐金戈铁马间，神魂固犹在铅黛也，一离沙场，即视尚书郎不顾，重复理鬟贴花矣。"

清代叶燮《原诗·外篇》下：

"李商隐七绝，寄托深而措辞婉，实可空百代，无其匹也。"

清代沈德潜《说诗晬语》上：

"义山近体，襞绩重重，长于讽谕。中多借题摅抱，遭时之变，不得不隐也。"

清代朱鹤龄《李义山诗集笺注序》：

"唐至大和以后，阉人暴横，党祸蔓延。义山陷塞当涂，沉沦记室。其身危，则显言不可而曲言之；其思苦，则庄语不可而谩语之。……其《梓州吟》云'楚雨含情皆有托'，早已自下笺解矣。"

"义山之诗，乃风人之绪音，屈、宋之遗响，盖得子美之深而变出之者。"

清代朱彝尊《静志居诗话》：

"少陵之志直，其词危。义山当南北水火，中外箝结，不得不纡曲其指，诞谩其词，此风人、《小雅》之遗，推原其志义，可以鼓吹少陵。"

清代袁枚《随园诗话》五：

"惟李义山诗，稍多典故，然皆用才情驱使，不专砌填也。"

清代纪昀《四库全书总目》一五一"李义山诗集三卷"条：

"今考商隐府罢诗中有'楚雨含情皆有托'句，则借夫妇以喻君臣，固尝自道。然《无题》之中有确有寄托者，'来是空言去绝踪'之类是也；有戏为艳体者，'近知名阿侯'之类是也；有实属狎邪者，'昨夜星辰昨夜风'之类是也；……一概以美人香草解之，殊乖本旨。"

清代翁方纲《石洲诗话》二：

"微婉顿挫，使人荡气回肠者，李义山也。自刘随州而后，渐就平坦，无从睹此丰韵。"

清代刘熙载《艺概·诗概》：

"诗有借色而无真色，虽藻缋，实死灰耳。李义山却是绚中有素。敖器之谓其'绮密瓌妍，要非适用'，岂尽然哉！"

清代施补华《岘佣说诗》：

"义山七律，得于少陵者深，故秾丽之中，时滞沉郁。如《重有感》、《筹笔驿》等篇，气足神完，直登其堂入其室矣。飞卿华而不实，牧之俊而不雄，皆非此公敌手。"

"《圣女祠》：'三春梦雨常飘瓦，尽日灵风不满旗。'作缥缈幽冥之语，而气息自沉，故非鬼派。"

## 一七八　喻凫

凫，毗陵人①，开成五年李从实榜进士，仕为乌程县令②。有诗名。晚岁变雅③，凫亦风靡，专工小巧，高古之气扫地，所畏者务陈言之是去耳。后来才子，皆称喻先辈④，向慕之情足见也。同时薛莹，亦工诗⑤。凫诗一卷，莹诗《洞庭集》一卷，今并传。

【校注】

①"毗陵人"　《纪事》五一"喻凫"条同。姚合有《送喻凫校书归毗陵》诗（《全诗》四九六）。无可有《送喻凫及第归阳羡》诗（《全诗》八一三）。

毗陵：注见本书卷四（一〇七）《窦群传》。

②"开成五年"至"仕为乌程县令"　《新书》六〇《艺文志》四"喻凫诗一卷"附注作："开成进士第，乌程令。"《纪事》作："开成进士也，卒于乌程令。"《直斋》一九"喻凫集一卷"条称"乌程尉喻凫"，"开成五年进士"。

乌程：注见本书卷二（三九）《李季兰传》。

③变雅：指唐代晚期诗风靡弱。《毛诗序》："至于王道衰，礼义废，政教失，国异政，家殊俗，而变风、变雅作矣。"

④"后来才子，皆称喻先辈"　方干有《中路寄喻凫先辈》、《哭喻凫先辈》诗（《全诗》六四八、六五〇）。

先辈：同时考中进士者互称先辈。李肇《唐国史补》下："得第谓之前进士，互相推敬，谓之先辈。"

⑤"同时薛莹，亦工诗"　《直斋》一九"薛莹集一卷"条记："唐薛莹撰，号《洞庭集》。文宗时人，集中多蜀诗。其曰壬寅岁者，在前则为长庆四年（按当作二年），后则为中和二年，未知定何年也。"

附记：此篇《四库》本失载。

【补录】

唐代方干《哭喻凫先辈》（《全诗》六五〇）：

"日夜役神多损寿，先生下世未中年。撰碑纵托登龙伴，营奠应支卖鹤钱。孤垅阴风吹细草，空窗湿气渍残篇。人间别更无冤事，到此谁能与问天！"

五代孙光宪《北梦琐言》（《唐诗纪事》五一引）：

"凫体阆仙为诗，尝谒杜紫微不遇，乃曰：'我诗无罗绮铅粉，宜其不售也。'"

【辑评】

明代杨慎《升庵诗话》七：

"'积霭沉斜月，孤灯照落泉。'喻凫诗也。'积翠含微月，遥泉韵西风。'马戴诗也。二诗幽思同，而句法亦相似。"

《升庵诗话》一〇：

"喻凫诗，'雁天霞脚雨，渔夜苇条风。'上句绝妙，下句大不称，此所以为晚唐也。"

明代胡震亨《唐音癸签》八：

"喻凫五言闲远朗秀，选句功深，自然无罗绮铅粉，殆亦实语。"

清代贺裳《载酒园诗话·又编》：

"喻凫效贾岛为诗，人称之贾、喻。然观宋人所推'木落山城出，潮生海棹归'，'砚和青蔼冻，帘对白云垂'（按：《全诗》作喻坦之诗），唐人推其'沧洲违钓隐，紫阁负僧期'，今集皆不载，固知散失者多矣。余尝喜其'鼍鸣积雨窟，鹤步夕阳沙'，景真语洁。至若'雁天霞脚雨，渔夜苇条风'，镂划虽深，斧凿痕亦嫌太重。"

# 一七九 薛 逢

逢，字陶臣，蒲州人①。会昌元年，崔岘榜第三人进士②。调万年尉。未几，佐河中幕府。崔铉入相，引直宏文馆③。历侍御史，尚书郎。持论鲠切，以谋略高自显。布衣中与刘瑑交，而文辞出逢下，常易瑑。及当国，有荐逢知制诰者。瑑猥言："先朝以两省官给事、舍人治州县，乃得除，逢未试州，不可。"乃出为巴州刺史④。初及第，与杨收、王铎同年，而逢文艺最优。收辅政，逢有诗云："谁知金印朝天客，同是沙堤避路人。"收衔之，斥为蓬、绵二州刺史。及铎相，逢又赋诗云："昨日鸿毛万钧重，今朝山岳一毫轻。"铎怒。中外亦鄙逢褊傲。迁秘书监，卒⑤。逢晚年岨峿宦途，尝策羸赴朝，值新进士榜下，缀行而出，呵殿整然，见逢行李萧条，前导曰："回避新郎君！"逢辗然，因遣一介语之曰："报道莫贫相！阿婆三五少年时，也曾东涂西抹来。"⑥其人辟易。○逢天资本高，学力亦赡，故不甚苦思，而自有豪逸之态⑦。第长短皆率然而成⑧，未免失浅露俗，盖亦当时所尚，非离群绝俗之诣也⑨。夫道家三宝⑩，其一"不敢为天下先"。前人者，孰肯后之？加人者，孰能受之？观逢恃才怠傲，耻在喧卑，而喋喋唇齿，亦犹恶醉而强酒也⑪。累摈远方，寸进尺退，至龙钟而自愤不已，盖祸福无不自己求者焉⑫。有诗集十卷，又《别纸》十三卷，赋集十四卷，今并行⑬。

**【校注】**

①"蒲州人"　《旧书》一九〇下本传作"河东人"，《新书》二〇三本传作"蒲州河东人"。

蒲州：注见本书卷第五（一二七）《杨巨源传》。

②"会昌元年崔岘榜第三人进士"　两《唐书》本传并作："会昌初进士擢第。"《直斋》一九"薛逢集一卷"条作："会昌元年进士。"

③"调万年尉"至"引直宏文馆"　此处微误。《新书》本传作："崔铉镇河中，表在幕府；铉复宰相，引为万年尉，直弘文馆。"《旧书》略同。

万年：注见本书卷第二（三七）《薛据传》。

河中：注见本书卷第二（四〇）《阎防传》。

崔铉：会昌末，以户部侍郎承旨同平章事，罢为陕虢观察使。宣宗立，迁河中尹。大中三年召拜中书侍郎、同平章事，累迁门下侍郎、弘文馆大学士，出为淮南节度使。咸通中，移镇襄州。传见《旧书》一六三、《新书》一六〇。

④"历侍御史"至"乃出为巴州刺史"　采自《新书》本传，《旧书》略同。"及当国"，《新书》作"会瑑当国"，义较明。

刘瑑：会昌末官至中书舍人。大中间，历刑部侍郎、河南尹、宣武军节度使、河东节度使。大中十一年，拜户部侍郎、同平章事。十二年罢相，又历方镇。传见《旧书》

一七七、《新书》一八二。

　　巴州：治化城，今四川省巴中县。见《旧书》三九《地理志》二"山南西道"。

　　⑤"初及第"至"迁秘书监，卒"　节录自《旧书》本传，兼采《新书》。"谁知金印朝天客"二句，见于《全诗》五四八，题为《贺杨收作相》。"昨日鸿毛万钧重"二句，见于《全诗》五四八（断句）。"一毫轻"，《旧书》作"一尘轻"；《全诗》作"一朝轻"，疑误。

　　杨收：杨发（传见本书本卷〔一六九〕）弟。懿宗朝累擢中书舍人、翰林学士承旨、以中书侍郎同平章事。后出为宣歙观察使，获罪长流驩州，赐死。传见《旧书》一七七、《新书》一八四。

　　王铎：懿宗朝历中书舍人、御史中丞。咸通十二年，由礼部尚书进同中书门下平章事。出为宣武节度使。僖宗初，以左仆射召，复拜门下侍郎、同平章事。乾符六年为诸道行营都统，讨伐黄巢起义军，败绩，贬太子宾客。从僖宗奔蜀，复拜门下侍郎、平章事，再次任为诸道行营都统讨黄巢。后为魏博节度使乐彦贞子从训杀死。传见《旧书》一六四、《新书》一八五。

　　蓬州：治大寅，今四川省仪陇县南。见《旧书》三九"山南西道"。

　　绵州：治巴西，今四川省绵阳县。见《旧书》四一《地理志》四"剑南道"。

　　⑥"逢晚年岨峿宦途"至"也曾东涂西抹来"　"整然"，《四库》本作"赫然"。此段引自《唐摭言》三《慈恩寺题名游赏赋咏杂记》。

　　呵殿：官员出行前呼后拥的随从人员。

　　贫相：形容贫而暴富，仍不脱寒伧之色。亦称"穷相"。

　　⑦"而自有豪逸之态"　原无"而自有"三字，据《四库》本补。

　　⑧"第长短皆率然而成"　原无"第"字，据《四库》本补。"率"原作"卒"，据《四库》本改。

　　⑨"盖亦当时所尚，非离群绝俗之诣也"　原无"盖"、"也"二字，据《四库》本补。"诣"原作"谓"，据《四库》本改。

　　⑩道家三宝：《老子》六十七章："我有三宝，持而保之：一曰慈，二曰俭，三曰不敢为天下先。"

　　⑪"亦犹恶醉而强酒也"　《四库》本"醉"作"辞"，讹。《孟子·离娄》上："今恶死亡而乐不仁，是犹恶醉而强酒也。"

　　⑫"盖祸福无不自求者焉"　原无"求"字，据《四库》抄本、三间本补。《孟子·公孙丑》上："祸福无不自求之者"。

　　⑬"今并行"　《四库》抄本"行"作"传"。

【补录】

　　宋代计有功《唐诗纪事》五九"薛逢"条：

"逢命一道士貌真，自为赞曰：'壮哉薛逢，长七尺五寸。'于是绝笔，终未能续。一旦，忽一羽衣诣门，见真赞，命笔续之云：'手把金锤，凿开混沌。'长揖而去，不知所之。逢《凿开混沌赋》得名也。"

【辑评】

宋代严羽《沧浪诗话·诗评》：

"薛逢最浅俗。"

明代胡应麟《诗薮·外编》四：

"必薛逢、胡曾，方堪覆瓿甊。"

明代胡震亨《唐音癸签》八：

"薛陶臣殊有写才，不虚俊拔之目，长歌似学白氏，虽以此得名，未如七律多警。"

## 一八〇 赵 嘏

嘏，字承祐[①]，山阳人[②]。会昌二年郑言榜进士[③]。大中中，仕为渭南尉[④]。一时名士大夫极称道之。卑官颇不如意，宣宗雅知其名，因问宰相："赵嘏诗人，曾为好官否？可取其诗进来。"读其卷，首题秦诗云："徒知六国随斤斧，莫有群儒定是非。"上不悦，事寝[⑤]。嘏尝早秋赋诗曰："残星数点雁横塞，长笛一声人倚楼。"杜牧之呼为"赵倚楼"，赏叹之也[⑥]。又，初有诗，落句云："早晚粗酬身事了，水边归去一闲人。"仕途杌陧，岂其谶也[⑦]？嘏豪迈爽达，多陪接卿相[⑧]，出入馆阁，如亲属然。能以书生，令远近知重，所谓"一日名动京师，三日传满天下"，有自来矣。命沾仙尉，追踪梅市[⑨]，亦不恶耳。先嘏家浙西，有美姬，溺爱，及计偕，留侍母。会中元游鹤林寺，浙帅窥见悦之，夺归。明年嘏及第，自伤赋诗曰："寂寞堂前日又曛，阳台去作不归云。当时闻说沙吒利，今日青娥属使君。"帅闻之，殊惨惨，遣介送姬入长安。时嘏方出关，途次横水驿，于马上相遇，姬因抱嘏痛哭，信宿而卒，遂葬于横水之阳⑩。嘏思慕不已，临终目有所见⑪，时方四十余。今有《渭南集》。及《编年诗》二卷，悉取十三代史事迹，自始生至百岁，岁赋一首、二首，总得一百一十章。今并行于世。

**【校注】**

①"字承祐"　《新书》六〇《艺文志》四"赵嘏渭南集三卷又编年诗二卷"附注、《纪事》五六"赵嘏"条、《郡斋》四中"赵嘏渭南诗三卷"条并同。

②"山阳人"　赵嘏《忆山阳》诗（《全诗》五四九）云："家在枚皋旧宅边。"本篇当即据此。

山阳：今江苏省淮安县。见《旧书》四〇《地理志》三"淮南道楚州"。

③"会昌二年郑言榜进士"　"二年"应为"四年"之误。徐松《登科记考》二二引《唐才子传》作"四年"。《郡斋》亦作"会昌四年进士"。本书本卷（一八五）《马戴传》记："会昌四年左仆射王起下进士，与项斯、赵嘏同榜，俱有盛名。"《直斋》一九"马戴集一卷"条记："以上二人（按：指赵嘏、马戴）皆会昌五年进士。"又，钱易《南部新书》甲载："施肩吾与赵嘏同年……元和十五年也。"

郑言：浙江观察使王式从事，咸通翰林学士、户部侍郎。撰有《平剡录》。见《新书》五八《艺文志》二。

④"大中中，仕为渭南尉"　《新书·艺文志》作"大中渭南尉"，《纪事》作"大中间终于渭南尉"。

渭南：注见本书卷第三（六三）《郎士元传》。

⑤"宣宗雅知其名"至"事寝"　《北梦琐言》七作："宣宗索赵嘏诗，其首卷有《题秦皇》诗，其略云：'徒知六国随斤斧，莫有群儒定是非。'上不悦。"又见于《纪事》。"徒知六国随斤斧"二句，《全诗》五五〇《赵嘏卷》收录。

⑥"嘏尝早秋赋诗曰"至"赏叹之也"　"早秋"，《四库》本作"秋晚"，《四库》抄本、三间本作"晚秋"。"数点"，《四库》、三间本作"几点"，与《唐摭言》、《纪事》、《全诗》合。此段采自《唐摭言》七"知己"门，又见于《韵语阳秋》四、《诗话总龟》四"称赏"门、《纪事》。"残星数点雁横塞"二句，见于《全诗》五四九，题为《长安晚秋》。

⑦"又，初有诗"至"岂其谶也"　"仕途杌陧"，"杌陧"原作"屼兀"，丛《四库》抄本改；《四库》本作"陧杌"。此段采自《唐摭言》一五"杂记"门，亦见于《纪事》。"早晚粗酬身事了"二句，见于《全诗》五四九，题为《寄归》。

杌陧〔wù niè〕：不安貌。《尚书·秦誓》："邦之杌陧，曰由一人。"

⑧"多陪接卿相"　"陪"原作"倍"，据《佚存》、《四库》、三间、《指海》

本改。

⑨仙尉：汉代梅福任南昌尉，传说弃家仙去。见《汉书·梅福传》。后因以仙尉为县佐之美称。常建《送楚十少甫》："愁烟闭千里，仙尉其何如？"

梅市：注见本书卷第四（八七）《司空曙传》。

⑩"先嘏家浙西"至"遂葬于横水之阳" 采自《唐摭言》一五"杂记"门，亦见于《纪事》，文略同。"寂寞堂前日又矄"四句，《全诗》五五〇题为《座上献元相公》。"遣介送姬入长安"，《摭言》、《纪事》作"遣一介归之"。按：《全诗》五四九赵嘏《题横水驿双峰院松》诗云："故园溪上雪中别，野馆枕前云畔逢。白发渐多何自苦？清阴长在好相容。"

计偕：本谓应征召之人偕计吏同行。《史记·儒林传》："谨察可者，当与计偕，诣太常。"后常称举人赴会试为计偕。柳宗元《柳公（浑）行状》："开元中举汝州进士，计偕百数，公为之冠。"

中元：古代以农历七月十五为中元节，道观作斋醮，僧寺作盂兰盆斋。见韩鄂《岁华纪丽》三"中元"条。

鹤林寺：在今江苏省丹徒县黄鹤山下，晋元帝时始建。见《大清一统志》九一"镇江府"。

沙吒利：肃宗时，诗人韩翃（传见本书卷四〔八四〕）爱姬柳氏为蕃将沙吒利所劫。事见许尧佐《柳氏传》、孟棨《本事诗·情感》。

⑪"目有所见" 《四库》本"目"作"日"。

【补录】

宋代钱易《南部新书》甲：

"施肩吾与赵嘏同年，不睦。嘏旧失一目，以假珠代其睛，故施嘲之曰：'二十九人同及第，五十七只眼看花。'元和十五年也。"

【辑评】

宋代陈正敏《遁斋闲览》：

"诗人类以弃官归隐为高，而谓轩冕荣贵为外物，然鲜有能践其言者。故灵彻答韦丹云：'相逢尽道休官去，林下何曾见一人。'盖讥之也。赵嘏云：'早晚粗酬身事了，水边归去一闲人。'若身事了，则仕进之心益炽，愈无归期矣。"

宋代葛立方《韵语阳秋》四：

"（赵嘏）又有《长安月夜与友人话归故山》诗云：'杨柳风多潮未落，蒹葭霜在雁初飞。'亦不减倚楼之句。至于《献李仆射》诗云：'新诺似山无力负，旧恩如水满身流。'则谬矣。"

元代时天彝《唐百家诗选评》（《吴礼部诗话》引）：

"赵嘏多警句，能为律诗，盖小才也。"

明代胡应麟《诗薮·内编》五：

"赵嘏'一千里色中秋月，十万军声半夜潮'，唐人称壮，而苏（轼）以为寒俭。……此等议论自具眼。"

明代胡震亨《唐音癸签》八：

"赵渭南（嘏）才笔欲横，故五字即窘，而七字能拓。蘸笔浓揭响满，为稳于牧之，厚于用晦。若加以清英，砭其肥痴，取冠晚调不难矣。为惜倚楼，只句摘赏，掩其平生。"

清代王夫之《唐诗评选》四：

"诗有俊语世所同羡，而多以急劲入俗。嘏以'长笛一声人倚楼'得名，要为《南乡子》落句耳，请以'一声歌袅寺云秋'易之。"

# 一八一　薛　能（？—880）

能，字太拙，汾州人[①]。会昌六年狄慎思榜登第[②]。大中末，书判入等中选，补盩厔尉。辟太原、陕虢、河阳从事。李福镇滑台，表置观察判官。历御史、都官、刑部员外郎。福徙帅西蜀，奏以自副。咸通中，摄嘉州刺史。造朝，迁主客、度支、刑部郎中，俄为同州刺史、京兆大尹。出帅感化，入授工部尚书。复节度徐州，徙镇忠武。广明元年，徐军戍溵水，经许，能以军多怀旧惠，馆待于城中。许军惧见袭，大将周岌乘众疑怒，因为乱，逐能，据城自称留后。数日，杀能并屠其家[③]。能治政严察，绝请谒。耽癖于诗，日赋一章为课[④]。性喜凌人，格律卑卑，且亦无其高论[⑤]。尝以第一流自居，罕所拔拂。时刘得仁擅雅称，持诗卷造能，能以句谢云："千首如一首，卷初如卷终。"盖讥其无变体也[⑥]。量人如此，非厚德君子。晚节尚浮屠，奉法唯谨。资性傲忽，又多佻轻忤世，及为藩镇，每易武吏。尝命其子属橐鞬，雅拜新进士，或问其故，曰："渠消弭灾咎耳。"⑦今有集十卷，及《繁城集》一卷传焉。

**【校注】**

① "字太拙，汾州人"　此据《纪事》六〇"薛能"条、《郡斋》四中"薛能集十卷"条。《纪事》、《郡斋》"太"均作"大"。按：薛能《留题汾上旧居》诗（《全诗》五五九）云："乡国一别五年归。"

汾州：注见本书卷第一（九）《宋之问传》。

② "会昌六年狄慎思榜登第"　《纪事》、《直斋》一九"薛许昌集十卷"条作"会昌六年进士"，《郡斋》略同。按：徐应秋《玉芝堂谈荟》二"历代状元"条记："会昌六年，进士十六人，状元狄思慎。"不作"慎思"。

③ "大中末"至"杀能并屠其家"　"表置观察判官"，《四库》本"置"作"为"。"历御史"，《郡斋》同；《四库》、《指海》本"御"上有"侍"字，与《纪事》合。"出帅感化"，"感"原作"咸"，《郡斋》同，据《四库》本改，与《纪事》合（参见"感化"注）。此段引自《郡斋》，亦见于《纪事》，文略同。"李福镇滑台"，《纪事》"滑台"作"滑州"，《郡斋》作"滑"。"京兆大尹"，《纪事》、《郡斋》并作："京兆尹温璋贬，命权知尹事。"《旧书》一九上《懿宗纪》："（咸通十一年）十月，以给事中薛能为京兆尹。"《唐摭言》三《慈恩寺题名游赏赋咏杂记》："乾符中，薛能尚书为大京兆。"又云："能自吏部郎中拜京兆少尹，权知大尹。" "能以军多怀旧惠，馆待于城中"，《郡斋》略同；《纪事》作："能以前帅徐军吏怀恩，馆之州内。"《通鉴》二五三作："节度使薛能，自谓前镇彭城，有恩于徐人，馆之毬场。" "许军惧见袭"，《郡斋》同，《纪事》"惧"下有"徐人"二字。按：李频有《送薛少府任鳌屋》诗（《全诗》五八七）。郑谷诗题中有"故许昌薛尚书能尝为都官郎中"等语（《全诗》六七六）。

鳌屋：今陕西省周至县。见《元和志》二"关内道京兆府"。

太原：开元十一年置太原府以北诸军州节度，后更名河东节度，治太原，今山西省太原市。见《新书》六五《方镇表》二。

陕虢：乾元二年置陕虢华节度，贞元元年置都防御使，治陕州，今河南省陕县。见《新书》六四《方镇表》一。

河阳：会昌三年置河阳节度，治孟州，今河南省孟县。见《新书》六四《方镇表》一。

李福：宰相李石弟，石荐为监察御史，累迁户部郎中，出为商、郑、汝、颍四州刺史，授滑州刺史、义成军节度。后历宣武及剑南西川节度使。僖宗初为山南东道节度使。

传见《旧书》一七二、《新书》一三一。

　　滑台：滑州治白马，州城即古滑台城，今河南省滑县。见《元和志》八"河南道滑州白马县"。

　　嘉州：注见本书卷第三（五一）《岑参传》。

　　同州：治冯翊，今陕西省大荔县。见《元和志》二"关内道京兆府"。

　　感化：咸通十一年，徐泗观察使赐号感化军节度使，治徐州。见《新书》六五《方镇表》二。

　　忠武：兴元三年置陈许节度使，治许州（今河南省许昌县），十年赐号忠武军节度使。见《新书》六五《方镇表》二。

　　溵水：县名，今河南省商水县南。见《元和志》八"河南道陈州"。

　　④"能治政严察"至"日赋一章为课"　引自《郡斋》，文略同。

　　⑤"格律卑卑，且亦无甚高论"　"卑卑且"三字原作"且且"二字，据《四库》、《指海》本改。

　　⑥"时刘得仁擅雅称"至"盖讥其无变体也"　采自孙光宪《北梦琐言》六。"刘得仁"，《琐言》"得"作"德"。"千首如一首"二句，见于《全诗》五一六《薛能卷》断句。"千首"，《琐言》、《全诗》作"百首"。按：《唐语林》四记此事，"刘得仁"作"刘梦得"，误。

　　刘得仁：传见本书卷第六（一六六）。

　　⑦"晚节尚浮屠"至"渠消弭灾咎耳"　"资性傲忽"，"性"原作"于"，据《四库》、《指海》本改；《郡斋》作"然资惊倨"。此段引自《郡斋》。"及为藩镇，每易武吏"云云，亦见于《北梦琐言》四，文稍异。《琐言》作："唐薛尚书能，以文章自负，累出戎镇，常郁郁叹息。因有诗谢淮南寄天柱茶，其落句云：'龛官乞与真抛却，赖有诗名合得尝。'意以节将为龛官也。镇许昌日，幕吏咸集，令其子具櫜鞬，参诸宾客。幕客怪惊，入座曰：'俾渠消灾。'时人以为轻薄也。"

　　櫜〔gāo〕鞬：弓箭袋。

## 【补录】

宋代计有功《唐诗纪事》六〇"薛能"条：

"从事蜀川日，每短诸葛功业。……能后镇徐州，《上元夜偶作》云：'谁见将军心似海，四更亲领万人游。'自负如此。果军乱被害。"

## 【辑评】

唐代郑谷《读故许昌薛尚书诗集》（《全诗》六七六）：

"篇篇高且真，真为《国风》陈。澹薄虽师古，纵横得意新。翦裁成几箧（近世诗人述作，公篇什最多），唱和是谁人？华岳题无敌，黄河句绝伦（《华岳》、《黄河》二诗序云：'此皆二京之内巨题目也'）。吟残荔枝雨，咏彻海棠春（公有《海棠》、《荔枝》二首，序云：'杜子美老于两蜀，而无此咏'）。李白欺前辈（公有《寄符郎中》诗云：'我生若在开元日，争遣名为李翰林'），陶潜仰后尘（公有《论诗》一章云：'李白终无取，陶潜固不刊'）。"

宋代蔡启《蔡宽夫诗话》：

"渊明诗，唐人绝无知奥者。……然薛能、郑谷乃皆自言师渊明。能诗云：'李白终无敌，陶公固不刊。'"

宋代蔡絛《蔡百衲诗评》：

"薛许昌诗天分有限，不逮诸公远矣；至合人意处，正若刍豢悦口，咀嚼自佳。"

宋代洪迈《容斋随笔》七：

"薛能者，晚唐诗人，格调不能高，而妄自尊大。……但稍推杜陵，视刘、白以下蔑如也。今读其诗，正堪一笑。"

宋代曾季貍《艇斋诗话》：

"唐人薛能诗云：'青春背我堂堂去，白发催人故故生。'有人举此诗，称其语意之美，吕东莱闻之笑曰：'此只如市井人叹世之词，有何好处！'予以东莱之言思之，信然。"

宋代范晞文《对床夜语》五：

"白乐天《杨柳枝》云：'陶令门前四五树，亚夫门前百千条。何以东都正二月，黄金枝映洛阳桥。'……薛能云：'和风烟树九重城，夹路春阴十万营。惟向边头不堪望，一株憔悴少人行。'三诗皆仿白，独薛能一首变为凄楚耳。"

宋代刘克庄《后村诗话·新集》四：

"（郑）谷诗自好，然集中所作，若步趋薛能者。《读能集》云：'李白欺前辈，陶潜仰后尘。'太白视谷斐然小子，渊明人物高胜，何至仰能辈后尘！"

元代时天彝《唐百家诗选评》（《吴礼部诗话》引）：

"薛大拙高自位置，诃骂前作，以是为有识所贬。至其妙处，纤秾间作，亦不可诬也。"

明代胡震亨《唐音癸签》八：

"薛许昌（能）末季名手，其诗借异色为景，寄别兴写情，尽废前观，另辟我境，而排奡之笔，浩荡之气，复足沛赴之，不病雕弱。晚调自浪仙一变僻异，声色犹存；此则洗剥过净，邻乎孤子，再进则离斯空界，便入魔天，措手又难矣。"

明代钟惺、谭元春《唐诗归》三三：

"薛能《宋氏林亭》：'地湿莎青雨后天，桃花红近竹林边。行人本是农桑客，记得春深欲种田。'林亭诗，幽洒易，真朴难，绝句尤难。"（钟惺）

清代吴乔《围炉诗话》三：

"薛能云：'奸邪用法原非法，唱和求才不是才。'二语在唐为最下落格语，在宋为常谈，在明为有意之语。"

## 一八二  李宣古

宣古，字垂后[1]，澧阳人[2]。会昌三年卢肇榜进士。又试中宏辞[3]。工文，极俊，有诗名。性谑浪，多所讥诮。时杜惊尚主，出守澧阳，宣古在馆下，数陪宴赏。谐慢既深，惊不能忍，忿其戏己，辱之，使卧于泥中，衣冠颠倒。长林公主素惜其才，劝曰："尚书独不念诸郎学文，待士如此，那得平阳之誉乎？"遣人扶起，更以新服，赴中座，使宣古赋诗，谢曰："红灯初上月轮高，照见堂前万朵桃。觱栗调清银字管，琵琶声亮紫檀槽。能歌姹女颜如玉，解饮萧郎眼似刀。争奈夜深抛耍令，舞来授去使人劳。"杜公赏之。后惊二子裔休、儒休皆中第；人曰："非母贤待师，不足成其子。"[4]今诸集中往往载其作，有英气？调颇清丽，惜不多见。竟薄命，无印绶[5]之誉，落莫自终。弟宣远亦以诗鸣[6]，今传者可数也。

【校注】

①"字垂后"　《纪事》五五"李宣古"条同。

②"澧阳人" 范摅《云溪友议》中"澧阳谑"条记:"故荆州杜司空悰,自忠武军节度使出澧阳,宏词李宣古者,数陪游宴。"本篇或即据此谓宣古澧阳人。

澧阳:今湖南省澧县东南。见《旧书》四〇《地理志》三"江南西道澧州"。

③"会昌三年"至"又试中宏辞" 《云溪友议》中"澧阳谑"条"宏词李宣古者"下原注:"李生,会昌三年王起侍郎下上第。"按:徐应秋《玉芝堂谈荟》二"历代状元"条:"会昌三年,进二十二人,状元卢肇。"又,卢肇、李宣古皆有《和主司王起》诗(《全诗》五五一、五五二)。

卢肇:初为鄂岳节度使卢商从事,后除著作郎,迁仓部员外郎,充集贤院直学士。咸通初出知歙州。见《纪事》五五"卢肇"条。

④"性谑浪"至"不足成其子" "数陪宴赏","陪"原讹作"倍",据《佚存》、《四库》本改。"长林公主",《四库》本无"长林"二字。"银字管",《云溪友议》、《纪事》同;《四库》、三间本"字"作"象",与《全诗》合。"抛耍令","耍"原讹作"要",据《四库》、三间、《指海》本改,与《友议》、《纪事》、《全诗》合。"舞来授去",《纪事》、《全诗》同;三间本校语谓《四库》本"舞来"作"舞衣",今所见《四库》本、《四库》抄本仍作"舞来";"授",《四库》本作"採",《四库》抄本作"授",《友议》作"按",《全诗》注云"一作接"。此段采自《云溪友议》中"澧阳宴"条,又见于《纪事》五五"李宣古"条。"长林公主",《友议》、《纪事》同,《旧书》一四七、《新书》一六六《杜悰传》均作"岐阳公主"。"红灯初上月轮高"八句,《全诗》五五二题为《杜司空席上赋》。"儒休",《友议》作"孺休"。

杜悰:杜佑孙。元和九年尚宪宗长女岐阳公主,加殿中少监、驸马都尉。大和间,转京兆尹,出为凤翔陇右节度使、忠武军节度使。开成中,官户部尚书。会昌中,拜中书侍郎、同中书门下平章事。大中中出守四川,复入相。传见《旧书》一四七、《新书》一六六。

长林公主:即岐阳公主,或曾改封长林,未详。宪宗长女,下嫁杜悰,悰为澧州刺史,主与偕。开成中,悰自忠武入朝,主疾,曰:"愿朝兴庆宫,虽死于道,不恨。"道薨。传见《新书》八三。

平阳:平阳公主,高祖第三女,下嫁柴绍。大业十三年,柴绍往太原随高祖反隋,主散家财招募军队响应,亲引兵与秦王会渭北,时称娘子军。武德六年薨。及葬,诏加前后部羽葆鼓吹,以旌殊绩。传见《旧书》五八、《新书》八三。

觱〔bì〕栗:古乐器,以竹为管,为芦为首,又名笳管。本出龟兹。见《文献通考》一三八《乐考》。

萧郎:萧史,春秋时人,善吹箫,秦穆公以女弄玉妻之,为作凤凰台以居。一夕吹箫引凤,与弄玉共升天而去。见《列仙传》上。后常以萧郎称女子所恋的男子。崔郊《赠去婢》:"侯门一入深如海,从此萧郎是路人。"

抛耍令：指酒席中抛物为令。李宣古《咏崔云娘》："瘦拳抛令急，长啸出歌迟。"

⑤"印绶" 　《四库》本"印"作"组"。

⑥"弟宣远亦以诗鸣" 　《四库》本"鸣"作"名"。按：此处所记有误。《纪事》四三"李宣远"条云："宣远，贞元进士及第。"定非宣古之弟。

## 一八三　姚鹄

鹄，字居云①，会昌三年礼部尚书王起下进士②。多出入当时好士公卿席幕③，然吏才文价，俱不甚超，一名仅尔流播，亦多幸矣。诗一卷，今传。

【校注】

①"字居云" 　《新书》六〇《艺文志》四"姚鹄诗一卷"附注、《纪事》五五"姚鹄"条并同。

②"会昌三年礼部尚书王起下进士" 　《四库》抄本"礼部"作"吏部"。《新书·艺文志》："会昌进士第。"按：《旧书》一六四《王起传》："会昌元年征拜吏部尚书，判太常卿事。三年，权知礼部贡举。明年正拜左仆射，复知贡举。"《唐语林》八"累为主司"条："王起四：长庆二年、三年，会昌三年、四年。"《唐摭言》三《慈恩寺题名游赏赋咏杂记》："武宗会昌三年，王起仆射再主文柄，（周）墀以诗相贺。""王起门生一榜二十三人和周墀诗"下录姚鹄诗一首。（《全诗》五五三《姚鹄卷》载《及第上主司王起》诗。）

王起：注见本书卷第六（一六二）《韩湘传》。

③"公卿席幕" 　《四库》本"公卿"下有"之"字。

【补录】

唐代佚名《玉泉子》：

"旧制，礼部放榜，先呈宰相。会昌□年（按：《广记》一八二、《北梦琐言》三作"会昌三年"），王起知举，问（李）德裕所欲，答曰：'安问所欲！如卢肇、丁棱、姚鹄，岂可不与及第耶！'起于是依其次而放。"

【辑评】

明代胡震亨《唐音癸签》八：

"姚居云吟笔,见甄李赞皇(德裕)。如'入河残日雕西尽',又'雪坛当醮月孤明',清拔不可多得。"

## 一八四 项 斯

斯,字子迁,江东人也①。会昌四年王起下第二人进士②。始命润州丹徒县尉③,卒于任所。开成之际,声价籍甚,特为张水部所知赏,故其诗格颇与水部相类,清妙奇绝。郑少师薰赠诗云:"项斯逢水部,谁道不关情。"④斯性疏旷,温饱非其本心。初,筑草庐于朝阳峰前,交结净者,槃礴宇宙,戴薜花冠,披鹤氅,就松阴,枕白石,饮清泉,长哦细酌⑤,凡如此三十余年。晚污一名,殊屈清致。其警联如:"病尝山药遍,贫起草堂低。"⑥如:"客来因月宿,床势向山移。"⑦《下第》⑧云:"独存过江马,强拂看花衣。"《病僧》⑨云:"不言身后事,犹坐病中禅。"又:"湖山万叠翠,门树一行春。"⑩又:"一灯愁里梦,九陌病中春。"⑪如:"月明古寺客初到,风度闲门僧未归。"⑫《宫人入道》⑬云:"将敲碧落⑭新斋磬,却进昭阳⑮旧赐筝"之类,不一而足,当时盛称。杨敬之祭酒赠诗云:"几度见君诗总好,及观标格过于诗。平生不解藏人善,到处逢人说项斯。"其名以此益彰矣⑯。集一卷,今行。

【校注】

① "字子迁,江东人也" 《新书》一六〇《杨敬之传》:"雅爱项斯诗,所至称之,由是擢上第。斯字子迁,江东人。"《新书》六〇《艺文志》四"项斯诗一卷"附注、《纪事》四七"项斯"条亦作:"字子迁,江东人。"《直斋》一九"项斯集一卷"条略同。韦绚《刘宾客嘉话录》、李绰《尚书故实》称"江表之士项斯"。

② "会昌四年王起下第二人进士" 《直斋》作:"会昌四年进士。"参见本书本卷(一八三)《姚鹄传》。

王起:注见本书卷第六(一六二)《韩湘传》。

③ "始命润州丹徒县尉" 《四库》、三间本"始命"二字作一"官"字。《新书·艺文志》称"会昌丹徒尉"。《直斋》称"唐丹徒尉"。

润州丹徒：注见本书卷第六（一六五）《张祜传》。

④ "开成之际"至"谁道不关情"　采自《纪事》。"开成之际"，《纪事》"开成"上有"宝历"二字，应据补。"项斯逢水部"二句，见于《全诗》五四七郑薰诗断句。

张水部：张籍，传见本书卷五（一三八）。

郑薰：历翰林学士、宣歙观察使。懿宗立，召为太常少卿，累官吏部侍郎，进左丞。后以太子少师致仕。传见《新书》一七七。

⑤ "斯性疏旷"至"长哦细酌"　"净者"，《四库》本作"静者"。"宇宙"，《四库》、三间本作"岩林"。"薜花冠"，正保、《佚存》、《指海》本"薜"作"蓟"，讹。项斯有《忆朝阳峰前居》、《山友赠薜花冠》诗（《全诗》五五四），后诗有"好就松阴挂，宜当枕石看"之句。皆为本篇所取材。

槃〔pán〕礴：同般礴，箕踞而坐，示不拘形迹。见《庄子·田子方》。

⑥ "病尝山药遍"二句　"遍"原讹作"偏"，据《佚存》、《四库》本改，与《全诗》合。二句见于《全诗》五五四（下引各诗皆见于此卷），题为《题令狐处士溪居》。

⑦ "客来因月宿"二句　见于《宿胡氏溪亭》诗。

⑧《下第》　《全诗》题为《落第后寄江南亲友》。

⑨《病僧》　《全诗》题为《日本病僧》。

⑩ "湖山万叠翠"二句　"门树"，三间本校语谓《四库》本"门"作"林"，今所见《四库》本、《四库》抄本仍作"门"，与《全诗》合。二句见于《闻友人会裴明府县楼》诗。

⑪ "一灯愁里梦"二句　见于《长安书怀呈知己》诗。

⑫ "月明古寺客初到"二句　"闲门"，《全诗》同，《四库》抄本作"雁门"。二句见于《宿山寺》诗。

⑬《官人入道》　《全诗》题为《送官人入道》。

⑭碧落：天空；诗中指修道者所处清净之地。

⑮昭阳：汉武帝后宫有昭阳殿。

⑯ "杨敬之祭酒"至"其名以此益彰矣"　采自《尚书故实》，文略同。又见于《刘宾客嘉话录》、《南部新书》甲、《纪事》。《南部新书》作："项斯始未为闻人，因以诗卷谒江西杨敬之，杨甚爱之，赠诗云：（略）未几诗达长安，斯明年登上第。" "几度见君诗总好"四句，《全诗》四七九题为《赠项斯》。"见君"，《故实》、《南部新书》、《纪事》、《全诗》并作"见诗"。

杨敬之：历屯田、户部二郎中，坐李宗闵党贬连州刺史。文宗朝为国子祭酒，转大理卿。敬之爱士类，得其文章，孜孜玩讽，人以为癖。传见《新书》一六〇。

标格：风范、风度。

## 【辑评】

宋代葛立方《韵语阳秋》四：

"（项）斯集中绝少佳句。如《晚春花》云：'疏与香风会，细将泉影移。'《别张籍》云：'子城西并宅，御水北同渠。'拙恶有余，宜祭酒公谓标格胜于诗也。祭酒乃敬之也，其赠斯诗鄙俗如此，与斯亦奚远哉？"

宋代刘克庄《后村诗话·后集》二：

"项斯警句多于（朱）庆馀……可与任蕃、司空图并驱。"

《后村诗话·新集》六：

"斯诗在方干、秦系之间，少而工。"

元代时天彝《唐百家诗选评》（《吴礼部诗话》引）：

"项斯亦师张水部，以字清意远匠物为工，然格律卑近，渐类晚唐矣。"

明代胡震亨《唐音癸签》八：

"项子迁与朱可久（庆馀）并见赏张水部，清调颇同；而朱犹含重，项即驶轻，中、晚分派以此。"

清代贺裳《载酒园诗话·又编》：

"项子迁俊句亦甚可喜，如'溪中云隔寺，夜半雪添泉'……但读全集，则几如晋元帝之造江东，一脔为美而已。"

"余尤恨其'上高楼阁看星坐，着白衣裳把剑行'，宋人遵之，号为折句法。如卢赞元《咏雪》：'想行客过溪桥滑，免老农忧麦陇干。'转转相效，恶声盈耳，不能不追咎作俑。"

# 一八五 马 戴

戴，字虞臣[①]，华州人[②]。会昌四年左仆射王起下进士，与项斯、赵嘏同榜，俱有盛名[③]。初，应辟佐大同军幕府，与贾岛、许棠唱答[④]。苦家贫，为禄代耕[⑤]，岁廪殊薄，然终日吟事，清虚自如。《秋思》[⑥]一绝曰："万木秋霖[⑦]后，孤山夕照余。田园无岁计，寒近忆樵渔。"调率如此。后迁国子博士，卒[⑧]。○戴诗壮丽，居晚唐诸公之上[⑨]。优游不迫，沉着痛快，两不相伤，佳作也。早耽幽趣，既乡里当名山⑩，秦川一望，黄埃赤日⑪，增起凌云之操。结茅堂玉女洗头盆下，轩窗甚僻，对悬瀑三十仞⑫，往还多隐人。谁谓白头从宦，俸不医贫，徒兴猿鹤之诮⑬，不能无也。有诗一卷，今传。

**【校注】**

① "字虞臣"　《新书》六〇《艺文志》四"马戴诗一卷"附注、《直斋》一九"马戴集一卷"条同。

② "华州人"　贾岛有《马戴居华山因寄》诗（《全诗》五七三），本篇或即据此。按：马戴《岐阳逢曲阳故人话旧》诗（《全诗》五五六）云："客泪翻岐下，乡心落海湄。"则马戴似为曲阳人。

华州：注见本书卷第二（四六）《杜甫传》。

曲阳：古曲阳唐时称恒阳，今河北省恒阳县。见《元和志》一八"河北道完州"。

③ "会昌四年"至"俱有盛名"　《新书·艺文志》作"会昌进士第"。《直斋》作"会昌五年进士"。"五年"误，参见本书本卷（一八三）《姚鹄传》。

赵嘏：传见本书本卷（一八〇）。

④ "初，应辟"至"唱答"　王定保《唐摭言》四"气义"条载："许棠久困名场，咸通末，马戴佐大同军幕，棠往谒之，一见如旧相识。"（又见于《纪事》五〇"马戴"条。）又，马戴有《长安寓居寄贾岛》、《寄贾岛》、《怀故山寄贾岛》等诗（《全诗》五五五），贾岛有《马戴居华山因寄》、《雨中寄马戴》诗（《全诗》五七三）。

大同军：开元十九年河东节度使领大同军使，开成三年置都团练使，治云州，今山西省大同市。见《新书》六五《方镇表》二。

许棠：传见本书卷第九（二二二）。

⑤ "为禄代耕"　《四库》、《指海》本"为禄"作"禄仕"。

⑥ 《秋思》　见于《全诗》五五六。

⑦ "秋霖"　《全诗》同，《四库》抄本、三间本"霖"作"霜"。

⑧ "后迁国子博士，卒"　王谠《唐语林》二"文学"门记："马博士戴，大中初为太原李司空掌记，以正直被斥，贬朗州龙阳尉。"又见于《金华子杂编》、《纪事》。殷尧藩有《赠龙阳尉马戴》诗（《全诗》四九二）。

⑨ "居晚唐诸公之上"　严羽《沧浪诗话·诗评》："马戴在晚唐诸人之上。"辛氏即据此。

⑩ "既乡里当名山"　三间本按语云："此句不明，当有脱误。"（名山指华山。）

⑪ "秦川一望，黄埃赤日"　《佚存》、《指海》本"川"作"几"，讹。马戴有

《白鹿原晚望》诗（《全诗》五五六）："浐曲雁飞下，秦原人葬回。丘坟与城阙，草树共尘埃。"

⑫"结茅堂"至"对悬瀑三十仞"　贾岛《马戴居华山因寄》诗云："玉女洗头盆，孤高不可言；瀑流莲岳顶，河注华山根。"本篇即据此。

玉女洗头盆：华山玉女祠前有五石白，号"玉女洗头盆"。其水碧绿澄澈，雨不加溢，旱不减耗。杜甫《望岳》："安得仙人九节杖，拄到玉女洗头盆。"

⑬兴猿鹤之诮：意为受到山中猿鹤的嘲笑。用孔稚珪《北山移文》"蕙帐空兮夜鹤怨，山人去兮晓猿惊"，"列壑争讥，攒峰竦诮"语意。

【补录】

南唐刘崇远《金华子》：

"马戴，大中初掌书记于太原李司空幕，以正言被斥，贬龙阳尉。行道舆咏以自伤。"

【辑评】

明代杨慎《升庵诗话》七：

"马戴《楚江怀古》：'露气寒光集，微阳下楚丘。猿啼洞庭树，人在木兰舟。广泽生明月，苍山夹乱流。云中君不见，竟夕自悲秋。'前联虽柳恽不是过也，晚唐有此，亦希声乎！严羽卿称戴诗为晚唐第一，信非溢美。"

明代胡震亨《唐音癸签》八：

"马虞臣'猿啼洞庭树，人在木兰舟'，风致自绝，然未如'空流注大荒'为气象。七言'东谷笑言西谷应，下方云雨上方晴'，虽得法于右丞，各自擅胜，但骨力概孱，不堪通检尔。"

明代钟惺、谭元春《唐诗归》三四：

"晚唐诗有极妙而与盛唐人远者，有不必妙而气脉神韵与盛唐人近者。'不必妙'三字甚难到，亦难言，妙不足以拟之矣，惟马戴犹存此意，然皆近体耳。"（钟惺）

"马戴《夕次淮口》：'天涯秋光尽，木末群鸟还。夜久游子息，月明岐路闲。风生淮水上，帆落楚云间。此意竟谁见？行行非故关。'静深浑奥，合八句读之，始见其妙。"（钟惺）

清代贺裳《载酒园诗话·又编》：

"晚唐诗，今昔咸推马戴。按戴与贾岛、姚合同时，其称晚唐，犹钱、刘之称中唐也。其诗惟写景为工，如'返照开岚翠，''残日半帆红'，'宿鸟排花动'，皆佳句也。至如'虹蜺侵栈道，风雨杂江声'，'猿啼洞庭树，人在木兰舟'，每读此语，便真若身游楚、蜀。"

## 一八六 孟 迟

迟，字迟之①，平昌人②。会昌五年易重榜进士③。有诗名，尤工绝句，风流妩媚，皆宫商金石之声。情与顾非熊甚相得④，且同年⑤。有诗一卷，行于世。

【校注】

①"字迟之" 《四库》、三间本"迟"作"达"。《新书》六〇《艺文志》四"孟迟诗一卷"附注、《纪事》五四"孟迟"条并作"字迟之"。《郡斋》四中"孟迟诗一卷"条作"字叔之"。

②"平昌人" 《郡斋》同。
平昌：今山东省商河县西北德平镇。见《元和志》一七"河北道德州"。

③"会昌五年易重榜进士" 《新书·艺文志》作"会昌进士第"，《纪事》作"登会昌五年进士第"，《郡斋》作"会昌五年陈商下及第"。按：徐应秋《玉芝堂谈荟》二"历代状元"条："会昌五年，状元张渍。"《纪事》五二"易重"条："会昌五年陈商下进士，张渍第一，重次之。"皆与本书所记"会昌五年易重榜不合。"

④"情与顾非熊甚相得" 《四库》本无"情"字。所记未知何据。按《纪事》云："迟与杜牧之友善，牧之尝有《池州送迟》诗。"

⑤"且同年" 参见本书本卷（一八八）《顾非熊传》。

【补录】

唐代刘崇远《金华子》（《纪事》五四引，此条《稗海》辑本失收）："迟，陈商门生，为浙西掌书记，以谗罢。至淮南，崔相国奏掌书记。后以诗寄浙右幕中曰：'由来恶舌驷难追，自古无媒谤所归。勾践岂能容范蠡，李斯何暇救韩非！巨拳岂为鸡挥肋，强弩那因鼠发机。惭愧故人同鲍叔，此心江柳尚依依。'"

【辑评】

宋代范晞文《对床夜语》四：

"唐人绝句，有意相袭者，有句相袭者。王昌龄《长信宫》云：'玉颜不及寒鸦色，犹带昭阳日影来。'孟迟《长信宫》亦云：'自恨身轻不如燕，春来还绕御帘飞。'……此皆意相袭者。"

## 一八七 任 蕃

蕃①，会昌间人②，家江东，多游会稽、苕、霅③间。初，亦举进士之京，不第。榜罢进谒主司曰："仆本寒乡之人，不远万里，手遮赤日，步来长安。取一第荣父母不得。侍郎岂不闻江东一任蕃，家贫吟苦，忍令其去如来日也？敢从此辞，弹琴自娱，学道自乐耳。"主司惭，欲留不可得。归江湖，专尚声调。去游天台巾子峰，题寺壁间云："绝顶新秋生夜凉，鹤翻松露滴衣裳。前峰月照一江水，僧在翠微开竹房。"既去百余里，欲回改作"半江水"，行到题处，他人已改矣④。后复有题诗者，亡其姓名，曰："任蕃题后无人继，寂寞空山二百年。"才名类是。凡作必使人改视易听，如《洛阳道》云："憧憧洛阳道，尘下生春草。行者岂无家，无人在家老。鸡鸣前结束，争去恐不早。百年路傍尽，白日车中晓。求富江海狭，取贵山岳小。二端立在途，奔走何由了。"⑤想蕃风度，此不足举其梗概⑥。有诗七十七首，为一卷，今传非全文矣。

**【校注】**

①"蕃" 本篇题下原注："或作翻。"《纪事》六四、《新书》六〇《艺文志》四作"翻"。《直斋》一九"任藩集一卷"条云："或作翻。"

②"会昌间人" 高棅《唐诗品汇·诗人爵里详节》"任翻"条作"唐末人"，《全诗》七二七任蕃小传同。

③苕、霅：注见本书卷第三（七四）《陆羽传》。

④"去游天台巾子峰"至"他人已改矣" 李东阳《麓堂诗话》记："《唐音遗响》所载任翻《题台州寺壁》诗曰：'前峰月照一江水，僧在翠微开竹房。'既去，有观者取笔改一字为半字。翻行数十里，乃得'半'字，亟回欲易之，则见所改字，因叹曰：

'台州有人。'予闻之王古直云。""绝顶新秋生夜凉"四句，《全诗》七二七题为《宿巾子山禅寺》。《直斋》云："客居天台，有《宿帕帻山绝句》，为人所称。今城中巾子山也。"

　　天台：注见本书卷第一（六）《骆宾王传》。

　　巾子峰：在今浙江省宁海县。二山相连，两峰如帕帻（一种便帽）。见《大清一统志》二九七"台州府"。

　　⑤"憧憧洛阳道"十二句　"二端立在途"，《全诗》同，《四库》、三间本作"热中赴长安"。"何由了"，《全诗》同，《四库》抄本、三间本作"何时了"。诗载《全诗》七二七，题同。

　　二端：指气与魄。《礼记·祭义》："二端既去，报以二礼。"

　　⑥"此不足举其梗概"　《四库》、三间本"不"作"亦"。

## 一八八　顾非熊

　　非熊，姑苏人，况之子也①。少俊悟，一览辄能成诵。工吟，扬誉远近。性滑稽好辩，颇杂笑言。凌轹气焰子弟，既犯众怒，挤排者纷然。在举场角艺三十年，屈声破人耳②。会昌五年，谏议大夫陈商放榜。初，上洽闻非熊诗价，至是怪其不第，敕有司进所试文章，追榜放令及第。刘得仁贺以诗曰："愚为童稚时，已解念君诗。及得高科早，须逢圣主知。"③授盱眙主簿，不乐拜迎，更厌鞭挞，因弃官归隐④。王司马建⑤送诗云："江城柳色海门烟，欲到茅山始下船。知道君家当瀑布，菖蒲潭在草堂前。"⑥一时饯别吟赠俱名流⑦。不知所终，或传住茅山十余年，一旦遇异人，相随入深谷，不复出矣⑧。有诗一卷，今行于世。

【校注】

　　①"姑苏人，况之子也"　参见本书卷三（七五）《顾况传》。

　　姑苏：注见本书卷六（一六五）《张祜传》。

　　②"性滑稽好辩"至"屈声破人耳"　"破人耳"，《四库》、三间本"破"作"被"，《摭言》作"聒"。此段录自《唐摭言》八"已落重收"条，文略同。亦见于《纪事》六三"顾非熊"条。按：项斯《送顾非熊及第归茅山》诗（《全诗》五五四）

云:"吟诗三十载,成此一名难。"

③"会昌五年"至"须逢圣主知" "洽闻",《四库》、《指海》本"洽"作"熟"。此段采自《摭言》,亦见于《纪事》。"会昌五年",《摭言》作"长庆中",误。《直斋》一九"顾非熊集一卷"条亦记:"会昌五年进士。"《唐语林》八"累为主司"条:"陈商再:会昌五年、六年。"(参见本书本卷(一八六)《孟迟传》。)"愚为童稚时"四句,见于《全诗》五四四《刘得仁卷》,题为《贺顾非熊及第其年内索文章》。"高科早",《摭言》、《全诗》作"高科晚",应据改。

陈商:会昌间历谏议大夫、礼部侍郎,官终秘书监。与韩愈、贾岛、李贺有交往。见《唐摭言》三、《新书》七一下《宰相世系表》一下、《新书》五八《艺文志》二。

刘得仁:传见本书卷六(一六六)。

④"授盱眙主簿"至"弃官归隐" 《新书》六〇《艺文志》四"顾非熊诗一卷"附注云:"况之子,大中盱眙尉,弃官隐茅山。"《纪事》略同。《新书》一三〇《顾况传》记:"子非熊,登进士第,累佐使府。"刘得仁有《送顾非熊作尉盱眙》诗(《全诗》五四四)。

盱眙:注见本书卷第二(三二)《常建传》。

⑤王建:传见本书卷第四(一〇一)。

⑥"江城柳色海门烟"四句 《全诗》三〇一《王建卷》题为《送顾非熊秀才归丹阳》。

江城:指润州城,注见本书卷第六(一六五)《张祜传》。

海门:海门山,为焦山余脉,在今江苏省镇江市东北长江中。

茅山:注见本书卷第三(七六)《张南史传》。

⑦"吟赠俱名流" 《四库》、《指海》本作"俱吟赠名流"。

⑧"或传住茅山"至"不复出矣" 参见本书卷三(七五)《顾况传》。

【辑评】

明代胡震亨《唐音癸签》七:

"顾尉(非熊)生自桑环,隐袭茅岫,近体婉俊可讽,垩削功似多于真逸翁,补灶釜所乏矣。"

# 一八九 曹 邺

邺,字邺之①,桂林人。累举不第,为《四怨三愁五情诗》②,雅道甚古。时为舍人韦悫所知,力荐于礼部侍郎裴休。大中四年,张温琪榜中第③。看榜日,上主司诗云:"一辞桂岩猿,九泣都门月。年年孟春至,看花如看雪。"《杏园宴间呈同年》云:"岐路不在天,十年行不至。一旦公道开,青云在平地。"又云:"匆匆出九衢,童仆颜色异。故衣未及换,尚有去年泪。"又云:"永持共济心,莫起胡越意。"④佳句类此甚多,志特勤苦。仕至洋州刺史⑤。有集一卷,今传。

**【校注】**

①"字邺之" 《新书》六〇《艺文志》四"曹邺诗三卷"附注同;《四库》、三间本作"字业之",《诗话总龟》一〇"雅什"门、《纪事》六〇"曹邺"条同。

②"桂林人"至"为《四怨三愁五情诗》" 采自阮阅《诗话总龟》一〇"雅什"门引《雅言系述》。《四怨三愁五情诗十二首》,见于《全诗》五九二。按:《四库全书总目》一五一"曹祠部集二卷"条称"阳朔人",是。郑谷《送吏部曹郎中免官南归》诗(《全诗》六七五)有"风月抛兰省,江山复桂州","阳朔花迎棹"等句。

桂林:注见本书本卷(一七七)《李商隐传》。阳朔为桂州属县,今广西阳朔县北。见《元和志》三七"岭南道桂州"。

③"时为舍人韦悫所知"至"张温琪榜中第" 《四库》、三间本"时"作"特"。《诗话总龟》作:"时为舍人韦悫所知,力荐于主司,乃中第。"《新书·艺文志》作:"大中进士第"。(《纪事》略同。)《直斋》一九"曹邺集一卷"条作"大中四年进士"。

韦悫:大和初登第,累佐使府。大中四年拜礼部侍郎,五年选士。宣宗时终武昌军节度使。传见《旧书》一七七、《新书》一八四。

裴休:会昌中,自尚书郎历典数郡。至大中时,以兵部侍郎领诸道盐铁转运使,六年进同平章事。后罢为宣武军节度使。又历昭义、河东、凤翔、荆南等镇。传见《旧书》一七七、《新书》一八二。

④"看榜日,上主司诗云"至"莫起胡越意" 录自《诗话总龟》。"一辞桂岩猿"四句,见于《全诗》五九二,题为《成名后献恩门》。《全诗》"桂岩"作"桂岭","都门"作"东门"。"岐路不在天"等十句,见于《全诗》五九二,题为《杏园即席上同年》。

杏园:在长安曲江池西南,唐时为新进士游宴之地,故址在今陕西省西安市郊大雁塔南。唐时新及第进士常于曲江池杏园宴会。刘沧《及第后宴曲江》诗:"及第新春选胜游,杏园初宴曲江头。"

同年:科举中同榜俱捷谓之同年。见《唐摭言》一"述进士"条。

胡越：胡在北，越在南，喻疏远、隔绝。见《淮南子·俶真》："是故自异者视之，肝胆胡越；自同者视之，万物一圈也。"

⑤"仕至洋州刺史" 《四库》抄本"洋"作"扬"，讹。《新书·艺文志》、《直斋》并作"洋州刺史"。《纪事》作："唐末，以祠部郎中出知洋州。"按《四库全书总目》一五一"曹祠部集二卷"条云："然郑谷《云台编》有送《曹邺吏部归桂林》诗，则又尝官吏部。"

洋州：治兴道，今陕西省洋县。见《元和志》二二"山南道"。

## 【补录】

宋代宋祁《新唐书》一一九《白敏中传》：

"卒，册赠太尉。博士曹邺责其病不坚退，且逐谏臣，举怙威肆行，谥曰丑。"

## 【辑评】

明代钟惺、谭元春《唐诗归》三四：

"此君艳诗好手，以快情急响为妙，而少含蓄，若含蓄则不能妙，选者无处着手矣。采其妙处，其余当耐之，此看中、晚诗之法也。"

明代陆时雍《诗镜·总论》：

"五言古非神韵绵绵，定当捉衿露肘。刘驾、曹邺以意撑持，虽不迨古，亦所谓'铁中铮铮，庸中姣姣'矣。"

清代纪昀《四库全书总目》一五一"曹祠部集二卷"条：

"顾其诗乃多怨老嗟卑之作，盖坎壈不遇，晚乃成名，故一生寄托，不出此意，不但韦縠所称《四怨三愁五情》诸篇。及乎登第以后，《杏园席上同年》诗则曰：'匆匆出九衢，童仆颜色异。'《献恩门》诗则曰：'名字如鸟飞，数日便到越。'……又何其浅也。"

# 一九〇 郑 嵎

嵎，字宾光①，大中五年李郜榜进士②。有集一卷，名《津阳门诗》。津阳即华清宫之外阙。询求父老，为诗百韵，皆纪明皇时事者也③。

【校注】

①"字宾光"　《郡斋》四中"郑嵎津阳门诗一卷"条同。

②"大中五年李郜榜进士"　《郡斋》、《直斋》一九"津阳门诗一卷"条并作"大中五年进士"。按：徐应秋《玉芝堂谈荟》二"历代状元"条："大中五年，进士二十七人，状元李郜。"

③"有集一卷"至"皆纪明皇时事者也"　《郡斋》所记略同。《津阳门诗》（并序）见于《全诗》五六七。

华清宫：故址在今陕西省临潼骊山上。原名温泉宫，天宝六载大加扩建，治汤井为池，环山筑宫室，更名华清宫，为唐玄宗（明皇）与杨贵妃游乐之地。安史乱后，逐渐荒废。见《唐会要》三〇。

【辑评】

明代杨慎《升庵诗话》六：

"曾子固云：'白乐天《长恨歌》、元微之《连昌宫词》、郑嵎《津阳门诗》，皆以韵语记常事。'郑嵎诗，世多不传，余因子固言访求得之。……其事皆与杂录小说符合，然其诗则警策清越，不及元、白多矣。"

明代王世贞《艺苑卮言》四：

"七言歌行长篇须让卢、骆，怪俗极于《月蚀》，卑冗极于《津阳》，俱不足法也。"

清代翁方纲《石洲诗话》二：

"郑嵎《津阳门诗》，只作明皇内苑事实看，不可以七古格调论之。"

清代管世铭《读雪山房唐诗序例》：

"郑嵎《津阳门诗》，七言百韵，为三唐歌行中第一长幅，可与《连昌宫词》、《长恨歌》参观。"

# 一九一　刘　驾（822—？）

驾，字司南①，大中六年礼部侍郎崔峣下进士②。初，与曹邺为友，深相结，俱工古风诗。邺既擢第，不忍先归，待长安中，驾成名，乃同归彭蠡故山③。时国家复河湟④故地，有归马放牛⑤

之象，驾献乐府十章，序曰："驾生唐二十八年，获见明天子以德归河湟，臣得与天下夫妇复为太平人。恨愚且贱，不得拜舞上前。作诗十篇，虽不足贡声宗庙，形容盛德，愿与耕稼陶渔者，歌江湖田野间，亦足自快。"⑥诗奏，上甚悦⑦，累历达官⑧。驾诗多比兴含蓄，体无定规，意尽即止，为时所宗。今集一卷，行于世。

【校注】

①"字司南" 《直斋》一九"刘驾集一卷"条称"唐刘驾司南"。

②"大中六年礼部侍郎崔屿下进士" 《直斋》作"大中六年进士"。《旧书》一七七《崔玙传》："大中五年，迁礼部侍郎；六年，选士，时谓得才。"据此，"屿"当作"玙"。

③"初，与曹邺为友"至"乃同归彭蠡故山" "彭蠡"原作"范蠡"，据《四库》本改；刘驾《下第屏居长安书怀寄太原从事》诗（《全诗》五八五）有"故山彭蠡上"之句。此段采自《唐摭言》四"师友"条，《纪事》六三"刘驾"条略同。"驾成名，乃同归彭蠡故山"，《摭言》作"俟驾成名同居，果偕所志"，《纪事》作"候驾登科同去"。按：曹邺有《泸川寄进士刘驾》诗（《全诗》五九二）。

曹邺：传见本书本卷（一八九）。

④河湟：湟水与黄河汇流地区，约当今甘肃省东南部、宁夏回族自治区南部地区。《新书》二一六下《吐蕃传》："湟水出蒙谷，抵龙泉与河合。……故举世谓西戎地曰河湟。"安史乱后，河湟地区为吐蕃占据，宣宗时收复河湟。

⑤归马放牛：周武王克殷后，"乃偃武修文，归马于华山之阳，放牛于桃林之野。"见《尚书·武成》。

⑥"驾生唐二十八年"至"亦足自快" "宗庙"原作"字庙"，据三间本改，与《全诗》合；《佚存》、《指海》本"字"作"宁"，讹。此段节录自刘驾《唐乐府十首》序（《全诗》五八五），文略同。

⑦"上甚悦" 《四库》本"甚"作"深"。

⑧"累历达官" 仕履不详，官终国子博士，聂夷中有《哭刘驾博士》诗《全诗》六三六。高儒《百川书志》一四"刘驾集一卷"条称"国子博士江东刘驾司南"。

【辑评】

宋代刘克庄《后村诗话·后集》一：

"刘驾《古意》云：'新人莫欢喜，故人曾如此。燕赵犹生女，郎岂有终始。'比之香山'更有新人胜于汝'之句稍含蓄。"

明代杨慎《升庵诗话》一二：

"刘驾诗体近卑，无可采者，独'马上续残梦'一句，千古绝唱也。东坡改之，作'瘦马兀残梦'，便觉无味矣。"

明代王世贞《艺苑卮言》四：

"刘驾'马上续残梦'，境颇佳。下云'马嘶而复惊'，遂不成语矣。苏子瞻用其语，下云'不知朝日升'，亦未是。至复改为'瘦马兀残梦'，愈坠恶道。"

清代贺裳《载酒园诗话·又编》：

"刘驾诗亦多直，然集中尚不乏佳篇。世传其'马上续残梦'一诗，诚为杰构。又《寄远》作亦工，如：'去年君点行，贱妾是新归。别早见未熟，入梦无定姿。悄悄空闺中，蛩声绕罗帏。得书喜犹甚，况复见君时。'殊有情致也。"

清代余成教《石园诗话》二：

"徐献忠谓刘司南（驾）'矫时新体，多作古诗，虽乏笔致，亦颇浑雄。'愚谓司南《筑城词》云：'我愿筑更高，得见秦皇墓。'《战城南》云：'莫争城外地，城里终闲土。'《桑妇》云：'妾颜不如谁？所贵守妇道。一春常在树，自觉身如鸟。'《弃妇》云：'路旁见花发，似妾初嫁时。'……其笔甚佳，胡云'乏'也？七绝如'夜夜夜深闻子规'，'树树树梢啼晓莺'，又皆以笔致胜也。"

清代延君寿《老生常谈》：

"晚唐刘驾五古诗，极有风味。如《送人归嵩少》云：'要路在长安，归山却为客。'《酒醒》云：'不记折花时，何得花在手？'不仅东坡所称'马上续残梦，马嘶时复惊'二语。人当读韩、杜后，偶看此种以博其趣，如连日食大块肥肉，忽吃蛤蜊汤一碗也。"

# 一九二 方 干

干，字雄飞[①]，桐庐人[②]。幼有清才[③]。散拙无营务。大中中，举进士不第，隐居镜湖中，湖北有茅斋，湖西有松岛，每风清月明，携稚子邻叟，轻棹往返，甚惬素心。所住水木幽闷，一草一花,俱能留客。家贫,蓄古琴,行吟醉卧以自娱④。徐凝初有诗名,一见干器之,遂相师友,因授格律⑤。干有赠凝诗云:"把得新诗草里论。"时谓反语为"村里老",疑干讥诮,非也⑥。干貌陋,兔缺,性喜凌侮⑦。王大夫廉问浙东,礼邀干至,误三拜,人号为"方三拜"。王公嘉其操,将荐于朝,托吴融草表,行有日,王公以疾逝去,事不果成⑧。干早岁偕计往来两京,公卿好事者争延纳,名竟不入手,遂归,无复荣辱之念⑨。浙间⑩凡有园林名胜,辄造主人,留题几遍。初,李频学干为诗,频及第,诗僧清越贺云:"弟子已折桂,先生犹灌园。"咸通末卒⑫。门人相与论德谋迹,谥曰"玄英先生"⑬。乐安孙郃等缀其遗诗三百七十余篇,为十卷⑭。王赞⑮论之曰:"镂肌涤骨,冰莹霞绚。嘉肴自将,不吮余隽。丽不葩芬,苦不瘿棘。当其得志,倏与神会,词若未至,意已独往。"⑯郃亦论曰:"其秀也,仙蕊于常花;其鸣也,灵鼍于众响。"⑰观其所述论,不过矣⑱。○古黔娄先生死,曾参与门人来吊,问曰:"先生终,何以谥?"妻曰:"以康。"参曰:"先生存时,食不充虚,衣不盖形,死则手足不敛,傍无酒肉。生不美,死不荣,何乐而谥为康哉?"妻曰:"昔先生国君用为相,辞不受,是有余贵也。君馈粟三十钟,辞不纳,是有余富也。先生甘天下之淡味,安天下之卑位,不戚戚于贫贱,不遑遑于富贵,求仁得仁,求义得义,谥之以康,不亦宜乎!"⑲方干,韦布⑳之士,生称高尚,死谥玄英,其梗概大节,庶几乎黔娄者耶!

# 【校注】

①"字雄飞" "雄飞"原作"飞雄",据《四库》本乙转。孙郃《方玄英先生传》(《纪事》六三、《全文》八二〇)、《郡斋》四中"方干诗集一卷"条皆作"字雄飞"。

②"桐庐人" 《唐摭言》一〇"韦庄奏请追赠不及第人近代者"条同。《纪事》六三《玄英先生传》作"新定人"。(《全文》作"新安人",误。)《直斋》一九"玄英集十卷"条亦作"唐处士新定方干"。《郡斋》作"歙人"。王赞《玄英先生诗集序》

(《全文》八六五）称："新定方干，擅名于杭、越。"按：周朴《寄处士方干》诗《全诗》六七三）云："桐庐江水闲，终日对樵夫。"

桐庐：注见本书卷三（七一）《严维传》。

新定：唐睦州遂安县，本汉歙县地，三国吴置新定县。今浙江省淳安县西。见《元和志》二五"江南道睦州遂安县"。

③"幼有清才" 《摭言》作："幼有清才，为徐凝所器，诲之格律。"

④"大中中"至"行吟醉卧以自娱" "镜湖"，原脱"湖"字，据《四库》、《三间》本补。《郡斋》记："唐末举进士不第，隐镜湖上。"又，方干有《湖上有茅斋湖西有松岛轻棹往返颇偕素心因成四韵》、《鉴湖西岛言事》、《山中言事》等诗（《全诗》六五〇）。《山中言事》云："欹枕亦吟行亦醉，卧吟行醉更何营？贫来犹有故琴在，老去不过新发生。"皆为本篇所取材。按：崔道融有《镜湖雪霁贻方干》诗（《全诗》七一四）。

镜湖：注见本书卷第三（五三）《贺知章传》。

幽阒〔bì〕：幽深。

⑤"徐凝初有诗名"至"因授格律" 采自《郡斋》，文略同。又见于《摭言》。

徐凝：传见本书卷六（一五四）。

⑥"干有赠凝诗云"至"非也" 《摭言》一〇记："干或有句云：'把得新诗草里论'，反语云'村里老'，谑凝而已。"又见于《摭言》四"师友"条、《纪事》六三"方干"条。"把得新诗草里论"，断句，收入《全诗》六五三《方干卷》。按："草论"反切为"村"，"论草"反切为"老"，故云"草里论"反语为"村里老"。（据日本布目潮沨、中村乔《唐才子传之研究》。按此说是。《广记》一六三引《朝野佥载》记："唐魏仆射子名叔麟。识者曰：'叔麟'反语'身戮'也。"可证。）

⑦"干貌陋，兔缺，性喜凌侮" 据《郡斋》，文略同。又见于《摭言》一三"矛盾"条。《纪事》亦载："为人唇缺。"

⑧"王大夫廉问浙东"至"事不果成" 采自《摭言》一〇，又见于《北梦琐言》六、《郡斋》四中"王大夫"，《琐言》作"王龟大夫"。"误三拜"，《郡斋》同；《摭言》作"干造之，连跪三拜"；《琐言》作："乃连下两拜，亚相安详以答之，未起间，方又致一拜，时号'方三拜'也。"《纪事》作："干为人质野，每见人设三拜，曰：'礼数有三。'"按：吴融有《代王大夫请追赐方干等及第疏》（《全文》八二〇）。

王大夫：王龟，王起子，性简淡潇洒，不从科试。武宗征为左补阙，大中末出为宣歙观察副使。咸通中知制诰，出为同州刺史。十四年徙浙东观察使。传见《旧书》一六四、《新书》一六七。

浙东：乾元元年所置方镇，治越州，今浙江省绍兴市。见《新书》六八《方镇表》五。

卷 第 七

吴融：传见本书卷九（二四四）。

⑨"干早岁"至"无复荣辱之念"　《玄英先生传》云："始谒钱塘守姚公合，公视其貌陋，初甚侮之，坐定览卷，骇目变容而叹之。先生一举不得志，遂遁于会稽，渔于鉴湖。"

偕计：见本书本卷（一八〇）《赵嘏传》"计偕"注。

⑩"浙间"　《四库》本作"浙中"。

⑪"初，李频学干为诗"至"先生犹灌园"　采自《摭言》四，文略同。"诗僧清越"，《摭言》同，《纪事》作"僧贯休"。"弟子已折桂"二句，见于《全诗》八二九《贯休卷》，题为《赠方干》。

李频：传见本书本卷（一九三）。

⑫"咸通末卒"　未知何据。刘克庄《后村诗话·新集》四记："卒光启、文德间。临终语其子曰：'吾诗人自知之，志吾墓者，志其岁月而已。'"

⑬"门人相与论德谋迹，谥曰'玄英先生'"　《四库》本"谋迹"作"考行"。《郡斋》作："门人谥玄英先生。"

⑭"乐安孙郃等"至"为十卷"　据《玄英先生诗集序》。

孙郃：乾宁进士，为校书郎中，河南府文学。学韩愈为文，与方干友善。见《纪事》六一"孙郃"条。

⑮王赞：仕后周世宗朝为三司副使。入宋，官知扬州。传见《宋史》二七四。

⑯"镂肌涤骨"至"意已独往"　王赞《玄英先生诗集序》中语，见于《全文》八六五。《全文》"镂肌"作"镂肌"，"瘅棘"作"棘瘅"。

⑰"郃亦论曰"至"灵鼍于众响"　见于葛立方《韵语阳秋》二。孙郃《方玄英先生传》中无此语。

灵鼍〔tuó〕：鼍龙，又名猪龙婆，鸣声如桴鼓。

⑱"不过矣"　《四库》、《指海》本"不"下有"为"字。

⑲"古黔娄先生死"至"不亦宜乎"　"食不充膚"，《四库》本"膚"作"肤"。此段采自刘向《列女传》二"贤明"门"鲁黔娄妻"条。

黔娄：春秋时齐国隐士。家贫，不求仕进，死时衾不蔽体。

膚〔quàn〕：鬲属，一种炊具。见《说文》。

⑳韦布：注见本书卷第四（八六）《钱起传》。

【补录】

唐代孙郃《方玄英先生传》（《全文》八二〇）：

"章八元即先生外王父也。广明、中和间，为律诗，江之南未有及者。"

唐代吴融《赠方干处士歌》(《全诗》六八七)：

"把笔尽为诗，何人敌夫子？句满天下口，名聒天下耳。不识朝，不识市；旷逍遥，闲徙倚。一杯酒，无万事；一叶舟，无千里。衣裳白云，坐卧流水。霜落风高忽相忆，惠然见过留一夕；一夕听吟十数篇，水榭林萝为岑寂。拂旦舍我亦不辞，携筇径去随所适。随所适，无处觅；云半片，鹤一只。"

宋代计有功《唐诗纪事》六三"方干"条：

"为人唇缺。连应十余举，遂归镜湖。后十数年，遇医补唇，年已老矣。镜湖人号曰'补唇先生'。"

## 【辑评】

五代王赞《玄英先生诗集序》(《全文》八六五)：

"吴越故多诗人。……予尝较之，张祐（祜）升杜甫之堂，方干入钱起之室矣。"

五代孙光宪《北梦琐言》六：

"方干诗名著于吴中，陆（龟蒙）未许之。一旦顿作诗五十首，装为方干新制，时辈吟赏降仰。陆谓曰：'此乃下官效方干之作也，方诗在模范中尔。'句奇意精，识者亦然之。"

宋代葛立方《韵语阳秋》二：

"方干诗，清润小巧，盖未升曹、刘之堂。或者取之太过，余未晓也。"

宋代计有功《唐诗纪事》六三"方干"条：

"干诗如'鹤盘远势投孤屿，蝉曳残声过别枝'，齐梁已来，未之有也。"

宋代刘克庄《后村诗话·新集》四：

"其诗高处在晚唐诸公之上。"

明代胡震亨《唐音癸签》八：

"方干诗炼句，字字无失，固应有高坚峻拔之目。但嫌微带经籍气，村貌棱棱尔。"

清代贺裳《载酒园诗话》一：

"诗有同出一意而工拙自分者。如戎昱《寄湖南张郎中》曰：'寒江近户漫流声，竹影当窗乱月明。归梦不知湖水阔，夜来还到洛阳城。'与武元衡'春风一夜吹乡梦,又逐春风到洛城',顾况'故园此去千余里,春梦犹能夜夜归'同意,而戎语为胜,以'不知湖水阔'五字,有搔首弄姿之态也。然皆本于岑参'枕上片时春梦中,行尽江南数千里'。至方干'昨日草枯今日青,羁人又动故乡情。夜来有梦登归路,不到桐庐已及明。'则又竿头进步,妙于夺胎。"

"余儿时尝闻先君语曰:方干暑夜正浴,时有微雨,忽闻蝉声,因而得句。急叩友人门,其家已寝,惊起问故,曰:'余三年前未成之句,今已获之,喜而相告耳。'乃'蝉曳余声过别枝'也。后余见其全诗,上句为'鹤盘远势投孤屿',殊厌其太露咬文嚼字之态,不及下语为工。凡作诗炼字,又必自然无迹,斯为雅道。"(黄白山评:"必是先有下句,然后寻上句作对,故一自然,一勉强。")

清代纪昀《四库全书总目》一五一"玄英集八卷"条:

"何光远《鉴戒录》称干'为诗炼句,字字无失,咏系风雅,体绝物理'。邰《传》亦称其'高坚峻拔'。盖其气格清迥,意度闲远,于晚唐纤靡俚俗之中,独能自振,故盛为一时所推。然其七言浅弱,较逊五言,《郝氏林亭》而外,佳句无多,则又风会之有以限之也。"

# 一九三 李 频(?—876)

频,字德新,睦州寿昌人。少秀悟,长,庐西山。多记览,于诗特工。与同里方干为师友。给事中姚合时称诗颖,频不惮走千里,丐其品第,合见大加奖挹,且爱其标格,即以女妻之[①]。大中八年,颜标榜擢进士,调秘书郎,为南陵主簿。试判入等,迁武功令[②]。频性耿介,难干以非理。赈饥民,戢豪右,于是京畿多赖,事事可传。懿宗嘉之,赐绯、银鱼,擢侍御史[③]。守法不阿,迁都官员外郎。表乞建州刺史,至则布条教,以礼治下。时盗所在冲突,惟建赖频以安。未几卒官下,榇随家归,父老相与扶柩哀悼,葬永乐。州为立庙于梨山,岁时祭祠[④],有灾沴[⑤]必祷,垂福逮今。频诗虽出晚年,体制多与刘随州相抗[⑥],骚严风谨,惨惨逼人。有诗一卷,今行世。

**【校注】**

①"频,字德新"至"即以女妻之" 采自《新书》二〇三本传。"时称诗颖",《新书》作"名为诗,士多归重"。《直斋》一九"李频集一卷"条称"唐建州刺史新定李频德新"。

寿昌:今浙江省建德县西南寿昌镇。见《元和志》二五"江南道寿州"。

方干:传见本书本卷(一九二)。

姚合:传见本书卷第六(一五七)。

诗颖:才能杰出的诗人。

标格:风度,风范。

②"大中八年"至"迁武功令" "调秘书郎",《新书》同,《佚存》本"秘"作"校"。此段据《新书》本传。"颜标榜"三字,《新书》无;《直斋》亦作"大中八年进士"。按:《唐摭言》八"误放"条记:"郑侍郎薰主文,误谓颜标乃鲁公之后……即以标为状元。"又,《摭言》一三"无名子谤议"条记:"颜标,咸通中郑薰下状元及第。先是徐寇作乱,薰志在激劝励烈,谓标鲁公之后,故擢之巍峨。"徐寇之乱在咸通九年、十年,与本篇所记"大中八年颜标榜"抵触。

南陵:今安徽省南陵县。见《元和志》二八"江南道宣州"。

武功:注见本书卷第六(一五七)《姚合传》。

③"频性耿介"至"擢侍御史" "京畿","畿"原讹作"几",据《佚存》本改,与《新书》合。此段据《新书》本传。《新书》"绯"下有"衣"字。

④"守法不阿"至"岁时祭祠" "榇"原讹作"衬",据《指海》本改。此段采自《新书》本传。"榇随家归",《新书》作"丧归"。按:《纪事》六〇"李频"条记:"乾符中,以工部员外郎为建州刺史,卒,"又,郑谷诗题中有"故建州李员外频自宪部内弹拜都官员外"之语(《全诗》六七六),曹松《哭李频员外》诗(《全诗》七一六)题下原注亦云"时在建州"。又,《新书》本传记:"天下乱,盗发其冢,寿昌人随加封掩云。"《大清一统志》三三四"严州府"记:"李都官祠,祀唐李频。"

建州:注见本书本卷(一七〇)《李远传》。

条教:指地方长官所下的教令。见《晋书·董仲堪传》。

⑤灾沴〔lì〕:灾害不祥。

⑥"频诗虽出晚年,体制多与刘随州相抗" "晚年"疑为"晚唐"之讹。严羽《沧浪诗话·诗评》云:"李频不全是晚唐,间有似刘随州处。"辛氏所述似本此。

刘随州:刘长卿,传见本书卷第二(三八)。

【补录】

五代孙光宪《北梦琐言》七：

"或有述李频诗于钱尚父，曰：'只将五字句，用破一生心。'尚父曰：'可惜此心，何所不用，而破于诗句，苦哉！'"

【辑评】

宋代范晞文《对床夜语》五：

"唐人咏太和公主还宫诗极多，惟李频一联最佳，词云：'禁花半老曾攀树，宫女多非旧识人。'其他五言如'河声入峡急，地势出关低'，'秋尽虫声急，夜深山雨重'，可与十才子并驱。"

明代谢榛《四溟诗话》二：

"李频曰：'星临剑阁动，花落锦江流。'譬诸'佳人掌'而对'壮士拳'也。若曰'月落锦江寒'，便相敌矣。"

## 一九四 李群玉

群玉，字文山，澧州人也①。清才旷逸，不乐仕进，专以吟咏自适。诗笔遒丽，文体丰妍。好吹笙，美翰墨，如王、谢子弟，别有一种风流。亲友强之赴举，一上即止。裴相公休观察湖南，厚礼延致之郡中，尝勉之曰："处士被褐怀玉，浮云富贵，名高而身不知。神宝宁久弃荒途？子其行矣。"大中八年，以草泽臣来京，诣阙上表，自进诗三百篇。休适入相，复论荐，上悦之，敕授弘文馆校书郎②。李频使君呼为从兄③。归湘中，题诗二妃庙，是暮宿山舍，梦见二女子来曰："儿娥皇、女英也，承君佳句徽珮，将游于汗漫，愿相从也。"俄而影灭。群玉自是郁郁，岁余而卒。段成式为诗哭曰："曾话黄陵事，今为白日催。老无男女累，谁哭到泉台？"④今有诗三卷，后集五卷，行世。○夫澧浦，古骚人之国，屈平仕遭谮毁，不知所诉，心烦意乱，赋为《离骚》。骚，愁也⑤。"已矣哉，国无人知我兮⑥，又何怀乎故都？"委身鱼腹⑦，

481

魂招不来⑧，芳草萎苶，艾萧参天⑨，奚独一时而然也。群玉继禀修能，翱翔大化⑩，人不知而不恤⑪，禄不及而不言。望浔阳⑫之亡极，挹杜兰⑬之绪馨。款君门以披怀，沾一命而潜退。风景满目，宁无愧于古人。故其格调清越，而多登山临水、怀人送归之制。如"远客坐长夜，雨声孤寺秋。请量东海水，看取浅深愁"⑭等句，已曲尽羁旅坎壈之情。壮心千里，于方寸不扰，亦大难矣⑮。

## 【校注】

① "字文山，澧州人也" 孙光宪《北梦琐言》六、《新书》六〇《艺文志》四并同。《郡斋》四中"李群玉诗一卷"条亦称"唐李群玉文山"，"澧阳人"。《直斋》一九"李群玉集三卷"条略同。

澧州：治澧阳，今湖南省澧县东。见《旧书》四〇《地理志》三"江南道"。

② "清才旷逸"至"敕授弘文馆校书郎" "丰妍"，《四库》本作"丰美"。"美翰墨"，《四库》抄本、三间本"美"作"弄"，《郡斋》作"美笔翰"。此段采自《郡斋》，文略同。又见于《唐摭言》一〇、《北梦琐言》六、《新书·艺文志》。"如王、谢子弟，别有一种风流"，《郡斋》无。"裴相公休"，《郡斋》无"相公"二字，《琐言》作"相国河东裴公休"。"尝勉之曰"至"子其行矣"，《郡斋》无。《琐言》于"授弘文馆校书"下又记："终于荆、襄间。"按：周朴《吊李群玉》诗（《全诗》六七三）云："群玉诗名冠李唐，投书换得校书郎。"

裴休：注见本书本卷（一八九）《曹邺传》。

湖南：注见本书卷第六（一六三）《韩琮传》。

③ "李频使君呼为从兄" 李频有《江上送从兄群玉校书东游》诗（《全诗》五八九）。

李频：传见本书本卷（一九三）。

④ "归湘中"至"谁哭到泉台" 采自范摅《云溪友议》中"云中命"条，文有小异。亦见于《广记》四九八、《纪事》五四"李群玉"条。"曾话黄陵事"四句，《全诗》五八四《段成式卷》题为《哭李群玉》。"男女"，《友议》、《广记》、《纪事》、《全诗》并作"儿女"，应据改。按：李群玉有《黄陵庙》诗（《全诗》五七〇，一作李远诗）。《四库全书总目》一五一"李群玉集三卷后集五卷"条云："殆因其诗为世传诵，小说家因造此事附会之耳。"

汗漫：意为漫无边际。见《淮南子·俶真》。

段成式：宰相段文昌子。会昌中，累迁尚书郎，出为吉州刺史。大中中，历太常少卿、江州刺史。大中末免官，退居襄阳。工诗，与李商隐、温庭筠齐名。撰有《酉阳杂俎》。传见《旧书》一六七、《新书》八九。

黄陵：指黄陵庙，即二妃庙。注见本书本卷（一七〇）《李远传》。

⑤"骚，愁也"　《四库》本作"盖言离愁也"。

⑥"已矣哉，国无人知我兮"　《四库》本无"已矣哉"三字，下句作"国人莫我知兮"。见于《楚辞·离骚》。

⑦"委身鱼腹"　《楚辞·渔父》云："宁赴湘流，葬于江鱼之腹中。"

⑧"魂招不来"　"招"下原有"兮"字，据《四库》、《指海》本删。

⑨"芳草萎苶，萧艾参天"　《四库》本萎苶作"遽萎"。《楚辞·离骚》："何昔日之芳草兮，今直为此萧艾也！"

苶〔nié〕：疲弱貌。

⑩大化：人生的重要变化。《列子·天瑞》："人自生至终，大化有四：婴孩也，少壮也，老耄也，死亡也。"亦代指生命。陶渊明《神释》："纵浪大化中，不喜亦不惧。"

⑪"人不知而不恤"　《四库》抄本"恤"作"愠"，应从。《论语·学而》："人不知而不愠，不亦君子乎?"

⑫涔阳　涔水北岸地名，今湖南省澧县有涔阳浦。《楚辞·九歌·湘君》："望涔阳兮极浦，横大江兮扬灵。"

⑬"杜兰"　《四库》本"杜"作"桂"。

⑭"远客坐长夜"四句　《全诗》五六八题为《雨夜呈长官》。

⑮"于方寸不扰，亦大难矣"　《四库》本"扰"下有"焉"字，"大"作"云"。

【补录】

唐代范摅《云溪友议》中"云中命"条：

"李群玉校书既解天禄之任，而归涔阳，经湘中，乘舟，题二妃庙诗二首，曰：'小孤洲北浦云边，二女明妆共俨然。野庙向江空寂寂，古碑无字草芊芊。东风近暮吹芳芷，落日深山哭杜鹃。犹似含颦望巡狩，九疑如黛隔湘川。'又，'黄陵庙前莎草春，黄陵女儿茜裙新。轻舟小楫唱歌去，水远山长愁杀人！'"

宋代钱易《南部新书》丙：

"李群玉好吹笙，常使家僮奏之。又善急就草，性喜养白鹅。及授校书郎东归，故卢肇送诗云：'妙吹应谐凤，工书定得鹅。'"

**【辑评】**

宋代陈郁《藏一话腴·甲集》上：

"李文山群玉《吟鹧鸪》诗，世惟以'屈曲崎岖'、'钩辀格磔'一联称，不知文山用工正在第五、第六句，云：'曾泊桂江深岸雨，亦于梅岭阻归程。'但咏其鸣之时与地，鹧鸪明矣。其《失鹤》诗亦然，'海清蓬壶远，秋风碧落深'，隐然失鹤之意。所谓'吟诗必此诗，定知非诗人'是也。近徐山民《猿》诗、赵山中《角》诗，皆得文山之髓。"

明代杨慎《升庵诗话》一：

"李群玉《人日梅花》诗：'半落半开临野岸，团情团思媚韶光。玉鳞寂寂飞斜月，素手亭亭对夕阳。'亦有思致。'玉鳞寂寂飞斜月'，真奇句也，'暗香浮动'恐未可比。"

《升庵诗话》四：

"杜诗'江平不肯流'，意求工而语反拙，所谓凿混沌而画蛇足，必夭性命而失卮酒也。不若李群玉乐府云'人老自多愁，水深难急流'也。"

明代王世贞《艺苑卮言》四：

"李群玉云：'玉鳞寂寂飞斜月，素手亭亭对夕阳。'大有神采，足为梅花吐气。"

明代谢榛《四溟诗话》三：

"李群玉《雨夜》诗：'（远客坐长夜，雨声孤寺秋。）请量东海水，看取浅深愁。'观此悲感，无发不皓。若后削冗句，浑成一绝，则不减太白矣。"

明代胡震亨《唐音癸签》八：

"李文山有才健之目，而笔才实拙，通卷难觅全瑜。"

清代薛雪《一瓢诗话》：

"李文山'黄叶黄花古城路，秋风秋雨别家人'，脱尽晚唐蹊径。"

# 卷 第 八

## 一九五 李 郢

郢，字楚望①，大中十年崔铏榜进士及第②。初居余杭，出有山水之兴，入有琴书之娱，疏于驰竞。历为藩镇从事，后拜侍御史③。郢工诗，理密辞闲④，个个珠玉。其清丽极能写景状怀，每使人竟日不能释卷。与清塞、贾岛最相善。时塞还俗，闻岛寻卒，郢重来钱塘，俱绝音响，感而赋诗曰："却到城中事事伤，惠休还俗贾生亡。谁人收得文章箧，独我重经苔藓房。一命未沾为逐客，万缘初尽别空王。萧萧竹坞残阳在，叶覆闲阶雪拥墙。"⑤其它警策率类此。有集一卷，今传。

【校注】

①"字楚望" 《新书》六〇《艺文志》四"李郢诗一卷"附注、《纪事》五八"李郢"条同，《郡斋》四中"李郢端公诗一卷"条、《直斋》"李端公集一卷"条均亦作"李郢楚望"。

②"大中十年崔铏榜进士及第" 《新书·艺文志》作"大中进士第"。按：徐应秋《玉芝堂谈荟》二"历代状元"条载："大中十一年：进士三十人，状元崔铏。"

③"初居余杭"至"后拜侍御史" 据《郡斋》。亦见于《金华子》下。"出有山水之兴，入有琴书之娱"二句，《郡斋》无。"后拜"，《郡斋》作"兼"。《直斋》称"唐侍御史李郢楚望"。《纪事》五八"李郢"条记"终于御史"。《金华子》记"终于员外郎"。

余杭：今浙江省余杭县。见《元和志》二五"江南道杭州"。

④"理密辞闲" 《四库》本"闲"作"娴"。

⑤ "与清塞贾岛最相善"至"叶覆闲阶雪拥墙" "闻岛寻卒"，《四库》本作"岛亦寻卒"。"惠休还俗贾生亡"，《四库》本"还俗"作"归俗"，《全诗》作"归寂"。"谁人收得文章箧"，"文章"原作"章句"，据《四库》本改，与《全诗》合。此段采自阮阅《诗话总龟》四五"伤悼"门引《杂谈》。"与清塞、贾岛最相善"，《诗总》作"与贾岛、僧无可游"。"时塞还俗，闻岛寻卒"，《诗总》作"岛没长江，僧亦返初"。"郢重来钱塘"，《诗总》无此句。"却到城中事事伤"八句，《全诗》五九〇题为《伤贾岛无可》。

清塞：传见本书卷第六（一四九）。

惠休：南朝宋僧人，善诗文，与鲍照齐名。见钟嵘《诗品》下。此处借指无可。

贾生：汉代辞赋家贾谊，二十余岁召为博士，擢拔为太中大夫，后被贬为长沙太傅。《史记》、《汉书》有传。此处借指贾岛。

空王：释家称佛为空王。

【补录】

五代刘崇远《金华子》下：

"李郢诗调美丽，亦有子弟标格，郑尚书颢门生也。居于杭州，疏于驰逐，终于员外郎。初，将赴举，闻邻氏女有令德，求娶之。遇同人争娶之，女家无以为辞，乃曰：'备一千缗，先到即许之。'两家具钱，同日皆往。复曰：'请各赋一篇，以定胜负。'负者乃甘退，女竟适郢。初及第回江南，经苏州，遇亲知方作牧，邀同赴茶山，郢辞以决意春归，为妻作生日。亲知不放，与之胡琴、焦桐、方物等，令且寄代归意。郢为《寄内》曰：'谢家生日好风烟，柳暖花香二月天。金凤对翘双翡翠，蜀琴新上七丝弦。鸳鸯交颈期千载，琴瑟和谐愿百年。应恨客程归未得，绿窗红泪冷涓涓。'"

【辑评】

元代时天彝《唐百家诗选评》（《吴礼部诗话》引）：

"李楚望结思尤清。"

明代杨慎《升庵诗话》五：

"李郢《酬王舍人雪中见寄》：'三日柴门拥不开，阶庭平满白皑皑。今朝踏作琼瑶迹，为有诗从凤沼来。'后人妄改'诗从'为'诗仙'，语意索然。"

明代胡震亨《唐音癸签》八：

"李楚望调亦溜亮,不甚弱。《钱塘西斋》一篇,置之卢纶、李端集中,难别泾、渭。"(附李郢《钱塘青山题李隐居西斋》:"小隐西斋为客开,翠萝深处遍青苔。林间扫石安棋局,岩下分泉递酒杯。兰叶露光秋月上,芦花风起夜潮来。湖山绕屋犹嫌浅,欲棹渔舟近钓台。")

清代薛雪《一瓢诗话》:

"李楚望《寄怀秦处士》:'常闻郡邑山多秀,更说官僚眼尽青。'写尽为处士者,外君子,内小人,一团龌龊,欺世盗名。不意今日,其风特甚。"

## 一九六　储嗣宗

嗣宗,大中十三年孔纬榜及第①。与顾非熊先生相结好②,大得诗名。苦思梦索,所谓逐句留心,每字著意,悠然皆尘外之想。览其所作,及见其人。警联如:"绿毛辞世女,白发入壶翁。"又,"片水明在野,万花深见人"。又,"黄鹤有归语,白云无忌心"。又,"蝉鸣月中树,风落客前花"。又,"池亭千里月,烟水一封书"。又,"鹤语松上月,花明云里春"。又,"一酌水边酒,数声花下琴"。又,"宿草风悲夜,荒村月吊人"。《哭彭先生》云:"空阶鹤恋丹青影,秋雨苔封白石床。"《题闲居》云:"鸟啼碧树闲临水,花满青山静掩门"③等句,皆区区所当避舍者也。有集一卷,今传。

**【校注】**

① "大中十三年孔纬榜及第"　《直斋》一九"储嗣宗集一卷"条作"大中十三年进士"。按:高棅《唐诗品汇·诗人爵里详节》亦记:"储嗣宗,大中十三年进士及第。"《旧书》一七九《孔纬传》:"大中十三年进士擢第。"又,嗣宗为储光羲曾孙。《元和姓纂》二"储氏"下记:"开元氾水尉储光羲,润州人,生石;石生燕客;燕客生嗣宗,校书郎。"

孔纬:咸通中拜翰林学士、中书舍人,累迁户部侍郎。乾符中,擢御史中丞,历户、兵、吏部三侍郎。广明中,长安为黄巢起义军攻克,从僖宗逃往成都,改刑部尚书。光启元年,随僖宗逃往汉中,改兵部侍郎、同中书门下平章事。昭宗朝,进加司空、司徒、太保。传见《旧书》一七九、《新书》一六三。

②"与顾非熊先生相结好" 储嗣宗有《和顾非熊先生题茅山处士闲居》诗（《全诗》五九四）。

顾非熊：传见本书卷第七（一八八）。

③"绿毛辞世女"至"花满青山静掩门" "黄鹤"原作"黄鹳"，据《四库》本改，与《全诗》合。"丹青"原作"丹霄"，据《四库》本改，与《全诗》合。所引诗句，皆见于《全诗》五九四《储嗣宗卷》。"绿毛辞世女"二句，见《宿玉箫宫》诗。"片水明在野"二句，见《晚眺徐州延福寺》诗。"黄鹤有归语"二句，见《送道士》诗。"蝉鸣月中树"二句，见《宿山馆》诗。"池亭千里月"二句，见《得越中书》诗。"鹤语松上月"二句，见《赠隐者》诗。"一酌水边酒"二句，见《送人游吴》诗。"宿草风悲夜"二句，见《经故人旧居》诗。"空阶鹤恋丹青影"二句，见《哭彭先生》诗。"鸟啼碧树闲临水"二句，见《和顾非熊先生题茅山处士闲居》诗。

绿毛辞世女：毛女，传说中仙女，字玉姜，在华阴山中，自言秦时宫人，流亡入山，食松叶，遂不饥寒。见《列仙传》下"毛女"条。参见本书卷二（三二）《常建传》。

白发入壶翁：传说中仙人。东汉费长房曾见市中有老翁卖药，悬壶于座，市罢，跳入壶中。见《后汉书·费长房传》。

【辑评】

明代谢榛《四溟诗话》二：

"储嗣宗曰：'春风莫逐桃花去，恐引渔人入洞来。'谢枋得曰：'花飞莫遣随流水，怕有渔郎来问津。'……皆出祖袭。"

# 一九七 刘 沧

沧，字蕴灵①，鲁国人也②。体貌魁梧，尚气节，善饮酒，谈古今令人终日喜听。慷慨怀古，率见于篇。大中八年，礼部侍郎郑薰下进士③。榜后进谒谢，薰曰："初谓刘君锐志，一第不足取，故人别来三十载，不相知闻，谁谓今白头纷纷矣。"调华原尉④。与李频同年⑤。诗极清丽，句法绝同赵嘏、许浑⑥，若出一绚综⑦然。诗一卷，今传。

【校注】

①"字蕴灵" 《新书》六〇《艺文志》四"刘沧诗一卷"附注、《纪事》五八

"刘沧"条同。《直斋》一九"刘沧集一卷"条亦称"唐进士刘沧蕴灵"。《郡斋》四中"刘沧诗一卷"条作"字温灵"。

② "鲁国人也" 高棅《唐诗品汇·诗人爵里详节》"刘沧"条亦记:"鲁人。"高儒《百川书志》一四"刘沧集一卷"条称"龙门令鲁人刘沧"。刘沧有《怀汶阳兄弟》诗（《全诗》五八六）云:"书信经年乡国远,弟兄无力海田荒。"或即据此。然刘沧又有《汶阳客舍》诗（《全诗》五八六）云:"思乡每读《登楼赋》";"迢递旧山伊水畔"。似非汶阳人。

③ "大中八年侍郎郑薰下进士" 《郡斋》作"大中八年进士"。按:徐松《登科记考》二二载《永乐大典》引《苏州府志》:"大中八年,郑侍郑薰知举。"

郑薰:历翰林学士、宣歙观察使,懿宗初召为太常少卿,累迁吏部侍郎,进左丞。史称薰再知礼部举,引寒俊,士类多之。传见《新书》一七七。

④ "调华原尉" "华原",原作"叶原",《佚存》、《指海》本作"业原",均刻误（"华"、"叶"、"业",三字繁体字形相近）。《唐诗品汇·诗人爵里详节》作"调华原尉"。刘沧有《罢华原尉上座主尚书》诗（《全诗》五八六）。今改"叶原"为"华原"。按:张乔有《送龙门令刘沧》诗（《全诗》六三八）。

华原:今陕西省耀县。见《元和志》二"关内道京兆府"。

⑤ "与李频同年" 本书卷七（一九三）《李频传》:"大中八年颜标榜擢进士。"

⑥ "诗极清丽,句法绝同赵嘏、许浑" 引自《郡斋》。《郡斋》无"许浑"二字。

赵嘏、许浑:传见本书卷第七（一八〇、一七二）。

⑦ 绚综:义未详,疑为"绚练"之讹。

附注:此篇《四库》本失载。

【辑评】

宋代严羽《沧浪诗话·诗评》:

"马戴在晚唐诸人之上,刘沧、吕温亦胜诸人。"

明代高棅《唐诗品汇·七言律诗叙目》:

"蕴灵之《长洲》、《咸阳》、《邺都》等作,其今古废兴、山河陈迹、凄凉感慨之意,读之可为一唱而三叹矣。"

明代胡震亨《唐音癸签》八:

"刘沧诗长于怀古,悲而不壮,衰世之音也欤?"

清代贺裳《载酒园诗话·又编》:

"刘龙门极有高调,且终卷无败群者,但精出处亦少。高棅置之于正变,与义山、用晦并列,便是唐玄宗之重萧嵩。《咸阳怀古》,最刘诗之胜处:

489

'天空绝塞闻边雁,叶尽孤村见夜灯。'

清代叶矫然《龙性堂诗话·续集》:

"许浑'溪云初起日沉阁,山雨欲来风满楼',刘沧'半夜秋风江色动,满山寒叶雨声来',语意工妙相似,亦相敌。"

清代余成教《石园诗话》二:

"徐献忠谓'唐至大中间,国体伤变,气候改色,人多商声,亦愁思之感',其言则是。其谓'刘沧七言律,音节促促,无远大语',则非也。蕴灵诗如'半夜秋风江色动,满山寒叶雨声来','空江独树楚山背,暮雨孤舟吴苑来','高风疏叶带霜落,一雁寒声背水来','千年事往人何在,半夜月明潮自来',四押'来'字,皆音节悠扬。'半壁楼台秋月过,一川烟水夕阳平''霜落雁声来紫塞,月明人梦在青楼',语亦远大。"

## 一九八 陈 陶

陶,字嵩伯①,鄱阳、剑浦人②。尝举进士辄下,为诗云:"中原不是无麟凤,自是皇家结网疏。"③颇负壮怀,志远心旷,遂高居不求进达,恣游名山,自称"三教布衣"④。大中中,避乱入洪州西山,学神仙咽气有得,出入无间⑤。时严尚书宇牧豫章,慕其清操,尝备斋供,俯就山中,挥谈终日。而欲试之,遣小妓莲花往侍,陶笑不答,莲花赋诗求去,曰:"莲花为号玉为腮,珍重尚书送妾来。处士不生巫峡梦,虚劳云雨下阳台。"陶赋诗赠之云:"近来诗思清于水,老去风情薄似云。已向升天得门户,锦衾深愧卓文君。"⑥宇见诗益嘉贞节。陶金骨已坚,戒行通体,夜必鹤氅,焚香巨石上,鸣金步虚⑦,礼星月,少寐。所止茅屋,风雷汹汹不绝。忽一日不见,惟鼎灶杵臼依然。开宝间,有樵者入深谷,犹见无恙。后不知所终⑧。陶工赋诗,无一点尘气,于晚唐诸人中,最得平淡,要非时流所能企及者,有《文录》十卷,今传于世。

【校注】

①"字嵩伯" 《郡斋》四中"陈陶集三卷"条称"唐陈陶嵩伯"。

②"鄱阳、剑浦人"　《郡斋》作"鄱阳人"。（按：方干有《哭江西处士陈陶》诗，见《全诗》六五一。）宋代龙衮《江南野史》八本传记："世为岭表剑浦人。"（按：马令《南唐书》一五本传作"世居岭表"，陆游《南唐书》四本传作"岭南人"。）可知岭南剑浦为陈陶祖籍。本篇称"鄱阳、剑浦人"，甚误。

剑浦：南唐设剑州，治剑浦，今福建省南平市。因其地有剑溪，故名。见《读史方舆纪要》九七。

③"尝举进士"至"自是皇家结网疏"　《纪事》六〇作："宋齐丘守南昌，因有蒲安之觐，乃自咏云：'中原莫道无麟凤，自是皇家结网疏。'"参见马令及陆游《南唐书》本传。诗见《全诗》七四六，题为《闲居杂兴》，"不是"作"莫道"。

④"自称'三教布衣'"　据《郡斋》。

⑤"大中中"至"出入无间"　"神仙"，三间本校语谓《四库》本作"道术"，今所见《四库》本、《四库》抄本仍作"神仙"。《郡斋》作"大中时，隐洪州西山"。《北梦琐言》五记："大中年，洪州处士陈陶者，有逸才……歌诗中似负神仙之术。"《纪事》作"居南昌之西山"。

洪州西山：注见本书卷第六（一六〇）《施肩吾传》。

⑥"时严尚书宇牧豫章"至"锦衾深愧卓文君"　"严尚书宇"，《四库》本无"尚书"二字。"挥谈终日"，《四库》本"谈"作"麈"，《四库》抄本、三间本作"挥麈谈终日"。"而欲试之"，《四库》本无"而"字。此段采自《纪事》，文略同。《纪事》无"慕其清操……而欲试之"等语。"莲花为号玉为腮"四句，见于《全诗》八〇二，莲花妓作，题为《献陈陶处士》。"云雨"，《纪事》、《全诗》作"神女"。"近来诗思清如水"四句，《全诗》七四六题为《答莲花妓》。

豫章：洪州旧称豫章郡，治南昌，今江西省南昌市。见《旧书》四〇《地理志》三"江南西道洪州"。

卓文君：汉代才女，夜奔司马相如。见《史记·司马相如传》。

⑦步虚：注见本书卷第七（一七二）《许浑传》。

⑧"开宝间"至"后不知所终"　《纪事》云："江南后主即位，知其运祚衰替，以修养为事。"又云："开宝中人或见之，或云已得仙矣。"参见龙衮《江南野史》八本传及马令、陆游《南唐书》本传。按：陈鳣《唐才子传校勘记》（南京图书馆藏抄本）"陈陶"条云："此盖本龙衮《江南野史》。考《蔡宽夫诗话》云，唐末曹松、方干之徒皆有哭陶诗，则陶之死久矣。《野史》恐不足据。"（按：杜荀鹤亦有《哭陈陶》诗，见《全诗》六九三。）

开宝：宋太祖年号。

## 【补录】

宋代陆游《南唐书》四《陈陶传》：

"（南唐）元宗南迁豫章，至落星湾。将访以天象，恐陶不肯尽言，以陶素嗜鲊，乃使人伪言卖鲊，至门。陶果出啖鲊，喜甚。卖鲜者曰：'官舟至落星矣，处士知之乎？'陶笑曰：'星落不还。'元宗闻之不怿，遂不复问。是岁果晏驾。"

### 【辑评】

宋代魏泰《临汉隐居诗话》：

"诗恶蹈袭古人之意，亦有袭而愈工，若出于己者，盖思之愈精，则造语愈深也。……李华《吊古战场文》曰：'其存其没，家莫闻知。人或有言，将信将疑。娟娟心目，梦寐见之。'陈陶则云；'可怜无定河边骨，犹是春闺梦里人。'盖愈工于前也。"

宋代严羽《沧浪诗话·诗评》：

"陈陶之诗，在晚唐人中最无可观。"

明代王世贞《艺苑卮言》四：

"'可怜无定河边骨，犹是春闺梦里人。'用意工妙至此，可谓绝唱矣。惜为前二句所累，筋骨毕露，令人厌憎。'葡萄美酒'一绝，便是无瑕之璧，盛唐地位不凡乃尔。"

明代谢榛《四溟诗话》二：

"陈陶《送沈次鲁》曰：'高台送归客，满握轩辕风。落日一挥手，金鹅云雨空。鳌洲石梁外，剑浦罗浮东。兹兴不相接，翛翛烟际鸿。'此有太白声调。……严沧浪谓陶最无可观，何也？"

清代沈德潜《唐诗别裁》二〇：

"陈陶《陇西行》：'可怜无定河边骨，犹是春闺梦里人。'作苦语无过此者。然使王之涣、王昌龄为之，更有余蕴。此时代使然，作者亦不知其然而然也。"

# 一九九　郑　巢

巢，钱塘①人，大中间举进士。时姚合号诗宗，为杭州刺史，巢献所业，日游门馆，累陪登览燕集②，大得奖重，如门生礼然③。

体效格法，能伏膺无斁④，句意且清新⑤。巢性疏野，两浙湖山，寺宇幽胜，多名僧，外学高妙，相与往还酬酢⑥。竟亦不仕而终。有诗一卷，今传⑦。

**【校注】**

①钱塘：注见本书卷一（六）《骆宾王传》。

②"时姚合号诗宗"至"累陪登览燕集" "陪"原作"倍"，据《佚存》、《四库》本改。郑巢有《送姚郎中罢郡游越》、《和姚郎中题凝公院》、《秋日陪姚郎中登郡中南亭》诗（《全诗》五〇四）。

姚合：传见本书卷第六（一五七）。

诗宗：诗人中的宗匠。姚合《寄陕州王司马》："一别诗宗更懒吟。"

③"如门生礼然" 《四库》本无"然"字。

④"体效格法，能服膺无斁" 《四库》、《指海》本作："效合体格，服膺无斁。"

斁（yì）：厌弃。《诗经·周南·葛覃》："为絺为绤，服之无斁。"

⑤"句意且清新" 《四库》本无"且"字。

⑥"两浙湖山"至"相与往还酬酢" 郑巢有《瀑布寺贞上人院》、《寄贞法师》、《送省空上人归南岳》、《送象上人还山中》、《送僧归富春》、《送琎上人》、《哭虚海上人》、《和姚郎中题凝公院》、《赠蛮僧》、《宿天竺寺》、《题灵隐寺皎公院》等诗（《全诗》五〇四）。

外学：佛教徒称佛学以外的学问为外学。

⑦"今传" 《四库》本作"今行于世"。

## 二〇〇 于武陵

武陵，名邺，以字行①，杜曲人也②。大中时尝举进士③。不称意，携书与琴，往来商、洛、巴、蜀间④。或隐于卜中，存独醒之意，避地嘿嘿，语不及荣贵，少与时辈交游。尝南来，至潇、湘，爱汀洲芳草，况是古骚人旧国，风景不殊⑤。欲卜居未果，归老嵩阳别墅⑥。诗多五言，兴趣飘逸多感，每终篇一意，策名当时。集一卷，今传。

## 【校注】

① "武陵，名邺，以字行" 《纪事》五八"于武陵"条云："武陵，会昌时诗人也。"《纪事》六三"于邺"条云："邺，唐末进士也。"《新书》六〇《艺文志》四著录《于武陵诗》、《于邺诗》各一卷。按：高棅《唐诗品汇·诗人爵里详节》"于武陵"条记："大中间李郢、李频同时人，有诗一卷，或云即于邺。"高儒《百川书志》一四"于武陵集一卷"条云："或曰于邺。"《全诗》五九五《于武陵卷》录诗五十首，《全诗》七二五《于邺卷》录诗三十四首，两卷中有十八首诗互见。

② "杜曲人也" 《全诗》五九五于武陵《西归》诗称："长安家尚在，秋至又西还。"《南游有感》诗称："杜陵无厚业，不得驻车轮。"按：《唐诗品汇·诗人爵里详节》"于武陵"条记："杜曲人。"《百川书志》一四"于武陵集一卷"条亦记："杜曲人。"

杜曲：今陕西省长安县东少陵原东南。唐时为望族杜氏聚居处。见《新书·杜正伦传》。

③ "大中时尝举进士" 《郡斋》四中"于武陵诗一卷"条、《直斋》一九"于武陵集一卷"条并作"大中进士"。

④ "往来商、洛、巴、蜀间" 参见《全诗》五九五于武陵《斜谷道》、《洛阳晴望》、《过洛阳城》、《过百牢关贻舟中者》等诗。

⑤ "尝南来"至"风景不殊" 《佚存》本"汀洲"作"河洲"。参见《全诗》五九五于武陵《夜泊湘江》、《南游有感》、《客中》等诗。

⑥ "归老嵩阳别墅" 于武陵《寄友人》诗（《全诗》五九五）云："应恋嵩阳住，嵩阳饶古松。"

嵩阳：注见本书卷三（七三）《灵彻传》。

## 【辑评】

明代钟惺、谭元春《唐诗归》三四：

"于武陵《高楼》：'远天明月出，照此谁家楼？上有罗衣色，凉风吹不秋。'三字孤迥。恶本皆作'吹不休'，便通首索然矣。"（钟惺）

## 二〇一 来 鹏（？—883？）

鹏①，豫章人②，家徐孺子③亭边，林园自乐。师韩、柳为文，大中、咸通间才名籍甚④。鹏工诗，蓄锐既久，自伤年长，家贫不达，颇亦忿忿，故多寓意讥讪。当路虽赏清丽，不免忤情，每为所忌。如《金钱花》⑤云："青帝若教花里用，牡丹应是得钱人。"《夏云》云："无限旱苗枯欲尽，悠悠闲处作奇峰。"《偶题》云："可惜青天好雷电，只能惊起懒蛟龙。"⑥坐是凡十上不得第⑦。韦岫尚书独赏其才，延待幕中，携以游蜀。又欲纳为婿，不果。是年力荐，夏课卷中献诗有云："一夜绿荷风剪破，嫌它秋雨不成珠。"岫以为不祥，果失志⑧。时遭广明庚子之乱，鹏避地游荆、襄，艰难险阻，南返。中和，客死于维扬逆旅，主人贤，收葬之⑨。有诗一卷，今传于世。

【校注】

① "鹏"　《新书》六〇《艺文志》四、《北梦琐言》七、《直斋》一九并同。《唐摭言》一〇、《全文》八一一作"来鹄"。《全诗》六四二作："来鹄，一作鹏。"《纪事》五六"来鹏"、"来鹄"分为两人。《剧谈录》下举"大中、咸通之后，每岁试礼部者千余人，其间章句有闻"者，有"来鹄"；《唐语林》二略同。

② "豫章人"　《唐摭言》一〇"海叙不遇"条、《直斋》一九"来鹏集一卷"条并同。《诗话总龟》三五"讥诗"门引《诗史》作"洪州人"。

豫章：注见本书本卷（一九八）《陈陶传》。

③ 徐孺子：东汉徐稚，字孺子，豫章南昌人。家贫，躬耕而食，有高名。《后汉书》有传。

④ "师韩、柳为文"至"才名籍甚"　据《摭言》、《纪事》。"大中、咸通间"，《纪事》同，《摭言》作"大中末，咸通间"。

⑤ "金钱花"　见《全诗》六四二。下引来鹏诗亦见此卷。

青帝：东方司春之神。

⑥ "只能惊起懒蛟龙"　《全诗》"惊起"作"驱趁"。

⑦ "坐是凡十上不得第"　《诗话总龟》云："名振都下，然喜以讥讪当路，为人所恶，卒不第。"

⑧ "韦岫尚书独赏其才"至"果失志"　"韦岫"原作"韦宙"，从《四库》本改，与《纪事》、《琐言》合。"夏课卷中"，《四库》本无"卷中"二字。"以为不祥"，"祥"原作"详"，据《佚存》、《四库》本改。此段采自《北梦琐言》七、《纪事》五六。"携以游蜀"，《琐言》、《纪事》云："（韦岫）欲以子妻之，而不果。后游蜀，夏课卷中有诗云：……"未云韦岫携来鹏游蜀，疑为辛氏误解。"一夜绿荷风剪破"二句，

495

《全诗》题为《偶题》。"岫以为不祥",《琐言》、《纪事》作"识者以为不祥",应从。"果失志",《琐言》作"是岁不随秋赋,而卒于通议郎",《纪事》作"是岁不随秋赋而卒"。

韦岫:岭南节度使韦宙弟,历泗州刺史、福建观察使。传见《新书》一九七。

夏课:唐进士籍而入选,谓之春闱;退而肄业,谓之过夏;执业而出,谓之夏课。见《唐国史补》下。

⑨"时遭广明庚子之乱"至"收葬之" "时遭"至"中和"二十二字,《四库》本作"时遭乱避地"五字。"收葬之",《四库》本"收"作"而"。此段采自《摭言》一〇,文略同。《摭言》无"主人贤,收葬之"六字。

广明庚子之乱:僖宗广明元年(庚子年),黄巢起义军进入长安,建大齐国,年号金统。僖宗与田令孜等逃往成都。史称广明庚子之乱。参见《资治通鉴》二五四。

荆州:治江陵,今湖北省江陵县。见《旧书》三九《地理志》二"山南西道"。

襄州:注见本书卷第三(六一)《张继传》。

维扬:即扬州,治江都,今江苏省扬州市。见《旧书》四〇《地理志》三"淮南道"。

## 二〇二 温庭筠(812?—867?)

庭筠,字飞卿,旧名岐①,并州人②,宰相彦博之孙也。少敏悟,天才雄赡③。能走笔成万言,善鼓琴吹笛,云:"有弦即弹,有孔即吹,何必爨桐与柯亭也。"侧词艳曲,与李商隐齐名,时号"温、李"④。才情绮丽,尤工律赋。每试,押官韵,烛下未尝起草,但笼袖凭几,每一韵一吟而已,场中曰"温八吟"。又谓八叉手成八韵,名"温八叉"。多为邻铺假手⑤。然薄行无检幅,与贵胄裴诚、令狐滈等饮博。后夜尝醉诟狭邪间,为逻卒折齿,诉不得理。举进士,数上又不第⑥。出入令狐相国书馆中,待遇甚优。时宣宗喜歌《菩萨蛮》,绹假其新撰进之,戒令勿泄,而遽言于人。绹又尝问"玉条脱"事,对以出《南华经》,且曰:"非僻书,相公燮理之暇,亦宜览古。"又有言曰:"中书省内坐将军。"讥绹无学,由是渐疏之。自伤云:"因知此恨人多积,悔读《南华》第二篇。"⑦徐商镇襄阳,辟巡官,不得志,游江东⑧。大中末，山北沈侍郎主文，特召庭筠试于帘下，恐其潜救。是日不乐，逼暮先请出，仍献启千余言，询之，已占授八人矣。执政鄙其所为，留长安中待除⑨。宣宗微行，遇于传舍，庭筠不识，傲然诘之曰："公非司马、长史流乎？"又曰："得非六参、簿、尉之类？"帝曰："非也。"后谪方城尉，中书舍人裴坦当制，忸怩含毫久之，词曰："孔门以德行居先，文章为末。尔既早随计吏，宿负雄名，徒夸不羁之才，罕有适时之用。放骚人于湘浦，移贾谊于长沙，尚有前席之期，未爽抽毫之思。"⑩庭筠之官，文士诗人争赋诗祖饯，惟纪唐夫擅场，曰："凤凰诏下虽沾命，鹦鹉才高却累身。"⑪唐夫举进士，有词名。庭筠仕终国子助教，竟流落而死⑫。今有《汉南真稿》十卷，《握兰集》三卷，《金荃集》十卷，《诗集》五卷，及《学海》三十卷。又《采茶录》一卷。及著《乾𦠆子》一卷，《序》云："不爵不觫，非臡非炙，能悦诸心，庶乎乾𦠆之义"等⑬。并传于世⑭。

## 【校注】

① "庭筠，字飞卿，旧名岐"　《旧书》一九〇下本传同。《新书》九一本传作"廷筠"，《北梦琐言》四作"庭云"。

② "并州人"　《新书》本传作"并州祁人"，《旧书》本传作"太原人"。

并州：注见本书卷第二（四五）《李白传》。

③ "宰相彦博之孙也。少敏悟，天才雄赡"　原无"雄赡"二字，据《四库》、《指海》本补。此段据《新书》本传。《新书》"孙"作"裔孙"。《东观奏记》下亦作"彦博之裔孙。"

温彦博：隋末从罗艺为司马，后归唐，官中书侍郎。武德八年与突厥战，被俘不屈。太宗即位，始得还朝。历任吏部侍郎、御史大夫，贞观四年拜中书令。传见《旧书》六一、《新书》九一。

④ "善鼓琴吹笛"至"时号温李"　"艳曲"原作"绝曲"，据《四库》本改。《旧书》本传作："能逐弦吹之音，为侧艳之词。"《北梦琐言》四作："与李商隐齐名，号曰'温、李'。"（亦见于《东观奏记》下、《新书》本传。）《北梦琐言》二〇作："吴兴沈徽，乃温庭筠诸甥也。尝言其舅善鼓琴吹笛，亦云有弦即弹，有孔即吹，不独柯亭、爨桐也。"

497

爨（cuàn）桐：东汉蔡邕见有人烧桐以爨，闻火烈之声，知为良木，因请裁为琴，果有美音，其尾犹焦，称焦尾琴。见《后汉书·蔡邕传》。

柯亭：东汉蔡邕经会稽柯亭，见屋东十六椽竹，取以为笛，能发妙声。见《后汉书·蔡邕传》注。

⑥"才思绮丽"至"多为邻铺假手"　据《唐摭言》一三"敏捷"条、《北梦琐言》四、《纪事》五四"温庭筠"条，兼采三书。《琐言》"律赋"作"小赋"，"多为邻铺假手"下又记："号曰救数人也。""每一韵一吟而已"，《摭言》作："每赋一韵，一吟而已。"

官韵：官定韵书所规定的韵类，科举考试以此为诗韵的标准。唐时官定韵书为孙愐刊定的《唐韵》。

假手：科举考试中代他人作文者。

⑥"然薄行无检幅"至"数上又不第"　"后夜"，《四库》本"夜"上有"中"字。此段采自两《唐书》本传。"裴诚"，《旧书》同，《新书》作"裴諴"。（按：《新书》七一上《宰相世系表》一上载裴度有子名諴。）"后夜尝醉诟狭邪间"，《旧书》作"又乞索于杨子院，醉而犯夜"，《新书》略同。

贵胄：贵族子弟。

令狐滈：宣宗时宰相令狐绹之子。父辅政十年，滈骄纵不法，中外侧目。懿宗朝，官至詹事府司直。为众所排，宦名不达。传见《旧书》一七二、《新书》一六六。

⑦"出入令狐相国书馆中"至"悔读《南华》第二篇"　"新撰"原作"新选"，据《四库》本改，与《琐言》、纪事》合。"悔读《南华》"，"悔"原作"诲"，据《四库》、《佚存》本改，与《南部新书》、《全诗》合。此段采自《北梦琐言》二、四，亦记于《南部新书》丁、《纪事》。然辛氏所录有误。陈鳣《唐才子传校勘记》云："按《唐诗纪事》云：宣宗赋诗欲用金步摇而未能对，庭筠以玉条脱对之（按：见《琐言》四、《南部新书》丁）。……令狐绹曾以旧事访庭筠，庭筠有事出《南华经》之词（按：见《琐言》二）。本系二事，此牵合为一。""因知此恨人多积"二句，《全诗》五七八温庭筠《李羽处士故里》诗作："终知此恨销难尽，辜负《南华》第一（一作二）篇。"按：此诗与《琐言》所记故事无关。胡震亨《唐音癸签》二九云："考庭筠诗原为哭亡友作……叹己不能齐物，如庄周之忘哀也。温之尝诮令狐相未必虚，而此诗则何尝为令狐发也耶？"

令狐相公：令狐绹，注见本书卷七（一七〇）《李远传》。

条脱：手镯、腕钏之类。

《南华经》：唐天宝元年，号庄子为南华真人，称其所著为《南华真经》。见《旧书·玄宗纪》。

燮理：协调治理。《尚书·周官》谓三公"论道经邦，燮理阴阳"。

## 卷 第 八

⑧"徐商镇襄阳"至"游河东" 采自《新书》本传。《金华子》记:"温博士庭筠方谪尉随县,廉帅徐太师商留为从事。"

徐商:大中时官尚书左丞,拜河中节度使,徙节山南东道,镇襄阳。咸通初为刑部尚书,四年进同中书门下平章事,六年出为荆南节度使。传见《旧书》一七九、《新书》一一三。

襄阳:注见本书卷第一(一七)《张子容传》。

⑨"大中末"至"留长安中待除" "执政鄙其所为",原无"所"字。据《四库》本补。此段采自《唐摭言》一三"敏捷"条,兼采《新书》本传。"已占授八人矣",《新书》作"然私占授者已八人",《摭言》作"潜救八人矣"。"留长安中待除",《新书》作"授方山尉"。《北梦琐言》四记:"庭云又每岁场,多借举人为其假手(一作"多为举人假手")。沈询侍郎知举,别施铺席授庭云,不与诸公邻比。翌日,帘前谓庭云曰:'向来策名者,皆是文赋托于学士;某今岁场中,并无假托,学士勉旃!'因遣之,由是不得意也。"

沈侍郎:沈询,沈传师子。会昌初第进士,累迁中书舍人、翰林学士、礼部侍郎,大中九年知贡举(见《因话录》六、《南部新书》戊)。出为浙东观察使。咸通四年为昭义节度使。后遇害。传见《旧书》一四九、《新书》一三二。

占授:口授,指考试中向别人口头提示答案。

待除:等待授职。

⑩"宣宗微行"至"未爽抽毫之思" "司马、长史流,"《四库》本"流"上有"之"字。"六参、簿、尉","六"原作"文",据《四库》本改,与《琐言》合。此段据《北梦琐言》四(《纪事》略同),兼采他书。"后谪方城尉",《琐言》略同,《摭言》一一"无官受黜"条作:"执政间复有恶奏庭筠搅扰场屋,黜随州县尉。"(《纪事》六一"纪唐夫"条略同,谓是"开成中"之事。)《旧书》本传作:"贬为方城尉,再迁隋县尉,卒。"《新书》本传作:"大中末,试有司,廉视尤谨,廷筠不乐,上书千余言,然私占授者已八人。执政鄙其为,授方山尉。"(按:作"方城"是,《全诗》五四二载有纪唐夫《送温庭筠尉方城》诗,《云溪友议》中、《南部新书》丁均作"方城"。)"中书舍人裴坦当制,怏怏含毫久之",《琐言》无,此据《摭言》一一"无官受黜"条。"孔门以德行居先"至"未爽抽毫之思",见裴坦《贬温庭筠敕》(《全文》七六四),又见于裴裕庭《东观奏记》下,文略同。"孔门以德行为先,文章为末",《全文》无,见于《琐言》。《全文》于"未爽抽毫之思"之后有"可随州随县尉"。"尔既早随计吏,宿负雄名",《全文》略同,《琐言》作:"尔既德行无取,文章何以补焉?"按:《唐语林》七记:"宣宗时,谪为随县尉。制曰:'放骚人于湘浦,移贾谊于长沙。'舍人裴坦之词,世以为笑。"此条亦见《东观奏记》下,《奏记》云:"制中引'骚人'、'长沙'之事,君子讥之。"《奏记》又云:"前一年,(李)商隐以盐铁推官死。商隐字义山……自开成

······499

二年升进士,至上(宣宗),十二年竟不升于王廷。"则庭筠谪随州为大中十三年事。

微行:尊贵者隐藏身份,便装出行。《史记·秦始皇本纪》:"始皇为微行咸阳。"

传舍:古时供来往行人休止住宿的处所,犹今之旅舍。《史记·郦生陆贾列传》:"高祖至高阳传舍,召郦生。"

六参:唐制,武官五品以上及折冲当番者,五日一朝参,一月计六次,称六参。见《新书》四八《百官志》三。

簿、尉:主簿、县尉一类小官吏。

方城:今河南省泌阳县。见《元和志》二一"山南道唐州"。

裴坦:历楚州刺史。大中间,为职方郎中、知制诰,十一年为中书舍人。再进礼部侍郎,拜江西观察使、华州刺史。召为中书侍郎、同中书门下平章事,不数月卒。传见《新书》一八三。

计吏:考察官吏的官员。随计吏,指举人赴会试。参见本书卷七(一八〇)《赵嘏传》"计谐"注。

前席:移坐而前。贾谊被贬为长沙太傅,后文帝召谊,问鬼神之事,谈至夜半,文帝前席。见《史记·屈原贾生列传》。

爽:伤败。

抽毫:命笔为诗文。

⑪"庭筠之官"至"鹦鹉才高却累身" 采自《摭言》一一"无官受黜"条。亦见于《东观奏记》下。"凤凰诏下虽沾命"二句,见于《全诗》五四二纪唐夫诗,题为《送温庭筠尉方城》。

纪唐夫:宣宗时进士。事迹略见《东观奏记》下。

凤凰诏:指帝王诏书。焦延寿《易林》三:"凤凰衔书,赐我玄珪,封为晋王。"

鹦鹉才:汉末祢衡作《鹦鹉赋》,文不加点,辞彩甚丽,后因冒犯黄祖终于被杀。见《后汉书·祢衡传》。

⑫"庭筠仕终国子助教,竟流落而死" 《宝刻丛编》八记:"《唐国子助教温庭筠墓志》,弟庭皓撰,咸通七年。"《花间集》一称"温助教"。《郡斋》四中"温庭筠金筌集七卷外集一卷"条亦记:"终国子助教。"《北梦琐言》四于"谪方城尉"之后记:"竟流落而死。"参见本卷(二〇四)《邵谒传》校注③。

⑬"不爵不觥"至"庶乎乾馔之义等" 《四库》抄本无"等"字,三间本"等"作"欤"。《直斋》一一"乾馔子三卷"条亦引此序,"能悦诸心"下有"聊甘众口"四字。《郡斋》三下"乾馔子三卷"条云:"序谓语怪以悦宾,无异馔味之适口,故以乾馔命篇。"

⑭"并传于世" 《四库》本此句下有"子宪"二字。(按:温宪传见本书卷九〔二四二〕)

## 卷　第　八

**【补录】**

五代孙光宪《北梦琐言》一〇：

"温庭筠号温钟馗，不称才名也。"

五代刘崇远《金华子》：

"（温庭筠）与（段）成式甚相善。……为其子安节娶飞卿女。"

**【辑评】**

宋代张戒《岁寒堂诗话》上：

"庭筠语皆新巧，初似可喜，而其意无礼，其格至卑，其筋骨浅露，与牧之诗不可同年而语也。"

明代李东阳《麓堂诗话》：

"'鸡声茅店月，人迹板桥霜。'人但知其能道羁愁野况于言意之表，不知二句中不用一二闲字，止提掇出紧关物色字样，而音韵铿锵，意象具足，始为难得。"

明代朱承爵《存余堂诗话》：

"温庭筠《商山早行》诗有'鸡声茅店月，人迹板桥霜'，欧阳公甚嘉其语，故自作'鸟声茅店雨，野色板桥春'以拟之（按：见《竹庄诗话》二三），终觉其在范围之内。"

明代陆时雍《诗镜·总论》：

"温飞卿有词无情，如飞絮飘扬，莫知指适。《湖阴》词后云：'吴波不动楚山晓，花压栏干春昼长。'余直不知所谓。"

明代胡震亨《唐音癸签》八：

"温飞卿与李义山齐名，诗体丽密概同，笔径较独酣捷。七言乐府，似学长吉，第局脉紧慢稍殊，彼愁思之言促，此淫思之言纵也。"

清代贺裳《载酒园诗话·又编》：

"大抵温氏之才，能瑰丽而不能淡远，能尖新而不能雅正，能矜饰而不能自然，然警慧处，亦非流俗浅学所易及。"

清代薛雪《一瓢诗话》：

"温飞卿，晚唐之李青莲也，故其乐府最精，义山亦不及。……惟长诗温不逮李，李有收束法，凡长篇必作一小束，然后再收，如山川跌换之势；

温则一束便住，难免有急龙急脉之嫌。律诗之妙，略举一二便见。"

清代延君寿《老生常谈》：

"温飞卿七律，如《赠蜀将》、《马嵬》、《陈琳墓》、《五丈原》、《苏武庙》诸作，能与义山分驾，永宜楷式。"

## 二○三　鱼玄机（？—868）

玄机，长安人，女道士也[①]。性聪慧，好读书，尤工韵调，情致繁缛。咸通中，及笄，为李亿补阙侍宠。夫人妒，不能容，亿遣隶咸宜观披戴。有怨李诗云："易求无价宝，难得有心郎。"[②]与李郢端公同巷，居止接近，诗筒往反[③]。复与温庭筠交游，有相寄篇什[④]。尝登崇真观[⑤]南楼，睹新进士题名[⑥]，赋诗曰："云峰满目放春晴，历历银钩指下生。自恨罗衣掩诗句，举头空羡榜中名。"[⑦]观其志意激切，使为一男子，必有用之才，作者颇赏怜之。时京师诸宫宇女郎，皆清俊济楚，簪星曳月，惟以吟咏自遣，玄机杰出，多见酬酢云[⑧]。有诗集一卷，今传。

**【校注】**

①"长安人，女道士也"　皇甫枚《三水小牍》"绿翘"条（《广记》一三〇）作："西京咸宜观女道士鱼玄机，字幼微，长安里家女也。"《纪事》七八"鱼玄机"条作："咸通中西京咸宜观女道士也，字幼微。"《北梦琐言》九作："唐女道士鱼玄机，字蕙兰。"

②"咸通中"至"难得有心郎"　据《北梦琐言》九，文微异。"侍宠"，《琐言》作"执箕帚"。"夫人妒，不能容"，《琐言》作"后爱衰下山"。"易求无价宝"二句，见于《全诗》八〇四，题为《赠邻女》，一作《寄李亿员外》。《三水小牍》记："破瓜之岁，志慕清虚。咸通初，遂从冠帔于咸宜。"按：《琐言》又记："竟以杀侍婢，为京兆尹温璋杀之。"详见《三水小牍》。《小牍》又云："狱中有诗曰：'易求无价宝，难得有心郎。'"《纪事》、《南部新书》甲、《直斋》一九"鱼玄机集一卷"条均载此事，本篇失载。

李亿：字子安，大中十三年状元，官为补阙。见《北梦琐言》九、《玉芝堂谈荟》二。

披戴：谓披戴冠帔为女道士。

③"与李郢端公同巷"至"诗筒往反"　鱼玄机有《酬李郢夏日钓鱼回见示》、《闻李端公垂钓回寄赠》诗（《全诗》八〇四），前诗云："住处虽同巷，经年不一过。"本篇即据此。

李郢：大中进士，官侍御史。传见本书本卷（一九五）。

端公：唐代称侍御史为端公，见《唐国史补》下。

诗筒：以竹筒盛诗，便于传递，称诗筒。白居易《醉封诗筒寄微之》诗："为向两川邮吏道，莫辞来去递诗筒。"

④"复与温庭筠交游，有相寄篇什"　鱼玄机有《冬日寄温飞卿》、《寄飞卿》诗（《全诗》八〇四）。

⑤崇真观：在长安朱雀街东新昌坊内。见宋敏求《长安志》。

⑥"睹新进士题名"　《四库》本"睹"作"观"，"名"下有"榜"字。

⑦"云峰满目放春晴"四句　《全诗》八〇四题为《游崇真观南楼睹新及第题名处》。

⑧"时京师诸宫宇女郎"至"多见酬酢云"　参见鱼玄机《寄题炼师》、《访赵炼师不遇》等诗（《全诗》八〇四）。

【辑评】

明代徐献忠《唐诗品》：

"玄机形气幽柔，心惊流散。其于子安情寄已甚，而《感怀》、《期友》及《迎李近仁员外》诸作，持思翩翩，尚有余恨，虽桑间濮上，何复自殊？其诗婉倩悲凄，有风人之调。女郎间求之，则兰英绮密，左芬充腴，生与同时，亦非廊庑间客也。"

明代钟惺《名媛诗归》：

"缘情绮靡，使事偏能艳动。此李义山能为之，而玄机可与之近。"

# 二〇四　邵　谒

谒，韶州翁源县人①。少为县厅吏，客至仓卒，令怒其不揩床迎侍，逐去。遂截髻著县门上，发愤读书。书堂距县十余里，隐起水心。谒平居如里中儿未冠者，发髻髻，野服。苦吟，工古调。咸通七年抵京师，隶国子。时温庭筠主试，悯擢寒苦，乃榜谒诗三十余篇，以振公道②，曰："前件进士，识略精微，堪裨教化，声词激切，曲备风谣，标题命篇，时所难著，灯烛之下，雄辞卓然。诚宜榜示众人，不敢独专华藻，仍请申堂，并榜礼部。"③已而释褐。后赴官，不知所终④。它日，县民祠神者，持帧舞铃，忽自称"邵先辈降"。乡里前辈皆至，作礼问曰："今者辱来，能强为我赋诗乎？"巫即书一绝云："青山山下少年郎，失意当时别故乡。惆怅不堪回首望，隔溪遥见旧书堂。"词咏凄苦，虽椽笔不逮，乡老中晓声病者，至为感泣咨嗟⑤。今有诗一卷，传于世。

【校注】

①"韶州翁源县人"　《唐诗品汇·诗人爵里详节》引"本集序"作："谒，韶州翁县人。"（按：作翁源县是，见《元和志》三四。）《全诗》八六五载邵谒《降巫诗》附序云："谒读书堂距翁源县十余里。"又，《直斋》一九"邵谒集一卷"条称"唐国子生曲江邵谒"。

翁源：今广东省翁源县北。见《元和志》三四"岭南道韶州。"

②"少为县厅吏"至"以振公道"　"隶国子"，《四库》抄本作"隶国子监"。此段与《唐诗品汇》引"本集序"略同。"咸通七年"四字，《品汇》作一"寻"字。

搘（zhī）：支撑。

髼髽〔péng sēng〕：发乱貌。见《广韵》。

③"前件进士"至"并榜礼部"　"时所难著"，《全文》同，《四库》本"著"作"及"。此段见于温庭筠《榜国子监文》（《全文》七八六）。《全文》"前件进士"下有"所纳诗篇等"五字；"华藻"下有"并仰榜出，以明无私"八字；"礼部"下有"咸通七年十月六日试官温庭筠榜"十四字。按：《唐摭言》一〇"海叙不遇"条记："温飞卿任太学博士，主秋试。（李）涛与卫丹、张郃等诗赋，皆榜于都堂。"

④"已而释褐"至"不知所终"　《唐诗品汇》引"本集序"同。

⑤"它日"至"至为感泣咨嗟"　《全诗》八六五载邵谒《降巫诗》附序所记略同。"椽笔"，《全诗》作"老笔"。《直斋》记："集后有胡宾王为之序，言其没后降巫诗自称邵先辈。殆若今世请大仙之类耶？"

【辑评】

清代贺裳《载酒园诗话·又编》：

"凡词不足者，须理有余，所谓大圭不琢，非率直之谓。邵谒诗真为粗硬。……集中惟《汉宫井》一篇可存：'辘轳声绝离宫静，班姬几度照金井。梧桐老去残花开，犹似当时美人影。'"

"按谒诗枯褊，与飞卿艳诡之才，气味迥殊。谒集后有咸通七年十月六日试官温庭筠榜：'雄辞卓然，诚宜榜示众人，不敢独专华藻'等语，此真如琥珀拾芥，理之不可解者。"

"至如邵谒，虽略涉东野藩篱，而语多平直。"

## 二〇五 于 濆

濆，字子漪[①]，咸通二年裴延鲁榜进士[②]。患当时作诗者拘束声律，而入轻浮，故作《古风》三十篇，以矫弊俗，自号"逸诗"，今一卷，传于世。〇观唐诗至此间，弊亦极矣。独奈何国运将弛，士气日丧，文不能不如之。嘲云戏月，刻翠粘红，不见补于采风，无少裨于化育，徒务巧于一联，或伐善于只字，悦心快口，何异秋蝉乱鸣也。于濆、邵谒、刘驾、曹邺[③]等，能反棹下流，更唱喑俗，置声禄于度外，患大雅之凌迟。使耳厌郑、卫[④]，而忽洗云和[⑤]；心醉醇酽，而乍爽玄酒[⑥]。所谓清清泠泠，愈病析酲。逃空虚者，闻人足音，不亦快哉。晋处士戴颙春日携斗酒，往树下听黄鹂，曰"此俗耳针砭，诗肠鼓吹"[⑦]者，岂徒然哉？于数子亦云。

【校注】

① "字子漪" 《新书》六〇《艺文志》四"于濆集一卷"附注、《直斋》一九"于濆集一卷"条并同。按：《唐诗品汇·诗人爵里详节》"于濆"条记："字子漪，尧山人。"高儒《百川书志》一四"于濆集一卷"条亦称"尧山于濆子漪"。

② "咸通二年裴延鲁榜进士" 《纪事》六一"于濆"条作"咸通进士"，《直斋》作"咸通二年进士"。按：徐应秋《玉芝堂谈荟》二"历代状元"条记："咸通二年，进士三十人，状元薛迈。"与本篇所记"裴延鲁榜"不同。又，《新书》七二下《宰相世系表》二下京兆长安于氏之下载："濆字子漪，泗州判官。"《纪事》亦记："终泗州判官。"

裴延鲁：字东礼，官浙东观察使。见《新书》七一上《宰相世系表》一上。

③邵谒：传见本书本卷（二〇四）。

刘驾、曹邺：传见本书卷第七（一九一、一八九）。

④郑、卫：指春秋时郑国和卫国的俗乐，亦泛指俚俗的诗歌。《礼记·乐记》："郑、卫之音，乱世之音也。"

⑤云和：云和山产琴瑟著称，因称琴瑟为云和，亦借指高雅的诗歌。《周礼·春官·大司乐》："孤竹之管，云和之琴瑟。"

⑥玄酒：上古祭祀用水称玄酒，亦引申为薄酒。

⑦"晋之处士戴颙"至"诗肠鼓吹"　"黄鹂"二字原误倒，据《云仙杂记》乙转。此段采自冯贽《云仙杂记》二。（按《杂记》系伪书，所记不可信。）

戴颙：南朝宋人，戴逵子，隐居桐庐。首创佛教雕塑藻绘。传见《宋书》九三。

附记：此篇《四库》本失载。

## 【辑评】

宋代阮阅《诗话总龟》一"讽谕"门：

"于濆为诗，颇干教化。《对花》诗云：'花开蝶满枝，花谢蝶还稀；惟有旧巢燕，主人贫亦归。'"

明代谢榛《四溟诗话》三：

"于濆《辛苦吟》：'垅上扶犁儿，手种腹常饥。窗下掷梭女，手织身无衣。'此作有关风化，但失之粗直。"

《四溟诗话》四：

"于濆《塞下曲》，先得'乌鸢已相贺'之句，出自《淮南子》'大厦成而燕雀相贺'。此'贺'字尤有味，如赋一绝则不孤此句，流于敷演，格斯下矣。诗云：'紫塞晓屯兵，黄沙披甲卧。战鼓声未齐，乌鸢已相贺。燕然山上云，半是离乡魂。卫霍待富贵，岂能无乾坤。'予拟一绝云：'汉将讨楼兰，旗荡朔云破。战鼓半天声，乌鸢已相贺。'"

清代贺裳《载酒园诗话·又编》：

"晚唐人，余最喜于濆、曹邺。邺诗为钟、谭表章殆尽，濆诗至一篇不收，殊不可解。如《拟古意》曰：'国色久在室，良媒亦生疑。'不惟说尽寻声逐影之士，即端木氏之莫容少贬，亦已刻划须眉矣。"

# 二〇六　李昌符

昌符，字岩梦①，咸通四年礼部侍郎萧仿下进士②。工诗，在长安与郑谷酬赠③。仕终膳部员外郎④。尝作《奴婢诗》五十首，有云"不论秋菊与春花，个个能噇空肚茶。无事莫教频入库，每般闲物要些些"⑤等句。后为御史劾奏，以为"轻薄为文，多妨政务，亏严重之德，唱俳戏之风"。谪去，匏系终身⑥。有诗集一卷，行于世。

【校注】

①"字岩梦" "岩"原作"若"，据《四库》、三间本改，与《纪事》"李昌符"条合。《新书》七〇上《宰相世系表》上，"大郑王房"下记："昌符，字岩梦，为武宁节度使、检校工部尚书李廓之孙。"

②"咸通四年礼部侍郎萧仿下进士" 《纪事》作"登咸通四年进士第"。《直斋》一九"李昌符诗一卷"条亦作"咸通四年进士"。按：《旧书》一七二《萧仿传》："咸通初，迁左散骑常侍。……四年，本官权知贡举，迁礼部侍郎。"

③"在长安与郑谷酬赠" 郑谷有《寄膳部李郎中昌符》诗（《全诗》六七四）。

郑谷：传见本书卷第九（二三七）。

④"仕终膳部员外郎" 《纪事》作"历尚书郎"，《直斋》称"唐膳部员外郎"。

⑤"不论秋菊与春花"四句 《全诗》八七〇题为《婢仆诗》。"每般"，《全诗》作"一名"，《北梦琐言》一〇引此诗同。

⑥"后为御史劾奏"至"匏系终身" 《北梦琐言》一〇所载与此不同，云："咸通中，前进士李昌符有诗名，久不登第。常岁卷轴，怠于装修，因出一奇，乃作《婢仆诗》五十首，于公卿间行之。……诸篇皆中婢仆之讳，浃旬，京师盛传其诗篇。为奶妪辈怪骂腾沸，尽要捫其面。是年登第。"

匏系：喻求官不得而闲置。《论语·阳货》："吾岂匏瓜也哉，焉能系而不食！"

【辑评】

明代王世贞《艺苑卮言》八：

"李昌符《婢仆诗》五十韵，路敬延《稚子诗》一百韵，皆可鄙笑者，然曲尽形容，颇见才致。"

明代胡震亨《唐音癸签》八：

"李昌符存藻不多。'四座列吾友，满园花照衣'，善写赏席乐兴，语不在饰。'树尽禽栖草，冰坚路在河'，虽未目塞垣者，亦领之。"

清代贺裳《载酒园诗话·又编》：

"李昌符写景最为刻划,而无蹇涩之态,胜诸苦吟者多矣。如'树尽禽栖草,冰坚路在河',恍见塞外萧条之状。'忽惊乡树出,渐识路人多',俨然自远还家也。又《晓行》'破月衔高岳,流星拂晓空',《题友人屋》'数家分小径,一水截平芜',皆若目击。至《秋夜》诗'芙蓉叶上三更雨,蟋蟀声中一点灯',读之真亦凄然,惜颈联强弩,结更入俗耳。此则晚唐通病。"

## 二〇七 翁绶

绶,咸通六年中书舍人李蔚下进士[1]。工诗,多近体,变古乐府,音韵虽响,风骨憔悴,真晚唐之移习也。后亦间关[2],名不甚显。固知"闾巷之人,欲砥行立名者,非附青云之士,恶能施于后世哉?"[3]有诗今传。

【校注】

[1] "咸通六年中书舍人李蔚下进士" 《纪事》六六"翁绶"条作"登咸通进士第"。《广记》二七一"关图妹"条引《南楚新闻》载:"咸通六年登科,座主李司空蔚也。"

李蔚:大中朝历知制诰、中书舍人。咸通五年知贡举,六年拜礼部侍郎,转尚书左丞,拜京兆尹,寻以本官同平章事。后历山南东道、宣武军、淮南、河东节度使。传见《旧书》一七八、《新书》一八一。

[2] 间关:道路崎岖难行,此处谓仕途蹭蹬。

[3] "闾巷之人"至"恶能施于后世哉" 《佚存》、《指海》本"能"字脱。引自《史记·伯夷列传》。

## 二〇八 汪遵

遵,宣州泾县人。幼为小吏[1]。昼夜读书良苦,人皆不觉。咸通七年,韩兖榜进士[2]。遵初与乡人许棠友善,工为绝诗,而深自晦密。以家贫难得书,必借于人,彻夜强记,棠实不知。一旦辞役就贡,棠时先在京师,偶送客至灞、浐间,忽遇遵于途,行李索然。棠讯之曰:"汪都何事来?"遵曰:"此来就贡。"棠怒曰:"小吏不忖,而欲与棠同研席乎!"甚侮慢之。后遵成名五年,棠始及第③。洛中有李相德裕平泉庄④,佳景殊胜,李未几坐事贬朱崖⑤,遵过题诗曰:"平泉风景好高眠,水色岚光满目前。刚欲平它不平事,至今惆怅满南边。"⑥又《过杨相宅》⑦诗云:"倚伏从来事不遥,无何平地起青霄。才到青霄却平地,门对古槐空寂寥。"⑧俱为时人称赏。其余警策称是。有集今传。○汪遵,泾之一走耳⑨。拔身卑污,夺誉文苑⑩。家贫借书,以夜继日,古人阅市、偷光⑪,殆不过此。昔沟中之断⑫,今席上之珍。丈夫自修,不当如是耶?与夫朱门富家,积书万卷,束在高阁,尘暗签轴,蠹落帙帷,网好学之名,欺盲聋之俗,非"三变"⑬之败,无一展之期。谚曰:"金玉有余,买镇宅书。"⑭呜呼哀哉!

### 【校注】

① "宣州泾县人。幼为小吏" 据《唐摭言》八"为乡人轻视而得者"条。《纪事》五九"汪遵"条作"宣城人"。

泾县:今安徽省泾县。见《元和志》二八"江南道宣州"。

② "咸通七年韩衮榜进士" 《纪事》作"登咸通七年进士第"。按:《玉芝堂谈荟》二"历代状元"条:"咸通七年,进士二十五人,状元韩衮,文公之孙。"

③ "遵初与乡人许棠友善"至"棠始及第" "工为绝诗",《四库》本"绝"下有"句"字。"汪都何事来",《四库》本此句下有"都者吏之呼也"六字;《摭言》无此六字,疑为后人注文。此段采自《唐摭言》八,文略同,亦见于《纪事》、《广记》一八三"汪遵"条。

许棠:传见本书卷第九(二二二)。

灞、浐:灞水,关中八川之一,即今灞河,在陕西省中部,为渭河支流;浐水,关中八川之一,源出今陕西省蓝田县西南,北流至西安市,东入灞水。司马相如《上林赋》:"终始灞、浐,入于泾、渭。"

④ 李德裕:注见本书卷第三(八一)《张志和传》。

平泉庄:李德裕于洛阳伊阙南置平泉别墅,清流翠竹,树石幽奇。见《旧书·李德裕传》。《李文饶别集》九有《平泉山居草木记》。

⑤ 朱崖:朱崖郡,见于《述异记》下。唐时称崖州,治舍城,今海南省琼山县东南。

见《旧书》四一《地理志》四"岭南道琼州"。

⑥"平泉风景好高眠"四句　《全诗》六〇二题为《题李太尉平泉庄》，文有异："水泉花木好高眠，蒿少纵横满目前。惆怅人间不平事，至今身在海南边。"

⑦"《过杨相宅》"　《全诗》五一七作尹璞《题杨收相公宅》诗，注云：《抒情录》作江（汪）遵诗。"

杨相：杨收，懿宗时历中书舍人、翰林学士承旨，以中书侍郎同中书门下平章事。既益贵，为夸侈，为中官毁短，罢相，出为宣歙观察使，贬为端州司马，寻尽削官职，长流驩州，追赐死。传见《旧书》一七七、《新书》一八四。

⑧"倚伏从来事不遥"四句　"倚伏"，《四库》抄本作"倚仗"，《全诗》引《抒情录》亦作"倚仗"。《全诗》作："祸福从来路不遥，偶然平地上烟霄；烟霄未隐还平地，门对孤峰占寂寥。"《全诗》引《抒情录》所记，与本篇所载同。

倚伏：谓祸福互相转化。语出《老子》："祸兮福所倚，福兮祸所伏。"班固《幽通赋》："北叟颇识其倚伏。"

⑨"泾之一走耳"　《四库》抄本"走"下有"徒"字。三间本按语云："徒字衍。司马子长《报任少卿书》云：'太史公牛马走。'注云：'走，犹仆也。'"

⑩"夺誉文苑"　《佚存》、《指海》本"夺"作"奋"。

⑪阅市：东汉王充家贫无书，常到洛阳的书市中阅读。见《汉书·王充传》。

偷光：西汉匡衡家贫，穿壁借邻舍烛光读书。见《西京杂记》二。

⑫"昔沟中之断"　原无"昔"字，据《佚存》、《四库》、《指海》本补。"断"，疑当作"瘠"。《荀子·正论》："是规磨之说也，沟中之瘠也，则未足与及王者之制也。"（沟中瘠：穷困而流落荒野之人。）

⑬三变：《北梦琐言》三："不肖子弟有三变。第一变为蝗虫，谓鬻庄而食也。第二变为蠹鱼，谓鬻书而食也。第三变为大虫，谓卖奴婢而食也。"

⑭"金玉有余，买镇宅书"　《四库》本"买"作"卖"。作"买"是，见《古谣谚》二〇。

## 【辑评】

五代何光远《鉴戒录》九：

"陈羽秀才题破吴王夫差庙，汪遵先辈咏绝万里长城。……已上名公，称为卓绝，千百集中，无以加此。……汪先辈《咏史》诗曰：'秦筑长城比铁牢，蕃戎不敢过临洮。虽然万里连云际，不及尧阶三尺高。'"

宋代费衮《梁溪漫志》七：

"诗人咏史最难，须要在作史者不到处，别生眼目。……汪遵《读秦史》、章碣《题焚书坑》二诗,亦甚佳。"

明代胡应麟《诗薮·内编》六:

"汪遵咏长城:'虽然万里连云际,争似尧阶三尺高。'许浑咏秦墓:'一种空山秋草里,路人惟拜汉文陵。'用意同而语格顿超。然汪诗固是学究,许作尤近小儿,盛唐必不缠绕如此。"

## 二〇九 沈 光

光,吴兴人①。咸通七年礼部侍郎赵骘下进士②。工文章古诗,标致翘楚,大得美称。尝作《洞庭乐赋》,韦岫见之曰:"此乃一片宫商也。"③又如《太白酒楼记》④等文,皆仪表于世。有诗集及《云梦子》五卷,并传世⑤。光风鉴澄爽,神情俊迈。后仕终侍御史云⑥。

【校注】

①"吴兴人" 沈光《李白酒楼记》(《全文》八〇二)自称"吴兴沈光",本篇当即据此。

吴兴:注见本书卷第二(四九)《沈千运传》。

②"咸通七年礼部侍郎赵骘下进士" 《旧书》一七八《赵骘传》:"(咸通)六年权知贡举,七年,选士,多得名流。

赵骘:咸通初以兵部员外郎知制诰,拜中书舍人。六年权知贡举,七年拜礼部侍郎,御史中丞。累迁华州刺史、潼关防御、镇国军等使。传见《旧书》一七八、《新书》一八二。

③"尝作《洞庭乐赋》"至"此乃一片宫商也" "《洞庭乐赋》",《琐言》同,《四库》、三间本"乐"上有"张"字。此段据《北梦琐言》七,文略同。《琐言》又记:"后辟为闽从事。"

韦岫:注见本书本卷(二〇一)《来鹏传》。

宫商:音乐声,此处谓音韵谐美。

④"《太白酒楼记》" 《全文》八〇二题为《李白酒楼记》。

⑤"有诗集及《云梦子》五卷,并传世" 《四库》本无"世"字。《新书》六〇《艺文志》四著录:"《沈光集》五卷,题曰《云梦子》。"陈鳣《唐才子传校勘记》"沈光"条云:"非有二书也。"按:沈光诗今不存。

⑥"后仕终侍御史云" 《四库》本无"侍"字。

## 【补录】

宋代王谠《唐语林》七：

"秦韬玉应进士举，出于单素，屡为有司所斥。京兆尹杨损奏复等列，时在选中。明日将出榜，其夕忽叩试院门，大声曰：'大尹有帖！'试官沈光发之，曰：'闻解榜内，有人曾与路岩作文书者，仰落下。'光以韬玉为问，损判曰：'正是此。'"

## 二一〇 赵 牧

牧，不知何处人①。大中、咸通中，累举进士不第。有俊才，负奇节，遂舍场屋，放浪人间②。效李长吉为歌诗，颇涉狂怪，耸动当时。蹙金结绣，而无痕迹装染③。其余轻巧之词甚多④。同时有刘光远⑤，亦慕长吉，凡作体效犹⑥，能埋没意绪。竟不知所终。俱有诗传世⑦。

## 【校注】

①"不知何处人"　《四库》本"处"作"许"，与《唐摭言》合。按：下文多采自《唐摭言》一〇"海叙不遇"条，亦见于《纪事》六六"赵牧"条。

②"累举进士不第"至"放浪人间"　《唐摭言》无此数语。

③"蹙金结绣，而无痕迹装染"　"装染"二字，似应在"痕迹"之前。《摭言》、《纪事》均无"装染"二字。

④"其余轻巧之词甚多"　《摭言》作："其余尤工轻巧，辞多不载。"《摭言》此句之前录赵牧《对酒诗》一首，本篇略去，接云"其余……"觉文气不贯。

⑤"刘光远"　《摭言》"刘光远"下有"不知何许人"五字。

⑥"凡作体效犹"　《四库》、三间本"犹"作"尤"。（按："效犹"亦可通。）

⑦"俱有诗传世"　刘光远无诗传存；赵牧诗，今仅存《对酒》一首，《全诗》五六三收录。

## 【辑评】

宋代计有功《唐诗纪事》六六"赵牧"条：

"（赵牧）《对酒》曰：'云翁耕扶乘，种黍养日乌。手掜六十花甲子，循环落落如弄珠。长绳系日未是愚，有翁临镜捋白须。饥魂吊骨吟古书，冯唐八十无高车。人生如云在须臾，何乃自苦八尺躯！裂衣换酒且为娱，劝君朝饮一瓢，夜饮一壶。杞天崩，雷腾腾，纣非舜是何足凭！桐君桂父岂胜我？醉里白龙多上升。菖蒲花开鱼尾定，金丹始可延君命。'……唐诗自咸通而下，不足观矣。乱世之音怨以怒，亡国之音哀以思，气衰而语偷，声烦而调急，甚者忿目徧吻，如戟手交骂。大抵王化习俗，上下俱丧，而心声随之，不独士子之罪也，其来有源矣。"

## 二一　罗　邺

邺，余杭人也。家赀巨万，父则，为盐铁吏。子二人，俱以文学干进。邺尤长律诗。时宗人隐、虬，俱以声格著称，遂齐名，号"三罗"。隐雄丽而坦率，邺清致而联绵，虬则区区而已[①]。咸通中，数下第，有诗云："故乡依旧空归去，帝里如同不到来。"[②]崔安潜侍郎廉问江西，邺适飘蓬湘浦间，崔素赏其作，志在弓旌，竟为幕吏所沮。既而俯就督邮，不得志[③]。踉跄北征，赴职单于牙帐。邺去家愈远，万里沙漠，满目谁亲[④]？因兹举事阑珊无成，於邑而卒[⑤]。〇邺素有英资，笔端超绝，其气宇亦不在诸人下。初无箕裘[⑥]之训，顿改门风，崛兴音韵，驰誉当时，非易事也。而跋前疐后[⑦]，绝域无聊，独奈其命薄何！孔子曰："才难。"[⑧]信然。有诗集一卷，今传。

【校注】

①"余杭人也"至"虬则区区而已"　采自《唐摭言》一〇"韦庄奏请追赠不及第人近代者"条，见于《纪事》六八"罗邺"条。"律诗"，《摭言》、《纪事》作"七言诗"。"时宗人隐、虬，俱以声格著称"，《摭言》、《纪事》无"虬"字，"俱"作"亦"。"遂齐名号'三罗'"，此据《摭言》一〇"海叙不遇"条："罗虬辞藻富赡，与宗人隐、邺齐名，咸通、乾符中，时号三罗。"（亦见于《南部新书》己、《纪事》六九"罗虬"条。）"雄丽而坦率"，《摭言》、《纪事》作"才雄而粗疏。"

余杭：注见本书本卷（一九五）《李郢传》。

②"故乡依旧空归去"二句　见于《全诗》六五四，题为《下第》，《全诗》为："江边依旧空归去，帝里还如不到来。"

③"崔安潜侍郎"至"不得志"　采自《摭言》一〇"韦庄奏请追赠不及第人近代者"条，亦见于《纪事》六八。《摭言》、《纪事》"崔安潜"上有"咸通中"三字。

崔安潜：咸通中历江西观察使、忠武军度使，乾符中为剑南西川节度使，累加太子太傅。传见《旧书》一七七、《新书》一一四。

弓旌：古时征聘之礼，以弓招士，以旌招大夫，见《左传》（昭公二十年）；后遂以弓旌指延聘。

④"踉跄北征"至"举目谁亲"　据罗邺《趁职赴单于留别阙下知己》诗（《全诗》六五四）。

⑤"因兹举事阑珊无成，于邑而卒"　《四库》本"举事"作"触绪"。此段采自《摭言》一〇，《纪事》六八同。

阑珊：衰落。白居易《咏怀》："白发满头归得也，诗情酒兴渐阑珊。"

於邑：忧悒郁结。《楚辞·九章·悲回风》："气於邑而不可止。"

⑥箕裘：谓父祖事业。《礼记·学记》："良冶之子，必学为裘；良弓之子，必学为箕。"

⑦跋前疐〔zhì〕后：喻进退两难。《诗经·豳风·狼跋》："狼跋其胡，载疐其后。"疐，同踬，跌倒。

⑧"才难"　见《论语·泰伯》。

【补录】

五代王定保《唐摭言》二"争解元"条：

"咸通末，永乐崔侍中廉问江西，取罗邺为督邮，邺因主解试。时尹璞自远来求计偕，璞有文而使气，邺挟私黜之，璞大恚，怒疏邺云：'罗邺讳则，则可知也。'邺父则，为余杭盐铁小吏。"

【辑评】

宋代李颀《古今诗话》：

"《咏牡丹》诗甚多。罗邺云：'落尽春红始见花，幄笼轻日护香霞。买栽池馆恐无地，看到子孙能几家？'人谓之'诗中虎'。"

明代杨慎《升庵诗话》一：

"晚唐江东三罗，罗隐、罗邺、罗虬也。皆有集行世，当以邺为首。如

《闺怨》云：'梦断南窗啼晓乌，新霜昨夜下庭梧。不知帘外如珪月，还照边庭到晓无？'《南行》云：'腊晴江暖鹧鸪飞，梅雪香沾越女衣。鱼市酒村相识遍，短船歌月醉方归。'此二诗，隐与虬皆不及也。"

明代胡震亨《唐音癸签》八：

"罗邺名场无成，无一题不以寄怨。'买栽池馆恐无地，看到子孙能几家？'人以为牡丹警句也，那知从忮求本怀中发出来。"

清代贺裳《载酒园诗话·又编》：

"唐人又言'隐才雄而疏，邺才精而致'，二语颇当。然邺长律亦卑浅不足观，惟绝句工妙。如《长安春雨》云：'半夜五侯池馆里，美人惊起为花愁。'便是开得一宝山，至今犹为人盗用不已。"

## 二一二　胡　曾

曾，长沙人也，咸通中进士①。初，再三下第，有诗云："翰苑几时休嫁女，文章早晚罢生儿。上林新桂年年发，不许闲人折一枝。"②曾天分高爽，意度不凡，视人间富贵亦悠悠。遨历③四方，马迹穷岁月，所在必公卿馆谷④。上交不谄，下交不渎，奇士也。尝为汉南节度从事⑤。作《咏史诗》，皆题古君臣争战废兴⑥尘迹。经览形胜，关山亭障，江海深阻，一一可赏。人事虽非，风景犹昨，每感辄赋，俱能使人奋飞。至今庸夫孺子⑦，亦知传诵。后有拟效者，不逮矣。至于近体律绝等，哀怨清楚，曲尽幽情，擢居中品，不过也。惜其才茂而身未颖脱，痛哉！今《咏史诗》一卷，有咸通中人陈盖注，及《安定集》十卷，行世。

【校注】

① "长沙人也，咸通中进士"　《直斋》一九"咏史诗三卷"条称"唐邵阳胡曾"。《唐诗鼓吹》九郝天挺注作："长沙人也，咸通中进士不第。"《唐诗品汇·诗人爵里详节》"胡曾"条同。

长沙：今湖南省长沙市。见《元和志》二九"江南道潭州"。

② "翰苑几时休嫁女"四句　"闲人"，《四库》、《指海》本作"时人"，《全诗》

作"平人"。《全诗》六七四题为《下第》,"文章"作"文昌"。

　　翰苑:文翰荟萃处,犹言文坛。

　　上林:秦汉时官苑,故址在今陕西省西安市西。此处借指朝廷。

　　新桂:晋郤诜举贤良对策列最优,自谓"犹桂林之一枝"。见《晋书·郤诜传》。后世遂称登科为折桂。

　　③"遨历"　《四库》、三间本"遨"作"游"。

　　④馆谷:供食宿。《左传》(僖公二八年):"晋师三日馆谷,及癸酉而还。"

　　⑤"尝为汉南节度从事"　《直斋》作:"曾咸通末,为汉南从事。"

　　汉南:注见本书卷第四(一一○)《刘言史传》。

　　⑥"废兴"　《四库》本作"兴废"。

　　⑦"孺子"　《四库》本作"妇子"。


【补录】

宋代计有功《唐诗纪事》七一"胡曾"条:

"高骈镇蜀,南蛮时飞一木夹,有'借锦江饮马'之语。曾时为书记,以檄破之。……(或曰:路岩镇蜀日,曾为之。)"(按:亦见于何光远《鉴戒录》二"判木夹"条。)

"王衍五年,宴饮无度。……内侍宋光溥咏曾诗云:'吴王恃霸弃雄才,贪向姑苏醉绿醅。不觉钱塘江上月,一宵西送越兵来。'衍怒罢宴。"


【辑评】

明代杨慎《升庵诗话》七:

"胡曾《咏史》:'漠漠黄沙际碧天,问人云此是居延。停骖一顾犹魂断,苏武争销十九年!'此诗全用杜牧之句。慎少侍先师李文正公,公曰:'近日儿童村学教以胡曾《咏史诗》,入门先坏了声口矣。'慎曰:'如《咏苏武》一首亦好。'公曰:'全是偷杜牧之《闻胡笳》诗。'退而阅之,诚然。曾之诗,此外无留良者。"(附杜牧《边上闻胡笳》:"何处吹笳薄暮天,塞垣高鸟没狼烟。游人一听头堪白,苏武争禁十九年!")

明代谢榛《四溟诗话》四:

"诗韵罕用'腥'字,胡曾《洞庭湖》绝句:'鱼龙吹浪水云腥。'造句尽佳。"

清代贺裳《载酒园诗话·又编》:

"旧见胡曾集一卷,皆咏史诗,浅直可厌,遂屏而不录。后读《才调集》所载,顾有可观者,如《塞下曲》'晓侵雉堞乌先觉,春入关山雁独知',《赠渔者》'往来南越谙鲛室,生长东吴识蜃楼',《独不见》曰'窗残夜月人何处,帘卷春风燕复来',俱佳句也。"

清纪昀《四库全书总目》一五一"咏史诗二卷"条:

"是编杂咏史事,各以地名为题,自共工之不周山,迄于隋之汴水,凡一百五十首。……其诗兴寄颇浅,格调亦卑。"

## 二一三　李山甫

山甫,咸通中累举进士不第①,落魄有不羁才。须鬓如戟,能为青白眼②,生憎俗子,尚豪③。虽箪食豆羹,自甘不厌。为诗托讽,不得志,每狂歌痛饮,拔剑斫地,少摅郁郁之气耳。后流寓河朔间,依乐彦祯为魏博从事④,不得众情,以陵傲之故,无所遇。尝有《老将》诗⑤曰:"校猎燕山经几春,雕弓白羽不离身。年来马上浑无力,望见飞鸿指似人。"此伤其蹇薄无成,时人怜之。后不知所终。山甫诗文激切,耿耿有齐气⑥,多感时怀古之作。今集一卷,赋二卷,并传。

【校注】

①"咸通中累举进士不第"　《北梦琐言》一三作:"李山甫以咸通中数举不第,尤私愤于中朝贵达。"《南部新书》丁、《纪事》七〇"李山甫"条略同。

②青白眼:晋阮籍能为青白眼,见凡俗之士,以白眼对之;嵇康携酒挟琴来访,乃大悦,对以青眼。见《晋书·阮籍传》。

③"生憎俗子,尚豪"　《四库》、三间本"生"下有"平"字,"豪"下有"侠"字。

④"后流寓河朔间,依乐彦祯为魏博从事"　"祯"原作"禛",据《四库》本改,《南部新书》丁、《纪事》七〇、《旧书》一八一、《新书》二一〇《乐彦祯传》并作"祯"。《南部新书》作:"后流落河朔,为乐彦祯从事。"《纪事》作:"依魏博乐彦祯幕府。"《新书·乐彦祯传》:"彦祯喜儒术,引公乘亿、李山甫皆在幕府。"

乐彦祯:僖宗朝为魏博节度使,军乱被杀。传见《旧书》一八一、《新书》二一〇。

⑤ "《老将》诗"　《全诗》六四三题为《赠宿将》。

⑥ "耿耿有齐气"　《四库》抄本"齐"作"奇"。按：齐气舒缓，作"奇气"义较允。

齐气：曹丕《典论·论文》："徐幹时有齐气。"李善注云："言齐俗文体舒缓，而徐幹亦有斯累。"

## 【补录】

宋代钱易《南部新书》丁：

"李山甫，咸通中不第，后流落河朔，为乐彦祯从事。多怨朝廷之执政，常有诗云：'劝君不用夸头角，梦里输赢总未真。'"

宋代宋祁《新唐书》一八五《王铎传》：

"铎世贵，出入裘马鲜明，妾侍且众。过魏，乐彦祯子从训心利之。李山甫者，数举进士被黜，依魏幕府，内乐祸，且怨中朝大臣，导从训以诡谋，使伏兵高鸡泊劫之，铎及家属吏佐三百余人皆遇害。"

宋代计有功《唐诗纪事》七〇"李山甫"：

"巢寇之乱，翰林待诏王遨者，北游在邺，山甫遇于道观，谓曰：'《幽兰绿水》，可得闻乎？'遨应命奏之。曲终潸然曰：'忆在咸通，玉亭秋夜，供奉至尊，不意流离至此也。'山甫赋诗曰：'《幽兰绿水》耿清音，叹惜先生枉用心。世上几时曾好古？人前何必独沾襟。'句未成，山甫亦自黯然，悲其不遇也。"

## 【辑评】

唐代司空图《偶诗五首》之二（《全诗》六三四）：

"芙蓉骚客空留怨，芍药诗家只寄情。谁似天才李山甫，牡丹属思亦纵横。"（附李山甫《牡丹》："邀勒春风不早开，众芳飘后上楼台。数苞仙艳火中出，一片异香天上来。晓露精神妖欲动，暮烟情态恨成堆。知君也解相轻薄，斜倚阑干首重回。"）

宋代刘克庄《后村诗话·后集》二：

"李山甫集有《代孔明哭先主》，命题崔异，宜有新意，而两篇无一字警策。学薛能而不至者，亦不及刘叉。"

明代胡震亨《唐音癸签》八：

"李山甫求名不遂，满腹怨毒，语不忌俚，如'麻衣尽举一双手，桂树只生三十枝'。"

清代薛雪《一瓢诗话》：

"李山甫《寒食诗》，真画出清明二月天也，就此一斑，可窥全豹。《公子诗》二首，尤为绝伦，读之令人想到'伶伦吹裂孤生竹'、'侍臣最有相如渴'、'当关莫报侵晨客'等诗，不觉泪浡浡沾袖矣。"

清代余成教《石园诗话》二：

"李山甫《柳》诗，善于自况。其'有时三点两点雨，到处十枝五枝花'，'新成剑戟皆农器，旧着衣裳尽血痕'……皆自然流丽。司空表圣誉以诗曰：'谁似天才李山甫，牡丹属思亦纵横。'然《牡丹》诗非其上乘也。"

## 二一四 曹 唐

唐，字尧宾[①]，桂州人。初为道士[②]，工文赋诗。大中间，举进士[③]。咸通中，为诸府从事[④]。唐与罗隐同时，才情不异[⑤]。唐始起清流，志趣澹然，有凌云之骨，追慕古仙子高情，往往奇遇而已，才思不减前人[⑥]，遂作《大游仙诗》五十篇，又《小游仙诗》等，纪其悲欢离合之要，大播于时。唐尝会隐，各论近作。隐曰："闻兄《游仙》之制甚佳，但中联云：'洞里有天春寂寂，人间无路月茫茫'，乃是鬼耳。"唐笑曰："足下《牡丹》诗一联咏女子障：'若教解语应倾国，任是无情也动人。'"[⑦]于是座客大笑。唐平生之志激昂[⑧]，至是薄宦，颇自郁悒，为《病马》诗[⑨]以自况，警联如："尾盘夜雨红丝脆，头摔秋风白练低。"又云："风吹[⑩]病骨无骄气，土蚀骢花见卧痕。"又云："饮惊白露泉花冷，吃怕清秋豆叶寒。"皆脍炙人口。忽一日昼梦仙女，莺服花冠，衣如烟雾，倚树吟唐《咏天台刘阮》诗，欲相招而去者，唐惊觉，颇怪之。明日暴病卒，亦感忆之所致也[⑪]。有诗集二卷，今传于世。〇人云：有德者或无文，有文者或无德。文德兼备，古今所难。

《典论》谓："文人相轻，从古而然"[12]，"各以所长，相轻所短"。矛盾之极，则是非锋起，隙始于毫末[13]，祸大于丘山，前后类此多矣。夫以口舌常谈，无益无损，每至丧清德，负良友，承轻薄子之名，乏藏疾匿瑕之量。如此，功业未见其超者矣。君子所慎也。

## 【校注】

①"字尧宾"　据《新书》六〇《艺文志》四"曹唐诗三卷"附注，《纪事》、《郡斋》、《直斋》同。

②"桂州人。初为道士"　据《纪事》五八"曹唐"条、《郡斋》四中"曹唐诗一卷"条。《直斋》一九"曹唐集一卷"条称"唐桂州曹唐尧宾"。陶岳《五代史补》一"曹唐死"条作"柳州人"。

桂州：注见本书卷第七（一七七）《李商隐传》。

③"大中间举进士"　《唐诗鼓吹》四郝天挺注作"大和中举进士中第"。《唐诗品汇·诗人爵里详节》"曹唐"条亦作"大和中举进士"。

④"咸通中，为诸府从事"　"诸府"，《四库》、三间本作"使府"，与《纪事》合。此处据《纪事》、《郡斋》。

⑤"唐与罗隐同时，才情不异"　《诗话总龟》五八"讥诮"门引卢瓌《抒情》："曹唐、罗隐同时，才情不殊。"

罗隐：传见本书卷第九（二三三）。

⑥"才思不减前人"　原无"前人"二字，据《四库》、三间本补。

⑦"唐尝会隐"至"任是无情也动人"　"女子障"，《正保》、《佚存》本"女"作"如"，讹。此段据《诗话总龟》五八，亦于见《五代史补》一。"洞里有天春寂寂"二句，见于《全诗》六四〇，题为《仙子洞中有怀刘阮》。"咏女子障"，《韵语阳秋》二、《诗人玉屑》一一"近似"条并作"此乃咏子女（女子）障子尔"，《五代史补》作"乃题女子障耳"。"若教解语应倾国"二句，见于《全诗》六五五，题为《牡丹花》。

女子障：画歌女于屏障。《五代史补》一"曹唐死"条"女子障"下原注："南人以歌姬为女子。"障，屏障、画障。杜甫有《奉先刘少府新画山水障歌》、《题李尊师松树障子歌》。

⑧"唐平生之志激昂"　《四库》、《指海》本"之志"作"志甚"。

⑨"《病马》诗"　《全诗》六四。题为《病马五首呈郑校书章三吴十五先辈》。

⑩"风吹"　《全诗》作"霜侵"。

⑪"忽一日昼梦仙女"至"亦感忆之所致也"　"莺服"，《四库》、三间、《指海》本作"鸾佩"。"吟唐咏"，《四库》本作"吟咏唐"。此段，《广记》三四九"曹唐"条

引《灵怪集》所记略同，谓："进士曹唐，以能诗名闻当世，久举不第，常寓居江陵佛寺中。……数日后，唐卒于佛舍中。"《五代史补》谓："游信州，馆于开元寺三学院，一旦卧疾……但见曹唐已殂矣。"所记怪异情节稍有不同。按：《纪事》谓曹唐"咸通中卒"。

天台刘阮：传说东汉人刘晨、阮肇入天台山采药，遇仙女。见刘义庆《幽明录》。

⑫ "从古而然"　《文选》五二曹丕《典论·论文》"从"作"自"。

⑬ "隙始于毫末"　"隙"原作"奋"，据《四库》、《指海》本改。

【辑评】

明代胡震亨《唐音癸签》八：

"曹尧宾诗能用多句，调颇充伟，为复类其仪质耶？"

明代许学夷《诗源辩体》三〇：

"游仙诗，其来已久，至曹唐则有七言绝九十八首，后人赋游仙绝句实起于此。"

清代翁方纲《石洲诗话》二：

"曹唐如巫婆念咒化斋，令人掩耳，欲其亟去。"

清代黄子云《野鸿诗的》：

"曹唐《游仙诗》，有'洞里有天春寂寂，人间无路月茫茫'，玉溪《无题诗》千妖百媚，不如此二语缥缈销魂。"

## 二一五　皮日休（834？—883？）

日休，字袭美，一字逸少，襄阳人也①。隐居鹿门山，性嗜酒，癖诗，号"醉吟先生"，又自称"醉士"；且傲诞，又号"间气布衣"②，言己天地之间气也。以文章自负，尤善箴铭③。咸通八年，礼部侍郎郑愚下及第，为著作郎，迁太常博士④。时值末年，虎狼放纵，百姓手足无措⑤，上下所行，皆大乱之道，遂作《鹿门隐书》六十篇⑥，多讥切谬政。有云："毁人者自毁之，誉人者自誉之。"又曰："不思而立言，不知而定交，吾其惮也。"又曰："古之杀人也怒，今之杀人也笑。"又曰："古之置吏也将以逐盗，今之置吏也将以为盗"等，皆有所指云尔。日休性冲泊无营，临难不惧。乾符丧乱，东出关，为毗陵副使⑦。陷巢贼中，巢惜其才，授以翰林学士，日休惶恐踢踬，欲死未能。劫令作谶文以惑众，曰："欲知圣人姓，田八二十一；欲知圣人名，果头三屈律。"贼疑其衷恨，必讥己，遂杀之⑧。临刑神色自若，知与不知⑨皆痛惋也。日休在乡里，与陆龟蒙交拟金兰，日相赠和⑩。自集所为文十卷，名《文薮》，及诗集一卷，《滑台集》七卷，又著《皮氏鹿门家钞》九十卷，并传。○夫次韵唱酬，其法不古，元和以前，未之见也。暨令狐楚、薛能⑪、元稹、白乐天集中，稍稍开端，以意相和之法渐废，间作。逮日休、龟蒙，则飙流顿盛，犹空谷有声，随响即答。韩偓⑫、吴融⑬以后，守之愈笃，汗漫而无禁也。于是天下翕然，顺下风而趋，至数十反而不已，莫知非焉。夫才情敛之不盈握，散之弥八纮⑭，遣意于时间⑮，寄兴于物表，或上下出入，纵横流散，游刃所及，孰非我有，本无拘缚沴瀩⑯之忌也。今则限以韵声，莫违次第，得佳韵则杳不相干，岨峿难入；有当事则韵不能强，进退双违。必至窘束长才，牵接非类，求无瑕片玉，千不遇焉，诗家之大弊也。更以言巧称工，夸多斗丽，足见其少雍容之度。然前修有恨其迷途既远，无法以救之矣。

**【校注】**

①"字袭美，一字逸少，襄阳人也"　录自《郡斋》四中"皮日休文薮十卷"条。《北梦琐言》二作："日休先生字逸少，后字袭美，襄阳竟陵人也。"

襄阳：注见本书卷一（一七）《张子容传》。

②"隐居鹿门山"至"又号'间气布衣'"　《北梦琐言》二作："业文，隐鹿门山，号'醉吟先生'，窃比大圣。"皮日休《鹿门隐书序》（《全文》七九八）自称"醉士隐于鹿门。"又《琐言》七记："皮生后为湖南军倅，亦甚傲诞，自号'间气布衣'。"

鹿门山：注见本书卷第一（一七）《张子容传》。

间气：古谶纬之说谓帝王臣民各受五行之气以生，《太平御览》三〇六《春秋演孔图》称："正气为帝，间气为臣。"

③"以文章自负，尤善箴铭"　《四库》本"善"作"喜"。此处录自《郡斋》。

④"咸通八年"至"迁太常博士"　《郡斋》作："咸通八年登进士第，为著作佐

郎、太常博士。"《直斋》一六"文薮十卷"条作"日休咸通八年进士"。《新书》五九《艺文志》三"皮氏鹿门家钞九十卷"附注作"咸通太常博士"。《北梦琐言》二记："（日休）榜末及第，礼部侍郎郑愚以其貌不扬，戏之。"又记："官至国子博士。"（《唐语林》二引《琐言》作"官至太常博士"。）《玉泉子》记："皮日休，南海郑愚门生。"（《唐语林》七略同。）

郑愚：咸通中历岭南东道节度使，入为礼部侍郎。僖宗朝出镇南海，终尚书左仆射。事见《唐摭言》一二、《旧书》一九上《懿宗纪》、《纪事》六六"郑愚"条。

⑤ "百姓手足无措"　《四库》本"无"下有"所"字。

⑥ "《鹿门隐书》六十篇"　载《皮子文薮》九、《全文》七九八。按：下列引文皆见于《鹿门隐书》。

⑦ "乾符丧乱，东出关，为毗陵副使"　录自《郡斋》。

毗陵：注见本书卷四（一〇七）《窦群传》。

⑧ "陷巢贼中"至"遂杀之"　"贼疑其衷恨"，正保、《佚存》、《指海》本"衷"作"裹"。《郡斋》："为毗陵副使，陷巢贼中，贼遣为谶文，疑其讥己，遂害之。"《旧书》一九下《僖宗纪》："（广明元年十二月）黄巢据大内，僭号大齐。……以太常博士皮日休、进士沈云翔为学士。"（《新书》二二五下《黄巢传》"学士"作"翰林学士"。）《纪事》："遭乱，归吴中，黄巢寇江浙，劫以从军。至京师，以为翰林学士。"《北梦琐言》二："（日休）寓苏州，与陆龟蒙为文友……黄寇中遇害。"《南部新书》丁："黄巢令皮日休作谶词，云：'欲知圣人姓，（下略）'巢大怒，盖巢头丑，掠鬓不尽，疑三屈律之言，是其讥也。遂及祸。"（《纪事》、《直斋》略同，《直斋》作"贼疑己发拳"。）按：陆游《老学庵笔记》一〇引《该闻录》云："皮日休陷黄巢，为翰林学士，巢败被诛。"该书又引尹师鲁《大理寺丞皮子良墓志铭》称："曾祖日休避广明之难，徙籍会稽，依钱氏，官太常博士，赠礼部尚书。"[《北梦琐言》二作："（皮日休）黄寇中遇害，其子为钱尚父吴越相。"《广纪》四九九引《北梦琐言》作："（皮日休）为钱镠判官。"]

跼踧〔júcù〕：惊惧貌。

圣人：唐时呼帝王为圣人。王建《宫词》："圣人生日明朝是。"

屈律：弯曲。后世口语仍称弯曲为屈律、曲律。元代康进之《李逵负荆》杂剧第一折："（酒旗儿）舞东风在曲律竿头。"

⑨ "知与不知"　"与"原作"无"，据《四库》、三间本改。《佚存》本作"无知不知"。

⑩ "在乡里，与陆龟蒙交拟金兰，日相赠和"　《四库》本此数语在前文"性冲泊无营"之上，"拟"作"若"。《北梦琐言》二作："寓苏州，与陆龟蒙为文友。"《新书》六〇《艺文志》四著录："《松陵集》十卷，皮日休、陆龟蒙唱和。"

陆龟蒙：传见本书本卷（二一六）。

金兰：言交友相投合。《周易·系辞》上："二人同心，其利断金；同心之言，其臭如兰。"

⑪令狐楚：传见本书卷第五（一二六）。

薛能：传见本书卷第七（一八一）。

⑫"韩偓" "偓"原作"渥"，刻误，据本书卷九（二四五）《韩偓传》改。

⑬吴融：传见本书卷九（二四四）。

⑭八纮〔hóng〕：天地的极限，犹言八极。纮，通"宏"，广大。见《淮南子·地形》。

⑮"遣意于时间" "时间"，诸本同，三间本校语云："以意改为词间。"

⑯渷懘〔zhǎnzhì〕：声音不和谐。《史记·乐书》："宫为君，商为臣，角为民，徵为事，羽为物，五音不乱，则无渷懘之音矣。"

### 【补录】

唐代佚名《玉泉子》：

"日休尝游江湖间，时刘允章镇江夏，幕中有穆判官者，允章亲也，或谮日休薄焉。允章素使酒，一旦方宴，忽怒曰：'君何以薄穆判官乎？君知身之所来否？鹦鹉洲在此，即黄祖沉祢衡之所也。'举席为之惧，日休雨涕而已。"

五代孙光宪《北梦琐言》二：

"榜末及第，礼部侍郎郑愚以其貌不扬，戏之曰：'子之才甚富，如一目何？'休对曰：'侍郎不可以一目废二目。'谓不以人废言也。举子咸推伏之。"（按：文中"目"字，别本亦作"日"。）

### 【辑评】

宋代严羽《沧浪诗话·诗评》：

"和韵最害人诗。古人酬唱不次韵，此风始盛于元、白、皮、陆，而本朝诸贤乃以此而斗工，遂至往复有八九和者。"

明代胡震亨《唐音癸签》八：

"皮袭美未第前诗，尚朴涩无采。第后游松陵，如《太湖》诸篇，才笔开横，富有奇艳句矣。律诗刻画堆垛，讽之无音，病在下笔时先词后情，无风骨为之干也。"

清代王夫之《薑斋诗话》下：

"含情而能达，会景而生心，体物而得神，则自有灵通之句，参化工之妙。若但于句求巧，则性情先为外荡，生意索然矣。松陵体，永堕小乘者，以无句不巧也。然皮、陆二子，差有兴会，犹堪讽咏。"

清代贺裳《载酒园诗话·又编》：

"渊明《五柳先生赞》曰：'不汲汲于富贵，不戚戚于贫贱。'读《松陵集》仿佛犹存其致。诗不为佳，笔墨之外，自觉高韵可钦，其神明襟度胜耳。"

## 二一六　陆龟蒙（？—881？）

龟蒙，字鲁望，姑苏人①。幼而聪悟，有高致，明《春秋》，善属文，尤能谈笑。诗体江、谢，名振全吴。家藏书万卷，无少声色之娱②。举进士，不中。尝从张搏游，历湖、苏二州，将辟以自佐。又尝至饶州，三日无所诣，刺史率官属就见，龟蒙不乐，拂衣去③。居松江甫里，多所撰论，有田数百亩，屋三十楹。田苦下，雨潦则与江通，故常患饥。身自畚锸，茠刺无休时，或讥其劳，曰："尧、舜黴瘠，禹胼胝。彼圣人也，吾一褐衣，敢不勤乎？"龟蒙嗜饮茶，置小园顾渚山下，岁入茶租，薄为瓯蚁之费。著书一编，继《茶经》、《茶诀》之后，又判品张又新《水说》为七种。好事者虽惠山、虎丘、松江，不远百里为致之④。又不喜与流俗交，虽造门亦罕纳。不乘马，每寒暑得中，体无事时，放扁舟，挂蓬席，赍束书、茶灶、笔床、钓具，鼓棹鸣榔，太湖三万六千顷，水天一色，直入空明，或往来别浦⑤。所诣小不会意，径往不留⑥。自称"江湖散人"，又号"天随子"、"甫里先生"。汉涪翁、渔父、江上丈人，尝谓即己。后以高士征，不至⑦。苦吟，极清丽。与皮日休为耐久交。中和初，遘疾卒。吴融诔文曰："霏漠漠，淡涓涓，春融冶，秋鲜妍。触即碎，潭下月；拭不灭，玉上烟。"⑧今有《笠泽丛书》三卷，《诗编》十卷，《赋》六卷，并传。

## 【校注】

①"姑苏人" 《唐摭言》一〇"韦庄奏请追赠不及第人近代者"条作"三吴人"。《新书》一九六本传作"居淞江甫里"。《郡斋》四中"陆龟蒙笠泽丛书四卷"条作"苏州人"。《北梦琐言》六、《直斋》一六"笠泽丛书四卷补遗一卷"条称"唐吴郡陆龟蒙"。

姑苏：注见本书卷第六（一六五）《张祜传》。

②"幼而聪悟"至"无少声色之娱" "无少声名之娱"，《佚存》、《指海》本"无少"作"少无"，《四库》本无"少"字。此段据《摭言》（亦见于《纪事》六四"陆龟蒙"条），兼采《新书》本传（"明《春秋》"，据《新书》）。"无少声色之娱"，《摭言》、《新书》无此句。

江、谢：南朝梁诗人江淹，南朝齐诗人谢朓。

③"举进士"至"拂衣去" "举进士不中"，"不中"上原有"一"字，据《四库》本删。"张搏"，《纪事》同，范成大《吴郡志》一一亦作"张搏"；《四库》本作"张抟"，与《新书》、《郡斋》合。此段录自《新书》本传，文略同。《新书》"张抟"上有"湖州刺史"四字。"历湖、苏二州，将辟以自佐"，《新书》"历"上有"抟"字，无"将"字，应据以删、补；《纪事》作"与张搏为庐江、吴兴二县丞"，《郡斋》作"从张搏为苏、湖从事"。

张搏：僖宗朝为湖州、庐州、苏州刺史。见《旧书》一九下《僖宗纪》。

湖州：注见本书卷第三（八〇）《朱湾传》。

饶州：注见本书卷第三（七六）《张南史传》。

④"居松江甫里"至"不远百里为致之" 采自《新书》本传，兼采陆龟蒙《甫里先生传》（《全文》八〇一）。"著书一编，继《茶经》、《茶诀》之后"至"不远百里为致之"，语意含混不清；《甫里先生传》原文为："自为品第书一篇，继《茶经》、《茶诀》之后。南阳张又新尝为《水说》，凡七等，其二曰惠山寺石泉，其三曰虎丘寺石井，其六曰吴淞江，是三水距先生远不百里，高僧逸人时致之，以助其好。"

松江：即吴淞江，自太湖东北流，经吴县东入海。见《元和志》二五"江南道苏州吴县"。

甫里：在今江苏省吴县东南。陆龟蒙《甫里先生传》自注："甫里，松江上村墟名。"

畚锸〔běnchā〕：挖运泥土的工具。

茠〔hào〕刺：铲除田草。

黴〔méi〕瘠：黑瘦。

瓯蚁：附着在瓯中的茶沫，借以指茶。

《茶经》：陆羽撰，见本书卷第三（七四）《陆羽传》。

张又新：传见本书卷第六（一四七）。

惠山：今江苏省无锡市西。

虎丘：在今江苏省苏州市西北。

⑤"又不喜与流俗交"至"或往来别浦"　"又不喜与流俗交"，《四库》本"又"作"性"，与《甫里先生传》合；"流俗"作"俗流"，《新书》作"流俗"。"太湖三万六千顷"，《四库》本"六"作"八"。此段兼采《新书》及《甫里先生传》。"不乘马"，《新书》同，《甫里先生传》作"不置车马"。"体无事时"，《甫里先生传》"体"下有"佳"字，应据补。"鼓櫂鸣榔"至"或往来别浦"，《新书》、《甫里先生传》皆无此数语。

⑥"所诣小不会意，径往不留"　"诣"原作"指"，据《四库》本改，与《甫里先生传》合。"径往不留"，《甫里先生传》作"径还不留"。

⑦"自称'江湖散人'"至"不至"　据《新书》本传。

涪〔fú〕翁：东汉老人郭玉，常垂钓于涪水，号涪翁。《后汉书》有传。

渔父：《楚辞·渔父》写屈原遇渔父于泽畔。王逸谓"渔父避世隐身，钓鱼江滨，怡然自乐"。后多以渔父指隐者。

江上丈人：即汉阴丈人，古隐士。见《庄子·天地》。

⑧"苦吟"至"玉上烟"　据《唐摭言》一〇，亦见于《纪事》。"为耐久交"，《摭言》作"为唱和之友"。参见《北梦琐言》六。

吴融：传见本书卷第九（二四四）。

### 【补录】

宋代宋祁《新唐书》一九六《陆龟蒙传》：

"居松江甫里，多所论撰，虽幽忧疾痛，贽无十日计，不少辍也。文成，窴稿箧中，或历年不省，为好事者盗去。得书熟诵乃录，雠比勤勤，朱黄不去手，所藏虽少，其精皆可传。"

宋代计有功《唐诗纪事》六四"陆龟蒙"条：

"龟蒙居震泽之南，巨积庄产，有斗鸭一栏，颇极驯养。一旦，有驿使过，挟弹毙其尤者。龟蒙诣而骇之曰：'此鸭能人语。'少顷，手一手本，云：'待附苏州上进，使者毙之，奈何！'使人恐，酬以橐中金。龟蒙始焚其章，接以酒食。使者俟其稍悦，方请人语之由。曰：'能自呼其名。'使人愤且笑，拂袖上马。复召之，还其金，曰：'吾戏耳！'"

【辑评】

宋代胡仔《苕溪渔隐丛话·后集》一六：

"天随子有《自遣》云：'数尺游丝堕碧空，年年长自惹春风。争知天上无人住，也有清愁鹤发翁。'又《古意》云：'君心莫淡薄，妾意正栖托。愿得双车轮，一夜生四角。'皆思新语奇。不袭前人也。"

宋代吴曾《能改斋漫录》八：

"东坡尝喜皮日休《白莲》诗（按此为陆龟蒙诗）：'无情有恨何人见，月晓风清欲坠时。'谓决非红莲诗。然李贺《新笋》'无情有恨何人见，露压烟啼千万枝。'乃知皮取此。"

明代胡震亨《唐音癸签》八：

"陆鲁望江湖自放，诗兴宜饶，而墨彩反复黯钝者，当由多学为累，苦欲以赋料入诗耳。陶潜诗，胸中若不著一字者；弘景识字多，吮毫弥拙矣。参三隐君得失，可证林下吟功。"

明代焦竑《焦氏笔乘》：

"花鸟之诗，最嫌太着。余喜陆鲁望《白莲》诗（略），花之神韵，宛然可掬，谓之写生之可也。"

清代纪昀《四库全书总目》一五一"笠泽丛书四卷补遗一卷"条：

"龟蒙与皮日休相倡和，见于《松陵集》者，工力悉敌，未易定其甲乙。"

## 二一七　司空图（837—908）

图，字表圣，河中人也[1]。父舆，大中时为商州刺史[2]。图，咸通十年归仁绍榜进士[3]。主司王凝初典绛州，图时方应举，自别墅到郡上谒，去，阍史遽申："司空秀才出郭门。"后入郭访亲知，即不造郡斋。公谓其尊敬，愈重之[4]。及知贡，图第四人捷，同年鄙薄者谤曰："此司空图得一名也。"公颇闻，因宴全榜，宣言曰："凝叨忝文柄，今年榜帖，专为司空先辈一人而已。"由是名益振[5]。未几，凝为宣歙观察使，辟置幕府。召拜殿中侍御史，不忍去凝府，台劾，左迁主簿⑥。卢相携还朝，过陕虢，访图，深爱重，留诗曰："氏族司空贵，官班御史雄。老夫如且在，未可叹途穷。"就属于观察使卢渥曰："司空御史，高士也。"渥遂表为僚佐。携执政，召拜礼部员外郎，寻迁郎中⑦。丁黄巢乱，间关至河中，僖宗次凤翔，知制诰、中书舍人。景福中，拜谏议大夫，不赴。昭宗在华州，召为兵部侍郎，以足疾自乞，听还⑧。图家本中条山王官谷，有先人田庐，遂隐不出，作亭榭素室，悉画唐兴节士文人像。尝曰："某宦情萧索，百事无能。量才一宜休，揣分二宜休，耄而聩三宜休。"遂名其亭曰"三休"。作文以伸志，自号"知非子"、"耐辱居士"。言涉诡激不常，欲免当时之祸⑨。初，以风雨夜得古宝剑，惨淡精灵，尝佩出入⑩。性苦吟，举笔缘兴，几千万篇。自致于绳检之外⑪，豫置冢棺，遇胜日，引客坐圹中，赋诗酌酒，沾醉高歌。客有难者，曰："君何不广耶？生死一致，吾宁暂游此中哉。"岁时祠祷，与闾里父老鼓舞相乐⑫。时寇盗所过齑粉，独不入谷中，知图贤，如古王蠋也。士民依以避难⑬。后闻哀帝遇弑，不食扼腕，呕血数升而卒，年七十有二⑭。先撰自为文于濯缨亭一鸣窗⑮，今有《一鸣集》三十卷，行于世。

**【校注】**

①"河中人也" 《旧书》一九〇下本传作"本临淮人"。《新书》一九四本传作"河中虞乡人"。《纪事》六三"司空图"条引王禹偁《五代史阙文》云："自言泗州人"。

河中：注见本书卷第一（四〇）《阎防传》。

②"父舆，大中时为商州刺史" 《新书》五九《艺文志》三"司空舆发焰录一卷"条附注："图父，大中时商州刺史。"疑误。据两《唐书》本传，大中初舆为安邑两池榷盐使，迁户部郎中，卒。不云为商州刺史。《旧书》下文有"（王）凝左授商州刺史，图请从之"，或失察误记。

商州：治上洛，今陕西省商县。见《旧书》三九《地理志》二"山南西道"。

③"图咸通十年归仁绍榜进士" 《旧书》本传作："图咸通十年登进士第，主司

王凝于进士中尤奇之。"《直斋》一九"司空表圣集十卷"条亦作"咸通十年",《新书》本传作"咸通末",《郡斋》四中"司空图一鸣集三十卷"条作"咸通十一年"。按:徐应秋《玉芝堂谈荟》二"历代状元"条:"咸通九年,进士三十人,状元归仁绍。"不云咸通十年状元。

归仁绍:乾符中为侍御,中和中为礼部侍郎。见《通鉴》二五三、本书卷九(二三六)《秦韬玉传》。

④"主司王凝初典绛州"至"愈重之"  "后入郭访亲知",《四库》本"后"作"外",属上读;"亲知"作"新知"。"尊敬",应作"专敬",见《琐言》。此段采自《北梦琐言》三。原文义较显,迻录于下:"(王文公凝)曾典绛州,于时司空图侍郎方应进士举,自别墅到郡谒见后,更不访亲知,阍吏遽申:'司空秀才出郭矣。'或入郭访亲知,即不造郡斋。瑯玡知之,谓其专敬,愈重之。"

王凝:懿宗朝累官至中书舍人、礼部侍郎,出为商州刺史、湖南观察使。僖宗朝历兵部侍郎、宣歙观察使。传见《旧书》一六五、《新书》一四二。司空图有《王公(凝)行状》(《全文》八一〇)。

绛州:治正平,今山西省新绛县。见《元和志》一二"河东道"。

⑤"及知贡"至"由是名益振"  "及知贡",《四库》、三间本"贡"下有"举"字。"司空图",《佚存》作"空司图",《琐言》作"司徒空"。此段采自《北梦琐言》三,文略同。"同年鄙薄者谤曰"云云,《琐言》作:"同年讶其名甚暗,成事太速,有鄙薄者,号为司徒空。"

⑥"未几,凝为宣歙观察使"至"左迁主簿"  《四库》本"主簿"上有"光禄寺"三字,与两《唐书》合。此段采自《唐书》本传。

宣歙:注见本书卷五(一二二)《羊士谔传》。

⑦"卢相携还朝"至"寻迁郎中"  据两《唐书》本传。"氏族司空贵"四句,与《北梦琐言》四所录同。《旧书》本传作:"乾符六年,宰相卢携罢免,以宾客分司,图与之游,携嘉其高节,厚礼之。尝过图舍,手题于壁曰:'姓氏司空贵,官班御史卑。老夫如且在,不用念屯奇。'"诗四句亦见于《南部新书》甲,《全诗》六六七题为《题司空图壁》,文同《旧书》。

卢携:乾符中拜中书舍人,加户部侍郎,四年同中书门下平章事,累加门下侍郎,罢为太子宾客分司。六年,复召携辅政。黄巢陷潼关,携罢为太子宾客,仰药死。传见《旧书》一七八、《新书》一八四。

陕虢:注见本书卷第七(一八一)《薛能传》。

卢渥:僖宗朝由中书舍人拜陕虢观察使,宰相卢杞拔为礼部侍郎,知贡举。终检校司徒。事见《纪事》五九"卢渥"条。司空图有《卢公(渥)神道碑》(《全文》八〇九)。

卷 第 八

⑧"丁黄巢乱"至"听还" 采自《新书》本传。《新书》于"以足疾固自乞"下记："会迁洛阳，柳璨希贼臣意，诛天下才望，助丧王室，诏图入朝。图阳堕笏，趣意野荖。璨知无意于世，乃听还。"《旧书》略同。

间关：谓道路艰险难行。《汉书·王莽传》："（王邑）间关至渐台。"

凤翔、华州：注并见本书卷第二（四六）《杜甫传》。

⑨"图家本中条山王官谷"至"欲免当时之祸" 《四库》本"亭榭"作"亭观"，"悉画"作"悉图"，与《新书》合。此段采自《新书》本传。《新书》无"某宦情萧索，百事无能"二句。"遂名其亭曰'三休'"，《新书》作"名亭曰'休休'"应据改。"自号'知非子'、'耐辱居士'"，《新书》作："因自目为'耐辱居士'";《旧传》引《休休亭记》（《全文》八〇七）作："因为《耐辱居士歌》";《纪事》六三"司空图"条作："与人书疏，不名官，但称'知非子'，又称'耐辱居士'。"《郡斋》作："自号'知非子'。"

中条山：在今山西省永济县东南。司空图有《中条王官谷序》、《山居记》（《全文》八〇七）。

⑩"初以风雨夜"至"尝佩出入" 司空图《退隐》诗（《全诗》六三二）有"得剑乍如添健仆"之句，虚中《寄华山司空图》诗（《全诗》八四八）有"一剑动精灵"之句。余未详。

⑪"自致于绳检之外" 司空图《退隐》诗："自致此身绳检外。"

⑫"豫置冢棺"至"鼓舞相乐" "岁时祠祷"，"岁"原作"每"，据《四库》本改，与《新书》合。此段采自《新书》本传。

⑬"时寇盗所过斋粉"至"士民依以避难" 据《新书》本传。

王蠋：战国时齐国画邑人，燕国乐毅破齐，闻王蠋贤，环画邑三十里燕军不入。见《史记·田单列传》。

⑭"后闻哀帝遇弑"至"年七十有二" "不食扼腕"，"腕"原作"慌"，据《四库》本改。此段据两《唐书》本传。"呕血数升而卒"，《旧书》作"不怿而疾，数日卒，时年七十二"，《新书》作"不食而卒"。

⑮"先撰自为文于濯缨亭一鸣窗" 《郡斋》一九"司空图一鸣集三十卷"条："集自为序，以濯缨亭一鸣窗名其集。"按：司空图《山居记》（《全文》八〇七）："西南之亭曰濯缨，濯缨之窗曰一鸣。"

【补录】

后晋刘昫《旧唐书》一九〇下《司空图传》：

"图布衣鸠杖，出则以女家人鸾台自随。岁时村社雩祭祠祷，鼓舞会集，图必造之，与野老同席，曾无傲色。"

宋代钱易《南部新书》辛：

"司空图侍郎，旧隐三峰。天祐末，移居中条山王官谷，周回十余里，泉石之美，冠于一山。北岩之上，有瀑泉流注谷中，溉良田数十顷。至今子孙犹存，为司空之庄耳。"

**【辑评】**

宋代苏轼《东坡诗话·补遗》：

"司空表圣自论其诗，以为得味外味。'绿树连村暗，黄花入麦稀'，此句最善。又：'棋声花院闭，幡影石坛高。'吾尝独游五老峰，入白鹤观，松阴满地，不见一人，惟闻棋声，然后知此句之工也。但恨其寒俭有僧态。"

宋代苏轼《书黄子思诗集后》（《苏东坡集·后集》九）：

"唐末司空图崎岖兵乱之间，而诗文高雅，犹有承平之遗风。其论诗曰：'梅止于酸，盐止于咸，饮食不可无盐梅，而其美常在咸酸之外。'盖自列其诗之有得于文字之表者，二十四韵，恨当时不识其妙，予三复其言而悲之。"

宋代蔡启《蔡宽夫诗话》：

"司空图善论前人诗。……及自评其作，乃以'南楼山最秀，北路邑偏清'，为假令作者复生，亦当以着题见许。此殆不可晓，当局者迷，固人情之通患。"

宋代许𫖮《彦周诗话》：

"（司空图）又曰：'四座宾朋兵乱后，一川风月笛声中。'句法虽可及，而意甚委曲。"

明代胡震亨《唐音癸签》八：

"司空表圣自评其集，'撑霆裂月，劼作者之心肝'，夸负不浅。此公气体，不类衰末，但篇法未甚谐，每每意不贯浃，如炉金欠水未融。"

清代翁方纲《石洲诗话》二：

"司空表圣在晚唐中，卓然自命，且论诗亦入超诣。而其所自作，全无高韵，与其评诗之语，竟不相似。此诚不可解。《二十四品》真有妙语，而其自编《一鸣集》，所谓'撑霆裂月'者，竟不知何在也。"

## 二一八　僧虚中

虚中，袁州人①。少脱俗从佛，虽然，读书工吟不辍②。居玉笥山二十寒暑③，后来游潇、湘，与齐己、顾栖蟾为诗友。住湘西宗城寺。长沙马侍中希振敬爱之，每其来，延纳于书阁中。虚中好炙柴火，烧豆煮茶，烟熏彩翠尘暗，去必复饰，初不介意。尝题阁中曰："嘉鱼在深处，幽鸟立多时。"益见赏重④。时司空图悬车告老，却扫闭门⑤，天下怀仰。虚中欲造见论交，未果，因归华山人寄诗曰："门径放莎垂，往来投刺稀。有时开御札，特地挂朝衣。岳信僧传去，天香鹤带归。他的周召化，无复更衰微。"图得诗大喜，《言怀》云："十年华岳山前住，只得虚中一首诗。"其见重如此⑥。今有《碧云集》一卷，传于世。顾栖蟾者，亦洞庭人，以声律闻，今不见其作也⑦。

**【校注】**

①"袁州人"　《诗话总龟》一〇"雅什"门引《郡阁雅谈》、《纪事》七五"僧虚中"条并作"宜春人"。按：宜春属袁州。

袁州：注见本书卷三（五七）《李嘉祐传》。宜春：今江西省宜春县。见《元和志》二八"江南道袁州"。

②"虽然，读书工吟不辍"　《四库》、三间、《指海》本作："而读书不辍，工吟咏。"

③"居玉笥山二十寒暑"　《郡斋》四中"虚中碧云诗一卷"条作："居玉笥山。"

④"后来游潇、湘"至"益见赏重"　"齐己、顾栖蟾"，《诗总》同；《四库》本作"齐己、尚颜、栖蟾"，《纪事》同。"宗城寺"，《诗总》同；《四库》、三间本"宗"作"栗"，《纪事》同。此段据《诗话总龟》一〇"雅什"门引《郡阁雅谈》，亦见于《纪事》，文略同。"尝题阁中曰"，《诗总》、《纪事》并作"题马侍中池亭云"。"嘉鱼在深处"二句，见于《全诗》八四八断句。

齐己：传见本书卷第九（二三八）。

顾栖蟾：见下文。

马希振：十国之一楚国武穆王马殷子，历官至武顺节度使，加侍中。后因庶弟由母宠得立,遂弃官为道士。传见《十国春秋》七一。

⑤悬车:古人年七十辞官家居,废车不用称悬车。蔡邕《陈太丘碑文序》:"时年已七十,遂隐丘山,悬车告老。"

却扫:不再扫路迎客,意为闭门谢客。江淹《恨赋》:"闭关却扫,塞门不仕。"

⑥"因归华山人寄诗曰"至"其见重如此"　"因归华山人寄诗曰",《四库》、三间本作"因归华山,寄以诗曰";《诗总》作"集首《寄司空侍郎》云"。此段据《诗话总龟》。"门径放莎垂"八句,《全诗》八四八题为《寄华山司空图二首》(其一)。"他时周召化",《诗总》"化"作"作",《全诗》作"他年二南化"。"十年华岳山前住",《郡斋》作"十年太华无知己",《全诗》六三四断句同。

投刺:投递名帖求见。

周召化:谓政治清明。周成王时,周公、召公辅政,天下大定。

⑦"顾栖蟾者"至"今不见其作也"　《全诗》八四八收栖蟾诗十二首。《纪事》七六作"僧栖蟾",有《居南岳怀沈彬》、《读齐己上人集》等诗。又,虚中有《赠屏风岩栖蟾上人》诗(《全诗》八四八)。余未详。按:栖蟾,附见于本书卷三(六四)《道人灵一传》,"尚颜、栖蟾"并列,或因此误为"顾栖蟾"。

## 二一九　周　繇

繇,江南人①。咸通十三年郑昌图榜进士,调福昌县尉②。家贫,生理索寞,只苦篇韵③,俯有思,仰有咏,深造阃域④,时号为"诗禅"。警联如《送人尉黔中》云:"公庭飞白鸟⑤,官俸请丹砂。"《望海》云:"岛间应有国,波外恐无天。"《甘露寺》⑥云:"殿锁南朝像,龛禅外国僧。"又"山从平地有,水到远天无"⑦。又,"白云连晋阁,碧树尽芜城"⑧。《江州上薛能尚书》⑨云:"树翳楼台月,帆飞鼓角风。"又"郡斋多岳客,乡户半渔翁"等句甚多,读之使人辣⑩,诚好手也。落拓杯酒,无荣辱之累,所交游悉一时名公。集今传世。同登第有张演⑪者,工诗,间见一二篇,亦佳作也。○尝谓禅家者流,论有大小乘,有邪正法,要能具正法眼,方为第一义,出有无间。若声闻、辟支四果,已非正也,况又堕野狐外道鬼窟中乎!⑫言诗亦然。宗派或殊,风义必合。品则有神妙,体则有古今,才则有圣凡,时则有取舍。自魏晋以降,递至盛唐,大历、元和以下,逮晚年,考其时变,商其格制,其邪正了然在目,不能隐也。经云:"过而不改⑬,是谓过矣。"悟门洞开,慧灯深照,顿渐⑭之境,各天所赋。观于时以"诗禅"许周繇,为不入于邪见,能致思于妙品⑮,固知其衣冠于裸人之国⑯。昔谓⑰"学诗如学仙"⑱,此之类欤。

**【校注】**

① "江南人" 《纪事》五四"周繇"条作"字为宪,池州人"。

池州:注见本书卷第六(一六八)《杜牧传》。

② "咸通十三年"至"调福昌县尉" 《纪事》作:"及咸通进士第,以《明皇梦钟馗赋》知名,调池之建德令。"《直斋》一九"周繇诗一卷"条作"咸通十三年进士"。按:徐应秋《玉芝堂谈荟》二"历代状元"条:"咸通十三年,进士三十人,状元郑昌符。"不作"郑昌图"。《唐摭言》一〇"海叙不遇"条:"咸通末,京兆府解,李建州时为京兆参军试,同时有许棠与(张)乔,及俞坦之、剧燕、任涛、吴罕、张蠙、周繇、郑谷、李栖远、温宪、李昌符,谓之十哲。"(又《唐摭言》一二"轻佻"条:"咸通末,执政病举人仆马太盛,奏请进士举人许乘驴。郑光业材质瑰伟,或嘲之曰:'今年敕下尽骑驴,短镫长鞦满九衢。清瘦儿郎犹自可,就中愁杀郑昌图。'")

郑昌图:字光业,僖宗中和四年以兵部侍郎同平章事。光启三年,因奉襄王李煴即位,事败被杀。见《旧书》一九下《僖宗纪》。

福昌:今河南省洛宁县。见《元和志》五"河南道河南府"。

③ "只苦篇韵" 《四库》本"苦"下有"嗜"字。

④ 阃〔kǔn〕域:指某种范围、境界。阃,郭门。刘禹锡《澈上人文集序》:"可谓入作者阃域,岂独雄于诗僧间邪!"

⑤ "公庭飞白鸟" "鸟"原作"马",据《四库》、三间、《指海》本改,与《全诗》合。诗见于《全诗》六三五,下引各诗皆见于此卷。

⑥ "《甘露寺》" 《全诗》题为《登甘露寺》。

甘露寺:在今江苏省镇江市北固山上。传为三国吴甘露年间建。唐敬宗宝历间,李德裕为浙西观察使,曾扩建。乾符间,寺毁。宋时始移建于北固山。见《嘉定镇江志》六"丹徒县"。

⑦ "山从平地有"二句 《全诗》题为《甘露寺东轩》,共八句。

⑧ "白云连晋阁"二句 "晋阁",《全诗》同,《四库》、《指海》本"晋"作

"菌"。《全诗》题为《甘露寺北轩》，共八句。

芜城：即广陵城。南朝宋竟陵王刘诞据广陵反，兵败死，城邑荒芜，鲍照为作《芜城赋》。唐时为扬州，今江苏省扬州市。见《新书》四〇《地理志》三"淮南道扬州"。

⑨"《江州上薛能尚书》" 《全诗》题为《送江州薛尚书》。

江州：注见本书卷第四（一〇二）《韦应物传》。

薛能：传见本书卷第七（一八一）。

⑩"读之使人悚" 《四库》本"之"下有"皆"字。

⑪张演：《全诗》六〇〇录其《社日村居》一首（一作王驾诗），附小传云："咸通十三年进士。"

⑫"尝谓禅家者流"至"鬼窟中乎" 此段据《沧浪诗话·诗辨》。"辟支四果"，《沧浪诗话》作"辟支果"。

大小乘：佛学分大乘、小乘，其说之深广者为大乘，浅小者为小乘。

正法眼：佛教禅宗用以指佛法。相传释迦牟尼在灵山法会上拈花示众，唯迦叶尊者破颜微笑，遂将正法眼藏付嘱迦叶。见《五灯会元》一。

第一义：佛教指最上最深的妙理。《大乘义章》一："第一义者，亦名真谛，第一是其显胜之目，所以名义。"

声闻：即声闻乘，谓由诵法听经而悟道者。

辟支四果：由辟支乘所成之正果。辟支乘，谓并无师承，独自悟道。按佛家有三乘：菩萨乘，普济众生，故称大乘；辟支乘、声闻乘仅求自度，故称小乘。

野狐外道：佛家称外道异端为野狐外道、野狐禅，谓仅能欺世惑人，不足证道。见《五灯会元》三。

⑬"过而不改" "不"原作"能"，据《四库》、《佚存》本改。《论语·卫灵公》："过而不改，是谓过矣。"

⑭顿渐：指顿悟、渐悟，佛教禅宗的两种修行方法。此处以禅喻诗。

⑮"为不入于邪见，能致思于妙品" 《四库》本作："为其不入邪见，直臻上乘。"

⑯"裸人之国" 《四库》本"国"下有"矣"字。

裸人之国：传说古代西方（一说南方）有裸国，其人不穿衣服。《淮南子·道应训》："禹之裸国，解衣而入，衣带而出，因之也。"

⑰"昔谓" 《四库》本作"昔人谓"。

⑱"学诗如学仙" 《诗话总龟》九引《王直方诗话》："潘邠老云：'陈三所谓学诗如学仙，时至骨自换，此语为得之。'"

**【补录】**

宋代计有功《唐诗纪事》五四"周繇"：

"后以御史中丞与段成式、韦蟾、温庭皓同游襄阳徐商幕府。"

"襄阳中堂赏花,繇与妓人戏语,成式嘲之曰:'莺里花前选孟光,东山逋客酒初狂。素娥毕竟难防备,烧得河车莫遣尝。'繇和云:'回簪转黛喜猜防,粉署裁诗助酒狂。若遇仙丹偕羽化,便随箫史亦何伤。'"

【辑评】

清代贺裳《载酒园诗话》一:

"风土诗虽宜精切,亦以韵胜为贵。如许棠《送龙州樊使君》曰:'土产惟宜药,王租只贡金。'周繇《送人尉黔中》曰:'公庭飞白鸟,官俸请丹砂。'古所共推。然许语无周之雅,不得谓朴直胜点染也。"

清代陆蓥《问花楼诗话》一:

"北固山多景楼,明时已圮。余尝登山望大江,云影横空,金、焦两点,如青螺峙玉盘中。傍徨岩石,楼虽圮,景犹昨也。因忆唐人周繇多景楼诗,其一:'盘江上几层,峭壁半垂藤。殿锁南朝像,龛禅外国僧。海潮春砌槛,山雨洒窗灯。日暮疏钟起,声声彻广陵。'……繇诗绝佳,今人罕称之者。"

# 卷 第 九

## 二二〇 崔道融

道融，荆人也，自号"东瓯散人"[1]。与司空图为诗友。出为永嘉宰[2]。工绝句，语意妙甚，如《铜雀妓》[3]云："歌咽新翻曲，香销旧赐衣。陵园风雨暗，不见六龙归。"《春闺》云："寒食月明雨，落花香满泥。佳人持锦字，无雁寄征西。"[4]《寄人》云："澹澹长江水，悠悠远客情。落花相与恨，到地一无声。"《寒食夜》云："满地梨花[5]白，风吹碎月明。大家寒食夜，独贮远乡情"等尚众。谁谓晚唐间忽有此作，使古人复生，亦不多让，可谓出乎其类，拔乎其萃者矣[6]。人悉推服其风情雅度，犹恨出处未能梗概之也。有《申唐集》十卷，自序云："乾符乙卯夏，寓永嘉山斋，收拾草稿，得五百余篇。"[7]今存于世。

【校注】

① "荆人也，自号'东瓯散人'" 《直斋》一九"东浮集九卷"条："唐荆南崔道融撰，自称'东瓯散人'。"《新书》七二下《宰相世系表》二下"博陵安平崔氏"下载："道融，右补阙。"

荆：荆州，注见本书卷第八（二〇一）《来鹏传》。

② "与司空图为诗友。出为永嘉宰" 司空图有《寄永嘉崔道融》诗（《全诗》六二三）。黄滔《祭崔补阙道融》文称"故右补阙博陵崔府君"（《全文》八二二）。《唐诗品汇·诗人爵里详节》"崔道融"条："荆州人，官永嘉令。"吴任臣《十国春秋·闽》六本传载："崔道融，荆州人。以征辟为永嘉令，累官右补阙。避地来闽依太祖，未几，病卒。"

永嘉：注见本书卷第二（四一）《李顾传》。

司空图：传见本书卷第八（二一七）。

③ "《铜雀妓》"　见于《全诗》七一四。下引各诗皆见于此卷。

《铜雀妓》：乐府古曲名，又名《铜雀台》。汉末曹操遗命诸子，死后葬于邺之西门，妾与伎人皆著铜雀台，台上施床帐，每月朔望向帐前作伎。后人悲其意，为之咏。见《乐府诗集》三二《铜雀台》解题。

六龙：皇帝车驾六马，称六龙。李白《上皇西巡南京歌》："谁道君王行路难，六龙西幸万人欢。"

④ "征西"　《四库》本作"辽西"，与《全诗》合。

⑤ "梨花"　"花"原作"华"，据《四库》本改。

⑥ "可谓出乎其类，拔乎其萃者矣"　"类"原作"萃"，"萃"原作"类"，据《四库》本改。

⑦ "有《申唐集》十卷"至"得五百余篇"　"《申唐集》"疑为《东浮集》之误，"乾符"疑为"乾宁"之误。《直斋》一九"东浮集九卷"条："乾宁乙卯，永嘉山斋编成。盖避地于此。今缺第十卷。"按：乾宁二年为乙卯，乾符间无乙卯年。又《新书》六〇《艺文志》四著录"崔道融《申唐集》三卷"，《直斋》一九亦著录："《唐诗》三卷，崔道融撰。皆四言诗，述中唐以前事实，事为一篇，篇各有小序，凡六十九篇。"（六十九篇，似不足分为十卷。）

【辑评】

明代杨慎《升庵诗话》九：

"杨诚斋爱唐人崔道融《咏梅》云：'香中别有韵，清极不知寒。'方虚谷云：'惜不见全篇。'余近见杂抄唐诗册子，此首适全，今载之：'数萼初含雪，孤标画本难。香中别有韵，清极不知寒。横笛和愁听，斜枝倚病看。朔风如解意，容易莫催残。'"

明代钟惺、谭元春《唐诗归》三六：

"崔道融《春题》：'满眼桃李花，愁人如不见。别有惜花人，东风莫吹散。'将此意说转作结便深，若换作起句，则率甚矣。"

清代陆䥇《问花楼诗话》一：

"道融诗，袁昂评书'舞女低腰，仙人啸树'，正复似之。"

# 二二一　聂夷中（837？—？）

夷中，字坦之，河南人也①。咸通十二年礼部侍郎高湜下进士，与许棠、公乘亿同袍②。时兵革多务，不暇铨注③，夷中滞长安久，皂裘已弊，黄粮④如珠，始得调华阴县尉⑤。之官，惟琴书而已。性俭，盖奋身草泽⑥，备尝辛楚，率多伤俗闵时之作⑦，哀稼穑之艰难。适值险阻，进退维谷，才足而命屯，有志卒爽，含蓄讽刺，亦有谓焉。古乐府尤得体，皆警省之辞，裨补政治，乐而不淫，哀而不伤，正《国风》之义也。其诗一卷，今传。

【校注】

① "字坦之，河南人也"　《新书》一七七《高湜传》："（聂）夷中字坦之。"《北梦琐言》二："聂夷中，河南中都人。"按：聂夷中《闻人说海北事有感》诗（《全诗》六三六）云："故乡归路隔高雷，见说年来事可哀。"

② "咸通十二年"至"与许棠、公乘亿同袍"　《新书·高湜传》："咸通末为礼部侍郎。时士多夤缘权要干请，湜不能裁，既而抵帽于地曰：'吾决以至公取之，得谴固吾分！'乃取公乘亿、许棠、聂夷中等……皆有名当时。"《纪事》六一"聂夷中"条："咸通十二年，高湜知举，榜内孤贫者夷中、公乘亿、许棠。夷中尤贫苦，精古诗。"（又见于《北梦琐言》二。）《直斋》一九"聂夷中集一卷"条："咸通十二年进士。"

高湜：第进士，累官右谏议大夫。懿宗咸通末，为礼部侍郎。后以兵部侍郎判度支出为昭义节度使，为下所逐，贬连州司马。传见《新书》一七七。

许棠、公乘亿：传见本书卷九（二二二、二二三）。

③ 铨注：选授官职。

④ 黄粮：谷类。温庭筠《醉歌》："洛阳卢仝称文房，妻子脚秃舂黄粮。"

⑤ "始得调华阴县尉"　《新书》六〇《艺文志》四"聂夷中诗二卷"附注："字坦之，咸通华阴尉。"

华阴：今陕西省华阴县。见《元和志》二"关内道华州"。

⑥ "盖奋身草泽"　《四库》、三间本"盖奋身"作"久沉"。

⑦ "率多伤俗闵时之作"　正保、《佚存》、《指海》本"率"作"卒"。"作"，原作"举"，据《四库》、三间本改。

【辑评】

五代孙光宪《北梦琐言》二：

"最奇者有聂夷中，河南中都人，少贫苦，精于古体。有《公子家》诗云：'种花于西园，花发青楼道。花下一禾生，去之为恶草。'又《咏田家》

诗云：'父耕原上田，子劚山下荒。六月禾未秀，官家已修仓。'又云：'锄禾日当午，汗滴禾下土。谁知盘中餐，粒粒皆辛苦。'又云：'二月卖新丝，五月粜新谷。医得眼前疮，剜却心头肉。我愿君王心，化为光明烛。不照绮罗筵，只照逃亡屋。'所谓言近意远，合《三百篇》之旨也。"

宋代史绳祖《学斋占毕》二：

"聂夷中《伤田家》诗，最得风人之体。但'二月卖新丝'恐当作'四月'，盖二月则蚕尚未生。"

清代吴乔《围炉诗话》一：

"诗苦于无意。有意矣，又苦于无辞，如聂夷中之'锄禾日当午，汗滴禾下土。谁知盘中餐，粒粒皆辛苦'。诗之所以难得也。"

## 二二二　许　棠（822—？）

棠，字文化①，宣州泾人也②。苦于诗文，性僻少合。既久困名场，时马戴佐大同军幕，为词宗，棠往谒之，一见如旧交，留连累月，但从事诗酒而已，未尝问所欲。一旦，大会宾客，命使以棠家书授之，棠惊愕，不喻其来，启缄，即知戴潜遣一介恤其家矣③。古人温良泛爱，振穷周急，谦退不伐，亦皆绝异之姿也。咸通十二年，李筠榜进士及第④，时及知命，尝曰："自得一第，稍觉筋骨轻健，愈于少年。"则知一名乃孤进之还丹也⑤。调泾县尉，之官，郑谷送诗曰："白头新作尉，县在故山中。高第能卑宦，前贤尚此风。"⑥后潦倒辞荣。初，作《洞庭》诗，脍炙，时号"许洞庭"云⑦。今集一卷，传世。

【校注】

①"字文化"　《新书》六〇《艺文志》四"许棠诗一卷"附注、《新书》一七七《高湜传》、《纪事》七〇"许棠"条并同。按：许棠为"咸通十哲"之一，参见本书卷十（二五二）《张乔传》。

②"宣州泾人也"　《唐摭言》八"为乡人轻视而得者"条："许棠，宣州泾县人。"《纪事》同。《直斋》一九"许棠集一卷"条称"宛陵许棠文化"。按：李频、张

乔皆有《送许棠及第归宣州》诗（《全诗》五八八、六三八）。

泾：泾县，注见本书卷九（二〇八）《汪遵传》。

③"既久困名场"至"恤其家矣"　"愕"原作"腭"，据《四库》、三间本改。此段采自《唐摭言》四"气义"条，文略同。

④"咸通十二年，李筠榜进士及第"　《纪事》作"登咸通十二年进士第"。《直斋》略同。参见本书本卷（二二一）《聂夷中传》、本书卷十（二五二）《张乔传》。

⑤"时及知命"至"乃孤进之还丹也"　采自《金华子》，又见于《唐语林》七。"时及知命"，《金华子》作"年渐衰暮"。

知命：指五十岁。《论语·为政》："五十而知天命。"

还丹：道家炼丹术，以九转丹再炼，化为还丹，谓服之即脱胎换骨、得道成仙。此处以还丹喻科举功名。

⑥"调泾县尉"至"前贤尚此风"　据《纪事》。"白头新作尉"四句，《全诗》六七四《郑谷卷》题为《送许棠先辈之官泾县》，诗八句。又，李频有《送许棠归泾县作尉》诗（《全诗》五八八）。按：郑谷有《南康郡牧陆肱郎中辟许棠先辈为郡从事因有寄赠》诗（《全诗》六七四），参《唐语林》七（见本篇"补录"）。

郑谷：传见本书本卷（二三七）。

⑦"初，作《洞庭》诗，脍炙，时号'许洞庭'云"　据《北梦琐言》二，亦见于《纪事》。许棠有《过洞庭湖》、《洞庭湖》诗（《全诗》八〇三、八〇四）。

## 【补录】

宋代王谠《唐语林》七：

"许棠初试进士，与薛能、陆肱齐名。……棠登第，薛已自京尹出镇徐州，陆亦出守南康，招棠为倅。初，高侍郎湜知举，棠纳卷，览其诗云：'退鹢已经三十载，登龙仅见一千人。'乃曰：'世复有屈于许棠者乎？'"

宋代计有功《唐诗纪事》七〇"许棠"条：

"棠《洞庭》诗，有'四顾疑无地，中流忽有山'之句，人以题扇。《过洞庭》云：'惊波常不定，半日鬓堪斑。四顾疑无地，中流忽有山。鸟飞应畏堕，帆远却如闲。渔父时相引，行歌浩渺间。'"

## 【辑评】

明代胡震亨《唐音癸签》八：

"许文化（棠）致语楚楚，《洞庭》一律，时人多取以题扇。'四顾疑无地，中流忽有山'，视老杜'乾坤日夜浮'，愈切愈小。"

清代贺裳《载酒园诗话·又编》：

"写景诗虽不嫌雕刻，亦须以雅致为佳。如郑巢'茶烟开瓦雪，鹤迹上潭冰'，刘得仁'劲风吹雪聚，渴鸟啄冰开'，可谓精工。若许棠'晓嶂猿窥户，寒漱鹿舐冰'，'舐'字俗矣。……许以《洞庭》诗得名，然读其全集，数篇之外，皆枯寂无味。"

清代潘德舆《养一斋诗话》五：

"许棠有《洞庭》诗，号为'许洞庭'。然'四顾疑无地，中流忽有山'，语意平弱。'鸟飞应畏堕'，尤涉痕迹。惟'帆远却如闲'五字佳，然亦不必是洞庭诗。少陵、襄阳后，何为动此笔耶！棠又有《洞庭湖》七律'空江浩荡景萧然，尽日菰蒲泊钓船'云云，然别本又作张祎诗，要之皆不称题。惟'闲赏步易远，野吟声自高'十字可诵耳。尝云：'自得一第，筋骨轻健，愈于少年。'咸通十哲，议论可笑如此。"

## 二二三　公乘亿（842？—？）

亿，字寿山[①]，咸通十二年进士。善作赋，擅名场屋间[②]。时取进者法之，命中。有赋集十二卷，诗集一卷，今传。

【校注】

①"字寿山"　《新书》六〇《艺文志》四附注同。《新书》一七七《高湜传》、《纪事》六八"公乘亿"条并作"字寿仙"。

②"咸通十二年进士。善作赋，擅名场屋间"　《新书·艺文志》同。参见本书本卷（二二一）《聂夷中传》。《北梦琐言》二记："咸通中，礼部侍郎高湜知举，榜内孤贫公乘亿赋诗三百首，人多书于屋壁。"《唐摭言》八"忧中有喜"条："公乘亿，魏人也，以辞赋著名，咸通十三（按应作"十二"）年，垂三十，举矣。"

【补录】

唐代罗隐《寄易定公乘亿侍郎》诗原注（《全诗》六五九）：

"侍郎有《明皇再见阿蛮舞》及《龙池柳赋》，时称冠绝也。"

五代王定保《唐摭言》二"置等第"条：

"乾符四年，崔沔为京兆，复置等第，差万年县尉公乘亿为试官。"

《唐摭言》八"忧中有喜"条：

"公乘亿，魏人也，以辞赋著名。咸通十三年，垂三十，举矣。尝大病，乡人误传已死，其妻自河北来迎丧。会亿送客自坡下，遇其妻。始，夫妻阔别积十余岁。亿时在马上见一妇人，粗缣跨驴，依稀与妻类，因睨之不已。妻亦如是，乃令人诘之，果亿也。亿与之相持而泣，路人皆异之。后旬日，登第矣。"

宋代宋祁《新唐书》二一〇《乐彦祯传》：

"彦祯喜儒术，引公乘亿、李山甫皆在幕府。"（按：乐彦祯中和、光启间为魏博节度使。）

## 二二四　章碣

碣，钱塘人，孝标之子也①。累上著不第②。咸通末，以篇什称。乾符中，高湘侍郎自长沙携邵安石来京，及第，碣恨湘不知己，赋《东都望幸》诗曰："懒修珠翠上高台，眉月连妍恨不开。纵使东巡也无益，君王自领美人来。"③后竟流落，不知所终。碣有异才，尝草创诗律，于八句中足字平侧，各从本韵，如："东南路尽吴江畔，正是穷愁薄暮天。鸥鹭不嫌斜雨岸，波涛欺得逆风船。偶逢岛寺停帆看，深羡渔翁下钓眠。今古若论英达算，鸱夷高兴固无边。"④自称变体，当时趋风者亦纷纷而起也。今有诗一卷，传于世。

【校注】

①"钱塘人，孝标之子也"　《唐摭言》一〇"海叙不遇"条："章碣，不知何许人，或曰孝标之子。"《纪事》六一"章碣"条："碣，孝标之子。"参见本书卷六（一五九）《章孝标传》。《百川书志》一四"章碣集一卷"条作"钱塘人"。

②"累上著不第"　《纪事》作"登乾符进士第"。（《全唐诗话》五"章孝标"条同。）

③"咸通末以篇什称"至"君王自领美人来"　采自《唐摭言》一〇"海叙不遇"

条，文略同。又见于《纪事》。《京都望幸》诗，见于《全诗》六六九。"连妍"，《纪事》、《全诗》作"连娟"。

高湘：官中书舍人，咸通间改谏议大夫，贬高州司马。乾符初复为中书舍人，三年迁礼部侍郎，选士。出为昭义节度使。传见《旧书》一六八、《新书》一七七。

邵安石：连州人。高湘南迁归阙，途次连州，安石以所业投献遇知，遂携至都。湘主文，安石乃及第。见《唐摭言》九"好知己恶及第"条。

④ "东南路尽吴江畔"八句　见于胡仔《苕溪渔隐丛话·前集》一四及《诗人玉屑》二引《蔡宽夫诗话》。《全诗》六六九题为《变律诗》。

鸱夷：春秋越国范蠡，佐越王句践灭吴，知句践为人不可共安乐，因浮海出齐，变姓，自谓鸱夷子皮。见《史记·越王句践世家》。

附记：此篇《四库》本失载。

【辑评】

明代谢榛《四溟诗话》二：

"咏史宜明白断案，章碣曰：'坑灰未冷山东乱，刘项原来不读书。'此孰不知耶？"

明代胡应麟《诗薮·内编》六：

"'坑灰未冷山东乱，刘项元来不读书'，皆仅去张打油一间，而当时以为工，后世亦亟称之，此诗所以难言也。"

## 二二五　唐彦谦

彦谦，字茂业，并州人也①。咸通末，举进士及第②。中和，王重荣表为河中从事。历节度副使，晋、绛二州刺史。重荣遇害，彦谦贬汉中椽。兴元节度使杨守亮留署判官，寻迁副使，为阆州刺史，卒③。彦谦才高负气，毫发逆意，大怒叵禁。博学足艺，尤长于诗④。亦其道古心雄⑤，发言不苟，极能用事，如自己出。初师温庭筠，调度逼似，伤多纤丽之词⑥。后变淳雅，尊崇工部。唐人效甫者，惟彦谦一人而已⑦。自号"鹿门先生"。有诗集传于世，薛廷珪序云⑧。

# 唐才子传校注

## 【校注】

①"并州人" 《旧书》一九〇下《唐次传》作"并州晋阳人"。（按：彦谦为次之孙。）

并州：开元十一年改并州为太原府。注见本书卷二（四五）《李白传》。

晋阳：今山西省太原市南。见《元和志》一三"河东道太原府"。

②"咸通末，举进士及第" 《旧书》一九〇下本传作："咸通末应进士，才高负气，无所屈降，十余年不第。"

③"中和"至"为阆州刺史，卒" 节录自《旧书》本传，文略同。"阆州刺史"，《旧书》本传作"阆、壁二郡刺史"，《新书》八九本传亦作"终阆、壁二州刺史"。

王重荣：僖宗广明初，为河中马步军都虞候，拒黄巢起义军。中和元年授河东节度使。光启三年被部下杀害。传见《旧书》一八二、《新书》一八七。

晋州：治临汾，今山西省临汾县。见《元和志》一二"河东道"。

绛州：治正平，今山西省新绛县。见《元和志》一二"河东道"。

汉中：梁州，旧汉中郡，治南郑，今陕西省汉中市。见《旧书》三九《地理志》二"山南西道梁州"。

兴元：德宗建中元年于梁州置山南西道节度使，兴元元年升梁州置兴元府。见《新书》六七《方镇表》四、《旧书》三九《地理志》二"山南西道梁州"。

杨守亮：本姓訾名亮，从王仙芝起义。降唐，为宦官杨复光假子，改名守亮。僖宗三年拜山南西道节度使。昭宗景福元年凤翔节度使李茂贞攻拔兴元，守亮走阆州，为西川兵所败，槛送京师，被杀。传见《新书》一八六。

阆州：治阆中，今四川省阆中县。见《旧书》四一《地理志》四"剑南道"。

④"彦谦才高负气"至"尤长于诗" "大怒叵禁"，原无"怒"字，据《四库》、三间本补。"尤"原作"犹"，据《四库》、三间本改。《旧书》本传作："才高负气，无所屈降。……博学多艺，文词壮丽，至于书画、音乐、博饮之技，无不出于辈流。"《新书》本传作："多通技艺，尤工为诗，负才无所屈。"

⑤"亦其道古心雄" 《四库》本无"亦其"二字。

⑥"初师温庭筠，调度逼似，伤多纤丽之词" 《四库》本"调度"作"风调"，"伤"作"故"。《旧书》本传作："尤能七言诗，少时师温庭筠，故文格类之。"按：《纪事》六八"唐彦谦"条："彦谦学义山为诗。"《纪事》五三"李商隐"条："鹿门先生唐彦谦为诗，纂慕玉溪，得其清峭感怆，盖其一体也。"

⑦"唐人效甫者彦谦一人而已" 陈师道《后山诗话》云："唐人不学杜诗，惟唐彦谦与今黄亚夫庶、谢师厚景初学之。"辛氏所论，即本此。陈鳣《唐才子传校勘记》（南京图书馆藏抄本）云："按彦谦所作，在晚唐仅当中等，未能窥杜门户，此揄扬似

太过。"

⑧"自号'鹿门先生'"至"薛廷珪序云" 《旧书》本传作:"有诗数百篇,礼部侍郎薛廷珪为之序,号《鹿门先生集》。"

薛廷珪:昭宗大顺中拜中书舍人。光化中,迁刑部、吏部二侍郎,权知礼部贡举,拜尚书左丞。入梁,官至礼部尚书。传见《旧书》一九〇下、《新书》二〇三。

**【辑评】**

宋代洪刍《洪驹父诗话》:

"山谷言:唐彦谦诗最善用事。其《过长陵》诗云:'耳闻明主提三尺,眼见愚民盗一抔。千古腐儒骑瘦马,灞陵斜日重回头。'又《题沟津河亭》云:'烟横博望乘槎水,月上文王避雨陵。'皆佳句。"

宋代叶梦得《石林诗话》中:

"杨大年、刘子仪皆喜唐彦谦诗,以其用事精巧,对偶亲切。黄鲁直诗体虽不类,亦不以杨、刘为过。"

宋代刘克庄《后村诗话·前集》二:

"杨、刘诸人师李义山可也,又师唐彦谦。唐诗虽雕琢对偶,然求如'一抔'、'三尺'之联,惜不多见。五言叙乱离云:'不见泥函谷,俄惊火建章。剪茅行殿湿,伐柏旧陵香。'语犹浑成,未甚破碎。"

明代杨慎《升庵诗话》八:

"唐彦谦绝句,用事隐僻而讽谕悠远,似李义山。如《奏捷西蜀题沱江驿》云:'野客乘轺非所宜,况将儒服报戎机。锦江不识临邛酒,幸免相如渴病归。'即李义山'相如未是真消渴,犹放沱江过锦城'之意也。余如《登兴元城观烽火》云:'汉川城上角三呼,护跸防边列万夫。褒姒塚前烽火起,不知泉下破颜无?'……首首有酝藉,堪吟咏,比之贯休、胡曾辈天壤矣。"

明代胡震亨《唐音癸签》八:

"唐彦谦诗律学温、李,'下疾不成双点泪,断多难到九回肠',何减'春蚕'、'蜡炬'情藻耶?又《盆稻篇》亦咏物之俊者。"

清代薛雪《一瓢诗话》:

"唐茂业有时极似玉溪,想亦如李洞之师贾岛,故臭味不殊。"

## 二二六　林　嵩

嵩，字降臣①，长乐人也②。乾符二年礼部侍郎崔沆下进士，官至秘书省正字③。工诗善赋，才誉与公乘亿相高④，功名之士翕然而慕之。有诗一卷，赋一卷，传于世。

【校注】

①"字降臣"　《新书》六〇《艺文志》四"林嵩赋一卷"附注同。

②"长乐人也"　徐松《登科记考》二三（乾符二年）"林嵩"条引《淳熙三山志》作："林嵩，长溪人，终金州刺史。"

长乐：今福建省长乐县。见《元和志》二九"江南道福州"。

③"乾符二年"至"官至秘书省正字"　《新书·艺文志》作"乾符进士第"。《唐语林》四"企羡"门："乾符二年乙未，崔沆侍郎知举。"按：黄滔有《寄越从事林嵩侍郎》诗（《全诗》七〇五）。

崔沆：历员外郎、知制诰、中书舍人，坐事贬循州司户。僖宗乾符初，复拜舍人，迁礼部侍郎，典贡举。乾符末，以户部侍郎同平章事。黄巢起义军入长安，被杀。传见《旧书》一六三、《新书》一六〇。

④公乘亿：传见本书本卷（二二三）。

附记：此篇《四库》本失载。

## 二二七　高　蟾

蟾，河朔间人①。乾符三年孔缄榜及第②。与郑郎中谷为友，酬赠称高先辈③。初，累举不上，题省墙间曰："冰柱数条揩白日，天门几扇锁明时。阳春发处无根蒂，凭仗东风次第吹。"④怨而切。是年人论不公，又下第。《上马侍郎》⑤云："天上碧桃和露种，日边红杏倚云栽。芙蓉生在秋江上，莫向春风怨未开。"意亦指直⑥，马怜之。又有"颜色如花命如叶"⑦之句，自况时运蹇窒。马因力荐，明年李昭知贡⑧，遂擢桂。官至御史中丞⑨。蟾本寒士，遑遑于一名，十年始就。性倜傥离群，稍尚气节。人与千金，无故，即身死亦不受。其胸次磊块⑩，诗酒能为消破耳。诗体则气势雄伟，态度谐远，如狂风猛雨之来，物物竦动，深造理窟，亦一奇逢掖⑪也。诗集一卷，今传。

**【校注】**

① "河朔间人"　《唐诗品汇·诗人爵里详节》"高蟾"条："河朔人。"

河朔：注见本书卷第五（一一四）《刘叉传》。

② "乾符三年孔缄榜及第"　《指海》本校记谓《四库》本"三年"作"二年"，今所见《四库》本、《四库》抄本仍作"三年"。《直斋》一九"高蟾集一卷"条作"乾符三年进士"。按：徐应秋《玉芝堂谈荟》二"历代状元"条："乾符三年，状元崔昭纬。"与本篇所记"孔缄榜不合。又《唐诗品汇·诗人爵里详节》"高蟾"条："按《唐登科记》，进士有两高蟾，则僖宗乾符二年登第者是也。"

③ "与郑郎中谷为友，酬赠称高先辈"　郑谷有《高蟾先辈以诗笔相示抒成寄酬》诗（《全诗》六七五）。

④ "冰柱数条擖白日"四句　《全诗》六六八题为《春》。"冰柱数条"，《全诗》作"天柱几条"。"次第吹"，《全诗》作"分外吹"。

擖〔zhī〕：支撑。

⑤ "上马侍郎"　《全诗》六六八题为《下第后上永崇高侍郎》，不作"马侍郎"；《又玄集》下、《才调集》八均作"高侍郎"，应据改。《北梦琐言》七载："（进士高蟾）《落第诗》云：（略）盖守寒素之分，无躁竞之心，公卿间许之。"

⑥ "意亦指直"　《佚存》、《指海》本作"意指亦直"，《四库》、三间本作"意亦亦凄楚"。

⑦ "颜色如花命如叶"　"叶"，正保本作"华"，《佚存》本作"花"，并讹。按：此断句《全诗》及《全唐诗外编》未收。

⑧ "明年李昭知贡"　《四库》本"贡"下有"举"字。按：《旧书》一九下《僖宗纪》："（乾符三年九月）礼部侍郎崔沆为尚书右丞。"徐松《登科记考》二三载乾符三年崔沆知贡举，疑李昭知贡举在咸通十四年。

⑨ "官至御史中丞"　《新书》六〇《艺文志》四"高蟾诗一卷"附注"乾宁御吏中丞"。《纪事》作"乾符中为中丞"。（按：作"乾宁"是。）

⑩ "磊块"　"块"原作"瑰"，据《四库》本改。

⑪ 逢掖：宽袖之衣，古代儒者所服，后以此为士人之代称。《礼记·儒行》："丘少居鲁，衣逢掖之衣。"

**【补录】**

五代孙光宪《北梦琐言》七：

"进士高蟾，诗思虽清，务为奇险，意疏理寡，实风雅之罪人。薛许州谓人曰：'倘见此公，欲赠其掌。'"

**【辑评】**

唐代郑谷《高蟾先辈以诗笔相示抒成寄酬》（《全诗》六七五）：

"张生故国三千里，知者唯应杜紫微。君有君恩秋后叶，可能更羡谢玄晖。"（原注："蟾有《后宫词》云：'君恩秋后叶，日日向人疏。'"）

宋代俞文豹《吹剑录》：

"高蟾《落第》诗：'天上碧桃种露种（下略）'，雍容闲雅，全无蹙迫气象。"

宋代范晞文《对床夜语》四：

"杜牧《送隐者》云：'公道世间惟白发，贵人头上不曾饶。'高蟾《春》诗云：'人生莫遣头如雪，纵得春风亦不消。'……此皆袭其句而意别者。"

## 二二八 高 骈 (821—887)

骈，字千里，幽州人也①。崇文之孙②。少闲鞍马弓刀，善射，有膂力。更锉锐为文学，与诸儒交，硁硁谈治道。初事朱叔明，为府司马，迁侍御史。一日校猎围合，有双雕并飞，骈曰："我后大富贵，当贯之。"遂一发联翩而坠，众大惊，号"落雕御史"③。骈为西川节度，筑成都城四十里，朝廷疑之。以宴间咏风筝云："依稀似曲才堪听，又被风吹别调中。"明日诏下，移镇渚宫，亦谶之类也④。仕至平章事，封渤海郡王。初，骈以战讨之勋，累拜节度，手握王爵，口含天宪，国家倚之。时巢贼日日甚，两京亦陷，大驾蒙尘，遂无勤王之意，包藏祸心，欲便徼幸。帝知之，以王铎代为都统，加侍中⑤。骈失兵柄，攘袂大诟。一旦离势，威望顿尽，方且弃人间事，绝女色，属意神仙。鄱阳商侩吕用之会妖术，役鬼神，及狂人诸葛殷、张守一等相引而进，多为谬悠长年飞化之说，羽衣鹤氅，诡辩风生，骈事之若神。造迎仙楼，高八十尺，日同方士登眺，计鸾笙在云表而下。用之等叱咤风雷，或望空揖拜，言睹仙过，骈辄随之。用之曰："玉皇欲补公真官，吾谪限亦满，必当陪幢节同归上清耳。"其造怪不可胜纪。至以用之、守一、殷等为将，分掌兵符，皆称将军，开府置官属，礼与骈均。卒至叛逆首乱，磔尸道途，死且不悟。裹骈以破毡，与子弟七人，一坎而瘗⑥。名书于《唐史·叛臣传》，亦何足道矣。有诗一卷，今传。大顺中，谢蟠隐⑦为之序。

## 【校注】

① "幽州人也"　《旧书》一八二本传同。

幽州：注见本书卷第四（九四）《李益传》。

② "崇文之孙"　《新书》二二四下本传作"南平郡王崇文孙也"。

高崇文：宪宗元和元年充神策军使，入蜀讨平刘辟，授剑南西川节度使，封南平郡王。后改任邠宁节度使。传见《旧书》一五一、《新书》一七〇。

③ "少闲鞍马弓刀"至"号落雕御史"　采自《新书》本传。

朱叔明：朔方节度使，宣宗大中二年至五年在任。见《唐方镇年表》一。

④ "骈为西川节度"至"亦谶之类也"　"以宴间咏风筝云"，《四库》本无"以"字，"筝"下有"诗"字。此段采自《北梦琐言》七，又见于《纪事》六三"高骈"条。"依稀似曲才堪听"二句，见于《全诗》五九八，题为《风筝》。"风吹"，《全诗》、《琐言》、《纪事》作"移向"。"移镇渚宫"，《新书》本传作"徙荆南节度"。

西川：注见本书卷六（一五一）《熊孺登传》。

渚宫：春秋时楚国别宫，见《左传》（文公十年），故址在今湖北省江陵县城内。此处渚宫即借指荆州江陵。

⑤ "仕至平章事"至"加骈侍中"　"手握王爵，口含天宪，国家倚之"，《四库》本此数语在"名书于《唐史·叛臣传》"之前。此段采自《新书》本传。"封渤海郡王"，《新书》此句在"加骈侍中"之下。

天宪：朝廷法令。《后汉书·朱穆传》："当今中官近习，窃持国柄，手握王爵，口含天宪。"

王铎：懿宗咸通中，历礼部侍郎、礼部尚书同平章事。僖宗朝，黄巢义兵起，朝廷以铎充荆南节度使、诸道行营都统。江陵被攻破后,高骈代铎为都统。及骈败,复用铎为义成军节度使、诸道行营都统。后封晋国公。传见《旧书》一六四、《新书》一八五。

⑥"骈失兵柄"至"一坎而瘗" "会妖术,役鬼神",《四库》本作"妄言能以妖术役鬼神"。"张守一等",《四库》本作"张守一之徒凡十余辈"。"骈事之若神",《四库》本"神"下有"焉"字。此段据《新书》本传,兼采《旧书》本传。又见于罗隐《广陵妖乱志》(《全文》八九七)。按:《记广陵妖乱志后》(附于《唐人说荟》所载《广陵妖乱志》后)云:"隐尝不礼于千里(高骈),作此快之,其间增饰之诬,固自不免。"又参见《诗话总龟》三五"讥诮"门。

幢节:旌旗仪仗,此处借指节度使高骈。

⑦谢蟠隐:参见本书卷第十(二五四)《张鼎传》。

附记:《四库》本按语云:"《骈传》全文已佚,今就《永乐大典》所载五条编录。"

【辑评】

宋代范晞文《对床夜语》四:

"七言仄韵,尤难于五言。……高骈云:'清溪道士人不识,上天下天鹤一只。洞门深锁碧窗寒,滴露研硃点《周易》。'骈为吕用之所给,至于杀身亡家而不悟,固无足取,然此等辞语,决非尘埃人可道。"

宋代计有功《唐诗纪事》六三:

"骈好为诗,雅有奇藻。"

## 二二九　牛　峤

峤,字延峰,陇西人①,宰相僧孺之后②。博学有文,以歌诗著名。乾符五年孙偓榜第四人进士,仕历拾遗、补阙、尚书郎。王建镇西川,辟为判官。及伪蜀开国,拜给事中,卒③。有集,本三十卷,自序云:"窃慕李长吉所为歌诗,辄效之。"④今传于世。

【校注】

①"字延峰,陇西人" 《郡斋》四中"牛峤歌诗三卷"条同。《纪事》七一"牛峤"条作:"字松卿,一字延峰,陇西人。"

陇西:注见本书卷第三(七七)《戎昱传》。

② "宰相僧孺之后"　据《郡斋》。《纪事》作"自云僧孺之后"。

牛僧孺：注见本书卷第六（一六八）《杜牧传》。

③ "博学有文"至"拜给事中，卒"　采自《郡斋》，《纪事》略同。《郡斋》、《纪事》并记："乾符五年进士。"［按：《唐摭言》八"梦"条："孙龙光偓，崔澹下状元及第。"《旧书》一九下《僖宗纪》："（乾符四年）九月，以中书舍人崔澹权知贡举。"又，《玉芝堂谈荟》二"历代状元"条："乾符四年，进士三十人，状元孙渥。"皆不作"五年"，与本篇所记异。］"历拾遗、补阙、尚书郎"，《郡斋》同，《纪事》无"阙"字。"拜给事中，卒"，《郡斋》同，《纪事》无"卒"字。

孙偓：第进士，历显官，乾宁中，以户部侍郎同中书门下平章事，后贬衡州司马。传见《新书》一八三。

王建：僖宗朝为利州刺史。昭宗大顺二年，攻取西川，后占有全部蜀地。天复三年封蜀王。后梁开平元年，在成都自立为帝，国号蜀，史称前蜀。传见《旧五代史》一三六、《新五代史》六三。

④ "有集"至"辄效之"　录自《郡斋》。

【辑评】

清代况周颐《餐樱庑词话》：

"昔人情语艳语，大都靡曼为工。牛松卿……《望江怨》云：'惜别花时手频执，罗帏愁独入。马嘶残雨春芜湿。倚门立，寄语薄情郎，粉香和泪泣。'繁弦促柱间，有劲气暗转，愈转愈深。"

# 二三〇　钱　珝

珝，吴兴人，起之孙也①。乾宁六年，郑蔼榜及第②。昭宗时，仕为中书舍人③。工诗，有集传于世④。

【校注】

① "吴兴人，起之孙也"　《新书》二〇一《卢纶传》："（钱）起，吴兴人。"《新书》一七七《钱徽传》："父起。……子可复、方义。……方义终太子宾客，子珝，字瑞文。"据此，珝应为起之曾孙，本篇误。

吴兴：注见本书卷第二（四九）《沈千运传》。

钱起：传见本书卷第四（八六）。

553

②"乾宁六年，郑蔼榜及第" "乾宁"无六年，应为"乾符"之讹。本传前后各传之登科纪年均为乾符，可证。

③"昭宗时，仕为中书舍人" 《新书》一七七《钱珝传》载："（珝）善文辞，宰相王抟荐知制诰，进中书舍人。抟得罪，珝贬抚州司马。"

④"有集传于世" 《新书》六〇《艺文志》四著录"钱珝《舟中录》二十卷"。《全文》八三六载有钱珝《舟中录序》。

附记：此篇《四库》本失载。

【补录】

唐代钱珝《舟中录序》（《全文》八三六）：

"乙丑岁冬十一月，余以尚书郎得掌诰命，庚申岁夏六月，以舍人获谴，佐抚州。驰暑道病。秋八月，自襄阳浮而下，舟行无事，因解束书，视所为辞稿，蔚蔚冗碎，可存者得五百四十篇，丞相表奏百篇，区别编联为二十卷。……所编联，不敢以集称，理诸舟中，遂曰《舟中录》。是年九月，钱珝自序于沔阳之南。"

【辑评】

明代杨慎《升庵诗话》一三：

"钱珝《咏史》：'负罪将军在北朝，秦淮芳草绿迢迢。高台爱妾魂应断，始拟邱迟一为招。'此咏梁将军陈伯玉之事。伯玉负罪，自梁奔魏，其后邱迟招之，有云：'江南三月，草长莺啼，杂花乱开。'又曰：'高台未倾，爱妾犹在。'诗皆用书中语，括书咏史如此，射雕手也。如胡曾、汪遵，不堪为奴仆矣。"

## 二三一 赵光远

光远，丞相隐之犹子也。幼而聪悟。咸通、乾符中，称气焰。善为诗，温庭筠、李商隐辈梯媒之。恃才不拘小节，皆金鞍骏马，尝将子弟恣游狭邪。著《北里志》，颇述青楼红粉之事①。及有诗等传于世。○光远等千金之子，厌饫膏粱，仰荫承荣，视若谈笑，骄侈不期而至矣。况年少多才，京邑繁盛，耳目所荡，素少闲邪之虑者哉。故辞意多裙裾妖艳之态，无足怪矣。有孙启②、崔珏③同时，姿心狂狎，相为唱和，颇陷轻薄，无退让之风。惟卢弼④气象稍严，不迁狐惑⑤，如《边庭四时怨》⑥等作，赏音大播，信不偶然。区区凉德⑦，徒曰贵介⑧，不暇录尚多云。

**【校注】**

① "丞相隐之犹子也"至"颇述青楼红粉之事" 此段采自《唐摭言》一〇"韦庄奏请追赠不及第人近代者"条。"丞相隐之犹子也"，《摭言》作"丞相隐弟子"。"称气焰"至"梯媒之"，《摭言》作"以为气焰，温、李因之"。按：今本《北里志》题为孙棨撰。《郡斋》三下"北里志一卷"条亦云："右唐孙棨撰，记大中进士游侠邪杂事。"

赵隐：德宗贞元初官郑州刺史，后迁工部侍郎，出为岭南东道节度使。传见《旧书》一七八、《新书》一八二。

犹子：谓兄弟之子，亦称从子。

梯媒：推荐。李商隐《为东川崔从事谢辟及聘钱启》："某等早辱梯媒，获沾科第。"

狭邪：狭街曲巷，常以指娼妓所居处。

② "孙启" 《新书》七三下《宰相世系表》三下作："（孙）棨，字文成，中书舍人。"《纪事》六五、《直斋》一一均作"孙棨"。

③ 崔珏：字梦之，大中进士第，有诗一卷。见《新书》六〇《艺文志》四。

④ "卢弼" 《佚存》本"卢"作"虑"，讹。《才调集》八亦作"卢弼"。《旧书》一六三、《新书》一七七、《旧五代史》六〇、《新五代史》二八本传并作"卢汝弼"。

卢弼：一作卢汝弼。昭宗朝累迁祠部员外郎、知制诰，从昭宗迁洛。唐季丧乱，乃移疾退居，后依太原李克用，克用表为节度副使。

⑤ "狐惑" 三间本校语云，从《四库》本作"狂惑"，今所见《四库》本、《四库》抄本仍作"狐惑"。

⑥ "边庭四时怨" 《全诗》六八八题为《和李秀才边庭四时怨》，卢汝弼作，共四首。

⑦ 凉德：薄德。《左传》（庄公三二年）："虢多凉德，其何土之能得。"

⑧ 贵介：谓尊贵。刘伶《酒德颂》："有贵介公子，搢绅处士。"

**【辑评】**

明代胡应麟《诗薮·内编》六：

555

"卢弼《边庭四时词》，语意新奇，韵格超绝。《品汇》云时代不可考，余谓此盛唐高手无疑。"（附卢弼《边庭四时怨》之三："八月霜飞柳半黄，蓬根吹断雁南翔。陇头流水关山月，泣上龙堆望故乡！"）

## 二三二 周 朴（？—879）

朴，字见素，长乐人①，嵩山隐君也②。工为诗。抒思尤艰，每有所得，必极雕琢，时诗家称为月锻年炼。未及成篇，已播人口，取重当时如此③。贯休④尤与往还，深为怜才。而朴本无夺名竞利之心，特以道尊德贵，美价⑤益超耳。乾符中，为巢贼所得，以不屈，竟及于祸⑥。远近闻之，莫不流涕。林嵩得其诗百余篇，为二卷，僧栖浩序首⑦，今传于世。〇周朴山林之癯，槁衣粝食，以为黔娄、原宪⑧，不殄天物，庶足保身而长年。今则血染缊袍⑨，魂散茅宇，盗跖不仁，竟嚼虎口。天道福善祸淫，果何如哉！古称饰变诈为奸轨⑩者，自足乎一世之间；守道循理者，不免于饥寒之患。杀戮无辜，乱世之道。每读至此，未尝不废书抚髀欷歔也。

【校注】

① "字见素，长乐人" 林嵩《周朴诗集序》（《全文》八二九）："先生名朴，字见素，生于钓台，而长于瓯、闽。"《纪事》七一"周朴"条记："寓于闽中，于僧寺假文室以居。"

长乐：注见本书本卷（二二六）《林嵩传》。

② "嵩山隐君也" 未知何据。

③ "抒思尤艰"至"取重当时如此" "月锻年炼"，《四库》、三间本"年"作"季"，与《六一诗话》合。此段采自欧阳修《六一诗话》。"抒思"，《诗话》作"构思"。参见《周朴诗集序》。

④ 贯休：传见本书卷第十（二六七）。

⑤ "美价" 《四库》、三间本作"声价"。

⑥ "乾符中"至"竟及于祸" 《新书》二二五下《黄巢传》作："（黄）巢入闽，俘民绐称儒者，皆释，时六年三月也。……又求处士周朴，得之，谓曰：'能从我乎？'答曰：'我尚不仕天子，安能从贼！'巢怒斩朴。"《纪事》略同。《周朴诗集序》记：

"乾符七年，闽城殒贼，悲夫！"（按：乾符无七年。《通鉴》二五三记黄巢起义军于乾符五年十二月克福州。）

⑦"林嵩得其诗"至"僧栖浩序首"　林嵩《周朴诗集序》所记与本篇不同，作："有僧栖浩，高人也，与先生善，据拾遗文，得诗一百首。中和二年冬十月，携来访，余且惊且喜。余欲先生之文与方干齐，集毕，遂为之序。"

林嵩：传见本书本卷（二二六）。

⑧黔娄：战国时齐隐士，家贫，齐、鲁之君聘，俱不受。死时衾不蔽体。见《列女传》二。

原宪：春秋时鲁人，字子思，孔子弟子，蓬户褐衣蔬食，不减其乐。见《史记·仲尼弟子传》。

⑨缊袍：古代贫士无力具丝絮，仅能乱麻著于衣中，称缊袍。《论语·子罕》："衣敝缊袍，与衣狐貉者立，而不耻者，其由也与。"

⑩"奸轨"　《指海》本作"奸宄"。

## 【补录】

唐代林嵩《周朴诗集序》（《全文》八二九）：

"与李建州频、方处士干为诗友。一篇一咏，脍炙人口。……诗人张为尝贻先生诗曰：'到处只闭户，逢君便展眉。'闽之廉问杨公发、李公诲，中朝重德，羽翼词人，奇君之诗，召而不往。……先生为诗思迟，盈月方得一联一句，得必惊人，未暇全篇，已布人口。"

宋代计有功《唐诗纪事》七一"周朴"条：

"朴，唐末诗人。寓于闽中，于僧寺假丈室以居，不饮酒茹荤，块然独处。诸僧晨粥卯食，朴亦携巾盂，厕诸僧下，毕食而退，率以为常。……性喜吟诗，尤尚苦涩，每遇景物，搜奇抉思，日旰忘返，苟得一联一句，则忻然自快。尝野逢一负薪者，忽持之，且厉声曰：'我得之矣！我得之矣！'樵夫矍然惊骇，掣臂弃薪而走。遇游徼卒，疑樵者为偷儿，执而讯之。朴徐往告卒曰：'适见负薪，因得句耳。'卒乃释之。其句云：'子孙何处闲为客，松柏被人伐作薪。'彼有一士人，以朴癖于诗句，欲戏之。一日，跨驴于路，遇朴在旁，士人乃歆帽掩头吟朴诗曰：'禹力不到处，河声流向东。'朴闻之忿，遽随其后，且行。士但促驴而去，略不回首。行数里追及，朴告之曰：'仆诗河声流向西，何得言流向东？'士人颔之而已。闽中传以为笑。"

【辑评】

明代胡震亨《唐音癸签》八：

"周朴从苦思中猛句，陡目欲惊。其不合者亦多，可憎是贯休一流诗。"

清代吴乔《围炉诗话》二：

"周朴之'禹功不到处，河声流向西'，诚苦心奇句，奈前后无味何！"

清代冒春荣《葚原诗说》一：

"周朴赋《董岭水》，于'禹力不到处，河声流向西'下接云：'过衙山色远，近水月光低。'便直塌下去，少振拔之势。"

# 二三三 罗　隐（883—909）

隐，字昭谏，钱塘人也①。少英敏，善属文，诗笔尤俊拔，养浩然之气②。乾符初，举进士累不第③。广明中，遇乱归乡里④。时钱尚父镇东南，节钺崇重，隐欲依焉。进谒，投素作，卷首《过夏口》云："一个祢衡容不得，思量黄祖谩英雄。"镠得之大喜，以书辟曰："仲宣远托刘荆州，盖因乱世；夫子乐为鲁司寇，只为故乡。"隐曰："是不可去矣。"⑤遂为掌书记⑥。性简傲，高谈阔论⑦，满座风生。好谐谑，感遇辄发。镠爱其才，前后赐予无数。陪从⑧，不顷刻相背。表迁节度判官、盐铁发运使。未几，奏授著作郎⑨。镠初授镇，命沈崧草表谢，盛言浙西富庶。隐曰："今浙西焚荡之余，朝臣方切贿赂，表奏，将鹰犬我矣。"镠请隐为之，有云："天寒而麇鹿曾游，日暮而牛羊不下。"又为贺昭宗改名表云："左则姬昌之半字，右为虞舜之全文。"作者称赏⑩。转司勋郎中。自号"江东生"。魏博节度罗绍威慕其名，推宗人之分，拜为叔父⑪。时亦老矣，尝表荐之⑫。隐恃才忽睨，众颇憎忌。自以当得大用，而一第落落，传食诸侯，因人成事，深怨唐室。诗文凡以讥刺为主⑬，虽荒祠木偶，莫能免者⑭。且介僻寡合，不喜军旅⑮。献酬俎豆间，绰绰有余也。隐初贫，来赴举，过钟陵，见营妓云英有才思。后一纪,下第过之,英曰:"罗秀才尚未脱白?"隐赠诗云:"钟陵醉别十余春,重见云英掌上身。我未成名英未嫁,可能俱是不如人。"⑯与顾云同谒淮南高骈,骈不礼。骈后为毕将军所杀,隐有延和阁之讥⑰。又以诗投相国郑畋。畋有女殊丽,喜诗咏,读隐作至"张华漫出如丹语,不及刘侯一纸书",由是切慕之,精爽飞越,莫知所从。隐忽来谒,女从帘后窥见迁寝之状,不复念矣⑱。隐精法书,喜笔工荖凤,谓曰:"笔,文章货也。今助子取高价。"即以雁头笺百幅为赠,士大夫踵门问价,一致千金。率多借重如此⑲。所著《谗书》、《谗本》、《淮海寓言》,《湘南应用集》、《甲乙集》、《外集》、《启事》⑳等,并行于世。○《易》戒:"毋以小善为无益而弗为,小恶为无伤而弗去也。"㉑罗隐以褊急性能㉒,动必嘲讪,率成谩作㉓,顷刻相传。以其事业非不五鼎㉔也,学术非不经史也,夫何齐东野人㉕,猥巷小子,语及讥诮,必以隐为称首。凋丧淳才,揄扬秽德,白日能蔽于浮翳㉖,美玉曾玷于青蝇,虽亦未必尽然,是皆阙慎微之豫㉗。阮嗣宗㉘臧否不挂口,欲免其身。如滑稽玩世东方朔㉙之流,又不相类也。

【校注】

① "钱塘人也" 《旧书》一八一《罗威传》称"钱塘人罗隐者"。杜荀鹤有《献钱塘县罗著作判官》诗(《全诗》六九三)。《吴越备史》本传作"新登县人"。沈崧《罗给事墓志》(据汪德振《罗隐年谱》)作"新城人"。《旧五代史》二四《本传》、《纪事》六九"罗隐"条、《郡斋》四中"罗隐甲乙集十卷谗书五卷"条并作"余杭人"。按:陈鳣《唐才子传校勘记》(南京图书馆藏抄本)"罗隐"条云:"隐曾为钱塘令,则非钱塘人可知";"新登即新城,梁避讳改也。……今新城县徐村水坞隐墓在焉,则新城或其祖籍,或其迁居,故《备史》云然欤?"又,元代陆友《研北杂志》下载:"谢皋文尝至新城,间闻故老言:罗给事塚在县界徐村之水坞,塚碣犹存,梁开平四年沈崧志。"

钱塘:注见本书卷第一(六)《骆宾王传》。

新城:今浙江省富阳县西。见《元和志》二五"江南道杭州"。

② "少英敏"至"养浩然之气" 《郡斋》作:"隐少聪敏,作诗著文,以讥刺

为主。"

③ "乾符初,举进士累不第"  《郡斋》作"唐乾符中举进士不第"。《吴越备史》作"凡十上不中第"。按:《唐摭言》二"置等第"条:"乾符四年,崔湶为京尹兆,复置等第。差万年县尉公乘亿为试官。试《火中寒暑退赋》、《残月如新月诗》。"下列十人:"李特、韦硎、沈驾、罗隐、刘篆、倪曙、唐骈、周繁、吴廷隐、贾涉(其年所试八韵,涉擅场,而屈其等第)。"又《唐摭言》二"等第罢举"条:"韦硎、沈驾、罗隐、周繁,并乾符三年。"

④ "广明中,遇乱归乡里"  据《旧五代史》。

⑤ "时钱尚父镇东南"至"是不可去矣"  "投素作,卷首《过夏口》云",《四库》本作"投素作卷,其首章《过夏口》云",《吴越备史》作"遂以所为《夏口诗》标于卷末云"。"思量黄祖谩英雄",《四库》本"谩"作"漫"。"镠得之大喜,以书辟曰",四"喜"下原有"遇"字,据《四库》、三间、《指海》本删;《四库》、《指海》本"辟"下有"之"字;《吴越备史》作:"王览之大笑,因加殊遇,复命简书辟之曰。""夫子",原讹为"丈子",据《佚存》、《四库》本改。"是不可去矣",《佚存》本"矣"作"哉"。此段据《吴越备史》。"一个祢衡容不得"二句,见于《全诗》六六五断句。

钱尚父:钱镠,五代时吴越国王。唐末任镇海节度使,昭宗乾宁三年击败董昌,尽有两浙十三州之地。后梁开平元年受封为吴越王,梁太祖尊为尚父。传见《旧五代史》一三、《新五代史》六七。

祢衡、黄祖:注见本书卷第一(一〇)《刘希夷传》。

仲宣:汉末诗人王粲,字仲宣,建安七子之一,曾因战祸避难荆州,依刺史刘表。《三国志·魏书》有传。

夫子:指孔子,曾任鲁国大司寇。传见《史记·孔子世家》。

⑥ "遂为掌书记"  《吴越备史》作"寻授镇海军掌书记",《旧五代史》作"节度使钱镠辟为从事",《纪事》作"光启中钱镠辟为从事"。

⑦ "高谈阔论"  《四库》本作"阔谈高论",《四库》抄本作"闳谈高论"。

⑧ "陪从"  "陪"原讹作"倍",据《佚存》、《四库》、《指海》本改。

⑨ "表迁节度判官"至"奏授著作郎"  《吴越备史》:"隐累官钱塘县令,寻授镇海军掌书记、节度判官、盐铁发运副使,授著作郎、司郎郎中,历谏议大夫、给事中,赐金紫。"本篇即据此节写。沈崧《罗给事墓志》作:"始以光启三年……乃遇淮浙钱令公吴越国王。……因置钱塘县,以策上请,诏下可之,由是直绾铜章,尊荣朱绂。……拜秘省著作郎,辟为镇海军节度掌记。……天祐三年,转司勋郎中,充镇海军节度判官。开平二年,授给事中。至三年,迁盐铁发运使。"应据以订正本篇之误。

⑩ "镠初授镇"至"作者称赏"  "日暮而牛羊不下","而"字原脱,据《四

库》、三间、《指海》本补,与《吴越备史》合。此段据《吴越备史》。"麋鹿曾游",《备史》作"麇鹿尝游"。"左则姬昌之半字,右为虞舜之全文",今本《备史》误为"左则虞舜之全文,右则姬昌之半字。"应据本篇所引订正。(按:昭宗李敏改名晔,右为"华",虞舜名重华。)

沈崧:乾宁进士,钱镠辟为镇海军掌书记,除浙西营田副使,奏授秘书监。吴越国立,拜为丞相。传见《十国春秋》八六《吴越》一〇。

⑪"自号'江东生'"至"拜为叔父" 据《旧书》一八一《罗威传》、《新书》二一〇《罗绍威传》。亦见于《五代史补》一〇。《旧书》记:"威酷嗜其作,目己所为曰《偷江东集》。"《纪事》作:"隐池之梅根浦,自号'江东生'。……开平中,魏博罗绍威推为叔父,表授给事中。"

罗绍威:一作罗威。昭宗光化中嗣父弘信为魏博节度使。唐亡后仕梁,赠尚书令。传见《旧书》一八一、《新书》二一〇。

⑫"时亦老矣,尝表荐之" 《旧五代史》作:"魏博节度使密表推荐,乃授给事中。年八十余,终于钱塘。"按《吴越备史》一记:"开平三年十月乙酉,发运使罗隐卒。"

⑬"诗文凡以讥刺为主" 《四库》本"凡"作"多"。《郡斋》作:"作诗著文,以讥刺为主。"《旧五代史》作:"尤长于咏史,然多所讥讽,以故不中第。"

⑭"虽荒祠木偶,莫能免者" 见《逸书》四《木偶人》(《全文》八九六)。

⑮"且介僻寡合,不喜军旅" 《吴越备史》作:"隐性不喜军旅,唯与丞相杜建徽善。"

献酬俎豆:谓宴会、朝聘、祭祀之事。俎豆,礼器。

⑯"隐初贫"至"可能俱是不如人" "英未嫁",《四库》抄本"英"作"君",与《纪事》、《全诗》合,《鉴戒录》作"卿"。此段据何光远《鉴戒录》八,亦见于《纪事》。"钟陵醉别十余春"四句,《全诗》六六二题为《偶题》,一作《嘲钟陵妓云英》。"可能",《鉴戒录》作"可怜"。

钟陵:注见本书卷第六(一五一)《熊孺登传》。

脱白:古代未仕者著白衣,脱白指授官,犹云解褐。

营妓:古代军中官妓。何光远《鉴戒录》一〇:"吴越饶营妓。"

⑰"与顾云同谒"至"隐有延和阁之讥" 《鉴戒录》八记:"隐又与顾云先辈谒淮南高相公骈。顾为人风雅,时渤海公辞留,隐遂辞归钱塘。……高后失政,因吕用之等幻惑,为毕师铎所害,隐自钱塘著《妖乱志》以非之。"罗隐《广陵妖乱志》(《全文》八九七):"又起延和阁于大厅之西。……及(毕)师铎乱,人有登之者,于藻井垂莲之上,见二十八字云:'延和高阁上干云,小语犹疑太乙闻。烧尽降真无一事,开门迎得毕将军。'"

顾云：少与杜荀鹤、殷文圭友善。咸通中登第。为高骈淮南从事，光启三年，淮将部将毕师铎叛乱，杀高骈，云退居霅川。大顺中与羊昭业、陆希声、司空图等修宣、懿、僖三朝实录，书成，加虞部员外郎。见《唐摭言》一二、《纪事》六七。

高骈：传见本书本卷（二二八）。

⑱"又以诗投相国郑畋"至"不复念矣"　"殊丽"，《四库》本作"姝丽"。"张华谩出如丹语"，"丹"原讹作"舟"，据《四库》本改，与《鉴戒录》、《全诗》六六五断句合。

郑畋：会昌进士，历中书舍人、兵部侍郎、吏部侍郎同平章事。黄巢起义军入长安，畋为凤翔节度使，战败黄巢部将尚让，旋充京西诸道行营都统。后称病解职。传见《旧书》一七八、《新书》一八五。

张华：西晋文学家，工于诗赋。仕晋为黄门侍郎，曾与武帝、羊祜共谋伐吴。后因拒绝参与赵王伦的篡权阴谋，被害。《晋书·张华传》载："使者至曰：'诏斩公。'华曰：'臣，先帝老臣，中心如丹，臣不爱死，惧王室之难祸不可测也。'"

刘侯：西晋刘弘，官荆州刺史、镇南大将军。《晋书·刘弘传》载："弘每有兴废，手书守相，丁宁款密，所以人皆感悦，争赴之。咸曰：'得刘公一纸书，贤于十部从事。'"

⑲"隐精法书"至"率多借重如此"　《佚存》本"率"作"卒"。此段采自《云仙杂记》三。《宣和书谱》一一"罗隐"条作："作行书，尤有唐人典型。"

⑳"谗书"至"启事"　《宋史·艺文志》均有著录。

㉑"毋以小善为无益"至"而弗去也"　《周易·系辞》下八作："小人以小善为无益而弗为也，以小恶为无伤而弗去也。"

㉒"褊急性能"　《四库》、三间本"能"均作"成"。

㉓"率成谩作"　《佚存》本"率"作"卒"，《四库》本"谩"作"漫"。

㉔五鼎：古祭礼，大夫以五鼎盛祭品。常以五鼎指借贵官。《史记·主父偃传》："且丈夫生不五鼎食，死即五鼎烹耳！"

㉕齐东野人：泛指粗鄙之人。《孟子·万章上》："此非君子之言，齐东野人之语也。"

㉖"白日能敝于浮翳"　三间按语谓《四库》本"白"上有"噫"字，"翳"作"云"，今所见《四库》本、《四库》抄本皆与底本同。

㉗"是皆阙慎微之豫"　《四库》本"豫"作"义"。

㉘阮嗣宗：阮籍，字嗣宗，三国魏著名诗人。迫于司马氏的恐怖统治，纵酒佯狂，口不臧否人物，借以避祸。《晋书》有传。

㉙东方朔：西汉人，仕武帝朝为常侍郎、太中大夫。善恢谐调笑，常借此向皇帝直谏或暗讽。《汉书》有传。

## 【补录】

宋代钱俨《吴越备史》二：

"初，节度判官罗隐劝王举兵讨梁，曰：'纵无成功，犹可退保杭越，自为东帝，奈何交臂事贼？'王以隐不遇于唐，有怨心；其言虽不能用，心甚义之。"

《吴越备史》二：

"隐本名横，凡十上不中第，遂更名隐。初从事湖南，历淮、润，皆不得意，乃归新登。"

宋代薛居正《旧五代史》二四《罗隐传》：

"诗名于天下，尤长于咏史，然多所讥讽，以故不中第。大为宰相郑畋、李蔚所知。"

宋代曾慥《类说》一九《幕府燕闲录》：

"唐昭宗播迁，随驾技艺人止有弄猴者。猴颇驯，能随班起居，昭宗赐以绯袍，号'孙供奉'。罗隐下第诗云：'何如学取孙供奉，一笑君王便著绯。'"

## 【辑评】

宋代王楙《野客丛书》六：

"唐人诗句中，用俗语者，惟杜荀鹤、罗隐为多。……罗隐诗如曰：'西施若解亡人国，越国亡来又是谁？'曰：'今宵有酒今宵醉，明日愁来明日愁。'……今人多引此语，往往不知谁作。"

明代胡震亨《唐音癸签》八：

"罗昭谏酬情饱墨出之，几不可了。未少佳篇，奈为浮渲所掩。然论笔材，自在伪国诸吟流上。"

清代贺裳《载酒园诗话·又编》：

"（罗隐）诗独带粗豪气，绝句尤无韵度，酷类宋人，不知尔时何以名重至此！"

"隐不得志于举场，故善作侘傺之言。如'一船明月一竿竹，家在五湖归去来'，'灞陵老将无功业，犹忆当时夜猎归'，皆激昂悲壮。"

清代薛雪《一瓢诗话》：

"罗江东：'云中鸡犬刘安过，月下笙歌炀帝归。'人谓之'见鬼'，阮亭先生谓二句最劣。余谓上句是无用之句，下句则宛然佳句也，顾用之如何耳。"

"罗昭谏为三罗之杰，调高韵响，绝非晚唐琐屑，当与韦端己同日而语。"

清代翁方纲《石洲诗话》二：

"咸通十哲，概乏风骨，方干、罗隐皆极负盛名，而一望荒芜，实无足采。"

清代李重华《贞一斋诗说》：

"罗江东笔甚爽杰，功稍粗疏。"

## 二三四　罗　虬

虬，词藻富赡，与族人隐、邺齐名，咸通间称"三罗"，气宇终不逮。广明庚子乱后，去从鄜州李孝恭为从事。虬狂宕无检束，时雕阴籍中有妓杜红儿，善歌舞，姿色殊绝，尝为副戎属意。会副戎聘邻道，虬久慕之，至是请红儿歌，赠以缯彩。孝恭以为副戎所贮，从事则非礼，勿令受贶。虬不称意，怒，拂衣起，诘旦，手刃杀之[①]。孝恭以虬激己，坐之，顷会赦[②]。虬追其冤，于是取古之美女有姿艳才德者，作绝句一百首，以比红儿，当时盛传[③]。此外不见有他作。体固凡庸，无大可采。《序》曰："红儿美貌年少，机智慧悟，不与群妓等。余知红者，择古灼然美色，优劣于章句间。"[④]其卒章云："花落尘中玉堕泥[⑤]，香魂应上窈娘堤。欲知此恨无穷处，长倩城乌夜夜啼。"情极哀切。初以白刃相加，今日"余知红者"，虬实一狂夫也。且拘律之道大爽[⑥]，姑录为笑谈耳。

【校注】

①"虬词藻富赡"至"手刃杀之"　"狂宕无检束"，《四库》本"宕"作"荡"。"副戎所贮"，与《摭言》合，《四库》、三间本"贮"作"盼"。"从事则非礼"，《四

库》、三间本"从事"作"为从事歌"。此段采自《唐摭言》一○"海叙不遇"条,《纪事》六九"罗虬"条略同。"咸通间",《摭言》作"咸通、乾符中"。"为从事",《摭言》无。"时雕阴籍中",《摭言》作"籍中"二字(罗虬《比红儿诗序》〔《全诗》六六六〕称"雕阴官妓杜红儿")。"尝为副戎属意",《摭言》"副戎"作"貮车"。

　　罗邺:传见本书卷第八(二一一)。

　　广明庚子乱:指僖宗广明元年黄巢军入长安,建立政权。

　　鄜州:注见本书卷第二(四六)《杜甫传》。

　　李孝恭:僖宗中和、光启间为鄜坊节度使,见《唐方镇年表》八。

　　雕阴:绥州,治龙泉,今陕西省绥德。隋时称绥阴郡。见《元和志》四"关内道"。

　　副戎:指副使,节度使之副职。贶〔kuàng〕:赐予。

　　窈娘:唐武后时,补阙乔知之侍婢窈娘,为武承嗣所夺。知之怨惜,作《绿珠篇》密送窈娘,窈娘感愤自杀。承嗣大怒,因讽酷吏诛知之。见《本事诗·情感》。

　　②"孝恭以虬激己,坐之,顷会赦"　《摭言》、《纪事》无此数语。

　　③"虬追其冤"至"当时盛传"　据《摭言》、《纪事》。

　　④"红儿美貌年少"至"优劣章句间"　"择古灼然美色",《全诗》六六六、《纪事》六九《比红儿诗序》并作"乃择古之美色灼然于史传三数十辈"。

　　⑤"花落尘中玉堕泥"　"花"原作"华",据《四库》本改,与《全诗》、《纪事》合。

　　⑥"且拘律之道大爽"　"且"原讹作"旦",据五山、正保、《佚存》、《四库》本改。"拘律",《四库》、三间本作"声律"。

## 【补录】

五代孙光宪《北梦琐言》一三:

"罗虬累举不第,务于躁进,因罢举依于宦官,典台州,昼锦也。常以展墓,勉谒邑宰,横笏傲然。宰曰:'某虽尘吏,不达事体,然使君岂不看松柏下人乎?'讥其无桑梓之敬,曾武人之不若也。"

## 【辑评】

宋代吴曾《能改斋漫录》八:

"《侯鲭录》云:'东坡谓世之对偶,如红生、白熟,手文、脚色二对,无复加也。'然予尝记唐罗虬诗云:'窗前远岫悬生碧,帘外残霞挂熟红。'然则罗虬已用生碧、熟红矣。"

清代贺裳《载酒园诗话·又编》:

"'三罗'虽并称,虬今不传一字,若《比红儿》百首,特若海中佳料耳。"

清代翁方纲《石洲诗话》二:

"罗虬《比红儿诗》俚劣之甚,亦胡曾《咏史》、曹唐《游仙》之类。乃以此得名于时,亦奇矣。"

## 二三五 崔 鲁

鲁[①],广明间举进士[②],工为杂文,才丽而荡,诗慕杜紫微风范[③],警句绝多。如《梅花》云:"强半瘦因前夜雪,数枝愁向晚来天。"[④]又"初开已入雕梁画,未落先愁玉笛吹。"[⑤]《莲花》云:"何人解把无尘袖,盛取清香尽日怜。"[⑥]《山鹊》云:"一番春雨吹巢冷,半朵山花咽觜香。"[⑦]又《别题》云:"云生柱础降龙地,露洗林峦放鹤天"[⑧]等,皆绮制精深,脍炙人口。颇嗜酒,无德,尝醉辱陆肱郎中,且日惭甚,为诗谢曰:"醉时颠蹶醒时羞,曲蘖催人不自由。叵耐一双穷相眼,不堪花卉在前头。"[⑨]陆亦谅之。悠悠乱世,竟无所成。鲁诗善于状景咏物,读之如咽冰雪,心爽神怡,能远声病,气象清楚,格调且高[⑩],中间别有一种风情,佳作也[⑪]。诗三百余篇,名《无机集》[⑫],今传。

**【校注】**

① "鲁" 《新书》六〇《艺文志》四、《纪事》五八、《直斋》一九并作"橹"。按:底本传主名下原注:"或原橹。"本书卷首《唐才子传目》亦作"崔橹"。

② "广明间举进士" 《纪事》五八"崔橹"条"大中时进士也"。《唐诗品汇·诗人爵里详节》"崔鲁"条作"僖宗广明进士"。按:《直斋》一九"无讥集四卷"条作"僖宗时人"。

③ "才丽而荡,诗慕杜紫微风范" 《唐摭言》一〇"海叙不遇"条及《纪事》并作:"崔橹慕杜紫微为诗,而橹才丽近荡。"

杜紫微:杜牧,曾官中书舍人,故称杜紫微。传见本书卷第六(一六八)。

④ "强半瘦因前夜雪"二句 见于《唐摭言》一〇"海叙不遇"条。"晚来天",《纪事》、《全诗》五七六崔橹断句并讹作"晚天来"。

⑤ "初开已入雕梁画"二句　《全诗》五七六题为《岸梅》，共八句。"已入"，与《摭言》合，《全诗》作"偏称"，与《纪事》合。

⑥ "何人解把无尘袖"二句　《摭言》、《纪事》、《全诗》五七六断句"何人"并作"无人"，"清香"并作"残香"。

⑦ "一番春雨吹巢冷"二句　"觜"，《四库》本作"嘴"，《诗总》、《全诗》并作"觜"。《诗话总龟》五"评论"门引《诗史》称"崔橹《山鹤》诗"，《全诗》五七六崔橹断句作《山鹊》。"一番春雨"，《诗总》、《全诗》并作"一林寒雨"。

⑧ "云生柱础降龙地"二句　见于《摭言》、《纪事》、《全诗》五七六断句。《摭言》称"《山寺》诗"。

⑨ "尝醉辱陆肱郎中"至"不堪花卉在前头"　采自《唐摭言》一二"酒失"条。"醉时颠蹶醒时羞"四句，《全诗》五七六题为《有酒失于虔州陆郎中以诗谢之》，一作《酒后谢陆虔州》。

陆肱：大中九年进士。咸通二年，自前振武从事平判入等，后为虔州刺史，曾辟许棠为郡从事。见《纪事》五三"陆肱"条。

穷相：穷乏寒酸之态。唐彦谦《见炀帝宝帐》诗："汉文穷相作前王，慳惜明珠不斗量。"段成式《酉阳杂俎·前集》一二"语资"门："上指（李）白谓（高）力士曰：'此人固穷相。'"

⑩ "格调且高"　三间本校语称从《四库》本"且"作"俱"。今所见《四库》本、《四库》抄本仍作"且"。

⑪ "佳作也"　原本重"佳作也"三字，据《四库》、三间、《指海》本删。

⑫ "诗三百余篇，名《无机集》"　《摭言》一〇、《纪事》作"有《无机集》三百篇"。《新书·艺文志》、《直斋》"机"并作"讥"。

【辑评】

宋代蔡居厚《诗史》：

"晚唐人诗多小巧，无风骚气味。如崔鲁《山鹤》诗云：'一林寒雨吹巢冷，半朵山花咽觜香。'……皆浮艳无足尚。而昔人爱重，称为佳作。"

宋代吴曾《能改斋漫录》七：

"前辈诗不苟作也，如崔橹《梅》诗云：'初开已入雕梁画，未落先愁玉笛吹。'人徒知下句取古乐府，有《落梅花》曲。殊不知上句亦用阴铿，其《新成安乐宫》诗云：'砌石披新锦，花梁画早梅。'"

明代杨慎《升庵诗话》九：

"崔鲁《华清宫》诗四首，每各精练奇丽，远出李义山、杜牧之上，而散见于《唐音》及《品汇》、《渔隐丛语》、长安古志中,各载其一而已。今并录于此。其一曰:'门横金琐阒无人,落日秋声渭水滨。红叶下山寒寂寂,湿云如梦雨如尘。'其二曰:'银河漾漾月辉辉,楼磴星边织女矶。横玉叫云天似水,满空霜霰不停飞。'其三曰:'障掩金鸡蓄祸机,翠华西拂蜀云飞。珠帘一闭朝元阁,不见人归见燕归。'其四曰:'草遮回磴绝鸣銮,云树深深碧殿寒。明月自来还自去,更无人倚玉栏干。'"

明代胡应麟《诗薮·内编》六:

"'明月自来还自去,更无人倚玉阑干。''解释春风无限恨,沉香亭北倚栏干。'崔鲁、李白同咏玉环事,崔则意极精工,李则语由信笔,然不堪并论者,直是气象不同。"

## 二三六　秦韬玉

韬玉,字中明①,京兆人②。父为左军军将③。韬玉少有词藻,工歌吟④,恬和浏亮。慕柏耆为人,然险而好进。谄事大阉田令孜,巧宦,未期年,官至丞郎,判盐铁,保大军节度判官。僖宗幸蜀,从驾。中和二年,礼部侍郎归仁绍放榜,特敕赐进士及第,令于二十四人内安排,编入春榜。令孜引擢工部侍郎⑤。韬玉歌诗,每作,人必传诵。《贵公子行》云:"阶前莎毯绿未卷,银龟喷香挽不断。乱花织锦柳捻线⑥,妆点池台画屏展。主人功业传国初,六亲联络驰朝车。斗鸡走狗家世事,抱来皆佩黄金鱼。却笑书生把书卷,学得颜回忍饥面。"又,潇水出道州九疑山中,湘水出桂林海阳山中,经灵渠,至零陵与潇水合,谓之潇湘,为永州二水也。清泚一色,高秋八九月,才丈余,浅碧见底。过衡阳,抵长沙,入洞庭。韬玉赋诗云:"女娲罗裙长百尺,搭在湘江作山色。"又云:"岚光楚岫和空碧,秋染湘江到底清。"⑦由是大知名,号为绝唱。今有《投知小录》三卷,行于世。

【校注】

①"字中明"　《新书》六〇《艺文志》四"秦韬玉投知小录三卷"附注同。《郡

斋》四中、《直斋》一六亦称"秦韬玉中明"。《纪事》六三"秦韬玉"条作"字仲明"。（按：秦韬玉为"芳林十哲"之一，参见本书本卷（二三七）《郑谷传》校注⑥。）

② "京兆人" 《唐摭言》九"芳林十哲"条、《纪事》、《郡斋》并同。《直斋》作"邠阳秦韬玉"。

③ "父为左军军将" 据《摭言》、《纪事》。

④ "韬玉少有词藻，工歌吟" 《摭言》作："韬玉有词藻，亦工长短歌。"

⑤ "慕柏耆为人"至"工部侍郎" 《摭言》作："慕柏耆为人，至于躁进。驾幸西蜀，为田令孜擢用，未期岁，官至丞郎，判盐铁，特赐及第。"《新书·艺文志》作："田令孜神策判官，工部侍郎。"《纪事》作："韬玉出入田令孜之门。……僖宗幸蜀，韬玉以工部侍郎为令孜神策判官。及小归公主文，韬玉准敕放及第，仍编入其年榜中。"（亦见于《广纪》一八三引《摭言》）《郡斋》作"中和二年赐进士第，编入春榜"。《直斋》作"中和二年特赐进士第"。按：徐松《登科记考》二三据《益州名画录》谓"中和二年知贡举为归仁泽"，作"归仁绍"误。

柏耆：注见本书卷第六（一五三）《沈亚之传》。

田令孜：僖宗朝宦官，为神策军中尉，恃宠横暴，把持朝政，僖宗尊为"阿父"。在黄巢军攻入长安时和藩镇割据战争中，两次挟僖宗出奔。后被割据西川的王建杀死。传见《旧书》一八四、《新书》二〇八。

归仁绍：注见本书卷第七（二一七）《司空图传》。

保大军：肃宗上元元年置北鄜坊节度使，治坊州（今陕西省黄陵县）；后罢，德宗建中四年复置渭北节度使，徙治鄜州（今陕西鄜县），僖宗中和二年赐号保大军节度。见《新书》六四《方镇表》一。

⑥ "乱花织锦柳捻线" "锦"原作"绵"，刻误，据《全诗》六七〇《贵公子行》、《唐摭言》九、《纪事》六三改。

⑦ "潇水出道州"至"秋染湘江到底清" 采自《诗话总龟》一六"留题"门引《零陵总记》，文略同。"为永州二水也"，"州"下原衍一"永"字，据《诗总》删。"女娲罗裙长百尺"二句，亦见于《全诗》六七〇断句。"岚光楚岫和空碧"二句，《全诗》载八句，题为《长安书怀》。"岚光"、"秋染"失对，误；《诗总》作"岚光"、"秋气"，《全诗》作"岚收"、"秋染"。

潇水：古称营水，源出今湖南省蓝山县九疑山，北流至零陵入湘江。参见《大清一统志》三七〇"永州府"。

道州：注见本书卷第五（一三七）《吕温传》。

九疑山：在今湖南省宁远县南。《元和志》二九"江南道道州延唐县"："九疑山在县东南一百里，舜所葬也。九山相似，行者疑惑，故为名。"

湘水：与漓水同发源于今广西壮族自治区兴安县之南海阳山，称漓湘；东北流入湖南,至零陵与潇水汇合,称潇湘;至衡阳与蒸水汇合,称蒸湘。参见《大清一统志》三六二、三七〇、四六一。

桂林:见本书卷第七(一七七)《李商隐传》。

海阳山:在今广西壮族自治区兴安县之南,亦称阳朔山,湘水所出。《元和志》三七"岭南道桂州全义县":"湘水出县东南八十里阳朔山下。"

灵渠:在今广西壮族自治区兴安县境内,秦始皇时筑,沟通湘、漓二水,南渠注漓水,北渠汇湘水,联系长江与珠江两大水系。见《新书》四三上《地理志》七上"岭南道桂州理定县"。

永州:注见本书卷第二(二九)《卢象传》。

【辑评】

明代顾元庆《夷白斋诗话》:

"唐人秦韬玉有诗云:'地衣镇角香狮子,帘额侵钩绣辟邪。'后山有'坏墙得雨蜗成字,古屋无人燕作家。'韬玉可谓状富贵之象于目前,后山可谓含寂寞之景于言外也。"

清代贺裳《载酒园诗话·又编》:

"秦韬玉诗无足言,独《贫女》篇遂为古今口舌,'苦恨年年压金线,为他人作嫁衣裳',读之辄为短气,不减江州夜月,商妇琵琶也。《春雪》诗,'惹砌任教香粉妒,萦丛自学小梅娇',弄姿处亦有小翮试风之态。"

## 二三七 郑 谷

谷,字守愚,袁州宜春人①。父史,开成中为永州刺史。谷幼颖悟绝伦,七岁能诗。司空侍郎图与史同院,见而奇之,问曰:"予诗有病否?"曰:"大夫《曲江晚望》云:'村南斜日闲回首,一对鸳鸯落渡头。'此意深矣。"图拊谷背曰:"当为一代风骚主也。"②光启三年,右丞柳玭下第进士③。授京兆鄠县尉,迁右拾遗、补阙。乾宁四年,为都官郎中,诗家称"郑都官"。又尝赋《鹧鸪》警绝,复称"郑鹧鸪"云。未几告归,退隐仰山书堂,卒于北岩别墅④。谷诗清婉明白,不俚而切,为薛能、李频所赏⑤。与许棠、任涛、张嫔、李栖远、张乔、喻坦之、周繇、温宪、李昌符唱答往还，号"芳林十哲"⑥。谷多结契山僧，曰："蜀茶似僧，未必皆美，不能舍之。"齐己携诗卷来袁谒谷，《早梅》云："前村深雪里，昨夜数枝开。"谷曰："数枝非早也，未若一枝佳。"己不觉投拜，曰："我一字师也。"⑦尝从僖宗登三峰，朝谒之暇，寓于云台道舍，编所作为《云台编》三卷⑧。归编《宜阳集》三卷。及撰《国风正诀》一卷，分六门，撼诗联，注其比为君臣贤否⑨、国家治乱之意。今并传焉。

## 【校注】

①"袁州宜春人"　《新书》六〇《艺文志》四"云台编三卷又宜阳集三卷"附注、《纪事》七〇"郑谷"条并作"袁州人"。《郡斋》四中"云台编三卷宜阳外编一卷"条作"宜阳人"。祖无择《郑都官墓表》（《龙学文集》九）作"袁州宜春人"。《直斋》一九"云台编三卷"条称"宜春郑谷"。按：郑史有《永州送侄归宜春》诗（《全诗》五四二，按：史为谷之父）。

袁州宜春：今江西省宜春县。见《元和志》二八"江南道"。

②"父史"至"当为一代风骚主也"　"七岁能诗"，《四库》本"诗"作"咏"。"一对鸳鸯落渡头"，《四库》本"落"作"浴"。此段据《纪事》。"父史，开成中为永州刺史"，《纪事》作"故永州刺史之子"。徐松《登科记考》二二乾符三年"郑谷"条引《宜春志》记："郑谷，史之子。"（按：《纪事》五六"郑史"条谓"史开成元年登第"，徐松《登科记考》二一开成元年"郑史"条引《宜春志》亦称"郑史字惟直，宜春人，登开成元年进士第"，而本篇云"开成中为永州刺史"，疑不确。）"七岁能诗"，《纪事》无此句。郑谷《卷末偶题三首》之二（《全诗》六七五）云："七岁侍行湖上去，岳阳楼上敢题诗。"辛氏或即据此。"司空侍郎图与史同院"，《纪事》作："幼年，司空图与刺史同院。""予诗有病否"，《纪事》作："曾吟得丈丈诗否"；"莫有病否"。"大夫《曲江晚望》云"，《纪事》作："丈丈《曲江晚望》断篇云"。"村南斜日闲回首"二句，《纪事》同，《全诗》六三三作"村南寂寞时回望，一只鸳鸯下渡头"，题为《华上二首》（其二）。

郑史：开成元年第进士，国子博士，历永州刺史。事见《纪事》五六"郑史"条。

永州：注见本书卷第二（二九）《卢象传》。

司空图：传见本书卷第八（二一七）。

③"光启三年右丞柳玭下第进士"　《郡斋》作"光启三年擢高第"，《直斋》亦作"光启三年进士"，祖无择《郑都官墓表》亦记"光启三年进士及第"。按：徐松《登

科记考》二三据《文苑英华》一八三载郑谷乾符丙申作《奉诏涨曲江池》诗，谓当于乾符三年及第。岑仲勉《登科记考订补》云："奉试不必其即售，犹诸刘蕡下第，对策仍存耳。"又，《韵语阳秋》一八记："郑谷，赵昌翰榜第八名也。"又记："郑谷有祈于知己也，而柳玭取之。"

柳玭：历官左补阙、昭义节度副使、岭南节度副使。黄巢军克交、广，逃奔行在，累迁御史中丞、御史大夫。坐事贬泸州刺史，卒。传见《旧书》一六五、《新书》一六三。

④"授京兆鄠县尉"至"卒于北岩别墅"　《新书·艺文志》作"为右拾遗，乾宁中以都官郎中卒于家"。《郡斋》作："迁右拾遗，历都官郎中，乾宁四年归宜春，卒于别墅。……号郑都官，而弗名也"。宋代朱弁《风月堂诗话》下记："郑谷都官……初以《鹧鸪诗》得名，人称之郑鹧鸪。"（按：《鹧鸪》诗载《全诗》六七五。）又，薛廷珪有《授鄠县郑谷右拾遗制》（《全文》八三七）。

鄠县：注见本书卷第四（一〇二）《韦应物传》。

⑤"为薛能、李频所赏"　《全诗》六七六载郑谷一诗，题甚长，记："故许昌薛尚书能尝为都官郎中，后数岁，故建州李员外频自宪府内弹，拜都官员外郎。……予早年请益，实受深知。……"本篇所记，当即据此。

薛能、李频：传见本书卷第七（一八一、一九三）。

⑥"与许棠"至"号'芳林十哲'"　《唐摭言》九"芳林十哲"条云："今记者得八人。"下记沈云翔、林缜、郑玘、刘业、唐珣、吴商叟、秦韬玉、郭薰八人。（郑谷不在其列。）又云："咸通中，自云翔辈凡十人，今所记者有八人，皆交通中贵，号'芳林十哲'。芳林，门名，由此入内故也。"《唐摭言》一〇"海叙不遇"条记："咸通末，京兆府解，李建州时为京兆参军主试，同时有许棠与（张）乔，及俞坦之、剧燕、任涛、吴罕、张蠙、周繇、郑谷、李栖远、温宪、李昌符，谓之十哲。"（《纪事》七〇"任涛"条略同。按：《唐音癸签》一二称之为"咸通十哲"。）

许棠、任涛：传见本书本卷（二二二、二四一）。

张蠙：传见本书卷第十（二五七）。

李栖远：咸通末京兆府解试，与任涛、许棠、郑谷等同时，并称十哲。余未详。

张乔：传见本书卷第十（二五二）。

喻坦之：传见本书本卷（二四〇）。

周繇：传见本书卷第八（二一九）。

温宪：传见本书本卷（二四二）。

李昌符：传见本书卷第八（二〇六）。

⑦"齐己携诗卷"至"我一字师也"　"投拜"，《四库》本作"设拜"。此段采自《五代史补》三"齐己"条。"袁"，指袁州，《佚存》本作"表"，讹。"前村深雪里"

二句，见于《全诗》八四三《早梅》诗。

齐己：传见本书本卷（二三八）。

⑧"尝从僖宗"至"《云台编》三卷"　"僖宗"误，应作"昭宗"。郑谷《云台编序》（《四部丛刊·郑守愚文集》）云："乾宁初，上幸三峰，朝谒多暇，寓上云台道舍，因从所记或得章句，缀于笺毫……编成三百首，分为上中下三卷，目之曰《云台编》。"按：《旧书》二〇上《昭宗纪》载，乾宁三年昭宗奔华州依韩建，韩建奏帝称："愿陛下且驻三峰，以图恢复。""上幸三峰"即指此时事。《郡斋》云："其集号《云台编》者，以其扈从华山观居所编次云。"

三峰：谓华山之三峰。晋代郭缘生《述征记》："华山有三峰，直上数千仞。"崔颢《行经华阴》诗："岧峣太华俯咸京，天外三峰削不成。"

⑨"注其比为君臣贤否"　《四库》、三间本"为"作"象"。

【补录】

宋代祖无择《郑都官墓表》（《龙学文集》九）：

"士大夫家暨委巷间，教授儿童咸以公诗，与六甲相先后，盖取诸辞章清婉明白，不狎不野，故然。"

宋代计有功《唐诗纪事》七〇"郑谷"条：

"谷《咏雪》诗云：'乱飘僧舍茶烟湿，密洒高楼酒力微。江上晚来堪画处，渔翁披得一蓑归。'有段赞善者，善画，因采其诗意，写之成图，曲尽潇洒之意，持以赠谷。谷为诗寄谢云：'赞善贤相后，家藏名画多。……爱余风雪句，幽绝写渔蓑。'"

"谷不喜高仲武《间气集》，而喜殷璠《河岳英灵集》，尝有诗云：'殷璠鉴裁《英灵集》，颇觉同才得旨深。何事后来高仲武，品题《间气》未公心。'"

【辑评】

宋代欧阳修《六一诗话》：

"郑谷诗名盛于唐末，号《云台编》，而世俗但称其官，为'郑都官诗'。其诗极有意思，亦多佳句，但其格不甚高。以其易晓，人家多以教小儿，余为儿时犹诵之。"

宋代《洪驹父诗话》：

"东坡言郑谷诗'江上晚来堪画处，渔人披得一蓑归'，此村学中诗也。

子厚云:'千山鸟飞绝,万径人踪灭。孤舟蓑笠翁,独钓寒江雪。'信有格也哉!殆天所赋,不可及也。"

宋代叶梦得《石林诗话》上:

"'开帘风动竹,疑是故人来',与'徘徊花上月,空度可怜宵',此两联虽见唐人小说中,其实佳句也。郑谷诗'睡轻可忍风敲竹,饮散那堪月在花',意盖与此同,然论其格力,适堪揭酒家壁,与市人书扇耳。天下事每患自以为工处著力太过,何但诗也。"

宋代朱翌《猗觉寮杂记》:

"郑谷《海棠》诗云:'浓淡正宜新著雨,娇娆全在欲开时。'百花唯海棠未开时最可观,雨中尤佳。东坡云:'雨中有泪益凄怆,亦此意也。五代诗格卑弱,然体物命意亦有工夫。"

宋代周紫芝《竹坡诗话》:

"然谷亦不可谓无好语。如'春阴妨柳絮,月黑见梨花',风味固似不浅,惜乎其不见赏于苏公,遂不为人所称耳。"

宋代范晞文《对床夜语》五:

"郑谷《鹧鸪》诗云:'雨昏青草湖边过,花落黄陵庙里啼。'不用钩辀、格磔等字,而鹧鸪之意自见,善咏物者也。"

宋代晁公武《郡斋读书志》四中:

"谷诗属思颇切于理,而格韵凡猥,语句浮俚,不为议者所多。然一时传诵,号'郑都官'而弗名也。"

明代胡震亨《唐音癸签》八:

"郑都官诗非不尖鲜,无奈骨体太孱。以其近人,宋初家户习之。"

"谷有'诗无僧字格还卑'之句,故其诗入僧字甚多,昔人尝以为讥。然大历已后,诸公借阿师作吟料久矣。"

清代贺贻孙《诗筏》:

"诗有极寻常语,以作发局则无味,倒用作结方妙者。如郑谷《淮上别故人》诗云:'扬子江头杨柳春,杨花愁杀渡江人。数声风笛离亭晚,君向潇湘我向秦。'盖题中正意,只'君向潇湘我向秦'七字而已,若开头便说,则浅直无味,此却倒用作结,悠然情深,令读者低徊流连,觉尚有数十句在后未竟者。"

清代贺裳《载酒园诗话·又编》:

"郑谷诗以浅切而妙。……然终伤婉弱,渐近宋、元格调。余尤恨其'衰迟自喜添诗学,更把前题改数联',何遽作此老婢声!独绝句是一名家,不在浣花、丁卯之下。"

清代薛雪《一瓢诗话》:

"郑守愚声调悲凉,吟来可念,岂特为《鹧鸪》一首,始享不朽之名?"

清代纪昀《四库全书总目》一五一"云台编三卷"条:

"谷以《鹧鸪》诗得名,至有郑鹧鸪之称,而其诗格调卑下,第七句'相呼相唤'字尤重复。……至其他作,则往往于风调之中,独饶思致。汰其肤浅,撷其菁华,固亦晚唐之巨擘矣。"

## 二三八 齐　己

齐己,长沙人,姓胡氏①。早失怙恃,七岁颖悟,为大沩山寺司牧,往往抒思,取竹枝画牛背为小诗。耆宿异之,遂共推挽入戒②。风度日改,声价益隆。游江海名山,登岳阳,望洞庭,时秋高水落,君山如黛,唯湘川一条而已,欲吟杳不可得,徘徊久之。来长安数载,遍览终南、条③、华之胜。归过豫章,时陈陶近仙去,己留题有云:"夜过修竹寺,醉打老僧门。"④至宜春,投诗郑都官云:"自封修药院,别下著僧床。"谷曰:"善则善矣,一字未安。"经数日,来曰:"别扫如何?"谷嘉赏,结为诗友⑤。曹松、方干,皆己良契⑥。性放逸不滞,土木形骸,颇任琴樽之好。尝撰《玄机分别要览》一卷⑦,摭古人诗联,以类分次,仍别讽⑧、赋、比、兴、雅、颂。又撰《诗格》一卷。又与郑谷、黄损等共定用韵,为葫芦、辘轳、进退等格⑨,并其诗《白莲集》十卷,今传。

【校注】

①"长沙人,姓胡氏"　孙光宪《白莲集序》(《四部丛刊·白莲集》)作:"禅师齐己,本胡氏子,实长沙人。"陶岳《五代史补》三"僧齐己"条作:"长沙人。长沙有大沩同庆寺,僧多而地广,佃户仅十余家,齐己则佃户胡氏之子也。"赞宁《高僧传》三〇《梁江陵龙兴寺齐己传》作:"姓胡,盖益阳人也。"《纪事》七五"僧齐己"条

作："齐己本姓胡，名得生，诗名多湖湘间。"佚名《宣和书谱》——"释齐已"条作："姓胡，潭州益阳人。"

长沙：今湖南省长沙市。见《元和志》二九"江南道潭州"。

②"早失怙恃"至"遂共推挽入戒"　"耆宿异之"，"宿"原作"夙"，据《四库》本改。《高僧传》作："幼而捐俗于大沩山寺，聪敏逸伦。"

耆宿：佛教称出家五十年以上者为耆宿。见《翻译名义集》一"释氏众名"条。

入戒：受戒律为僧。

③条：指中条山，在今山西省运城县南。见《元和志》一二"河东道蒲州解县"。

④"归过豫章"至"醉打老僧门"　"近仙去"，《四库》本"近"下有"已"字。"夜过修竹寺"二句，见于《全诗》八四〇《过陈陶处士旧居》诗。

豫章：注见本书卷八（一九八）《陈陶传》。

⑤"至宜春"至"结为诗友"　采自《诗话总龟》一一"苦吟"门引《郡阁雅谈》，文略同。亦见于《五代史补》三、《纪事》。"自封修药院"二句，见于《全诗》八三九《寄郑谷郎中》，一作《往襄州谒郑谷献诗》（按："襄州"应作"袁州"）。按：翁方纲《石洲诗话》二云："此一字，元本改本俱无好处，不知郑谷何以赏之？"

宜春：注见本书本卷（二三七）《郑谷传》。

⑥"曹松、方干，皆己良契"　齐己有《寄镜湖方干处士》、《赠曹松先辈》等诗（《全诗》八三八、八三九）。

曹松：传见本书卷第十（二六五）。

方干：传见本书卷第七（一九二）。

⑦"《玄机分别要览》一卷"　《宋史·艺文志》八著录为"《玄机分明要览》一卷"。

⑧"讽"　《佚存》、三间、《指海》本"讽"作"风"。

⑨"又与郑谷"至"进退等格"　《诗话总龟》二"忠义"门引《素缃杂记》："郑谷与僧齐己、黄损等今定今体诗格云：凡用韵有数格，一曰葫芦，一曰辘轳，一曰进退。"又见于《诗人玉屑》二"进退格"条。

黄损：字益之，益州人，五代梁龙德二年登进士第，仕南汉刘䶮，累官尚书仆射，有《桂香集》。见《十国春秋》六二。

葫芦、辘轳、进退等格：作诗用韵的几种格式。凡头二韵用一个韵脚，后四韵用另一韵脚者，称葫芦格；凡头二韵用一个韵脚，次二韵用另一韵脚者，称辘轳格；凡隔句递换用韵者，称进退格。《诗人玉屑》二"进退格"条："葫芦韵者，先二后四；辘轳韵者，双出双入；进退韵者，一进一退。"

【补录】

五代孙光宪《白莲集序》（《全文》九〇〇）：

"晚岁将之岷峨，假涂渚宫，太师南平王筑净室以居之，舍净财以供之。……鄙以旅宦荆台，最承款狎，较风人之情致，赜大士之旨归，互见阃域。"

宋代陶岳《五代史补》三"僧齐己"条：

"及将游蜀，至江陵，高从诲慕其名，遮留之，命为管内僧正。齐己不获已而受，自是常怏怏，故其友虚中示之诗云：'老负峨眉月，闲看水云心。'盖伤其不得志也。竟卒于江陵。"

宋代佚名《宣和书谱》一一"释齐己"条：

"亦留心书翰，传布四方，人以其诗并传，逮今多有。尝住江陵之龙兴寺，与郑谷酬唱。……颈有瘤，人号'诗囊'也。"

【辑评】

唐代徐仲雅《赠齐己》（《全诗》七六二）：

"我唐有僧号齐己，未出家时宰相器。爱见梦中逢五丁，毁形自学无生理。骨瘦神清风一襟，松老霜天鹤病深。一言悟得生死海，芙蓉吐出琉璃心。闷见有唐风雅缺，敲破冰天飞白雪。清塞清江却有灵，遗魂泣对荒郊月。格何古，天工未生知谁主？混沌凿开鸡子黄，散作纯风如胆苦。意何新，织女星机挑白云。真宰夜来调暖律，声声吹出嫩青春。调何雅，涧底孤松秋雨洒。嫦娥月里学步虚，桂风吹落玉山下。语何奇，血泼乾坤龙战时。祖龙跨海日方出，一鞭风雨万山飞。己公己公道如此，浩浩寰中如独自。一箪松风冷如冰，长伴巢由伸脚睡！"

五代孙光宪《白莲集序》（《全文》九〇〇）：

"师趣高孤洁，词韵清润，平淡而意远。"

明代胡震亨《唐音癸签》八：

"齐己诗清润平淡，亦复高远冷峭。一经都官点化，《白莲》一集，驾出《云台》之上，可谓智过其师。"

"五代之交，己公以清赡继响，篇什并多而益善。"

明代钟惺、谭元春《唐诗归》三六：

"齐己诗，有一种高浑灵妙之气，翼其心乎。今人谓李白《笑矣乎》、《悲来乎》粗野之诗，为齐己伪作，可谓不知真齐己者矣。"（钟惺）

清代纪昀《四库全书总目》一五一"白莲集十卷"条：

"齐己七言律诗不出当时之习,其七言古诗以卢仝、马异之体缩为短章,诘屈聱牙,尤不足取。惟五言律诗居全集十分之六,虽颇沿武功一派,而风格独遒,如《剑客》、《听琴》、《祝融峰》诸篇,犹有大历以还遗意。"(附齐己《剑客》诗:"拔剑绕残樽,歌终便出门。西风满天雪,何处报人恩?勇死寻常事,轻仇不足论。翻嫌易水上,细碎动离魂。")

## 二三九　崔　涂

涂,字礼山。光启四年,郑贻矩榜进士及第①。工诗,深造理窟,端能辣动人意,写景状怀,往往宣陶肺腑。亦穷年羁旅,壮岁上巴蜀,老大游陇山②。家寄江南,每多离怨之作③。警策如:"流年川暗度,往事月空明。"④《巫娥》⑤云:"江山非旧主,云雨是前身。"如⑥:"病知新事少,老别故交难。"⑦《孤雁》云:"渚云低暗度,关月冷相随。"《山寺》⑧云:"夕阳高鸟过,疏雨一钟残。"又"谷树云埋老,僧窗瀑照寒。"⑨《鹦鹉洲》⑩云:"曹瞒尚不能容物,黄祖何因解爱才。"⑪《春夕》云:"胡蝶梦中家万里,杜鹃枝上月三更。"《陇上》⑫云:"三声戍角边城暮,万里乡心塞草春。"⑬《过峡》⑭云:"五千里外三年客,十二峰前一望秋"等联,作者于此敛衽。意味俱远,大名不虚。有诗一卷,今传⑮。

**【校注】**

①"字礼山"至"进士及第"　《新书》六〇《艺文志》四"崔涂诗一卷"附注作:"字礼山,光启进士第。"《纪事》六一"崔涂"条同。《直斋》一九"崔涂集一卷"条记:"光启四年进士。"《唐诗鼓吹》"崔涂"下郝天挺注:"字礼山,光启中郑贻矩榜中进士及第。"《唐诗品汇·诗人爵里详节》"崔涂"条作:"字礼仙,僖宗光启四年郑贻同榜进士。"(不作"郑贻矩"。)《百川书志》一四"崔涂集一卷"条亦作:"光启进士崔涂礼仙。"

②"壮岁上巴蜀,老大游陇山"　崔涂有《巴蜀道中除夜抒怀》、《陇山逢江南故人》等诗(《全诗》六七九,下引崔涂诗皆见于此卷)。

③"家寄江南,每多离怨之作"　崔涂《与友人同怀江南别业》诗云:"因君话故国,此夕倍依依。"《送友人归江南》诗云:"共忆故山春。"

④ "流年川暗度"二句，见于《全诗》六七九《夕次洛阳道中》诗。

⑤ "巫娥"　《全诗》题为《巫山庙》。

⑥ "如"　《四库》本作"又如"。

⑦ "病知新事少"二句　见于《全诗》六七九《南山旅舍与故人别》诗。

⑧ "山寺"　《全诗》题为《题绝岛山寺》。

⑨ "谷树云埋老"二句　见于《全诗》六七九《宿庐山绝顶山舍》，"瀑照"作"瀑影"。

⑩ "鹦鹉洲"　《全诗》题为《鹦鹉洲即事》。

⑪ "黄祖何因解爱才"　《全诗》"何因"作"何曾"。

黄祖：汉末江夏太守。名士祢衡不为权贵所容，羞辱曹操，操怒，遣送荆州刺史刘表处，表又转送黄祖。受命作《鹦鹉赋》，辞采甚丽，终因冒犯黄祖被杀。见《后汉书·祢衡传》。

⑫ "陇上"　《全诗》题为《陇上逢江南故人》。

⑬ "万里归心塞草春"　《四库》本"归心"作"乡心"，与《全诗》合。

⑭ "过峡"　《全诗》题为《巫山旅别》。

⑮ "今传"　《四库》本作"今行于世。"


**【辑评】**

元代时天彝《唐百家诗选评》（《吴礼部诗话》引）：

"薛逢、崔涂之流，皆慕为组丽，百菽一豆，时亦见之。"

明代杨慎《升庵诗话》九：

"崔涂《旅中》诗：'渐与骨肉远，转于僮仆亲。'诗话亟称之。然王维《郑州》诗：'他乡绝俦侣，孤客亲僮仆'，已先道之矣，但王语浑含胜崔。"

明代谢榛《四溟诗话》三：

"梁比部公实曰：崔涂《岁除》诗云：'乱山残雪夜，孤烛异乡人。'观此羁旅萧条，寄意言表，全章老健，乃晚唐之出类者。"

清代贺裳《载酒园诗话·又编》：

"崔《除夜有感》：'迢递三巴路，羁危万里身。乱山残雪夜，孤烛异乡人。渐与骨肉远，转于僮仆亲。那堪正飘泊，明日岁华新？'读之如凉雨凄风飒然而至，此所谓真诗，正不得以晚唐概薄之。"

"崔长短律皆以一气斡旋，有若口谈，真得张水部之深者。"

清代薛雪《一瓢诗话》：

"崔礼山:'自是不归归便得,五湖烟景有谁争?'与'相逢尽道休官去,林下何曾见一人'同一妙理。"

## 二四〇 喻坦之

坦之,睦州人。咸通中,举进士不第,久寓长安,囊罄,忆渔樵,还居旧山①。与李建州频②为友,频以诗送归云:"从容心自切,饮水胜衔杯。共在山中住,相随阙下来。修身空有道,取事各无媒。不信升平代,终遗草泽才。"③又:"彼此无依倚,东西又别离。"④盖困于穷塞,情见于辞矣。同时严维、徐凝、章八元,枌榆相望,前后唱和亦多⑤。诗集今传。

【校注】

① "睦州人"至"还居旧山" 李频有《送友人喻坦之归睦州》诗(《全诗》五八九),方干有《送喻坦之下第归江东》诗(《全诗》六四八)。本篇当即据此。按:喻坦之为"咸通十哲"之一,参见本书卷第十(二五二)《张乔传》。

睦州:注见本书卷二(三八)《刘长卿传》。

② 李建州频:传见本书卷七(一九三)。

③ "从容心自切"八句 《全诗》五八七《李频卷》题为《贻友人喻坦之》。

④ "彼此无依倚"二句 见于《全诗》五八九《李频卷》,题为《送友人喻坦之归睦州》(一作《送人归新定》)。

⑤ "同时严维"至"唱和亦多" 严维、徐凝、章八元虽皆居睦州、桐庐,然三人皆早于喻坦之,年代不相及,亦未见彼此唱和之诗。颇疑"同时"为"同乡"之误。按:薛能有《寄喑张乔喻坦之》诗(《全诗》五五八)。

严维:传见本书卷第三(七一)。

徐凝:传见本书卷第六(一五四)。

章八元:传见本书卷第四(九六)。

枌榆:汉高祖刘邦为丰枌榆乡人,初起兵时祷于枌榆社,后因以枌榆为故乡之代称。张衡《西京赋》:"岂伊不怀归于枌榆?"

## 二四一 任 涛

涛,筠州人也①。章句之名早擅。乾符中,应数举,每败垂成②。李常侍骘廉察江西，素闻涛，取其诗览之，见云："露浥沙鹤起，人卧钓船流。"大加赏叹曰："任涛奇才也，何故不成名？会当荐之。"特与放乡里杂役，仍令本贯优礼③。时盲俗互有论列，骘判曰："江西境内，凡为诗得及涛者，即与放役，岂止一任涛而已哉！"④未几，涛逝去。有才无命，大可怜也。诗集今传⑤。

**【校注】**

①"筠州人也"　《四库》本"州"作"川"。《唐摭言》一〇"海叙不遇"条作"豫章筠川人也"，《纪事》七〇"任涛"条同。

筠州：高祖武德七年改米州置，治高安（今江西省高安县），旋废，以高安属洪州（天宝、至德间洪州称豫章郡）。见《旧书》四〇《地理志》三"江南西道洪州高安县"。

②"乾符中"至"每败垂成"　《四库》本"败"下有"于"字。《摭言》、《纪事》作："数举，败于垂成。"按：任涛为"咸通十哲"之一，参见本书卷第十（二五二）《张乔传》。

③"李常侍骘"至"仍令本贯优礼"　"素闻涛"，《四库》"涛"下有"名"字。"见云"，《四库》本作"有云"。"露浥"，"浥"原作"抟"，据《四库》本改，《摭言》、《纪事》、《全诗》作"囝"。此段据《摭言》、《纪事》。《摭言》、《纪事》作："诗名早著，有'露囝沙鹤起，人卧钓船流'，他皆仿此……李常侍骘廉察江西，特与放乡里之役。""露囝沙鹤起"二句，见于《全诗》七五九任涛断句，即采自《摭言》。

李骘：懿宗咸通九年至十一年任江南西道观察使。见《唐方镇年表》五。

④"时盲俗互有论列"至"岂止一任涛而已哉"　采自《摭言》、《纪事》，文略同。"即与放役"，《摭言》、《纪事》"役"作"色役"。

盲俗：无知俗人。

⑤"诗集今传"　任涛诗集未见著录。《全诗》收残句一则。

## 二四二　温　宪

宪，庭筠之子也①。龙纪元年，李瀚榜进士及第，去为山南节度府从事②。大著诗名。词人李巨川草荐表，盛述宪先人之屈，辞略曰："蛾眉先妒，明妃为去国之人；猿臂自伤，李广乃不侯之将。"③上读表恻然称美。时宰相亦有知者,曰:"父以窜死,今孽子宜稍振之,以厌公议,庶几少雪忌才之恨。"上颔之。后迁至郎中,卒④。有集文赋等,传于世⑤。

**【校注】**

①"庭筠之子也" 据《旧书》一九〇下《温庭筠传》、《唐摭言》一〇"海叙不遇"条、《纪事》七〇"温宪"条。

②"龙纪元年"至"山南节度府从事" 《摭言》作:"光启中及第,寻为山南从事。"《纪事》作:"僖、昭之间,就试于有司,值郑相延昌掌邦贡也,以其父文多刺时,复傲毁朝士,折而不录。既不第,遂题一绝于崇庆寺壁。后荥阳公登大用,因国忌行香见之,悯然动容。暮归宅,已除赵崇知举,即召之,谓曰:'某顷主文衡,以温宪庭筠之子,深怒嫉之;今日见一绝,令人恻然,幸勿遗也。'于是成名。诗曰:'十口沟隍待一身,半年千里绝音尘。鬓毛如雪心如死,犹作长安下第人。'"《纪事》又云:"宪,光启中为山南从事。"按:《摭言》云温宪光启中及第,疑误。据《登科记考》二四,龙纪元年正是礼部侍郎赵崇知贡举,与上文引《纪事》所述相符。又按:温宪为"咸通十哲"之一,参见本书卷第十(二五二)《张乔传》。

③"词人李巨川草荐表"至"李广乃不侯之将" "辞略曰",《四库》本"辞"作"其"。此段录自《摭言》,《纪事》略同。

李巨川:僖宗乾符中进士。王重荣镇河中,辟为掌书记,以文思敏捷见称。后贬兴元参军,又为节度使杨守亮纪室。守亮为韩建所擒,巨川又为韩建幕掌书记。传见《旧书》一九〇下、《新书》二二四下。

④"上读表恻然"至"后迁至郎中卒" "恻然","恻"原讹为"测",据《佚存》、《四库》、三间本改。此段未悉何据。《纪事》称"温宪员外",又云:"温终山南从事。"

⑤"有集文赋等,传于世" 唐、宋以来书目未见著录。《全诗》六六七存其诗四首。

**【辑评】**

清代贺裳《载酒园诗话·又编》:

"温宪集不传,惟《杏花》诗流传人口。'店香风起夜,村白雨休朝',殊有父风。此亦谢超宗凤凰一毛也。"

## 卷第九

### 二四三 李 洞

洞，字才江，雍州人①，诸王之孙也②。家贫，吟极苦，至废寝食。酷慕贾长江，遂铜写岛像，戴之巾中。常持数珠念"贾岛佛"，一日千遍③。人有喜岛者④，洞必手录岛诗赠之，叮咛再四，曰："此无异佛经，归焚香拜之。"其仰慕一何如此⑤之切也。然洞诗逼真于岛，新奇或过之⑥。时人多诮僻涩，不贵其卓峭，唯吴融赏异。融以大才，八面受敌，新律著称，游刃颇攻《骚》《雅》。尝以百篇示洞，洞曰："大兄所示中一联：'暖漾鱼遗子，晴游鹿引麛。'绝妙也。"融不怨所鄙，而善其所许⑦。洞诗大略如《终南山》云："残阳高照蜀，败叶远浮泾。罽竹烟岚冻，偷湫雨雹腥。……远平丹凤阙，冷射五侯厅。"《赠司空图》云："马饥餐落叶，鹤病晒残阳。"又曰："卷箔清溪月，敲松紫阁书。"《送僧》云："越讲迎骑象，蕃斋忏射雕。"《送僧游南海》云："岛屿分诸国，星河共一天。"《夜》云："药杵声中捣残梦，茶铛影里煮孤灯。"⑧皆伟拔时流者。昭宗时，凡三上不第。裴公第二榜，帘前献诗云："公道此时如不得，昭陵恸哭一生休。"果失意，流落往来，寓蜀而卒⑨。初，岛任长江，乃东蜀，塚在其处，郑谷哭洞诗云："得近长江死，想君胜在生。"⑩言死生不相远也。洞尝集岛警句五十联，及唐诸人警句五十联，为《诗句图》⑪，自为之序。及所为诗一卷，并传。

【校注】

①"字才江，雍州人"　《郡斋》四中"李洞诗一卷"条："字才江。"《唐诗品汇·诗人爵里详节》"李洞"条："字才江，京兆人。"《百川书志》一四"李洞集三卷"条亦称"诸王孙京兆李洞才江"。

雍州：开元元年改为京兆府，治长安、万年，今陕西省西安市。见《元和志》一"关内道京兆府"。

583

② "诸王之孙也"　据《唐摭言》一〇"海叙不遇"条,《纪事》五八"李洞"条同。

③ "酷慕贾长江"至"一日千遍"　《北梦琐言》七作:"进士李洞慕贾岛,欲铸而顶戴,尝念'贾岛佛'。"《摭言》作:"慕贾阆仙为诗,铸铜象其仪,事之如神。"《纪事》同。

贾长江:贾岛,传见本书卷第五(一一八)。

铜写:以铜铸造。

④ "人有喜岛者"　《四库》本"岛"下有"诗"字,《四库》抄本"喜"作"善"。

⑤ "如此"　《四库》本"此"作"是"。

⑥ "然洞诗逼真于岛,新奇或过之"　《四库》本"于"作"似"。《北梦琐言》作"而其诗体又僻于贾"。

⑦ "时人多诮僻涩"至"而善其所许"　"多诮僻涩",《四库》本"诮"下有"其"字。"而善其所许",原无"所"字,据《四库》、三间本补;《摭言》作"而善所许"。此段采自《摭言》一〇,《纪事》同。《摭言》"吴融"作"吴子华","新律"作"八韵","暖漾鱼遗子"二句之前有"《西昌新亭》曰"五字,《纪事》同。(按:此断句《全诗·吴融卷》未收。)

吴融:传见本书本卷(二四四)。

⑧ "洞诗大略"至"茶铛影里煮孤灯"　"越讲迎骑象",《佚存》、《指海》本"象"作"马",讹,五山、正保、《四库》、三间本并作"象",与《摭言》、《纪事》、《全诗》合。"《送僧游南海》",原作"《归日本》",据《四库》本改,与《全诗》合。此段录自《摭言》一〇,《纪事》同。"终南山",《全诗》七二二题为《终南山二十韵》。"《赠司空图》",《摭言》、《纪事》作《赠司空侍郎》,《全诗》七二一题为《郑补阙山居》。"卷箔清溪月"二句,见于《全诗》七二二《送从叔书记山阴隐居》诗,《全诗》"溪"作"江"。"《送僧》",《摭言》、《纪事》同,《全诗》七二一题为《维摩畅林居》。"《送僧游南海》",《摭言》作《送人归日东》(按"东"当为"本"之讹),《纪事》作《送人归东南》,又作《送僧游南海》,《全诗》七二一题为《送云卿上人游安南》,一作《送僧游南海》。"《夜》",《纪事》作《上崇贤曹郎中》,《全诗》七二三题为《赠曹郎中崇贤所居》。

越讲:越,百越,泛指岭南少数民族地区;讲,谓僧人宣讲佛法。

⑨ "昭宗时"至"寓蜀而卒"　据《摭言》,《纪事》同。《摭言》作:"洞三榜,裴公第二榜策夜,帘献曰:'公道此时如不得,昭陵恸哭一生休。'寻卒蜀中。"《郡斋》四中作:"昭宗时不第,游蜀卒。""公道此时如不得"二句,见于《全诗》七二三断句。

裴公:裴贽,擢累右补阙、御史中丞、刑部尚书。昭宗大顺元年、二年及乾宁五年三次知贡举,拜中书侍郎同平章事。后为朱全忠杀害。传见《新书》一八二。昭陵:太宗墓,在今陕西省醴泉县东北九嵕山。

⑩ "得近长江死"二句　见于《全诗》六七四郑谷《哭进士李洞二首》之二,题下原注:"李生酷爱贾浪仙诗,长江在东蜀境内,浪仙塚于此处。"《全诗》"得近"作"若近"。

⑪ "诗句图"　《新书》六○《艺文志》四著录为"李洞《集贾岛句图》一卷"。

【辑评】

宋代方岳《深雪偶谈》:

"独李洞佛名阆仙,所谓瓣香之师,执而不宏,捧心过甚,空圆萧散之气,不复少有,岂非不善学柳下惠耶?"

明代谢榛《四溟诗话》二:

"诗有简而妙者……亦有简而弗佳者。……李洞'药杵声中捣残梦',不如柳子厚'日午睡觉无余声,山童隔竹敲茶臼'。"

明代胡震亨《唐音癸签》八:

"才江虽学贾岛,要为自具生面。所恨刻求新异,艰僻良苦耳。《终南》一篇,句与韵斗险,中叶来长律仅觏,恐阆翁亦未办也。"

清代贺裳《载酒园诗话·又编》:

"才江造语之精,殆有过于阆仙者。如《喜鸾公自蜀归》曰:'禁院对生台,寻师到绿槐。寺高猿看讲,钟动鸟知斋。扫石月盈帚,滤泉花满筛。归来逢圣节,吟步上尧阶。'《古柏》曰:'手植知何代,年齐偃盖松。结根生别树,吹子落邻峰。古干经龙嗅,高烟过雁冲。可佳繁叶尽,声不碍秋钟。'又如《秋日曲江书事》:'片云穿塔过,孤叶入城飞。'……取境虽近,运思则远,真'穿天心、出月胁'而成,虽曰雕虫,亦岂易及!"

清代余成教《石园诗话》二:

"才江《客亭对月》云:'游子离魂陇上花,风飘浪卷绕天涯。一年十二度圆月,十一回圆不在家。'《山居喜友人见访》云:'入云晴厮茯苓还,日暮逢迎木石间。看待诗人无别物,半潭秋水一房山。'两诗较浪仙绝句,觉青出于蓝而胜于蓝也。"

## 二四四　吴　融

融,字子华,山阴人①。初力学,富辞调,工捷。龙纪元年,李瀚榜及进士第②。韦昭度③讨蜀，表掌书记。坐累去官，流浪荆南依成汭④。久之，召为左补阙，以礼部郎中为翰林学士，拜中书舍人。天复元年元旦，东内反正⑤，既御楼，融最先至。上命于前座跪草十数诏⑥，简备精当，曾不顷刻，皆中旨。大加赏激⑦，进户部侍郎⑧。帝幸凤翔⑨，融不及从，去客阌乡⑩。俄召为翰林承旨⑪，卒。为诗靡丽有余，而雅重不足，集四卷，及《制诰》一卷，并行。

【校注】

① "山阴人"　《新书》二〇三本传作"越州山阴人"。下文至"俄召为翰林承旨卒"，皆据《新书》本传。

山阴：注见本书卷第二（二八）《崔国辅传》。

② "龙纪元年，李瀚榜及进士第"　《新书》作"龙纪初，及进士第"。《直斋》一九"唐英集三卷"条："融与（韩）偓皆龙纪元年进士。"按：《北梦琐言》五记："近代吴融侍郎，及赵崇大夫门生。"（参见本书本卷〔二四二〕《温宪传》。）徐应秋《玉芝堂谈荟》二"历代状元"条记："昭宗龙纪元年，状元张曙，成都人。"此与本篇所记"龙纪元年李瀚榜"不合。

③ 韦昭度：乾符中累迁中书舍人，从僖宗幸蜀，拜户部侍郎。中和二年以本官同平章事，兼吏部尚书。昭宗即位，为西川节度使，讨陈敬瑄，无功，罢为东都留守，复以门下侍郎同平章事。后为邠宁节度使王行瑜杀害。传见《旧书》一七九、《新书》一八五。

④ 荆南：注见本书卷第二（三〇）《綦毋潜传》。

成汭：僖宗文德初据荆州，昭宗拜为荆南节度留后，久之以为荆南节度使。至天复三年为淮南杨行密所败，投江死。传见《新书》一九〇。

⑤ "天复元年元旦，东内反正"　《新书》本传作"昭宗反正"。

东内反正：昭宗光化三年十一月，左右军中尉宦官刘季述等废昭宗，立太子裕；十二月，崔胤结指挥使孙德昭等杀刘季述，迎昭宗复位。大明宫称东内，为唐帝所居处，故以称昭宗。见《旧书》二〇上《昭宗纪》。

⑥ "跪草十数诏"　《四库》本作"草数十诏"。《新书》本传作："帝有指授，叠十许稿，融跪作诏。"

⑦ "赏激"　《四库》本作"激赏"。

⑧ "进户部侍郎"　昙域《禅月集后序》（《全文》九二二）称"有唐翰林学士兵

部侍郎吴融",不作"户部"。

⑨"帝幸凤翔　《新书》本传作"凤翔劫迁"。

凤翔：注见本书卷第二（四六）《杜甫传》。昭宗天复元年冬，中尉韩全诲劫帝赴凤翔。见《旧书》二〇上《昭宗纪》。

⑩阌乡：今河南省灵宝县西。见《元和志》二"河南道虢州"。

⑪"俄召为翰林承旨"　《新书》作："俄召还翰林，迁承旨。"

**【补录】**

五代王定保《唐摭言》五"切磋"条：

"吴融，广明、中和之际，久负屈声。虽未擢科第，同人多赞谒之如先达。"

五代孙光宪《北梦琐言》四：

"（吴融）为僧贯休撰诗序，以唐来唯元、白、休师而已。又《祭陆龟蒙》文，即云：'海内文章，止鲁望而已。'自相矛盾，于时不免识者所讥。"

**【辑评】**

五代王定保《唐摭言》一〇"海叙不遇"条：

"（吴）子华才力浩大，八面受敌，以八韵著称，游刃颇攻骚雅。"

宋代刘克庄《后村诗话·新集》四：

"吴子华诗，五言合作绝少，七言佳者不减致光（韩偓）。"

明代胡震亨《唐音癸签》八：

"吴子华诗亦太松浅，与郑都官同一衰体，未易置优劣。"

清代贺裳《载酒园诗话·又编》：

"作诗最不宜强所不能。如吴子华近体诗，虽品格不高，思路颇细，兼有情致。如'帘外暖丝兼絮堕，槛前轻浪带鸥来'，'半岩云粉千竿竹，满寺风雷百尺泉'，'围棋已访生云石，把钓先寻急雨滩'，皆佳句也。至作长歌，大多可笑。"

清代薛雪《一瓢诗话》：

"吴子华《废宅》诗，晚唐绝唱。"（附吴融《废宅》诗："风飘碧瓦雨摧垣，却有邻人与锁门。几树好花闲白昼，满庭荒草易黄昏。放鱼池涸蛙争聚，栖燕梁空雀自喧。不独凄凉眼前事，咸阳一火便成原！")

清代纪昀《四库全书总目》一五一"唐英歌诗三卷"条：

"以文章工拙论之，则融诗音节谐雅，犹有中唐之遗风，较（韩）偓为稍胜焉。在天祐诸诗人中，闲远不及司空图，沉挚不及罗隐，繁富不及皮日休，奇辟不及周朴。然其余作者，实罕与雁行。"

清代翁方纲《石洲诗话》二：

"吴融《李周弹筝歌》起句：'古人云丝不如竹，竹不如肉。乃知此语未必然，李周弹筝听不足。'此起法，已开元人门径。"

清代管世铭《读雪山房唐诗抄》：

"唐末七律，韩致尧为第一，次即吴子华，亦推高唱。"

## 二四五 韩　偓（844—？）

偓，字致尧①，京兆人②。龙纪元年，礼部侍郎赵崇下擢第③。天复中，王溥荐为翰林学士，迁中书舍人。从昭宗幸凤翔，进兵部侍郎、翰林承旨④。尝与崔胤定策诛刘季述。昭宗反正，论为功臣。帝疾宦人骄横，欲去之。偓画策称旨，帝前膝曰："此一事终始以属卿。"偓因荐座主御史大夫赵崇，时称能让⑤。李彦弼倨甚，因譖偓漏禁省语，帝怒曰："卿有官属，日夕议事，奈何不欲我见韩学士耶？"帝励精政事，偓处可机密，率与上意合。欲相者三四，让不敢当⑥。偓喜侵侮有位，朱全忠亦恶之，乃构祸贬濮州司马。帝流涕曰："我左右无人矣！"天祐二年，复召为学士，偓不敢入朝，挈其族南依王审知而卒⑦。偓自号"玉山樵人"⑧。工诗，有集一卷。又作《香奁集》一卷⑨，词多侧艳情巧⑩。又作《金銮密记》五卷，今并传。

【校注】

①"字致尧"　《纪事》六五"韩偓"条："偓字致尧，今日致光，误矣。"三间本校语云："按《四库全书总目·韩内翰别集提要》云：《唐书》本传谓偓字致光，计有功《唐诗纪事》作字致尧，胡仔《苕溪渔隐丛话》谓字致元。毛晋作是书跋，以为未知

孰是。按刘向《列仙传》称：偓佺，尧时仙人，尧从而问道。则偓字致尧于义为合，致光、致元皆以字形相近误也。"

② "京兆人"　《新书》一八三本传作"京兆万年人"。

③ "龙纪元年，礼部侍郎赵崇下擢第"　《郡斋》四中"韩偓诗二卷"条作："龙纪元年进士。"《新书》记："偓，（赵）崇门生也。"参见本书本卷（二四四）《吴融传》、本书本卷（二四三）《温宪传》。

赵崇：昭宗龙纪元年知贡举，官御史大夫，后因韩偓荐拜相，旋罢。天祐二年为朱全忠所杀，投尸黄河。见《纪事》七〇"温宪"条、《新书》一八三《韩偓传》、《旧书》二〇下《哀帝纪》。

④ "天复中"至"翰林承旨"　据《新书》本传。《新书》无"天复中"三字。《唐摭言》六"公荐"条记："韩偓，天复初入翰林。"

王溥：仕昭宗朝，官刑部郎中。光化三年宦官刘季述废昭宗，溥与崔胤说卫军执季述杀之。帝复位，溥以中书侍郎同中书门下平章事。后朱全忠侵逼，赐自尽，投尸于河。传见《新书》一八二。

⑤ "尝与崔胤定策"至"时称能让"　据《新书》本传。

崔胤：仕昭宗朝，六次拜相，外结朱全忠，挟制昭宗。天复四年为朱全忠所杀。传见《旧书》一七七、《新书》二二三下。

刘季述：昭宗朝宦官，为左军中尉。光化三年矫诏以皇太子监国，废昭宗。崔胤说神策军巡使孙德昭执季述杀之，昭宗复位。传见《旧书》一八四、《新书》二〇八。

前膝：移坐而前。

⑥ "李彦弼倨甚"至"让不敢当"　"率与上意合"，正保、《佚存》、《指海》本"率"作"卒"，《新书》作"率"。此段据《新书》本传。

李彦弼：昭宗朝神策军都将，原名董从实。光化三年，与神策军将领孙德昭、周承晦共诛宦官刘季述、王仲先，迎昭宗复位，以功拜容管节度使、同中书门下平章事，赐姓李名彦弼。见《新书》二〇八《刘季述传》。

⑦ "偓喜侵侮有位"至"南依王审知而卒"　"天祐二年"，"二"原作"六"，据《四库》本改，与《新书》合。据《新书》本传。参见《唐摭言》六"公荐"门。

王审知：唐末从其兄王潮起兵，入据闽地。潮死，审知继任武威军节度使。后梁开平三年受封为闽王。传见《旧五代史》一三四，《新五代史》六八。

⑧ "偓自号'玉樵山人'"　据《纪事》。

⑨ "又作《香奁集》一卷"　吴乔《围炉诗话》一云："葛常之曰：'韩偓《香奁集》百篇，皆艳体词也。'沈存中《笔谈》以为和凝所作，贵后讳之，嫁名于偓。而《香奁集》有《无题诗序》云：'余辛酉岁戏作《无题》诗十四韵，故奉常王公、内翰吴融、舍人令狐涣相次属和。是岁十一月兵起，随驾西狩，文稿咸弃。丙寅岁在福建，有

苏昈者以稿见授,得《无题》诗,因追味旧诗,亡阙甚多'云云。《香奁集》之为韩偓所作无疑,存中未考其详,《遁斋闲览》已引吴融和诗为证矣。"

⑩ "侧艳情巧" 《四库》、三间本"情"作"新"。

## 【补录】

宋代钱易《南部新书》乙:

"韩偓,即瞻之子也,兄仪。瞻与李义山同年。集中谓之韩冬郎是也。故题偓云:'七岁裁诗走马成。'冬郎,偓小名。"(按:李诗题为《韩冬郎即席为诗相送,一座尽惊,他日余方追吟,连宵侍坐,徘徊久之,句有老成之风,因成二绝寄酬,兼呈畏之员外》,其一云:"十岁裁诗走马成,冷灰残烛动离情。桐花万里丹山路,雏凤清于老凤声。")

宋代沈括《梦溪笔谈》一七:

"唐韩偓为诗极清丽,有手写诗百余篇,在其四世孙奕处。偓天复中避地泉州之南安县,子孙遂家焉。庆历中,予过南安,见奕出其手集,字极淳劲可爱。"

## 【辑评】

宋代陈正敏《遁斋闲览》:

"韩致尧诗,词极婉丽,如此绝者是也。《寒食夜》:'策策轻寒剪剪风,杏花飘雪小桃红。夜深斜塔秋千索,楼阁朦胧细雨中。'"

宋代许颢《彦周诗话》:

"高秀实又云:'元氏艳诗,丽而有骨,韩偓《香奁集》,丽而无骨。'"

明代胡震亨《唐音癸签》八:

"韩致尧冶游情篇,艳夺温、李,自是少年时笔。翰林及南窜后,顿趋浅率矣。"

"致尧闽南逋客,完节改玉之秋。读其诗,当知其意中别有一事在。"

清代吴乔《围炉诗话》一:

"致尧又有诗云:'昨夜三更雨,今朝一阵寒。海棠花在否?侧卧卷帘看。'亦必伤时之作。"

清代沈德潜《唐诗别裁》一六:

"偓少岁喜为香奁诗,后一归节义,得风雅之正焉。"

清代纪昀《四库全书总目》一五一"韩内翰别集一卷"条：

"偓为学士时，内预秘谋，外争国是，屡触逆臣之锋，死生患难，百折不渝，晚节亦管宁之流亚，实为唐末完人。其诗虽局于风气，浑厚不及前人，而忠愤之气时时溢于言外。性情既挚，风骨自遒，慷慨激昂，迥异当时靡靡之响。其在晚唐，亦可谓文笔之鸣凤矣。（按韩偓《安贫》诗云："谋身拙为安蛇足，报国危曾捋虎须。"）

清代薛雪《一瓢诗话》：

"韩致尧《中秋禁直》望宫阙于九霄，听弦歌于五夜，欲使主上亲贤远佞而不可得，展转不寐，隐约可念。"

## 二四六　唐　备

备，龙纪元年进士。工古诗，多极讽刺[1]，颇干教化，非浮艳轻斐之作。同时于渍者，共一机轴[2]，大为时流所许。备诗有："天若无雪霜，青松不如草；地若无山川，何人重平道？"[3]又："狂风拔倒树，树倒根已露；上有数枝藤，青青犹未悟。"[4]又："一日天无风，四溟波自息。人心风不吹，波浪高百尺。"[5]又《别家》云："兄弟惜分离，拣日皆言恶。"[6]于渍《对花》[7]云："花开蝶满枝，花谢蝶来稀；惟有旧巢燕，主人贫亦归"等诗，发为浇俗[8]，至今人话间，必举以为警戒，足见之矣。余诗多传[9]。

**【校注】**

[1]"多极讽刺"　《四库》、三间本"极"作"涵"。《诗话总龟》一"讽谕"门引卢瓌《抒情》云："又有唐备者……咸有比讽。"按：下文采自《诗话总龟》。

[2]"同时于渍者，共一机轴"　《四库》本"同"上有"与"字。"于渍"，五山、正保本同，《诗人玉屑》九引卢瓌《抒情》亦作"于渍"；《佚存》、三间本作"干渍"；《四库》、《指海》本作"于渍"，与《诗话总龟》合。（下文"于渍"同此。）三间本校语云："于渍已见第八卷，此不应重出。"《诗总》记："于渍为诗，颇干教化，《对花》诗云：（略）又有唐备者，与渍同声，咸多比讽。"引诗略同于本篇。

[3]"天若无雪霜"四句　《全诗》七七五题为《失题二首》（其一）。

[4]"狂风拔倒树"四句　《全诗》、《诗总》题为《道旁木》。

⑤ "一日天无风"四句　《全诗》题为《失题二首》(其二)。
⑥ "兄弟惜分离"二句　《诗总》未引,《全诗》七七五唐备诗亦未收。
⑦ "对花"　《全诗》五九九《于濆卷》亦题为《对花》,一作武瓘诗,题为《感事》。
⑧ "发为浇俗"　"为",《四库》本作"语",疑当作"悟"字。
⑨ "余诗多传"　唐备、于濆诗,今存者均见本篇所引,余未见。

## 二四七　王　驾

驾,字大用①,蒲中人②,自号"守素先生"③。大顺元年,杨赞禹榜登第④,授校书郎⑤。仕至礼部员外郎。弃官,嘉遁于别业,与郑谷、司空图为诗友,才名籍甚⑥。图尝与驾书评诗曰:"国初雅风特盛,沈、宋始兴之后,杰出江宁,宏思至李、杜,极矣。右丞、苏州,趣味澄敻,若清流之贯远。大历十数公,抑又其次。元、白力勍而气孱,乃都市豪估耳。刘梦得、杨巨源亦各有盛会。浪仙、无可、刘得仁辈,时得佳致,亦足涤烦。厥后所闻,徒褊浅矣。河汾蟠郁之气,宜继有人。今王生寓居其间,沉渍益久,五言所得,长于思与境偕,乃诗家之所尚者。则前谓必推于其类,岂止神跃色扬而已哉。"⑦驾得书,自以誉不虚己⑧。当时价重,乃如此也。今集六卷,行于世。

【校注】

① "字大用"　据《新书》六〇《艺文志》四"王驾诗集六卷"附注、《纪事》六三"王驾"条。

② "蒲中人"　《纪事》作"河中人"。郑谷有《送进士王驾下第归蒲中》诗(《全诗》六七六)。《直斋》一九"王驾集一卷"条称"唐彭城王驾大用"。

蒲中:注见本书卷第五(一二七)《杨巨源传》。

③ "自号'守素先生'"　据《纪事》、《诗话总龟》一〇"雅什"门。

④ "大顺元年,杨赞禹榜登第"　《纪事》作"登大顺进士第"。《诗总》作"大顺中擢第"。《直斋》作"大顺元年进士"。按:《玉芝堂谈荟》二"历代状元"条记"大顺元年状元杨赞安",不作"杨赞禹"。

⑤ "授校书郎" 郑谷有《次韵和王驾校书结绶见寄之什》(《全诗》六七四),本篇当即据此。

⑥ "仕至礼部员外郎"至"才名籍甚" 据《诗总》、《纪事》。

郑谷:传见本书本卷(二三七)。

司空图:传见本书卷第八(二一七)。

⑦ "图尝与驾书评诗曰"至"岂止神跃色扬而已哉" "杰出江宁,宏思至李、杜",《四库》本"江"上有"于"字,"至"作"于";《文集》"至"作"于";《全文》作"杰出于江宁,宏肆于李、杜"。"宜继有人",《文集》、《全文》同,《四库》、三间本"继"下有"起"字。"岂止神跃色扬而已哉","止"原作"若",据《四库》本改,与《全文》、《文集》合,《文集》、《全文》无"而已"二字。此段见于《司空表圣文集》一《与王驾评诗》(《四部丛刊》本)、《全文》八〇七《与王驾评诗书》。"雅风特盛",《文集》"雅"上有"上好文章"四字,《全文》作"主上好文雅,风流特盛"。"若清流之贯远",《文集》"流"作"沅","远"作"达";《全文》作"若清风之出岫"。"刘梦得、杨巨源",《文集》、《全文》于"刘"、"杨"下具有"公"字。"无可",《文集》同,《全文》作"东野"。"今王生",《文集》、《全文》"生"下有"者"字。"沉渍益久",《全文》"沉"作"漫"。

江宁:王昌龄,曾任江宁丞。传见本书卷第二(三一)。

右丞:王维,官至尚书右丞。传见本书卷第二(三六)。

苏州:韦应物,官至苏州刺史。传见本书卷第四(一〇二)。

刘梦得:刘禹锡,传见本书卷第五(一三三)。

杨巨源:传见本书卷第五(一二七)。

浪仙:贾岛,传见本书卷第五(一一八)。

无可、刘得仁:传见本书卷第六(一五〇、一六六)。

⑧ "自以誉不虚己" 《四库》、三间本作:"自谓誉己不虚矣。"

**【辑评】**

宋代谢枋得《谢叠山诗话》:

"王驾《古意》:'夫戍萧关妾在吴,西风吹妾妾忧夫。一行书信千行泪,寒到君边衣到无?'此句'西风吹妾妾忧夫'与'寒到君边衣到无'两句,见夫妇之至情。"

宋代范晞文《对床夜语》五:

"'情新因意胜,意胜逐情新',上官仪诗也。王驾有'雨前初见花间蕊,雨后全无叶底花',脱胎工矣。人以为此格自驾始,非也。又或谓为荆公所作，亦非也。"

清代沈德潜《唐诗别裁》二〇：

"王驾《社日》：'鹅湖山下稻粱肥，豚栅鸡栖半掩扉。桑柘影斜春社散，家家扶得醉人归。'极村朴中，传出太平风景。"

## 二四八　戴思颜

思颜①，大顺元年，杨赞禹榜进士及第②，与王驾③同袍。有诗名，气宇盘礴，每有过人，遂得名家，岂泛然矣。有集今传④。

【校注】

① "思颜"　《四库》、三间本"思"作"司"。《唐摭言》五"切磋"门、《纪事》六六并作"司"。

② "大顺元年，杨赞禹榜进士及第"　《纪事》六六"戴司颜"条记："登大顺进士第。"

③ 王驾：传见本书本卷（二四七）。

④ "有集今传"　未见著录。《全诗》六九〇收诗二首。

【补录】

五代《唐摭言》五"切磋"门：

"景福中，江西节度使钟传，遣僧从约进《法华经》一千部，上待之恩渥有加，宣从约入内赐斋，面赐紫衣一副。将行，太常博士戴司颜以诗赠行，略曰：'远来朝凤阙，归去恋元侯。'时吴子华任中谏，司颜仰公之名，志在属和，以为从约之资。融览之，拊掌大笑曰：'遮（《纪事》作"这"）阿师更不要见，便把拽出得！'其承奉如此矣。"

【辑评】

清代吴乔《围炉诗话》二：

"戴司颜之《江上雨》，情景皆真，故能浃洽。"（附戴司颜《江上雨》："非不欲前去，此情非自由。星辰照何处，风雨送凉秋。寒锁空江梦，声随黄叶愁。萧萧犹未已，早晚去蘋洲。"）

卷　第　九

## 二四九　杜荀鹤（846—904？）

　　荀鹤，字彦之[①]，牧之微子也。牧会昌末自齐安移守秋浦时，妾有妊，出嫁长林乡正杜筠，生荀鹤[②]。早得诗名[③]。尝谒梁王朱全忠，与之坐，忽无云而雨，王以为天泣不祥，命作诗，称意，王喜之[④]。荀鹤寒进，连败文场，甚苦，至是遣送名春官[⑤]。大顺二年，裴贽侍郎下第八人登科，正月十日放榜，正荀鹤生朝也，王希羽献诗曰："金榜晓悬生世日，玉书潜记上昇时。九华山色高千尺，未必高于第八枝。"荀鹤居九华，号"九华山人"[⑦]。张曙拾遗亦工诗，又同年，尝醉谑曰："杜十五大荣，而得与曙同年。"荀鹤曰："是公荣。天下只知有荀鹤，若个知有张五十郎邪？"各大笑而罢[⑧]。宣州田頵甚重之，常致笺问。梁王立，荐为翰林学士，迁主客员外郎[⑨]。颇恃势悔慢缙绅，为文多主箴刺，众怒欲杀之，未得。天祐元年卒[⑩]。荀鹤苦吟，平生所志不遂，晚始成名，况丁乱世，殊多忧惋思虑之语，于一觞一咏，变俗为雅，极事物之情，足丘壑之趣，非易能及者也。与太常博士顾云初隐一山，登第之明年，宁亲相会，云撰集其诗三百余篇，为《唐风集》三卷，且序[⑪]，以为"壮语大言，则决起逸发，可以左揽工部袂，右拍翰林肩，吞贾、喻八九于胸中，曾不芥蒂。或情发于中，则极思冥搜，神游希夷，形兀枯木，五声劳于呼吸，万象贫于抉剔，信诗家之雄杰者矣。"[⑫]荀鹤嗜酒，善弹琴[⑬]，风情雅度，千载犹可想望也。

【校注】

① "字彦之"　《南部新书》辛、《诗话总龟》五"投献"门同。

② "牧之微子也"至"生荀鹤"　"妾有妊"，《四库》本"妊"作"娠"。"乡正"，原作"乡士"，据《四库》本改，与《纪事》合；《艺苑雌黄》作"卿士"。此段采自《纪事》六五"杜荀鹤"条。《纪事》于"牧之"上有"或曰荀鹤"四字。按：

《南部新书》辛、《通鉴》二六四记:"(杜)荀鹤,池州人也。"又,周必大《二老堂诗话》记:"《池阳集》载:杜牧之守郡时,有妾怀娠而出之,以嫁州人杜筠,后生子,即荀鹤也。"

微子:非正妻所生,寄奉于外之子。

齐安:黄州天宝、至德简称齐安郡,治黄冈,今湖北省新洲县。见《旧书》四〇《地理志》三"淮南道黄州黄冈县"。

秋浦:今安徽省贵池县。见《元和志》二八"江南道池州"。

长林:今湖北省荆门县。见《旧书》三九《地理志》二"山南东道荆州"。

③"早得诗名" 《四库》本"得"作"著"。

④"尝谒梁王朱全忠"至"王喜之" 采自《纪事》。亦见于《诗话总龟》三"知遇"门引《洞微志》。

朱全忠:原名朱温,僖宗乾符四年参加黄巢军,中和二年降唐,赐名全忠,为宣武节度使。昭宗天复元年进封为梁王。昭宣帝天祐四年代唐称帝,改名晃,国号梁,史称后梁太祖。传见《旧五代史》一、《新五代史》一。

⑤"荀鹤寒进"至"送名春官" 《四库》本"进"作"畯"。《诗总》五"投献"门作:"遇知于朱梁高祖,送名春官。"

⑥"大顺二年"至"未必高于第八枝" 采自《南部新书》辛,亦见于《诗总》五"投献"门。"二年",《南部新书》同,《诗总》作"三年"。"金榜晓悬生世日"四句,见于《全诗》七一五,题为《赠杜荀鹤》。按:顾云《唐风集序》(《全文》八一五)云:"大顺初,皇帝命小宗伯河东裴公掌邦贡……次二年……于群进士中,得九华山杜荀鹤,拔居上第。"《纪事》又记:"擢第年四十六矣。"

裴贽:注见本书本卷(二四三)《李洞传》。

王希羽:光化四年与曹松同登第,见本书卷十(二六五)《曹松传》。

玉书:传说谓天降之书,亦指帝王诏书。李郢《上裴晋公》诗:"天上玉书传诏夜,阵前金甲受降时。"

九华山:在今安徽省青阳县西南。山有九峰,原名九子山,李白游江汉,见九峰如莲花,改名九华。李白有《改九子山为九华山联句》。

⑦"荀鹤居九华,号'九华山人'" 《四库》本"居九华"下有"峰"字。此段据《纪事》。

⑧"张曙拾遗亦工诗"至"各大笑而罢" 采自《唐摭言》一二"自负"门,《北梦琐言》四略同。"张曙拾遗",《摭言》同,《琐言》作"右补阙张曙"。"杜十五",《摭言》下有"公"字,《琐言》作"杜十四仁贤"。按:据《登科记考》二四,张曙亦于大顺二年第进士。

张曙:官至右补阙。文章秀丽,甚有时称。见《北梦琐言》四。

卷 第 九

　　同年：科举同榜登第者称同年。见《唐摭言》一"述学士"条。按：《北梦琐言》四谓曙"于裴贽侍郎下擢进士第"，与杜荀鹤同年，意为同榜登第（在大顺二年）；《纪事》六六"张曙"条谓曙于"中和初""后七年"登第（当在光启间），谓"杜荀鹤同年生也"，依此，"同年"意为同岁。

　　⑨"宣州田頵甚重之"至"迁主客员外郎"　采自《郡斋》四中"杜荀鹤唐风集十卷"条。又见于《旧五代史》二四本传、《纪事》六五、《南部新书》辛。此段文字据《郡斋》，义欠明。《纪事》作："田頵在宣州，甚重之，頵起兵，阴令以笺问至梁太祖许，颇厚遇。及頵遇祸，梁祖表授翰林学士、主客员外郎中、知制诰。"《旧五代史》略同。又《新书》一八五《田頵传》记："頵遣其佐杜荀鹤至汴通好，（朱）全忠喜。"

　　田頵：原为杨行密大将，昭宗景福元年为宁国军（治宣州）节度使，后绝行密，与朱全忠通好。天复三年败于行密，为乱兵所杀。传见《新书》一八九。

　　⑩"颇恃势"至"天祐元年卒"　据《郡斋》，《旧五代史》、《纪事》略同。

　　⑪"与太常博士顾云"至"且序"　据顾云《唐风集序》（《全文》八一五）。"为《唐风集》三卷"，《集序》无"三卷"二字。（《郡斋》四中著录为十卷，《直斋》一九著录为三卷。）

　　顾云：注见本书本卷（二三三）《罗隐传》。

　　⑫"壮语大言"至"信诗家之雄杰者矣"　"万象贫于抉剔"，"贫"原作"贪"，据《四库》本改，《纪事》同，《全文》作"悉"。此段引自《唐风集序》。"曾不芥蒂"，《全文》"芥蒂"作"蛋介"，《纪事》引"顾云序"同。"神游希夷"，《纪事》同，《全文》"神游"作"游泳"。

　　工部：杜甫，曾带检校工部员外郎衔。

　　翰林：李白，曾应诏供奉翰林。

　　贾：贾岛，传见本书卷第五（一一八）。

　　喻：喻凫，传见本书卷第七（一七八）。

　　希夷：形容虚寂微妙。《老子》："视之不见名曰希，听之不闻名曰夷。"

　　⑬"荀鹤嗜酒，善弹琴"　杜荀鹤《自叙》诗（《全诗》六九二）云："酒瓮琴书伴病身。"本篇或即据此。


【补录】

五代孙光宪《北梦琐言》六：

"唐杜荀鹤尝游梁，献太祖诗三十章，皆易晓也，因厚遇之。洎受禅，拜翰林学士，五日而卒。"（按《南部新书》辛作"未几暴卒"。）

五代何光远《鉴戒录》九：

597

"梁朝杜舍人荀鹤为诗愁苦,悉干教化。……杜在梁朝,献朱太祖《时世行》十首,欲令太祖省徭役,薄赋敛。是时方当征伐,不洽上意,遂不见遇,旅寄寺中。敬相公翔谓杜曰:'希先辈稍削古风,即可进身,不然者虚老矣。'杜遂课颂德诗三十章,以悦太祖。议者以为杜虽有玉堂之拜,顿移教化之词,壮志清名,中道而废。"

宋代佚名《宣和书谱》一九"杜荀鹤"条:

"杜荀鹤,池州人,官至翰林学士。善作诗,辞句切理,有'举鞭挥柳色,随手失蝉声'之句,为时所称。然尤工草字,而无末俗之气。"

**【辑评】**

宋代毕仲洵《幕府燕闲录》:

"杜荀鹤诗鄙俚近俗,惟宫词为第一。云:'早被婵娟误,欲妆临镜慵。承恩不在貌,教妾若为容。风暖鸟声碎,日高花影重。年年越溪女,相忆采芙蓉。'故谚云:'杜诗三百首,惟在一联中:风暖鸟声碎,日高花影重'是也。"

宋代张菊《云谷杂记》二:

"荀鹤之诗,溺于晚唐之习,盖韩偓、吴融之流,以方李、杜则远矣。然解道寒苦羁穷之态,往往有孟郊、贾岛之风。"

"《送人游吴越》云:'夜市桥边火,春风寺外船。'《维扬春日》云:'络岸柳丝悬细雨,绣田花朵弄残春。'《闽中》云:'雨匀紫菊丛丛色,风弄红蕉叶叶声。北畔是山南是海,只堪图画不堪行。'可谓善状三处景物者。"

宋代蔡正孙《诗林广记·前集》九:

"此诗(《时世行》)备言民生之憔悴,国政之烦苛,可谓曲尽其情矣。采民风者观之,其能动心否乎?"[附杜荀鹤《时世行》(一作《山中寡妇》):"夫因兵死守蓬茅,麻苎衣衫鬓发焦。桑柘废来犹纳税,田园荒尽尚征苗。时挑野菜和根煮,旋斫生柴带叶烧。任是深山更深处,也应无计避征徭!"其二(一作《乱后逢村叟》):"八十老翁住破村,村中牢落不堪论。因供寨木无桑柘,为点乡兵绝子孙。还似平宁征赋税,未尝州县略安存。至今鸡犬皆星散,日落前山独倚门。"]

明代胡震亨《唐音癸签》八:

"杜彦之俚浅,以衰调写衰代,事情亦自真切。"

清代贺裳《载酒园诗话·又编》:

"吾尤喜其《春宫怨》一评,杜(荀鹤)诗曰:'风暖鸟声碎',钟(惺)云:'三字开诗余思路。'此真精识矣。……《春宫怨》不惟杜集首冠,即在全唐亦属佳篇。'承恩不在貌,教妾若为容',此千古透论!"

# 卷 第 十

## 二五〇 王 涣

涣①，大顺二年，礼部侍郎裴贽下进士及第②。俄自左史拜考功员外郎，同年皆得美除，涣首唱感恩长句，上谢座主裴公，当时甚荣之③。后以礼部侍郎致仕，年九十，见《睢阳五老图》④。涣工诗，情极婉丽。尝为《惆怅诗》十三首⑤，悉古佳人才子，深怀感怨者，以崔氏莺莺⑥、汉武李夫人⑦、陈乐昌主⑧、绿珠⑨、张丽华⑩、王明君⑪，及苏武⑫、刘、阮⑬辈事成篇，哀伤媚妩⑭。如："谢家池馆花笼月，萧寺房廊竹飐风。夜半酒醒凭槛立，所思多在别离中。"又，"梦里分明入汉宫，觉来灯背锦屏空。紫台月落关山晓，肠断君王⑮信画工"等，皆绝唱，喧炙⑯士林。在晚唐诸人中，霄壤不侔矣。有集今传⑰。

【校注】

①"涣"　原作"焕"。《新书》七二中《宰相世系表》二中"第二房王氏"、《纪事》六六"王涣"条并作"涣，字群吉"，不作"焕"；本书卷首《传目》亦作"涣"，今据改。

②"大顺二年，礼部侍郎裴贽下进士及第"　《纪事》载："大顺二年，侍郎裴贽下登第。"

裴贽：注见本书卷第九（二四四）《吴融传》。

③"俄自左史拜考功员外郎"至"当时甚荣之"　采自《唐摭言》三《慈恩寺题名游赏赋咏杂记》，《纪事》同。《摭言》"俄"作"大顺中"。"感恩长句"，即《上裴侍郎》诗（《全诗》六九〇）。按：《唐摭言》三"散序"条称"南阳记室涣"。又裴贽有

《答王涣》诗（《全诗》六八八）。

④ "后以礼部侍郎致仕，年九十，见《睢阳五老图》"　周密《齐东野语》二〇"耆英诸会"条："至和五老，则杜衍（丞相，祁国公，八十）、王涣（礼部侍郎，九十）、毕世长（司农卿，九十）、朱贯（兵部侍郎，八十八）、冯平（驾部郎中，八十八）。时钱明逸留钥睢阳，为之图象而序之。"亦见于宋代王辟之《渑水燕谈录》四"高逸"门。

⑤ "尝为《惆怅诗》十三首"　"十三首"疑误，《全诗》六九〇题为《惆怅诗十二首》，《纪事》所引亦仅十二首。

⑥ "以崔氏莺莺"　原无"以"字，据《四库》、《指海》本补。

崔莺莺：元稹传奇《莺莺传》中女主角。

⑦ 汉武李夫人：汉武帝宠李夫人，早卒，帝思念不已。方士言能致其神，乃夜张灯烛，遥望见好女如李夫人之貌，不得就视，帝为悲感作歌。见《汉书·外戚传》。

⑧ 陈乐昌主：南朝陈太子舍人徐德言，尚后主妹乐昌公主。国破两人不能相保，因破镜与妻各执一半。陈亡，妻没入杨素家，徐持半镜寻妻，得相遇。见《本事诗·情感》。

⑨ 绿珠：晋石崇有歌妓绿珠，赵王司马伦嬖臣孙秀求之，崇不许，秀乃劝伦杀崇。甲士到门捕崇，绿珠跳楼自杀。见《晋书·石崇传》。

⑩ 张丽华：南朝陈后主妃，以美色见宠。隋兵入陈，与后主投入宫内景阳井中，为隋军搜出，被杀。见《陈书·沈皇后传》。

⑪ 王明君：汉元帝宫女王嫱，字昭君，晋人避司马昭讳改称明君。嫁匈奴呼韩邪单于，以结和亲。昭君事迹，见《西京杂记·琴操》等。

⑫ 苏武：《文选》二九载苏武诗四首，有别妻诗。历代学者认为是后人伪托。

⑬ 刘、阮：注见本书卷第八（二一四）《曹唐传》。

⑭ "媚妩"　"媚"原作"眉"，据《佚存》、《四库》、《指海》本改。

⑮ "君王"　《全诗》、《纪事》作"君恩"。

⑯ "喧炙"　《佚存》本作"脍炙"。

⑰ "有集今传"　未见著录，《全诗》收诗十四首。

【辑评】

清代管世铭《读雪山房唐诗序例》：

"王涣《惆怅诗》，至为凡陋，然……'他年江令独来时'，未尝无孤鹤出群之致。"（附王涣《惆怅诗十二首》之九："陈宫兴废事难期，三阁空余绿草基。狎客沦亡丽华死，他年江令独来时。"）

## 二五一　徐　寅

寅，莆田人也①。大顺三年，蒋咏下进士及第②。工诗，尝赋《路旁草》③云："楚甸秦川万里平，谁教根向路旁生。轻蹄绣毂长相踏，合是荣时不得荣。"时人知其蹭蹬。后果须鬓交白，始得秘书省正字④，竟蓬转客途，不知所终云。有《探龙集》五卷，谓登科射策，如探睡龙之珠也。

**【校注】**

①"寅，莆田人也"　《唐摭言》一〇"海叙不遇"条"寅"作"夤"，《全诗》七〇八同。吴任臣《十国春秋》九五记："徐寅，字昭梦，莆田人。"

莆田：今福建省莆田县。见《元和志》二九"江南道泉州"。

②"大顺三年，蒋咏下进士及第"　《十国春秋》作"登唐乾宁进士第"。按：大顺仅两年，次年正月改元为景福。

③"路旁草"　见于《全诗》七一一。

④"始得秘书正字"　陶岳《五代史补》二《后唐》"徐寅摈弃"条记："徐寅坐是终身止于秘书正字。"按：《四库全书总目》一五一著录"徐正字诗赋二卷"。

**【补录】**

宋代陶岳《五代史补》二《后唐》"徐寅摈弃"条：

"徐寅登第，归闽中，途经大梁，因献太祖《游大梁赋》，对梁祖与太原武皇为仇敌，武皇眇一目，而又出自沙陀部落，寅欲曲媚梁祖，故词及之，云：'一眼胡奴，望英威而胆落。'未几，有人得其本示太原者，武皇见而大怒。及庄宗之灭梁也，四方诸侯以为唐室复兴，奉琛为庆者相继。王审知在闽中，亦遣使至，遽召其使问曰：'徐寅在否？'使不敢隐，以无恙对，庄帝因惨然曰：'汝归语王审知，父母之仇，不可同天。徐寅指斥先帝，今闻在彼中，何以容之？'使回，具以告，审知曰：'如此则主上欲杀徐寅尔，今杀则未敢奉诏，但不用可矣。'即日戒阍者不得引接。徐寅坐是终身止于秘书正字。"

## 【辑评】

宋代刘克庄《后村诗话·后集》一：

"徐夤先辈诗，如'丰年甲子春无雨，良夜庚申夏足眠'，如'身闲不厌常来客，年老偏怜最小儿'，皆律切。"

清代贺裳《载酒园诗话》一：

"晚唐人多好翻案。如温飞卿有'但得戚姬甘定分，不应真有紫芝翁'，徐寅则有'张均兄弟今何在，却是杨妃死报君'。此犹阴平之师，出奇幸胜则可，若认为通衢，岂止壶头之困！"

清代吴骞《拜经楼诗话》：

"唐人赋马嵬诗者，动辄归咎太真。惟徐寅一首云：'二百年来事远闻，从龙惟解尽如云。张均兄弟今何在？却是杨妃死报君。'足为此娃吐气。"

清代纪昀《四库全书总目》一五一"徐正字诗赋二卷"条：

"诗亦不出五代之格，体物之咏尤多，五言如'白发随梳少，青山入梦多'，'岁计悬僧债，科名负国恩'，七言如'丰年甲子春无雨，良夜庚申夏足眠'，'月明南浦梦初断，花落洞庭人未归'，'鹧鸪声中双阙雨，牡丹花畔六街尘'诸联，已为集中佳句。然当时文体，不过如斯，不能独责备于寅也。"

## 二五二　张　乔

乔，隐居九华山，池州人也[①]。有高致，十年不窥园，以苦学。诗句清雅，迥少其伦。当时东南多才子，如许棠、喻坦之、剧燕、吴罕、任涛、周繇、张蠙、郑谷、李栖远与乔，亦称"十哲"[②]，俱以韵律驰声。大顺中，京兆府解试，李参军频时主文，试《月中桂》诗，乔云："根非生下土，叶不坠秋风。"遂擅场。其年，频以许棠久困场屋，以为首荐。乔与喻坦之复受许下薛尚书知，欲表于朝，以他，不果[③]。竟岨峿名途，徒得一进耳[④]。有诗集二卷，传世。

# 唐才子传校注

## 【校注】

①"隐居九华山，池州人也" 《四库》、《指海》本作"池州人也，隐居九华山"。《唐摭言》一〇"海叙不遇"条作"池州九华人也"。《纪事》七〇"张乔"条作"池州人……巢寇为乱，遂与伍乔之徒隐九华"。

九华山：注见本书卷第九（二四九）《杜荀鹤传》。

池州：注见本书卷第六（一六八）《杜牧传》。

②"当时东南多才子"至"亦称'十哲'" "吴罕"，与《摭言》合；《四库》本作"吴宰"，与《纪事》合。《四库》本"李栖远"下有"李昌符"，《摭言》、《纪事》"李栖远"下有"温宪、李昌符"。此段据《摭言》、《纪事》。"喻坦之"，《摭言》、《纪事》"喻"作"俞"。《纪事》附注："十哲而十二人。"《唐音癸签》一二称之为"咸通十哲。"

许棠、喻坦之：传见本书卷第九（二二二、二四〇）。

剧燕：工诗。僖宗时，王重荣镇河中，燕以诗赠重荣，重荣礼遇之。为人纵肆，凌轹同僚，终遭杀身之祸。事见《唐摭言》一〇、《纪事》七〇。

吴罕：咸通十哲之一，登进士科。余未详。

任涛：传见本书卷第九（二四一）。

周繇：传见本书卷第八（二一九）。

张蠙：传见本书本卷（二五七）。

郑谷：传见本书卷第九（二三七）。

李栖远：咸通十哲之一，余未详。

③"大顺中"至"不果" "试《月中桂》诗"，《四库》本"试"下有"以"字。"复受许下薛尚书知"，《四库》、三间本作"复受放，薛尚书知之"；《摭言》作"复受许下薛能尚书深知"，《纪事》略同。此段据《唐摭言》，《纪事》同。"大顺中"，《摭言》作"咸通末"，《纪事》作"咸通中"。"李参军频"，《摭言》作"李建州时为京兆参军"，《纪事》作"李建州频"。"根非生下土"二句，见于《全诗》六三八《试月中桂》诗。"欲表于朝，以他，不果"，《摭言》、《纪事》无此语，《摭言》作："因以诗唁二子曰：'何事尽参差，惜哉吾子诗。日令销此道，天亦负明时。有路当重振，无门即不知。何曾见尧日，相与啜浇漓。'"《纪事》略同。（按：诗见于《全诗》五五八《薛能卷》，题为《寄唁张乔喻坦之》。）

李频：传见本书卷第七（一九二）。

许棠：传见本书卷第九（二二二）。

薛尚书：薛能，传见本书卷第七（一八一）。

④"徒得一进耳" 《直斋》一九"张乔集二卷"条记："乔试京兆，《月中桂》诗擅场，传于今。《登科记》无名，盖不中第也。"（按：张乔事，《摭言》列入"海叙不

遇"条。郑谷有《访题进士张乔延兴门外所居》诗〔《全诗》六七四〕。）

【补录】

唐代杜荀鹤《维扬逢诗友张乔》（《全诗》六九一）：

"天下方多事，逢君得话诗。直应吾道在，未觉国风衰。生计吟消日，人情醉过时。雅篇三百首，留作后来师。"

【辑评】

宋代范晞文《对床夜语》四：

"张乔《寄维扬友》云：'月明记得相寻处，城锁东风十五桥。'杜牧《怀吴中友》曰：'惟有别时今不忘，暮烟秋雨过枫桥。'"

《对床夜语》五：

"张乔多有好绝句，《河湟旧卒》云：'少年随将讨河湟，白首清时返故乡。十万汉家零落尽，独吹边曲向残阳。'《渔父》云：'首戴圆荷发不梳，叶舟为宅水为居。沙头聚看人如市，钓得澄江一尺鱼。'不独'城锁东风十五桥'也。又：'兄弟江南身塞北，雁飞犹自半年余。夜来因得还乡梦，起读前秋转海书。'亦籍、牧之亚。"

明代胡震亨《唐音癸签》八：

"张乔咸通骑驴之客，吟价颇高。如《听琴》之幽淡、《送许棠》之惊耸，亦集中翘英。"（附张乔《送友人进士许棠》："离乡积岁年，归路远依然。夜火山头市，春江树杪船。干戈愁鬓改，瘴疠喜家全。何处营甘旨，潮涛浸薄田。"）

清代贺裳《载酒园诗话·又编》：

"乔亦有一气贯串之妙，尤能作景语。如《华山》：'树黏青霭合，崖夹白云浓。'《赠敬亭僧》：'砌木欹临水，窗峰直倚天。'《沿汉东归》：'绝壁云衔寺，空江雪洒船。'"

## 二五三 郑良士

良士，字君梦，咸通中累举进士，不第。昭宗时，自表献诗五百余篇，敕授补阙而终①。以布衣一旦俯拾青紫，易若反掌，浮俗莫不骇羡，难其比也。今有《白岩集》十卷，传世。○旧言："诗，或穷人，或达人。"②达者，良士是矣。亦命之所为，诗何能与？过诗，则不揣其本也。

**【校注】**

①"字君梦"至"敕授补阙而终"　采自《新书》六〇《艺文志》四"郑良士白岩集十卷"附注，文略同。

②"诗，或穷人或达人"　《四库》本脱"或穷人"三字。按：《旧书》一一一《高适传》云："有唐以来，诗人之达者，唯适而已。"欧阳修《梅圣俞诗集序》云："吾闻世谓诗人少达而多穷。……然则非诗之能穷人，殆穷而后工也。"

## 二五四　张　鼎

鼎，字台业①，景福二年崔胶榜进士。工诗，集一卷，今行。同时赵抟②，有爽迈之度，工歌诗。韦霭③，亦进而无遇，退而有守者。诗各一卷。及谢蟠隐，云是灵运之远孙，有清才，知天下之将乱，作《杂感诗》一卷④。张为，闽中人⑤，离群拔类，工诗，存一卷，及著《唐诗主客图》⑥等，并传于世。

**【校注】**

①"字台业"　《四库》本"业"下有"闽中人"三字。三间本校语云："乃张为传文误属于此。"

②赵抟：《新书》六〇《艺文志》四著录"赵抟《歌诗》一卷"。《全诗》七七一录其七言歌行二首。余未详。

③韦霭：《新书》六〇《艺文志》四著录"韦霭诗一卷"。余未详。

④"作《杂感诗》一卷"　《新书》六〇《艺文志》四著录"谢蟠隐《杂感诗》二卷"。余未详。

⑤"闽中人"　《纪事》六五"张为"条作："唐末江南诗人，与周朴齐名。"又记："为后入钓台山访道而去。"

⑥"《唐诗主客图》"　《纪事》作"《诗人主客图》"，《直斋》二二作"《唐诗主客图》"。

【辑评】

宋代范晞文《对床夜语》四：

"张鼎《咏僧舍小池》亦云：'冷光摇砌锡，疏影露枝猿。'人皆知其'摇'、'露'二字有功，殊不知其用心实在'砌'字、'枝'字之上，熟参者始知之。"

## 二五五　韦　庄（836？—910）

庄，字端己，京兆杜陵人也①。少孤贫，力学，才敏过人。庄应举，正黄巢犯阙，兵火交作，遂著《秦妇吟》，有云："内库烧为锦绣灰，天街踏尽却重回。"乱定，公卿多讶之，号为"秦妇吟秀才"②。乾宁元年，苏检榜进士，释褐校书郎③。李询宣谕西川，举庄为判官。后王建辟为掌书记。寻征起居郎，建表留之④。及建开伪蜀，庄托在腹心，首预谋画，其郊庙之礼，册书赦令，皆出庄手。以功臣授吏部侍郎同平章事⑤。庄早尝寇乱，间关顿踬，携家来越中，弟妹散居诸郡。江西、湖南，所在曾游⑥。举目有山河之异，故于流离漂泛，寓目缘情，子期怀旧之辞，王粲伤时之制，或离群轸虑，或反袂兴悲，《四愁》、《九怨》之文，一咏一觞之作⑦，俱能感动人也。庄自来成都，寻得杜少陵所居浣花溪故址，虽芜没已久，而柱砥犹存，遂诛茅，重作草堂而居焉⑧。性俭，秤薪而爨，数米而炊，达人鄙之⑨。弟蔼，撰庄诗为《浣花集》六卷⑩，及庄尝选杜甫、王维等五十二人诗为《又玄集》⑪，以续姚合之《极玄》，今并传世。

【校注】

①"字端己，京兆杜陵人也"　据张唐英《蜀梼杌》上、《纪事》六八"韦庄"条同。

　　杜陵：注见本书卷第三（五一）《岑参传》。

②"庄应举"至"号为'秦妇吟秀才'"　《四库》本"举"下有"时"字，与

《琐言》合。此段采自《北梦琐言》六。"天街蹈尽却重回",《琐言》作"天街踏尽公卿骨",与敦煌写本《秦妇吟》(见《全唐诗外编·补全唐诗》)合。《琐言》记:"尔后公卿亦多垂讶,庄乃讳之。时人号'秦妇吟秀才'。他日撰家戒,内不许垂《秦妇吟》障子,以此止谤,亦无及也。"

③ "乾宁元年,苏检榜进士,释褐校书郎" 《直斋》一九"浣花集一卷"条:"蜀韦庄撰,唐乾宁元年进士也。"

苏检:昭宗朝为中书舍人、洋州刺史。天复二年李茂贞荐为工部侍郎、同中书门下平章事,三年长流环州。事见《新书》一八二《卢光启传》。

④ "李询宣谕西川"至"建表留之" 采自《纪事》。"李询",《旧书》一七八、《新五代史》六三、《通鉴》二六一并作"李洵"。"起居郎",《纪事》作"起居舍人"。《新五代史》记:"(乾宁四年)五月,(王)建自将攻东川(顾彦晖),昭宗遣谏议大夫李洵、判官韦庄宣谕西川,诏建罢兵。"按:《容斋三笔》七"唐昭宗恤儒士"条:"唐昭宗光化三年十二月,左补阙韦庄奏:(下略)"又韦蔼《浣花集叙》(《全文》八八九)记:"庚申夏,自中谏(下缺四字)辛酉春,应聘为西蜀奏记。"(按:《容斋四笔》一五"官称别名"条:"补阙为中谏。")

李洵:懿宗朝宰相李蔚子,昭宗光化三年选贡士,乾宁间官至福建观察使。事见《旧书》一七八《李蔚传》。

王建:注见本书卷第九(二二九)《牛峤传》。

⑤ "及建开伪蜀"至"吏部侍郎同平章事" 《蜀梼杌》上作:"韦庄为散骑常侍,判中书门下事。……建之开国,制度号令,行政礼乐,皆庄所定。"又云:"以韦庄为吏部侍郎,张格为中书侍郎,并平章事。"

⑥ "携家来越中"至"所在曾游" "江西",原作"西江",据《四库》本改,韦庄《不出院楚公》诗(《全诗》六九八)题下原注:"自三衢至江西作。""所在曾游",《四库》本"曾"作"薄"。此段以韦庄诗为据,韦集中记行之诗甚多。

⑦ "故于流离漂泛"至"一咏一觞之作" 引自韦蔼《浣花集叙》(《全文》八八九)。"故于",《全文》作"尔后"。"九怨",《全文》作"九愁",应从。(按:东汉张衡有《四愁诗》,三国魏曹植有《九愁赋》。)

子期:西晋向秀,字子期,"竹林七贤"之一,曾作《思旧赋》,悼念亡友嵇康、吕安。《晋书》有传。

王粲:汉末诗人,"建安七子"之一,作品有《七哀诗》、《登楼赋》等。《三国志·魏书》有传。

⑧ "庄自来成都"至"重作草堂而居焉" 据《浣花集叙》。

浣花溪:注见本书卷第六(一五六)《薛涛传》。

⑨ "性俭"至"达人鄙之" 《四库》本"俭"下有"约"字。《广记》一六五

"吝啬"门引《朝野佥载》："韦庄颇读书，数米而炊，秤薪而爨，炙少一脔而觉之。"（按：此应为《佥载补遗》中文。）

⑩ "弟蔼，撰庄诗为《浣花集》六卷" 《浣花集叙》作："次为五卷，目之为《浣花集》。"《郡斋》四中亦著录为"韦庄《浣花集》五卷"。

韦蔼：韦庄弟，昭宗天复三年编次庄诗为《浣花集》，并为之序。《新书》六〇《艺文志》四著录韦蔼诗一卷，余不详。

⑪ "庄尝选杜甫、王维等五十二人诗为《又玄集》" 韦庄《又玄集序》（《全文》八八九）云："总其记得者，才子一百五十人。"夏承焘《又玄集后记》云："兹编选一百四十二家，自序云一百五十人，举成数言。《唐才子传》谓选杜甫、王维等五十二人，则其上卷家数。此辛氏涉笔偶误，非元时已佚其中、下两卷也。"

【补录】

宋代张唐英《蜀梼杌》上：

"（武威三年）八月，吏部侍郎平章事韦庄卒。庄字端己，杜陵人，见素之后。乾宁中举进士，建奏为书记。……梁祖遣使通好，以建为兄，庄得书笑曰：'此神尧骄李密之意也。'建之开国，制度号令，刑政礼乐，皆庄所定。拜平章事，卒。"

宋代计有功《唐诗纪事》六八"韦庄"条：

"（庄）后诵子美诗：'白沙翠竹江村暮，相送柴门月色新。'吟讽不辍。是岁卒于花林坊，葬于白沙。"

【辑评】

明代胡震亨《唐音癸签》八：

"韦端己体近雅正，惜出之太易，义乏闳深。"

清代贺裳《载酒园诗话·又编》：

"韦庄诗飘逸，有轻燕受风之致，尤善写豪华之景。如'流水带花穿巷陌，夕阳和树入帘栊'，'银烛树前长似昼，露桃华里不知秋'，'绣户夜攒红烛市，舞衣晴曳碧天霞'，秾丽殆不减于韩翃。……但美尽言内，又集中浅淡者亦多未免，如晋武帝之火浣衣耳。"

清代余成教《石园诗话》二：

"感伤怀旧，颇似老杜笔力。"

## 二五六　王贞白

　　贞白，字有道，信州永丰人也①。乾宁二年登第，时榜下，物议纷纷，诏翰林学士陆扆于内殿覆试，中选②。授校书郎，时登科后七年矣③。郑谷以诗赠曰："殿前新进士，阙下校书郎。"④初，兰溪僧贯休得雅名，与贞白居去不远而未会，尝寄《御沟诗》，有云："此波涵帝泽，无处濯尘缨。"后会，语及此，休曰："剩一字。"贞白拂袂而去。休曰："此公思敏，当即来。"休书字于掌心，逡巡，贞白还曰："'此中涵帝泽'如何？"休以掌示之，无异所改⑤，遂订深契。后值天王狩于岐⑥，乃退居著书，不复干禄，当时大获芳誉。性恬和，明《易·象》。手编所为诗三百篇及赋、文等，为《灵溪集》七卷，传于世。卒葬家山。○贞白学力精赡，笃志于诗，清润典雅，呼吸间两获科甲，自致于青云之上，文价可知矣。深惟存亡取舍之义，进而就禄，退而保身，君子也。梁陶弘景弃官隐居三茅⑦，国事必谘请，称"山中宰相"，号贞白。今王公慕其为人而云尔⑧。

**【校注】**

　　①"字有道，信州永丰人也"　《新书》六〇《艺文志》四"王贞白诗一卷"附注："字有道。"《纪事》六五"王贞白"条同。《容斋四笔》六"乾宁复试进士"条作"信州永丰人王正白"。《直斋》一九"灵溪集七卷"条称"唐校书郎上饶王贞白有道"。
　　永丰：今江西省广丰县。见《元和志》二八"江南道信州"。
　　②"乾宁二年登第"至"中选"　"时榜下"，《四库》本作一"后"字。"覆试"，《佚存》本作"复试"。《直斋》作"乾宁二年进士"。《容斋四笔》作："唐昭宗乾宁二年进士。刑部尚书崔凝下二十五人，放榜后，宣诏翰林学士陆扆、秘书监冯渥入内，各赠衣一副及甀被，于武德殿前复试，但放十五人。……信州永丰人王正白再试，中选。"
　　按：贯休有《送王贞白重试及第东归》诗（《全诗》八三〇）。裴说《见王贞白》诗（《全诗》七二〇）云："共贺登科后，明宣入紫宸。又看重试榜，还见苦吟人。此得名浑别，归来话亦新。"

陆扆：昭宗大顺三年充翰林学士，景福元年拜中书舍人。乾宁三年，户部侍郎同平章事。天祐元年昭宗遇弑，二年扆被朱全忠杀。传见《旧书》一七九、《新书》一八三。

③"授校书郎，时登科后七年矣"　《四库》本"科"作"第"。《唐诗品汇·诗人爵里详节》"王贞白"条："登乾宁二年第，后七年始授校书郎。"

④"殿前新进士"二句　《全诗·郑谷卷》及《全唐诗外编》均未收。

⑤"初，兰溪僧贯休"至"无异所改"　《四库》本"得雅名"作"雅得名"；"居去"作"所居相去"。此段据《纪事》。亦见于《苕溪渔隐丛话·前集》八引《郡阁雅言》。"御沟诗"，《全诗》七〇一题为《御沟水》，"波"作"中"，一作"泉"。

贯休：传见本书本卷（二六七）。

⑥天王狩于岐：天复元年，宦官韩全晦劫昭宗赴凤翔，天复三年还长安。凤翔至德前称岐州。

⑦陶弘景：南朝人，齐时官至左卫殿中将军，后隐居句曲山（茅山）。梁武帝即位后，礼聘不出，朝廷每有大事，辄就咨询，时称"山中宰相"。卒谥贞白先生。《梁书》有传。

三茅：即茅山，相传汉代茅盈、茅固、茅衷曾居此，故名。在今江苏省句容县东南。

⑧"今王公慕其为人而云尔"　《四库》、《指海》本"慕"上有"盖"字。

【补录】

五代王定保《唐摭言》七"好放孤寒"条：

"昭宗皇帝颇为寒畯开路。……孤寒中惟程晏、黄滔擅场之外，其余以呈试考之，滥得亦不少矣。然如王贞白、张蠙诗，赵观文古风之作，皆臻前辈之阃阈者也。"

宋代计有功《唐诗纪事》六七"王贞白"条：

"天祐年中内试，贞白扎翰狼藉，帝览，拂下玉案。有黄门奏：'此举人有诗名。'御批曰：'粗通，放。'"

【辑评】

唐代孟宾于《碧云集序》（《全文》八七二）：

"乱后，江南郑都官、王贞白，用情创志，不共辙，不同途，俱不及矣。"

明代胡震亨《唐音癸签》八：

"王贞白《御沟》一律，吟家喜谈其事，亦由微含比兴，故佳。《咏苇》

611

排句，轻趣可追姚监。余概少快心。"

清代沈德潜《唐诗别裁》一二：

"王贞白《题严陵钓台》：'山色四时碧，溪光七里清。严陵爱此景，下视汉公卿。垂钓月初上，放歌风正轻。应怜渭滨叟，匡国只论兵。'正以不著断语为高，笔力亦复遒劲。"

## 二五七 张 蠙

蠙，字象文[1]，清河人也[2]。乾宁二年，赵观文榜进士及第[3]，释褐为校书郎，调栎阳尉，迁犀浦令[4]。伪蜀王建开国，拜膳部员外郎，后为金堂令[5]。王衍与徐后游大慈寺，见壁间题："墙头细雨垂纤草，水面回风聚落花。"爱赏久之，问谁作，左右以蠙对，因给笺，令以诗进，蠙上二百篇。衍尤重待，将召掌制诰，宋光嗣以其轻傲驸马，宜疏之，止赐白金千两而已[6]。蠙生而秀颖，幼能为诗，《登单于台》有"白日地中出，黄河天上来"句，由是知名[7]。初，以家贫，累下第，留滞长安，赋诗云[8]："月里路从何处上，江边身合几时归？十年九陌寒风夜，梦扫芦花絮客衣。"[9]主司知为非滥成名。余诗皆佳，各有意度，过人远矣。诗集二卷，今传。

**【校注】**

[1] "字象文" 《新书》六〇《艺文志》四"张蠙诗集二卷"附注、《纪事》七〇"张蠙"条同。

[2] "清河人也" 《郡斋》四中"张蠙诗一卷"条同。

清河：今河北省清河县西。见《元和志》一六"河北道贝州"。

[3] "乾宁二年，赵观文榜进士及第" 《纪事》作"唐末登第"，《郡斋》作"唐乾宁中进士"，《直斋》一九"张蠙集一卷"条作"乾宁二年进士"。《纪事》五九"诸载"条记："（赵）观文乾宁二年崔凝下第八人登第，是年命陆扆重试，而观文为榜首。"按：《玉芝堂谈荟》二"历代状元"条作"乾宁二年状元赵观"，"观"下脱"文"字。诸载有《贺赵观文重试及第》诗（《全诗》六九四）。

[4] "释褐为校书郎，调栎阳尉，迁犀浦令" 《纪事》作"尉栎阳"，《郡斋》作

"为校书郎、栎阳尉、犀浦令"。

栎阳：注见本书卷第四（一〇二）《韦应物传》。

犀浦：今四川省郫县东南。见《元和志》三一"剑南道成都府"。

⑤"伪蜀王建开国"至"后为金堂令" 采自《郡斋》，文略同。《纪事》作："避乱入蜀，王蜀时，为金堂令。"

金堂：今四川省金堂县。见《元和志》三一"剑南道汉州"。

⑥"王衍与徐后"至"止赐白金千两而已" "因给笺，令以诗进"，"笺"原作"礼"（疑为"札"之讹），据《四库》、三间本改；《纪事》作"乃赐霞光笺，令写诗以进。"（按元代费著《笺纸谱》记："伪蜀王衍赐金堂令张蠙霞光笺五百幅。"）"蠙上二百篇"，"二百篇"原作"二篇"，《郡斋》亦作"蠙以二首献"，并误；据《四库》本改，与《纪事》"蠙进二百首"合。"衍尤重待"，"重待"原作"待重"，据《四库》、三间本乙转；《郡斋》作"衍颇重之"。"宋光嗣"，《佚存》本"宋"作"朱"，讹。"宜疏之"，正保、《佚存》本"宜"作"宣"，讹。此段采自《郡斋》，文小异；亦见于《纪事》。"墙头细雨垂纤草"二句，《纪事》、《郡斋》同，《全诗》七〇二张蠙《夏日题老将林亭》诗。"细雨"、"回风"作"雨细"、"风回"。"以其轻傲驸马"，《郡斋》无"驸马"二字，《纪事》作"以蠙轻忽傲物"，应从。"止赐白金千两而已"，《郡斋》无"千两"二字，应据删；《纪事》作"遂止，卒于官"。

王衍：王建子，前蜀后主。传见《旧五代史》一三六、《新五代史》六三。

宋光嗣：事蜀主王衍为枢密使，后唐庄宗同光三年王衍降唐，光嗣被杀。事见《旧五代史》三三。

⑦"蠙生而秀颖"至"由是知名" 采自《郡斋》；亦见于《纪事》，文略同。"白日地中出"二句，见于《全诗》七〇二《登单于台》诗。

⑧"赋诗云" 原无"云"字，据《四库》本补。

⑨"月里路从何处上"四句 《全诗》七〇二题为《叙怀》。

九陌：汉代都城长安有八街、九陌，后泛指都城大路。骆宾王《帝京篇》："三条九陌丽城隈，万户千门年旦开。"

## 【辑评】

宋代胡曾《能改斋漫录》八"沿袭"门：

"沈君攸《羽觞飞上苑》云：'石径断丝阑蔓草，山流细沫拥浮花。'《外史梼杌》载张蠙诗：'墙头细雨垂纤草，水面回风聚落花。'盖本于沈耳。"

清代贺裳《载酒园诗话·又编》：

"嵎诗亦多佳，但其最警处，辄不能出前人范围。如《丛苇》诗是集中之冠，'花明无月夜，声急正秋天'，又一诗之冠也，不觉已犯义山《李花》诗'自明无月夜'矣。"

清代沈德潜《说诗晬语》上：

"晚唐人诗：'鹭鸶飞破夕阳烟'、'水面风回聚落花'、'芰荷翻雨泼鸳鸯'，固是好句，然句好而意尽句中矣。又张嵎《洞庭湖》诗：'青草浪高三月渡，绿杨花扑一溪烟。'绿杨一语，分明村港小景，赋洞庭湖宜尔耶？'破'字、'聚'字、'泼'字、'扑'字，求新在此，不登大雅之堂正在此。"

## 二五八　翁承赞

承赞，字文尧①，乾宁三年礼部侍郎独孤损下第四人进士②，又中宏词敕头。承赞工诗，体貌甚伟，且诙谐③，名动公侯。唐人应试，每在八月，谚曰："槐花黄，举士忙。"承赞《咏槐花》云："雨中妆点望中黄，勾引蝉声送夕阳。忆得当年随计吏，马蹄终日为君忙。"④甚为当时传诵。尝奉使来福州，见友僧亚齐，赠诗云："萧萧风雨建阳溪，溪畔维舟见亚齐。一轴新诗剑潭北，十年旧识华山西。吟魂昔向江村老，空性元知世路迷。应笑乘轺青琐客，此时无暇听猿啼。"⑤他诗高妙称是。仕王审知，终谏议大夫⑥。有诗，以兵火散失，尚存百二十余篇，为一卷，秘书郎孙郃⑦为序云。

【校注】

①"字文尧"　《新书》六〇《艺文志》四"翁承赞诗一卷"附注同。《纪事》七三"翁承赞"条作："字文尧，闽人。"

②"乾宁三年"至"第四人进士"　《纪事》作"乾宁进士也"。《直斋》一九"翁承赞集一卷"条作"乾符二年进士"。

独孤损：昭宗天复三年为兵部侍郎、同平章事。天祐元年昭宗被弑，立昭宣帝，以损为门下侍郎、同平章事。天祐二年被朱全忠杀。事见《旧书》二〇上《昭宗纪》。

③"诙谐" "诙"原讹作"恢",径改。

④"唐人应试"至"马蹄终日为君忙" "举士忙",《四库》本"士"作"子",与《纪事》合。"忆得",《纪事》同;《四库》抄本作"忆昔",与《全诗》合。此段采自《纪事》,文略同。"雨中妆点望中黄"四句,《全诗》七〇三题为《题槐》。

随计吏:本指应征召之人随计吏同行,此处指士人赴科举会试。计吏,考察官吏的官员。

⑤"尝奉使来福州"至"此时无暇听猿啼" 采自《纪事》,亦见于《诗话总龟》六"寄赠"门引《鉴戒录》。"萧萧风雨建阳溪"八句,《全诗》七〇三题为《访建阳马驿僧亚齐》。"昔向",《纪事》、《全诗》作"惜向"。

亚齐:注见本书卷第三(六四)《道人灵一传》。

建阳溪:源于今福建省西北武夷山,西南流入东海。下游今称闽江。见《元和志》二九"江南道建州"。

剑潭:亦称剑池,在今江西省丰城县西南,传为晋代雷焕得龙泉太阿宝剑之处。见《元和志》二八"江南道洪州丰城县"、《清一统志》一一三"南昌府"。

轺〔yáo〕:使者所乘之车。

⑥"仕王审知,终谏议大会" 《纪事》作"唐末为谏议大会,使福州"。《直斋》亦称"唐谏议大夫京兆翁承赞"。

王审知:五代时闽国建立者,后梁开平三年受封为闽王。传见《旧五代史》一三四、《新五代史》六八。

⑦孙郃:乾宁中登进士第,为校书郎中、河南府文学。好荀子、孟子之书,学韩愈为文。与方干为友。事见《纪事》六一"孙郃"条。

## 二五九 王 毂

毂,字虚中,宜春人①,自号"临沂子"。以歌诗擅名,长于乐府。未第时,尝为《玉树曲》云:"璧月夜,琼树春,莺舌泠泠词调新。当时狎客尽丰禄,直谏犯颜无一人。歌未阕,晋王剑上粘腥血。君臣犹在醉乡中,一面已无陈日月。"大播人口。适有同人为无赖辈殴,毂前救之,曰:"莫无礼!我便是道'君臣犹在醉乡中'者。"无赖闻之,惭谢而退②。毂亦大节士,轻财重义,为乡里所誉。颇不平,久困,适生离难间,辞多寄寓比兴之作,无不知名。乾宁五年羊绍素榜进士③,历国子博士,后以郎官致仕④。

615

有诗三卷。于时宦进⑤，俱素餐尸位、卖降恐后之徒，毂因撰《前代忠臣临老不变图》⑥一卷，及《观光集》一卷，并传。

【校注】

①"字虚中，宜春人"　《纪事》七〇"王毂"条同。

宜春：注见本书卷第九（二三七）《郑谷传》。

②"以歌诗擅名"至"惭谢而退"　"丰禄"，《诗总》同；《四库》本作"持禄"，与《全诗》合；《纪事》作"居禄"。采自《诗话总龟》二九"书事"门引《百斛明珠》，文略同；亦见于《纪事》。"璧月夜，琼树春"，《诗总》"夜"作"夜夜"，《纪事》、《全诗》六九四《玉树曲》并作"璧月夜满楼风轻"。"莺舌"，《诗总》、《纪事》、《全诗》并作"莲舌"。"适有同人为无赖辈殴，毂前救之曰"，《诗总》略同，《纪事》作"毂未及第时，轻忽，为人殴击，扬声曰"。

晋王：隋文帝次子杨广，封晋王，后即帝位，是为炀帝。隋文帝开皇九年，隋军攻入南朝陈京都建康，陈后主被俘。晋王杨广入建康，杀施文庆、沈客卿等，陈亡。《隋书》有纪。

③"乾宁五年羊绍素榜进士"　《新书》六〇《艺文志》四"王毂诗集三卷"附注作"乾宁进士第"。《直斋》一九"王毂集一卷"条作"乾宁五年进士"。

④"后以郎官致仕"　《新书·艺文志》作"郎官致仕"。《纪事》作："唐末为尚书郎中，致仕。"

⑤"宦进"　《四库》本作"宦达"。

⑥"临老不变图"　《四库》本"不变"下有"者为"二字。

【补录】

宋代计有功《唐诗纪事》七〇"王毂"：

"毂始与崔胤同在庠序，相善。将赴举，胤饯之。有日者在坐，曰：'待此郎为相，乃登第。'二十年，胤为相，毂遂登第。"

## 二六〇　殷文圭

文圭，字表儒①，池州青阳人也②。乾宁五年礼部侍郎裴贽下进士③。初，未第时，道中尝逢一老叟，目文圭久之，谓人曰："向者布衣，绿眉方口，神仙中人也。如学道，可以冲虚；不尔，垂大名于天下。"④未几，兵马振动，大驾幸三峰，文圭携梁王表荐及第。时杨令公行密镇淮阳，奄有宣、浙。扬、汴之间，榛梗既久，文圭辞亲，间道至行在。无何，随榜为吏部侍郎裴枢宣慰判官、记室参军。至大梁，以身事叩梁王，王又上表荐之。文圭后饰非，遍投启事公卿间，曰："於菟猎食，非求尺璧之珍；爰居避风，不望洪钟之乐。"俄为多言者所发，更由宋、汴驰过，梁王大怒，亟遣追捕，已不及矣⑤。为诗有《登龙集》、《冥搜集》、《笔耕词》、《冰镂录》、《从军稿》等集⑥，传世。○唐季，文体浇漓，才调荒秽，稍稍作者，强名曰诗，南郭之竽，苟存于众响，非复盛时之万一也。如王周⑦、刘兼⑧、司马札⑨、苏拯⑩、许琳⑪、李咸用⑫等数人，虽有集相传，皆气卑格下，负鱼目唐突⑬之惭，窃碔砆韫袭⑭之滥，所谓"家有弊帚，享之千金"⑮，不自见之患也。文圭稍入风度，间见奇崛，其殆庶几乎。

**【校注】**

①"字表儒"　《纪事》六八"殷文圭"条作"小字桂郎"。

②"池州青阳人也"　《唐摭言》九"表荐及第"条作"文圭家池州之青阳"。《纪事》作"池州人，居九华"。

青阳：今安徽省青阳县。见《元和志》二八"江南道池州"。

③"乾宁五年礼部侍郎裴贽下进士"　《直斋》一九"殷文圭集一卷"条作"乾宁五年进士"。按：《旧书》二〇上《昭宗纪》："（乾宁四年十月）以太中大夫、前御史中丞裴贽为礼部尚书、知贡举。"

裴贽：注见本书卷第九（二四三）《李洞传》。

④"初，未第时"至"垂大名于天下"　采自《纪事》，文略同。"初，未第时"四字，《纪事》无。

⑤"未几"至"已不及矣"　"更由宋、汴驰过"，《四库》、三间本作"后更道由宋、汴亟驰过"；《摭言》"更"作"既擢第"；《纪事》作"既而由宋、汴归"。此段采自《唐摭言》九"表荐及第"条，《纪事》略同。"未几"，《摭言》、《纪事》作"乾宁中"。"宣慰判官"，《摭言》、《纪事》"慰"作"谕"。"记室参军"四字，《摭言》、《纪事》无。按：殷文圭《后唐张崇修庐州外罗城记》（《全文》八六九）称："天祐十四载……淮南节度掌书记殷文圭文。"又，《摭言》于"已不及矣"下又记："自是屡言：

'措大率皆负心!'常以文圭为证。白马之诛,靡不由此也。"《纪事》略同。

三峰:注见本书卷第九(二三七)《郑谷传》。

梁王:朱全忠,注见本书卷第九(二四九)《杜荀鹤传》。

杨行密:唐末起兵据庐州,僖宗中和三年任庐州刺史。昭宗景福元年攻杀孙儒,入扬州,为淮南节度使,占有淮南、江东之地。天复三年受封为吴王。传见《旧五代史》一三四、《新五代史》六一。

裴枢:昭宗龙纪初擢拜给事,改京兆尹。乾宁初,从昭宗幸华州,为汴州宣谕使。素与朱全忠相结纳,以户部侍郎同中书门下平章事。昭宣帝(哀帝)天祐二年被朱全忠杀。传见《旧书》一一三、《新书》一四〇。

於菟:虎的别称。见《左传》(宣公四年)。

大梁:指汴州开封,战国时为魏国都大梁,今河南省开封市。见《元和志》七"河南道汴州"。

爰居:一种海鸟。见《国语·鲁语》。

⑥"《登龙集》"至"《从军稿》等集" 两《唐书·艺文志》无载,皆据《宋史·艺文志》。

⑦王周:登进士第,曾为官万州,系五代时人而入宋者,余未详。《全诗》七六五收其诗一卷。《旧五代史》五、《新五代史》二有《王周传》,仕后晋、后汉为节度使,恐不是一人。

⑧刘兼:系五代时人而入宋者,曾官荣州刺史,余未详。《全诗》七六六收其诗一卷。

⑨"司马札" 《四库》抄本"札"作"礼"。《直斋》一九作"札",《唐诗品汇·诗人爵里详节》作"礼"。

司马札:宣宗大中间在世,与储嗣宗友善。《全诗》五九六收其诗一卷。

⑩苏拯:昭宗光化间在世,事迹略见《唐摭言》一一"恶分疏"条。《全诗》七一八收其诗一卷。

⑪"许琳" 《纪事》七一、《全诗》六七八"琳"作"彬"。

许琳:与郑谷同时,举进士不第。《全诗》六七八收其诗一卷。

⑫李咸用:举进士不第,应召为推官。工诗,著有《披沙集》。杨万里有《唐李推官披沙集序》。《全诗》六四四、六四五、六四六收其诗三卷。

⑬鱼目唐突:南朝梁任昉《到大司马记室笺》:"惟此鱼目,唐突玙璠。"鱼目似珠,故云。

⑭碔砆〔wǔfū〕蕴袭:汉代王褒《四子讲德论》:"故美玉蕴于碔砆。"碔砆即珷玞,似玉的美石。

⑮家有弊帚,享之千金:语见曹丕《典论·论文》。

## 【补录】

宋代宋祁《新唐书》一八九《田頵传》：

"文圭有美名，全忠、镠交辟不应。頵置田宅，迎其母，以甥事之，故文圭为尽力。"

宋代计有功《唐诗纪事》六八"殷文圭"条：

"唐末词场，请托公行，文圭与游恭独步场屋。……文圭事杨行密，终左千牛卫将军。"（按：《十国春秋》一一《吴·列传》记："頵死，事太祖父子，掌书记。以文章著名，太祖墓志铭盖出其手也。武义元年，拜翰林学士。一云终左千牛卫将军。"）

"后为内翰，曾草司空李德诚麻，润毫久不至，为诗督之云：'紫殿西头月欲斜，曾草临淮上相麻。润笔已曾经奏谢，更将章句问张华。'时论少之。"

## 二六一　李建勋（873？—952）

建勋，字致尧[①]，广陵人[②]。仕南唐为宰相，后罢，出镇临川。未几，以司徒致仕，赐号"钟山公"[③]。年已八十，志尚散逸，多从仙侣，参究玄门。时宋齐丘有道气，在洪州西山，建勋造谒致敬，欲授真果，题诗赠云："春来涨水凉如活，晓出西山势似行。玉洞有人经劫在，携竿步步就长生。"归高安别墅，一夕，无病而逝[④]。能文赋诗，琢炼颇工，调既平妥，终少惊人之句也。有《钟山集》二十卷，行于世。

## 【校注】

[①]"字致尧"　马令《南唐书》一〇本传、陆游《南唐书》六本传并同。

[②]"广陵人"　马令《南唐书》九、陆游《南唐书》六《李德诚传》："广陵人也。"（按：建勋为德诚之子。）

广陵：注见本书卷五（一一七）《朱昼传》。

[③]"仕南唐为宰相"至"赐号'钟山公'"　据马令《南唐书》本传。陆游《南唐书》略同。

临川：今江西省抚州市。见《元和志》二八"江南道抚州"。

④"年已八十"至"一夕无病而逝" "凉如活"，《四库》本作"波如活"，《诗总》作"流如活"，《全诗》作"流而活"。"晓出"，《四库》本作"晓起"，《全诗》作"晓色"，《诗总》"晓"下为空格。此段据《诗话总龟》二"达理"门引《青琐后集》，文略同。"时宋齐丘有道气"至"题诗赠云"，《诗总》作："谒宋齐丘于洪州，题一绝于信果观壁云。""春来涨水凉如活"四句，《全诗》七三九题为《题信果观壁》。"有人"，《诗总》、《全诗》作"主人"。按：马令《南唐书》记："保大十年卒。"陆游《南唐书》略同。

宋齐丘：仕吴，累迁右谏议、兵部侍郎，后迁右仆射、平章事。入南唐，为镇南军节度使，徙镇海军。归隐九华山，赐号"九华先生"。召为中书令，出镇洪州，徙剑南东川节度使。后放归，自缢死。传见马令《南唐书》二○。

洪州西山：注见本书卷第六（一六○）《施肩吾传》。

高安：今江西省高安县。见《元和志》二八"江南道洪州"。

## 【补录】

宋代陆游《南唐书》六《李建勋传》：

"少好学，能为文，尤工诗。"

"建勋家世将相，又娶于徐氏，为其国贵游，然杜门不预世事，所与交皆寒畯。"

"以司徒致仕，赐号'钟山公'。营别墅于山中，放意水石。或谓之曰：'公未老，又无大恙，遽为此举，欲复为九华先生耶？'建勋曰：'吾平生笑宋公轻出处，何至效之！自知不寿，欲求数年闲适耳。'"

宋代释文莹《玉壶清话》：

"其为诗，少犹浮靡，晚年方造平淡。"

## 【辑评】

清代贺裳《载酒园诗话·又编》：

"李建勋诗格最弱，然情致迷离，故亦能动人。如《残牡丹》诗：'肠断题诗如执别，芳茵愁更绕栏铺。风飘金蕊看全落，露滴檀英又暂苏。失意婕妤妆渐薄，背身妃子病难扶。回看池馆春归也，又是迢迢看画图。'气骨安在？却有倚门人流目送盼之致，虽庄士雅人所卑，亦为轻俊佻达者所喜。……语皆纤冶，能眩人目。惟《迎神》一篇，不愧名家，张司业之耳孙，近来高季迪之鼻祖也。"

## 二六二　褚　载

载，字厚之[①]。家贫，客梁、宋间，困甚。以诗投襄阳节度使邢君牙云："西风昨夜坠红兰，一宿邮亭事万般。无地可耕归不得，有恩堪报死何难。流年怕老看将老，百计求安未得安。一卷新诗满怀泪，频来门馆诉饥寒。"君牙怜之，赠绢十匹，荐于郑滑节度使，不行。乾宁五年，礼部侍郎裴贽知贡举，君牙又荐之，遂擢第[②]。文德中，刘子长出镇浙西，行次江西。时陆威侍郎犹为郎吏，亦寓于此。载缄二轴投谒，误以子长之卷面贽于威，威览之，连见数字触家讳，威矍然，载愕错，白以大误。寻谢以长笺，略曰："曹兴之图画虽精，终惭误笔；殷浩之兢持太过，翻达空函。"[③]威激赏，而终不能引拔。后竟流落而卒。集三卷，今传[④]。

【校注】

①"字厚之"　《新书》六〇《艺文志》四"褚载诗三卷"附注、《纪事》五九"褚载"条同。

②"家贫"至"遂擢第"　"有恩堪报死何难"，"堪"字原作空格，正保、《佚存》、《指海》本作"可"；"何"原作"应"，皆据《四库》、三间本补改，与《诗总》、《全诗》合。此段采自《诗话总龟》五"自荐"门引《诗史》。"西风昨夜坠红兰"八句，《全诗》六九四题为《投节度邢公》。"一卷新诗"，《诗总》、《全诗》"诗"作"书"。"郑滑节度使"，《诗总》"节度"作"辟支"。"乾宁五年"，《诗总》作"明年"。（按：《新书·艺文志》记："乾宁进士第。"）

邢君牙：《旧书》一一四、《新书》一五六有《邢君牙传》，德宗贞元间为凤翔陇州观察使，贞元十四年卒，与褚载年代不相及。又据《唐方镇年表》四，历年襄阳节度使中无邢君牙，昭宗朝镇襄阳者为赵德諲、赵匡凝父子。《诗话总龟》所载疑误。

裴贽：注见本书卷第九（二四三）《李洞传》。

③"文德中"至"翻达空函"　《四库》本"文德中"上有"初"字。"兢持太过"，"太"原作"大"，据《四库》本改，与《纪事》合。《纪事》作："陆威为郎官，载以文投献，数字犯其家讳，威因矍然。载寻以笺致谢曰：'曹兴之图画虽精，终惭误

笔；殷浩之矜持太过，翻达空函。"

　　刘子长：刘崇龟，字子长，僖宗中和间为兵部郎中，拜给事中。昭宗大顺中为户部侍郎，出为岭南东道观察处置使。传见《旧书》一七九、《新书》九〇。

　　陆威：字岐，官兵部侍郎。见《新书》七三下《宰相世系表》三下。

　　曹兴：即曹不兴，三国吴画家。曾为孙权绘屏风，误污画面，兴乃就画为蝇。孙权谓是真，以手弹之。见《历代名画记》四。

　　殷浩：东晋人，识度清远，有美名。桓温将以浩为尚书令，遗书告之，浩答书虑有谬误，竟达空函，大忤温意，由是遂绝。见《晋书·殷浩传》。

　　④"今传"　《四库》本下有"于世"二字。

# 二六三　吕　岩

　　岩，字洞宾①，京兆人②，礼部侍郎吕渭之孙也③。咸通初中第，两调县令④。更值巢贼，浩然发栖隐之志，携家归终南，自放迹江湖⑤。先是有钟离权，字云房，不知何代何许人，以丧乱避地太白间，入紫阁，石壁上得金诰玉篆，深造希夷之旨，常鬙髻，衣槲叶，隐见于世。岩既笃志大道，游览名山，至太华，遇云房，知为异人，拜以诗曰："先生去后应须老，乞与贫儒换骨丹。"云房许以法器，因为著《灵宝毕法十二科》，悉究性命之旨。坐庐山中数十年，金丹始就。逢苦竹真人，乃能驱役神鬼⑥。时移世换⑦，不复返也。与陈图南⑧音响相接，或访其室中。尝白襕⑨角带，卖墨于市，得者皆成黄金。往往邀游洞庭、潇湘、溢浦⑩间，自称"回道士"，时传已蝉蜕⑪矣。有术，佩剑，自笑曰："吾仙人，安用剑为？所以断嗔爱烦恼耳。"⑫尝题寺壁曰："三千里外无家客，七百年前云水身。"后书云："唐室进士，今时神仙。足蹑紫雾，却归洞天。"⑬又宿湖州沈东老家，白酒满瓮，恣意拍浮。临去，以石榴皮画壁间云："西邻已富忧不足，东老虽贫乐有余。白酒酿来因好客，黄金散尽为收书。"⑭又尝负局奁⑮于市，为贾尚书淬古镜，归忽不见，留诗云："袖里青蛇凌白日，洞中仙果艳长春。须知物外餐霞客，不是尘中磨镜人。"⑯又醉饮岳阳楼，俯鉴洞庭，时八月，叶下水清，君山如黛螺，秋风浩荡，遂按玉龙作一弄[17]，清音辽亮，金石可裂。久之，度古柳别去，留诗云："朝游南浦暮苍梧，袖里青蛇胆气粗。三入岳阳人不识，朗吟飞过洞庭湖。"[18]后往来人间，乘虚上下，竟莫能测。至今四百余年，所在留题，不可胜纪。凡遇之者，每去后始觉，悔无及矣。盖其变化无穷，吟咏不已，姑此纪其大略云。

论曰[19]：晋嵇康论神仙非积学所能致[20]，斯言信哉。原其本自天灵，有异凡品，仙风道骨，迥凌云表。历观传记所载，雾隐乎岩巅，霞寓于尘外，崆峒[21]、羡门[22]以下，清流相望，由来尚矣。虽解化[23]一事，似或玄微，正非假房中[24]、黄白[25]之小端，从而服食颐养，能尽其道者也。不损上药[26]，愈益下田[27]，熊经鸟伸，纳新吐故[28]，无七情以夺其魄，无百虑以煎肺肝，庶几指识玄户[29]，引身长年，然后一跃，顿乔、松[30]之逸驭也。今夫指青山首驾，卧白云振衣，纷长往于斯世，遣高风于无穷，及见其人，吾亦愿从之游耳。韩湘[31]控鹤于前，吕岩骖鸾于后，凡其题咏篇什，铿锵振作，皆天成云汉[32]，不假安排。自非咀嚼冰玉，呼吸烟霏，孰能至此？宁好事者为之，多见其不知量也。吴筠[33]、张志和[34]、施肩吾[35]、刘商[36]、陈陶[37]、顾况[38]等，高躅可数，皆颉颃于玄化中者欤。

**【校注】**

① "字洞宾" 《诗话总龟》四四"神仙"门引《雅言杂载》作："吕仙翁，名岩，字洞宾。"

② "京兆人" 《诗总》作"本关右人"。吴曾《能改斋漫录》一八"吕洞宾传神仙之法"条作："吕洞宾尝自传，岳州有石刻，云：吾乃京兆人。"《百川书志》一四"纯阳吕真人文集五卷"条称"河中吕岩洞宾"。

③ "礼部侍郎吕渭之孙也" 《能改斋漫录》一八"吕洞宾唐末人"条云："尝洞宾尝自序，以为吕渭之孙。"

吕渭：德宗贞元中累迁礼部郎中，为泽州刺史。传见《旧书》一三七、《新书》一六〇。

④"咸通初中第,两调县令" 《诗总》作"咸通初举进士第"。《能改斋漫录》一八"吕洞宾传神仙之法"条作"唐末,累举进士不第"。

⑤"更值巢贼"至"自放迹江湖" 《诗总》作:"巢贼为梗,携家隐于终南山,学老子法。"

⑥"先是有钟离权"至"乃能驱役神鬼" "灵宝毕法",《四库》本"毕"作"异";据《吕祖全集》二九,作"毕"是。"悉究",《佚存》本讹作"志究"。《能改斋漫录》一八"吕洞宾传神仙之法"条作:"因游华山,遇钟离,传授金丹大药之方;复遇苦竹真人,方能驱使鬼神;再遇钟离,尽获希夷之妙旨。"亦见于《苕溪渔隐丛话·后集》三八"回仙"条。"先生去后应须老"二句,《全诗·吕岩卷》未录。

钟离权:据《宣和书谱》一九"钟离权"条载,号云房,自称"天下都散汉"。与吕岩同时,后皆列入传说中之八仙,见《列仙全传》三。

太白:山名,注见本书卷第一(五)《卢照邻传》。

紫阁:山峰名,注见本书卷第二(三二)《常建传》。

金诰玉箓:道教的秘籍。

希夷之旨:道教教义中虚寂微妙的道理。《老子》:"视之不见名曰希,听之不闻名曰夷。"

鬉髻〔zhuā jì〕:以麻束发为结。

⑦"时移世换" 原作"时及□世",阙第三字;据《四库》、三间本改。

⑧陈图南:陈抟,传见本书本卷(二七八)。

⑨襕〔lán〕:短袖单衣。见《玉篇》。

⑩溢浦:溢江(今龙开河)源出今江西省瑞昌县清溢山,东流经九江城下,名溢浦港,北入长江。见《读史方舆纪要》八五"九江府德化县"。

⑪蝉蜕:道教称有道者死为尸解登仙,如蝉之脱壳,故又称蝉蜕。

⑫"有术"至"所以断嗔爱烦恼耳" 《能改斋漫录》一八作:"世言吾卖墨,飞剑取人头,吾闻哂之。实有三剑:一断烦恼,二断贪嗔,三断色欲,是吾之剑也。"

⑬"尝题寺壁曰"至"却归洞天" 采自《诗话总龟》四四"神仙"门引《摭遗》。"三千里外无家客"二句,见于《全诗》八五八《答僧见》诗。"唐室进士"四句,《全诗》八五八题为《题僧房绝句》。

⑭"又宿湖州"至"黄金散尽为收书" "画壁间",《四库》本"画"作"书"。此段见于《苕溪渔隐丛话·后集》三八"回仙"条引陆元光《回仙录》。"西邻已富忧不足"四句,《全诗》八五八题为《熙宁元年八月十九日过湖州东林沈山用石榴皮写绝句于壁自号回山人》,一作《题沈东老壁》。

湖州:注见本书卷第三(八〇)《朱湾传》。

拍浮:指纵饮。《世说新语·任诞》:"拍浮酒池中,便足了一生。"

⑮局奁：外形屈曲的箱匣。"局"通"跼"。

⑯"袖里青蛇凌白日"四句　《全诗》八五八题为《为贾师雄发明古铁镜》，"袖里"作"手里"。

⑰玉龙：指笛。《事物异名录》"音乐"门"笛"条："罗隐《中元甲子以辛丑驾幸蜀》诗：'玉龙无主渡头寒。'按：玉龙，笛名。"

一弄：乐一曲。《世说新语·任诞》注引《续晋阳秋》："既吹一弄，乃放笛。"

⑱"朝游南浦暮苍梧"四句　"洞庭湖"，"庭"原讹作"度"，据《佚存》、《四库》本改。此诗见于《全诗》八五八《绝句》（三十二首之十六），"南浦"作"北越"（"北"一作"百"），一作"岳鄂"。

⑲"论曰"　《四库》本此论附于《陈抟传》之后。

⑳"晋嵇康论神仙非积学所能致"　嵇康《养生论》："神仙……似特受异气，禀之自然，非积学所能致也。"

㉑崆峒：指广成子，传说中的古仙人。《神仙传》一："广成子者，古仙人也，居崆峒之山"。崆峒山在今河南省临汝县西南。

㉒羡门：传说中的古仙人。《史记·秦始皇本纪》："始皇之碣石，使燕人卢生求羡门、高誓。"《集解》引韦昭曰："古仙人。"

㉓解化：道教谓羽化成仙。

㉔房中：《汉书·艺文志·方技略》著录房中术八家。后世道教方士，有所谓运气、逆流、采战之类的男女交合术，谓之房中术。见陶宗仪《辍耕录》一四。

㉕黄白：指道教方士所谓炼丹为金银的法术。应劭《风俗通·淮南王安·神仙》："召募方伎怪迂之人，述神仙黄白之事。"

㉖上药：上等药物。嵇康《养生论》："故神农曰上药养命，中药养性者，诚知性命之理，因辅养以通也。"

㉗下田：道家称人身脐下三寸处为下丹田，"下田"即指此。见《抱朴子·抱真》。

㉘熊经鸟伸，纳新吐故：古代导引养生之法。其法状如熊攀树而自经，类鸟飞空而伸脚，口吐浊气，鼻引清气。见《庄子·刻意》。

㉙玄户：玄理之门户。《老子》："玄之又玄，众妙之门。"

㉚乔、松：王子乔、赤松子，传说中的古仙人。

㉛韩湘：传见本书卷第六（一六二）。

㉜天成云汉：形容像星河在天上分布一样自然。《诗经·大雅·棫朴》："倬彼云汉，为章于天。"

㉝吴筠：传见本书卷第一（一六）。

㉞张志和：传见本书卷第三（八一）。

㉟施肩吾：传见本书卷第六（一六〇）。

625

㊱刘商：传见本书卷第四（一一一）。
㊲陈陶：传见本书卷第八（一九八）。
㊳顾况：传见本书卷第三（七五）。

**【辑评】**

明代胡震亨《唐音癸签》二九：

"从来羽士解化，未有不以为得仙者，其诗亦往往非真。……吕岩唐人，至宋显，定属伪托。"

清代《四库全书总目》一四七"金丹诗诀三卷"条：

"旧本题唐纯阳真人吕岩撰。……其上卷末附载留题诗六首，厉鹗《宋诗纪事》亦采录之，然岩本唐人，其诗殊不类唐格。下卷歌行，尤鄙俚。……殆羽流所依托欤？"

## 二六四　卢延让

延让①，字子善，范阳人也②。有卓绝之才。光化三年裴格榜进士③。朗陵雷满荐辟之，满败，归伪蜀，授水部员外郎，累迁给事中，卒官刑部侍郎④。延让师许下薛尚书为诗，词意入僻，不竞纤巧，且多健语，下士大笑之⑤。初，吴融为侍御史，出官峡中，时延让布衣，薄游荆渚，贫无卷轴，未遑赘谒。会融弟得延让诗百余篇⑥，融览其警联，如《宿东林》云："两三条电欲为雨，七八个星犹在天。"《旅舍言怀》云："名纸毛生五门下，家僮骨立六街中。"《赠元上人》云："高僧解语牙无水，老鹤能飞骨有风。"《蜀道》云："云间闹锋骡驮去，雪里残骸虎拽来。"又云："树上䬃諩批颊鸟，窗间逼驳扣头虫"等，大惊曰："此去人远绝，自无蹈袭，非寻常耳。此子后必垂名⑦。余昔在翰林召对，上曾举其'臂鹰健卒横毡帽，骑马佳人卷画衫'一联，虽浅近，然自成一体名家。今则信然矣。"⑧遂厚礼遇，赠给甚多⑨。融雪中寄诗云："永日应无食，终宵必有诗。"⑩后夺科第⑪，多融之力也。今诗一卷，传世。

## 【校注】

①"延让"　《诗话总龟》八、《全唐诗话》五并作"延逊"。《四库》本按语云："考宋避濮安懿王名，故讳'让'字，延逊即延让也。"

②"字子善，范阳人也"　《纪事》六五"卢延让"条同。《郡斋》四中"卢延让诗一卷"条亦称："右伪蜀卢延让子善也，范阳人。"

范阳：注见本书卷第一（五）《卢照邻传》。

③"光化三年裴格榜进士"　《唐摭言》六"公荐"条："卢延让，光化三年登第。"《纪事》作"光化初登第"。《郡斋》作"唐光化元年进士"。按：《玉芝堂谈荟》二"历代状元"条："光化三年，状元裴格。"

④"朗陵雷满荐辟之"至"卒官刑部侍郎"　采自《郡斋》，文略同；亦见于《纪事》。"归伪蜀"，《郡斋》作"归建"，《纪事》略同。按：据《新书》一八六《邓处讷传》，雷满为朗州武陵人，则"朗陵"应为"朗州武陵"之脱误。

武陵：今湖南省常德市。见《旧书》四〇《地理志》三"江南西道朗州"。

雷满：朗州留后，昭宗光化间为贞武军节度使。事见《新书》一八六《邓处讷传》。

伪蜀：指王建所建之前蜀，五代时十国之一。

⑤"延让师许下薛尚书"至"下士大笑之"　《摭言》作："先是让师薛许下为诗，词意入癖，时人多笑之。"《郡斋》作："延让师薛能诗，不尚奇巧，人多诮其浅俗。"《纪事》作："师薛能为文。"

薛尚书：薛能，传见本书卷第七（一八一）。

⑥"初，吴融为侍御史"至"得延让诗百余篇"　采自《摭言》。《摭言》"百余篇"作"百篇"，下有："大奇之，曰：'此无他，贵不平常耳。'于是称之府主成汭。……后值融赴急征入内庭，孜孜于公卿间称誉不已。光化戊午岁，来自襄南，融一见如旧相识，延让呜咽流涕，于是攘臂成之矣。"

吴融：传见本书卷第九（二四四）。

峡中：注见本书卷第二（三九）《李季兰传》。

荆渚：指荆州一带江边。

⑦"融览其警联"至"此子后必垂名"　《四库》、《指海》本"等"下有"句"字。此段采自《诗话总龟》八"评论"门引《谈苑》，亦见于《纪事》。引诗皆见于《全诗》七一五。"《宿东林》"，《全诗》题为《松寺》。"《赠元上人》"，《全诗》题为《赠僧》。"《蜀道》"，《全诗》题为《蜀路》。"树上諕諕批颊鸟"二句，残句，《全诗》题为《冬夜》。

名纸：即名片。《开元天宝遗事》上"风流薮泽"条："每年新进士以红笺名纸，游谒其中。"

五门：古传天子有五门。见《周礼·天官·阍人》。

骨立：形容极度消瘦。《列子·仲尼》："七日不寝不食，以至骨立。"

六街：唐代京都长安城中左右各有六条大街，称"六街"。《通鉴》二〇九："中书舍人韦元徼巡六街。"

诹诼：询问，商议；此处拟鸟鸣声。

批颊鸟：杨慎《升庵诗话》五记："批颊盖鸟名，但不详何状耳。或曰即顿颊也，催明之鸟，一名夏鸡，俗名隔陛鸡。"

逼驳：甲虫碰击声。

扣头虫：《全诗》为"叩头虫。"一种甲虫，形色如大豆。见《太平御览》九五一引《异苑》。

⑧ "余昔在翰林召对"至"今则信然矣"　此段采自《诗话总龟》八"评论"门引《谈苑》，然辛氏有误解。《诗总》引杨亿《谈苑》作："余在翰林，尝召对。上举延逊诗云：'臂鹰健卒悬毡帽，骑马佳人卷画衫。'虽浅近，亦自成一体。"（按：《全诗》七一五录此残句，题为《送周太保赴浙西》。）《纪事》亦载："本朝杨亿在翰苑，尝召对。"（下略同）《四库》本按语云："翰林召对之语，乃大年（杨亿）自述其制诰时事，原文以为吴融之言，舛谬殊甚。"

⑨ "遂厚礼遇，赠给甚多"　《摭言》作："（吴融）于是称之于府主成汭。"

⑩ "永日应无食"二句　见于《全诗》六八四《雪中寄卢延让秀才》诗。《全诗》"终"作"经"。

⑪ "后夺科第"　《佚存》本"夺"作"奋"。

## 【补录】

五代王定保《唐摭言》一二"自负"条：

"卢延让业癖涩诗。吴翰林虽以赋卷擢第，然八面受敌，深知延让之能。延让始投贽，卷中有《说诗》一篇，断句云：'因知文赋易，为下得之乎。'子华笑曰：'上门恶骂来！'"

五代孙光宪《北梦琐言》七：

"唐卢延让业诗，二十五举，方登一第。卷中有句云：'狐冲官道过，狗触店门开。'租庸张濬，亲见此事，每称赏之。又有'饿猫临鼠穴，馋犬舐鱼砧'之句，为成中令汭见赏。又有'栗爆烧毡破，猫跳触鼎翻'句，为王先主建所赏。尝谓人曰：'平生投谒公卿，不意得力于猫儿狗子也。'人闻而笑之。卢尝有诗云：'不同文赋易，为是者之乎。'后入翰林，阁笔而已。同列戏之曰：'不同文赋易，为是者之乎。'竟以不称职，数日而罢也。"

(参见何光远《鉴戒录》五"容易格"条。)

**【辑评】**

五代何光远《鉴戒录》五"容易格"条：

"王蜀卢侍郎延让，吟诗多著寻常容易言语，时辈称之为高格。至如《送周太保赴浙西》云：'臂鹰健卒悬毡帽，骑马佳人著画衫。'又《寄友人》云：'每过私第邀看鹤，长着公裳送上驴。'此容易之甚矣，然于数篇见境尤妙。"

宋代魏庆之《诗人玉屑》一二"苦吟句蹈袭句"条：

"陈去非尝谓余言：唐人皆苦思作诗，所谓'吟安一个字，拈断数茎须'（按：见于卢延让《苦吟》诗）……之类是也。故造语皆工，得句皆奇，但韵格不高。"

清代贺贻孙《诗筏》：

"极可笑诗亦有非常遭际，不可枚举。……延让自叹，谓平生持行卷谒公卿，反不如得猫犬力者是也。唐末诗人，隳延让魔境最多。然运思甚艰，故延又有诗云：'莫话诗中事，诗中难更无。吟安一个字，拈断数茎须。险觅天应闷，狂搜海亦枯。不同文赋易，为著者之乎。'噫，可谓攻苦极矣！沧浪谓诗家'须参活句，勿参死句'，彼晚唐人如此用之，只从死句去参，其堕魔障又何怪哉！"

## 二六五　曹　松（830？—？）

松，字梦征[①]，舒州人也[②]。学贾岛为诗，深入幽境，然无枯淡之癖。尤长启事，不减山公[③]。早未达，尝避乱来栖洪都西山。初在建州依李频，频卒后，往来一无所遇[④]。光化四年，礼部侍郎杜德祥下，与王希羽、刘象、柯崇、郑希颜同登第，年皆七十余矣。号为"五老榜"。时值新平内难，朝廷以放进士为喜，特授校书郎而卒[⑤]。松野性方直，罕接俗事[⑥]，故拙于进宦，构身林泽[⑦]，寓情虚无。苦极于诗，然别有一种风味，不沦乎怪也。集三卷，今传。

## 【校注】

①"字梦征"　《新书》六〇《艺文志》四"曹松诗集三卷"附注、《纪事》六五"曹松"条、《郡斋》四中"曹松诗一卷"条并同。

②"舒州人也"　《唐摭言》八"放老"条、《纪事》、《郡斋》同。

舒州：注见本书卷第三（六六）《皇甫曾传》。

③"学贾岛为诗"至"不减山公"　《摭言》、《纪事》并作："学贾司仓为诗，此外无他能。时号松启事为'送羊脚状'。"

启事：陈述事情的书函。

山公：山涛，西晋人，任吏部尚书，官至司徒。《晋书·山涛传》称："涛所奏甄拔人物，各为题目，时称'山公启事'。"

④"早未达"至"往来一无所遇"　《四库》本"早"下有"岁"字，"尝"作"常"。曹松有《再到洪州望西山》（题下注："松常栖此山"）、《林下书怀寄建州李频员外》、《哭李频员外》（题下注："时在建川"。按"川"应为"州"之讹）等诗（《全诗》七一六），当为本篇所据。

洪都西山：洪都即洪州。注见本书卷第六（一六〇）《施肩吾传》。

建州：注见本书卷第七（一七〇）《李远传》。

李频：传见本书卷第七（一九三）。

⑤"光化四年"至"特授校书郎而卒"　"以放进士为喜"，原无"以"字，据《四库》本补。此段录自《郡斋》，参采《摭言》、《纪事》。"光化四年"，《郡斋》、《摭言》并作"天复元年"。《新书·艺文志》作"天复进士第，校书郎"。（按：光化四年改元天复。）"礼部侍郎杜德祥下"，《郡斋》无此句，《摭言》作"杜德祥榜"，《纪事》作"杜德祥主文"。

杜德祥：杜牧子，昭宗乾宁间为考功员外郎、集贤殿学士，迁工部郎中、知制诰，光化间官礼部侍郎。见《旧书》二〇上《昭宗纪》、《旧书》一四七《杜牧传》、《新书》七二上《宰相世系表》二上。

王希羽：注见本书卷第九（二四九）《杜荀鹤传》。

刘象：《纪事》七一"沈彬"条谓刘象孤寒，三十举无成。沈彬赴举纳省卷《赠刘象》诗，主司览彬诗，其年特放象及第。《全诗》七一五录其诗十首。

柯崇：《全诗》七一五录其诗二首，小传称："闽人，天复元年进士，授太子校书。"

郑希颜：《唐摭言》八"放老"条谓希颜闽人。

新平内难：昭宗光化三年，宦官刘季述等废昭宗，崔胤结指挥使孙德昭等杀刘季述，迎昭宗复位。"新平内难"指此。

⑥"罕接俗事"　"接"原作"尝"，据《四库》本改。

⑦ "构身林泽" 《四库》本"构身"作"逍遥"。

【辑评】

宋代吴曾《能改斋漫录》八"沿袭"门：

"前辈诗话称李季成诗'日边雁带腊寒去，雪里梅将春信来'，以为美。然唐人曹松《除夜》已尝云：'半夜腊因风卷去，五更春被角吹来。'"

明代杨慎《升庵诗话》一〇：

"'华岳影寒清露掌，海门风急白潮头。'松诗多浅俗，此二句差有中唐之意。"

明代胡震亨《唐音癸签》八：

"曹秘书松致语似项斯，壮言间似李洞。五字如'白浪吹亡国，秋霜洗太虚'，'盘蹙陵阳壮，孤标建邺瞻'。七字如'吸回日月过千顷，铺尽星河剩一重'，'城头早角吹霜尽，郭里残潮荡月回'。点缀末运，赖此名场一叟。"

清代贺裳《载酒园诗话·又编》：

"曹松亦学贾氏诗，颇能为苦寒之句。如'野火风吹阔，春冰鹤啄穿'，甚肖野步；'云湿煎茶火，冰封汲井绳'，甚肖山中也。又有《送方干》'汲水疑山动，扬帆觉岸行'，俱为宋人所称。余意尚不如'天垂无际海，云白久晴峰'，'衰条难定鸟，缺月易依山'，刻划尤精也。"

## 二六六 裴 说

说，工诗，得盛名。天祐三年，礼部侍郎薛廷珪下状元及第①。初年窘迫乱离，奔走道路，有诗曰："避乱一身多。"见者悲之②。后仕为补阙，终礼部员外郎③。为诗足奇思，非意表琢炼不举笔，有岛、洞之风也④。弟谐，亦以诗名世。仕终桂岭假官宰⑤。今俱有集，相传。

【校注】

① "天祐三年"至"状元及第"　《纪事》六五"裴说"条作"说天复六年登甲科"。《郡斋》四中"裴说诗一卷"条作"天祐三年进士"。《直斋》一九"裴说集一卷"

条亦作"天祐三年进士，状元"。按：徐应秋《玉芝堂谈荟》二"历代状元"条亦记："天祐三年，状元裴说。"

薛廷珪：昭宗大顺初累迁司勋员外郎，拜中书舍人，光化间迁刑部、吏部二侍郎，权知礼部贡举，拜尚书左丞。入梁，官至礼部尚书。传见《旧书》一九〇下。

② "初年窘迫乱离"至"见者悲之"　《郡斋》作："有'避乱一身多'之句，读者悲之。""避乱一身多"，《全诗》七二〇裴说断句"身"作"生"。

③ "后仕为补阙，终礼部员外郎"　《纪事》作"说终礼部员外郎"，《直斋》略同。按：《才调集》一〇"裴羽仙"附注："其夫征匈奴，轻行入，为利鹿生擒帐下，自尔一往，音信断绝。"毕沅《关中金石记》四"寄边衣诗"条："（裴）羽仙，说妻也。"

④ "有岛、洞之风也"　《四库》本无"也"字，下有"大得盛名"四字。

岛、洞：贾岛、李洞，传见本书卷第五（一一八）、卷第九（二四三）。

⑤ "弟谐"至"桂岭假官宰"　《纪事》作："说与谐俱有诗名。谐唐天祐三年登第，终于桂岭假官宰字而已。同在湘江，说诗云：'吟余潮入浦，坐久烧移山。'谐云：'风回山火断，潮落岸冰高。'经杜甫坟，说云：'拟摇孤坟破，重教大雅生。'谐云：'名终埋不得，骨任朽何妨。'景同而语意俱别，实为双美。"

桂岭：今广西壮族自治区贺县东北。见《元和志》三七"岭南道贺州"。

假官宰：代理县令。

## 【补录】

宋代计有功《唐诗纪事》六五"裴说"条：

"唐举子先投所业于公卿之门，谓之行卷。说只行五言诗一卷，至来年秋赋，复行旧卷，人有讥之者，说曰：'只此十九首苦吟，尚未有人见知，何暇别行卷哉！'识者以为知言。……遭乱，故宦不达，多游江湖间。有《石首县》诗云：'因携一家住，赢得半年吟。'"

## 【辑评】

宋代陶岳《五代史补》四"廖氏世胄"条：

"（廖凝）尝览裴说《经杜工部墓》诗曰：'拟作狐狸破（一作'拟凿孤坟破'），重教大雅生。'因曰：'如此，裴说乃劫坟贼耳。'闻者皆笑。"

宋代计有功《唐诗纪事》六五"裴说"条：

"其诗以苦吟难得为工，且拘格律。尝有诗曰：'苦吟僧入定，得句将成功。'"

宋代费衮《梁溪漫志》七：

"如裴说者，未尝以诗名，至作《寄边衣》诗，则美丽可喜。"（按：裴说《寄边衣》一作《闻砧》，载《全诗》七二〇。）

明代胡震亨《唐音癸签》八：

"裴说以苦吟难得为工，时出意外句耸人。观《寄边衣》长歌，亦绵宛中情，不嫌格下。"

## 二六七　贯　休（832—912）

休，字德隐，婺州兰溪人，俗姓姜氏[①]。风骚之外，尤精笔札。荆州成中令问以书法，休勃然曰："此事须登坛可授，安得草草而言。"中令衔之，乃递入黔中，因为《病鹤》诗以见志云："见说气清邪不入，不知尔病自何来？"[②]初，昭宗以武肃钱镠平董昌功，拜镇东军节度使，自称吴越王。休时居灵隐，往投诗贺，中联云："满堂花醉三千客，一剑霜寒十四州。"武肃大喜，然僭侈之心始张，遣谕令改为"四十州"，乃可相见。休性躁急，答曰："州亦难添，诗亦难改。余孤云野鹤，何天不可飞！"即日裹衣钵，拂袖而去[③]。至蜀，以诗投孟知祥云："一瓶一钵垂垂老，万水千山特特来。"[④]知祥久慕，至是非常尊礼之。及王建僭位，一日游龙华寺，召休坐，令口诵近诗。时诸王贵戚皆侍，休意在箴戒，因读《公子行》曰："锦衣鲜华手擎鹘，闲行气貌多陵忽。稼穑艰难总不知，五帝三皇是何物！"建小忾，然敬事不少怠也[⑤]。赐号"禅月大师"[⑥]。后顺寂，敕塔葬丈人山青城峰下[⑦]。有集三十卷，今传。〇休一条直气，海内无双，意度高疏，学问丛脞[⑧]，天赋敏速之才，笔吐猛锐之气，乐府古律，当时所宗。虽尚崛奇，每得神助，余人走下风者多矣。昔谓"龙象[⑨]蹴踏，非驴所堪"，果僧中之一豪也。后少其比者，前以方支道林[⑩]不过矣。

【校注】

① "休，字德隐"至"俗姓姜氏"　据《纪事》七五"僧贯休"条。《五代史补》

① "僧贯休入蜀"条亦作"婺州兰溪人"。昙域《禅月集序》(《全文》九二二)作"婺州兰溪登高里人"。张唐英《蜀梼杌》下亦称:"贯休本兰溪人。"

兰溪:今浙江省兰溪县。见《元和志》二六"江南道婺州"。

② "尤精笔札"至"不知尔病自何来" 《四库》本"尤精"作"精于","问以"作"问其","可授"作"而授","安得"作"安可","中令衔之"作"成衔之","递入"作"递放","因为《病鹤》诗以见志云"作"以《病鹤》诗见意曰"。此段采自《诗话总龟》三〇"道僧"门引《古今诗话》,文略同;亦见于《纪事》。"见说气清邪不入"二句,《全诗·贯休卷》未收。

成中令:成汭,注见本书卷第九(二四四)《吴融传》。

③ "初,昭宗以武肃钱镠"至"拂袖而去" "武肃钱镠",《四库》本"肃"下有"王"字;"镠"原讹作"璆",据《四库》本改。"休时居灵隐",《四库》本上"休"上有"僧贯"二字。"遣谕令",《四库》本"遣"下有"人"字。"休性躁急","躁"原作"裸",据《佚存》、《四库》、三间、《指海》本改;《诗总》作"贯休性褊"。此段采自《诗总》,文略同;亦见《纪事》。"休时居灵隐",此句《诗总》、《纪事》无。"满堂花醉三千客"二句,见于《全诗》八三七《献钱尚父》诗。

钱镠:注见本书卷九(二三三)《罗隐传》。

董昌:僖宗中和间据越州,为义胜军节度使。昭宗乾宁二年称帝,号大越罗平国。乾宁三年钱镠发兵往攻,昌兵败被杀。传见《新书》二二五下。

灵隐:注见本书卷第一(六)《骆宾王传》。

④ "至蜀"至"万水千山特特来" 采自《诗总》。"以诗投孟知祥云",《诗总》同;《五代史补》作"及至王建僭藩,因献之诗云",《纪事》作"以诗投王建曰"。《禅月集序》云:"旋闻大蜀开基创业……遂达大国,进上先皇帝诗,其略曰:'一瓶一钵垂垂老,万水千山得得来。'"诗见于《全诗》八三五《陈情献蜀皇帝》。按:贯休卒于前蜀永平二年(公元912年),与后蜀孟知祥不相及。本篇从《诗总》作"投孟知祥",误。作"投王建"是。昙域《禅月集序》称,序作于"大蜀乾德五年癸未岁"(按:乾德为前蜀王衍年号,五年癸未岁为公元923年),亦可证。下文"知祥久慕"亦误。

孟知祥:后唐庄宗同光三年充西川节度使,长兴二年攻杀东川节度使董璋,次年为东西川节度使,封蜀王。后唐闵帝应顺元年称帝,国号蜀,史称后蜀。传见《旧书》一三六、《新书》六四。

⑤ "及王建僭位"至"然敬事不少怠也" "小忦",三间本校语云:"二字未详,疑'不悦'之误。"此段采自张唐英《蜀梼杌》下,《纪事》所载略同。"一日",《蜀梼杌》作"(永平二年)二月朔",《纪事》作"建二年"。"《公子行》",《蜀梼杌》、《纪事》同,《全诗》八二六作《少年行》。"建小忦,然敬事不少怠也",《蜀梼杌》、《纪事》作:"建称善,贵幸皆怨之。"

王建：五代时前蜀国的建立者。注见本书卷第九（二二九）《牛峤传》。

五帝三皇：古代传说中的帝王。《周礼·春官·外史》："掌三皇五帝之书。"三皇五帝究为何人，说法不一，多是附会之谈。

⑥"赐号'禅月大师'" 《禅月集序》云："高祖礼待……寻赐师号'禅月大师'。"《郡斋》四中"贯休禅月集三十卷"条作："后入蜀，号'禅月大师'。"

⑦"后顺寂，敕塔葬丈人山青城峰下" 《禅月集序》云："壬申岁十二月……奄然而绝息。"又云："敕命四众共助葬仪，特竖灵塔，敕谥曰'白莲之塔'，以癸酉年三月十七日，于成都北国门十余里，置塔之所，地号升仙。"按：《十国春秋》四七本传作："永平二年卒，年八十一。明年，为浮图于成都北门外葬焉。"

顺寂：谓僧人死。注见本书卷第三（六四）《道人灵一传》。

丈人山青城峰：在今四川省灌县西南。《元和志》三一"剑南道蜀州青城县"条谓"青城山在县西北三十二里。"杜甫《丈人山》诗："自为青城客，不唾青城地。为爱丈人山，丹梯近幽意。"

⑧丛脞：琐细。《尚书·益稷》："元首丛脞哉！"

⑨龙象：佛家语，谓诸罗汉中修行勇猛有最大力者（见《大智度论》三）。后因以名高僧。

⑩支道林：东晋高僧，名遁，以字行，善清言，与谢安、王羲之游。

【补录】

唐代吴融《禅月集序》（《四部丛刊·禅月集》）：

"沙门贯休，本江南人，幼得苦空理，落发于东阳金华山。机神颖秀，雅善歌诗。晚岁止于荆门龙兴寺，余谪官南行，因造其室。……丙辰余蒙恩诏归，与上人别。袖出歌诗草一本，曰《西岳集》，以为贶矣。切虑将来作者，或未深知，故题序于卷之首。时乙未岁嘉平月之三日。"

宋代陶岳《五代史补》一"贯休与光庭嘲戏"条：

"贯休有机辩。……杜光庭欲挫其锋，每相见，必伺其举措以戏调之。一旦，因舞筶于通衢，而贯休马忽坠粪。光庭连呼：'大师，大师！数珠落地！'贯休曰：'非数珠，盖大还丹尔。'光庭大惭。"（按：杜光庭，五台山道士，后入蜀依王建父子。）

《五代史补》一"僧贯休入蜀"条：

"尝游荆南，时成汭为荆南节度使，生日有献歌诗颂德者。……命幕吏郑准定其高下。准害其能，辄以贯休为第三。贯休怒曰：'藻鉴如斯，其可久乎!'遂入蜀。"

宋代计有功《唐诗纪事》七五"僧贯休"条：

"唐末寇乱，休避地渚宫，荆帅高氏优待之，馆于龙兴寺。会有谒宿，话时政不治，乃作《酷吏词》以刺之云：'霡雨濛濛，风吼如劚。有叟有叟，暮投我宿。吁叹自语，云太苛酷。如何如何，掠脂斡肉。吴姬唱一曲，等闲破红束。韩娥唱一曲，锦段鲜照屋。宁知一曲两曲歌，曾使千人万人哭。不惟哭，亦白其头饥其族。所以祥风不来，和风不复。蝗兮蟊兮，东西南北。'遂离荆门，立趋井络，上蜀主陈情之诗。"

宋代佚名《宣和画谱》三"释贯休"条：

"虽曰能画，而画亦不多。间为本教象，唯罗汉最著，伪蜀主取其本纳之宫中，设香灯崇奉者逾月，乃付翰苑大学士欧阳炯作歌以称之。然罗汉状貌古野，殊不类世间所传……见者莫不骇瞩。"

【辑评】

唐代吴融《禅月集序》（《四部丛刊·禅月集》）：

"上人之作，多以理胜，复能创新意，其语往往得景物于混茫自然之际，然其旨必归合于道。太白、白乐天既殁，可嗣其美者，非上人而谁？"

五代孙光宪《白莲集序》（《全文》九〇〇）：

"唐末诗僧，惟贯休禅师骨气混成，境意卓异，殆难俦敌。"

明代杨慎《升庵诗话》一一：

"贯休《古意》：'忆在山中时，丹桂花葳蕤。红泉浸瑶草，日夕生华滋。箬屋开地炉，翠墙挂藤衣。经行竹窗边，白猿三四枝。东峰有老人，眼碧头骨奇。月上来打门，月落方始归。授我微妙诀，恬淡无所为。别来六七年，只恐日月飞。'中多新句，超出晚唐。贯休又有'霜月夜徘徊，楼中羌笛催。晚风吹不尽，江上落残梅'一首。贯休在晚唐有名，此首有乐府声调，虽非僧家本色，亦犹惠休之碧云也。"

明代胡震亨《唐音癸签》八：

"贯休诗奇思奇句，一似从天坠得。无奈发村忽作恶骂，令人不堪受。"

清代贺裳《载酒园诗话·又编》：

"贯休村野处殊不可耐，如《怀素草书歌》中云'忽如鄂公喝住单雄信，秦王肩上搭着枣木棚'，此何异伧父所唱鼓儿词。……然犹在周存、卢延让上，以尚有'叶和秋蚁落，僧带野云来'，'青云名士如相访，茶渚西峰瀑布冰'数语，殊涵清气也。"

清代延君寿《老生常谈》：

"贯休诗是三唐好手，不仅冠于诸僧也。《临高台》云：'凉风吹远念，使我升高台。宁知数片云，不是旧山来？'《古离别》云：'离恨如旨酒，古今饮皆醉。只恐长江水，尽是儿女泪。'此种妙思，非太白不能。……《匡山老僧庵》云：'筼筜红实好鸟语，银髯瘦僧貌如祖。香烟濛濛衣上聚，冥心缥缈入铁围。白麈作梦枕藤屦，东峰山媪贡瓜乳。'此种诗上追长吉，下启皋羽、铁崖。诗教广大，正不可删去此等。缘能抱奇气行于文字之间，不同行尸走肉，所以不可弃掷。"

## 二六八　张　瀛

瀛，碧之子也。仕广南刘氏，官至曹郎。尝为诗赠琴棋僧云："我尝听师法一说，波上莲花水中月；不垢不净是色空，无法无空亦无灭。我尝对师禅一观，浪溢鳌头蟾魄满；河沙世界尽空空，一寸寒灰冷灯畔。我又闻师琴一抚，长松唤住秋山雨；弦中雅弄若铿金，指下寒泉流太古。我又看师棋一著，山顶坐沉红日脚；阿谁称是国手人，罗浮道士赌却鹤。输却药葫芦，斟下红霞丹，束手不敢争头角。"同列见之曰："非其父不生是子。"① 瀛为诗尚气而不怒号，语新意卓，人所不思者，辄能道之。绰绰然见乃父风也。有诗集②，今传于世。

【校注】

① "瀛碧之子也"至"非其父不生是子"　采自《诗话总龟》一一"雅什"门引《雅言系述》，文略同。诗载《全诗》四六九，题为《赠琴棋僧歌》。"对师"、"闻师"、"看师"，《全诗》并作"听师"。"胡芦"，《全诗》作"法怀"。

张碧：传见本书卷第五（一二○）。

广南刘氏：指五代时南汉，十国之一。唐昭宗天复四年刘隐为清海军节度使，据有今两广之地。后梁贞元三年其弟龑称帝，建都广州，国号越，后又改为汉，史称南汉。

色空："色即是空"的省语。佛教谓有形之万物为色，而万物为因缘所生，本非实有，故云。

　　蟾魄：古代认为月中有蟾蜍，故称月为蟾魄。

　　河沙："恒河沙数"的省称。佛教语，谓多至不可胜数。见《金刚经·一体同观分》。

　　铿金：金属撞击出声。

　②"有诗集"　未见著录。《全诗》收诗一首。

## 二六九　沈　彬（880？—？）

　　彬，字子文①，筠州高安人②。自幼苦学③。属末岁离乱，随计不捷，南游湖湘，隐云阳山数年，归乡里④。时南唐李昇镇金陵，旁罗俊逸，名儒宿老，必命郡县起之。彬赴辟，知昇欲取杨氏，因献《画山水》诗云："须知笔力安排定，不怕山河整顿难。"昇览之大喜，授秘书郎⑤。保大中，以尚书郎致仕归，徙居宜春。初，经板荡，与韦庄、杜光庭、贯休俱避难在蜀，多见酬酢⑥。彬临终，指葬处示家人，及窆，果掘得一空塚，有漆灯青荧，圹头立一铜版，篆文曰："佳城今已开，虽开不葬埋。漆灯终未灭，留待沈彬来。"遂窀穸于此⑦。有诗集一卷，传世。彬第二子廷瑞，性坦率，豪于觞咏，举动异俗，盛夏附火，严冬单衣，或遇崇山野水，古洞幽坛，竟日不返，时人异之，呼为"沈道者"，士大夫多邀至门馆⑧。一日，邑宰戏问："何日道成？"廷瑞即留诗曰："何须问我道成时，紫府清都自有期。手握药苗人不识，体涵仙骨俗争知。"宰惊谢⑨。后浪游四方，或传仙去也。

【校注】

　①"字子文"　《纪事》七一"沈彬"条同。

　②"筠州高安人"　《四库》抄本"筠"作"端"。《诗话总龟》五"投献"门引《江南野录》、《纪事》并作"高安人"。陆游《南唐书》四本传作"洪州高安人"，是。龙衮《江南野史》六本传、马令《南唐书》一五本传并作"筠阳高安人"。《五代史补》四"沈彬石椁"条作"宜春人"。

卷 第 十

高安：高祖武德七年于高安县置筠州，今江西省高安县。旋废州，复为县，属洪州。见《旧书》四〇《地理志》三"江南道洪州高安县"。（按：南宋宝庆元年避理宗赵昀名讳，改筠州为端州。）

③"自幼苦学" 《江南野史》作："少好学读书，有能诗之誉。"

④"属末岁离乱"至"归乡里" 采自《江南野史》，文略同。《纪事》作："彬，乾符中值驾起三峰，四方多事，南游岭二十余年，回吴中。"《江南野史》于"隐云阳山十年许"下又记："与浮屠辈虚中、齐己以诗名互相吹嘘，为流辈所慕。"马令《南唐书》略同。

随计：指士人赴科举考试。参见本书本卷（二五八）《翁承赞传》。

⑤"时南唐李昪"至"授秘书郎" "昪"原讹作"昇"，据《四库》、三间、《指海》本改。《四库》本"笔力"作"手笔"，与《野史》、《诗总》、《全诗》合。此段采自《江南野史》，文略同；亦见于《诗总》。马令《南唐书》所记略同，唯引诗作："尺素隐清辉，一毫分险阻。""授秘书郎"，陆游《南唐书》同，马令《南唐书》作"授校书郎"。按：齐己有《闻沈彬赴吴都请辟》诗（《全诗》八四四）。

李昪：五代时吴国宰相徐温养子，改名徐知诰。徐温死，专吴政，封齐王。吴天祚三年即帝位于金陵，国号大齐。昪元三年复姓李，改名昪，改国号为唐。即南唐烈祖。传见《旧书》一三四、《新书》六二。

杨氏：唐末，杨行密据有淮南、江东之地，受唐封为吴王，建立吴国。行密死，子渥、隆演、溥相继立。吴天祚三年，徐知诰废吴皇帝，自称皇帝，吴亡。

⑥"保大中"至"多见酬酢" 据《郡斋》四中"沈彬集一卷"条，文略同。"徙居宜春"，《江南野史》作"居高安"。"俱避难在蜀"，《郡斋》作："唐末，三人皆在蜀，疑其同时避乱，尝入蜀云。"《江南野史》作："未几，以老乞骸骨归，乃授吏曹郎致仕。年将八十，修养不息。嗣王至南昌，彬乃撑舟往见。"《广纪》五四"沈彬"条引《稽神录》记："吴兴沈彬，少而好道。及致仕，归高安，恒以朝修服食为事。"又《全诗》四五七《李中卷》有《寄赠致仕沈彬郎中》、《送致仕沈彬郎中游茅山》等诗。

宜春：注见本书卷第九（二三七）《郑谷传》。

板荡：《诗经·大雅》有《板》、《荡》，刺周厉王无道，败坏国家。后因以板荡指政局变动或社会动荡不安。

韦庄：传见本书本卷（二五五）。

杜光庭：懿宗时，应举不第，入五台山为道士。僖宗时召为麟德殿文章应制。后避乱入蜀，依王建父子，授左谏议大夫，擢户部侍郎。晚年隐青城山。能诗善文，著作甚多。事见陶岳《五代史补》一。

⑦"彬临终"至"遂窆穸于此" "及穸"，原无"及"字，据《四库》本补。此段采自《诗总》，文略同。马令《南唐书》作："唯手植一树，命诸子曰：'吾死葬此。'

639

及彬卒，发之，得石椁一，上有篆刻八字云：'开成二年寿椁一所。'因就葬焉。"《五代史补》记沈彬以雷劈古柏四片为棺，及葬，掘地得石椁，大与棺正相称，遂葬之。所记较近实。

⑧"彬第二子廷瑞"至"多邀至门馆"　陆游《南唐书》四本传作："次子廷瑞，有道术，嗜酒却粒，寒暑一单褐，数十年不易。跣行日数百里，林栖露宿。多在玉筍、浮云二山，老而不衰。后不知所终。"

⑨"一日"至"宰惊谢"　《四库》本"手握"作"手掘"。此段采自《诗话总龟》三〇"道僧"门引《江南野录》。"何须问我道成时"四句，《全诗》八六一题为《答高安宰》。

紫府：道家称仙人所居处。见《抱朴子·祛惑》。

清都：道家谓天帝所居宫阙。见《列子·周穆王》。

### 【补录】

宋代陶岳《五代史补》四"沈彬石椁"条：

"能为歌诗，格高逸。应进士不第，遂游长沙。会武穆方霸，彬献颂德诗云：'金翅动身摩日月，银河转浪洗乾坤。'武穆览而壮之，欲辟在幕府，以其有足疾，遂止。彬由是往来衡湘间，自称进士。边镐之伐湖南也，后主闻其名，召归金陵，定为县宰，彬辞不就，遂授金部郎中。致仕，年八十九。"

宋代马令《南唐书》一五《沈彬传》：

"彬尤工诗，而未尝喜名。如《再过金陵》诗云："玉树歌终王气收，雁行高送石城秋。江山不管兴亡事，一任斜阳伴客愁。'又《都门送客》诗云：'岸柳萧疏野荻秋，都门行客莫回头；一条灞水清如剑，不为离人割断愁。'皆盛称于士大夫。"

### 【辑评】

宋代吴曾《能改斋漫录》八"沿袭"门：

"荆公诗云：'一水护田将绿绕，两山排闼送青来。'盖本五代沈彬诗：'地隈一水巡城转，天约群山附郭来。'彬又本唐许浑'山形朝阙去，河势抱关来'之句。"

明代杨慎《升庵诗话》五：

"沈彬《吊边人》：'杀声沉后野风悲，汉月高时望不归。白骨已枯沙上草，佳人犹自寄寒衣。'此诗亦陈陶之意。仁人君子观此，何忍开边以流毒万姓乎！"

清代沈德潜《唐诗别裁》一六：

"沈彬《塞下》：'塞叶声悲秋欲霜，寒山数点下牛羊。映霞旅雁随疏雨，向碛行人带夕阳。边骑不来沙路失，国恩深后海城荒。胡儿向化新成长，犹自千回问汉王。'塞下诗防其粗豪，此首最见品格。下半说武备废弛，胡儿窥伺，而措语婉曲，于唐末得之尤为仅见。"

## 二七〇　唐　求

求[①]，隐君也，成都人。值三灵改卜，绝念鼎钟，放旷疏逸，出处悠然，人多不识。方外物表，是所游心也[②]。酷耽吟调，气韵清新，每动奇趣，工而不僻，皆达者之词。所行览不出二百里间，无秋毫世虑之想[③]。有所得，即将稿捻为丸，投大瓢中。或成联片语，不拘短长，数日后足成之。后卧病，投瓢于锦江，望而祝曰："兹瓢倘不沦没，得之者始知吾苦心耳。"瓢泛至新渠，有识者见曰："此唐山人诗瓢也。"扁舟接之，得诗数十篇[④]。求初未尝示人，至是方竞传，今行于世。后不知所终。江南处士杨夔[⑤]，亦工诗文，名称杰出如求，今章句多传。

**【校注】**

①"求"　黄休复《茅亭客话》三、《诗话总龟》四四"隐逸"引《古今诗话》、《直斋》一九"唐求集一卷"条同，《纪事》五〇"唐球"条作"球"。

②"隐君也"至"是所游心也"　《诗总》作："唐末蜀川有唐求，放旷疏逸，方外人也。"《茅亭客话》作："唐末蜀州青城县味江山人唐求，至性纯悫，笃好雅道，几乎方外之士也。每入市，骑一青牛，至暮醺酣而归。非其类，不与之交。"（按：杨慎《升庵诗话》八"唐求送人之邛州"条称："唐求，嘉州沫江人。"）《纪事》云："放旷疏远，邦人谓之唐隐君。"《直斋》云："与顾非熊同时。"

三灵改卜：意为改朝换代，此处谓唐亡。古代以天、地、人为三灵，见班固《典引》。陆机《汉高祖功臣颂》："九服徘徊，三灵改卜。"

鼎钟：借指功名。《三国志·陈思王植传》："功铭著于鼎钟，名称垂于竹帛。"

③ "所行览不出二百里间，无秋毫世虑之想"　《四库》本"虑"作"俗"。《纪事》引《北梦琐言》云："球诗思游历不出二百里。"

④ "有所得"至"得诗数十篇"　采自《纪事》引《茅亭客话》，文略同；亦见于《诗总》。"锦江"，《茅亭客话》、《纪事》、《诗总》皆作一"江"字。"新渠"，《纪事》、《诗总》同，《茅亭客话》作"新渠江口"。"扁舟接之，得诗数十篇"，《纪事》作"接得之，十才二三"，《诗总》略同；《茅亭客话》作："探得之，已遭漂润损坏，十得其二三，凡三十余篇，行于世。"

锦江：一名汶江，在今四川省成都市南。见《元和志》三一"岭南道成都府"。

⑤ 杨夔：昭宗时，与康骈、殷文圭、王希羽等皆为宁国节度使田頵上客，知頵不足以抗杨行密，著《溺赋》以戒之，頵不用，以至于败，事见《新书》一八九《田頵传》。《新书》六〇《艺文志》四著录"杨夔集五卷"。

【补录】

宋代计有功《唐诗纪事》五〇"唐球"条：

"或云：王建帅蜀，召为参谋，不就。今以其故居为隐居寺。"

【辑评】

明代杨慎《升庵诗话》八：

"唐求《送人之邛州》：'鹤鸣山下客，满箧荷瑶琨。放马荒田草，看碑古寺门。渐寒沙上路，欲暝水边村。莫忘分襟处，梅花扑酒樽。'唐求，嘉州沫江人，所谓'诗瓢唐山人'也。此诗为集中第一。"

## 二七一　孙　鲂

鲂，唐末处士也，乐安人①。与沈彬、李建勋同时，唱和亦多。鲂有《夜坐》诗，为世称玩。建勋尤器待之，日与谈谳。尝匿鲂于斋幕中，待沈彬来，乃问曰："鲂《夜坐》诗如何？"彬曰："田舍翁火炉头之语，何足道哉！"鲂从幕中出，诮彬曰："何讥谤之甚？"彬曰："'画多灰渐冷，坐久席成痕。'此非田舍翁炉上，谁有此况？"一座大笑②。及《金山寺》诗云："天多剩得月，地少不生尘。"当时谓骚情风韵，不减张祜云③。有诗五卷，今传。

## 【校注】

① "乐安人" 《江南野史》七本传作："世南昌人。"《纪事》七一"孙鲂"条亦作："南昌人。"按：齐己有《乱后江西过孙鲂旧居因寄》诗（《全诗》八四五）。马令《南唐书》一三本传记："字伯鱼。"

乐安：今浙江省仙居县。见《元和志》二六"江南道台州"。

② "与沈彬、李建勋同时"至"一座大笑" 采自《江南野史》。又《诗话总龟》三五"讥诮"门引《江南野录》，文略同。亦见于《纪事》、马令《南唐书》一三。"画多灰渐冷"二句，《野史》、《诗总》、《纪事》同，马令《南唐书》、《全诗》七四三孙鲂断句作"画多灰杂苍虬迹，坐久烟消宝鸭香"。"一座大笑"，《野史》作"阖座大笑，善彬能近取譬也"。

沈彬：传见本书本卷（二六九）。

李建勋：传见本书本卷（二六一）。

③ "及《金山寺》诗云"至"不减张祜云" "祜"原作"祐"，据《四库》本改。此段采自《江南野史》，亦见于《诗总》。"天多剩得月"二句，见于《全诗》七四三《题金山寺》诗。《全诗》载此诗末二句云："谁言张处士，题后更无人？"

张祜：传见本书卷六（一六五）。

## 【补录】

宋代龙衮《江南野史》七《孙鲂传》：

"孙鲂，世南昌人，家贫好学。长，会唐末丧乱，都官郎郑谷亦避乱归宜春，鲂往师之，颇为诱掖，后有能诗名。与沈彬及桑门齐己。虚中之徒为倡和俦侣。属吴王行密据有江淮，遂归射策，授□郡从事。与沈彬尝游于李建勋，为诗社。……先主授禅，累迁正郎而卒。"（马令《南唐书》一三《孙鲂传》作："烈祖召见，授宗正郎，卒。"）

## 二七二　李　中

中，字有中，九江人也①。唐末，尝第进士。为新涂、淦阳、吉水三县令，仕终水部郎中②。孟宾于赏其工吟，绝似方干、贾岛，时复过之③。如，"暖风医病草，甘雨洗荒村"④。又："贫来卖书剑，病起忆江湖。"⑤又："闲花半落处，幽鸟未来时。"⑥又：

"千里梦随残月断，一声蝉送早秋来。"⑦又："残阳影里水东注，芳草烟中人独行。"⑧又："闲寻野寺听秋水，寄睡僧窗到夕阳。"⑨又："香入肌肤花洞酒，冷浸魂梦石床云。"⑩又："西园雨过好花尽，南陌人稀芳草深"⑪等句，惊人泣鬼之语也。有《碧云集》，今传。

## 【校注】

① "字有中，九江人也" 孟宾于《碧云集序》（《全文》八七二）称"陇西李中，字有中。"李中有《思九江旧居三首》、《思溢渚旧居》等诗（《全诗》七四七、七五〇）。

九江：注见本书卷第五（一一六）《李涉传》。

② "唐末"至"仕终水部郎中" "淦阳"原作"滏阳"，刻误，今改正。滏阳属河北道磁州，"城在滏水之阳"（《元和志》一五），今河北省磁县，不合。《碧云集序》（作于"癸酉年八月五日"）称"淦阳宰陇西李中"，云"公理淦民，饮淦水"。李中有《壬申岁承命之任淦阳再过庐山国学感旧》诗（《全诗》七五〇）。《郡斋》四中"李有中诗二卷"诗条称："伪唐李有中，尝为新涂令，与水部郎中孟宾于善。"本篇云"仕终水部郎中"，或系辛氏误读晁《志》所致。（三间本汪继培《跋》云："云仕终水部郎中，则误以宾于官为中官矣。"）按：李中有《题吉水县厅前新栽小松》、《吉水作尉酬高援秀才见赠》、《甲子罢吉水县过钟陵》、《安福县秋吟寄陈锐秘书》、《新喻县酬王仲华少府见贻》、《晋陵县罢任依韵和陈锐秀才见寄》等诗（《全诗》七四九）。

新涂：未详，疑为新淦之讹。新淦，今江西省新干。见《元和志》二八"江南道吉州"。（按："淦阳"疑即指新淦。）

吉水：今江西省吉水县。见《太平寰宇记》一〇九"吉州"。

③ "孟宾于赏其工吟"至"时复过之" 孟宾于《碧云集序》作："今之人祇傅方干处士、贾岛长江，何须第一者哉？"《郡斋》作："宾于称其诗，如方干、贾岛之徒。"

孟宾于：传见本书本卷（二七四）。

方干：传见本书卷第七（一九二）。

④ "暖风医病草"二句 见于《全诗》七四七《春日野望怀故人》诗。

⑤ "贫来卖书剑"二句 见于《全诗》七四七《书王秀才壁》诗。

⑥ "闲花半落处"二句 见于《全诗》七四七《寄刘钧秀才》诗。"鸟"，《全诗》、《碧云集序》均作"客"。

⑦ "千里梦随残月断"二句 见于《全诗》七四七《海上从事秋日书怀》诗。

⑧ "残阳影里水东注"二句 见于《全诗》七四七《江边吟》。

⑨ "闲寻野寺听秋水"二句 见于《全诗》七四七《赠永真杜翱少府》诗。

⑩ "香入肌肤花洞酒"二句　见于《全诗》七四七《赠钟尊师游茅山》诗。

⑪ "西园雨过好花尽"二句　见于《全诗》七四九《暮春有感寄宋维员外》诗。

**【补录】**

五代孟宾于《碧云集序》（《全文》八七二）：

"公负勤苦，值干戈，从军之后，受命以来，上表中朝，乞归故国。以同气没世，二亲在堂，弃一宰于淮西，获安家于都邑。公之忠孝彰矣，贤彦称之。"

宋代晁公武《郡斋读书志》四中"李有中诗二卷"条：

"《有中集》中有赠韩、张、徐三舍人诗，韩即熙载，张乃洎，徐乃铉也。"

**【辑评】**

五代孟宾于《碧云集序》（《全文》八七二）：

"今睹淦阳宰陇西李中，字有中，缘情入妙，丽则可知。出示全编，备多章句。"

清代贺裳《载酒园诗话·又编》：

"李中《碧云集》，孟宾于历举其佳句于序，今读之殊多平平。余更喜其'竹风醒晚醉，窗月伴秋吟'，'虚阁静眠听远浪，扁舟闲上泛斜阳'，'步月怕伤三径藓，取琴因拂一床尘'，'江近好听菱芡雨，径香偏爱蕙兰风'，'公署静眠思水石，古屏闲展看潇湘'，虽轻浅，尚有闲澹之致。"

## 二七三　廖　图

图①，字赞禹，虔州虔化人②。文学博赡，为时辈所服。湖南马氏辟致幕下，奏授天策府学士。与同时刘昭禹、李宏皋、徐仲雅、蔡昆、韦鼎、释虚中，俱以文藻知名，赓唱迭和。齐己时寓渚宫，相去图千里，而每诗筒往来不绝，警策极多，必见高致③。集二卷，今行于世。时有荆南从事郑准，亦工诗，与僧尚颜多所酬赠④。诗亦传⑤。

# 唐才子传校注

**【校注】**

①"图" 《五代史补》四"廖氏世胄"条、《诗话总龟》四"称赏"门引《雅言杂录》同。《直斋》一九"廖匡图集一卷"条、陆游《南唐书》八《廖偃传》作"匡图"。《新书》六〇《艺文志》四"廖氏家集一卷"附注作"光图"。

②"字赞禹,虔州虔化人" 《五代史补》作"虔州赣县人"。《诗总》作"字赞禹,虔州人"。陆游《南唐书》作"虔州虔化人"。

虔化:今江西省宁都县。见《元和志》二八"江南道虔州。"

③"文学博赡"至"必见高致" "刘昭禹",原无"昭"字,据《四库》、三间本补,与《纪事》四六"刘昭禹"条、《直斋》一九"刘昭禹集一卷"条合。"相去图千里",《四库》、三间本"相去图"作"与图相去"。此段采自《诗总》,文略同。《诗总》"释虚中"下有"齐己"二字。"而每诗筒往来不绝",《诗总》作"而每有书往来"。按:《五代史补》称"图为行军司马",《直斋》称"湖南从事廖匡图"。

湖南马氏:昭宗乾宁三年马殷据湖南之地,光化元年进武安军节度使。后梁开平元年封为楚王,建都长沙。楚为十国之一,共历六王。保大九年为南唐所灭。

天策府:五代梁开平间,授马殷天策上将军,开天策府,置官属。见《旧五代史》一三三、《新五代史》六六。

刘昭禹:仕楚,累为县令。马殷为天策上将军,置官属,以昭禹与廖匡图等十八人为天策府学士。终岩州刺史。见《纪事》四六。《全诗》存其诗九首。

李宏皋:仕楚为天策府学士,官至刑部侍郎。《全诗》七六二存其诗二首。

徐仲雅:仕楚为观察判官、天策府学士。《全诗》七六二存其诗六首。

蔡昆:《全诗》七七八作"蔡崑",存其诗一首。

韦鼎:《全诗》七四〇存其诗一首。

释虚中:传见本书卷第八(二一八)。

齐己:传见本书卷第九(二三八)。

渚宫:指江陵,城内有春秋时楚国渚宫故址。见《元和郡县志阙卷逸文》一"山南道江陵府江陵县"。

④"时有荆南从事郑准"至"多所酬赠" 《纪事》六一"郑准"条作"准以文依荆州成中令沨"。尚颜有《峡中酬荆南郑准》、《寄荆州郑准》诗(《全诗》八四八)。当为本篇所据。

荆南:肃宗至德二载所置方镇,治荆州,今湖北省江陵县。见《新书》六七《方镇表》四。

郑准:登乾宁进士第。成汭镇荆南,任为推官。后为成汭杀害。事见陶岳《五代史补》一。《全诗》六九四存其诗五首。

尚颜：注见本书卷三《道人灵一传》。

⑤ "诗亦传" 《全诗》七四〇存诗四首。

## 【补录】

清代吴任臣《十国春秋》七三《楚》七《廖匡图传》：

"廖匡图，虔州虔化人。父爽，事镇南军留后庐延昌为将，延昌表于梁，授爽韶州刺史。武穆王（按：即马殷）时，为广南所败，举族来奔。……王遂遇以恩礼，表爽为永州刺史。匡图故年少，善文辞，授江南观察判官。文昭王时选为天策府学士，与徐仲雅、李宏皋等同在十八人之列。居数年，卒于官。有集一卷。"

## 二七四 孟宾于（891？—974？）

宾于，字国仪，连州人①。聪敏特异，有乡曲之誉。垂髫时，书所作百篇，名《金鳌集》，献之李若虚侍郎，若虚采猎佳句，记之尺书，使宾于驰诣洛阳，致诸朝达，声誉蔼然，留寓久之②。晋天福九年，礼部侍郎符蒙知贡，宾于帝下投诗云："那堪雨后更闻蝉，溪隔重湖路七千。忆得故园杨柳岸，全家送上渡头船。"蒙得诗，以为相见之晚，遂擢第，时已败六举矣③。与诗人李昉同年，情厚。后，宾于来仕江南李主，调淦阳令，因犯法抵罪当死，会昉拜翰林学士，闻在缧绁，以诗寄之曰："初携书剑别湘潭，金榜名标第十三。昔日声尘喧洛下，迩来诗价满江南。长为邑令情终屈，纵处曹郎志未甘。莫学冯唐便休去，明君晚事未为惭。"后主偶见诗，遂释之④。迁水部郎中，又知丰城县。兴国中致仕，居玉笥山，年七十余卒。自号"群玉峰叟"⑤。有集今传。

## 【校注】

① "字国仪，连州人" 《诗话总龟》一八"纪实"门作："字国仪，连州辅国乡人。"《江南野史》八本传作"湖湘连州人"，《诗话》二六"寄赠"门引《江南野录》作"湖湘连上人"，马令《南唐书》二三本传亦作"湖湘连上人"。王禹偁《孟水部诗集

序》(《小畜集》二〇)云:"生于连州,其先太原人。故其诗云:'吾祖并州隔万山,吾家多难谪彬连。'"

连州:注见本书卷第五(一三一)《柳宗元传》。

②"垂髫时"至"留寓久之" 采自《诗总》二六引《江南野录》;亦见于《江南野史》、马令《南唐书》。"垂髫时",《野史》作"天祐末"。"留寓久之",《野史》作:"至明年春,与故李司空昉同年擢进士第。"

李若虚:天祐末为工部侍郎,廉察湖湘。见龙衮《江南野史》八《孟宾于传》、马令《南唐书》二三《孟宾于传》。

③"晋天福九年"至"时已败六举矣" "符蒙知贡",《四库》抄本"贡"下有"举"字。此段据《诗总》五"自荐"门引《雅言系述》、《诗总》一八"记实"门。"那堪雨后更闻蝉"四句,《全诗》七四〇题为《献主司》。"时已败六举矣",《诗总》一八作"果六举"。按:《孟水部诗集序》云:"五上登第,故诗云:'两京游寺空题榜,五举逢知始看花。'晋天福中甲辰岁,礼部符侍郎蒙门人也。"《郡斋》四中"李有中诗一卷"条亦记:"(孟)宾于天福中进士也。"

符蒙:仕唐为成德军节度副使。后事晋,官至礼部侍郎。见《新五代史》二六《符习传》。

④"与诗人李昉同年"至"遂释之" "来仕江南李主","仕"原作"士","主"原作"王",据正保、《佚存》、三间、《指海》本改。"调淦阳令","淦"原作"滏",刻误,今改正,参见本书本卷(二七二)《李中传》;《江南野史》作:"宾于随马氏归朝,嗣主授以丰城尉,寻迁淦阳令。"(按:马令《南唐书》作"涂阳令",亦讹。)"迩来",正保、《佚存》、三间、《指海》本作"近来",与《野史》、《全诗》合;马令《南唐书》作"近年"。此段采自《诗总》二六引《江南野录》,亦见于龙衮《江南野史》本传、马令《南唐书》本传。"犯法抵罪当死",《野史》作"因黩货以赃罪当死"。"初携书剑别湘潭"八句,《全诗》七三八题为《寄孟宾于》。《江南野史》"初携"作"幼携"。"遂释之",《江南野史》、《南唐书》作"贷之,复其官",《诗总》作"宥之,复官"。

李昉:仕南唐为翰林学士。《登科记考》二六云:"《十国春秋》以为即宋翰林学士李昉,恐误。"

曹郎:诸曹郎官。

冯唐:汉景帝时为楚相,休官。武帝时举贤良,时年九十余,不能复为官,乃以其子为郎。《史记》、《汉书》有传。

⑤"迁水部郎中"至"自号'群玉峰叟'" 采自《诗总》一八"纪实"门。《江南野史》作:"未几,求致隐于玉笥山,自号'群玉峰叟',与道家流游处。迨期年,后主以水部员外郎起之。金陵陷,宾于遂归老连上。……既而未几卒,八十余矣。"马令

《南唐书》略同，末句作"卒年八十三"。《诗总》五"自荐"门引《雅言系述》作"兴国中致仕，归连上"。

丰城：今江西省丰城县。见《元和志》二八"江南道洪州"。

玉笥山：《云笈七签》二七称为第十七洞天，在吉州永新县（今江西省永新县）。

【补录】

宋代王禹偁《孟水部诗集序》：

"后唐长兴末，渡江赴举。岐帅李泰王晔，馆于门下。晋相和鲁公凝……咸推荐之，由是诗名籍甚。游举场十年，故有'十载恋明主'之什，凡八章。五十登第……晋天福中甲辰岁，礼部符侍郎蒙门人也。寻以拜庆就养，归于长沙。当马氏专据湖湘，大开幕府，遂以宾席縻之，俄出为永州军事判官，历阳山县令。……江南李氏命边镐为将，以兵陷湖南，尽俘马氏之族于建康。水部遇乱无依，携光启年县印归于金陵。李氏方僭称唐，得之甚喜，故有水曹朱绂之命。顷之，辞归玉笥山，着道士衣。……是时，江左士大夫若昌黎韩熙载、东海徐铉甚重之。会高越以江南命使回岭表，访其所居，同舟而出，强起为丰城令。既而引去，嬉游吟啸者二十年。……太祖平吴，以老病不任朝谒，听还故里，以令终。"

宋代龙衮《江南野史》八《孟宾于传》：

"金陵陷，宾于遂归老连上。时吉守秘阁郎马致黎送以诗，其断章云：'今日还家莫惆怅，不同初上渡头船。'"

【辑评】

宋代王禹偁《孟水部诗集序》（《小畜集》二〇）：

"至于雅澹之体，警策之句，知诗者开卷可见矣。"

## 二七五　孟　贯

贯，闽中人。为性疏野，不以荣宦为意，喜篇章[①]。周世宗幸广陵，贯时大有诗价，世宗亦闻之，因缮录一卷献上，首篇《书贻谭先生》云："不伐有巢树，多移无主花。"世宗不悦曰："朕伐叛吊民，何得'有巢''无主'之说！献朕则可，他人则卿必不免。"不复终卷,赐释谒进士,虚名而已②。不知其终。有诗集,今传。○孟子曰:"予之不遇鲁侯,天也。"③至唐开元,孟浩然流落帝心,和璧堕地。孟郊之出处梗概苦艰,生平薄宦而死④。今孟贯坐此诗穷,转喉触讳,非意相干,竟尔埋没⑤,与前贤俱亦相似,命也。孟氏之不遇,一何多耶!

**【校注】**

① "闽中人"至"喜篇章" 《诗话总龟》一三"警句"门:"闽岭孟贯,为性疏野,不以名宦为意,喜篇章。"《江南野史》八本传:"世居岭表,为建阳人。"

闽中:福州为古闽中之地,治闽县,今福建省福州市。见《元和志》二九"江南道福州"。

② "周世宗幸广陵"至"虚名而已" "何得'有巢''无主'之说",《四库》本重"有"字。此段采自《江南野史》。《野史》记:"显德中,周世宗征淮南幸广陵,贯潜渡江,以所业诗一卷驾前献之。"下略同。"书贻谭先生",《全诗》七八五题为《赠栖隐洞谭先生》。

周世宗:即柴荣,后周皇帝。后周太祖郭威养子,显德二年至六年在位。《旧五代史》一一四、《新五代史》一二有纪。

广陵:注见本书卷第五(一一七)《朱昼传》。

释褐:士人及第即脱去布衣,谓释褐。

③ "予之不遇鲁侯,天也" 《孟子·梁惠王》下"予"作"吾"。

④ "生平薄宦而死" 《四库》本无"薄宦"二字。

⑤ "埋没" "埋"原讹作"理",据《佚存》、《四库》本改。

## 二七六 江 为(?—949?)

为,考城人,宋江淹之裔。少帝时,出为建阳、吴兴令,因家,为郡人焉①。为唐末尝举进士,辄不第②。工于诗,有"天形围泽国,秋色露人家"③,"月寒花露重,江晚水烟微"④等句⑤,脍炙人口。少游白鹿寺,有句云:"吟登萧寺栴檀阁,醉倚王家玳瑁筵。"后主南迁见之曰:"此人大是富贵家。"⑥时刘洞、夏宝松就传诗法⑦。为益傲肆,自谓俯拾青紫。乃诣金陵求举,屡黜于有司。

怏怏不能已，欲束书亡越，会同谋者上变，按得其状，伏罪⑧。今建阳县西靖安寺，即处士故居⑨，后留题者甚众。有集一卷，今传。

**【校注】**

①"考城人"至"为郡人焉"　《江南野史》八本传作："宋江淹之后，先祖仕于建阳，因家焉。"马令《南唐书》一四本传作："其先宋州人，避乱建阳，遂为建阳人。"《直斋》一九"江为集一卷"条称"五代建安江为"。孟贯有《送江为归岭南》诗（《全诗》七五八）。按：据《梁书》一四、《南史》五九《江淹传》载，南朝宋建平王景素镇京口，淹为镇军参军，领南东海郡丞，黜为建安吴兴令。其时均在后废帝元徽间，不当少帝时，本篇误。

考城：今河南省兰考县东南。见《元和志》一一"河南道曹州"。

江淹：济阳考城人，历仕南朝宋、齐、梁三代。为著名赋家、诗人。有《江文通集》传世。《梁书》一四、《南史》五九有传。

建阳：今福建省建阳县。见《元和志》二九"江南道建州"。

吴兴：注见本书卷第二（四九）《沈千运传》。

②"为唐末尝举进士，辄不第"　陆游《南唐书》一二本传作："元宗初设贡举，为屡为有司所黜。"

③"天形围泽国"二句　见于《全诗》七四一《送客》诗。

④"月寒花露重"二句　《四库》本"月"作"身"，《全诗》七四一《江行》诗作"月"。

⑤"等句"　原无"句"字，据《四库》本补。

⑥"少游白鹿寺"至"此人大是富贵家"　"有句云"，原无"云"字，据《四库》本补。此段采自《江南野史》八本传，亦见于《诗话总龟》四"称赏"门引《江南野录》、马令《南唐书》一四本传。"吟登萧寺栴檀阁"二句，见于《全诗》七四一江为断句。"后主南迁见之"，《野史》作"嗣主南幸落星湾，遂游白鹿国庠，见壁上题一联云"，《诗总》作"李璟见之"，《南唐书》作"元宗南迁，驻于寺，见其诗"。（按：建隆二年中主元宗自江宁迁南都洪州，本篇谓"后主南迁"，误。）"此人大是富贵家"，《野史》、《诗总》作"吟此诗者大是贵族"。

白鹿寺：在今江西省星子县北庐山五老峰下，峰下有白鹿洞。参见本书卷五（一一六）《李涉传》。

萧寺：佛寺。相传梁武帝萧衍造佛寺，命萧子云飞白大书曰"萧寺"。

栴〔zhān〕檀阁：以栴檀木构筑的台阁。栴檀为一种香木，出自印度。见《观佛三

651

昧海经》一。

　　王家：指贵族家。六朝王氏世为望族。

　　玳瑁筵：以玳瑁装饰坐具的筵席。刘桢《瓜赋序》："布象牙之席，薰玳瑁之筵。"

　　⑦"时刘洞、夏宝松就传诗法"　马令《南唐书》一四《夏宝松传》："少学诗于建阳江为。为羁旅卧病，宝松躬尝药饵，夜不解带。为德之，与处数年，终就其业。"

　　刘洞：南唐人，学诗于陈贶。居庐山二十年。长于五言诗，自号"五言金城"，得贾岛遗法。传见马令《南唐书》一四。

　　夏宝松：南唐人，少学诗于江为。隐于庐山，与李洞为诗友，俱显名于当世。传见马令《南唐书》一四。

　　⑧"为益傲肆"至"伏罪"　采自马令《南唐书》，文略同。《直斋》作："为王氏所诛，当汉乾祐中。"按：江为之死，参见本篇补录《江南野史》、《五代史补》。

　　金陵：五代吴武义二年升昇州置金陵府，治上元（今江苏省南京市）；南唐昇元元年改为江宁府，为南唐京都。

　　⑨"今建阳县西靖安寺，即处士故居"　天一阁藏嘉靖刻本《建阳县志》七《寺观》："靖安禅寺：在三贵里。旧志云：即江为处士故居，至正十五年建。"

## 【补录】

宋代龙衮《江南野史》八《江为传》：

"世习儒素，少游庐山白鹿洞，师事处士陈贶，酷于诗句。二十余年，有风雅清丽之态，时已诵之。时金陵初拟唐风，场屋悬进士科，以罗英造。为遂入求应。然独能篇什，辞赋、策论一辞不措，屡为有司黜，因怏怏不能自已。乃还乡里，与同党数十家连结，欲之钱塘。会其同谋上告郡里，按捕得其逆状，尽诛之。将死，犹能吟诗以贻行刃者。"

宋代陶岳《五代史补》五"江为临刑赋诗"条：

"乾祐中，福州王氏国乱，有故人任福州官属，恐祸及，一旦亡去，将奔江南，乃间道谒为。经数日，为且与草投江南表。其人未出境，遭边吏所擒，仍于囊中得所撰表，于是收为与奔者，俱械而送。为临刑，词色不挠，且曰：'嵇康之将死也，顾日影而弹琴。吾今琴则不暇弹，赋一篇可矣。'乃索笔为诗曰：'衙鼓侵人急，西倾日欲斜。黄泉无旅店，今夜宿谁家？'闻者莫不伤之。"

宋代马令《南唐书》一四《江为传》：

"为尝吟《隋堤柳》诗云：'锦缆龙舟万里来，醉乡繁盛忽尘埃。空余两岸千株柳，雨叶风花作恨媒。'盛传于时。"

**【辑评】**

宋代佚名《漫叟诗话》：

"江为有诗：'吟登萧寺栴檀阁，醉倚王家玳瑁筵。'或谓作此诗者决非贵族。或人评'轴装曲谱金书字，树记花名玉篆牌'，乃乞儿口中语。"（按苕溪渔隐曰："《青箱杂记》亦载此事，乃元献云此诗乃乞儿相，未尝识富贵者。故公每言富贵，不及金玉锦绣，惟说气象，若'楼台侧畔杨花过，帘幕中间燕子飞'，'梨花院落溶溶月，杨柳池塘淡淡风'之类是也。"）

## 二七七 熊 皎

皎，九华山人[①]。唐清泰二年进士。刘景岩节度延安，辟为从事。晋天福中，说景岩归朝，以功擢右谏议。竟坐累黜为上津令[②]。工古律诗，语意俱妙。尝赋《早梅》[③]云："一夜开欲尽，百花犹未知。"甚传赏士林，且知其必遇[④]。今有《屠龙集》、《南金集》合五卷传世，学士陶穀序之[⑤]。

**【校注】**

①"皎，九华山人"　《诗总》一三"警句"门引《雅言杂载》作"九华山人熊皎"。《郡斋》四中、《直斋》一九"皎"均作"皦"。《直斋》一九"熊皦屠龙集一卷"条称"五代晋九华熊皦"。

九华山：注见本书卷第九（二四九）《杜荀鹤传》。

②"唐清泰二年进士"至"黜为上津令"　采自《郡斋》四中"熊皦屠龙集五卷"条，文略同。《郡斋》"唐"字作"后唐"二字，"右谏议"作"右司谏"。《直斋》亦记："后唐清泰二年进士。"《新五代史》四七《刘景岩传》载："景岩从事熊皦为人多智，阴察景岩跋扈难制，惧其有异心，欲以利愚之。……景岩使皦朝京师，皦乃言景岩不宜在边，可徙之内地。乃移景岩邠州，皦入拜补阙。……景岩乃悟皦为卖己，遂诬奏皦隐己玉带，皦坐贬商州上津令。皦惧景岩邀害之，道亡，匿山中。"

刘景岩：延州人。后晋高祖即位，拜景岩为延州节度使。徙武胜节度使，开运三年致仕。传见《新五代史》四七。

延安：延州旧称延安郡，治肤施，今陕西省延安县。见《元和志》三"关内道延州"。

上津：今湖北省郧西县西北。见《旧书》三九《地理志》二"江南西道商州"。

③"早梅" 见于《全诗》三七七。

④"甚传赏士林，且知其必遇" 《郡斋》记："陈沆赏皦《早梅》……曰：'太妃容德，于是乎在。'"

⑤"学士陶穀序之" 《郡斋》记："今集有陶穀序。"

【补录】

宋代阮阅《诗话总龟》一三"警句"门引《雅言杂载》："九华山人熊皦，能诗。《早行》云：'山前犹见月，陌上未逢人。'《山居》云：'果熟秋先落，禽寒夜未栖。'《闲居》云：'深逢野草皆为药，静见樵人恐是仙。'又云：'厌听啼鸟梦醒后，慵扫落花春尽时。'"

## 二七八 陈 抟

抟，宁图南，谯郡人①。少有奇才②经纶。《易·象》玄机，尤所精究③。高论骇俗，少食寡思。举进士不第，时戈革满地，遂隐名，辟谷炼气④。撰《指玄篇》⑤，同道风偃。僖宗召之，封清虚处士⑥。居华山云台观，每闭门独卧，或兼旬不起⑦。周世宗召入禁中，试之，扃户月余始启，抟方熟寐齁鮐，觉即辞去⑧。赋诗云："十年踪迹走红尘，回头青山入梦频。紫陌纵荣争及睡，朱门虽贵不如贫。愁闻剑戟扶危主，闷听笙歌聒醉人。携取旧书归旧隐，野花啼鸟一般春。"⑨还山后，因乘驴游华阴市，见邮传甚急，问，知宋祖登基，抟抵掌长笑曰："天下自此定矣！"⑩至太宗征赴，戴华阳巾，草屦垂绦，与万乘分庭抗礼。赐号"希夷先生"。时居云台四十年，仅及百岁⑪。帝赠诗云："曾向前朝出白云，后来消息杳无闻。如今已肯随征召，总把三峰乞与君。"⑫真宗复诏，不起，为谢表，略曰："明时闲客，唐室书生。尧道昌而优容许由，汉世盛而善从商皓。况性同猿鹤，心若土灰，败荷制服，脱箨裁冠，体有青毛，足无草屦，苟临轩陛，贻笑圣朝。数行丹诏，徒教彩凤衔来；一片野心，已被白云留住。咏嘲风月之清，笑傲烟霞之表，遂性所乐，得意何言。"后凿石室于莲华峰下，一旦，坐其中羽化而去⑬。有诗集，今传。如洛阳潘阆逍遥、河南种放明逸、钱塘林逋君复、钜鹿魏野仲先、青州李之才挺之、天水穆修伯长，皆从学先生⑭，一流高士，俱有诗名。大节详见之《宋史》云。

## 【校注】

① "字图南，谯郡人" 《宋史》四五七本传作"字图南，亳州真源人"。《事实类苑》(《宋人轶事类编》五引) 作"谯郡真源人"。《五代史补》五"世宗诏陈抟"条作"陕西人"。

谯郡：亳州旧称谯郡，治谯县，今安徽省亳县。见《元和志》七"河南道亳州"。

② "奇才" 《四库》本作"才术"。

③ "精究" 《佚存》本"究"作"穷"。

④ "举进士不第"至"辟谷炼气" 《四库》本"隐名"作"隐居"。《宋史》本传作："后唐长兴中，举进士不第，遂不求禄仕，以山水为乐。"《事实类苑》作："尝举进士不第，隐武当山，辟谷炼气。"

⑤ "撰《指玄篇》" 《宋史》本传作："著《指玄篇》八十一章，言导养及还丹之事。"

⑥ "僖宗召之，封清虚处士" 《诗话总龟》四四"神仙"门作："先生生唐德宗时，至僖宗时封清虚处士。"本篇当即据此传说。

⑦ "居华山云台观"至"或兼旬不起" 《宋史》本传作："移居华山云台观。……每寝处多百余日不起。"

⑧ "周世宗召入禁中"至"觉即辞去" 《事实类苑》所记略同。《宋史》本传作："周世宗好黄白术，有以抟名闻者，显德三年，命华州送至阙下，留止宫中月余。……命为谏议大夫，固辞不受。"《五代史补》记："(周世宗) 召到阙下……拜左拾遗，抟不就，坚乞归山，世宗许之。"

周世宗：注见本书本卷 (二七五)《孟贯传》。

齁䶎〔hōu xiā〕：鼾声。皮日休《背篷》诗："深拥竟无言，空成睡齁䶎。"

⑨ "赋诗云"至"野花啼鸟一般春" "一般春"，《佚存》本"般"作"船"。此段见于《诗话总龟·后集》一九"隐逸"门引邵伯温《易学辨惑》。"赋诗云"，《诗总》

655

作"遁迹之初有诗云"。诗亦见于《永乐大典》一三四五〇，题为《归隐》。

⑩ "因乘驴游华阴市"至"天下自此定矣" "长笑曰"，《佚存》、《指海》本"笑"作"叹"，《四库》、三间本无"长"字，《诗总》亦作"笑曰"。此段与《诗总·后集》引《易学辨惑》所记略同。

华阴：注见本书卷第九（二二一）《聂夷中传》。

⑪ "至太宗征赴"至"仅及百岁" 《四库》本无"至"字，"草屦"作"草履"。《宋史》本传记："抟太平兴国中来朝，太宗待之甚厚。……抟居华山已四十余年，度其年近百岁。……上益重之，下诏赐号'希夷先生'。"《诗总·后集》一九"隐逸"门引《渑水燕谈》作："太平兴国初，再召赴阙。……先生服华阳巾，草履垂绦，以宾礼见，赐坐。"

太宗：宋太宗赵炅，原名光义，太平兴国元年至至道二年在位。

华阳巾：道士头巾。

⑫ "帝赠诗云"至"总把三峰乞与君" 见于《诗总·后集》引《渑水燕谈》。

三峰：注见本书卷第九（二三七）《郑谷传》。

⑬ "为谢表"至"羽化而去" "得意何言"，《四库》本作"何德何言"。《宋史》本传作："端拱初，忽谓弟子贾德升曰：'汝可于张超谷凿石为室，吾将憩焉。'二年秋七月，石室成。抟手书数百言为表，其略曰：'臣抟大数有终，圣朝难恋，已于今月二十二日化形于莲花峰下张超谷中。'如期而卒。"《事实类苑》略同。

许由：尧让天下于许由，不受，隐于箕山。见《高士传》上。

商皓：即商山四皓，汉初商山四隐士，名东园公、绮里季、夏黄公、甪里先生。四人鬓眉皆白，故称四皓。高祖召，不应。后高祖欲废太子，吕后用张良计，迎四皓使辅太子，高祖遂辍废太子之议。见《史记·留侯世家》。

莲花峰：华山中峰。

羽化：道家谓飞升成仙。李白《过彭蠡湖》诗："余将振衣去，羽化出嚣烦。"

⑭ "如洛阳潘阆逍遥"至"皆从学先生" 张端义《贵耳集》载："濮上陈抟，以《先天图》传种放，放传穆修，修传李之才，之才传邵雍。"《宋史》四三一《李之才传》载："师河南穆修。……修之《易》受之种放，放受之陈抟。"

潘阆：字逍遥，北宋太宗朝授四门国子博士，能诗词。事见《宋人轶事类编》四。

种放：字明逸，宋初人，隐居不仕，往来嵩、华间，得辟谷术。传见《宋史》四五七。

林逋：字君复，宋初人，隐居钱塘西湖，赏梅养鹤，终身不仕。能诗。卒谥"和靖先生"。传见《宋史》四五七。

魏野：字仲先，宋初人，隐居不仕。工诗。号"草堂居士"。传见《宋史》四五七。

李之才：字挺之，北宋仁宗天圣中进士出身。从穆修学《易》，得其传。官至殿中丞。传见《宋史》四三一。

穆修：字伯长，北宋真宗大中祥符中赐进士出身，曾任参军。以古文称。传见《宋史》四四二。

【补录】

元代脱脱《宋史》四五七《陈抟传》：

"太平兴国中来朝，太宗待之甚厚。九年复来朝，上益加礼重，谓宰相宋琪等曰：'抟独善其身，不干势利，所谓方外之士也。'抟居华山已四十余年，度其年近百岁。自言经承五代离乱，幸天下太平，故来朝觐。与之语，甚可听。"

【辑评】

宋代邵伯温《易学辨惑》（《诗话总龟·后集》一九）：

"陈抟负经纶才，历五代乱离，游行四方。……遁迹之初，有诗云：'十年踪迹走红尘，回首青山入梦频。紫陌纵荣争及睡，朱门虽贵不如贫。愁闻剑戟扶危主，闷见笙歌聒醉人。携取旧书归旧隐，野花啼鸟一般春。'岂浅哉！"

# 鬼

杂传记中，多录鬼神灵怪之词，哀调深情，不异畴昔。然影响[1]所托，理亦荒唐，故不能一一尽之[2]。

【校注】

[1] 影响：光影、回声，常以比喻不实、无根据的妄谈。《尚书·大禹谟》："惠迪吉，从逆凶，惟影响。"传："凶吉之报，若影之随形，响之应声。"

[2]《四库》本按语云："按本文所云，则本书于鬼神灵怪之词，当亦略为采录，今俱失矣。此条当是其总论结语，以无所属，附之末简。"

# 附 录

# 诗人别集综录

## 说　　明

本综录记载列入《唐才子传》的二百七十八个诗人的别集传存情况。凡历代重要书目著录的别集与卷数并皆载入，附载几种总集和丛书所收的别集及其卷数。无别集传存者，附记《全唐诗》所收录的诗歌首数。

遇有以作者姓名为别集名时，即略去集名，以省篇幅，如"杜审言集三卷。记作"集3"，"宋之问诗一卷"记作"诗1"。不分卷及卷数不明者，则仅记集名。

本综录分四项记载，A项为宋元书目所著录之书，B项为明清及现代书目所著录之书，C项为总集及丛书所收录之书，D项为《全唐诗》所收录的诗歌。

诗人按《唐才子传》传记顺序编排，诗人姓名之前的号码即为《唐才子传》传记编号。

本综录的编写，曾参考日本布目潮沨、中村乔二位先生所撰《唐才子传之研究·别集要览》，谨此致谢。

本综录使用的略语如下：

A. 宋元书目

　　王尧臣等《崇文总目》　　　　　　　　　　　崇文
　　欧阳修《新唐书·艺文志》　　　　　　　　　唐志
　　晁公武《郡斋读书志》　　　　　　　　　　　郡斋
　　陈振孙《直斋书录解题》　　　　　　　　　　直斋
　　脱脱《宋史·艺文志》　　　　　　　　　　　宋志

B. 明清及现代书目

| | |
|---|---|
| 高儒《百川书志》 | 百川 |
| 彭元瑞《天禄琳琅书目》 | 琳琅 |
| 钱曾《述古堂藏书目》 | 述古 |
| 钱曾《读书敏求记》 | 敏求 |
| 黄丕烈《荛圃藏书题识》 | 荛圃 |
| 瞿镛《铁琴铜剑楼藏书目录》 | 铜剑 |
| 杨绍和《楹隅书录》 | 楹书 |
| 陆心源《皕宋楼藏书志》 | 皕宋 |
| 丁丙《善本书室藏书志》 | 善本 |
| 缪荃孙《艺风藏书记》 | 艺风 |
| 张钧衡《适园藏书志》 | 适园 |
| 邓邦述《群碧楼善本书目》 | 群碧 |
| 傅增湘《双鉴楼善本书目》 | 双鉴 |

  C. 总集与丛书

| | |
|---|---|
| 铜活字本《唐五十家诗集》 | 五十 |
| 席启寓集《唐诗百名家全集》 | 百家 |
| 《四库全书》 | 四库 |
| 《四部丛刊》 | 丛刊 |
| 《四部备要》 | 备要 |

  D.《全唐诗》　　　　　　　　　　　　　　　　　全诗

1. 王　绩

  A. 崇文：东皋子$_2$　唐志、宋志：集$_5$　郡斋、直斋：东皋子$_5$

  B. 敏求、铜剑、皕宋、善本：东皋子$_3$

  C. 四库：东皋子$_3$　丛刊：东皋子集$_3$

2. 崔信明

  D. 全诗：1首

3. 王　勃

  A. 崇文：文集$_{30}$　唐志、宋志：集$_{30}$、舟中纂序$_5$　郡斋：集$_{20}$　宋志：诗$_8$、杂序$_1$

  B. 百川：诗$_1$　述古：集$_1$　荛圃、皕宋、善本：子安集$_{16}$

  C. 五十：集$_2$　四库、丛刊：王子安集$_{16}$　备要：文集$_9$

4. 杨　炯
    A. 崇文、郡斋：盈川集$_{20}$　唐志：盈川集$_{30}$　宋志：集$_{20}$、拾遗$_4$
    B. 百川：诗$_1$　铜剑：盈川集$_{13}$　皕宋、善本、艺风：盈川集$_{10}$
    C. 五十：集$_2$　四库、丛刊：盈川集$_{10}$　备要：文集$_6$

5. 卢照邻
    A. 崇文、宋志：集$_{10}$、幽忧子$_3$　唐志：集$_{20}$、幽忧子$_3$　郡斋：幽忧子集$_{10}$　直斋：集$_{10}$
    B. 百川：诗$_1$　皕宋、善本：卢昇之集$_7$　艺风、群碧：集$_2$
    C. 五十：集$_2$　四库：卢昇之集$_7$　丛刊：幽忧子集$_7$　备要：文集$_3$

6. 骆宾王
    A. 崇文、唐志：集$_{10}$、百道判集$_1$　郡斋、直斋：集$_{10}$
       宋志：集$_{10}$、百道判集$_2$
    B. 百川：诗$_1$　荛圃、铜剑、楹书、皕宋、善本：文集$_{10}$　群碧：集$_2$
    C. 五十：集$_2$　四库：骆丞集$_4$　丛刊：文集$_{10}$　备要：文集$_3$

7. 杜审言
    A. 唐志：集$_{10}$　郡斋：集$_1$　直斋：杜必简集$_1$　宋志：诗$_1$
    B. 百川：诗$_3$　皕宋、善本：集$_2$　述古、楹书：集$_1$

8. 沈佺期
    A. 崇文、唐志、直斋、宋志：集$_{10}$　郡斋：集$_5$
    B. 百川：沈云卿诗$_2$　述古：沈云卿集$_2$　双鉴：诗集$_7$
    C. 五十：集$_4$　丛刊：集$_2$

9. 宋之问
    A. 崇文、唐志、郡斋、直斋、宋志：集$_{10}$
    B. 百川：诗$_1$　铜剑、艺风、群碧：集$_2$

10. 刘希夷
    A. 崇文：诗集$_4$　唐志：集$_{10}$、诗集$_4$　宋志：诗$_4$
    D. 全诗：35 首

11. 陈子昂
    A. 崇文、唐志、郡斋、宋志：集$_{10}$　直斋：陈拾遗集$_{10}$
    B. 百川：陈伯玉诗$_1$　铜剑、皕宋：文集$_{10}$　善本、皕宋：文前集$_5$、后集$_5$　述古：集$_2$

C. 五十：集$_2$　四库：陈拾遗集$_{10}$　丛刊：陈伯玉集$_{10}$

12. 李百药

　　A. 唐志：集$_{30}$

　　D. 全诗：26 首

13. 李　峤

　　A. 崇文：杂咏诗$_{12}$　唐志：集$_{50}$、杂咏诗$_{12}$　郡斋：集$_1$　宋志：诗$_{10}$、新咏$_1$

　　B. 百川：诗$_3$　善本：集$_3$、杂咏$_2$　函宋：杂咏$_2$

14. 张　说

　　A. 唐志、郡斋：集$_{30}$　直斋：张燕公集$_{30}$　宋志：集$_{30}$、外集$_{20}$

　　B. 百川：诗$_2$　铜剑、函宋、适园：集$_{25}$　莬圃、铜剑：文集$_{10}$　善本：集$_8$

　　C. 五十：张说之集$_8$　四库：张燕公集$_{25}$　丛刊：张说之集$_{25}$

15. 王　翰

　　A. 唐志：集$_{10}$

　　D. 全诗：18 首

16. 吴　筠

　　A. 崇文：集$_5$　唐志、直斋：集$_{10}$　宋志：集$_{11}$

　　B. 敏求、莬圃、善本：宗玄先生文集$_3$

　　C. 四库：宗玄集$_3$

17. 张子容

　　D. 全诗：2 首

18. 李　昂

　　D. 全诗：2 首

19. 孙　逖

　　A. 崇文、唐志、宋志：集$_{20}$

　　C. 五十：集$_1$

20. 卢　鸿

　　D. 全诗：10 首

21. 王泠然

　　D. 全诗：4 首

## 诗人别集综录

22. 刘眘虚

    D. 全诗：16 首

23. 王　湾

    D. 全诗：10 首

24. 崔　颢

    A. 唐志、宋志：诗$_1$　直斋：集$_1$

    B. 百川：诗集$_3$　述古：集$_1$

    C. 五十：集$_2$

25. 祖　咏

    A. 唐志、宋志：诗$_1$　直斋：集$_1$

    B. 百川：集$_1$

    C. 五十：集$_1$

26. 储光羲

    A. 唐志：集$_{70}$　郡斋、直斋：集$_5$　宋志：集$_2$

    B. 百川：诗集$_5$　善本：集$_5$　琳琅、适园、双鉴：诗集$_5$

    C. 五十：集$_5$　四库：诗$_5$

27. 包　融

    A. 唐志：诗$_1$

    D. 全诗：8 首

28. 崔国辅

    A. 唐志：集（卷亡）　直斋：集$_1$　宋志：诗$_1$

    B. 百川：诗$_1$

    D. 全诗：41 首

29. 卢　象

    A. 唐志：集$_{12}$　宋志：诗$_1$

    D. 全诗：28 首

30. 綦毋潜

    A. 唐志、宋志：诗$_1$　直斋：集$_1$

    D. 全诗：26 首

31. 王昌龄

    A. 崇文：诗$_1$　唐志：集$_5$　郡斋：诗$_6$　直斋：集$_1$　宋志：集$_{10}$

B. 百川：集₃　述古：集₁　善本：诗集₃

　　C. 五十：集₂

32. 常　建

　　A. 唐志、郡斋、直斋、宋志：诗₁

　　B. 百川：诗集₃　述古、琳琅、铜剑、楹书、善本：诗₂

　　C. 五十：集₂　四库：诗₃

33. 贺兰进明

　　D. 全诗：7 首

34. 崔　曙

　　A. 直斋：崔曙集₁

　　B. 百川：崔曙集₁

　　C. 五十：集₁

35. 陶　翰

　　A. 唐志：集（卷亡）　直斋：集₁　宋志：诗₁

　　D. 全诗：17 首

36. 王　维

　　A. 崇文：文集₁₀　唐志、郡斋、宋志：集₁₀　直斋：王右丞集₁₀

　　B. 百川：王摩诘诗注₆　敏求、琳琅、铜剑、楹书、皕宋：文集₁₀　芄
　　　　圃、艺风、适园：集₁₀　楹书、芄圃：集₆

　　C. 五十：集₆　四库：类笺王右丞集₁₀、附文集₄、王右丞集笺注₂₈　丛
　　　　刊：王右丞集₆　备要：王右丞集注₂₈

37. 薛　据

　　D. 全诗：12 首

38. 刘长卿

　　A. 唐志、郡斋：集₁₀　直斋：刘随州集₁₀　宋志：集₂₀

　　B. 百川：刘随州诗₁₀　述古、善本、艺风：诗集₁₁　双鉴：文集₁₁　皕
　　　　宋、善本：集₁₀、外集₁

　　C. 五十：刘随州诗₁₀　四库：刘随州集₁₁　丛刊：刘随州诗集₁₀、外集₁
　　　　备要：刘随州集₁₀

39. 李季兰

　　A. 崇文：诗₁　直斋：集₁　宋志：诗集₁

C. 四库：薛涛李冶诗集$_2$

D. 全诗：16 首

40. 阎　防

A. 宋志：诗$_1$

D. 全诗：5 首

41. 李　颀

A. 唐志：诗$_1$　直斋：集$_1$

B. 百川、善本：诗集$_1$

C. 五十：集$_1$

42. 张　谭

43. 孟浩然

A. 崇文、宋志：诗$_3$　唐志：诗集$_3$　郡斋：诗$_1$　直斋：孟襄阳集$_3$

B. 百川：诗$_3$　述古、铜剑、善本：集$_4$　尧圃、楹书、善本：诗集$_3$

C. 五十：集$_3$　四库、丛刊：集$_4$　备要：孟襄阳集$_4$

44. 丘　为

A. 唐志：集（卷亡）　宋志：诗$_1$

D. 全诗：13 首

45. 李　白

A. 崇文：别集$_{10}$　唐志：草堂集$_{20}$　郡斋：李翰林集$_{20}$　直斋：李翰林集$_{30}$　宋志：集$_{30}$

B. 百川：杨齐贤集注李白诗$_{25}$　述古：集$_{20}$　敏求、丽宋：集$_{30}$　琳琅、双鉴：集$_{26}$

C. 四库：李太白集$_{30}$　丛刊：分类补注李白诗集$_{30}$　备要：李太白诗集$_{36}$

46. 杜　甫

A. 崇文：集$_{20}$　唐志：集$_{16}$、小集$_6$　郡斋：集$_{20}$、集外诗$_1$　直斋：杜工部集$_{20}$　宋志：诗$_{20}$、外集$_1$、小集$_6$

B. 百川：杜工部诗集$_8$　刘须溪批点杜诗$_{24}$　敏求、丽宋：集$_{20}$

C. 四库：九家集注杜诗$_{36}$　丛刊：分门集注杜工部诗$_{25}$　备要：杜工部诗集$_{20}$

47. 郑　虔

D. 全诗 1 首

48. 高　适

　　A. 崇文：文集$_{10}$　唐志：集$_{20}$　郡斋：集$_{10}$、集外文、别诗$_1$　直斋：高常侍集$_{10}$　宋志：诗集$_{12}$

　　B. 百川：诗集$_7$　述古、敏求、琳琅、铜剑、善本：集$_{10}$　双鉴：集$_8$　群碧：集$_2$

　　C. 五十：集$_8$　四库：高常侍集$_{10}$　丛刊：高常侍集$_8$

49. 沈千运

　　D. 全诗：5 首

50. 孟云卿

　　B. 百川：诗集$_1$　述古：集$_2$

　　D. 全诗：17 首

51. 岑　参

　　A. 崇文、唐志、郡斋、宋志：集$_{10}$　直斋：岑嘉州集$_8$

　　B. 百川：岑嘉州集$_8$　述古、楹书、善本：集$_4$　尧圃、善本、艺风：集$_8$　铜剑、丽宋、善本：集$_7$

　　C. 五十：岑嘉州集$_8$　丛刊：岑嘉州诗$_7$

52. 王之涣

　　D. 全诗：6 首

53. 贺知章

　　A. 崇文、宋志：入道表$_1$

　　D. 全诗：19 首　外编：1 首

54. 包　何

　　A. 直斋：集$_1$

　　B. 百川、述古、艺风：集$_1$

　　C. 五十：集$_1$　百家：包刑侍诗集$_1$

55. 包　佶

　　A. 直斋：集$_1$

　　B. 百川、述古：集$_1$

　　C. 五十：集$_1$　百家：包秘监诗集$_1$

56. 张　彪

　　D. 全诗：4 首

57. 李嘉祐

  A. 崇文、唐志、宋志：诗$_1$  郡斋：诗$_2$  直斋：集$_1$

  B. 百川：诗$_1$  述古、荛圃、适园、双鉴：台阁集$_1$  荛圃：诗集$_5$  善本、艺风：集$_2$

  C. 五十：集$_2$  百家：台阁集$_1$

58. 贾 至

  A. 崇文：文集$_{10}$  唐志：集$_{20}$、别集$_{15}$  郡斋：集$_{10}$  直斋：贾幼几集$_{10}$  宋志：集$_{10}$、诗$_1$

  D. 全诗：46 首

59. 鲍 防

  A. 崇文、宋志：集$_5$、杂感诗$_1$

  D. 全诗：8 首

60. 殷 遥

  D. 全诗：5 首

61. 张 继

  A. 唐志、宋志：诗$_1$

  C. 百家：张祠部诗集$_1$

62. 元 结

  A. 崇文：元子编$_{10}$  唐志：文编$_{10}$、猗玗子$_1$  郡斋：元子$_{10}$、文编$_{10}$、猗玗子$_1$  直斋：集$_{10}$  宋志：元子$_{10}$、集$_{10}$、猗玗子$_1$

  B. 百川：诗  荛圃、铜剑、艺风：漫叟文集$_{10}$  郘宋、双鉴：元次山文集$_{10}$  双鉴：拾遗$_1$  善本：元次山文集$_{12}$

  C. 四库：元次山集$_{12}$  丛刊：元次山文集$_{10}$  备要：元次山集$_{10}$

63. 郎士元

  A. 唐志：诗$_1$  郡斋：诗  直斋：集$_1$  宋志：诗$_2$

  B. 百川：集$_6$  适园：诗集$_4$  述古、善本、艺风：诗集$_1$

  C. 五十：集$_2$  百家：郎刺史诗集$_1$

64. 道人灵一

  A. 直斋：集$_1$  宋志：诗$_1$

  B. 百川：诗$_1$  述古：集

65. 皇甫冉

A. 唐志：诗集$_3$　郡斋、宋志：诗$_2$　直斋：集$_1$

B. 百川：集$_2$　述古：集$_1$　铜剑：诗集$_7$　楹书、善本：诗集$_2$

C. 五十：集$_3$　丛刊：诗集$_7$

66. 皇甫曾

A. 直斋：集$_1$　宋志：诗$_1$

B. 百川、述古：集$_1$　铜剑、善本：诗集$_1$

C. 五十：集$_3$　丛刊：诗集$_1$、补遗$_1$

67. 独孤及

A. 崇文、唐志、郡斋：毗陵集$_{20}$　直斋：常州集$_{20}$　宋史：集$_{20}$

B. 尧圃、铜剑、丽宋、适园、群碧：毗陵集$_{20}$　艺风：集$_2$　双鉴：集$_3$

C. 四库、丛刊：毗陵集$_{20}$　丛刊：补遗$_1$、附录$_1$

68. 刘方平

A. 唐志：诗$_1$

D. 全诗：26 首

69. 秦　系

A. 唐志：诗$_1$　直斋：秦隐君集$_1$　宋志：秦隐君诗$_1$

B. 百川、述古、艺风：秦隐君集$_1$　铜剑：秦隐君诗集$_1$　艺风：秦校书诗$_1$

C. 五十：秦隐君集$_1$　百家：秦公绪诗集$_1$

70. 张众甫

D. 全诗：3 首

71. 严　维

A. 唐志、宋志：诗$_1$　直斋：集$_1$

B. 百川、述古：集$_1$

C. 五十：集$_2$　百家：严正文诗集$_1$

72. 于良史

D. 全诗：7 首

73. 灵彻上人

A. 唐志：诗集$_{10}$　宋志：诗$_1$

D. 全诗：16 首

74. 陆　羽

D. 全诗：2 首

75. 顾　况
   A. 崇文：文集$_{19}$　唐志、郡斋：集$_{20}$　直斋：集$_5$　宋志：集$_{15}$
   B. 百川：集$_2$、华阳真逸集$_2$　郘宋、善本：华阳集$_3$
   C. 五十：集$_2$　百家：顾逋翁诗集$_4$　四库：华阳集$_3$

76. 张南史
   A. 唐志、宋志：诗$_1$　直斋：集$_1$
   D. 全诗：27 首

77. 戎　昱
   A. 崇文：诗$_1$　唐志、直斋、宋志：集$_5$　郡斋：集$_3$
   B. 百川：集$_2$　述古：集$_1$
   C. 百家：诗集$_1$、补遗$_1$

78. 古之奇
   D. 全诗：4 首

79. 苏　涣
   A. 唐志：诗$_1$
   D. 全诗：4 首

80. 朱　湾
   A. 崇文、唐志：诗集$_4$　直斋：集$_1$　宋志：诗$_1$
   D. 全诗：23 首

81. 张志和
   D. 全诗：9 首

82. 卢　纶
   A. 崇文：集$_{18}$、诗$_{10}$　唐志：诗集$_{10}$　郡斋、宋志：诗$_1$　直斋：集$_{10}$
   B. 百川：集$_1$　琳琅、善本、艺风、双鉴：卢户部诗集$_{10}$
   C. 五十：集$_6$　百家：卢户部诗集$_{10}$

83. 吉中孚
   A. 唐志：诗$_1$
   B. 百川：诗（集亡）
   D. 全诗：1 首

84. 韩　翃

671

A. 崇文、郡斋：诗$_5$　唐志：诗集$_5$　直斋：集$_5$　宋志：韩翃诗$_5$

B. 百川：韩君平集$_5$　述古：君平集$_5$　莞圃、楹书：韩君平诗集$_5$　善本、艺风：韩君平集$_3$

C. 五十、百家：韩君平集$_3$　百家：补遗$_1$

85. 耿　湋

A. 崇文：诗$_2$　唐志：诗集$_2$　郡斋：耿湋诗$_2$　直斋：集$_2$　宋志：诗$_3$

B. 百川、艺风：集$_2$　述古、善本：集$_1$　适园：诗集$_6$

C. 五十：集$_3$　百家：耿拾遗诗集$_1$、补遗$_1$

86. 钱　起

A. 崇文、唐志：诗$_1$　郡斋：诗$_2$　直斋：钱考功集$_{10}$　宋志：诗$_{12}$

B. 百川、述古、善本、双鉴：集$_{10}$　敏求、莞圃、铜剑、楹书：钱考功诗集$_{10}$

C. 五十：钱考功集$_1$　百家：钱考功诗集$_{10}$、补遗$_1$　四库：钱仲文集$_{10}$　丛刊：钱考功集$_{10}$

87. 司空曙

A. 崇文：诗$_2$　唐志：诗集$_2$　直斋：司空文明集$_2$

B. 百川：集$_3$　述古：文明集$_3$

C. 五十：集$_2$　百家：司空文明集$_3$

88. 苗　发

B. 百川：诗（无集）

D. 全诗：2 首

89. 崔　峒

A. 唐志：诗$_1$

B. 百川：集$_1$

D. 全诗：48 首

90. 夏侯审

D. 全诗：1 首

91. 李　端

A. 崇文、宋志：诗$_3$　唐志：诗集$_3$　郡斋、直斋：集$_3$

B. 百川：集$_3$　莞圃：诗$_3$　善本：诗集$_3$

C. 五十：集$_4$

92. 窦叔向
    A. 唐志：集$_7$  直斋：集$_1$  宋志：诗$_1$
    D. 全诗：9 首

93. 康　洽

94. 李　益
    A. 郡斋、宋志：诗$_1$  直斋：集$_2$
    B. 百川：李君虞集$_2$  述古：君虞集$_2$  善本：李君虞诗集$_2$
    C. 五十：集$_2$  百家：李君虞诗$_2$

95. 冷朝阳
    D. 全诗：11 首

96. 章八元
    A. 唐志：诗$_1$
    D. 全诗：6 首

97. 畅　当
    A. 唐志：诗$_2$  宋志：诗$_1$
    D. 全诗：17 首

98. 王季友
    A. 直斋：集$_1$
    B. 百川：诗$_1$
    D. 全诗：11 首

99. 张　谓
    A. 宋志：诗$_1$
    B. 百川：集$_1$
    D. 全诗：40 首

100. 于　鹄
    A. 唐志、宋志：诗$_1$  直斋：集$_1$
    B. 述古：诗$_1$
    C. 百家：诗集$_1$

101. 王　建
    A. 崇文：诗$_2$  唐志、直斋、宋志：集$_{10}$  郡斋：诗$_{10}$  直斋：宫词$_1$
    B. 百川：宫词$_1$  述古、敏求、艺风：集$_{10}$  莪圃、双鉴：集$_8$

C. 百家：诗集$_{10}$　四库：王司马集$_8$

102. 韦应物

　　A. 崇文：诗$_1$　唐志：诗集$_{10}$　郡斋、宋志：集$_{10}$　直斋：韦苏州集$_{10}$

　　B. 百川：韦苏州集$_{10}$　述古、琳琅、铜剑、楹书、丽宋、善本、适园、双鉴、群碧：集$_{10}$　丽宋：拾遗$_1$

　　C. 五十、四库、备要：韦苏州集$_{10}$　丛刊：书刺史诗集$_{10}$、附录$_1$

103. 皎　然

　　A. 唐志：诗集$_{10}$　郡斋：杼山集$_{10}$　宋志：诗$_{10}$

　　B. 百川：杼山集$_1$　述古：杼山集$_{10}$　敏求、铜剑、双鉴：昼上人集$_{10}$

　　C. 四库：杼山集$_{10}$　丛刊：皎然集$_{10}$

104. 武元衡

　　A. 崇文：诗$_1$、临淮尺题$_2$　唐志：集$_{10}$　郡斋：临淮集$_2$　直斋：集$_1$　宋志：诗$_3$

　　B. 百川：集$_3$

　　C. 五十：集$_3$　百家：临淮诗集$_2$

105. 窦　常

　　A. 唐志：集$_{18}$

　　D. 全诗：26首

106. 窦　牟

　　D. 全诗：21首

107. 窦　群

　　D. 全诗：23首

108. 窦　庠

　　D. 全诗：21首

109. 窦　巩

　　A. 宋志：诗$_1$

　　D. 全诗：39首

110. 刘言史

　　A. 唐志：歌诗$_6$　宋志：诗$_{10}$

　　D. 全诗：79首

111. 刘　商

674

## 诗人别集综录

A. 崇文：诗$_{10}$　唐志：诗集$_{10}$　直斋：刘虞部诗集$_{10}$　宋志：集$_{10}$

C. 百家：刘虞部诗集$_4$

112. 卢　仝

    A. 崇文、唐志：玉川子诗$_1$　郡斋、宋志：诗$_1$　直斋：集$_3$

    B. 百川：诗$_2$、别集$_1$　述古：集$_3$　铜剑、丽宋：诗集$_2$、外集$_1$　善本：诗集$_3$、外集$_1$

    C. 四库：玉川子诗集注$_5$　丛刊：玉川子诗集$_2$、外集$_1$

113. 马　异

    D. 全诗：4 首

114. 刘　叉

    A. 郡斋、宋志：诗$_1$　直斋：集$_2$

    B. 百川、述古：集$_3$

115. 李　贺

    A. 唐志：集$_5$　郡斋：集$_4$、外集$_1$　直斋、宋志：集$_1$　宋志：外集$_1$

    B. 百川：歌诗、别集$_1$　述古、敏求、莞圃、铜剑、丽宋：歌诗编$_4$、集外诗　莞圃、善本、艺风：诗集$_4$、外集$_1$

    C. 四库：昌谷集$_4$、外集$_1$　丛刊：歌诗编$_4$　备要：李长吉歌诗$_4$、外集$_1$

116. 李　涉

    A. 崇文、唐志、郡斋、宋志：诗$_1$　直斋：集$_1$

    D. 全诗：117 首

117. 朱　昼

    D. 全诗：3 首

118. 贾　岛

    A. 崇文：集$_{10}$、小集$_3$　唐志：长江集$_{10}$、小集$_3$　郡斋、直斋：长江集$_{10}$　宋志：诗$_1$、小集$_8$

    B. 百川：长江集$_7$　莞圃、丽宋、善本、艺风、适园、双鉴：长江集$_{10}$　莞圃、善本：长江集$_7$

    C. 四库、丛刊、备要：长江集$_{10}$

119. 庄南杰

    A. 崇文：歌诗$_1$　直斋：集$_1$　宋志：杂歌行$_1$

675

D. 全诗：5 首

120. 张　碧

　　A. 崇文、唐志：歌行集$_2$　直斋：歌行集$_1$　宋志：歌行$_1$、诗$_1$

　　D. 全诗：16 首

121. 朱　放

　　A. 唐志、郡斋：诗$_1$　直斋：集$_1$　宋志：集$_2$

　　D. 全诗：25 首

122. 羊士谔

　　A. 郡斋、宋志：诗$_1$　直斋：集$_1$

　　B. 百川：集$_1$　善本、艺风：集$_2$

　　C. 五十：集$_2$　百家：诗集$_1$

123. 姚　系

　　D. 全诗：10 首

124. 麹信陵

　　A. 唐志、宋志：诗$_1$　郡斋、直斋：集$_1$

　　D. 全诗：6 首

125. 张　登

　　A. 唐志、郡斋、宋志：集$_6$

　　D. 全诗：7 首

126. 令狐楚

　　A. 崇文：章奏集$_{20}$、表奏集$_{10}$、梁苑文类$_3$　唐志：漆奁集$_{130}$、表奏集$_{10}$、梁苑文类$_3$　郡斋：表奏$_{10}$　宋志：歌诗$_1$、表奏$_{10}$、梁苑文类$_3$

　　D. 全诗：59 首

127. 杨巨源

　　A. 崇文、唐志、宋志：诗$_1$　直斋：杨少尹集$_5$

　　C. 百家：杨少尹诗集$_1$

128. 马　逢

　　D. 全诗：5 首

129. 王　涯

　　A. 崇文：诗$_1$　唐志：集$_{10}$　直斋：集$_1$　宋志：歌诗$_1$

　　D. 全诗：62 首

130. 韩　愈
　　A. 崇文、唐志、郡斋：集$_{40}$　郡斋：集外文$_1$　直斋：昌黎集$_{40}$、外集$_{10}$、附录$_5$　宋志：集$_{50}$、遗文$_1$
　　B. 百川：诗　椠书、丽宋等：正集$_{40}$、外集$_{10}$
　　C. 四库：昌黎集$_{40}$、外集$_{10}$　丛刊：昌黎先生文集$_{40}$、外集$_{10}$、遗文$_1$　备要：韩昌黎全集$_{40}$、外集$_{10}$附遗文

131. 柳宗元
　　A. 崇文、唐志、宋志：集$_{30}$　郡斋：集$_{30}$、集外文$_1$　直斋：集$_{45}$、外集$_2$
　　B. 百川：诗　椠宋、丽宋等：正集$_{45}$、外集$_2$
　　C. 四库：文集$_{45}$、外集$_2$、新编外集$_1$　丛刊：柳先生文集$_{43}$、别集$_2$、外集$_2$　备要：柳河东全集$_{45}$、外集$_5$附遗文

132. 陈　羽
　　A. 直斋：集$_1$　宋志：诗$_1$
　　B. 述古：集$_1$
　　C. 百家：诗集$_1$

133. 刘禹锡
　　A. 崇文：集外诗$_3$　郡斋、宋志：集$_{30}$、外集$_{10}$　直斋：刘宾客集$_{30}$、外集$_{10}$
　　B. 敏求、荛圃、丽宋、善本、适园、双鉴：文集$_{30}$、外集$_{10}$
　　C. 四库、备要：刘宾客文集$_{30}$、外集$_{10}$　丛刊：刘梦得文集$_{30}$、外集$_{10}$

134. 孟　郊
　　A. 崇文：诗$_5$　唐志：诗集$_{10}$　郡斋、直斋、宋志：孟东野集$_{10}$
　　B. 百川：孟东野诗$_{10}$　述古、椠书、荛圃、铜剑、丽宋、善本、适园、双鉴：孟东野诗集$_{10}$　荛圃：文集$_5$（残本）
　　C. 四库、备要：孟东野集$_{10}$　丛刊：孟东野诗集$_{10}$

135. 戴叔伦
　　A. 崇文：诗$_1$　唐志、郡斋、宋志：述稿$_{10}$　郡斋：外集$_1$、书状$_1$
　　B. 百川、善本：集$_2$
　　C. 五十：集$_2$　百家：诗集$_2$、补$_1$

136. 张仲素

677

A. 唐志：赋枢₃　宋志：诗₁

D. 全诗：39 首

137. 吕　温

　　A. 唐志、郡斋、宋志：集₁₀　直斋：吕衡州集₁₀

　　B. 百川：吕衡州集₁₀　敏求、荛圃、铜剑、楹书、郘宋、善本：吕衡州（和叔）文集₁₀

　　C. 百家：吕衡州诗集₂、补遗₁　四库：吕衡州集₁₀　丛刊：吕和叔文集₁₀

138. 张　籍

　　A. 崇文：诗₇　唐志：诗集₇　郡斋：诗集₅　直斋：集₃、木铎集₁₂、张司业集₈　宋志：集₁₂

　　B. 百川：张司业集₇　述古：集₇　荛圃、铜剑、善本：张司业诗集₈　荛圃：诗集₃

　　C. 百家：张司业诗集₈　四库、丛刊：张司业集₈

139. 雍裕之

　　A. 崇文、唐志、宋志：诗₁　直斋：集₁

　　D. 全诗：33 首

140. 权德舆

　　A. 崇文：权文公集₅₀　唐志：集₅₀、童蒙集₁₀、制集₅₀　郡斋、宋志：集₅₀　直斋：权丞相集₅₀

　　B. 百川：诗₂、琳琅、敏求：权文公诗集₁₀　铜剑、双鉴：文公集₅₀　楹书、郘宋、适园：文集₅₀

　　C. 五十：集₂　百家、四库：权文公集₁₀　丛刊：权载之文集₅₀、补刻₁、校补₁

141. 长孙佐辅

　　A. 直斋：集₁

　　D. 全诗：17 首

142. 杨　衡

　　D. 全诗：58 首

143. 白居易

　　A. 崇文：文集₇₀　唐志：白氏长庆集₇₅　郡斋、直斋：长庆集₇₁　宋志：

678

长庆集$_{70}$

　　B. 百川：白乐天诗　敏求、荛圃，铜剑、善本等：白氏文集$_{71}$

　　C. 四库：长庆集$_{71}$　丛刊：白氏文集$_{71}$　备要：白香山诗集$_{40}$

144. 元　稹

　　A. 崇文：长庆集$_{10}$　唐志：元氏长庆集$_{100}$、小集$_{10}$　郡斋、直斋：长庆集$_{60}$　宋志：集$_{48}$、元相逸诗$_2$

　　B. 百川：元稹诗　敏求、铜剑、丽宋、善本等：长庆集$_{60}$

　　C. 四库：长庆集$_{60}$、补遗$_6$　丛刊、备要：元氏长庆集$_{60}$　丛刊：集外文章$_1$

145. 李　绅

　　A. 崇文、唐志：追昔游诗$_3$、批答$_1$　郡斋：追昔游$_3$　直斋：追昔游编$_3$　宋志：诗$_3$、批答$_1$

　　B. 述古、琳琅：追昔游诗集$_3$

　　C. 百家：追昔游诗集$_3$　四库：追昔游集$_3$

146. 鲍　溶

　　A. 唐志：集$_5$（一本$_1$）　郡斋：诗$_1$　直斋：集$_5$　宋志：歌诗$_5$

　　B. 述古：诗集$_6$、集外诗$_1$

　　C. 百家：诗集$_6$、补遗$_1$　四库：诗集$_6$、外集$_1$

147. 张又新

　　D. 全诗：17 首

148. 殷尧藩

　　A. 唐志、宋志：诗$_1$　直斋：集$_1$

　　D. 全诗：88 首

149. 清　塞

　　A. 崇文：诗$_1$、周贺诗集$_1$　唐志、郡斋：诗$_1$　宋志：集$_1$

　　B. 百川：周贺集$_1$、集$_1$　述古：集$_1$　荛圃、铜剑、丽宋、善本：诗集$_1$

　　C. 丛刊：周贺诗集$_1$

150. 无　可

　　A. 直斋：集$_1$　宋志：诗$_1$

　　B. 百川：集$_1$　述古：集$_2$

151. 熊孺登

A. 直斋：集₁　宋志：诗₁

D. 全诗：31 首

152. 李　约

　　A. 宋志：诗₁

　　D. 全诗：10 首

153. 沈亚之

　　A. 崇文、唐志：集₉　郡斋：集₁₀　直斋：沈下贤集₂　宋志：诗₁₂

　　B. 敏求、荛圃、铜剑、皕宋、善本、群碧：沈下贤文集₁₂　适园、双鉴：集₁₂

　　C. 四库、丛刊：沈下贤集₁₂

154. 徐　凝

　　A. 宋志：诗₁

　　D. 全诗：101 首

155. 裴夷直

　　A. 唐志：诗₁　宋志：诗₂

　　D. 全诗：57 首

156. 薛　涛

　　A. 郡斋：锦江集₅　直斋：集₁

　　B. 双鉴：诗₁

157. 姚　合

　　A. 崇文：诗₁　唐志、宋志：诗集₁₀　郡斋：诗₁₀　直斋：姚少监集₁₀

　　B. 述古、荛圃：姚少监诗集₁₀　楹书、荛圃：文集₆　荛圃、铜剑、皕宋：集₅（残本）

158. 李　廓

　　A. 直斋：集₁　宋志：诗₁

　　D. 全诗：18 首

159. 章孝标

　　A. 唐志：诗₁　直斋：集₁　宋志：集₇

　　B. 百川、述古：集₁　善本：诗集₁

160. 施肩吾

　　A. 崇文、宋志：集₁₀　唐志：诗集₁₀　郡斋：西山集₅　直斋：西山集₁

D. 全诗：298 首

161. 袁不约

  A. 直斋：集$_1$  宋志：诗$_1$

  D. 全诗：4 首

162. 韩　湘

  D. 全诗：2 首

163. 韩　琮

  A. 崇文、唐志：诗$_1$

  D. 全诗：24 首

164. 韦楚老

  D. 全诗：2 首

165. 张　祜

  A. 崇文、唐志、郡斋：诗$_1$  直斋：集$_{10}$  宋志：诗$_{10}$

  B. 百川：张处士集$_4$  述古：承吉集$_6$  善本、艺风：张处士诗集$_5$

  C. 百家：诗集$_2$

  按：北京图书馆藏有南宋蜀刻本《张承吉文集》十卷。

166. 刘得仁

  A. 唐志：诗$_1$  郡斋、宋志：诗集$_1$  直斋：集$_1$

  按：刘云份辑《十三唐人诗》收刘得仁诗一卷。

167. 朱庆馀

  A. 崇文、唐志、宋志：诗$_1$  直斋：集$_1$

  B. 百川、述古：集$_1$  菦圃、善本：诗集$_1$

  C. 丛刊：诗集$_1$

168. 杜　牧

  A. 崇文、郡斋、直斋：樊川集$_{20}$、外集$_1$  唐志：樊川集$_2$  宋志：集$_{20}$

  B. 百川：樊川诗集$_4$  琳琅：樊川集$_{17}$  敏求：文集$_{20}$、外集$_1$  铜剑、善本、适园、双鉴：文集$_{20}$、外集$_1$、别集$_1$

  C. 四库、丛刊：樊川文集$_{20}$、外集、别集$_1$  备要：樊川诗集注$_4$、别集$_1$、外集$_1$

169. 杨　发

  D. 全诗：13 首

681

170. 李　远

　　A. 崇文、宋志：诗₁　唐志：诗集₁　直斋：集₁

　　B. 百川：集₂　述古：集₁

　　C. 百家：诗集₁

171. 李敬方

　　A. 唐志：诗₁

　　D. 全诗：8 首

172. 许　浑

　　A. 崇文：丁卯集₃　唐志、郡斋、直斋：丁卯集₂　宋志：诗集₁₂

　　B. 百川：丁卯诗₂　述古：丁卯集₂、集外诗₂　敏求、莞圃、丽宋、适园：丁卯集₂　铜剑、楹书、善本：音注丁卯集₂　铜剑、楹书：续集₁

　　C. 四库、丛刊：丁卯集₂　四库：续集₂、续补₁、集外遗诗₁

173. 雍　陶

　　A. 崇文：诗₁　唐志：诗集₁₀　郡斋：诗₅　宋志：诗集₃

　　D. 全诗：132 首

174. 贾　驰

　　D. 全诗：2 首

175. 伍　乔

　　A. 直斋：集₁

　　B. 百川、述古：集₁　艺风：诗集₁

　　C. 百家：诗集₁

176. 陈上美

　　D. 全诗：1 首

177. 李商隐

　　A. 崇文：诗₃、玉溪生赋₁、樊南四六甲集₂₀、乙集₂₀　唐志：樊南甲集₂₀、乙集₂₀、玉溪生诗₁、赋₁、文₁　郡斋：樊南甲集₂₀、乙集₂₀、文集₈　直斋：李义山集₃、樊南甲乙集₄₀、李义山集₈、玉溪生集₃　宋志：四六甲乙集₄₀、别集₂₀、诗集₃、文集₈、赋₁、杂文₁

　　B. 百川：诗集₁　琳琅、适园、双鉴：李义山集₃　铜剑：文集₅　述古、双鉴：诗集₆　述古：玉溪生诗笺₃

C. 四库：李义山诗集$_3$、李义山文集笺注$_{10}$、李义山诗注$_3$， 丛刊：李义山诗集$_6$、李义山文集$_5$， 备要：玉溪生诗笺注$_6$、樊南文集详注$_8$、樊南文集补编$_{12}$

178. 喻　凫

　　A. 唐志、宋志：诗$_1$　直斋：集$_1$

　　B. 百川：诗$_1$　述古：集$_1$　善本：诗集$_1$

　　C. 百家：诗集$_1$

179. 薛　逢

　　A. 崇文、唐志：诗$_{10}$、别纸$_{13}$、赋集$_{14}$　郡斋：歌诗$_2$　直斋：四六集$_1$、集$_1$　宋志：别集$_9$、别纸$_{13}$、赋$_4$、诗$_1$

　　D. 全诗：92 首

180. 赵　嘏

　　A. 崇文：渭南集$_3$　唐志：渭南集$_3$、编年诗$_2$　郡斋：渭南诗$_3$　直斋：渭南集$_1$　宋志：编年诗$_2$

　　D. 全诗：261 首

181. 薛　能

　　A. 崇文：郡斋：集$_{10}$　唐志：诗集$_{10}$、繁城集$_1$　直斋：薛许昌集$_{10}$　宋志：诗集$_{10}$

　　B. 述古、适园：许昌集$_{10}$　丽宋、善本、双鉴：许昌诗集$_{10}$

182. 李宣古

　　D. 全诗：4 首

183. 姚　鹄

　　A. 唐志、宋志：诗$_1$

　　B. 百川、述古：集$_1$　善本：诗集$_1$

　　C. 百家：诗集$_1$

184. 项　斯

　　A. 崇文、唐志、宋志：诗$_1$　直斋：集$_1$

　　B. 百川、述古：集$_1$

　　C. 百家：诗集$_1$

185. 马　戴

　　A. 崇文、唐志、宋志：诗$_1$　直斋：集$_1$

B. 述古：集₁　铜剑、善本：会昌进士诗集₁

186. 孟　迟

　　A. 唐志、郡斋、宋志：诗₁

　　D. 全诗：17 首

187. 任　蕃

　　A. 崇文、唐志、宋志：诗₁　直斋：集₁

　　C. 百家：诗小集₁

188. 顾非熊

　　A. 唐志、宋志：诗₁　直斋：集₁

　　B. 述古：集₁　郘宋、善本：诗

　　C. 四库：诗₁

189. 曹　邺

　　A. 唐志：诗₃　直斋：集₁　宋志：古风诗₂

　　B. 百川、述古：集₂　善本：祠部诗集₂

　　C. 百家：曹祠部诗集₂、补遗　四库：曹祠部集₂

190. 郑　嵎

　　A. 崇文、唐志、郡斋、直斋、宋志：津阳门诗₁　宋志：表状略₃

　　C. 百家：诗₁

191. 刘　驾

　　A. 崇文：诗₁　直斋：集₁　宋志：古风诗₁

　　B. 百川、述古：集₁

192. 方　干

　　A. 崇文、唐志：玄英先生诗₁₀　郡斋：诗集₁　直斋：玄英集₁₀　宋志：诗₂

　　B. 述古：元英集₁₀　敏求：元英先生家集₁₀　芜圃：元英先生诗集₁₀
　　　　郘宋：元英先生集

　　C. 百家：元英先生集₁₀　四库：元英集₈

193. 李　频

　　A. 崇文、唐志、宋志：诗₁　直斋：集₁

　　B. 百川：李建州黎岳诗集₁、附录　述古：集₁　敏求、铜剑、善本：
　　　　黎岳诗（集）　善本：附录₁

684

C. 百家、四库：黎岳集₁　四库，附录₁　丛刊：黎岳诗集₁、附录₁、补录₁

194. 李群玉

A. 崇文、唐志：诗₃、后集₅　郡斋：诗₁　直斋：集₃　宋志：诗集₂、后集₅

B. 述古、茇圃、铜剑、适园、群碧：诗集₃、后集₅　丽宋：诗集₃

195. 李　郢

A. 崇文、唐志、宋志：诗₁　郡斋：端公诗₁　直斋：李端公集₁

D. 全诗：62 首

196. 储宗嗣

A. 直斋：集₁　宋志：诗₁

B. 百川、述古：集₁

C. 百家：诗集₁

197. 刘　沧

A. 唐志、郡斋、宋志：诗₁　直斋：集₁

B. 百川、述古：集₁　善本：诗₁

198. 陈　陶

A. 崇文、唐志、宋志：文录₁₀　郡斋：集₂　宋志：集₁₀

C. 百家：陈嵩伯诗集₁

199. 郑　巢

A. 宋志：诗₁

B. 述古：集₁

200. 于武陵

A. 崇文、唐志、郡斋：诗₁　直斋：集₁

B. 百川、述古：集₁

201. 来　鹏

A. 崇文：诗集₁　唐志、宋志：诗₁　直斋：集₁

D. 全诗：29 首

202. 温庭筠

A. 崇文：握兰集₃、金筌集₁₀　唐志：握兰集₃、金筌集₁₀、诗集₅、汉南真稿₁₀　郡斋：金筌集₇、外集₁　直斋：温飞卿集₇　宋志：握兰

集$_3$、集$_7$、诗集$_5$、汉南真稿$_{10}$、集$_{14}$、记室备要$_3$

B. 百川、述古、善本：诗集，述古、善本：别集$_1$ 铜剑、双鉴：温飞卿集$_7$、别集$_1$ 皕宋：诗集$_5$

C. 百家：集外诗$_1$ 四库、备要：温飞卿集笺注$_9$ 丛刊：诗集$_7$、别集$_1$

203. 鱼玄机

  A. 直斋：集$_1$ 宋志：诗集$_1$

  B. 百川：诗集$_1$ 尧圃、善本：诗$_1$

  C. 备要：诗

204. 邵　谒

  A. 直斋：集$_1$ 宋志：诗$_1$

  B. 百川、述古：集$_1$

  C. 百家：诗集$_1$

205. 于　渍

  A. 崇文：古风$_1$ 唐志：诗$_1$ 直斋：集$_1$ 宋志：古风诗$_1$

  B. 百川、述古：集$_1$

  C. 百家：诗集$_1$

206. 李昌符

  A. 直斋：集$_1$ 宋志：诗$_1$

  B. 百川：诗$_1$ 述古：集$_1$

  C. 百家：诗集$_1$

207. 翁　绶

  D. 全诗：8首

208. 汪　遵

  A. 唐志：咏史诗 宋志：咏史$_1$

  D. 全诗：61首

209. 沈　光

  A. 唐志：云梦子$_5$ 宋志：诗集$_1$

210. 赵　牧

  D. 全诗：1首

211. 罗　邺

  A. 崇文、唐志、宋志：诗$_1$ 直斋：集$_1$

B. 百川、述古：集₁

C. 百家：诗集₁

212. 胡　曾

A. 崇文、唐志：安定集₁₀　直斋：咏史诗₃

B. 百川：咏史诗₃　述古：咏史诗₂　铜剑：咏史诗注₃　善本：咏史诗₁

C. 四库：咏史诗　丛刊：咏史诗₃

213. 李山甫

A. 崇文：诗₁、赋₃　唐志：诗₁、赋₂　直斋：集₁　宋志：诗₁、杂赋₁

B. 百川、述古：集₁

C. 百家：诗集₁

214. 曹　唐

A. 崇文：大游仙诗₁、小游仙诗₁　唐志、宋志：诗₃　郡斋：诗₁　直斋：集₁

B. 百川、述古：集₁

C. 百家：曹从事诗集₁　四库：诗₁

215. 皮日休

A. 崇文、唐志：文集₁₀、胥台集₇、文薮₁₀、诗₁　郡斋、直斋：文薮₁₀　宋志：滑台集₁₀、文薮₁₀、别集₇、吊江都赋₁

B. 百川：诗　菦圃、铜剑、郘宋、善本、适园、双鉴、群碧等：文薮₁₀

C. 四库、丛刊：文薮₁₀

216. 陆龟蒙

A. 崇文、唐志：笠泽丛书₃、诗编₁₀、赋₆　郡斋：笠泽丛书₄　直斋：笠泽丛书₁₇　宋志：集₄、诗编₁₀、赋₆

B. 铜剑、郘宋：笠泽丛书₄、补遗₁　郘宋：续补遗₁　敏求：笠泽₂、补遗₁　群碧：笠泽₃　菦圃：笠泽₈、甫里先生集₂₀　艺风、双鉴：甫里集₁₉

C. 四库：笠泽丛书₄、补遗₁、甫里集₂₀　丛刊：甫里先生文集₂₀

217. 司空图

A. 崇文、唐志、郡斋、宋志：一鸣集₃₀　直斋：一鸣集₁₀、司空表圣集₁₀

B. 铜剑、善本、双鉴：表圣文集₁₀　群碧：文集₁₀　郘宋：一鸣集₁₀

687

C. 四库：司空表圣集₁₀、表圣诗₃ 丛刊：司空表圣文集₁₀、司空表圣诗集₅

218. 虚　中
    A. 崇文、宋志：诗₁　郡斋：碧云诗₁
    D. 全诗：15 首

219. 周　繇
    A. 直斋：集₁
    D. 全诗：23 首

220. 崔道融
    A. 崇文、唐志：申唐诗₃　直斋：东浮集₁₀、唐诗₃　宋志：集₉、申唐诗₃
    D. 全诗：79 首

221. 聂夷中
    A. 崇文、唐志：诗₂　直斋：集₁　宋志：诗₁
    D. 全诗：37 首

222. 许　棠
    A. 唐志：诗₁　直斋：集₁　宋志：诗集₁
    B. 述古：文化集₁
    C. 百家：文化集₁

223. 公乘亿
    A. 崇文：珠林集₄、华林集₃、赋集₁₂　唐志：诗₁、赋集₁₂　宋志：珠林集₄、华林集₃、集₇、赋₁₂
    D. 全诗：4 首

224. 章　碣
    A. 崇文、唐志：诗₁　直斋、宋志：集₁
    B. 述古：集₁　善本：诗集₁
    C. 百家：诗集₁

225. 唐彦谦
    A. 唐志：诗集₃　郡斋：鹿门诗₁　直斋：集₁　宋志：诗集₁
    B. 铜剑：鹿门集₂
    C. 百家：鹿门诗集₃、拾遗₁、续补诗₁

688

226. 林　嵩

　　A. 崇文、唐志：赋$_1$　宋志：诗$_1$

　　D. 全唐：1 首

227. 高　蟾

　　A. 崇文、唐志：诗$_1$　直斋：集$_1$　宋志：诗$_2$

　　D. 全诗：35 首

228. 高　骈

　　A. 崇文、唐志：诗$_1$　直斋：集$_1$　宋志：集$_3$、诗$_1$

　　D. 全诗：30 首

229. 牛　峤

　　A. 郡斋：诗歌$_3$

　　D. 全诗：6 首

230. 钱　珝

　　A. 崇文、唐志：舟中录$_{20}$　宋志：舟中录$_{20}$、制集$_{10}$

　　D. 全诗：98 首

231. 赵光远

　　D. 全诗：3 首

232. 周　朴

　　A. 崇文、唐志：诗$_2$　宋志：诗$_1$

　　B. 述古：诗$_1$

　　C. 百家：周见素诗集$_1$

233. 罗　隐

　　A. 崇文：集$_{20}$、吴越掌记集$_1$、甲乙集$_{10}$、赋$_1$、启事$_1$、谗书$_5$、谗本$_3$、湘南应用$_3$、淮海寓言$_7$、吴越应用集$_3$　郡斋：甲乙集$_{10}$、谗书$_5$、吴越掌记集$_1$　直斋：罗江东集$_{10}$、甲乙集$_{10}$、后集$_5$、湘南集$_3$　宋志：谗书$_5$、谗本$_3$、淮海寓言$_7$、甲乙集$_3$、外集诗$_1$、湘南应用集$_3$、启事$_1$、后集$_{20}$、汝江集$_3$、歌诗$_{14}$、吴越掌书记$_3$

　　B. 述古、尧圃、铜剑、楹书、适园：甲乙集$_{10}$　善本：罗昭谏集$_{14}$、补遗$_1$　尧圃、铜剑：谗书$_5$

　　C. 百家：甲乙集$_{10}$、补遗$_1$、谗书$_5$　四库：罗昭谏集$_8$　丛刊：甲乙集$_{10}$

234. 罗　虬

689

A. 郡斋、直斋：比红儿诗₁　宋志：比红儿诗₁₀

B. 百川、述古：比红儿诗₁　述古：比红儿诗注₁₀

235. 崔　鲁

　　A. 唐志、直斋：无讥集₄　宋志：诗₁

　　D. 全诗：16 首

236. 秦韬玉

　　A. 崇文、唐志、郡斋、直斋：投知小录₃　直斋：集₁　宋志：集₃

　　B. 百川、述古：集₁

　　C. 百家：诗集₁

237. 郑　谷

　　A. 崇文、郡斋：云台编₃、宜阳外集₁　唐志：云台编₃、宜阳集₃　直斋：云台编₃　宋志：诗₃、宜阳集₁、诗₁、外集₁

　　B. 百川：云台编₃　述古、尧圃、丽宋：云台集₂　善本、双鉴：云台集₃

　　C. 百家、四库：云台编₃　丛刊：郑守愚文集₃

238. 齐　己

　　A. 崇文：白莲集₁₀、白莲外集₁₀　直斋：白莲集₁₀　宋志：集₁₀、白莲华篇外集₁₀

　　B. 百川：集₁₀　述古、敏求、铜剑：白莲集₁₀

　　C. 四库、丛刊：白莲集₁₀

239. 崔　涂

　　A. 崇文、唐志、宋志：诗₁　直斋：集₁

　　B. 百川、述古：集₁

240. 喻坦之

　　A. 直斋、宋志：诗₁

　　D. 全诗：18 首

241. 任涛

242. 温　宪

　　D. 全诗：4 首

243. 李　洞

　　A. 崇文、唐志、郡斋：诗₁　宋志：诗₃

B. 述古：才江集$_3$　丽宋：诗集$_2$

C. 百家：李才江诗集$_3$

244. 吴　融

A. 唐志：诗集$_4$、制诰$_1$　直斋：唐英集$_3$　宋志：赋集$_5$、集$_9$

B. 百川、琳琅、双鉴：唐英歌诗$_6$　述古、敏求：唐英诗$_3$

C. 百家、四库：唐英歌诗$_5$

245. 韩　偓

A. 崇文：诗$_1$　唐志：诗$_1$、香奁集$_1$　郡斋：诗$_2$、香奁集$_1$　直斋：香奁集$_2$、入内廷后诗集$_1$、别集$_3$　宋志：诗$_1$、香奁小集、入翰林后诗$_1$、别集$_3$

B. 述古：翰林集$_1$、香奁集$_3$　敏求：香奁集$_3$　铜剑、善本：翰林集$_1$、香奁集$_1$　丽宋：别集$_1$　双鉴：香奁集$_1$

C. 四库：韩内翰别集$_1$　丛刊：玉樵山人集$_1$、香奁集$_1$

246. 唐　备

D. 全诗：3 首

247. 王　驾

A. 崇文、宋志：诗$_6$　唐志：诗集$_6$　直斋：集$_1$

D. 全诗：6 首

248. 戴思颜

D. 全诗：2 首

249. 杜荀鹤

A. 崇文：诗集$_1$　郡斋：唐风集$_{10}$　直斋：唐风集$_3$　宋志：唐风集$_2$

B. 述古：集$_3$　敏求、铜剑、丽宋、艺风：文集$_3$　丽宋、双鉴：唐风集$_3$

C. 百家：文集$_3$　四库：唐风集$_3$

250. 王　焕

D. 全诗：14 首

251. 徐　寅

A. 崇文：探龙集$_1$、赋$_1$　宋志：探龙集$_5$、赋$_5$

B. 铜剑、丽宋、善本：钓矶文集$_{10}$　适园：钓矶文集$_5$

C. 百家：徐昭梦诗集$_3$　四库：徐正字诗赋$_2$　丛刊：钓矶文集$_{10}$、补$_1$

691

252. 张　乔
    A. 崇文、宋志：诗[1]　唐志：诗集[2]　直斋：集[2]
    B. 百川、述古：集[4]　善本：诗集[4]　艺风：诗集[1]
    C. 百家：诗集[4]

253. 郑良士
    A. 唐志：白岩集[10]
    D. 全诗：3首

254. 张　鼎
    A. 宋志：诗[1]
    D. 全诗：3首

255. 韦　庄
    A. 崇文：浣花集[20]、幽居杂编[1]　郡斋：浣花集[5]　直斋：浣花集[1]　宋志：浣花集[10]、谏草[1]、谏疏笺表[4]
    B. 述古、莞圃、皕宋、善本、艺风、双鉴：浣花集[10]
    C. 四库、丛刊：浣花集[10]、补遗[1]

256. 王贞白
    A. 唐志：集[1]　直斋：灵溪集[7]　宋志：集[7]
    D. 全诗：61首（全唐诗补逸：12首）

257. 张　蠙
    A. 崇文、郡斋、宋志：诗[1]　唐志：诗集[2]
    B. 百川、铜剑：诗集[1]　述古、莞圃：集[1]
    C. 百家：诗集[1]

258. 翁承赞
    A. 崇文、唐志、宋志：诗[1]　直斋：集[1]
    C. 百家：翁拾遗诗集[1]

259. 王　毂
    A. 崇文、唐志：诗集[3]　直斋：集[1]
    D. 全诗：18首

260. 殷文圭
    A. 崇文：冥搜集[20]、登龙集[10]、从军稿[20]、笔耕[10]　直斋：集[1]　宋志：冥搜集[20]、登龙集[15]、从军稿[5]、镂冰录[5]、笔耕词[20]

692

B. 述古：集$_1$

261. 李建勋

　　A. 崇文：诗$_2$、钟山集$_{20}$　直斋：集$_1$、宋志：集$_{20}$

　　B. 百川：李丞相集$_2$　述古：丞相集$_2$　铜剑：李丞相诗集$_2$

　　C. 百家：李丞相诗$_2$　丛刊：李丞相诗集$_2$

262. 褚　载

　　A. 崇文：咏史诗$_3$　唐志：诗$_3$　直斋：集$_1$　宋志：诗$_1$

　　D. 全诗：14首

263. 吕　岩

　　B. 百川：纯阳吕真人文集$_5$、诗$_4$

　　C. 四库：金丹诗诀$_2$

264. 卢延让

　　A. 崇文、郡斋、宋志：诗$_1$

　　D. 全诗：10首

265. 曹　松

　　A. 崇文：诗$_3$　唐志：诗集$_3$　郡斋、宋志：诗$_1$　直斋：集$_1$

　　B. 百川、述古：集$_1$　善本：诗集$_1$

　　C. 百家：诗集$_2$

266. 裴　说

　　A. 崇文：诗$_2$　郡斋、宋志：诗$_1$　直斋：集$_1$

　　D. 全诗：51首

267. 贯　休

　　A. 崇文、郡斋：禅月集$_{30}$　直斋：禅月集$_{10}$　宋志：集$_{30}$

　　B. 百川：集$_1$　述古、铜剑、双鉴：禅月集$_{25}$　双鉴：禅月集$_{20}$、禅月集$_{12}$　尧圃：诗集$_1$

　　C. 四库、丛刊：禅月集$_{25}$　四库：补遗$_1$

268. 张　瀛

　　D. 全诗：1首

269. 沈　彬

　　A. 崇文：诗$_2$　郡斋：集$_1$

　　B. 全诗：19首

693

270. 唐　求

　　A. 直斋：集₁

　　B. 百川、述古：集₁　荛圃、楹书、善本：诗集₁

　　C. 百家：唐隐君诗₁

271. 孙　鲂

　　A. 崇文：诗₃　宋志：诗₅、诗集₃

　　D. 全诗：7 首

272. 李　中

　　A. 崇文：碧云集₃　郡斋：李有中诗集₂

　　B. 述古、适园：碧云集₂　荛圃、铜剑、楹书、丽宋、群碧：碧云集₃

　　C. 丛刊：碧云集₃

273. 廖　图

　　A. 崇文：诗₂　直斋：廖匡图集₁

　　D. 全诗：4 首

274. 孟宾于

　　A. 直斋：集₁　宋志：金鳌诗集₂

　　D. 全诗：8 首

275. 孟　贯

　　B. 百川、述古：集₁

　　C. 百家：孟一之诗集₁

276. 江　为

　　A. 崇文、宋志：诗₁　直斋：集₁

　　D. 全诗：8 首

277. 熊　皎

　　A. 崇文、郡斋：屠龙集₅　直斋：屠龙集₁　宋志：屠龙集₅、南金集₂

　　D. 全诗：4 首

278. 陈　抟

# 音序人名索引

## 说　明

1. 本索引收录《唐才子传》传主人名与附传人名。附传人名以星号（*）为标记。

2. 人名按汉语拼音字母顺序排列。第一字音节相同者，以声调的阴、阳、上、去为序。音节、声调相同者，以笔画多少为序。第二字、第三字类推。

3. 人名之后列有三个数码，以短横线隔开，前为卷数，中为传记编号，后为页码。

### B

| | |
|---|---|
| 白居易 | 6 – 143 – 363 |
| 包何 | 3 – 54 – 164 |
| 包佶 | 3 – 55 – 165 |
| 包融 | 2 – 27 – 81 |
| 包子虚* | 3 – 77 – 220 |
| 鲍防 | 3 – 59 – 173 |
| 不特* | 3 – 64 – 186 |

### C

| | |
|---|---|
| 沧浩* | 3 – 64 – 186 |
| 曹松 | 10 – 265 – 629 |
| 曹唐 | 8 – 214 – 519 |
| 曹邺 | 7 – 189 – 469 |
| 岑参 | 3 – 51 – 155 |
| 常浩* | 2 – 39 – 111 |
| 常建 | 2 – 32 – 93 |
| 畅当 | 4 – 97 – 262 |
| 陈上美 | 7 – 176 – 440 |
| 陈陶 | 8 – 198 – 490 |
| 陈抟 | 10 – 278 – 654 |
| 陈羽 | 5 – 132 – 337 |
| 陈子昂 | 1 – 11 – 42 |

| | | | |
|---|---|---|---|
| 程长文* | 2-39-111 | 杜甫 | 2-46-137 |
| 处默* | 3-64-186 | 杜牧 | 6-168-421 |
| 储光羲 | 1-26-78 | 杜审言 | 1-7-29 |
| 储嗣宗 | 8-196-487 | 杜荀鹤 | 9-249-595 |
| 褚载 | 10-262-621 | | |
| 崔道融 | 9-220-538 | **F** | |
| 崔峒 | 4-89-248 | 法宣* | 3-64-186 |
| 崔公达* | 2-39-111 | 法照* | 3-64-186 |
| 崔国辅 | 2-28-83 | 法振* | 3-64-186 |
| 崔颢 | 1-24-72 | 方干 | 7-192-474 |
| 崔珏* | 9-231-554 | | |
| 崔鲁 | 9-235-566 | **G** | |
| 崔署 | 2-34-97 | 高蟾 | 9-227-548 |
| 崔涂 | 9-239-578 | 高骈 | 9-228-550 |
| 崔信明 | 1-2-14 | 高适 | 2-48-146 |
| 崔兴宗* | 2-36-99 | 葛鸦儿* | 2-39-111 |
| 崔涯* | 6-165-412 | 耿湋 | 4-85-239 |
| 崔莺莺* | 2-39-111 | 公乘亿 | 9-223-543 |
| 崔仲容* | 2-39-111 | 古之奇 | 3-78-223 |
| | | 顾非熊 | 7-188-468 |
| **D** | | 顾况 | 3-75-215 |
| 戴叔伦 | 5-135-346 | 顾栖蟾* | 8-218-533 |
| 戴思颜 | 9-248-594 | 贯休 | 10-267-633 |
| 淡交* | 3-64-186 | 归仁* | 3-64-186 |
| 窦常 | 4-105-283 | | |
| 窦巩 | 4-109-288 | **H** | |
| 窦牟 | 4-106-284 | 韩琮 | 6-163-410 |
| 窦群 | 4-107-286 | 韩翃 | 4-84-236 |
| 窦叔向 | 4-92-253 | 韩偓 | 9-245-588 |
| 窦庠 | 4-108-287 | 韩湘 | 6-162-408 |
| 独孤及 | 3-67-197 | 韩愈 | 5-130-329 |

| | | | |
|---|---|---|---|
| 贺兰进明 | 2-33-96 | 冷朝阳 | 4-95-259 |
| 贺知章 | 3-53-162 | 李昂 | 1-18-62 |
| 胡曾 | 8-212-515 | 李白 | 2-45-130 |
| 护国* | 3-64-186 | 李百药 | 1-12-48 |
| 怀浦* | 3-64-186 | 李昌符 | 8-206-506 |
| 怀楚* | 3-64-186 | 李洞 | 9-243-583 |
| 皇甫冉 | 3-65-193 | 李端 | 4-91-250 |
| 皇甫曾 | 3-66-195 | 李贺 | 5-115-300 |
| 惠标* | 3-64-186 | 李季兰 | 2-39-111 |
| 惠侃* | 3-64-186 | 李嘉祐 | 3-57-169 |
| | | 李建勋 | 10-261-619 |
| | | 李敬方 | 7-171-429 |

## J

| | | | |
|---|---|---|---|
| | | 李廓 | 6-158-401 |
| 吉中孚 | 4-83-235 | 李穆* | 2-38-107 |
| 纪唐夫* | 8-202-486 | 李频 | 7-193-479 |
| 贾驰 | 7-174-438 | 李栖远* | 9-237-570 |
| 贾岛 | 5-118-308 | 李颀 | 2-41-119 |
| 贾至 | 3-58-171 | 李峤 | 1-13-50 |
| 江为 | 10-276-650 | 李群玉 | 7-194-481 |
| 蒋涣* | 3-70-203 | 李山甫 | 8-213-517 |
| 皎然上人 | 4-103-278 | 李商隐 | 7-177-441 |
| 景云* | 3-64-186 | 李涉 | 5-116-304 |
| 剧燕* | 10-252-603 | 李绅 | 6-145-374 |
| | | 李咸用* | 10-260-611 |

## K

| | | | |
|---|---|---|---|
| | | 李宣古 | 7-182-458 |
| 康洽 | 4-93-255 | 李宣远* | 7-182-458 |
| 可朋* | 3-64-186 | 李益 | 4-94-256 |
| 可止* | 3-64-186 | 李郢 | 8-195-485 |
| | | 李远 | 7-170-427 |

## L

| | | | |
|---|---|---|---|
| | | 李约 | 6-152-387 |
| 来鹏 | 8-201-494 | 李中 | 10-272-643 |
| 郎士元 | 3-63-184 | | |

697

| | | | |
|---|---|---|---|
| 理莹* | 3-64-186 | 卢仝 | 5-112-294 |
| 廉氏* | 2-39-111 | 卢象 | 2-29-86 |
| 良乂* | 3-64-186 | 卢延让 | 10-264-626 |
| 梁琼* | 2-39-111 | 卢照邻 | 1-5-23 |
| 廖图 | 10-273-645 | 陆长源* | 5-134-342 |
| 林嵩 | 9-226-548 | 陆龟蒙 | 8-216-525 |
| 令狐楚 | 5-126-322 | 陆羽 | 3-74-212 |
| 灵彻上人 | 3-73-208 | 吕温 | 5-137-351 |
| 灵一 | 3-64-186 | 吕岩 | 10-263-622 |
| 刘沧 | 8-197-488 | 罗虬 | 9-234-564 |
| 刘叉 | 5-114-298 | 罗邺 | 8-211-513 |
| 刘长卿 | 2-38-107 | 罗隐 | 9-233-558 |
| 刘得仁 | 6-166-417 | 骆宾王 | 1-6-26 |
| 刘方平 | 3-68-199 | | |
| 刘光远* | 8-210-512 | M | |
| 刘驾 | 7-191-472 | 马戴 | 7-185-463 |
| 刘兼* | 10-260-616 | 马逢 | 5-128-326 |
| 刘商 | 4-111-291 | 马异 | 5-113-297 |
| 刘脊虚 | 1-22-68 | 孟宾于 | 10-274-647 |
| 刘希夷 | 1-10-39 | 孟迟 | 7-186-466 |
| 刘象* | 10-265-629 | 孟贯 | 10-275-649 |
| 刘言史 | 4-110-289 | 孟浩然 | 2-43-123 |
| 刘瑶* | 2-39-111 | 孟郊 | 5-134-342 |
| 刘禹锡 | 5-133-338 | 孟云卿 | 3-50-152 |
| 刘媛* | 2-39-111 | 苗发 | 4-88-247 |
| 刘云* | 2-39-111 | 慕幽* | 3-64-186 |
| 柳中庸* | 4-91-250 | | |
| 柳宗元 | 5-131-333 | N | |
| 卢弼* | 9-231-554 | 聂夷中 | 9-221-539 |
| 卢纶 | 4-82-232 | 牛峤 | 9-229-552 |
| 卢鸿 | 1-20-65 | | |

## P

| | |
|---|---|
| 盼盼* | 2-39-111 |
| 裴迪* | 2-36-99 |
| 裴谐* | 10-266-631 |
| 裴夷直 | 6-155-393 |
| 裴羽仙* | 2-39-111 |
| 裴说 | 10-266-631 |
| 皮日休 | 8-215-521 |

## Q

| | |
|---|---|
| 栖白* | 3-64-186 |
| 栖蟾* | 3-64-186 |
| 栖一* | 3-64-186 |
| 齐己 | 9-238-575 |
| 綦毋潜 | 2-30-87 |
| 钱徽* | 4-86-240 |
| 钱起 | 4-86-240 |
| 钱翊 | 9-230-553 |
| 秦韬玉 | 9-236-568 |
| 秦系 | 3-69-201 |
| 卿云* | 3-64-186 |
| 清江* | 3-64-186 |
| 清塞 | 6-149-382 |
| 清尚* | 3-64-186 |
| 丘为 | 2-44-128 |
| 麹信陵 | 5-124-320 |
| 权德舆 | 5-140-357 |

## R

| | |
|---|---|
| 任蕃 | 7-187-467 |
| 任涛 | 9-241-580 |
| 戎昱 | 3-77-220 |
| 若虚* | 3-64-186 |

## S

| | |
|---|---|
| 僧泚* | 3-64-186 |
| 僧鸾* | 3-64-186 |
| 善生* | 3-64-186 |
| 尚颜* | 3-64-186 |
| 邵谒 | 8-204-503 |
| 沈彬 | 10-269-638 |
| 沈光 | 8-209-512 |
| 沈千运 | 2-49-149 |
| 沈佺期 | 1-8-33 |
| 沈廷瑞* | 10-269-638 |
| 沈亚之 | 6-153-389 |
| 施肩吾 | 6-160-404 |
| 司空曙 | 4-87-244 |
| 司空图 | 8-217-528 |
| 司马札* | 10-260-616 |
| 宋之问 | 1-9-36 |
| 苏涣 | 3-79-224 |
| 苏拯* | 10-260-616 |
| 孙逖 | 1-19-63 |
| 孙鲂 | 10-271-642 |
| 孙启* | 9-231-554 |

## T

| | |
|---|---|
| 太易* | 3-64-186 |
| 昙域* | 3-64-186 |
| 谭意哥* | 2-39-111 |

| | | | |
|---|---|---|---|
| 唐备 | 9-246-591 | 温宪 | 9-242-580 |
| 唐求 | 10-270-641 | 文秀* | 3-64-186 |
| 唐彦谦 | 9-225-545 | 文益* | 3-64-186 |
| 陶翰 | 2-35-98 | 翁承赞 | 10-258-614 |
| | | 翁绶 | 8-207-508 |
| **W** | | 无本* | 3-64-186 |
| 汪遵 | 8-208-508 | 无可 | 6-150-384 |
| 王勃 | 1-3-16 | 无闷* | 3-64-186 |
| 王昌龄 | 2-31-90 | 吴罕* | 10-252-603 |
| 王毂 | 10-259-615 | 吴融 | 9-244-585 |
| 王翰 | 1-15-55 | 吴筠 | 1-16-58 |
| 王涣 | 10-250-600 | 伍乔 | 7-175-439 |
| 王绩 | 1-1-8 | 武元衡 | 4-104-281 |
| 王季友 | 4-98-264 | | |
| 王驾 | 9-247-592 | **X** | |
| 王建 | 4-101-270 | 夏侯审 | 4-90-249 |
| 王泠然 | 1-21-67 | 项斯 | 7-184-461 |
| 王湾 | 1-23-71 | 谢良弼* | 3-59-173 |
| 王维 | 2-36-99 | 谢蟠隐* | 10-254-606 |
| 王希羽* | 10-265-629 | 辛霁（渐）* | 2-31-90 |
| 王涯 | 5-129-327 | 熊皎 | 10-277-653 |
| 王贞白 | 10-256-610 | 熊孺登 | 6-151-386 |
| 王之涣 | 3-52-159 | 修睦* | 3-64-186 |
| 王周* | 10-260-616 | 虚中 | 8-218-533 |
| 韦霭* | 10-254-606 | 徐凝 | 6-154-391 |
| 韦楚老 | 6-164-411 | 徐寅 | 10-251-602 |
| 韦述* | 2-29-86 | 许浑 | 7-172-430 |
| 韦应物 | 4-102-273 | 许琳* | 10-260-616 |
| 韦庄 | 10-255-607 | 许棠 | 9-222-541 |
| 惟审* | 3-64-186 | 玄宝* | 3-64-186 |
| 温庭筠 | 8-202-496 | 薛逢 | 7-179-448 |

| | | | |
|---|---|---|---|
| 薛据 | 2-37-104 | 于鹄 | 4-100-269 |
| 薛能 | 7-181-454 | 于良史 | 3-72-207 |
| 薛涛 | 6-156-394 | 于武陵 | 8-200-493 |
| 薛莹* | 7-178-447 | 鱼玄机 | 8-203-502 |
| 薛媛* | 2-39-111 | 郁浑* | 6-145-374 |
| 薛缊* | 2-39-111 | 喻凫 | 7-178-447 |
| | | 喻坦之 | 9-240-580 |
| **Y** | | 元淳* | 2-39-111 |
| 亚齐* | 3-64-186 | 元季川* | 3-70-203 |
| 严维 | 3-71-205 | 元结 | 3-62-179 |
| 严恽* | 6-168-421 | 元稹 | 6-144-370 |
| 阎防 | 2-40-118 | 袁不约 | 6-161-407 |
| 羊士谔 | 5-122-318 | 云表* | 3-64-186 |
| 杨发 | 7-169-426 | | |
| 杨衡 | 5-142-360 | **Z** | |
| 杨炯 | 1-4-20 | 张碧 | 5-120-314 |
| 杨巨源 | 5-127-324 | 张彪 | 3-56-167 |
| 杨夔* | 10-270-641 | 张蠙 | 10-257-612 |
| 姚合 | 6-157-398 | 张登 | 5-125-321 |
| 姚鹄 | 7-183-460 | 张鼎 | 10-254-606 |
| 姚伦* | 5-123-319 | 张芬* | 4-91-250 |
| 姚系 | 5-123-319 | 张夫人* | 2-39-111 |
| 姚月华* | 2-39-111 | 张文姬* | 2-39-111 |
| 殷文圭 | 10-260-616 | 张祜 | 6-165-412 |
| 殷尧藩 | 6-148-380 | 张籍 | 5-138-354 |
| 殷遥 | 3-60-176 | 张南史 | 3-76-219 |
| 隐峦* | 3-64-186 | 张乔 | 10-252-603 |
| 雍陶 | 7-173-434 | 张署* | 5-130-329 |
| 雍裕之 | 5-139-356 | 张曙 | 9-249-595 |
| 于邵* | 3-70-203 | 张为* | 10-254-606 |
| 于濆 | 8-205-505 | 张谓 | 4-99-266 |

| | | | |
|---|---|---|---|
| 张演* | 8-219-534 | 赵微明* | 3-70-203 |
| 张窈窕* | 2-39-111 | 郑常* | 4-97-262 |
| 张谭 | 2-42-122 | 郑谷 | 9-237-570 |
| 张瀛 | 10-268-637 | 郑良士 | 10-253-605 |
| 张又新 | 6-147-378 | 郑虔 | 2-47-143 |
| 张说 | 1-14-52 | 郑嵎 | 7-190-471 |
| 张志和 | 3-81-228 | 郑准* | 10-273-645 |
| 张仲素 | 5-136-349 | 智暹* | 3-64-186 |
| 张子容 | 1-17-60 | 周朴 | 9-232-556 |
| 章八元 | 4-96-260 | 周繇 | 8-219-534 |
| 章碣 | 9-224-544 | 朱放 | 5-121-315 |
| 章孝标 | 6-159-402 | 朱庆馀 | 6-167-419 |
| 长孙佐辅 | 5-141-359 | 朱湾 | 3-80-227 |
| 赵嘏 | 7-180-451 | 朱昼 | 5-117-307 |
| 赵光远 | 9-231-554 | 庄南杰 | 5-119-314 |
| 赵氏* | 2-39-111 | 子兰* | 3-64-186 |
| 赵抟* | 10-254-606 | 祖咏 | 1-25-75 |

# 再 版 后 记

《唐才子传校注》出版至今已经十八年，应读者要求重版。乘此机会，订正了原版排印的若干讹误。余以眼疾，妨碍阅读，故本书内容皆一仍其旧，仅《辑评》部分略有增补。

孙映逵
2009 年 6 月 10 日
于徐州师范大学